Luigi Bobbio Ettore Gliozzi Leonardo Lenti

DIRITTO
e LEGISLAZIONE
turistica

SCUOLA & AZIENDA

www.mondadorieducation.it

Prima edizione: gennaio 2016

Edizioni

10	9	8	7	6
2020		2019		

Questo volume è stampato da:
New Press Edizioni S.r.l., Cermenate (CO)
Stampato in Italia - Printed in Italy

Il Sistema Qualità di Mondadori Education S.p.A. è certificato da Bureau Veritas Italia S.p.A. secondo la Norma UNI EN ISO 9001:2008 per le attività di: progettazione, realizzazione di testi scolastici e universitari, strumenti didattici multimediali e dizionari.

Luciano Olivero ha realizzato l'*Unità 5* e la *Sezione D*.
Francesco Sampugnaro e Francesca Placidi Proietti hanno realizzato l'*Unità 24* e parte della *Sezione F*.

Si ringrazia Daniela Savio per la *consulenza didattica* e l'*aggiornamento della Sezione F*.

Redazione	Laura Di Micco, Elena Vinsani
Progetto grafico	Alfredo La Posta
Impaginazione	Laura Panigara
Art direction del progetto grafico della copertina	46xy studio
Realizzazione della copertina	Alfredo La Posta
Ricerca iconografica	Ilaria Police

Moduli Clil	Hilary Creek, Daniela Savio
Stesura esercizi e rubriche	Giovanni Rondi (*Verifiche, Lavora sul caso, Preparati alla verifica scritta, Diritto&Turismo, Verifica delle competenze*)
Referenze iconografiche	© Archivio Mondadori Education; © iStock by Getty Images

Contenuti digitali

Progettazione	Fabio Ferri, Francesca Canepari
Redazione	Elena Vinsani, TIWI
Realizzazione	TIWI, IMMAGINA srl, Roberta Nuzzo

In copertina *Cool sphere strips* © mstay / gettyimages

Servizio Clienti Mondadori Education
e-mail *servizioclienti.edu@mondadorieducation.it*
numero verde **800 123 931**

Presentazione

Il corso di Diritto e Legislazione turistica è destinato agli Istituti tecnici del settore economico indirizzo Turismo.

Il testo è stato aggiornato in base alle più recenti novità riguardanti la normativa di settore, con particolare attenzione alla legislazione turistica di livello europeo, nazionale e regionale.

L'impostazione didattica dedica ampio spazio all'*operatività*, alle *attività laboratoriali* e di *team working*, alla *multidisciplinarietà*, al *CLIL*, all'*Alternanza scuola/lavoro* e alla *didattica per competenze*.

La trattazione è articolata in Sezioni e Unità.

Operatività Nell'ottica di ancorare la trattazione alla realtà e alla pratica professionale ogni Sezione si conclude con **"Diritto & turismo"**, una "doppia pagina" dalla grafica moderna e accattivante che, partendo da storie esemplari e situazioni reali inerenti agli argomenti trattati e alle normative vigenti, stimola gli studenti (anche attraverso l'*uso degli strumenti informatici*) ad approfondire le conoscenze e a mettere alla prova le abilità sviluppando la capacità di *problem solving* e facilitando l'apprendimento di nozioni e informazioni utili per affrontare concretamente il mondo del lavoro.

CLIL Per quanto riguarda le Attività CLIL, oltre alla rubrica **"Unit by Unit"**, con l'*abstract* dell'Unità in inglese, questa nuova edizione si arricchisce di due **moduli dedicati** (uno per la classe terza "World Heritage Sites" e uno per la quarta "How important is Tourism for advanced economies?"); ognuno di questi è stato concepito secondo una metodologia didattica, che si fonda sulla partecipazione attiva dello studente e privilegia il lavoro di coppia o di gruppo rispetto alla lezione frontale

Infine, è disponibile online il **"Glossario"** con le parole chiave del diritto e della Legislazione turistica tradotte in inglese.

Alternanza scuola/lavoro Altra interessante novità di questa edizione è l'appendice dedicata all'**Alternanza scuola/lavoro**. L'obiettivo è quello di fornire allo studente tutti gli strumenti necessari per conoscere le opportunità formative offerte dalla didattica dell'alternanza, per affrontarla consapevolmente ed essere in grado di valutare le esperienze fatte.

Apparati didattici cartacei Sempre pensando all'esigenza di rendere "operativi" gli studenti, la trattazione delle Unità è corredata da numerose verifiche in itinere; nella rubrica **"Lavoro sul caso"** vengono presentati casi pratici e professionali da risolvere in classe (per esempio, durante una lezione "partecipata") o a casa, mentre **"Lavoro sul testo"** è stato pensato per invitare lo studente a cimentarsi nella ricerca di dati e informazioni aggiornati, nella consultazione e interpretazione della normativa, utilizzando anche risorse online. Così si vuole fornire un valido supporto al servizio della **didattica laboratoriale**, che ha il merito di favorire l'apprendimento come processo per scoperta e di avvicinare lo studente alla realtà.

Alla fine di ciascuna Unità si trova il **"Percorso di sintesi"** con pagine corredate da schemi, concepite per facilitare il consolidamento dei concetti fondamentali e il ripasso; la **"Verifica di fine unità"** è stata arricchita di varie tipologie di esercizi, da quelli a risposta chiusa a quelli che rispecchiano le tipologie della terza prova scritta dell'esame di Stato (alcuni dei quali in lingua inglese).

Alla fine di ogni Sezione si trova la rubrica **"Preparati alla verifica scritta"**, un *test di verifica* su doppia pagina con griglia di valutazione in centesimi: i quesiti sono sempre suddivisi in verifica delle **conoscenze** (fatti, principi, teorie e pratiche del diritto apprese con lo studio) e verifica delle **abilità** (problemi che richiedono l'impiego del *know-how* – logico, creativo, intuitivo ma anche pratico – per essere risolti).

Apprendimento per competenze Il docente troverà, all'inizio di ciascuna Sezione l'elenco delle **"Conoscenze"** e **"Abilità"** che lo studente dovrà acquisire al fine di raggiungere le **"Competenze"** richieste. Lo studente, poi, potrà esercitarsi nel raggiungimento degli obiettivi di apprendimento con le **"Verifiche delle competenze"**, cioè delle prove complesse di verifica che non si limitano a misurare le conoscenze e le abilità possedute dall'alunno, ma anche le sue capacità di risolvere problemi, compiere scelte, argomentare, produrre elaborati ecc.

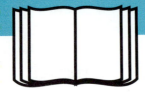

IL PROGETTO DIDATTICO

L'ESPOSIZIONE TEORICA

DIRITTO&TURISMO

ALTERNANZA SCUOLA/LAVORO

CLIL

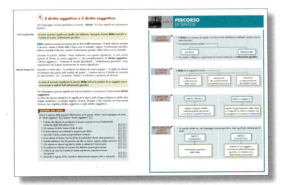

LE VERIFICHE

L'esposizione teorica

Il corso è **aggiornato** alle ultime disposizioni normative, **semplificato** nell'approccio didattico e **arricchito** di nuove parti operative.

Diritto&turismo

Schede che partono da **situazioni reali in ambiente lavorativo** e stimolano gli studenti ad approfondire i concetti trattati con lavori di gruppo e l'uso di strumenti informatici.

Il CLIL

Due moduli in lingua inglese (con **audio** dei testi), impostati con metodologia Clil, corredati da un ricco apparato didattico.

Alternanza scuola/lavoro

Vengono fornite agli studenti le informazioni indispensabili per affrontare questa importante opportunità formativa.

Le verifiche

Nel volume sono presenti verifiche di fine unità, verifiche di fine sezione in previsione della verifica scritta e verifiche per la certificazione delle competenze.

UN DIGITALE SOSTENIBILE

I Contenuti Digitali Integrativi

Il corso è arricchito da risorse multimediali, indicate dalle icone in pagina, che diventano cliccabili nella versione digitale.

- Bacheche multimediali personalizzabili con casi pratici e attività di laboratorio
- Audio delle letture in inglese, per la didattica CLIL
- Biblioteca digitale di approfondimenti e documenti normativi, con funzione di ricerca
- Glossario interattivo italiano/inglese con la terminologia di settore
- Test interattivi e autocorrettivi per lo studente

E in più, per il docente, **Lezioni LIM** personalizzabili, **Verifiche** modificabili in Word e per la Classe virtuale.

Laboratorio

Biblioteca

Test

MEbook

MEBOOK YOUNG

Il MEbook Young è il nuovo libro digitale ricco di risorse (come *il* Devoto-Oli integrato) e di strumenti per la personalizzazione.

Campus + DVD-Rom

Il **Campus economico-giuridico** è il portale disciplinare dedicato ai docenti. Qui le **risorse** sono organizzate per argomento in modo da essere sempre facilmente accessibili.
Numerosi sono poi i materiali e le indicazioni per un approccio concreto alla **didattica inclusiva**.

Inoltre, **contributi aggiornati** e sempre nuovi consentono di costruire lezioni stimolanti che sanno confrontarsi con il mondo esterno.
Disponibile per il docente il DVD-Rom con una versione offline del Campus.

Per i docenti

Se sei un docente richiedi al tuo agente di zona di attivare il Campus della tua disciplina.

LIBRO+WEB

È la piattaforma digitale Mondadori Education
adatta a tutte le esigenze didattiche,
che raccoglie e organizza i libri di testo in formato digitale,
i **MEbook**; i **Contenuti Digitali Integrativi**;
gli **Strumenti per la creazione di risorse**;
la formazione **LinkYou**.

Il **centro dell'ecosistema digitale Mondadori Education** è il **MEbook**: la versione digitale del libro di testo. **È fruibile online** e **offline** attraverso l'apposita app di lettura.

Con gli **Strumenti digitali** presenti sulla piattaforma di apprendimento è possibile condividere, personalizzare e approfondire i contenuti: **Google Drive** e **Classe Virtuale**.

Per lezioni più coinvolgenti e efficaci il docente ha a disposizione **LinkYou**, il programma che prevede **seminari** per la didattica digitale, **corsi**, **eventi** e **webinar**.

ulteriori informazioni sul sito
www.mondadorieducation.it

MEBOOK

IL LIBRO DI TESTO
IN VERSIONE DIGITALE,
RICCO DI CONTENUTI, VIDEO,
AUDIO, ANIMAZIONI, ESERCIZI
E TANTI ALTRI STRUMENTI.

Come attivare il MEbook

Collegati al sito **mondadorieducation.it**
registrati oppure effettua il login

↓

Accedi alla sezione **LIBRO+WEB**
e fai clic su **Attiva MEbook**

↓

Compila il modulo **Attiva MEbook**
inserendo negli appositi campi tutte le cifre
tranne l'ultima dell'ISBN, stampato sul retro
del tuo libro, il codice contrassegno e quello
seriale, che trovi sul bollino argentato SIAE
nella prima pagina dei nostri libri.

ISBN

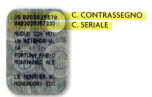
C. CONTRASSEGNO
C. SERIALE

↓

Fai clic sul pulsante **Attiva MEbook**

Come scaricare il MEbook

Puoi consultare il tuo MEbook anche
in versione **offline** scaricandolo per intero
o in singoli capitoli sul tuo dispositivo,
seguendo questa semplice procedura:

Scarica la app gratuita***** che trovi sul sito
mondadorieducation.it o sui principali store.

↓

Effettua il login con **Username** e **Password**
scelte all'atto della registrazione sul nostro sito.

↓

Nella libreria è possibile ritrovare i libri attivati.

MEBOOK   **ME**BOOK
kids   **ME**BOOK
YOUNG   **ME**BOOK
E**X**TRA

* Per sapere quale delle nostre app
scaricare guarda quale dei loghi
del MEbook è presente in alto a sinistra
sulla copertina del tuo libro!

Per i docenti

*Se sei un docente richiedi al tuo agente
di zona la copia saggio del libro che ti interessa
e l'accesso ai relativi contenuti digitali docente.*

SOMMARIO

☑ **Lettura**
• Diritto internazionale privato

☑ **Test**

☑ **Test**

☑ **Lettura**
• Il testo integrale: d.lgs. 79/2011

☑ **Test**

☑ **Lettura**
• La proprietà e il possesso

☑ **Test**

SEZIONE C   Il contratto e le altre fonti dell'obbligazione

☑ **Test**

👁 **Lettura**
- I mezzi di conservazione della garanzia patrimoniale

☑ **Test**

📄 **Documento**
- Diffida ad adempiere

☑ **Test**

👁 **Lettura**
- La vendita con riserva di gradimento, a prova, su campione
- La vendita con patto di riscatto
- La vendita internazionale di cose mobili

Lettura
• La somministrazione

Documento
• Locazione a uso abitativo conforme a un modello tipo
• Transazione

Test

Test

Test

SEZIONE D I contratti del settore turistico

☑ **Test**

📖 **Documento**
- Istanza di conciliazione
- Moduli di reclamo

☑ **Test**

📖 **Lettura**
- Le altre procedure concorsuali
- La disciplina antimonopolistica

☑ **Test**

📖 **Lettura**
- Notizie storiche e comparatistiche sulle società commerciali

📖 **Documento**
- Atto costitutivo di società semplice
- Atto costitutivo di s.n.c.

SEZIONE (F) L'impresa turistica e la normativa di settore

Documento
- Atto costitutivo di s.a.s.

Test

Lettura
- La disciplina dei gruppi di società

Documento
- Statuto di s.p.a.
- Statuto di s.r.l.
- Atto costitutivo e statuto di s.r.l.s.

Test

Test

Lettura
- Il codice del turismo dopo la sentenza n. 82/2012

Documento
- Scia agenzie di viaggi e turismo
- Scheda cliente
- Il testo unico: d.lgs. 81/2008

Lettura
- La classificazione delle strutture ricettive
- Igiene dei prodotti alimentari e HACCP

Test

🔲 **Lettura**

- La legislazione sociale a tutela dei lavoratori
- Lo sciopero e l'astensione collettiva nei servizi pubblici essenziali
- Il collocamento e il licenziamento dei lavoratori
- Il team working

☑ **Test**

🔊 **Audio**

🔲 **Lettura**

- La sicurezza e la tutela della salute nei luoghi di lavoro

DIRITTO
e LEGISLAZIONE
turistica

SEZIONE

Introduzione al diritto

CONOSCENZE

- Norme giuridiche e sanzioni
- Le funzioni del diritto e le sue partizioni
- La gerarchia delle fonti giuridiche
- La competenza esclusiva e concorrente dello Stato
- La competenza residuale delle regioni
- Il diritto internazionale
- Validità e abrogazione delle leggi
- Il codice del turismo e i successivi interventi normativi
- Tipologie e sistemi di valorizzazione dell'offerta turistica
- Tipologie di diritti e obbligazioni
- Prescrizione e decadenza
- Classificazione dei beni
- Persone fisiche e persone giuridiche
- Illeciti civili e penali

Biblioteca   Glossario

ABILITÀ

- Riconoscere il ruolo svolto dalle norme e dalle sanzioni nelle moderne società
- Individuare e comprendere le differenti funzioni svolte dai diversi rami del diritto
- Distinguere le differenti fonti normative e la loro gerarchia
- Riconoscere la competenza legislativa esclusiva dello Stato, esclusiva delle regioni e concorrente, anche in relazione alla legislazione turistica
- Individuare e riconoscere le problematiche connesse al conflitto di leggi nel diritto internazionale privato
- Riconoscere e analizzare le problematiche relative alla valorizzazione dell'offerta turistica nazionale
- Individuare varietà e specificità delle diverse tipologie di beni pubblici e non
- Riconoscere e analizzare le regole riguardanti il trattamento dei dati sensibili
- Individuare le differenti conseguenze degli illeciti civili e penali
- Analizzare le fasi del processo civile

COMPETENZE

- Individuare e utilizzare gli strumenti di comunicazione e di team working più appropriati per intervenire nei contesti organizzativi e professionali di riferimento
- Individuare e accedere alla normativa pubblicistica, civilistica, fiscale con particolare riferimento a quella del settore turistico

VERIFICA DELLE COMPETENZE PAG. 579

Unità 1
Diritto e turismo

Unit *by* Unit

In Unit 1 you will focus on the relationship between tourism and law. Tourism is a complex social-economic phenomenon. Tourism, which was once only for the elite, has now become a mass activity that has an often enormous impact on many different sectors of public and private life, hence on laws, at domestic, EU and international levels.
The set of legal rules governing all aspects of tourism constitute Tourism Law. It took until 2011, with the enactment of Legislative Decree No. 79/2011 establishing the Tourism Code, for any sort of order to be introduced into the tangle of laws that had developed around tourism. Legislative Decree No. 79/2011 was a serious attempt to reorganise simplify Italian Tourism Laws.

 ## Il turismo e i turisti

UN CALEIDOSCOPIO DI SITUAZIONI

"Turismo" è una parola che tutti abbiamo sentito pronunciare più e più volte e di cui, naturalmente, conosciamo il significato. Ma che cosa ci suggerisce? Se proviamo a richiamare alla mente alcune delle immagini che questo termine è in grado di evocare, ci accorgeremo che, a seconda dell'esperienza personale di ciascuno, le situazioni descritte saranno molto diverse tra loro.

ESEMPIO Potremmo pensare ai nonni che sono partiti per trascorrere un periodo di cure in una località termale, alla zia che ha deciso di recarsi in pellegrinaggio a Fatima insieme a un gruppo organizzato dalla parrocchia oppure ai nostri vicini di casa che sono finalmente riusciti a concedersi una crociera nel Mediterraneo; poi, ci sono i compagni di scuola in partenza per un tour estivo delle capitali europee, che viaggiano in treno con zaino in spalla e tenda al seguito.

Se ci soffermiamo a riflettere su questi casi notiamo che, per quanto diversi possano sembrare, hanno tutti una caratteristica comune, che ci permette di definire che cosa si intende per **turismo**.

NOZIONE

> Il **turismo** è lo spostamento di persone che *viaggiano e soggiornano in luoghi diversi dal proprio ambiente abituale,* per un tempo limitato, allo scopo di trascorrere un periodo di riposo, per motivi di svago, di sport, di cultura.

I **fattori fondamentali** che caratterizzano il turismo sono:

- la **destinazione**: *i turisti viaggiano verso luoghi diversi da quelli frequentati nella vita quotidiana*: sono quindi esclusi, per esempio, i viaggi verso i propri luoghi di residenza, quelli verso il luogo di lavoro o di studio, quelli per fare acquisti, quelli per motivi familiari;
- la **durata** e il **ritorno**: *i turisti si spostano per un tempo limitato* e ritornano al proprio domicilio;
- la **motivazione**: i turisti si spostano per *motivi diversi da quelli di lavoro.*

Movimento turistico e mercato turistico

Nei secoli passati il turismo era un fenomeno riservato alle *classi sociali più elevate*: caratteristico era il **Grand Tour**, che aveva proprio in Italia la sua tappa più lunga e importante e che, a partire dal XVII secolo, venne considerato come un momento fondamentale della formazione culturale e sociale dei giovani dell'aristocrazia e della borghesia più ricca.

DA FENOMENO ELITARIO...

A partire dai primi decenni del XX secolo inizia la trasformazione in **fenomeno di massa**; basti pensare che all'indomani della seconda guerra mondiale il movimento turistico interessava già *milioni di persone* in tutto il mondo: erano 25 nel 1950, 278 nel 1980, 527 nel 1995, 1.133 milioni nel 2014 (dati dell'Organizzazione mondiale del turismo, Omt o, in inglese, Unwto).

A FENOMENO DI MASSA

Questi numeri bastano a farci capire che quel fenomeno socio-culturale che chiamiamo turismo ha una **dimensione economica** molto rilevante: negli ultimi 60 anni ha vissuto una **crescita** quasi ininterrotta, affermandosi come uno dei settori più vitali dell'economia mondiale. Infatti, di pari passo alla sua crescita numerica, sono cresciute anche le entrate generate dal movimento dei turisti in tutto il mondo: dai 2 miliardi di dollari del 1950, ai 104 del 1980, ai 415 del 1995, ai 1.245 miliardi del 2014.

Chi si sposta per turismo a livello globale si dirige sempre verso una meta; una meta attrae i turisti per le sue bellezze e per la bravura di chi sa valorizzarla. Questa considerazione, in sé banale, ci suggerisce che nel turismo esiste sempre una doppia dimensione (un **microturismo** e un **macroturismo**, si potrebbe dire per semplicità) che:

DIMENSIONE GLOBALE E LOCALE DEL FENOMENO

- da un lato, ci fa volgere lo sguardo al mondo intero, al mercato internazionale, ai movimenti da e verso l'estero;
- dall'altro, ci obbliga a tenere i piedi ben piantati in ciascun Paese, nelle caratteristiche dei singoli territori e nelle loro unicità.

L'offerta di servizi turistici – di conseguenza – passa attraverso multinazionali dei viaggi organizzati e operatori internazionali e nazionali, ma anche attraverso una fitta ragnatela di piccole o piccolissime imprese che operano in raccordo con i tour operator in una dimensione strettamente locale.

La promozione dell'immagine turistica del nostro Paese – a sua volta – è l'opera di enti nazionali che agiscono a livello internazionale (si pensi all'Enit). Molto importante, però, è anche l'attivismo delle regioni e degli enti locali, delle piccole proloco e dei privati, perché può avere un ruolo decisivo nel valorizzare specifiche destinazioni e, quindi, nel determinarne il successo sul mercato.

ESEMPIO La riqualificazione di un'area archeologica può servire a rilanciare il turismo di un dato territorio: basta pensare all'effetto catalizzante che un sito come quello di Pompei esercita a beneficio di tutta l'area vesuviana, campana e non solo; ma più il progetto è ambizioso, più è necessario uno sforzo coordinato di enti diversi e di risorse tratte da fondi regionali, statali, europei.

Insomma, quando si parla di turismo è sempre possibile isolare più piani diversi, ma non bisogna mai perdere la visione d'insieme.

Il turismo nell'economia europea

MOTORE
PER LA CRESCITA DELL'UE

Oggi il turismo spicca tra le voci importanti dell'economia europea: "con 1,8 milioni d'imprese, soprattutto piccole e medie imprese (Pmi), che impiegano il 5,2% della manodopera totale, l'industria europea del turismo è un **motore per la crescita dell'Unione**: l'apporto complessivo del settore europeo dei viaggi e delle vacanze, considerati anche i settori connessi, rappresenta circa il 10% del Pil dell'Ue". Queste parole aprono la relazione che accompagna una recente proposta di direttiva europea per aggiornare la disciplina della vendita dei pacchetti turistici e ci offrono alcuni spunti su cui riflettere: il turismo è cultura, divertimento, svago, incontro tra persone e popoli; ma è anche un'**industria** che muove enormi capitali.

LINEE GUIDA EUROPEE

L'Europa – unione economica prima che politica – non può stare alla finestra. E, infatti, si è data una serie di obiettivi, secondo quattro **assi fondamentali**, che tracciano le linee guida dell'agenda europea sul turismo ("Dichiarazione di Madrid"):

- stimolare la competitività del settore turistico in Europa;
- promuovere lo sviluppo di un turismo sostenibile, responsabile e di qualità;
- consolidare l'immagine e la visibilità dell'Europa come insieme di destinazioni sostenibili e di qualità;
- massimizzare il potenziale delle politiche e degli strumenti finanziari dell'Ue per lo sviluppo del turismo.

In sintesi, se stiamo a queste parole e a quelle che si leggono in altri documenti delle istituzioni comunitarie, l'Europa appare ben consapevole del proprio potenziale turistico. Si tratta solo di metterlo a frutto nell'interesse dell'intera economia del vecchio continente.

INTERESSI DIVERGENTI

Va detto però, per quanto sia scontato, che questo risultato richiede la composizione non facile di interessi divergenti, a volte contrapposti. Se infatti l'Europa è la prima "potenza turistica" al mondo e compete a livello planetario per conservare questo primato, è altrettanto vero che ciascuno Stato europeo coltiva l'ambizione di attrarre a sé la maggior quota possibile di turisti stranieri, anche a discapito degli altri Stati membri. A dimostrazione di questo clima di competizione tra gli Stati europei a livello mondiale ci basti citare il fatto che nella classifica delle destinazioni turistiche più competitive, redatta dal World economic forum, nelle prime 10 posizioni a contendere il primato della Spagna, oltre alla Svizzera, troviamo altri 4 Stati Ue (avremo modo di approfondire questi dati nella sezione F).

Il settore turistico in Italia

PUNTI DI FORZA

Per l'economia italiana il turismo rappresenta un settore di importanza strategica; il nostro Paese può contare su una **straordinaria dotazione** di risorse, che ne fanno una destinazione di grande attrattiva sia sul piano interno che sul mercato internazionale; ci basta solo citare qualche dato: 7.500 chilometri di coste, oltre 1.000 laghi, la ricchezza dei paesaggi alpini, 24 parchi nazionali e innumerevoli aree protette regionali, 50 siti iscritti dall'Unesco nella lista dei patrimoni dell'umanità (numero che rappresenta di per sé un "record" mondiale), 95.000 chiese monumentali, 20.000 centri storici, 5.600 tra musei e aree archeologiche...

Sul mercato turistico internazionale la posizione dell'Italia è, purtroppo, sottostimata rispetto alle sue potenzialità. Secondo i dati dell'Organizzazione mondiale del turismo, se da un lato la crescita delle destinazioni europee nel 2014 (+3%) è in gran parte da attribuire all'area del Mediterraneo meridionale, che da sola registra un +7%, dall'altro occorre sottolineare che sono la Grecia e la Spagna a fare la parte del leone nello spartirsi questo aumento degli arrivi con +23% e +7% rispettivamente; il nostro Paese – pur confermandosi la terza meta più visitata d'Europa – ha visto aumentare gli arrivi solo del 2%.

L'accresciuta competitività del mercato ha messo a nudo i principali **punti di debolezza** del settore turistico italiano, che sono:

PUNTI DI DEBOLEZZA

a) l'**elevata stagionalità** della domanda, che si concentra in alcuni periodi dell'anno con picchi nei mesi estivi;
b) l'offerta (agenzie di viaggio e strutture ricettive) eccessivamente **parcellizzata** in una rete di piccole e medie imprese e, quindi, scarsamente incisiva sui mercati internazionali;
c) un sistema di trasporti pubblici e infrastrutture che rende alcune aree del Paese **difficilmente accessibili** (come molte zone interne del Centro e Sud Italia);
d) la **mancanza** di coordinamento delle politiche sul turismo, che sono di competenza regionale: ciò rende difficile promuovere la destinazione "Italia" con un'immagine unitaria sui mercati internazionali.

5 Attività turistica e diritto

Il turismo, come abbiamo visto, è un **fenomeno economico-sociale** complesso, che dalle sue origini ai giorni nostri ha subito un crescente sviluppo tale da determinarne l'incidenza nei diversi settori del diritto pubblico e privato italiano, comunitario e internazionale.

L'impatto sull'ambiente delle strutture necessarie al turismo di massa (alberghi di grandi dimensioni, vie di comunicazione a rapido scorrimento, stabilimenti balneari, impianti sciistici ecc.) ha reso necessaria la **presenza di regole** e **controlli**. Il concentrarsi di un elevato numero di persone all'interno delle strutture ricettive ha posto *problemi di igiene, di sanità pubblica, di sicurezza*. Il turista, che viaggia da una località all'altra, acquista una serie di servizi di cui non è in grado di verificare la qualità al momento in cui vengono acquistati: *ciò ha comportato la necessità di norme e strumenti* (come la classificazione alberghiera) *che tutelino i turisti nella loro veste di consumatori e, al tempo stesso, garantiscano la correttezza della concorrenza tra imprenditori*.

RICADUTE DEL "FENOMENO TURISMO"

Il riconoscimento di una **pari dignità** al tempo impiegato per l'attività lavorativa e a quello dedicato al tempo libero è ormai entrato nel diritto vigente e ha contribuito a creare una nuova figura di illecito civile: il *diritto al risarcimento per un particolare tipo di danno alla persona*, quello detto "da **vacanza rovinata**".

NUOVI DIRITTI

Il turismo *ha fatto sentire la propria influenza sul diritto commerciale*, che ha modificato la nozione tradizionale di imprenditore agricolo e creato il nuovo istituto dell'**agriturismo**, per collegare gli aspetti più tradizionali dell'agricoltura con le

NUOVI ISTITUTI GIURIDICI

novità tipiche del turismo d'oggi. Inoltre, il turismo ha contribuito anche a creare **contratti nuovi**, come il contratto di "pacchetto turistico", e a *innovare quelli esistenti*.

LEGISLAZIONE TURISTICA

L'insieme delle *norme giuridiche* che regolano i diversi aspetti del turismo costituisce la **legislazione turistica**.

Per la natura stessa dell'oggetto di cui tratta – complesso ed eterogeneo, come abbiamo visto – *la legislazione turistica è una materia dai confini incerti, che per anni ha pagato lo scotto della mancanza di organicità delle leggi di settore*, dovuta probabilmente a una generale (e miope) disattenzione della classe politica verso quella che dovrebbe essere considerata come la risorsa economica principale del nostro Paese.

IL CODICE DEL TURISMO

Si è dovuto infatti attendere il 2011 per assistere al riordino e alla semplificazione della normativa statale in materia, con l'emanazione del d.lgs. 23 maggio 2011 n. 79 che istituisce il **codice del turismo**.

Questo codice di settore, che ha dato attuazione alla direttiva 2008/122/CE, relativa ai contratti di multiproprietà, ai contratti per la sua rivendita e scambio e ai contratti relativi ai prodotti per le vacanze di lungo termine, ha abrogato molte delle leggi precedenti in materia di turismo, tra cui la legge quadro 135/2001, e ha riformato parte del codice del consumo.
Molte norme di questo codice, però, sono state *annullate dalla Corte costituzionale con la sentenza 5 aprile 2012 n. 80*, per eccesso di delega. Tratteremo del codice del turismo e di questa sentenza nella successiva Unità 5.

VERIFICA
DI FINE UNITÀ

Verifica delle conoscenze

VERO O FALSO
Indica se le seguenti affermazioni sono vere o false.

1 Dopo la seconda guerra mondiale il turismo si è trasformato in fenomeno di massa ☐V ☐F

2 Il turismo si caratterizza per tre fattori fondamentali: destinazione, durata e motivazione ☐V ☐F

3 Non rientrano nel turismo i viaggi effettuati per motivi familiari ☐V ☐F

4 Sono turisti le persone che viaggiano per lavoro ☐V ☐F

5 La promozione turistica della destinazione Italia è affidata solo a enti nazionali ☐V ☐F

6 L'inadeguatezza delle infrastrutture di trasporto penalizza l'offerta turistica di alcune aree del nostro Paese ☐V ☐F

7 Le politiche del turismo sono di competenza statale ☐V ☐F

8 Il settore dei viaggi e delle vacanze, considerati anche i settori connessi, rappresenta circa il 15% del Pil dell'Ue ☐V ☐F

9 Il turismo sostenibile è uno degli assi fondamentali dell'agenda europea sul turismo ☐V ☐F

10 Molte norme del codice del turismo sono state annullate dalla Corte costituzionale con la sentenza 5 aprile 2012, n. 80 ☐V ☐F

COMPLETAMENTO
Inserisci i termini mancanti (attenzione ai distrattori!).

I turisti viaggiano verso luoghi diversi da quelli frequentati nella vita quotidiana: sono quindi .... i viaggi verso i luoghi ...., quelli verso il luogo di lavoro o di studio, quelli per fare acquisti, quelli per motivi familiari; i turisti si spostano per un tempo .... e ritornano al proprio domicilio; i turisti si spostano per motivi diversi da quelli di lavoro.

indefinito; limitato; compresi; esclusi; di vacanza; di residenza.

Verifica delle abilità

DI CHE COSA STIAMO PARLANDO?
Rispondi dopo aver letto gli indizi.

1 La domanda si concentra in alcuni periodi dell'anno con picchi nei mesi estivi ....

2 In Italia nel settore turistico operano moltissime piccole e medie imprese, spesso scarsamente incisive sui mercati internazionali ....

3 È l'insieme delle norme giuridiche che regolano i diversi aspetti del turismo e costituisce la legislazione turistica ....

4 Combina gli aspetti più tradizionali dell'agricoltura con le novità tipiche del turismo d'oggi ....

5 Ha annullato molte norme del codice del turismo ....

Trattazione sintetica di argomenti

1 Delinea lo sviluppo del turismo come fenomeno economico e sociale.

2 Individua punti di forza e punti di debolezza dell'offerta turistica italiana.

3 Individua i quattro assi fondamentali dell'agenda europea sul turismo.

Unità 2
Il diritto in generale

Unit *by* Unit

In Unit 2 you will learn that the law is a set of rules, namely legal norms, which establish duties, prohibitions and penalties.
Then, you will study that the law comprises both a public area and a private one.

The former can in turn be divided into constitutional law, administrative law and criminal law. The latter includes civil law, commercial law and employment law. Finally, you will learn to distinguish between

an objective law and a subjective right.

 ## Il diritto come insieme di regole (o norme)

Sarà sicuramente capitato a tutti di sentir dire oppure, in qualche occasione, di pronunciare frasi in cui ricorrono parole come "legge", "norma di legge", "diritto", "giuridico".

ESEMPIO "L'omicidio è punito dalla *legge*"; "I cittadini sono obbligati, a *norma di legge*, a pagare le imposte"; "La pena di morte non è ammessa dal *diritto* italiano, ma è ammessa dal *diritto* di alcuni Stati americani"; "Il debitore ha l'obbligo *giuridico* di pagare la somma dovuta al creditore"; "Questa cosa mi appartiene per *diritto*"; "Per il *diritto* questo contratto non ha alcun valore".

Questi termini si riferiscono a un unico fenomeno che, nel linguaggio tecnico, viene più semplicemente designato come **diritto**.

> Il **diritto** consiste *in un insieme di regole o norme che i membri della società sono obbligati a rispettare.*

Possiamo perciò riformulare le frasi precedenti in questo modo: in Italia esistono **regole del diritto** che vietano l'omicidio, che impongono ai cittadini di pagare

DIRITTO, GIURIDICO

La parola **giuridico** è l'aggettivo che corrisponde al sostantivo *diritto* e vuole, quindi, dire *del diritto*. Così un obbligo giuridico è un obbligo stabilito dal diritto, un problema giuridico è un problema che riguarda il diritto, una norma giuridica è una norma di diritto ecc.
Il termine **giuridico** deriva dalla parola latina *ius-iuris* che vuol dire diritto. Nella lingua italiana tale parola è scomparsa nel suo significato originario di diritto, ma si è conservata, sotto la forma di una serie di prefissi (*gius-, giu-, giur-, giuris-*), in numerose parole anche di uso comune che hanno tutte una qualche attinenza con il diritto. Per esempio: *gius*to, *gius*tizia, *gius*naturalismo; *giu*dice, *giu*dicare, *giu*dizio; *giur*idico; *giuris*dizione, *giuris*prudenza ecc.

le tasse, che vietano la pena di morte, che obbligano il debitore a pagare il suo debito, che stabiliscono a chi spetta la proprietà di una cosa, che stabiliscono le condizioni necessarie perché un contratto sia valido.

Le regole del diritto (dette anche **norme giuridiche**):

NORMA GIURIDICA

- sono regole **precettive**, *ossia stabiliscono che certi comportamenti devono oppure non devono essere tenuti;*
- sono formulate in termini **generali** e **astratti**.

> Per **generalità** si intende che la norma deve essere rispettata da chiunque si trovi in quella determinata situazione descritta dalla norma.

> Per **astrattezza** si intende che la norma si applica in ogni situazione uguale a quella prevista dalla norma.

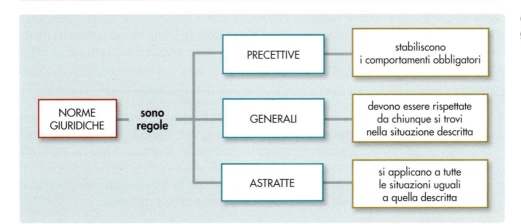

Caratteristiche delle norme giuridiche

I membri della società hanno l'obbligo di rispettare le norme giuridiche, ma hanno anche la possibilità materiale di trasgredirle, di non osservarle.

Per scoraggiare comportamenti contrari al diritto, accanto alle norme che vietano oppure impongono determinate azioni, esistono altre norme giuridiche che stabiliscono quali **sanzioni** devono essere applicate a coloro che non rispettano le norme del primo tipo.

> Per **sanzione** si intende una conseguenza negativa o spiacevole per il soggetto che ha trasgredito la norma: la sanzione ha lo scopo di incentivare l'osservanza delle norme e di disincentivare le trasgressioni.

Le sanzioni Spesso si pensa alla sanzione come a una punizione, *ma in realtà la punizione è soltanto una tra le possibili sanzioni che il diritto prevede.* Infatti, a seconda della natura delle norme trasgredite, sono previste sanzioni di diverso genere che possono essere, grosso modo, ricondotte a due tipi fondamentali:

TIPI DI SANZIONI

- le **sanzioni di tipo punitivo** *consistono nell'infliggere una pena al responsabile della violazione*; le pene ammesse in Italia sono di due specie:
  - quelle **detentive**, *che comportano la privazione della libertà personale* (ergastolo, reclusione e arresto);
  - quelle **pecuniarie**, *che prevedono l'obbligo di pagare allo Stato una somma di denaro* (multa e ammenda);

- le **sanzioni di tipo riparatorio** *consistono nell'obbligare il responsabile della violazione a ripristinare l'ordine giuridico violato.*

ESEMPIO Il debitore che non paga il debito può essere costretto, con la forza, ad adempiere pagando quanto dovuto; l'automobilista che per sua colpa provoca un incidente stradale può essere costretto a risarcire i danni da lui stesso causati; il soggetto che ha ingannato la controparte nella conclusione di un contratto può veder annullato il contratto stesso e perdere, quindi, gli eventuali benefici. In questi casi i responsabili della violazione non sono sottoposti ad alcuna punizione: il pagamento coattivo del debito, il risarcimento dei danni, l'annullamento del contratto sono sanzioni riparatorie, perché servono a "riparare" le violazioni commesse.

APPLICAZIONE DELLE SANZIONI

L'applicazione di qualsiasi sanzione presuppone due condizioni indispensabili:

- innanzi tutto deve esistere un'**autorità** (il **giudice**), che si colloca al di sopra delle parti ed è da loro indipendente, *in grado di accertare di fronte a ogni caso concreto se la norma è stata effettivamente violata e, in caso affermativo, di stabilire la sanzione*;
- in secondo luogo deve esistere un'**autorità** in grado di *far eseguire, se necessario con la forza, ossia in modo coercitivo, la sanzione decisa dal giudice.*

ESEMPIO Quando viene commesso un omicidio è necessario che il responsabile sia riconosciuto colpevole dal giudice e venga effettivamente messo in stato di detenzione; allo stesso modo l'automobilista colpevole deve essere obbligato a risarcire il danno prodotto ecc.

TIPI DI NORME

Tipi di norme Possiamo riassumere quanto detto finora affermando che *il diritto è costituito da un insieme di norme*; più specificamente, comprende:

- norme che vietano o rendono obbligatori determinati comportamenti;
- norme che stabiliscono le **sanzioni** previste nel caso che le norme del primo tipo vengano trasgredite;
- norme che conferiscono a determinati soggetti l'autorità di applicare le sanzioni e di farle eseguire in modo coercitivo;
- norme che stabiliscono le relative procedure.

Occorre però avvertire che non tutte le norme del primo tipo sono accompagnate da sanzioni. In particolare, *sono sprovviste di sanzione alcune norme costituzionali che regolano i comportamenti dei massimi organi dello Stato* (il parlamento, il governo e il presidente della repubblica). L'osservanza di queste norme non è quindi legata alla minaccia di sanzioni, ma deriva dalla convinzione dei soggetti interessati di doverle rispettare: è noto che esse, nonostante la mancanza di sanzioni, vengono normalmente osservate.

L'ordinamento giuridico   Abbiamo detto che *il diritto può essere definito come un insieme di norme*. Ora, dobbiamo aggiungere che le norme giuridiche costituiscono un **sistema**, *ossia un insieme di elementi diversi, ma organizzati e strettamente collegati tra di loro*: ogni norma non può essere considerata isolatamente, ma *deve essere vista in rapporto con tutte le altre*. Si può esprimere lo stesso concetto dicendo che le norme giuridiche costituiscono un ordinamento.

L'ORDINAMENTO GIURIDICO

> L'**ordinamento giuridico** è il sistema costituito dall'insieme delle norme giuridiche organizzate e collegate tra loro.

Possiamo quindi parlare dell'ordinamento giuridico italiano, francese, spagnolo ecc. per riferirci all'insieme (collegato e organizzato) delle norme che vigono rispettivamente nello Stato italiano, francese, spagnolo ecc.

DIRITTO POSITIVO

Con questa espressione si intende *l'insieme delle norme giuridiche emanate o riconosciute dallo Stato*. Esse si considerano quindi in qualche modo imposte dall'alto: perciò sono chiamate "diritto positivo", dal latino *ius positivum*, che significa appunto diritto "posto", o "imposto".
Nel mondo d'oggi la quasi totalità delle norme giuridiche è di diritto positivo. Questa è una caratteristica che lo differenzia profondamente sia dal mondo antico, sia dal mondo medievale, ove le norme contenenti i principi fondamentali non erano positive, ma erano invece considerate di **diritto naturale**, *cioè oggettivamente insite nella natura umana e ricavabili dalla sua comprensione razionale*.

Le funzioni del diritto

Finora abbiamo considerato il diritto nel suo insieme. Bisogna ora distinguere le varie **funzioni** che esso svolge, nel regolare i diversi aspetti della società. Benché le funzioni del diritto siano molto numerose, sono raggruppabili in tre grandi settori.

a) *La distribuzione e l'utilizzazione delle risorse all'interno della società*. Le risorse sono i **beni**, le cose utili all'uomo che esistono in natura (la terra, le risorse minerarie, il mare, i fiumi ecc.) oppure che sono il risultato del lavoro umano (i prodotti agricoli e industriali) e si distinguono, a seconda della loro utilizzazione, in *mezzi di produzione* e *beni di consumo*. Le risorse vengono prodotte, utilizzate e distribuite tra gli uomini in base ai comportamenti che, in forma singola o associata, essi decidono autonomamente di intraprendere. Il diritto si preoccupa però di stabilire alcune **regole generali** di comportamento in questa sfera, in modo che tali attività si svolgano secondo un certo ordine e in modo che in caso di conflitto (per esempio, sulla proprietà di una cosa, sull'esecuzione di un contratto, sulla distribuzione di un'eredità) si possa stabilire chi ha ragione e chi ha torto. Questa funzione viene svolta essenzialmente dalle norme del diritto privato che stabiliscono, per lo più, sanzioni di **tipo riparatorio**.

DISTRIBUZIONE E UTILIZZAZIONE DELLE RISORSE

b) *La repressione di comportamenti considerati socialmente pericolosi.* Vi sono determinati comportamenti umani che vengono considerati pericolosi, non solo per i singoli contro cui si rivolgono ma per l'intera società, e vengono perciò repressi. Questa funzione viene svolta soprattutto dalle norme del diritto penale che definiscono i **reati**, *ossia quei comportamenti che vengono considerati socialmente pericolosi*, e stabiliscono le relative **sanzioni**, *che nella maggior parte dei casi sono di natura punitiva.*

c) *L'istituzione e l'organizzazione dei pubblici poteri.* Come già sappiamo, nelle società contemporanee il potere politico, esercitato dallo Stato, è regolato da norme giuridiche che stabiliscono da quali organi e persone deve essere esercitato, con quali modalità ed entro quali limiti nei confronti dei soggetti ad esso sottoposti (i governati, i cittadini). Questa funzione viene svolta dalle norme del diritto costituzionale e del diritto amministrativo, che stabiliscono l'assetto dell'apparato statale e i rapporti tra lo Stato e i cittadini. Le sanzioni sono in questo caso di vario tipo e talvolta, ai massimi livelli dello Stato, non sono previste.

 # Le partizioni del diritto

Tenendo presenti le tre principali funzioni svolte dal diritto, possiamo presentare i rami in cui esso si suddivide.

La distinzione fondamentale che si usa operare nel campo del diritto è quella fra **diritto privato** e **diritto pubblico**. Questa distinzione, si badi bene, non riguarda l'origine delle norme giuridiche: esse sono tutte emanate (o riconosciute) dallo Stato e *in questo senso sono tutte pubbliche.* La distinzione *riguarda invece i diversi aspetti della vita sociale che vengono regolati da questi due insiemi di norme* (e quindi le diverse funzioni cui essi assolvono).

DIRITTO PRIVATO

> Il **diritto privato** è costituito da quell'insieme di norme che disciplinano le relazioni che i soggetti privati intrattengono tra loro, in modo autonomo e in condizioni di parità reciproca.

Le norme del diritto privato svolgono essenzialmente la prima delle tre funzioni sopra esposte, quella di regolare la distribuzione e l'utilizzazione delle risorse.

RAMI DEL DIRITTO PRIVATO

Il diritto privato si divide essenzialmente in tre rami:

- il **diritto civile** *disciplina i rapporti che i soggetti privati instaurano autonomamente tra di loro*; si occupa essenzialmente della famiglia, delle successioni, della proprietà, delle obbligazioni e dei contratti;

I rami del diritto privato

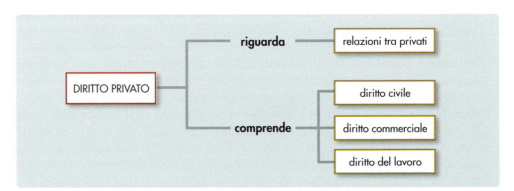

- il **diritto commerciale** *disciplina l'attività degli imprenditori, cioè di coloro che svolgono professionalmente un'attività economica*: pertanto, si occupa di argomenti come l'impresa, l'azienda, le società commerciali, i titoli di credito, il fallimento ecc.;
- il **diritto del lavoro** *disciplina il fenomeno del lavoro subordinato, cioè effettuato da chi svolge un'attività lavorativa alle dipendenze di un datore di lavoro*; comprende anche la disciplina della contrattazione collettiva e dello sciopero.

Il **diritto pubblico** è costituito da quell'insieme di norme che stabiliscono quali comportamenti vanno considerati pericolosi per la società nel suo insieme (i reati) e come sono organizzati i pubblici poteri (lo Stato).

Esso regola dunque i diversi rapporti che si stabiliscono tra Stato e cittadini. Tali rapporti si svolgono su una base di disuguaglianza e di disparità: lo Stato ha infatti un **potere di comando** sui cittadini. Le norme del diritto pubblico svolgono quindi essenzialmente la seconda e la terza delle funzioni indicate nel paragrafo precedente.

Il diritto pubblico si suddivide in numerosi rami:
- il **diritto costituzionale** *comprende le norme fondamentali dell'ordinamento giuridico e le norme che stabiliscono l'organizzazione e le competenze dei pubblici poteri* (parlamento, governo, presidente della repubblica, magistratura, regioni ecc.);
- il **diritto amministrativo** *disciplina l'organizzazione e i poteri della pubblica amministrazione*;
- il **diritto penale** *stabilisce i reati e le relative pene*;
- il **diritto processuale** *disciplina l'attività dei giudici e lo svolgimento dei processi penali, civili e amministrativi*.

Per ragioni di studio si usa creare ulteriori suddivisioni sia all'interno del diritto privato sia all'interno del diritto pubblico; per esempio il *diritto tributario*, il *diritto bancario*, il *diritto della navigazione*, il *diritto regionale* ecc.
Occorre aggiungere che ormai molti rami del diritto sono misti, nel senso che sono composti contemporaneamente di norme di diritto privato e di norme di diritto pubblico. Ciò deriva dal fatto che, con l'espansione dei compiti dello Stato contemporaneo, numerose materie, che in passato erano disciplinate prevalentemente dal diritto privato, ora sono regolamentate ampiamente anche da norme di diritto pubblico (questo avviene particolarmente nel campo del lavoro, dell'industria e dell'economia in generale).

I rami del diritto pubblico

Il diritto oggettivo e il diritto soggettivo

Nel linguaggio tecnico-giuridico la parola "**diritto**" ha due significati nettamente distinti.

DIRITTO OGGETTIVO

> In base al primo significato (quello che abbiamo impiegato finora) **diritto** equivale a *insieme di norme, ordinamento giuridico*.

ESEMPIO In questa accezione possiamo perciò dire indifferentemente: "il diritto italiano ammette il divorzio, mentre il diritto della Chiesa non lo ammette" oppure "l'ordinamento giuridico italiano ammette il divorzio, mentre l'ordinamento giuridico della Chiesa non lo ammette".

Quando la parola "diritto" viene utilizzata con questo significato, si può anche parlare di diritto in senso oggettivo o, più semplicemente, di **diritto oggettivo**. "Diritto oggettivo", "insieme di norme giuridiche", "ordinamento giuridico" sono espressioni che hanno esattamente lo stesso significato.

DIRITTO SOGGETTIVO

Quando si sente dire: "il creditore ha diritto di essere pagato"; "il figlio ha diritto di ottenere una quota dell'eredità del padre"; "Andrea non ha il diritto di costruire su quel terreno" ecc., la parola "diritto" si riferisce a qualcosa di diverso.

> In base al secondo significato la parola **diritto** indica la *pretesa di un soggetto che è riconosciuta e tutelata* dall'ordinamento giuridico.

Per distinguere questo significato dal precedente si usa spesso l'espressione **diritto soggettivo**.
Si noti che questa duplicità di significati è tipica della lingua italiana (e delle altre lingue neolatine). La lingua inglese, invece, designa i due concetti con due parole diverse: *law* significa diritto oggettivo e *right* diritto soggettivo.

LAVORO SUL CASO

Indica in ognuna delle seguenti affermazioni se la parola "diritto" viene impiegata nel senso di "diritto oggettivo" DO oppure "diritto soggettivo" DS.

1. Il diritto alla libertà di manifestare il proprio pensiero è una fondamentale conquista degli Stati democratici   DO DS
2. Gli stranieri in Italia hanno diritto di asilo   DO DS
3. Il diritto italiano non prevede la prigione per debiti   DO DS
4. Secondo il diritto questo comportamento è illecito   DO DS
5. Il mio datore di lavoro non ha diritto di pretendere da me certe prestazioni   DO DS
6. Il diritto stabilisce che chi produce ad altri un danno ingiusto debba risarcirlo   DO DS
7. Chi subisce un danno ingiusto ha diritto a ottenerne il risarcimento   DO DS
8. Il creditore ha il diritto di ricevere dal debitore quanto gli è dovuto   DO DS
9. Carlo di sei anni ha il diritto di essere mantenuto, educato e istruito dai genitori   DO DS
10. Secondo il vigente diritto i bambini abbandonati vengono dati in adozione   DO DS

CARATTERI FONDAMENTALI

- Il **diritto** è un insieme di regole o di norme che stabiliscono *obblighi*, *divieti* e le relative *sanzioni*
- Le sanzioni possono essere:

PUNITIVE

RIPARATORIE

- Un insieme collegato e organizzato di norme costituisce un **ordinamento giuridico**

LE FUNZIONI DEL DIRITTO

Il **diritto** ha le seguenti funzioni:

distribuzione e utilizzazione delle risorse

repressione dei comportamenti socialmente pericolosi

istituzione e organizzazione dei pubblici poteri

LE PARTIZIONI DEL DIRITTO

DIRITTO PRIVATO

regola i rapporti stabiliti autonomamente dai privati su un piano di parità reciproca

DIRITTO PUBBLICO

regola l'organizzazione dello Stato e i rapporti tra Stato e cittadini che si pongono su un piano di disparità

DIRITTO OGGETTIVO E DIRITTO SOGGETTIVO

- La parola *diritto* ha, nel linguaggio tecnico-giuridico, due significati nettamente distinti:

DIRITTO OGGETTIVO

ordinamento giuridico dello Stato

DIRITTO SOGGETTIVO

pretesa di un soggetto, riconosciuta dall'ordinamento giuridico, di ottenere una determinata prestazione

Verifica delle conoscenze

VERO O FALSO
Indica se le seguenti affermazioni sono vere o false.

1 Le norme giuridiche sono generali e astratte V F

2 Le sanzioni sono solo di tipo punitivo V F

3 Il giudice deve accertare se la norma è stata effettivamente violata V F

4 Il giudice deve far eseguire la sanzione V F

5 Ergastolo e reclusione sono pene detentive V F

6 L'organizzazione dei pubblici poteri rientra tra le funzioni del diritto V F

7 Il diritto privato riguarda i rapporti tra lo Stato e i cittadini V F

8 Il diritto costituzionale è un ramo del diritto pubblico V F

9 La sanzione riparatoria costringe colui che si rende responsabile della violazione a ripristinare l'ordine violato V F

10 Il diritto amministrativo è uno dei rami del diritto pubblico V F

CORRISPONDENZE
Metti in relazione gli elementi del primo gruppo con quelli del secondo.

1 Consiste nella privazione della libertà

2 Consiste in una pena pecuniaria

3 È una sanzione riparatoria

4 Riguarda i rapporti che i cittadini instaurano tra loro

5 Disciplina l'organizzazione dei pubblici poteri

a ammenda
b diritto civile
c diritto amministrativo
d obbligo di risarcire il danno
e pena detentiva

1	2	3	4	5

COMPLETAMENTO
Inserisci i termini mancanti (attenzione ai distrattori!).

Nelle società contemporanee il potere politico, esercitato ...., è regolato da norme giuridiche che stabiliscono da quali .... e persone deve essere esercitato, con quali modalità ed entro quali limiti nei confronti dei soggetti ad esso sottoposti (i ...., i cittadini).

organi; governanti; dallo Stato; governati; dal parlamento; rappresentanti

Verifica delle abilità

Completa lo schema.

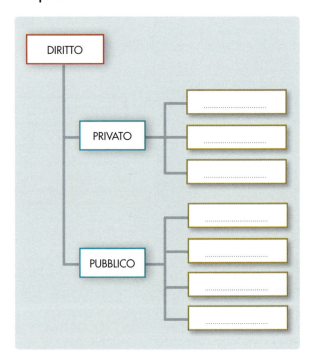

DI CHE COSA STIAMO PARLANDO?
Rispondi dopo aver letto gli indizi.

1 La norma giuridica deve essere rispettata da chiunque si trovi nella situazione che essa descrive
....

2 È finalizzata a scoraggiare la trasgressione delle norme giuridiche ....

3 Prevedono l'obbligo di pagare una multa o un'ammenda ....

4 È costituito dall'insieme delle norme giuridiche organizzate e collegate tra loro ....

5 È sinonimo di ordinamento giuridico ....

CACCIA ALL'ERRORE
Individua e correggi le parole errate.

1 Il diritto privato si occupa, tra l'altro, della repressione di comportamenti considerati socialmente pericolosi ....

2 Le regole che stabiliscono quali comportamenti si devono o non devono tenere sono dette anche sanzioni ....

3 I rapporti tra lo Stato e i cittadini si svolgono in base a condizioni di parità ....

4 Sono rami del diritto pubblico: il diritto costituzionale, quello amministrativo, quello del lavoro e quello processuale ....

5 Il "diritto" del debitore a essere ripagato è inteso in senso oggettivo ....

QUESITI A RISPOSTA SINGOLA
Rispondi utilizzando non più di 4 righe.

1 Che cosa si intende per *generalità della norma giuridica*?

2 In che cosa consistono le *sanzioni*?

3 *Which are the conditions necessary for a sanction to be effectively applied?*

4 *Why is criminal law a branch of public law?*

5 Perché si dice che le norme giuridiche sono *positive*?

6 Quali differenti *partizioni* sono presenti nel diritto privato?

Trattazione sintetica di argomenti

1 *Examine the three functions of the law and give examples of legal rules that serve each of those three functions.*

2 Indica quali delle tre funzioni del diritto sono essenzialmente svolte da norme di *diritto privato* e quali invece da norme di *diritto pubblico*.

3 In base alle definizioni date di diritto pubblico e di diritto privato prova a fare esempi di *norme* che appartengono all'uno e all'altro ramo.

Unità 3
Le fonti del diritto italiano

Unit *by* Unit

In Unit 3 you will study the sources of Italian law, which are structured according to two principles: the principle of hierarchy and the principle of competence. Under the principle of hierarchy, in decreasing order, there are the following sources: subprimary, i.e. the Constitution and Constitutional laws; primary, i.e. Statutes, Law Decrees, Legislative Decrees and Regional Laws; secondary, i.e. regulations; lastly, customs. The rules of a lower rank can never contain provisions which are contrary to those of a higher rank. Otherwise, i.e. when a conflict between a primary and a constitutional source arises, the former will be declared unconstitutional by the Constitutional Court; however, in case of contrast between a primary and a secondary source, the former will be declared unlawful by the administrative judge. Then, you will deal with the external sources of law, including EU rules, established by Regulations (immediately effective in all EU countries) and Directives (which must be implemented by the national legislature), and bilateral and multilateral international treaties.

 ## La pluralità delle fonti e la loro gerarchia

Rivolgiamo ora la nostra attenzione all'**ordinamento giuridico italiano**, *ossia all'insieme delle norme attualmente vigenti in Italia.*

La prima domanda che dobbiamo porci è la seguente: come vengono prodotte le norme giuridiche? Da chi vengono prodotte e attraverso quali atti? Da dove derivano? O meglio, come si usa dire nel linguaggio tecnico, quali sono le fonti del diritto?

FONTI DEL DIRITTO Già sappiamo che in Italia, come in tutte le società contemporanee, *la grandissima maggioranza delle norme giuridiche è deliberata, in forma scritta, dalle autorità pubbliche che sono a questo scopo abilitate dall'ordinamento.* Perciò, possiamo dire:

> le **fonti del diritto** sono gli *atti*, deliberati da particolari soggetti pubblici e secondo particolari procedure, *che producono, modificano o abrogano* (*eliminano*) *norme giuridiche.*

Occorre aggiungere che nelle società contemporanee esistono anche norme di origine **consuetudinaria** (o **consuetudini**); in questo caso la fonte del diritto non è un atto deliberato da un organo o da un soggetto.

> Le **consuetudini** sono un insieme di *fatti* che producono norme non scritte.

Possiamo quindi affermare che le fonti del diritto italiano sono costituite in prevalenza da **atti** (**deliberati**) e in piccola parte da **fatti** (**consuetudini**).

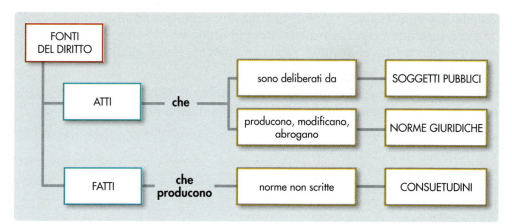

Soffermiamoci ora sul primo (e più importante) tipo di fonti. Una caratteristica di tutti gli ordinamenti giuridici moderni (compreso quello italiano) consiste nel fatto che esiste una **pluralità** di fonti del diritto: *le norme giuridiche possono essere prodotte attraverso atti diversi e da parte di soggetti oppure organi pubblici diversi.* Benché l'ordinamento giuridico italiano sia un ordinamento *statale*, ciò non significa che tutte le sue norme siano prodotte da organi dello Stato: *esistono infatti autorità pubbliche non statali che hanno il potere di emanare norme giuridiche riconosciute come tali dallo Stato.*

Quali e quante sono le fonti del diritto italiano? Se apriamo il codice civile possiamo osservare che il testo vero e proprio è preceduto da una parte preliminare, composta di 16 articoli, intitolata *Disposizioni sulla legge in generale.*
Il primo articolo di questa parte afferma: "Sono fonti del diritto: 1) le leggi; 2) i regolamenti; 3) le norme corporative; 4) gli usi".

Il codice civile individua quindi quattro tipi di fonti, ma si tratta di un elenco ormai superato: il codice civile (tuttora vigente) è stato emanato nel 1942, durante il regime fascista, prima dell'entrata in vigore della Costituzione repubblicana, dell'istituzione delle regioni, dell'adesione italiana all'Unione europea, per cui quell'elenco ha ormai scarso valore (tra l'altro le "norme corporative", tipiche dell'ordinamento fascista, sono state soppresse).
In realtà, *le fonti del diritto sono attualmente molto più numerose*: si possono oggi contare in Italia oltre 20 tipi di atti normativi diversi (anche se un elenco completo non si trova in nessun testo legislativo).

Di fronte a un numero così elevato di atti normativi e di soggetti abilitati a produrli, è fondamentale definire il **rapporto tra le diverse fonti** dell'ordinamento, per evitare sovrapposizioni e contraddizioni.
A tal fine le diverse fonti del diritto sono **ordinate** sulla base di due principi:

- il **principio di gerarchia**;
- il **principio di competenza**.

Il principio di gerarchia   Le fonti del diritto non hanno tutte lo stesso valore ma sono disposte su una **scala gerarchica**.

> In base al **principio di gerarchia** le norme che si trovano sui gradi superiori della scala hanno una forza maggiore di quelle che si trovano sui gradi inferiori.

Quindi, *le norme di grado inferiore non possono mai modificare o abrogare quelle di grado superiore o contenere disposizioni in contrasto con esse*; in caso contrario sono considerate **invalide** (non valide) e possono essere eliminate dall'ordinamento giuridico.

PRINCIPALI GRADI

Nell'ordinamento giuridico italiano i gradi principali della scala gerarchica sono **tre**; a essi corrispondono altrettanti gruppi di fonti del diritto:

- la Costituzione e le leggi costituzionali;
- le leggi e le altre fonti primarie;
- i regolamenti, ossia le fonti secondarie.

In base al principio di gerarchia:

- *le leggi e le altre fonti primarie che contengono norme in contrasto con quelle stabilite nella Costituzione* (e nelle leggi costituzionali) sono considerate **incostituzionali** e possono essere annullate, per questo motivo, da uno speciale giudice: la **Corte costituzionale**;
- *i regolamenti (cioè le fonti secondarie) che contengono norme in contrasto con quelle stabilite nelle leggi* sono considerati **illegittimi** e possono essere annullati, per questo motivo, dal *giudice amministrativo*.

La gerarchia delle fonti del diritto italiano

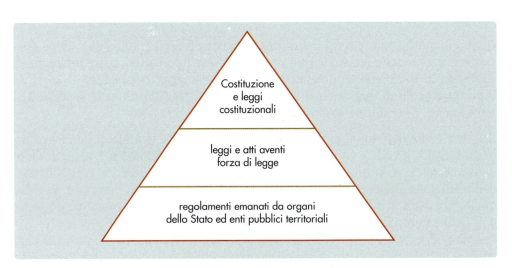

Costituzione e leggi costituzionali

leggi e atti aventi forza di legge

regolamenti emanati da organi dello Stato ed enti pubblici territoriali

PRINCIPI COSTITUZIONALI

Tutti gli ordinamenti giuridici moderni si basano su una serie di **principi fondamentali** (relativamente immodificabili), contenuti appunto nella Costituzione. Tali principi sono il vero e proprio tessuto connettivo della società, ossia stabiliscono le **regole del gioco** (come spesso si dice nel linguaggio figurato), *alle quali le maggioranze politiche che via via si susseguono devono comunque obbedire*.
Per questa loro natura tali principi sono contenuti nelle **costituzioni**, e più precisamente nelle **costituzioni rigide**, caratteristiche del nostro tempo, vale a dire in atti normativi che non possono essere né posti né modificati da maggioranze semplici, ma necessitano, se non dell'unanimità (in concreto irraggiungibile), almeno di una maggioranza molto ampia.

FONTI PRIMARIE E FONTI SECONDARIE

La subordinazione delle fonti secondarie alle fonti primarie, invece, esprime un principio fondamentale dello Stato di diritto e della ripartizione dei poteri, maturato nelle società di matrice culturale europea nel corso del XVIII e del XIX secolo.

Le **norme primarie** sono, in genere, quelle emanate da assemblee elettive (come il parlamento), che sono diretta espressione della sovranità popolare ed esercitano il potere legislativo.

Esse possono essere poste e modificate da maggioranze semplici, ma *non possono mai uscire da quella cornice delimitatrice che è costituita dalle norme costituzionali.*

Le **norme secondarie**, invece, sono quelle emanate dal potere esecutivo (il governo e la pubblica amministrazione), che in linea di principio agisce entro i limiti determinati dal potere legislativo e sotto il suo controllo, esercitato in forme diverse.

Il principio di competenza

Tra le norme che appartengono allo stesso grado della scala gerarchica vale un secondo criterio ordinatore: il **principio di competenza**.

COMPETENZA GENERALE E COMPETENZA SPECIALE

In base a questo principio:
- alcuni atti normativi hanno una **competenza generale**, *possono cioè disciplinare qualsiasi materia*;
- altri atti normativi hanno una **competenza speciale**, *possono cioè disciplinare soltanto quelle specifiche materie che sono loro affidate.*

Ciò comporta che, a loro volta, gli atti normativi a competenza generale non possono invadere il campo riservato agli atti normativi a competenza speciale.
Possiamo ora procedere a un esame delle principali fonti del diritto che appartengono a ciascuno dei tre gradi della scala gerarchica, specificandone le rispettive competenze.

APPROFONDIMENTO

Come si citano le norme giuridiche

Ogni fonte del diritto ha un proprio nome che spesso viene citato in forma abbreviata; per esempio "Cost." per Costituzione, "l.cost." per legge costituzionale, "l." per legge, "cod. civ." oppure "c.c." per codice civile ecc.
Per tutti gli atti normativi occorre indicare gli elementi necessari per identificarli: si tratta di una **data** (che è la data della loro promulgazione o emanazione) e di un **numero** (che è un numero progressivo assegnato nel corso dell'anno). Per esempio: legge 4 maggio 1983 n. 184.
Tutti i testi normativi sono suddivisi in **articoli numerati**, che a loro volta sono suddivisi in **commi**: ogni comma è quella parte dell'articolo che inizia quando il testo va a capo. Ciò permette di individuare con precisione una singola disposizione.
Vengono usati vari modi per citare i commi di un articolo. In questo testo useremo sempre l'abbreviazione: "c.".
I testi normativi più lunghi sono anche suddivisi in *parti, titoli, capi* ecc., che raggruppano più articoli che trattano la stessa materia. Quando si considera una disposizione, è importante vedere sotto quale parte o quale titolo è compresa, perché questo può aiutare a capirne il significato (a interpretarla).

La Costituzione e le leggi costituzionali

La **Costituzione della Repubblica italiana**, entrata in vigore il 1° gennaio 1948, è un documento composto di 139 articoli, che stabilisce i principi fondamentali dell'ordinamento giuridico dello Stato italiano.

I principi contenuti nella Costituzione riguardano:

- sia i rapporti tra i cittadini e lo Stato;
- sia l'organizzazione dei pubblici poteri.

Essa è al vertice della gerarchia delle fonti del diritto.

COSTITUZIONE RIGIDA La Costituzione italiana è una **costituzione rigida**: ciò significa – come abbiamo visto in precedenza studiando il principio di gerarchia – *che essa non può essere modificata da norme di rango inferiore e, in particolare, dalle leggi ordinarie del parlamento.*
Le norme costituzionali possono essere modificate, integrate o abrogate soltanto dalle **leggi costituzionali**, *che vengono approvate dal parlamento con lo speciale procedimento e con la maggioranza dei 2/3, secondo quanto previsto dall'art. 138 della Costituzion*e.
In mancanza di tale maggioranza, è necessario un **referendum confermativo**, come quelli che hanno avuto luogo nel 2001 (che ha approvato la proposta di riforma del titolo V della Costituzione, che regola le autonomie locali) e nel 2006 (che ha respinto la proposta di riforma dell'intera parte seconda della Costituzione).

Le **leggi costituzionali** hanno pertanto lo *stesso rango* delle norme della Costituzione.

LAVORO SUL CASO

Nel 1938 il governo italiano emanò una legge che vietava agli ebrei di lavorare nella pubblica amministrazione e di frequentare le scuole.

- **Ai nostri giorni, nel 2016, il governo italiano potrebbe emanare una legge simile?**

 ## Le fonti primarie: le leggi e gli altri atti aventi forza di legge

Le leggi ordinarie Nella gerarchia delle fonti le fonti primarie del diritto si collocano immediatamente al di sotto della Costituzione e delle leggi costituzionali.

La fonte primaria per eccellenza è costituita dalle **leggi ordinarie** approvate dal parlamento.

I SIGNIFICATI DELLA PAROLA "LEGGE" Occorre avvertire che la parola "legge" viene spesso usata con un significato più ampio e generale.

ESEMPIO Se diciamo "i cittadini devono rispettare le leggi", non stiamo facendo riferimento a una particolare fonte del diritto, ma intendiamo dire che essi devono rispettare tutte le norme giuridiche dell'ordinamento, quale che sia la loro fonte.

Quando, invece, diamo alla parola "legge" il significato tecnico, che le è proprio, allora intendiamo riferirci esclusivamente a quegli *specifici atti normativi che vengono approvati dal parlamento*, che talvolta vengono anche designati "**leggi ordinarie**" per distinguerle da altre leggi (costituzionali, regionali).

LEGGE ORDINARIA

Le leggi vengono approvate dal parlamento e promulgate dal presidente della repubblica, secondo il procedimento stabilito dagli artt. 71-73 della Costituzione.

Il parlamento può disciplinare con legge qualsiasi materia rientri nella **competenza dello Stato**. Tutte le leggi incontrano il limite costituito dalle norme della Costituzione e delle leggi costituzionali alle quali esse sono subordinate in base al principio di gerarchia. Inoltre, per il principio di competenza, le leggi dello Stato non possono regolare le materie riservate alla competenza delle regioni e dell'Unione europea.

Gli altri atti aventi forza di legge   Il governo non ha potere legislativo: non può, quindi, fare le leggi. Tuttavia, in casi speciali, espressamente previsti dalla Costituzione (artt. 76 e 77), può emettere **atti aventi forza di legge** ordinaria, *che si collocano quindi sullo stesso piano gerarchico delle leggi del parlamento*; tali atti possono:

- modificare o abrogare leggi preesistenti;
- essere modificati o abrogati da leggi successive.

Ne esistono due tipi: i decreti-legge e i decreti legislativi.

DECRETI-LEGGE E DECRETI LEGISLATIVI

Il **decreto-legge** è un atto normativo deliberato dal governo "in casi straordinari di necessità e d'urgenza" (art. 77 Cost.).

È **immediatamente** efficace, *ma perde efficacia fin dall'inizio se non viene convertito in legge, vale a dire approvato dal parlamento con una legge, entro 60 giorni dalla data della sua pubblicazione.*

I codici

I **codici** sono *testi normativi che contengono una disciplina organica e completa di un certo ramo del diritto.* Essi non costituiscono una fonte del diritto a sé stante: vengono infatti emanati dal governo mediante **decreto legislativo** su delega del parlamento e hanno, quindi, l'efficacia propria dei decreti legislativi, cioè la *forza di legge.* I codici valgono quindi come le leggi; le loro norme possono essere modificate, abrogate o integrate dalla legge o da altri atti aventi forza di legge. I principali codici vigenti in Italia sono: il *codice civile,* il *codice penale,* il *codice di procedura civile,* il *codice di procedura penale,* il *codice della navigazione.*

Oltre a questi codici generali vi sono i *codici di settore*: sono anch'essi decreti legislativi su delega del parlamento, ma riguardano settori più limitati dell'ordinamento. Vi si ricorre da alcuni anni (in attuazione del d.lgs. 29 luglio 2003 n. 229 per il riordino del sistema legislativo), allo scopo di accorpare e armonizzare numerosi testi di legge sparsi, a volte anche parzialmente contraddittori fra loro. Di particolare importanza sono:

- il *codice per la protezione dei dati personali* (d.lgs. 30 giugno 2003 n. 196);
- il *codice dei beni culturali* (d.lgs. 22 gennaio 2004 n. 42);
- il *codice del consumo* (d.lgs. 6 settembre 2005 n. 206);
- il *codice delle assicurazioni private* (d.lgs. 7 settembre 2005 n. 209);
- il *codice del turismo* (d.lgs. 23 maggio 2011 n. 79).

La legge di conversione può introdurre parziali modifiche nel testo normativo del decreto-legge.

> Il **decreto legislativo** (detto anche **decreto delegato**) è un atto normativo deliberato dal governo sulla base di una legge di delega approvata dal parlamento, la quale delimita con precisione i poteri attribuiti al governo (art. 76 Cost.).

La legge-delega deve pertanto indicare e circoscrivere la materia per la quale il potere di legiferare è delegato al governo, i principi fondamentali e i criteri direttivi cui questo dovrà uniformarsi, il tempo entro il quale dovrà emanare il decreto legislativo.

ESEMPIO Nel caso del codice del turismo la Corte costituzionale ha ritenuto che molte sue norme andassero oltre i limiti indicati dalla legge delega e le ha quindi annullate.

L'USO DEI DECRETI LEGISLATIVI A partire dagli anni Novanta del secolo scorso si fa ricorso sempre più ampiamente ai decreti legislativi.

ESEMPIO Sono decreti legislativi gli atti normativi che servono a dare esecuzione in Italia agli obblighi derivanti dalla partecipazione all'Unione europea, soprattutto al fine di recepirne le direttive (l. 86/1989). Vi si ricorre pure quando si intende riordinare in un unico testo una disciplina legislativa precedentemente dispersa in più testi. Vi si ricorre, infine, e con crescente frequenza, sia per realizzare con maggior efficacia la linea politica del governo e della maggioranza che lo sostiene, sia per regolare materie particolarmente ampie e complesse, ove le esigenze di chiarezza nei principi e di coerenza, rigore e precisione nelle soluzioni tecnico-giuridiche da adottare sono presenti al massimo grado.

4 Le leggi regionali

> Le **leggi regionali** sono le principali fonti del diritto di competenza regionale: sono approvate dai consigli regionali e sono vigenti solo all'interno del territorio di ciascuna regione.

A queste vanno aggiunte le leggi provinciali delle province di Trento e Bolzano che eccezionalmente, a differenza di tutte le altre province, sono trattate come regioni e hanno potere legislativo.

Fino al 2001 lo Stato aveva la competenza legislativa generale, mentre alle regioni spettava una competenza legislativa limitata alle materie espressamente attribuite loro dalla Costituzione. La riforma costituzionale del 2001, che ha innovato l'intero titolo V della Costituzione, ha capovolto questo rapporto. L'attuale art. 117 Cost. indica:

- le materie che restano alla competenza **esclusiva dello Stato** (c. 2);
- le materie che sono, invece, attribuite alla **competenza concorrente** dello Stato e delle regioni (c. 3); in queste ultime *lo Stato ha competenza solo per determinare i principi fondamentali cui la legislazione regionale dovrà attenersi.*

Infine il c. 4 stabilisce che la potestà legislativa spetta alle regioni "in riferimento ad *ogni materia non espressamente riservata alla legislazione dello Stato*".

Le regioni hanno dunque oggi una **competenza generale**, che si estende a tutte le materie che la Costituzione non riserva espressamente allo Stato.
Se un atto normativo, statale o regionale che sia, *non si attiene alle regole dell'art. 117 Cost., è incostituzionale e quindi soggetto a essere annullato dalla Corte costituzionale.*

5 Le fonti secondarie: i regolamenti del potere esecutivo e degli enti pubblici territoriali

Le fonti secondarie si collocano al terzo grado della scala gerarchica delle fonti del diritto, al di sotto delle norme costituzionali, delle leggi e delle altre norme primarie.

Le fonti secondarie sono costituite da vari tipi di **regolamenti** adottati dal potere esecutivo.

I regolamenti vengono emanati:

- dagli organi dello Stato, cioè dal consiglio dei ministri, dai singoli ministri, oppure da altre autorità della pubblica amministrazione a essi subordinate, come per esempio i prefetti;
- dagli enti pubblici territoriali, vale a dire regioni, province e comuni.

In base al **principio di gerarchia** tali regolamenti "non possono contenere norme in contrasto con le disposizioni di legge" (art. 4 disp. prel. cod. civ.). Altrimenti essi sono **illegittimi** *e quindi soggetti all'annullamento da parte del giudice amministrativo.*
Lo stesso art. 4 aggiunge che i regolamenti adottati da autorità amministrative inferiori non possono "dettare norme contrarie a quelle dei regolamenti emanati dal governo".

ESEMPIO Il regolamento emanato da un prefetto non può contrastare il regolamento emanato dal ministro (che è l'autorità gerarchicamente superiore al prefetto).

FINALITÀ

Lo scopo principale dei regolamenti è quello *di stabilire norme per l'applicazione delle leggi*. Molto spesso, infatti, le leggi si limitano a regolare, in modo generale, una certa materia; spetta poi al potere esecutivo definire in modo più particolareggiato le modalità di attuazione della medesima. I regolamenti di questo tipo vengono detti **regolamenti esecutivi**.

Il potere esecutivo può tuttavia emanare anche **regolamenti indipendenti**, che disciplinano materie che non sono regolate dalla legge (o da atti aventi forza di legge).

RISERVA DI LEGGE

La riserva di legge Vi sono alcune materie che il potere esecutivo non può disciplinare con i propri regolamenti, perché la Costituzione ha voluto attribuire tale compito esclusivamente alla legge. Si parla in tale caso di materie coperte dalla **riserva di legge**.

I casi di riserva di legge sono molto numerosi nella Costituzione: lo scopo è di garantire che su determinati argomenti possa pronunciarsi soltanto il parlamento (che è espressione della sovranità popolare) e non il potere esecutivo.

ESEMPIO L'art. 13 c. 2 della Costituzione pone a tutela della libertà personale una riserva di legge stabilendo che essa può essere limitata solo nei casi previsti da una legge approvata dal parlamento sottraendo al potere esecutivo la possibilità di regolare in modo eventualmente arbitrario la materia.

Anche gli atti aventi forza di legge possono regolare materie protette dalla riserva di legge perché sono atti emanati sì dal potere esecutivo ma sotto il controllo del parlamento, che si realizza mediante:

- la conversione dei decreti-legge, che ne conferma successivamente la normativa in modo definitivo;
- la legge-delega, che costituisce il presupposto preliminare dei decreti legislativi.

LAVORO SUL TESTO

Sfoglia il testo della Costituzione e individua almeno 5 norme che contengano una riserva di legge.
- Compila poi una tabella che sintetizzi i dati che hai così raccolto.

6 La normativa comunitaria

La normativa dell'Unione europea è di due tipi principali: i **regolamenti** e le **direttive**.

> I **regolamenti comunitari** *sono norme emanate dagli organi dell'Unione europea* che si applicano *direttamente* nell'ordinamento giuridico italiano, in tutte le materie nelle quali l'Italia, come gli altri Stati membri dell'Unione, *ha rinunciato alla propria sovranità a favore della normazione comunitaria* (art. 288 c. 2 TFUE, Trattato sul funzionamento dell'Unione europea).

REGOLAMENTI COMUNITARI

Per il principio di competenza *nessuna fonte del diritto interno può contenere disposizioni contrastanti con quelle dei regolamenti comunitari*; se le contiene, *dev'essere direttamente disapplicata* dal giudice.

Tutt'altra natura hanno le **direttive comunitarie**.

DIRETTIVE COMUNITARIE

> Le **direttive** sono disposizioni emanate dagli organi sovranazionali dell'Unione europea, che gli Stati membri *sono obbligati a recepire allo scopo di armonizzare le legislazioni interne* su materie che sono ritenute di particolare importanza.

Esse **non hanno** efficacia diretta nei singoli ordinamenti nazionali.

ESEMPIO Una parte consistente della normativa italiana di tutela del consumatore, introdotta a partire dalla fine degli anni Ottanta del XX secolo e confluita in gran parte nel *codice del consumo* (d.lgs. 206/2005), è stata introdotta in Italia in esecuzione di direttive comunitarie.

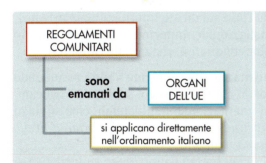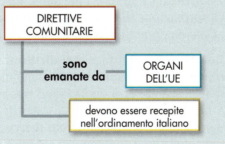

Regolamenti e direttive a confronto

7 I trattati internazionali

Ogni Stato è un'entità sovrana e indipendente. Le relazioni tra gli Stati si basano su un piano di **parità formale**: *tutti gli Stati sono giuridicamente uguali e hanno gli stessi diritti*, quali che siano la loro forza militare, dimensione e potenza economica.

> Le relazioni che si stabiliscono tra gli Stati costituiscono un particolare tipo di società, che viene chiamata **società internazionale** o **comunità internazionale**.

LA COMUNITÀ INTERNAZIONALE

I **soggetti** *che vi partecipano sono gli Stati in quanto tali* o, più realisticamente, quegli apparati che all'interno di ogni Stato detengono il potere politico.

> Le norme giuridiche che regolano la comunità internazionale prendono il nome di **diritto internazionale**.

Esse possono derivare da *consuetudini*, oppure da *trattati*.

I TRATTATI INTERNAZIONALI

Il **trattato** è un *accordo tra due o più Stati che regola questioni di interesse comune*, su un piano di reciprocità.

Un trattato vincola soltanto gli Stati che l'hanno sottoscritto; può essere:

- **bilaterale**, quando viene stipulato solo da due paesi;
- **multilaterale**, quando viene stipulato da più paesi; in questo secondo caso l'iniziativa parte di solito da un'organizzazione internazionale, come per esempio l'Onu.

Dopo la firma, il trattato dev'essere approvato dagli organi statali competenti secondo le diverse regole vigenti in ciascun ordinamento.

LA RATIFICA

L'approvazione di un trattato prende il nome di **ratifica**.

Nell'ordinamento italiano la ratifica dei trattati su questioni di maggiore importanza *dev'essere approvata dal parlamento mediante legge ordinaria* (art. 80 Cost.).

CONTENUTO DEI TRATTATI INTERNAZIONALI

I trattati internazionali possono riguardare gli argomenti più diversi: dalla costituzione di enti di diritto internazionale pubblico, quali per esempio l'Onu (Organizzazione delle nazioni unite) o la Nato (North Atlantic Treaty Organization, trattato di assistenza reciproca militare) o il Wto (World Trade Organization, trattato sull'organizzazione del commercio mondiale) o l'Omt (Organizzazione mondiale del turismo), alla regolazione dei rapporti fra due Stati (soprattutto economici o militari), alla regolazione dei **conflitti di leggi** (come i numerosi trattati della Conferenza permanente de L'Aia sul diritto internazionale privato), alla formazione di regole di diritto transnazionale uniforme (come per esempio la Convenzione di Vienna del 1980 sulla vendita internazionale di merci).

IL DIRITTO TRANSNAZIONALE UNIFORME

I trattati contenenti regole di **diritto transnazionale uniforme** vanno assumendo un'importanza sempre maggiore nel mondo contemporaneo, soprattutto nel campo degli scambi economici: sono trattati internazionali multilaterali, cioè stipulati da molti paesi, *che hanno lo scopo di costruire una disciplina uniforme a livello internazionale per regolare una determinata materia*.
In genere la preparazione e la redazione di tali trattati hanno luogo su iniziativa di organizzazioni pubbliche internazionali, quali per esempio l'Onu o il Wto o l'Omt. Il diritto transnazionale uniforme permette di superare le barriere costituite dai singoli ordinamenti statali e di disciplinare nello stesso modo determinate materie tutte le volte in cui si è in presenza di un elemento di *estraneità*.

CONTRASTO TRA REGOLE INTERNAZIONALI E REGOLE INTERNE ITALIANE

Quando vi è un **contrasto** tra una regola del diritto interno nazionale italiano e una delle varie regole che hanno origine in trattati internazionali ratificati dall'Italia, *sarà sempre la regola del trattato a prevalere*.

 8 La consuetudine

La grande maggioranza delle norme giuridiche del nostro ordinamento deriva da atti deliberati da pubblici poteri e redatti **in forma scritta** (come sono quelli che abbiamo finora considerato). Tuttavia, nella società operano anche norme giuridiche non scritte di origine consuetudinaria, che in parte si tramandano da tempi lontani, in parte si ricreano continuamente.

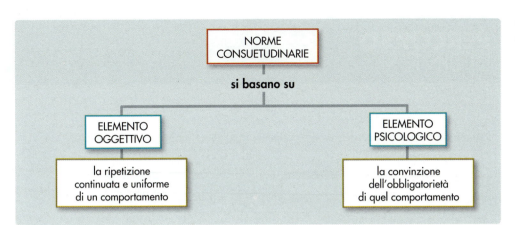

Perché si formino delle norme consuetudinarie devono essere presenti **due elementi**:

- uno **oggettivo**, *che consiste nella ripetizione, continuata e uniforme, di un certo comportamento da parte di un gruppo sociale*;
- uno **psicologico**, *ovvero la convinzione da parte dei membri di quel gruppo sociale dell'obbligatorietà di quel comportamento*.

Ovviamente le consuetudini possono variare a seconda dei luoghi e dei gruppi sociali. Poiché nella società le norme di tipo consuetudinario tendono a crearsi spontaneamente e in modo continuo, il problema è quello di stabilire *quale rapporto esse possono avere con le altre fonti, cioè con il diritto scritto*.
Con la nascita dello Stato moderno si è cercato di razionalizzare il più possibile il diritto, trasformandolo in diritto scritto e statale e relegando la consuetudine a un ruolo secondario.

Questo orientamento emerge anche nell'ordinamento giuridico italiano: l'art. 8 delle disposizioni preliminari al codice civile (dette anche preleggi) dispone infatti che "nelle materie regolate dalle leggi e dai regolamenti gli usi *hanno efficacia solo in quanto siano da essi richiamati*".
Da questa disposizione si possono ricavare le seguenti tre regole:

a) *non sono ammesse le consuetudini contrarie al diritto scritto*: quindi, in caso di contrasto tra una norma consuetudinaria e una norma del diritto scritto, è sempre quest'ultima a prevalere;

b) nelle materie regolate dal diritto scritto le norme consuetudinarie *valgono solo se sono esplicitamente richiamate dalla legge*; `ESEMPIO` l'art. 1182 c. 1 stabilisce che il luogo dell'adempimento di una prestazione può essere stabilito in base agli usi, e soltanto in mancanza di usi si applicano le disposizioni contenute nei commi successivi;

c) nelle materie non regolate dal diritto scritto la consuetudine può produrre norme giuridiche pienamente efficaci.

L'accertamento dell'esistenza e del contenuto di una consuetudine può essere anche assai difficoltoso: per facilitarne la conoscenza, le consuetudini locali vengono spesso raccolte e pubblicate a cura delle camere di commercio locali. Tali pubblicazioni non hanno però il valore di fonti del diritto, ossia non trasformano le norme consuetudinarie in norme scritte. Infatti chi ritenga che una consuetudine locale sia diversa da come risulta da tali pubblicazioni può farla valere, se riesce a provarne l'esistenza (art. 9 disp. prel. cod. civ.).

LE FONTI DEL DIRITTO

Le norme giuridiche possono essere costituite, modificate o abrogate:

| per decisione di un'autorità pubblica | ATTI NORMATIVI |
| per uso costante | CONSUETUDINE |

LE FONTI DEL DIRITTO ITALIANO

- **Costituzione e leggi costituzionali**
- **Fonti primarie:**
  - leggi ordinarie
  - decreti-legge
  - decreti legislativi
  - leggi regionali
- **Fonti secondarie:**
  - regolamenti

I SOGGETTI COMPETENTI A EMANARE I DIVERSI TIPI DI ATTI NORMATIVI

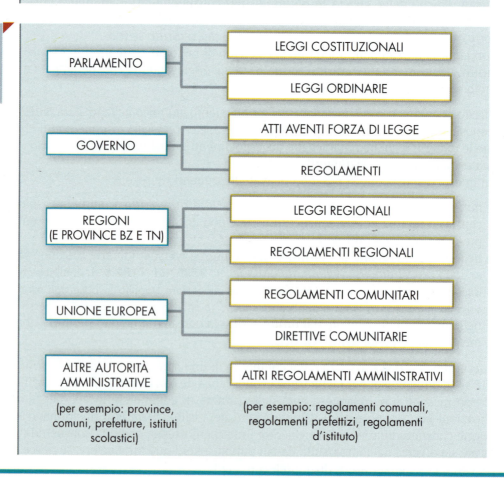

PARLAMENTO
- LEGGI COSTITUZIONALI
- LEGGI ORDINARIE

GOVERNO
- ATTI AVENTI FORZA DI LEGGE
- REGOLAMENTI

REGIONI (E PROVINCE BZ E TN)
- LEGGI REGIONALI
- REGOLAMENTI REGIONALI

UNIONE EUROPEA
- REGOLAMENTI COMUNITARI
- DIRETTIVE COMUNITARIE

ALTRE AUTORITÀ AMMINISTRATIVE
- ALTRI REGOLAMENTI AMMINISTRATIVI

(per esempio: province, comuni, prefetture, istituti scolastici)

(per esempio: regolamenti comunali, regolamenti prefettizi, regolamenti d'istituto)

<table>
<tr>
<td>**LE FONTI DEL DIRITTO INTERNAZIONALE: LA NORMATIVA COMUNITARIA**</td>
<td></td>
</tr>
</table>

- Trattati *bilaterali* e trattati *multilaterali*

- *Diversi contenuti dei trattati internazionali:*
  - costituzione e funzionamento di enti di diritto internazionale pubblico
  - regolazione dei rapporti fra due Stati
  - regolazione del diritto internazionale privato
  - formazione di regole di diritto transnazionale uniforme

LA CONSUETUDINE

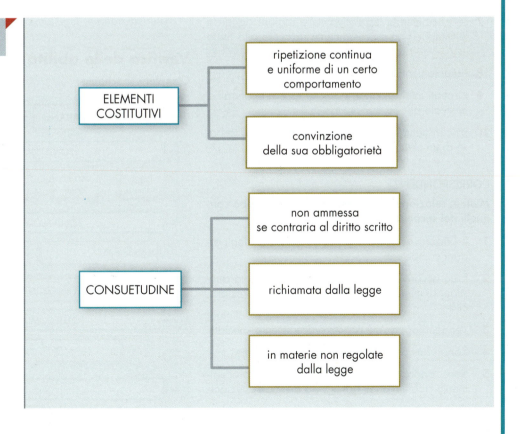

Verifica delle conoscenze

VERO O FALSO
Indica se le seguenti affermazioni sono vere o false.

1 Le fonti del diritto sono gli atti deliberati dai soggetti pubblici che producono, modificano o abrogano le norme giuridiche ☐V ☐F

2 Il rapporto tra le diverse fonti è regolato esclusivamente dal principio della competenza ☐V ☐F

3 La Costituzione non può essere modificata da una legge ordinaria ☐V ☐F

4 Il governo ha potere legislativo ☐V ☐F

5 I codici vengono emanati dal governo sotto forma di decreto legislativo ☐V ☐F

6 Gli atti normativi a competenza speciale non possono disciplinare le materie regolate da atti di competenza generale ☐V ☐F

7 La competenza legislativa delle regioni riguarda le materie non espressamente riservate allo Stato ☐V ☐F

8 I regolamenti sono fonti primarie ☐V ☐F

9 I trattati internazionali possono essere bilaterali o multilaterali ☐V ☐F

10 La consuetudine si forma esclusivamente sulla base di un elemento di carattere psicologico ☐V ☐F

CORRISPONDENZE
Metti in relazione gli elementi del primo gruppo con quelli del secondo.

1 È l'approvazione di un trattato da parte degli organi competenti

2 È un accordo tra due o più Stati che regola questioni di interesse comune, su un piano di reciprocità

3 Vengono approvate con un procedimento speciale

4 Sono i fatti che producono norme non scritte

5 Sono approvate dal parlamento con il procedimento stabilito dagli artt. 71-73 della Costituzione

a consuetudini
b leggi costituzionali
c leggi ordinarie
d ratifica
e trattato internazionale

1	2	3	4	5

COMPLETAMENTO
Inserisci i termini mancanti (attenzione ai distrattori!).

1 Le norme primarie possono essere poste e modificate da maggioranze ...., ma non possono mai uscire da quella cornice delimitatrice che è costituita dalle norme ....

qualificate; speciali; semplici; costituzionali; legislative.

2 Le norme secondarie sono emanate dal potere .... entro i limiti definiti dal potere .... e sotto il suo controllo.

giurisdizionale; legislativo; esecutivo.

Verifica delle abilità

Completa lo schema.

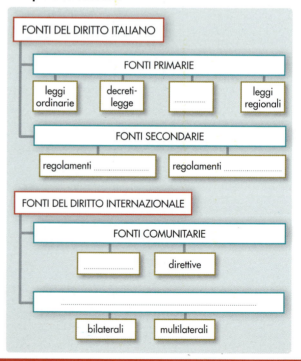

FONTI DEL DIRITTO ITALIANO

FONTI PRIMARIE

leggi ordinarie — decreti-legge — .... — leggi regionali

FONTI SECONDARIE

regolamenti .... — regolamenti ....

FONTI DEL DIRITTO INTERNAZIONALE

FONTI COMUNITARIE

.... — direttive

....

bilaterali — multilaterali

DI CHE COSA STIAMO PARLANDO?

Rispondi dopo aver letto gli indizi.

1 Negli ordinamenti moderni le norme possono essere prodotte per mezzo di atti diversi e da parte di soggetti pubblici diversi ....

2 Le norme di grado inferiore non possono contenere norme in contrasto con quelle di grado superiore ....

3 Vi rientrano le materie che il potere esecutivo non può disciplinare con propri regolamenti ....

4 È costituita dalle relazioni che si stabiliscono tra gli Stati ....

5 Si applicano direttamente nell'ordinamento giuridico degli Stati membri ....

CACCIA ALL'ERRORE

Individua e correggi le parole errate.

1 Le consuetudini producono norme scritte ....

2 Un decreto legislativo perde efficacia se non viene convertito in legge entro 60 giorni ....

3 Gli atti normativi hanno competenza speciale se possono disciplinare qualsiasi materia ....

4 I regolamenti comunitari devono essere recepiti dai singoli Stati membri ....

5 L'elemento oggettivo della consuetudine consiste nella convinzione di osservare un comportamento obbligatorio ....

QUESITI A RISPOSTA SINGOLA

Rispondi utilizzando non più di 4 righe.

1 Le norme giuridiche non hanno tutte la stessa *forza*. In che senso?

2 *What is the difference between primary and secondary sources of law?*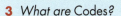

3 *What are Codes?*

4 Quali differenze esistono tra *regolamenti* e *direttive comunitarie*?

5 In che cosa consiste la *ratifica* di un trattato internazionale?

Trattazione sintetica di argomenti

1 In base al dettato del principio di competenza, evidenzia in quali materie e con quali modalità le regioni possono esercitare il potere legislativo, soffermandoti in particolare sul settore turistico.

2 *Explain what happens when an EU provision is inconsistent with an internal source.*

3 *Focus on the meaning of custom and discuss the circumstances in which it becomes a source of law.*

Unità 4
L'efficacia delle norme nel tempo e nello spazio

 **Unit by Unit**

In Unit 4 you will learn that an Act becomes effective (i.e. becomes part of the legal system) on the fifteenth day following its publication. It loses effectiveness in the following cases: expiry of the term, implied repeal by a subsequent norm of an equal or higher ranking, as a result of a referendum, by express repeal, if the act is contrary to one of higher degree. Laws may not have retroactive effect unless this is expressly provided; for criminal law, however, it can never be retroactive. The policing and criminal laws apply to all those who are in the Italian territory. If foreign nationals are involved, the Italian judge may also apply the laws of other jurisdictions, according to the criteria of private international law.

1 L'entrata in vigore degli atti normativi

Ogni atto normativo deve essere **deliberato** da parte degli organi competenti (a seconda dei casi il parlamento, il governo, i consigli regionali ecc.) *sèguendo le procedure prescritte*. Tuttavia, la deliberazione non è ancora una condizione sufficiente per renderlo **efficace**, *cioè obbligatorio per tutti*. Perché questo avvenga, gli atti normativi devono essere **pubblicati**, *in modo che tutti i soggetti interessati abbiano la possibilità di venirne a conoscenza*.

PUBBLICAZIONE   Le leggi e gli altri atti normativi dello Stato centrale (atti aventi forza di legge, regolamenti governativi e ministeriali) vengono pubblicati sulla *Gazzetta ufficiale della Repubblica Italiana*, gli altri atti normativi su altre pubblicazioni ufficiali: le leggi regionali sui *Bollettini ufficiali delle regioni*; i regolamenti comunitari sulla *Gazzetta ufficiale dell'Unione europea*.

ENTRATA IN VIGORE   L'atto normativo **entra in vigore**, di regola, *il quindicesimo giorno successivo alla pubblicazione*; tale periodo (detto *vacatio legis*) può essere abbreviato (in caso di urgenza) oppure allungato (nel caso di atti normativi particolarmente lunghi e complessi), ma il diverso termine deve essere espressamente indicato nell'atto normativo stesso.

Una volta entrato in vigore, l'atto normativo **entra a far parte** dell'ordinamento giuridico e diventa **efficace** *anche nei confronti di coloro che di fatto non lo conoscono*. Da quel momento vale infatti il principio secondo il quale *nessuno può invocare come scusante l'ignoranza della legge* (e di qualsiasi altra norma giuridica).

La perdita di efficacia degli atti normativi

Le leggi e gli altri atti normativi possono nascere con una durata prefissata (per esempio, 6 mesi o un anno). Questa circostanza può verificarsi soprattutto nel caso di provvedimenti di natura economica che devono svolgere la loro funzione per un periodo di tempo limitato.

> Gli atti normativi a termine perdono efficacia alla loro **scadenza**.

Per lo più, gli atti normativi non hanno una durata prestabilita: *essi sono quindi destinati a rimanere in vigore a tempo indeterminato* e perdono la loro efficacia soltanto se vengono **abrogati** oppure **annullati**.

L'abrogazione

> Per **abrogazione** si intende l'eliminazione di una norma effettuata da un atto normativo successivo.

Nell'abrogare la norma precedente il nuovo atto normativo può:

- sostituirla con un'altra norma;
- modificarla;
- semplicemente eliminarla.

Per il **principio di gerarchia** *una norma può essere abrogata soltanto da una norma dello stesso rango* (o di rango superiore).

ESEMPIO Le norme della Costituzione possono essere abrogate soltanto dalle leggi costituzionali; le norme delle leggi (e degli atti aventi forza di legge) possono essere abrogate soltanto da una legge (o da un atto avente forza di legge) ecc.

L'abrogazione di una norma precedente da parte di un atto normativo successivo (di pari grado) può avvenire in due circostanze diverse (art. 15 disp. prel. cod. civ.):

a) in **modo espresso**, *quando l'atto normativo successivo indica con precisione qual è il testo normativo che abroga;*
b) in **modo tacito**, *quando l'atto normativo successivo, pur non affermando espressamente che le disposizioni precedenti sono abrogate, contiene norme che sono con queste incompatibili:* in questo caso vale infatti il principio generale secondo il quale *tra due norme in contrasto tra loro prevale sempre quella più recente;*
ESEMPIO l'art. 1 delle disposizioni preliminari al codice civile che definisce come fonti del diritto le leggi, i regolamenti, le norme corporative e gli usi non può essere più considerato pienamente efficace dopo l'entrata in vigore della Costituzione.

LAVORO SUL TESTO

Sfoglia il testo della Costituzione e individua alcuni degli articoli che sono stati abrogati oppure modificati. Per ciascuno indica:

- qual è l'atto normativo che ha operato l'abrogazione o la modifica;
- se si è trattato di abrogazione espressa o tacita;
- se l'articolo è stato eliminato;
- se è stato sostituito in tutto o in parte con un altro testo.

Compila poi una tabella che sintetizzi le informazioni che hai così raccolto.

L'abrogazione tacita può dar luogo a incertezze a volte anche gravi: non è sempre chiaro, infatti, se vi sia un'effettiva incompatibilità fra la vecchia e la nuova norma.

REFERENDUM ABROGATIVO Le leggi e gli atti aventi forza di legge possono essere abrogati anche in un altro modo: mediante un **referendum popolare**, *cioè attraverso una votazione, secondo le modalità stabilite nell'art. 75 della Costituzione.* ESEMPIO Nel referendum che si è svolto nel giugno 2011 i cittadini hanno votato a favore dell'abrogazione della normativa che prevedeva la realizzazione sul territorio nazionale di impianti di energia nucleare.

I modi dell'abrogazione

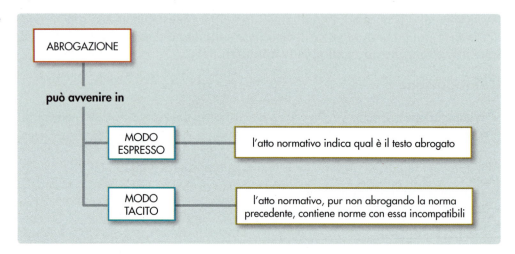

L'annullamento

CONTRASTO CON NORME DI GRADO PIÙ ELEVATO L'**annullamento** è l'eliminazione dall'ordinamento di una norma giuridica invalida (non valida), perché in contrasto con una disposizione che si colloca a un grado più elevato della scala gerarchica delle fonti del diritto.

L'annullamento deve essere pronunciato con **sentenza** da un giudice, *il quale accerti l'esistenza di tale contrasto e tolga efficacia alla norma invalida senza poterla modificare né sostituire con un'altra.* In particolare:

- le **leggi** (e le altre norme primarie) in contrasto con la Costituzione (ossia **incostituzionali**) *possono essere annullate dalla Corte costituzionale;*
- gli **atti normativi secondari** (i regolamenti) in contrasto con la legge (ossia **illegittimi**) *possono essere annullati dal giudice amministrativo.*

③ La non retroattività degli atti normativi

PRINCIPIO GENERALE DI NON RETROATTIVITÀ L'art. 11 delle disposizioni preliminari al codice civile stabilisce: *"La legge non dispone che per l'avvenire: essa non ha effetto retroattivo".*
In base a questo principio, quando una nuova norma entra in vigore, abrogando o sostituendo disposizioni precedenti, essa si applica **soltanto** a quelle situazioni e a quei comportamenti *che si verificano in un periodo di tempo successivo all'entrata in vigore della norma stessa.*

ESEMPIO Se una legge aumenta le aliquote dell'imposta sul reddito, i contribuenti devono pagare la maggiorazione soltanto in relazione ai redditi percepiti nell'anno successivo a quello in cui la legge è entrata in vigore, mentre ai redditi degli anni precedenti si continuano ad applicare le vecchie aliquote.

ESEMPIO Se una legge stabilisce nuove regole per il rilascio delle concessioni edilizie, queste si applicheranno solo alle concessioni non ancora rilasciate; invece, quelle già rilasciate devono restare regolate dalle norme precedenti.

NORME TRANSITORIE

Questo principio, *che ha evidentemente lo scopo di salvaguardare la certezza del diritto*, non è però sempre di facile applicazione. In molti casi può sorgere il dubbio se si debba applicare la vecchia o la nuova disciplina. Per evitare questo inconveniente accade spesso che una nuova legge contenga **norme transitorie** *che sono finalizzate a regolare il passaggio dalla regolamentazione precedente a quella nuova.*

ESEMPIO Il testo della Costituzione si conclude con le "Disposizioni transitorie e finali" che hanno appunto lo scopo di regolare il passaggio dal vecchio al nuovo ordinamento dello Stato; anche il codice civile contiene, in chiusura, le "Disposizioni per l'attuazione del codice civile e disposizioni transitorie".

Le leggi retroattive Il principio secondo cui le leggi non hanno efficacia retroattiva vale come regola generale, ma ammette alcune **eccezioni**. Poiché esso viene enunciato nella premessa al codice civile, esso ha "forza di legge" e può dunque essere disapplicato da singole leggi, *che abbiano lo stesso rango nella gerarchia delle fonti del diritto.* Ciò significa che una nuova legge *può avere efficacia retroattiva purché essa lo dica espressamente.*

ECCEZIONI AL PRINCIPIO DI NON RETROATTIVITÀ

ESEMPIO Può accadere che una legge che introduce una nuova imposta faccia decorrere i suoi effetti da una data anteriore alla sua entrata in vigore (per esempio, 1° gennaio dell'anno in corso).

Si noti tuttavia che tale efficacia retroattiva è una *circostanza eccezionale* e *che pertanto opera solo quando sia esplicitamente menzionata dalla legge in questione.*

Le leggi penali La retroattività della legge *è invece vietata in modo assoluto in materia penale*, cioè per quelle leggi che stabiliscono i reati e le relative pene. Questo divieto è contenuto in una norma costituzionale (e quindi di rango superiore a quello delle leggi ordinarie) la quale afferma che "nessuno può essere punito se non in forza di *una legge che sia entrata in vigore prima del fatto commesso*" (art. 25 c. 2 Cost.).

NON RETROATTIVITÀ DELLA LEGGE PENALE

LAVORO SUL CASO

Marco è un ciclista professionista. Per migliorare le proprie prestazioni atletiche utilizza, su consiglio del medico, una sostanza attualmente non proibita dalle leggi. Un anno dopo viene introdotta nel codice penale una norma che prevede pene detentive e pecuniarie per coloro che fanno uso di quella sostanza. Marco è preoccupato perché ha sempre ammesso di aver assunto tale sostanza fino a quel momento.

● **Marco sarà condannato?**

L'efficacia delle norme nello spazio

NORME AD AMBITO DI APPLICAZIONE TERRITORIALE

Le norme degli ordinamenti giuridici statali sono efficaci soltanto all'interno dei confini di ciascuno Stato.

ESEMPIO Le norme dell'ordinamento giuridico italiano si applicano all'interno del territorio dello Stato italiano, quelle dell'ordinamento giuridico francese nel territorio dello Stato francese e così via.

Questa regola è apparentemente intuitiva ed evidente. Ma essa vale in modo assoluto soltanto per le **leggi penali** e **di polizia**, *che hanno un ambito territoriale di applicazione e che obbligano tutti coloro che si trovano nel territorio dello Stato* (art. 17 l. 218/1995), compresi gli stranieri.

CONFLITTI DI LEGGI: IL DIRITTO INTERNAZIONALE PRIVATO

Nel campo del **diritto privato**, invece, si possono creare situazioni più complesse.

ESEMPIO Può accadere che un cittadino italiano stipuli un contratto con uno straniero; che un cittadino italiano sposi una straniera; che un cittadino straniero ottenga una sentenza che condanna un cittadino italiano a risarcirgli un danno; che un cittadino italiano acquisti un appartamento situato all'estero; che uno straniero acquisti un terreno situato in Italia; che un giudice italiano sia chiamato a pronunciarsi sull'interpretazione di un testamento redatto in Italia da un cittadino francese, oppure su un contratto di compravendita stipulato a Roma tra due cittadini tedeschi avente per oggetto una partita di merci che si trova in Olanda e dev'essere consegnata in Italia.

In tutti i casi come questi si verifica un **conflitto di leggi**, che dev'essere risolto, individuando la legge da applicare a ciascuna controversia: a questo scopo si applicano le norme del diritto internazionale privato, contenute per la maggior parte nella legge 218/1995.

ESEMPIO In caso di controversie riguardanti la proprietà di una cosa, il giudice italiano dovrà applicare la legge del luogo in cui la cosa si trova (art. 51 l. 218/1995); in caso di controversie su un'eredità, dovrà invece applicare la legge dello Stato di cui era cittadina, al momento della morte, la persona della cui eredità si tratta (art. 46 l. 218/1995); se invece si tratta di controversie intorno alla separazione dei coniugi, si applica, se manca un'unica legge comune fra i coniugi, la legge del luogo nel quale la vita matrimoniale è prevalentemente localizzata (art. 31 l. 218/1995).

DIRITTO INTERNAZIONALE PRIVATO

La Conferenza di diritto internazionale privato

Un organismo internazionale molto importante è la Conferenza di diritto internazionale privato, cui aderiscono tutti i paesi del mondo e che ha sede a L'Aia, capitale olandese. Gran parte dei trattati multilaterali di diritto internazionale privato sono stipulati in questo ambito: per esempio, la Convenzione de L'Aia sull'adozione internazionale, cui ha dato attuazione in Italia una parte della l. 184/1983 sull'adozione.

EFFICACIA DEGLI ATTI NORMATIVI

Un atto normativo entra in vigore il quindicesimo giorno dopo la pubblicazione; da quel momento:

- l'atto acquista efficacia
- si presume che tutti lo conoscano → non è ammessa l'ignoranza della legge

LA PERDITA DI EFFICACIA

Un atto normativo perde efficacia:

- per **scadenza del termine** (*se esiste*)
- per **abrogazione**
  - da parte di un atto normativo successivo di pari grado
  - da parte di un referendum popolare (solo per le leggi e gli atti aventi forza di legge)
- per **annullamento**
  - da parte di una sentenza pronunciata da un giudice per contrasto con un atto normativo di rango superiore

L'EFFICACIA DI UN ATTO NORMATIVO NEL TEMPO

- In generale, la legge **non ha** efficacia retroattiva
- Le leggi **possono avere** efficacia retroattiva **solo se** lo prevedono **espressamente**
- Le leggi penali non sono mai retroattive

L'EFFICACIA DI UN ATTO NORMATIVO NELLO SPAZIO

NORME
- penali e **di polizia** → si applicano a tutti coloro che si trovano nel territorio dello Stato italiano
- di **diritto privato** → se sono coinvolti cittadini stranieri o cose che si trovano all'estero, il giudice italiano può applicare anche leggi di altri ordinamenti giuridici, secondo i criteri del *diritto internazionale privato*

- Le **norme di diritto internazionale privato** sono principalmente contenute nella legge 218/1995; sono anche contenute in regolamenti dell'Unione europea o in trattati internazionali

VERIFICA
DI FINE UNITÀ

Verifica delle conoscenze

VERO O FALSO
Indica se le seguenti affermazioni sono vere o false.

1 Ogni atto normativo entra in vigore una volta che è stato deliberato dall'organo competente ☐V ☐F

2 Se voglio prendere visione di una legge regionale, devo consultare il Bollettino ufficiale della regione ☐V ☐F

3 Alcuni atti normativi possono avere una durata prestabilita ☐V ☐F

4 Un atto normativo può perdere efficacia se viene abrogato ☐V ☐F

5 L'abrogazione può avvenire soltanto in modo espresso ☐V ☐F

6 L'annullamento riguarda le norme giuridiche invalide ☐V ☐F

7 L'annullamento viene pronunciato con sentenza ☐V ☐F

8 Il principio della non retroattività della legge è stabilito dalla Costituzione ☐V ☐F

9 La non retroattività ha lo scopo di garantire la certezza del diritto ☐V ☐F

10 Gli atti normativi non possono contenere disposizioni transitorie ☐V ☐F

CORRISPONDENZE
Metti in relazione gli elementi del primo gruppo con quelli del secondo.

1 È l'eliminazione di una norma per effetto di un atto normativo successivo

2 L'atto normativo indentifica con precisione il testo che intende abrogare

3 Non possono essere retroattive

4 Elimina dall'ordinamento una norma giuridica invalida

5 Sono efficaci solo entro i confini di ciascuno Stato

a leggi penali
b norme degli ordinamenti giuridici statali
c annullamento
d abrogazione
e abrogazione espressa

1	2	3	4	5

COMPLETAMENTO
Inserisci i termini mancanti (attenzione ai distrattori!).

Una nuova legge .... avere efficacia retroattiva purché essa lo dica espressamente. Invece, la .... della legge è vietata in modo assoluto in materia penale; questo divieto è contenuto in una norma .... che è, quindi, di rango superiore a quello delle leggi ordinarie.

giuridica; irretroattività; retroattività; può; costituzionale; deve.

Verifica delle abilità

Completa lo schema.

UN ATTO NORMATIVO

diventa efficace
....
....

ENTRATA IN VIGORE

può essere annullato

con ....

da un atto successivo dello stesso rango o
....

con referendum popolare

in modo ....

in modo ....

può essere abrogato

DI CHE COSA STIAMO PARLANDO?
Rispondi dopo aver letto gli indizi.

1 Vi rientrano le norme contenute nella l. 218/1995 (e successive modifiche), nei regolamenti dell'Unione europea o nei trattati internazionali

2 È il principio contenuto nell'art. 11 delle disposizioni preliminari al codice civile ....

3 Può annullare le leggi in contrasto con la Costituzione ....

4 È regolato dall'art. 75 Cost. ....

CACCIA ALL'ERRORE
Individua e correggi le parole errate.

1 Gli atti normativi entrano in vigore a 10 giorni dalla pubblicazione ....

2 L'ignoranza della legge è ammessa in particolari circostanze ....

3 Le norme penali e di polizia si applicano a chi è cittadino italiano ....

4 L'abrogazione può avvenire per sentenza di un giudice ....

5 L'abrogazione di una norma si dice espressa quando un nuovo atto normativo contiene disposizioni con essa incompatibili ....

QUESITI A RISPOSTA SINGOLA
Rispondi utilizzando non più di 4 righe.

1 Un articolo del codice civile può essere abrogato soltanto da particolari atti normativi. Quali? Perché?

2 Un articolo della Costituzione può essere abrogato soltanto da particolari atti normativi. Quali? Perché?

3 *Article 11 of the Preliminary Provisions to the Civil Code states that laws cannot be retroactive. Not with standing this, there are laws that have such an effect. How is this possible?*

4 *Why, in your opinion, is retroactivity excluded in criminal law?*

5 *An Italian judge may be called upon in certain circumstances to apply the law of a State other than Italy. In what kind of circumstances might this occur?*

Trattazione sintetica di argomenti

1 *The rule establishing the non-retroactivity of laws is meant to safeguard legal certainty. Explain the meaning of this expression and discuss whether this is indeed a positive value.*

2 *Examine the different ways in which the conflicts of law can be resolved both in criminal and civil law.*

Unità 5
Le fonti del turismo

Unit *by* Unit

In Unit 5 you will study the Tourism Code, which summarizes all the main provisions concerning Tourism, with some exceptions: there are still areas that continue to be regulated by other bodies or organisations. According to the Constitution, Tourism is not one of the competences of the State, rather responsibility is delegated to the Regions. However, Regional laws cannot encroach upon areas that are under the direct competence of the State. Indeed, environmental protection and cultural heritage, antitrust, international relations, regulation of immigration, relations with other religions, public order and the suppression of crime (sex tourism) are all dealt with by the State. The Code also contains provisions relating to many aspects of Tourism: accessible tourism, business tourism, jobs in tourism and tourism education and training, classification of tourist facilities and minimum quality standards required, travel agencies, types of tourism and development.

Introduzione

PLURALITÀ DELLE FONTI

Le regole che disciplinano il turismo *non sono poste da un'unica autorità né sono raccolte in un solo testo normativo.* Benché nel 2011 sia stato emanato, primo nel suo genere in Italia, un codice di settore dedicato per intero al turismo, *sarebbe ingenuo attendersi una completa unificazione della legislazione concernente una materia così complessa.* Il codice comunque, come vedremo, non si poneva un obiettivo tanto ambizioso; ma non solo, non ha neppure raggiunto quelli che si era dato. Dunque, la prima considerazione da fare è che studiando la disciplina del turismo si deve parlare di **fonti**, al plurale.

STRATIFICAZIONE DELLE FONTI

Un altro dato che va subito messo a fuoco riguarda la **stratificazione** di queste fonti: *esse sono sia sovranazionali che interne; e, a loro volta, quelle interne sono sia nazionali che locali.* La compresenza di più livelli, ovviamente, non è propria del solo turismo; oggi è un dato costante di molti settori del diritto, e nasce:

• sia dal "basso", *cioè dall'accresciuta autonomia degli ordinamenti regionali*;
• sia dall'"alto", *cioè dal sistema di rapporti internazionali di cui l'Italia è parte.*

Nel mettere in evidenza il dialogo esistente tra fonti normative così diverse – di respiro sovranazionale e di portata locale – emerge un panorama complesso che fotografa bene la peculiarità della materia che studiamo, meglio che in altri settori. Alla luce del legame che tiene unite tutte le fonti, nella nostra esposizione seguiremo dunque un ordine che ci porterà ad analizzare:

• per prime le fonti di **livello sovranazionale**;
• poi, quelle di **livello nazionale**;
• e, infine, quelle **locali**.

I rami del diritto turistico

Se le osserviamo in base al settore in cui si collocano (invece che in base alla fonte da cui promanano), è possibile classificare le norme "turistiche" a seconda che rientrino nel diritto privato, nel diritto pubblico, nel diritto internazionale, nel diritto costituzionale, nel diritto amministrativo, penale ecc. Per ciascuno di questi rami del diritto, infatti, vi sono gruppi di norme o singole disposizioni che direttamente o indirettamente riguardano la materia turistica: per esempio, nel diritto penale l'art. 600 quinquies cod. pen., che punisce le "iniziative turistiche volte allo sfruttamento della prostituzione minorile"; oppure nel diritto internazionale la Convenzione Unesco del 1975 sulla protezione dei siti patrimonio dell'umanità, molti dei quali sono mete turistiche tra le più celebri al mondo (in Italia ci basta citare Venezia e la sua laguna, in Francia il palazzo e i giardini di Versailles; o, ancora, le piramidi di Giza in Egitto).

Per quanto concerne in particolare i settori più tradizionali del diritto, si può parlare di:

- **diritto privato del turismo** *per indicare quelle norme che dettano regole sui rapporti tra i privati* (per esempio sui contratti tra professionisti e consumatori-turisti);
- **diritto pubblico del turismo** e, in particolare, di **diritto amministrativo del turismo** *per indicare le regole di organizzazione e competenza che governano l'azione dello Stato e degli altri enti pubblici territoriali (regioni, province, comuni, città metropolitane) o non territoriali (Enit) con speciale riguardo alla materia che studiamo.*

2 La normativa dell'Unione europea

Nell'ambito delle fonti sovranazionali, dato che il nostro Paese è parte dell'**Unione europea**, analizzeremo principalmente gli atti normativi di fonte comunitaria, regolamenti e direttive.

Quanto alle fonti nazionali, ci soffermeremo sulle norme costituzionali, sul già citato **codice del turismo** (che a meno di un anno dall'entrata in vigore ha visto gravemente intaccato il suo testo dall'intervento della Corte costituzionale) e sugli interventi normativi più recenti. Tra le fonti locali, infine, si dovrà valorizzare la centralità oggi ascritta alla legislazione regionale, in conseguenza del modo in cui la Costituzione ripartisce la competenza turistica tra Stato e regioni, in un delicato equilibrio di poteri centrali e periferici che non ha mancato di generare frizioni.

Competenze dell'Unione europea   Gli spazi in cui si esercitano le competenze turistiche dell'Ue sono anzitutto tracciati dall'**art. 6** del **trattato sul funzionamento dell'Unione europea** (TFUE). Alla lett. d), infatti, *il turismo viene espressamente menzionato tra i settori in cui l'Unione può agire per sostenere, coordinare o completare l'azione degli Stati membri.*

COMPETENZA DELL'UE

Art. 6 TFUE

"L'Unione ha competenza per svolgere azioni intese a sostenere, coordinare o completare l'azione degli Stati membri. I settori di tali azioni, nella loro finalità europea, sono i seguenti:
a) tutela e miglioramento della salute umana;
b) industria;
c) cultura;
d) turismo;
e) istruzione, formazione professionale, gioventù e sport;
f) protezione civile;
g) cooperazione amministrativa".

Oggetto e limiti di tale competenza sono precisati poi nel successivo **art. 195** del trattato, il quale prevede che l'Ue "**completa** l'azione degli Stati membri nel settore del turismo, in particolare promuovendo la competitività delle imprese dell'Unione in tale settore".

L'azione dell'Unione è intesa a:

- incoraggiare la creazione di un ambiente propizio allo sviluppo delle imprese del settore turistico (lett. a);
- favorire la cooperazione tra Stati membri, in particolare attraverso lo scambio delle buone pratiche (lett. b).

Per raggiungere tali obiettivi, aggiunge il comma 2, "il Parlamento europeo e il Consiglio, deliberando secondo la procedura legislativa ordinaria, stabiliscono le misure specifiche destinate a completare le azioni svolte negli Stati membri al fine di realizzare gli obiettivi di cui al presente articolo, ad esclusione di qualsiasi armonizzazione delle disposizioni legislative e regolamentari degli Stati membri".

Rispetto all'importanza attribuita al turismo, le competenze dell'Ue potrebbero apparire poco incisive a fronte delle iniziative politiche lasciate all'autonomia dei singoli Stati, che l'Unione ha solo il compito di completare, coordinare e sostenere.

L'impressione corrisponde solo in parte al vero e dev'essere ampiamente rivista e bilanciata alla luce delle altre competenze "**indirettamente turistiche**" dell'Unione, come vedremo tra un istante.

Anche così, e cioè in quest'opera di "semplice" **completamento** e **coordinamento**, l'Ue può però esercitare un *ruolo importante nella pianificazione di iniziative su scala europea che nessuno Stato membro avrebbe interesse a organizzare da solo o potrebbe organizzare con altrettanta efficacia.*

Il regolamento Ue del 6 luglio 2011 n. 692 relativo alle statistiche europee sul turismo istituisce un quadro comune di regole operative, alle quali i singoli Stati devono attenersi per attuare la raccolta, la compilazione, l'elaborazione e la trasmissione centralizzata (alla Commissione) dei dati nazionali sull'offerta e sulla domanda turistica, in modo armonizzato su tutto il territorio dell'Unione; lo scopo è quello di aiutare le autorità pubbliche e gli operatori economici a sviluppare strategie più adeguate per migliorare l'estensione stagionale delle vacanze e delle attività turistiche.

In altre materie, diverse dal turismo ma a questo collegate, l'Ue ha una competenza più incisiva; in particolare:

- ha competenza **esclusiva** (è sola a poter legiferare) nella definizione delle regole di concorrenza necessarie al funzionamento del mercato interno;
- ha competenza **concorrente** (possono legiferare sia l'Unione sia gli Stati membri) in alcune aree che hanno evidenti punti di contatto col turismo: le principali sono il mercato interno, l'ambiente, la protezione dei consumatori, i trasporti, la coesione economica, sociale e territoriale (art. 4 TFUE).

Le politiche attuate in alcune di queste materie – in particolare trasporti e protezione dei consumatori – "rimbalzano" quasi inevitabilmente sul turismo, perché *questo si basa sul movimento delle persone e, quindi, sul loro trasporto*: in molti casi *i viaggiatori che acquistano pacchetti e servizi turistici sono considerati "consumatori" secondo il diritto comunitario.* In altre parole, ogni volta che l'Europa legifera per aumentare la tutela dei viaggiatori e dei consumatori (o, se si preferisce, per elevare i livelli di efficienza dei trasporti e di concorrenza del mercato), detta regole che indirettamente contribuiscono a disciplinare il settore del turismo.

Sono moltissime le regole emanate dall'Ue che riguardano **tutti** i passeggeri, per qualunque ragione viaggino, e si applicano quindi non solo ai turisti ma anche a chi viaggia per lavoro, studio, motivi familiari o altro. Tra queste ricordiamo:

- il **regolamento CE n. 261/2004**, che ha istituito una serie di regole comuni in materia di compensazione e assistenza ai passeggeri in caso di *ritardo prolungato, cancellazione del volo o negato imbarco* (cosiddetto *overbooking*);
- il **regolamento CE n. 1107/2006**, che promuove i diritti dei viaggiatori con disabilità e con mobilità ridotta e indica le misure che "i vettori aerei, i loro agenti e *gli operatori turistici*" devono adottare per assicurare loro la possibilità di viaggiare in aereo a condizioni equiparabili a quelle degli altri utenti;
- le **direttive** (per esempio la 2001/85/CE) per riavvicinare le legislazioni nazionali sulle misure di sicurezza per omologare i veicoli adibiti al trasporto di più passeggeri, tra cui gli autobus di linea e granturismo;
- il **regolamento CE n. 1371/2007** in materia di trasporto ferroviario, che ha l'obiettivo di aumentare l'efficienza del trasporto su rotaia e di "tutelare i diritti dei passeggeri in quanto utenti del trasporto ferroviario".

Tutela dei consumatori   Non meno estese e ramificate sono le ricadute degli interventi normativi europei in materia di **diritto del consumo**, quando il turista assume la specifica veste di "consumatore" in quanto, come avremo modo di approfondire in seguito (Sezione D), la maggior parte dei viaggiatori che acquistano pacchetti turistici sono consumatori ai sensi del diritto del consumo dell'Unione. Oltre agli interventi generali a protezione dei consumatori, gli intrecci tra turismo e consumo si fanno più stretti in alcuni provvedimenti specifici. Si pensi, per esempio, alla direttiva 2008/122/CE sui contratti di multiproprietà (con cui il consumatore acquista, per un periodo superiore a un anno, il diritto di usare un alloggio per il pernottamento per più di un periodo di occupazione) e sui contratti relativi ai prodotti per le vacanze di lungo termine (vale a dire i contratti di durata superiore a un anno con cui il consumatore acquisisce a titolo oneroso il diritto di ottenere sconti o altri vantaggi relativamente a un alloggio, separatamente o unitamente al viaggio o ad altri servizi). Soprattutto, va ricordata la direttiva 90/314/CEE sui viaggi, le vacanze e i circuiti "tutto compreso", recepita con il d.lgs. 111/1995, le cui disposizioni sono transitate prima nel codice del consumo (artt. 82-100) per trovare poi nuova sistemazione e rinnovata disciplina nel codice del turismo (art. 32 e segg.).

Libera circolazione dei lavoratori   Al fine di realizzare un mercato europeo quale "spazio senza frontiere interne" (art. 26 c. 2 TFUE), l'azione dell'Unione può spingersi al di là della tutela in senso stretto dei consumatori e dettare principi che nuovamente si riflettono in ambito turistico.
Si pensi alla *libertà di stabilimento e alla libera circolazione dei lavoratori e dei prestatori di servizi su tutto il territorio dell'Unione* (artt. 45 e segg. e 56 e segg. TFUE). È un principio di portata generale, che riguarda, di massima, tutte le attività lavorative, comprese quelle legate alle professioni turistiche.
Mercato interno e turismo trovano, in particolare, un espresso punto di contatto nell'importante direttiva 2006/123/CE, nota come **direttiva Bolkestein**, sui servizi nel mercato interno: vi rientrano "i servizi nel settore del turismo, compresi i servizi delle guide turistiche". In generale, lo scopo è quello di aumentare l'efficienza con la concorrenza, facilitando la libertà di prestare servizi su tutto il territorio dell'Unione, senza discriminazioni o ostacoli burocratici per coloro che intendono

stabilirsi in un Paese europeo diverso da quello di provenienza. Ne consegue che una limitazione "territoriale" posta per tutelare maggiormente i professionisti del settore turistico di un dato Paese può essere in contrasto con i principi europei se risulta irragionevolmente restrittiva e assume un carattere protezionistico.

ESEMPIO È stata bocciata la disciplina di una regione italiana, che per svolgere l'attività di guida turistica richiedeva come requisito essenziale la residenza nella regione stessa (Tar Basilicata n. 723/2006).

FONDI EUROPEI   Molte, insomma, sono le vie che portano il diritto dell'Unione a permeare la materia del turismo. Ma vi è ancora un punto di grande importanza, in cui l'Europa può incidere sulla materia che studiamo: i **fondi europei**.

Nel turismo, come in altri settori economici, l'Unione può far sentire il suo peso, oltre che dettando regole (come abbiamo visto: è l'aspetto che propriamente tocca le "fonti" del diritto), distribuendo **risorse** in base alle regole che l'Unione stessa si è data.

Queste risorse che l'Europa mette a disposizione dei singoli Stati membri possono servire a finanziare anche i progetti in linea con gli obiettivi turistici dell'Unione. Al fine di promuovere lo sviluppo economico di alcuni settori o di determinate aree depresse i fondi europei, come il Fondo europeo di sviluppo regionale (Fesr), possono essere impiegati per finanziare iniziative turistiche, nazionali o locali, oppure per sovvenzionare interventi di recupero di testimonianze storico-artistiche capaci a loro volta di attrarre considerevoli flussi turistici.

ESEMPIO Il Grande progetto Pompei è stato finanziato su fondi Fesr con 105 milioni di euro dalla Commissione europea (Decisione n. C (2012) 2154 del 29 marzo 2012) al fine di rilanciare l'importantissimo sito archeologico ai piedi del Vesuvio, che è patrimonio dell'umanità tutelato dall'Unesco, nonché autentico gioiello del nostro turismo culturale, mai abbastanza valorizzato.

③ La normativa statale: la Costituzione

Il titolo V della Costituzione è stato riformato dalla l.cost. 3/2001: *nella sua attuale formulazione non parla più di turismo allorché ripartisce le competenze tra Stato ed enti locali.*

Ma come dobbiamo intendere questo silenzio? È cambiato qualcosa rispetto al passato, quando il "turismo" era **invece** menzionato, insieme all'"industria alberghiera", tra le materie attribuite alla legislazione concorrente tra Stato e regioni?

La Costituzione – proprio perché tace – dice in realtà molto; secondo alcuni, anche troppo. Per cogliere la portata normativa di tale omissione e capire i rilievi critici che alcuni le muovono, dobbiamo confrontare il sistema attuale con quello precedente.

Prima della riforma, l'art. 117 Cost. si limitava a dettare una lista di materie in cui le regioni potevano legiferare, sia pure "nei limiti dei principi fondamentali stabiliti dalle leggi dello Stato". Tra queste materie, come si è ricordato, vi era il turismo; mentre nelle materie non espressamente menzionate (tutte le altre) la competenza legislativa spettava in via generale allo Stato.

RIFORMA DELL'ART. 117   Per evitare un eccessivo accentramento di poteri e funzioni, la riforma del 2001 ha ampliato grandemente gli spazi di autonomia degli enti locali:

- redistribuendo le competenze legislative tra centro e periferia;
- aprendo alla legislazione regionale ambiti prima riservati alla legislazione statale.

In estrema sintesi: mentre un tempo la Costituzione elencava le materie di competenza regionale, *ora elenca le materie riservate alla legislazione statale e quelle di legislazione concorrente Stato-regioni*. In queste ultime sono stabiliti dalla legislazione statale solo i *principi fondamentali*, uguali in tutto il territorio nazionale, mentre sono dettate dalla legislazione regionale le altre regole più specifiche, che attuano tali principi.

Tutto il resto, vale a dire *tutte le materie non menzionate*, sono di *competenza delle regioni*, appunto per questo detta *residuale*.

Sintetizziamo gli effetti della riforma nella tabella che segue.

Art. 117 prima della riforma	Art. 117 riformato dalla l.cost. 3/2001
La Costituzione *elencava* le materie **di competenza regionale** Il turismo era **incluso** in queste materie Le regioni *potevano legiferare* "**nei limiti** dei principi fondamentali stabiliti dalle leggi dello Stato"	La Costituzione *elenca* • le materie **riservate** alla legislazione statale • le materie di **legislazione concorrente** Stato-regioni Nelle materie di legislazione concorrente: • la legislazione statale fissa *principi fondamentali* uguali per tutto il territorio nazionale • la legislazione statale detta le *altre regole* Tutte le materie non menzionate sono di **competenza delle regioni**, appunto per questo detta **residuale**

Gli elenchi delle materie di legislazione statale e di quelle di legislazione concorrente sono molto lunghi e spesso poco chiari, in parte attorcigliati per le inevitabili interconnessioni fra le materie stesse. Vediamoli, seppur limitatamente a quanto interessa per la materia turistica.

a) Sono di **competenza esclusiva** dello Stato (art. 117 c. 2 Cost.): la politica estera e rapporti internazionali dello Stato, l'immigrazione, i rapporti dello Stato con l'Ue e la tutela della concorrenza, i rapporti con le confessioni religiose, l'ordinamento e l'organizzazione amministrativa dello Stato e degli enti pubblici nazionali, la giurisdizione e le norme processuali, le norme del diritto civile e del diritto penale, le funzioni fondamentali degli enti locali territoriali (comuni, città metropolitane e province), la tutela dell'ambiente, dell'ecosistema e dei beni culturali.

b) Sono di **competenza concorrente** Stato-regioni (art. 117 c. 3 Cost.): commercio con l'estero, tutela e sicurezza del lavoro, regolazione delle professioni, protezione civile, governo del territorio, porti e aeroporti civili e grandi reti di trasporto e di navigazione, valorizzazione dei beni culturali e ambientali e promozione e organizzazione di attività culturali.

c) Sono di **competenza esclusiva** delle regioni, come già detto, tutte le altre materie, quindi senza necessità di elencarle.

Da questi elenchi risulta che il **turismo** ricade nella **competenza delle regioni**, non essendo elencato tra le materie di legislazione concorrente, né tra quelle di esclusiva competenza statale.

Il punto è in sé pacifico ed è stato affermato anche dalla Corte costituzionale a partire dalla sentenza n. 197 del 2003.

> Nel nuovo assetto delineato dalla riforma del titolo V della Costituzione del 2001 la materia del turismo è assegnata alla **potestà legislativa regionale**.

Ma questa conclusione, in sé esatta, non basta a chiudere il discorso: la questione è inevitabilmente un po' più complicata. Occorre infatti riflettere su un limite ineliminabile del sistema delle "liste": se in teoria può apparire facile tirare una riga tra materia e materia e distribuirle come fette di una torta, in concreto l'operazione è resa oltremodo artificiosa dal fatto che nel diritto, come nella vita, tutto si tiene e che molte materie si sovrappongono almeno in parte, o comunque interferiscono l'una con l'altra. I bordi non sono mai netti, ma fluidi e approssimativi. Le materie elencate sopra alle lettere *a* e *b*, sebbene non riguardino *direttamente* il turismo, si intersecano inevitabilmente con esso e spiegano perché il turismo, per quanto materia "regionale", non possa sottrarsi a contaminazioni del diritto statale. Vediamo alcuni esempi.

- *Politica estera e rapporti internazionali dello Stato* (tra le materie di competenza statale) e *commercio con l'estero* (tra le materie concorrenti): si pensi agli accordi internazionali di cooperazione turistica, stipulati nel tempo dallo Stato italiano con numerosi Paesi – Argentina, Brasile, Albania, Romania, Messico, Libia – anche dopo la riforma costituzionale del 2001, come l'accordo con la Repubblica di Moldavia (ratificato con legge 5 marzo 2010 n. 45).

APPROFONDIMENTO

Le regioni nel contesto internazionale

Va segnalato, peraltro, che in base al nuovo art. 117, ultimo comma, Cost. anche le regioni possono concludere accordi con Stati e intese con enti territoriali interni ad altro Stato nelle materie di loro competenza, come il turismo: si pensi a un accordo tra regioni alpine appartenenti a Stati confinanti, per la valorizzazione di un'area transfrontaliera omogenea da un punto di vista ambientale, culturale e turistico.

- *Immigrazione* (materia di legislazione esclusiva statale): si pensi alle norme contenute nel testo unico sull'immigrazione concernenti per esempio la durata dei permessi di soggiorno "per visite, affari *e turismo*" (art. 5 d.lgs. 286/1998).
- *Rapporti dello Stato con l'Unione europea e tutela della concorrenza* (materie di legislazione esclusiva statale): si pensi alla necessità di armonizzare il diritto interno con i principi comunitari e di attuare il diritto comunitario, con particolare riguardo alla libertà di circolazione, alla libera concorrenza e alla tutela del consumatore, ivi compreso il consumatore-turista, nei rapporti con i professionisti che operano sul mercato dei viaggi e delle vacanze.
- *Rapporti con le confessioni religiose* (materia di legislazione esclusiva statale): si pensi alle forme di collaborazione tra autorità civili e religiose per la salvaguardia del patrimonio storico e artistico degli enti ecclesiastici, meta ogni giorno di migliaia di fedeli e di turisti.
- *Ordinamento e organizzazione amministrativa dello Stato e degli enti pubblici nazionali* (materia di legislazione esclusiva statale): si pensi agli enti di livello nazionale che esercitano competenze turistiche, come l'Enit-Agenzia nazionale del turismo (sottoposta alla attività di indirizzo e vigilanza del ministro dei beni e delle attività culturali e del turismo) e l'Osservatorio nazionale del turismo (istituito dalla Presidenza del consiglio con il compito di monitorare le dinamiche del turismo per misurare la competitività del sistema italiano).
- *Giurisdizione e norme processuali; norme del diritto civile e del diritto penale* (materie di legislazione esclusiva statale): si pensi alle norme che disciplinano lo svolgimento dei processi per risolvere le liti (comprese quelle aventi ad og-

getto un rapporto turistico); alle norme che reprimono i reati, sia comuni sia a sfondo "turistico" (si è già ricordato l'art. 600 quinquies cod. pen.); alla disciplina dei contratti, tra i quali, appunto, i contratti del settore turistico, soggetti alle regole generali del codice civile e alla disciplina particolare del codice del turismo del 2011.

- *Porti e aeroporti civili; grandi reti di trasporto e di navigazione* (materie di legislazione concorrente): si pensi alle considerazioni già svolte a proposito del diritto dell'Ue, e all'inevitabile risvolto "turistico" di ogni politica dedicata ai trasporti e alle reti di comunicazione, a cui si lega a filo doppio una materia come il turismo, essenzialmente fondata sul movimento delle persone.

- *Professioni* (materia di legislazione concorrente): si pensi alle numerose professioni del mondo turistico (guida turistica, accompagnatore turistico, direttore tecnico di agenzia di viaggio e turismo, solo per citare le più tradizionali), che si pongono esattamente sul crinale tra una materia tutta regionale (il turismo, appunto) e una concorrente (quella delle professioni), così da richiedere una difficile delimitazione tra sfere di azione dei legislatori regionali e nazionale.

APPROFONDIMENTO

La competenza in materia di professioni turistiche

Questa posizione di "confine" della materia delle professioni non ha mancato di generare incertezze e attriti, risolti dalla Corte costituzionale sulla base del principio che "la potestà legislativa regionale nella materia concorrente delle 'professioni' deve rispettare il principio secondo cui l'individuazione delle figure professionali, con i relativi profili e titoli abilitanti, è riservata, per il suo carattere necessariamente unitario, allo Stato, rientrando nella competenza delle Regioni la disciplina di quegli aspetti che presentano uno specifico collegamento con la realtà regionale" (sentenze n. 178/2014, n. 98/2013, n. 138/2009, n. 93/2008, n. 300/2007, n. 40/2006 e n. 424/2005).
Per esempio, con sentenza n. 271/2009 la Corte costituzionale ha dichiarato l'incostituzionalità della legge regionale dell'Emilia Romagna n. 7/2008 recante "Norme per la disciplina dell'attività di animazione e accompagnamento turistico".
Con sentenza n. 230/2011 la Corte costituzionale ha dichiarato l'incostituzionalità della legge della regione Calabria n. 28/2010 in ordine alla istituzione degli albi professionali relativi a delle figure professionali operanti in ambito sportivo, tra cui la guida subacquea.

- *Tutela dell'ambiente, dell'ecosistema e dei beni culturali* (tra le materie di competenza statale) e *valorizzazione dei beni culturali e ambientali e promozione e organizzazione di attività culturali* (tra le materie di legislazione concorrente): si pensi alle normative di fonte statale per la tutela dei beni paesaggistici e architettonici (in particolare al *codice dei beni culturali e del paesaggio*: d.lgs. 42/2004) e alle leggi statali che si occupano di quelle forme di turismo più strettamente associate alle risorse dell'ambiente, come il turismo termale (legge 323/2000) e l'agriturismo (legge 96/2006). Ma soprattutto si pensi all'importanza che l'unicità del paesaggio italiano e le sue ricchezze storico-artistiche hanno per il turismo nazionale.

LAVORO SUL CASO

La regione Campania intende potenziare i propri flussi turistici provenienti dalla Cina. A questo proposito desidera stipulare un accordo bilaterale che, da un lato, presenti alla popolazione cinese le risorse naturali e culturali presenti nella regione e, dall'altro, fornisca alla popolazione campana informazioni su alcune aree naturali del Paese asiatico ancora ignote al mondo occidentale.

- **È un'iniziativa ammissibile?**

MIBACT È proprio il prestigio di questo patrimonio culturale a dare all'Italia – purché sappia valorizzarlo – il maggior vantaggio competitivo rispetto ai Paesi concorrenti sul piano turistico. Non desta perciò stupore che il Ministero per il turismo, già abrogato con referendum nel 1993 (e in qualche modo sopravvissuto tra le pieghe dei dipartimenti alle dipendenze della Presidenza del consiglio), sia di fatto rinato sotto le insegne del **Ministero dei beni e delle attività culturali e del turismo** (Mibact, legge 71/2013). In seguito a ciò, è stato adottato il nuovo regolamento di organizzazione del ministero con il d.p.c.m. 171/2014.

È importante sottolineare l'accorpamento della cultura e del turismo in un solo ministero: ciò è del tutto naturale, dato il tipo di vocazione turistica dell'Italia.

Il binomio turismo-cultura impone però un difficile equilibrismo, visto il riparto di competenze dell'art. 117 Cost., poiché attraversa tutti e tre i livelli lì stabiliti:

- la *tutela dei beni culturali*, che è materia di competenza *statale*;
- la *valorizzazione dei beni culturali*, che è materia di competenza *concorrente*;
- il *turismo*, che è materia di competenza residuale *regionale*.

ESIGENZE DI INTERESSE GENERALE È necessario aggiungere, a ogni modo, che al di là degli intrecci con le materie "statali", un intervento del legislatore nazionale può giustificarsi anche in nome di superiori **esigenze di interesse generale**: *a volte possono essere soddisfatte solo emanando una disciplina sovraregionale omogenea*. In altri termini, i limiti segnati dall'art. 117 Cost. non cancellano la possibilità di un intervento dall'alto se, per esempio, per un più efficiente coordinamento delle autorità pubbliche competenti, o per la realizzazione di economie di scala, o, ancora, per una più razionale disciplina di alcuni profili del settore si imponga la necessità di un intervento normativo uniforme su tutto il territorio nazionale. Come ha affermato la stessa Corte costituzionale proprio in materia di turismo (sentenza n. 76/2009) "l'esigenza di un esercizio unitario a livello statale di determinate funzioni amministrative abilita lo Stato a disciplinare siffatto esercizio per legge. E ciò anche se quelle funzioni siano riconducibili a materie di legislazione concorrente o residuale".

LIMITI DELL'INTERVENTO STATALE Tuttavia, ha precisato la stessa Corte, alcuni limiti sono **invalicabili**; e devono essere rispettate precise condizioni per operare questa intromissione statale nelle materie di competenza regionale. In particolare:

- l'intervento dello Stato non può essere né arbitrario né autoritario, ma deve avvenire nel rispetto del principio di *leale collaborazione* con le regioni, le quali vanno coinvolte nel processo decisionale, in particolare con le intese in seno alla Conferenza permanente per i rapporti tra lo Stato, le regioni e le province autonome;
- l'intervento dello Stato deve attuarsi secondo criteri di *proporzionalità e ragionevolezza*, solo nei limiti in cui un'azione accentrata si giustifichi sulla base dell'interesse pubblico sottostante all'assunzione di funzioni regionali;
- l'interesse pubblico che legittima l'intervento statale e ne segna il raggio d'azione deve "nascere dall'esigenza di *valorizzare al meglio l'attività turistica sul piano economico interno ed internazionale* attraverso misure di varia e complessa natura, e dalla necessità di *ricondurre ad unità la grande varietà dell'offerta turistica del nostro Paese e di esaltare il rilievo assunto dal turismo nell'ambito dell'economia nazionale*" (sentenze n. 88 del 2007 e n. 214 del 2006).

Tale ultimo obiettivo – di riportare ad unità la varietà dell'offerta turistica del nostro Paese – pone in realtà il dito su una questione assai spinosa, e non è detto che le nuove competenze attribuite al Ministero dei beni culturali bastino a risolverla. Da lungo tempo, in effetti, si levano voci per segnalare come un limite grave delle nostre politiche sul turismo sia proprio l'eccesso di frammentazione e la mancanza di una credibile "cabina di regia" statale, capace davvero di definire (e realizzare) obiettivi strategici per un incisivo rilancio del settore.

 4 **Le fonti di livello statale: il codice del turismo**

Partendo dal principio secondo il quale gli interventi statali in tema di ordinamento e mercato del turismo non sono vietati in assoluto, nel 2011 è stato emanato il d.lgs. 79, che contiene come **allegato** il "codice della normativa statale in tema di ordinamento e mercato del turismo", che viene abitualmente chiamato **codice del turismo**.

È un codice di settore, composto originariamente di soli 69 articoli e salutato al suo apparire dall'allora ministro del turismo come "la prima vera e completa opera di riforma del turismo" fatta in Italia e "una straordinaria occasione per la crescita e lo sviluppo di un settore strategico per l'economia del Paese".
Eppure, a pochi mesi dalla sua emanazione, tali previsioni sono state smentite: la Corte costituzionale (sentenza n. 80/2012) ha ammesso che in linea di principio lo Stato aveva il potere di emanare un codice, dato che molte materie legate al turismo sono di competenza della legislazione statale. Tuttavia, ha ritenuto in tutto o in parte illegittimi ben 19 dei suoi articoli.
Cerchiamo di capire le ragioni della sentenza e di misurarne l'impatto su ciò che resta del codice.

UN CODICE DI SETTORE

Per capire meglio le censure della Corte, occorre anzitutto partire dalle origini del codice: la sua emanazione si colloca all'interno di un tentativo di semplificazione e riordino della legislazione; il codice è stato quindi emanato sulla base della *delega* contenuta nell'art. 14 della legge di semplificazione 246/2005. Tuttavia, tale delega non si spingeva fino a conferire il potere di procedere a un generale riassetto dei rapporti tra Stato e regioni in materie non di competenza esclusiva statale; e il turismo, come già sappiamo, non è materia statale ma regionale.

LE ORIGINI DEL CODICE

Proprio qui è la ragione dell'intervento parzialmente demolitorio della Corte costituzionale: le norme sono state dichiarate **incostituzionali** non perché invasive della competenza delle regioni, ma *perché sono state adottate sfruttando una delega che non conteneva principi e criteri direttivi più precisi e puntuali e perché non prevedevano adeguate forme di leale collaborazione con le regioni.*
Vediamo ora le principali norme del codice del turismo, con particolare riguardo a quelle sopravvissute all'intervento della Corte costituzionale (i numeri degli articoli richiamati si riferiscono all'*allegato*, salvo diversa indicazione).

LE RAGIONI DELLA CORTE

- **Imprese turistiche** (**artt. 4-5**). L'art. 4 le definisce come "quelle che esercitano attività economiche, organizzate per la produzione, la commercializzazione, l'intermediazione e la gestione di prodotti, di servizi, tra cui gli stabilimenti balneari, di infrastrutture e di esercizi, compresi quelli di somministrazione facenti parte dei sistemi turistici locali, concorrenti alla formazione dell'offerta turistica". La definizione, molto ampia, include:
  - le *strutture ricettive* (alberghi, residence e simili);
  - le *agenzie di viaggi* e i *tour operator*.

IMPRESE TURISTICHE

Le imprese che hanno la qualifica di turistiche possono essere ammesse a ottenere speciali agevolazioni, incentivi e altri benefici.

Di regola hanno scopo di lucro. Tuttavia, l'art. 5 ammette che possano anche non averlo, come le *associazioni* che operano nel settore del turismo giovanile e per finalità ricreative, culturali, religiose, assistenziali o sociali, purché la loro attività sia rivolta esclusivamente agli associati.

PROFESSIONI E FORMAZIONE PROFESSIONALE

- **Professioni turistiche e percorsi formativi (artt. 6-7).** L'art. 6 dà una nozione piuttosto larga delle professioni turistiche: sono tutte le "attività, aventi ad oggetto la prestazione di servizi di promozione dell'attività turistica, nonché servizi di ospitalità, assistenza, accompagnamento e guida, diretti a consentire ai turisti la migliore fruizione del viaggio e della vacanza, anche sotto il profilo della conoscenza dei luoghi visitati".

  L'art. 7 è dedicato ai **percorsi formativi professionalizzanti** per gli operatori del settore: prevede che per favorire l'"inserimento lavorativo nel settore del mercato turistico dei giovani laureati o diplomati" il presidente del consiglio dei ministri possa stipulare "accordi o convenzioni con istituti di istruzione, anche universitaria, con altri enti di formazione e con gli ordini professionali per lo svolgimento di corsi orientati alla preparazione dei giovani operatori".

MERCATO E OPERATORI DEL SETTORE

- **Mercato del turismo e strutture ricettive (artt. 8-17).** Questa parte del codice, che disciplinava il *mercato del turismo*, con particolare riferimento alle *strutture ricettive*, è stata quasi completamente cancellata dalla Corte costituzionale.

- **Agenzie di viaggio e turismo (artt. 18-21).** Anche questa parte del codice, che disciplinava le *agenzie di viaggio e turismo*, è stata in larga misura travolta dalla Corte. È importante una norma sopravvissuta, l'art. 19, che obbliga le agenzie di viaggio a stipulare congrue *polizze assicurative* a garanzia dell'esatto adempimento degli obblighi assunti verso i clienti.

TIPI DI PRODOTTI TURISTICI

- **Tipologie di prodotti turistici e circuiti di eccellenza (artt. 22-31).** L'art. 22 – che non è stato dichiarato incostituzionale – si pone un obiettivo certamente condivisibile: "superare la frammentazione della promozione" e attivare "circuiti virtuosi, in grado di collegare tutta l'Italia e di contribuire strategicamente a creare un'offerta tematica idonea a soddisfare le molteplici esigenze dei turisti nazionali e internazionali". Di qui l'idea di costituire **circuiti nazionali di eccellenza,** *vale a dire itinerari tematici omogenei che colleghino regioni diverse lungo tutto il territorio nazionale.* L'individuazione di tali percorsi è affidata a successivi decreti governativi, da assumere d'intesa con la Conferenza permanente Stato-regioni. Nel definire tali circuiti si deve tener conto della capacità ricettiva dei luoghi interessati e promuovere forme di turismo accessibile, mediante accordi con le principali imprese turistiche operanti nei territori interessati che prevedano pacchetti a condizioni vantaggiose per i giovani, gli anziani e le persone con disabilità.

  Nell'identificare in astratto i possibili circuiti omogenei, l'art. 22 c. 2 contiene un lungo elenco di 13 tipologie di prodotti turistici: a) turismo della montagna; b) turismo del mare; c) turismo dei laghi e dei fiumi; d) turismo della cultura; e) turismo religioso; f) turismo della natura e faunistico; g) turismo dell'enogastronomia; h) turismo termale e del benessere; i) turismo dello sport e del golf; l) turismo congressuale; m) turismo giovanile; n) turismo del made in Italy e della relativa attività industriale e artigianale; o) turismo delle arti e dello spettacolo. Ne parleremo diffusamente nella Sezione F.

Fra queste tipologie di turismo elencate dall'art. 22 riceve un'attenzione particolare nelle norme successive il **turismo culturale** (nel capo II). Si tratta di norme di tipo programmatico, come è reso evidente, per esempio, dall'art. 24, che rimanda per l'ennesima volta a successivi atti del Governo la promozione "di iniziative turistiche finalizzate ad incentivare la valorizzazione del patrimonio storico-artistico, archeologico, architettonico e paesaggistico presente sul territorio italiano, utilizzando le risorse umane e strumentali disponibili, senza nuovi ed ulteriori oneri per la finanza pubblica". Benché quest'ultima precisazione lasci poco spazio all'illusione di investimenti nuovi e massicci, va apprezzata, almeno in termini strategici, la valorizzazione del binomio cultura-turismo, il quale – come già detto – trova oggi una concreta visibilità nell'attribuzione delle competenze turistiche al Ministero per i beni culturali.

L'art. 27 è dedicato tutto al **turismo sociale**: prevede l'istituzione di un fondo buoni-vacanza per incentivare "interventi di solidarietà in favore delle fasce sociali più deboli, anche per la soddisfazione delle esigenze di destagionalizzazione dei flussi turistici ed anche ai fini della valorizzazione delle aree che non abbiano ancora conosciuto una adeguata fruizione turistica".

Infine, vi sono alcuni rinvii sparsi: l'art. 28 rinvia alla disciplina sul **turismo termale e del benessere**; l'art. 29 alla legge sull'**agriturismo**, nel quadro del turismo della natura e faunistico; l'art. 31 rinvia a norme di semplificazione amministrativa per la costruzione di strutture dedicate al **turismo nautico**.

- **Contratti del turismo organizzato** (artt. 32-51). Gli artt. da 32 a 51 (che sostituiscono gli artt. 82-100 del codice del consumo) ospitano la disciplina dei **contratti del turismo organizzato**, incentrata sulla vendita del pacchetto turistico avente "ad oggetto i viaggi, le vacanze, i circuiti tutto compreso, le crociere turistiche, risultanti dalla combinazione, da chiunque ed in qualunque modo realizzata, di almeno due degli elementi di seguito indicati, venduti od offerti in vendita ad un prezzo forfetario: a) trasporto; b) alloggio; c) servizi turistici non accessori al trasporto o all'alloggio che costituiscano, per la soddisfazione delle esigenze ricreative del turista, parte significativa del pacchetto turistico".

Quest'ampia parte del codice del turismo non è stata toccata dalla sentenza della Corte costituzionale del 2012. Infatti la disciplina dei contratti è materia di diritto civile e rientra quindi nella competenza statale. Dunque, il titolo sui

CONTRATTI TURISTICI

contratti del turismo organizzato rimane, per ora, la parte più consistente e importante del codice del turismo. Se ne riparlerà nella Sezione D.

- **Locazioni turistiche (artt. 52-53)**. Queste norme modificano alcune regole di legge sulle locazioni: se ne riparlerà nella Sezione D.

- **Contratti di multiproprietà (art. 2 d.lgs. 79/2011)**. L'art. 2 d.lgs. 79/2011 disciplina il contratto di multiproprietà, introducendo nel codice del consumo gli artt. 60-81 bis, in sostituzione di quelli precedentemente vigenti: se ne riparlerà nella Sezione D.

SOGGETTI PUBBLICI
- **Organizzazione pubblica del turismo (artt. 54-58)**. L'ultimo titolo del codice (chiamato genericamente "Ordinamento") identifica le principali strutture di livello sovra-regionale competenti in materia di turismo e ne definisce le competenze. Dopo l'art. 54, che affida al presidente del consiglio o al ministro delegato il compito di adottare atti di indirizzo e vigilanza su Aci (Automobile club italiano) e Cai (Club alpino italiano), inizia la rassegna di tali strutture e apparati.
  - Il *Dipartimento per lo sviluppo e la competitività del turismo* (art. 55) è ormai superato, poiché le funzioni in materia di turismo sono state accentrate nelle mani del Ministero dei beni e delle attività culturali.
  - La *Conferenza nazionale del turismo* (art. 56): ne fanno parte i rappresentanti del governo, di vari enti pubblici interessati alla materia turistica e di numerosi tipi di enti privati (associazioni di imprenditori turistici, sindacati, associazioni di consumatori e altre associazioni operanti nel settore turistico). Dovrebbe riunirsi almeno ogni due anni e svolgere una funzione consultiva e propulsiva.
  - L'*Enit* (art. 57), *Agenzia nazionale del turismo*, persona giuridica di diritto pubblico con autonomia statutaria, regolamentare, organizzativa, patrimoniale, contabile e di gestione. Dovrebbe svolgere "tutte le funzioni di promozione all'estero dell'immagine unitaria dell'offerta turistica nazionale" e favorirne "la commercializzazione anche al fine di renderla competitiva sui mercati internazionali".
  - Il *Comitato permanente di promozione del turismo in Italia* (art. 58): dovrebbe "promuovere un'azione coordinata dei diversi soggetti, che operano nel settore del turismo, con la politica e la programmazione nazionale", con una serie di compiti specifici (che in parte si accavallano con quelli di altri enti), tra i quali la funzione di raccordo tra governo, regioni, province e comuni e la promozione a fini turistici del "*marchio Italia*".

- **Promozione dell'eccellenza turistica italiana (artt. 59-65)**. Questi articoli si limitano a istituire una serie di riconoscimenti (come l'attestazione di Maestro di cucina italiana o di Maestro dell'ospitalità italiana: art. 59) e di premi (come la Medaglia al merito del turismo per la valorizzazione dell'immagine dell'Italia: art. 60) per ricompensare quanti, con il proprio impegno, la propria inventiva o le proprie capacità imprenditoriali, abbiano saputo contribuire in modo significativo a dare lustro all'immagine turistica dell'Italia nel mondo.

- **La qualità del servizio e la soluzione delle controversie (artt. 66-69)**. L'art. 66 prevede che per aumentare la qualità e la competitività dei servizi turistici pubblici le varie amministrazioni adottino **carte dei servizi turistici** da esse forniti, le quali "definiscono quali servizi turistici si intendono erogare, con quali modalità e quali standard di qualità si intendono garantire", fermi restando i livelli essenziali delle prestazioni concernenti i diritti civili e sociali, per i quali si prevede la fissazione di parametri con legge nazionale previa intesa con la Conferenza permanente per i rapporti tra lo Stato e le regioni. L'art. 67 prevede la possibilità di *composizione delle controversie in materia di turismo* attraverso una serie di rimandi ad altri testi normativi che a loro volta aprono alla possibilità di ricorrere a procedure di mediazione, di negoziazione volontaria o paritetica e di conciliazione anche dinanzi alle commissioni arbitrali delle camere di commercio.

 ## 5 La legislazione turistica successiva

Mentre il codice del turismo, sotto i colpi della Corte costituzionale, ha subito un rapido processo di smantellamento e sembra avviato a un lento destino di marginalizzazione (salva la parte sui contratti turistici), sembra essersi attivato un **nuovo impulso** all'accentramento e al rilancio della disciplina di settore da quando le competenze turistiche sono state accorpate al Ministero dei beni culturali.

Musei, siti archeologici e attività culturali in genere rappresentano in effetti una straordinaria risorsa per il turismo. Ma i ritardi accumulati sono molti e, prima di poter trarre i frutti che deriverebbero dalla valorizzazione del patrimonio culturale, occorre anzitutto pensare a custodirlo e a metterlo in sicurezza operando con le poche risorse disponibili e, in alcuni casi, vincendo l'incuria.
Questo spiega perché, dal 2013 al 2015, gli interventi normativi più significativi siano stati attuati con lo strumento della **decretazione d'urgenza**: *per correre ai ripari di fronte a situazioni di emergenza o seriamente compromesse, e per tentare, al contempo, di invertire un poco la rotta con misure rivolte al rilancio del turismo quale settore strategico per l'economia del Paese, utilizzando anche incentivi fiscali.* Vediamo quali sono.

DECRETAZIONE
D'URGENZA

- Il **d.l. 91/2013** (cosiddetto "**Valore cultura**", convertito con modifiche dalla legge 7 ottobre 2013 n. 112): prevede numerose misure per il rilancio di alcuni siti e musei strategici per il turismo culturale (su tutti: Pompei e l'area vesuviana e il museo degli Uffizi di Firenze). Il decreto contiene anche altre disposizioni, tra le quali finanziamenti per inventariare e digitalizzare il patrimonio culturale italiano e per garantire la regolare apertura al pubblico degli istituti e dei luoghi di cultura.

- Il **d.l. 83/2014** (cosiddetto "**Art bonus**", convertito con modificazioni dalla legge 29 luglio 2014 n. 106): prevede una serie di incentivi a favore della cultura fra i quali l'"art bonus", *che è un credito di imposta per favorire le donazioni dei privati per la manutenzione, la protezione e il restauro di beni culturali pubblici e per sostenere gli istituti e i luoghi della cultura.* Sono previste **agevolazioni fiscali**:
  - per aiutare gli esercizi ricettivi a passare alle nuove tecnologie (*Tax credit per la digitalizzazione*, art. 9);
  - per ammodernare le strutture alberghiere (*Tax credit per la riqualificazione*, art. 10);
  - per far nascere *start up* innovative, cioè nuove imprese fortemente orientate all'uso delle moderne tecnologie, che promuovano l'offerta turistica nazionale predisponendo strumenti digitali per fornire servizi alle imprese turistiche (art. 11 bis).

- Il **d.l. 146/2015** (convertito con modifiche dalla legge 12 novembre 2015 n. 182) che include l'apertura al pubblico di musei e luoghi della cultura tra i **servizi pubblici essenziali**, per i quali lo sciopero dei lavoratori è regolato dalla legge 146/1990. Si vuole così evitare il ripetersi di episodi nocivi per l'immagine turistica del nostro Paese: musei e siti chiusi d'improvviso di fronte a file di visitatori attoniti e sconcertati. Le nuove norme prevedono limiti al diritto di sciopero e procedure che chi intende dichiararlo deve seguire, per bilanciare i diritti fondamentali dei lavoratori con lo svolgimento di attività di pubblico interesse, quali per esempio servizi ospedalieri, raccolta dei rifiuti, approvvigionamento energetico; e ora anche apertura di musei e luoghi di cultura.

 ## 6 Le fonti di livello regionale

Le regioni non si sono certo fatte pregare per legiferare in materia di turismo:

- già **prima** della riforma costituzionale del 2001 esistevano leggi sull'ordinamento turistico regionale che si iscrivevano nell'ambito della cornice posta dalla legge dello Stato, secondo il tipico meccanismo della legislazione concorrente;
- **dopo** il 2001 il processo di produzione normativa di livello locale ha continuato a espandersi, com'era prevedibile e com'è naturale.

AMBITI DELL'AZIONE REGIONALE

Tutte le regioni si sono dotate di una legislazione sul turismo, sul turismo in generale e spesso su aspetti e temi collaterali, di stretta attinenza con la materia che studiamo:

- la disciplina degli **ecomusei** (per esempio: l.r. Sicilia, 2 luglio 2014 n. 16, "Istituzione degli Ecomusei della Sicilia");
- la disciplina di alcuni aspetti dell'**agriturismo** (per esempio: l.r. Marche, 3 aprile 2002 n. 3, "Norme per l'attività agrituristica e per il turismo rurale"; l.r. Molise, 22 marzo 2010 n. 9, "Disciplina delle attività agrituristiche"; l.r. Sicilia, 26 febbraio 2010 n. 3, "Disciplina dell'agriturismo in Sicilia");
- la disciplina di **forme speciali di turismo**, come il *turismo golfistico* (l.r. Sardegna, 21 settembre 2011 n. 19, "Provvidenze per lo sviluppo del turismo golfistico"), il *pescaturismo* e l'*ittiturismo* (l.r. Calabria, 30 aprile 2009 n. 15, "Norme per l'esercizio delle attività di pescaturismo e ittiturismo"); l'incentivazione del *turismo religioso* (l.r. Piemonte, 23 ottobre 2006 n. 34, "Iniziative a sostegno dello sviluppo del turismo religioso");
- gli interventi in materia di **trasporti d'interesse turistico** (l.r. Liguria, 9 aprile 2009 n. 9, "Azioni di supporto allo sviluppo del traffico aereo a fini turistici degli aeroporti liguri");
- la regolazione delle **attività ricettive**, come i *bed & breakfast* (l.r. Basilicata, 4 giugno 2008 n. 8, "Disciplina dell'attività di bed & breakfast");
- la disciplina dei **rifugi alpini** (l.r. Piemonte, 18 febbraio 2010 n. 8, "Ordinamento dei rifugi alpini e delle altre strutture ricettive alpinistiche e modifiche di disposizioni regionali in materia di turismo");
- la disciplina delle **pro loco** (l.r. Abruzzo, 18 agosto 2004 n. 30, "Riorganizzazione e finanziamento delle Associazioni pro-loco");
- la partecipazione a **iniziative sovraregionali e internazionali** (per esempio, la legge dell'Emilia Romagna del 9 febbraio 2010 n. 2 sulla partecipazione della

regione all'Associazione Bits, *Bureau international du tourisme sociale*, e alla Associazione Necstour, *Network of European Regions for Sustainable and competitive Tourism*);

- e, infine, la spinosa materia delle **professioni turistiche** (per esempio, l.r. Emilia Romagna, 27 maggio 2008 n. 7, "Norme per la disciplina delle attività di animazione e di accompagnamento turistico"; l.r. Piemonte, 26 novembre 2001 n. 33, "Disciplina delle professioni turistiche e modifiche della legge regionale 23 novembre 1992 n. 50 'Ordinamento della professione di maestro di sci' e della legge regionale 29 settembre 1994 n. 41 'Ordinamento della professione di guida alpina'"; l.r. Puglia, 19 dicembre 2008 n. 37, "Norme in materia di attività professionali turistiche").

Oggi tutti questi testi normativi sono facilmente consultabili visitando i siti istituzionali delle varie regioni, dove si può reperire anche la disciplina attuativa e regolamentare che spesso li accompagna.

VARIETÀ DEI CONTENUTI

I contenuti e la varietà stessa di queste leggi "turistiche" differiscono da regione a regione; le differenze dipendono, a loro volta, dai diversi **momenti storici** in cui queste discipline sono entrate in vigore, dalle **specificità geografiche** delle diverse regioni, dal loro diverso statuto (speciale o ordinario). Nondimeno, alcuni aspetti ritornano e possono essere messi a fuoco all'interno di un **modello di legge** sull'ordinamento turistico che tende a circolare nei vari sistemi regionali.

PUNTI COMUNI

Con una buona dose di approssimazione, si può dunque dire che le varie leggi sull'ordinamento turistico regionale contengono quasi sempre i seguenti profili di disciplina:

- la definizione dei **compiti della regione** stessa nell'attività di programmazione, di coordinamento e d'indirizzo delle politiche locali sul turismo, che trova di norma la sua concretizzazione nell'elaborazione di un *piano regionale di sviluppo turistico*, di durata pluriennale (solitamente triennale), a cui fa da corollario l'elaborazione di *piani attuativi annuali* (per esempio: artt. 5-16 della l.r. Lombardia, 1° ottobre 2015 n. 27, "Politiche regionali in materia di turismo e attrattività del territorio lombardo"; art. 17 e segg. l.r. Lazio, 6 agosto 2007 n. 13, "Organizza-

---

LAVORO SUL TESTO

Una rassegna della normativa regionale è disponibile sul sito dell'Osservatorio nazionale del turismo, all'indirizzo www.ontit.it. Nella sezione "Regioni" si possono consultare le leggi regionali che regolano vari aspetti della materia turistica.

- **Ricerca almeno 5 atti emanati nella tua regione e completa la seguente tabella.**

Fonte normativa	Atto	Oggetto delle norme
....	....	....
....	....	....
....	....	....
....	....	....
....	....	....

zione del sistema turistico laziale"; art. 7 e segg. l.r. Liguria, 4 ottobre 2006 n. 28, "Organizzazione turistica regionale"; art. 3 l.r. Sicilia, 15 settembre 2005 n. 10, "Norme per lo sviluppo turistico della Sicilia e norme finanziarie urgenti"; art. 5 l.r. Umbria, 27 dicembre 2006 n. 18, "Legislazione turistica regionale"; artt. 6-7 l.r. Veneto, 14 giugno 2013 n. 11, "Sviluppo e sostenibilità del turismo veneto");

- la definizione dei **compiti degli enti locali infraregionali**, in primo luogo dunque delle *province* e dei *comuni*, ma anche delle *città metropolitane*, delle *comunità montane* e così via, per la programmazione e la promozione delle iniziative negli ambiti territoriali di rispettiva competenza e in sintonia con i piani stabiliti a livello regionale (per esempio: artt. 3-4 del testo unico sul turismo della Toscana, 23 marzo 2000 n. 42; artt. 3-4 l.r. Umbria, 27 dicembre 2006 n. 18, cit.);
- la disciplina delle **agenzie di promozione turistica regionale**, che sono incaricate di dare attuazione al programma turistico regionale e alla promozione dell'immagine turistica della regione, in Italia e all'estero (a loro volta variamente denominate e strutturate: Aptr; Aretur; Aret/Pugliapromozione; Agenzia regionale per la promozione turistica di Roma e del Lazio s.p.a.; Agenzia regionale per la promozione turistica "In Liguria" ecc.);
- la disciplina delle **strutture di informazione** e **di accoglienza turistica** (per esempio: art. 7 l.r. Marche, 11 luglio 2006 n. 9, "Testo unico delle norme regionali in materia di turismo"; art. 8 l.r. Umbria, 27 dicembre 2006 n. 18, cit.);
- la definizione e il riconoscimento dei **Sistemi turistici locali** (Stl), per l'offerta aggregata di prodotti e servizi turistici da parte di soggetti pubblici e privati all'interno della medesima filiera turistica e nell'ambito di contesti territoriali, culturali omogenei (per esempio: artt. 9-10 l.r. Lazio, 6 agosto 2007 n. 13, cit. e art. 11 segg. l.r. Liguria, 4 ottobre 2006 n. 28, cit.), ne parleremo nella Sezione F;
- la disciplina dei **vari enti**, *consorzi, società consortili, pro loco, altre associazioni, comitati* operanti nel settore turistico (per esempio: art. 2 l.r. Friuli Venezia Giulia, 16 gennaio 2002 n. 2, "Disciplina organica del turismo"; art. 22 l.r. Toscana, 23 marzo 2000 n. 42, cit.; artt. 10-11 l.r. Umbria, 27 dicembre 2006 n. 18, cit.; art. 29 segg. l.r. Valle d'Aosta, 15 marzo 2001 n. 6, "Riforma dell'organizzazione turistica regionale");
- le **forme di partenariato** e **collaborazione** con le camere di commercio (per esempio: art. 9. l.r. Lombardia, 1° ottobre 2015 n. 27, cit. e art. 6 l.r. Liguria, 4 ottobre 2006 n. 28, cit.);
- l'istituzione, spesso, di **marchi di qualità regionale** quale strumento di promozione delle specificità turistiche della singola regione (per esempio: art. 8 l.r. Calabria, 5 aprile 2008 n. 8, "Riordino dell'organizzazione turistica regionale" e art. 5 l.r. Veneto, 14 giugno 2013 n. 11, "Sviluppo e sostenibilità del turismo veneto");
- la costituzione di **organismi di monitoraggio** dei flussi turistici regionali, tipicamente *Osservatori regionali per il turismo*, e di *tavoli di concertazione* e altri organismi a composizione mista, pubblico-privata, quali sedi deputate alla discussione delle linee strategiche e programmatiche per lo sviluppo delle attività di promozione e commercializzazione turistica (per esempio: il Comitato di concertazione turistica introdotto dall'art. 8 della l.r. Emilia Romagna, 6 marzo 2007 n. 2; oppure la Conferenza regionale del turismo dell'art. 8 della l.r. del Friuli Venezia Giulia 2/2002; il Comitato regionale per le politiche turistiche di cui all'art. 10 della l.r. Veneto, 14 giugno 2013 n. 11; o, ancora, il Tavolo regionale delle politiche turistiche e dell'attrattività di cui all'art. 13 della l.r. Lombardia 27/2015, cit.);

- la classificazione e la disciplina delle **strutture ricettive** (per esempio: art. 26 e segg. l.r. Lazio, 6 agosto 2007 n. 13, cit.; art. 10 e segg. l.r. Marche, 11 luglio 2006 n. 9, cit.; art. 24 e segg. l.r. Toscana, 23 marzo 2000 n. 42, cit.; art. 21 e segg. l.r. Umbria, 27 dicembre 2006 n. 18, cit.; art. 18 e segg. l.r. Lombardia, 1° ottobre 2015 n. 27, cit.);
- la disciplina delle **agenzie di viaggio e turismo** (per esempio: art. 82 e segg. l.r. Toscana, 23 marzo 2000 n. 42, cit. e art. 56 e segg. l.r. Lombardia, 1° ottobre 2015 n. 27, cit.);
- la previsione di **carte dei diritti del turista**, *contenenti informazioni sui diritti e la tutela del turista, sulle norme vigenti in materia di rispetto e tutela di luoghi e beni di interesse turistico, sulla tutela dei beni ambientali e culturali, sugli usi e le consuetudini locali* (per esempio: art. 2 l.r. Friuli Venezia Giulia, 16 gennaio 2002 n. 2, cit.).

Infine, anche si tratta di un dato che quasi sempre emerge dai primissimi articoli delle leggi regionali, merita di essere segnalato il costante riconoscimento del "ruolo strategico", "primario e centrale" del turismo per lo sviluppo sostenibile economico e occupazionale del territorio e per la crescita sociale e culturale della collettività (così recitano – ma non sono affatto casi isolati – l'art. 1 l.r. Veneto 11/2013 e l'art. 1 l.r. Sicilia 10/2005). Le formule cambiano, ma di poco, da una legge all'altra. In tutte appare ben chiaro un punto: il turismo può essere uno strumento per valorizzare – si legge nella recente l.r. Lombardia 27/2015 – "tutte le eccellenze territoriali, culturali, artigianali, produttive" e come tale è una "fondamentale risorsa della comunità regionale" (art. 1 l.r. Marche 9/2006): una risorsa da mettere a frutto in tutte le sue potenzialità e in tutte le regioni, e quindi nell'Italia intera.

PERCORSO
DI SINTESI

LE FONTI NORMATIVE DEL TURISMO

- La disciplina del turismo si caratterizza per la **stratificazione** delle fonti
- Possiamo distinguere:

FONTI **SOVRANAZIONALI**	FONTI **NAZIONALI**	FONTI **LOCALI**

LA NORMATIVA DELL'UNIONE EUROPEA

- In base al **trattato sul funzionamento dell'Unione europea** l'Ue esercita direttamente azione intesa a:
  - incoraggiare la creazione di un ambiente propizio allo sviluppo delle imprese del settore turistico
  - favorire la cooperazione tra Stati membri, in particolare attraverso lo scambio delle buone pratiche
- In ambito turistico l'Ue ha un'**influenza indiretta** attraverso le norme che riguardano:
  - i trasporti
  - la tutela del consumatore
  - la libera circolazione dei lavoratori
  - il Fondo europeo per lo sviluppo regionale (Fesr)

LE FONTI NAZIONALI

- Il turismo è regolato:
  - come materia di **potestà legislativa regionale** dal titolo V della Costituzione, riformato dalla l.cost. 3/2001
  - dal d.lgs. 79/2011, che contiene come **allegato** il cosiddetto codice del turismo
  - da interventi normativi successivi attuati con **decretazione d'urgenza**: d.l. 91/2013 (cosiddetto "Valore cultura"), d.l. 83/2014 (cosiddetto "Art bonus"), d.l. 146/2015 (convertito con modifiche dalla legge 12 novembre 2015 n. 182) che include l'apertura al pubblico di musei e luoghi della cultura tra i servizi pubblici essenziali

---

IL CODICE DEL TURISMO

- Si componeva originariamente di 69 articoli; dopo la sentenza n. 80/2012 della Corte costituzionale restano in vigore le norme riguardanti principalmente:
    - le imprese turistiche (artt. 4-5)
    - le professioni turistiche e i percorsi formativi (artt. 6-7)
    - le tipologie di prodotti turistici e circuiti di eccellenza (artt. 22-31)
    - i contratti del turismo organizzato (artt. 32-51)
    - le locazioni turistiche (artt. 52-53)
    - i contratti di multiproprietà (art. 2 d.lgs. 79/2011)
    - l'organizzazione pubblica del turismo (artt. 54-58)
    - la promozione dell'eccellenza turistica italiana (artt. 59-65)
    - la qualità del servizio e la soluzione delle controversie (artt. 66-69)

LE FONTI DI LIVELLO REGIONALE

- Tutte le regioni si sono dotate di una legislazione sul turismo che contiene principalmente:
    - la definizione dei **compiti della regione**
    - la definizione dei **compiti degli enti locali infraregionali**
    - la disciplina delle **agenzie di promozione turistica regionale**
    - la disciplina delle **strutture di informazione e di accoglienza turistica**
    - la definizione e il riconoscimento dei **Sistemi turistici locali** (Stl)
    - la disciplina dei **vari enti** del settore (consorzi, società consortili, pro loco ecc.)
    - l'istituzione, spesso, di **marchi di qualità regionale**
    - la costituzione di **organismi di monitoraggio** dei flussi turistici regionali
    - la classificazione e la disciplina delle **strutture ricettive**
    - la disciplina delle **agenzie di viaggio e turismo**
    - la previsione di **carte dei diritti del turista**

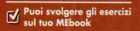
Verifica delle conoscenze

VERO O FALSO

Indica se le seguenti affermazioni sono vere o false.

1 Le norme che disciplinano il turismo sono poste anche da fonti di livello sovranazionale [V] [F]

2 L'Unione europea non ha competenze nel settore turistico [V] [F]

3 Le risorse dei fondi Fesr possono finanziare iniziative nel settore turistico [V] [F]

4 La riforma del titolo V Cost. non ha avuto conseguenze nell'ambito del diritto turistico [V] [F]

5 Secondo la Corte costituzionale, nel settore del turismo lo Stato può intervenire nel rispetto del principio di leale collaborazione con le regioni [V] [F]

6 Le norme del codice del turismo definiscono le strutture ricettive [V] [F]

7 Le norme relative ai contratti del turismo organizzato sono contenute nel codice del consumo [V] [F]

8 In genere le leggi regionali sul turismo prevedono l'istituzione di marchi di qualità [V] [F]

9 L'apertura al pubblico di musei e luoghi della cultura rientra ora tra i servizi pubblici essenziali [V] [F]

10 I circuiti nazionali di eccellenza collegano l'offerta turistica di più regioni [V] [F]

CORRISPONDENZE

Metti in relazione gli elementi del primo gruppo con quelli del secondo.

1 Politica estera e rapporti internazionali

2 Disciplina delle professioni

3 Immigrazione

4 Governo del territorio

5 Commercio con l'estero

6 Organizzazione amministrativa degli enti pubblici

7 Sicurezza sul lavoro

8 Tutela dell'ambiente

9 Valorizzazione dei beni culturali

10 Grandi reti di trasporto

a materia di legislazione esclusiva statale
b materia di legislazione esclusiva concorrente

1	2	3	4	5	6	7	8	9	10

COMPLETAMENTO

Inserisci i termini mancanti (attenzione ai distrattori!).

1 In base alla riforma del titolo _____ della Costituzione, entrata in vigore _____, il turismo è una materia che rientra nella potestà legislativa _____.

V; nel 2008; concorrente; statale; regionale; nel 2001; IV.

2 Il codice del _____ era originariamente composto da _____ articoli; a pochi mesi dalla sua emanazione la sentenza n. 80/2012 della _____ ha ritenuto in tutto o in parte illegittimi ben _____ dei suoi articoli.

Corte di giustizia europea; 19; 20; Corte costituzionale; consumo; turismo; 49; 69.

Verifica delle abilità

Completa la tabella.

Il mercato turistico nelle norme del d.lgs. 79/2011	
Norme	**Contenuti**
artt. 4-5	Imprese turistiche: • .... • agenzie di viaggio e ....
artt. 6-7	Professioni turistiche e ....
artt. 8-17	.... e strutture ricettive
artt. 18-21	Le agenzie di viaggio e turismo
artt. 22-31	Prodotti turistici e ....
artt. 32-51	I contratti ....
artt. 52-53	....

QUESITI A RISPOSTA SINGOLA

Rispondi utilizzando non più di 4 righe.

1 Quale funzione svolge un *codice* in ambito legislativo?

2 A chi spetta il potere di emanare norme per la *valorizzazione* e la *promozione di beni culturali e ambientali*?

4 *May immigration be regulated at regional level?*

5 *Which body is competent to enact rules to protect competition in the tourism sector?*

6 *What limits do Regions meet in their residual powers?*

Trattazione sintetica di argomenti

1 Individua quali sono i principi che ispirano l'azione dell'Unione europea nell'ambito del turismo.

2 Delinea l'evoluzione della normativa turistica nel nostro Paese in seguito alla riforma del titolo V della Costituzione.

3 Spiega come si sono mosse le regioni nel legiferare in campo turistico individuando i punti comuni tra le diverse leggi regionali.

Unità 6
I diritti e i beni

Unit *by* Unit

In Unit 6 you will learn that the main active subjective situations are subjective right (set of faculties which belong to a person to satisfy his/her interests) and power (set of functions vested in a person to protect and support the interests of others). The main passive subjective situations are obligation (when a certain standard of behaviour must be maintained in order to avoid a penalty) and onus (responsibility attributed by the law on a person in order to obtain a desired result). Rights can be divided into several categories: absolute and relative, patrimonial and non-patrimonial, disposable and non-disposable. There are two ways to reach a settlement regarding rights: both consist of non-exercise of right by the holder within the time limits prescribed by law, but the first (prescription) unlike the second (decay) which, unless otherwise provided for in the law, admits, i.e. accepts, interruptions and suspensions (Article 2964 of the Italian Civil Code). The object of property rights are goods, which can be material objects, with economic value (tangible assets), or creations of the human intellect (intangible assets). Goods can be: movable or immovable, fungible or infungible, consumable or inconsumable, private or public.

 ## 1 I rapporti giuridici e le situazioni giuridiche soggettive

I RAPPORTI GIURIDICI

Vivendo in **società** le persone entrano inevitabilmente in relazioni reciproche fra loro. Molte di queste relazioni sono regolate dal diritto quando sorgono, si sviluppano, finiscono e, quindi, producono conseguenze secondo il diritto.

> I rapporti fra le persone che sono regolati dal diritto prendono il nome di **rapporti giuridici**.

> Le persone legate fra loro da rapporti giuridici si possono venire a trovare in molte diverse situazioni soggettive regolate dal diritto, che sono dette **situazioni giuridiche soggettive**.

Le situazioni giuridiche soggettive sono riconducibili a due categorie fondamentali:

SITUAZIONI GIURIDICHE ATTIVE...

- le **situazioni giuridiche soggettive attive** *sono situazioni in linea di massima favorevoli al soggetto che vi si trova*: si verificano quando una persona, secondo una norma del diritto, *ha la possibilità di fare o di non fare qualcosa, oppure di pretendere che altri faccia o non faccia qualcosa*;

... E PASSIVE

- le **situazioni giuridiche soggettive passive** *sono situazioni in linea di massima sfavorevoli al soggetto che vi si trova*: si verificano quando una persona, secondo una norma del diritto, *deve fare o non fare qualcosa, oppure deve subire il comportamento altrui, vale a dire tollerare che altri faccia*.

ESEMPIO Il locatore di un immobile ha il diritto di pretendere dal locatario il pagamento del canone di locazione (situazione attiva) e ha il dovere di garantire a quest'ultimo l'uso pacifico del bene (situazione passiva).

Nel diritto privato le principali **situazioni soggettive attive** sono il diritto soggettivo e la potestà. Le principali **situazioni soggettive passive** sono l'obbligo e l'onere.

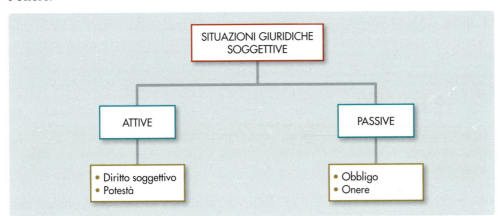

Categorie di situazioni giuridiche

 Il diritto soggettivo

> Il **diritto soggettivo** è definito come un insieme di facoltà che, secondo l'ordinamento giuridico, spettano a una persona per il soddisfacimento di un suo interesse, secondo il proprio libero apprezzamento.

DEFINIZIONE DI DIRITTO SOGGETTIVO

Due sono gli aspetti di questa definizione che occorre sottolineare; nell'attribuire un **diritto soggettivo** l'ordinamento giuridico:

- *delimita e circoscrive l'area all'interno della quale il titolare del diritto può agire per soddisfare il proprio interesse* (mentre all'esterno di essa non può farlo);
- *consente al titolare la più ampia libertà di esercitare o meno le facoltà che ne costituiscono il contenuto.*

ESEMPIO Se Luisa acquista un abito, ne diventa proprietaria: ha la facoltà di indossarlo, di lavarlo, di stirarlo, di prestarlo ad altri, di rivenderlo e anche di tenerlo nell'armadio senza utilizzarlo; tutte queste facoltà costituiscono il contenuto di un certo **diritto soggettivo**, la proprietà.
Se Luca dà a mutuo (presta) 200 euro al suo amico Elio, diventa creditore di Elio: ha la facoltà di esigere il pagamento alla scadenza concordata, di dilazionarlo, di frazionarlo, ma anche di rinunciare a ottenerlo; tutte queste facoltà costituiscono il contenuto di un certo **diritto soggettivo**: il credito di una somma di denaro nei confronti di una determinata persona.

Il diritto soggettivo, dunque, incontra sempre e necessariamente dei **limiti**: *sono i confini dell'area oltre la quale il titolare non può più agire come meglio gli aggrada per soddisfare i propri interessi.*
I confini di quest'area sono tracciati sia per dirimere i possibili conflitti fra i diversi titolari dei diritti soggettivi, sia per salvaguardare l'interesse generale.

LIMITI DEL DIRITTO SOGGETTIVO

ESEMPIO Paolo è proprietario di un terreno: come tale è tenuto a rispettare le regole sui confini e le limitazioni alle attività che il proprietario può svolgere sul suo terreno; queste sono poste a tutela sia dei proprietari vicini (Paolo non potrà aprire finestre sul terreno altrui se non con le modalità determinate dal diritto), sia a tutela di interessi generali della società (non potrà costruire una casa nuova sul proprio terreno senza prima aver ottenuto dal comune il permesso di costruire).

I limiti che l'ordinamento (vale a dire il **diritto inteso in senso oggettivo**) pone al diritto soggettivo *corrispondono ai limiti che le multiformi esigenze della vita sociale pongono alla libertà individuale e al potere di realizzare ciò che si desidera.*

③ La potestà

DEFINIZIONE DI POTESTÀ

> La **potestà** è definita come un insieme di facoltà che la legge attribuisce a una persona per proteggere e realizzare un interesse altrui o un interesse di carattere generale e superiore.

Diversamente da chi è titolare di un diritto soggettivo, il titolare della potestà non ha la libertà di agire a proprio piacimento, ma deve agire in **modo discrezionale**, *cioè realizzando nel modo che gli sembra migliore l'interesse indicato dalla legge.*

CONTROLLI SULL'ESERCIZIO DELLA POTESTÀ

La sua azione è sottoposta a **controlli esterni**, specificamente indicati dalla legge, volti a verificare che egli abbia effettivamente rivolto la potestà a proteggere e realizzare l'interesse altrui o generale; inoltre, se la sua azione non risulta indirizzata e svolta correttamente, egli può subire sanzioni per i suoi abusi.

ESEMPIO I genitori devono mantenere, educare e istruire i propri figli, prendere tutte le decisioni che li riguardano, perseguendo unicamente l'interesse dei figli stessi; a questi compiti non possono sottrarsi, e se lo fanno incorrono in sanzioni da parte dell'autorità giudiziaria. Queste *facoltà*, che sono anche *doveri*, costituiscono il contenuto di uno dei più importanti casi di potestà, quello della *responsabilità genitoriale*.

Le situazioni soggettive attive

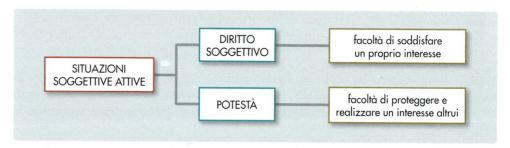

④ Le situazioni soggettive passive

DEFINIZIONE DI OBBLIGO

> Si dice che ha un **obbligo** colui il quale *deve tenere un determinato comportamento*: se non lo tiene, viola l'ordine giuridico e, quindi, può subire una sanzione.

ESEMPIO Il debitore che paga la somma dovuta per la cosa che ha comperato esegue un obbligo; se non lo eseguisse, potrebbe subire una **sanzione**, che consiste nella condanna, su richiesta del creditore, all'esatta esecuzione o al risarcimento del danno.

Il verbo "dovere"

Nel linguaggio giuridico si impiega sempre lo stesso *verbo*, **dovere**, per indicare sia l'obbligo che l'onere. Si dice allo stesso modo:

• che il debitore "deve" adempiere il suo obbligo: qui "dovere" si riferisce appunto all'**obbligo**;
• che il compratore "deve" denunciare l'esistenza dei vizi: qui "dovere" si riferisce all'**onere**.

Ciò può generare ambiguità e incertezze: pertanto, quando ci troviamo di fronte al verbo "dovere" occorre chiedersi sempre se si riferisca a un obbligo o a un onere.

Prende il nome di **onere** un comportamento che costituisce un peso, un costo (detto quindi "oneroso"), ed è tenuto da una persona non perché vi sia obbligata (si differenzia dunque dall'obbligo), ma perché le viene *richiesto dall'ordinamento giuridico come presupposto per ottenere un determinato risultato, come esercitare un diritto o conservare un vantaggio.*

ESEMPIO Chi compra merci difettose ha il diritto di ottenere la riduzione del prezzo pagato, o la risoluzione del contratto, e il risarcimento del danno: se vuole ottenere soddisfazione di questo suo diritto, ha l'onere di denunciare al venditore i difetti della merce entro un certo termine dalla scoperta; se non lo fa, non incorre in alcuna sanzione, però non riuscirà a ottenere il risultato che il diritto gli consentirebbe di ottenere.

ESEMPIO Chi vuole ottenere soddisfazione di un proprio diritto in sede giudiziaria ha l'onere di dare la prova dei fatti che stanno a fondamento del proprio diritto (art. 2697); altrimenti non potrà vincere la causa e ottenere soddisfazione del suo diritto.

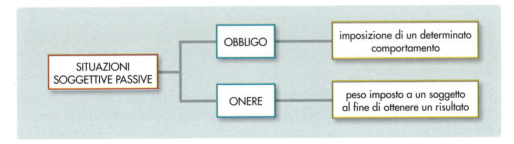

Le situazioni soggettive passive

5 Distinzioni fra vari tipi di diritti

I diritti si possono distinguere nelle seguenti categorie:

• diritti assoluti e relativi;
• diritti patrimoniali e non patrimoniali;
• diritti disponibili e indisponibili.

I diritti assoluti e i diritti relativi   La prima distinzione è quella fra i *diritti assoluti* e i *diritti relativi*.

Sono **diritti assoluti** quelli che *possono essere fatti valere nei confronti di qualsiasi persona*; il titolare di un diritto assoluto può esigerne il rispetto da parte di chiunque.

DIRITTI ASSOLUTI

ESEMPIO Il diritto del proprietario è un diritto *assoluto*, poiché tutti, indistintamente, sono tenuti a rispettare la proprietà altrui; il diritto alla propria integrità fisica è un diritto *assoluto*, poiché chiunque è tenuto a rispettare l'integrità fisica altrui.

Sono **diritti relativi** quelli che *possono essere fatti valere soltanto nei confronti di una persona determinata*; il titolare di un diritto relativo può esigerne il rispetto soltanto da parte della persona che ha l'*obbligo* di dare soddisfazione al suo diritto.

ESEMPIO Il diritto di ottenere in restituzione la somma di denaro che si è data in prestito è un diritto *relativo*, poiché soltanto la persona che l'ha ricevuta in prestito è tenuta a restituirla, e quindi il diritto può essere fatto valere soltanto nei suoi confronti. Ritornando alla situazione che abbiamo descritto in precedenza: soltanto Elio è tenuto a restituire i 200 euro ricevuti in prestito da Luca, il quale potrà far valere il diritto esclusivamente nei confronti del suo debitore.

I diritti patrimoniali e i diritti non patrimoniali   A seconda del loro contenuto possiamo avere *diritti patrimoniali* e *non patrimoniali*.

Sono **diritti patrimoniali** quelli che *attribuiscono al titolare un'utilità di carattere economico*, che può essere una somma di denaro, oppure qualcosa il cui valore possa essere indicato con una somma di denaro.

In altre parole, i diritti patrimoniali hanno a oggetto un qualcosa che ha o può avere un *valore di scambio*.

ESEMPIO Il diritto di ottenere la restituzione del denaro che ho prestato è un diritto patrimoniale; chi è proprietario di una bicicletta ha un diritto *patrimoniale* su di essa, poiché la bicicletta ha un valore che può essere quantificato in una somma di denaro, diversa naturalmente secondo il tipo di cui si tratta e lo stato in cui si trova.

Sono **diritti non patrimoniali** quelli che *attribuiscono al titolare un vantaggio o una qualità di carattere non economico*: quindi qualcosa il cui valore non può essere espresso in una somma di denaro.

In altre parole, *si tratta di diritti che hanno per oggetto un qualcosa che non può avere un valore di scambio*, o per la sua stessa natura, o per disposizioni inderogabili di legge.

ESEMPIO Sono diritti *non patrimoniali* i diritti della personalità (come il diritto di ogni persona a ottenere il rispetto della propria integrità fisica, del proprio nome, della propria immagine) e molti dei diritti dipendenti da vincoli familiari, come per esempio il diritto del figlio minorenne di essere educato e istruito dai propri genitori.

I diritti disponibili e i diritti indisponibili

Un diritto si dice **disponibile** *quando il titolare può alienarlo*, vale a dire trasferirlo ad altri, *e può rinunciarvi in modo valido*, impegnandosi con altri a non farlo valere.

Viceversa si dice **indisponibile** quando l'impegno a rinunciarvi e l'alienazione *non sono ammessi*.

L'indisponibilità di un diritto è di solito stabilita da norme imperative, poste a tutela dell'interesse della persona stessa, per difenderla nei casi in cui entra in rapporti con altri in una condizione di debolezza. I diritti della personalità sono comunemente definiti come indisponibili: vedremo successivamente in quale limitata misura ciò sia vero.

I diritti reali e i diritti di obbligazione

I diritti che hanno un contenuto di carattere *patrimoniale* si suddividono tradizionalmente in due categorie principali:

- i **diritti reali** (dal latino *res* = cosa);
- i **diritti di obbligazione** (o **diritti di credito**).

Diritti reali e diritti di obbligazione presentano caratteristiche fondamentali diverse e contrapposte tra loro.

> I **diritti reali** hanno per oggetto le cose, *in modo diretto e non mediato*, sono assoluti e sono in numero chiuso (tipici).

> I **diritti di obbligazione** consistono nella pretesa a esigere una determinata prestazione da una determinata persona, sono mediati, relativi e sono in numero aperto.

Queste definizioni devono essere spiegate.
Cominciamo dai **diritti reali**; per una migliore comprensione è utile fare riferimento al diritto reale per eccellenza, cioè alla **proprietà**.

DIRITTI REALI

Dicendo che *il diritto reale ha per oggetto una cosa, in modo diretto, non mediato*, si indica questo: il proprietario di una cosa ha normalmente la **disponibilità materiale** della cosa stessa e il **potere di utilizzarla** nel modo più conveniente non vietato dalla legge, indipendentemente da qualsiasi collaborazione altrui.
Affermando che *il diritto reale è un diritto assoluto* si indica che:

- *il proprietario può esigere il rispetto del suo diritto da parte di chiunque* (**opponibilità a tutti**);
- *correlativamente, qualsiasi altra persona ha il dovere di non turbarne l'esercizio*: non deve cioè danneggiare la cosa, né distruggerla, né sottrarla, né impedirne al proprietario l'utilizzazione legittima (**dovere di astensione dei terzi**).

Ulteriore conseguenza dell'opponibilità a tutti è che *il proprietario può difendere e far valere il suo diritto contro chiunque*: egli può rivendicare la cosa e ottenerne la restituzione da chiunque se ne trovi in possesso, può ottenere il risarcimento del danno da chiunque gli abbia rovinato la cosa.

Queste caratteristiche del diritto di proprietà sono presenti anche negli altri diritti reali, seppure in modo variamente e spesso fortemente limitato: questi diritti reali minori sono i **diritti reali di godimento** e i **diritti reali di garanzia**.
Per questi diritti l'assolutezza si manifesta principalmente come **diritto di seguito**: *il titolare di un diritto reale minore può farlo valere contro chiunque sia diventato*

LAVORO SUL CASO

Giuliana, studentessa in conservazione dei beni culturali, trascorre un periodo in Grecia per fare ricerche sul campo; per raggiungere i vari siti archeologici decide di prendere in locazione un'auto.

- **Così facendo acquisisce un diritto assoluto o relativo? Patrimoniale o non patrimoniale? Disponibile o indisponibile? Reale, di obbligazione o entrambi?**

proprietario della cosa sulla quale grava il suo diritto; ovvero, esprimendosi con un linguaggio figurato, si dice che può **inseguire** la cosa presso chiunque ne sia diventato proprietario.

ESEMPIO Davide vende a Carola un monolocale di sua proprietà, sul quale grava un'ipoteca a favore della banca che gli aveva concesso il mutuo per acquistarlo; proprio perché esiste il diritto di seguito Carola acquista l'immobile gravato del diritto reale di garanzia, cioè dell'ipoteca.

I diritti reali sono **tipici**: *ciò significa che sono in numero chiuso*; esistono soltanto quelli indicati dalla legge e i privati non possono crearne di nuovi mediante atti di autonomia privata, per esempio con un contratto.

DIRITTI DI OBBLIGAZIONE Ora passiamo ai **diritti di obbligazione**. Dicendo che essi consistono nella **pretesa di ottenere** una determinata prestazione da una determinata persona si indica questo: il titolare di un diritto di obbligazione *ha il potere di ottenere che un'altra persona gli consegni una cosa, oppure tenga un determinato comportamento, oppure ancora si astenga dal tenere un determinato comportamento.*

La soddisfazione di questo diritto, quando consiste nell'ottenere la consegna e, quindi, la disponibilità materiale di una cosa, *si può realizzare solo ed esclusivamente grazie all'altrui collaborazione (quindi è mediata)*: tale collaborazione costituisce cioè una sorta di **schermo** tra il titolare del diritto e la cosa.

Quando, poi, la soddisfazione del diritto consiste nell'ottenere che una determinata persona tenga (oppure non tenga) un determinato comportamento, allora è ancor più evidente che la collaborazione altrui è indispensabile.

Dicendo che i diritti di obbligazione sono **diritti relativi** si intende questo, come si è già accennato:

- *il titolare può esigere la soddisfazione del suo diritto solo nei confronti di una determinata persona;*
- *correlativamente quella persona ha l'obbligo di soddisfarlo*, mentre tutti gli altri, che abitualmente vengono definiti terzi, restano estranei a ciò.

Il diritto di obbligazione è **opponibile** *solo alla persona che deve eseguire la prestazione*, il **debitore**: in altre parole, il titolare del diritto di obbligazione, il **creditore**, può difenderlo e farlo valere solo contro il debitore.

I diritti di obbligazione sono in **numero aperto**: *ciò significa che i privati possono creare diritti di obbligazione aventi il contenuto più vario, purché non illecito, mediante atti di autonomia privata*, cioè per esempio mediante contratti.

Categorie di diritti

7 L'acquisto e la perdita dei diritti

La legge disciplina le circostanze e i **modi** nei quali le persone possono **acquistare** i diritti.

Questi sono regolati in modo diverso a seconda del **tipo di diritto**, secondo cioè se si tratta di un diritto reale, di un diritto di obbligazione, di un diritto della personalità umana. Per questa ragione è più opportuno trattarne successivamente, nelle parti dedicate allo studio dei vari tipi di diritti reali, di diritti di obbligazione, di diritti della personalità.

Al contrario, nel nostro ordinamento, la **perdita dei diritti** è disciplinata da una regola generale: perde il proprio diritto chi non lo esercita per un determinato periodo di tempo.

Questo principio, che riveste la massima importanza, stabilisce dunque un modo generale di **estinzione del diritto**. Si spiega e si giustifica considerando che, per un buon funzionamento dei rapporti tra le persone, occorre garantire stabilità e certezza, sul piano del diritto, alle situazioni di fatto consolidate da tempo.

ESEMPIO Se io ho un credito di 500 euro nei confronti di Arturo, ma per molti anni non mi curo di esigerlo, creo una situazione di fatto consolidata: da un lato, Arturo, che è mio debitore, si è ormai abituato all'idea che io non mi faccia vivo con lui e, dunque, a pensare e sentire quasi come se quella somma non me la dovesse più e a farci affidamento come se il denaro fosse suo; dall'altro lato, la mia inerzia nell'esigere quanto mi è dovuto induce a pensare che io, in fondo, dimostri di non avere interesse a far valere il mio diritto.

Queste aspettative, che derivano da **situazioni di fatto** consolidate, *sono ritenute dalla legge degne di tutela, proprio perché si sono protratte per un tempo molto lungo.*

Il codice stabilisce due modi generali di estinzione dei diritti per inerzia del titolare e decorso del tempo:

- la prescrizione (art. 2934 e seguenti);
- la decadenza (art. 2964 e seguenti).

Come vedremo nei prossimi paragrafi, essi sono regolati in modo in parte simile e in parte diverso.

L'ACQUISTO DEI DIRITTI

ESTINZIONE DEL DIRITTO PER INERZIA

⑧ La prescrizione

Un diritto si estingue per **prescrizione** quando il titolare non lo esercita per il tempo determinato dalla legge (art. 2934 c.1).

Non si prescrivono i **diritti indisponibili** e quelli specificamente indicati dalla legge come **imprescrittibili**.

Non si prescrivono, in quanto sono comunemente qualificati come indisponibili, i diritti della personalità e molti diritti familiari. Tra i diritti che non si prescrivono per specifica indicazione della legge il più importante è la **proprietà**. Ma attenzione: il diritto di proprietà può essere perso dal titolare per non uso, se contemporaneamente si verifica un'**usucapione**.

Se vuoi più informazioni su **La proprietà e il possesso** scarica l'approfondimento!

DECORSO E DURATA

La prescrizione inizia a *decorrere dal giorno in cui il titolare può esercitare il proprio diritto* (art. 2935).

ESEMPIO Se devo pagare 1.000 euro il 31 gennaio, la prescrizione inizia a decorrere da questa data, in quanto a partire da questo momento il creditore incomincia a essere inerte; prima di quella data non ha neppure il diritto di esigere il pagamento.

La **durata** della prescrizione, salvo diversa indicazione di legge, è stabilita uniformemente dall'art. 2946 in *10 anni*.

INTERRUZIONE

Il decorso della prescrizione **si interrompe** ogniqualvolta il titolare del diritto *lo esercita con atti materiali* (per esempio, attraversa il fondo altrui sul quale ha una servitù di passaggio) *o con gli atti formali indicati dall'art.* 2943 (costituzione in mora, citazione in giudizio); oppure ogniqualvolta la persona contro la quale il diritto può essere fatto valere *ne riconosce* l'esistenza (per esempio, conferma di essere debitore di una somma di denaro).
A partire dal giorno in cui il diritto è stato esercitato *incomincia a decorrere un nuovo periodo di prescrizione* nel quale *non si computa* il tempo trascorso prima dell'interruzione.

ESEMPIO Se il creditore di una somma di denaro inizia un procedimento giudiziario per ottenere il pagamento, interrompe la prescrizione; a partire da quel giorno incomincia a decorrere il nuovo termine, sicché il suo diritto si prescriverà decorsi 10 anni da *quel* giorno.

SOSPENSIONE

La prescrizione è sospesa, cioè il suo decorso subisce un arresto provvisorio, in due tipi di situazioni: quando fra il titolare del diritto e l'obbligato viene a costituirsi uno dei rapporti elencati dall'art. 2941 (per esempio, il debitore e il creditore contraggono matrimonio); oppure quando il titolare del diritto si trova nelle condizioni personali elencate dall'art. 2942 (per esempio, il titolare del diritto è un militare in servizio in tempo di guerra).
Quando tali situazioni vengono meno, la prescrizione riprende a decorrere, e *vi si computa* anche il tempo trascorso prima della sospensione.

ESEMPIO Un diritto può essere fatto valere (e quindi inizia a decorrerne la prescrizione) a partire dal 21 ottobre 2006; se per tutto l'anno 2007 si verifica una causa di sospensione, questo periodo di tempo non deve essere computato nel calcolo complessivo del tempo necessario per la prescrizione, sicché questa non si verificherà il 21 ottobre 2016 (come sarebbe accaduto se non vi fosse stata la sospensione), bensì il 21 ottobre 2017 (cioè dopo 10 anni, ma con l'esclusione dell'anno in cui era sospesa).

Il **computo dei termini** di prescrizione viene compiuto secondo il *calendario comune*; "non si computa il giorno nel corso del quale cade il momento iniziale del termine e la prescrizione si verifica con lo spirare dell'ultimo istante del giorno finale" (art. 2963).

COMPUTO DEI TERMINI

La disciplina della prescrizione è *inderogabile*: le persone non possono stabilire termini diversi da quelli indicati dalla legge, né possono accordarsi preventivamente per non tenerne conto (art. 2936).

INDEROGABILITÀ

La decadenza

Vi sono situazioni giuridiche incerte, nelle quali è considerato opportuno raggiungere una sistemazione o un chiarimento definitivi in tempi piuttosto brevi.

NOZIONE DI DECADENZA

ESEMPIO Chi compra merci che risultano poi difettose ha il diritto, se lo desidera, di ottenere una riduzione del prezzo; dal momento in cui il compratore riscontra l'esistenza dei difetti, si viene a creare una situazione nella quale è incerto se egli farà valere o meno il suo diritto alla riduzione del prezzo.

La legge fissa un termine entro il quale quest'incertezza deve cessare ed egli deve esercitare il suo diritto; decorso tale termine non lo potrà più esercitare. Questo termine è detto di **decadenza** (art. 2964).

LAVORO SUL CASO

Un gruppo di amici prenota un viaggio organizzato ai castelli della Loira; purtroppo, la vacanza non va come previsto perché il servizio offerto dal tour operator non rispetta i parametri e gli standard di alloggio prenotati.

- Il diritto all'eventuale risarcimento del danno è soggetto a decadenza, a prescrizione o a entrambe le cose?

APPROFONDIMENTO

Norme imperative e norme dispositive

Molte norme contenute nel codice civile sono **imperative**, o **inderogabili**: ciò significa che i cittadini, i privati, sono obbligati a rispettarle anche se non lo desiderano, e non possono stabilire regole diverse, neppure di comune accordo tra di loro.

Molte altre norme sono invece **dispositive**, o **derogabili**: ciò significa che i privati possono stabilire regole diverse da quelle indicate dal codice, purché siano d'accordo tra loro.

Non è sempre facile capire se una norma è imperativa o dispositiva. In linea di massima, di solito, sono dispositive tutte le norme che non sono dichiarate, in modo diretto o indiretto, *inderogabili*.

Quando in un articolo del codice si legge che "è nullo il patto con cui...", oppure che "è nullo ogni patto contrario", ci si trova dinanzi a una delle formule più frequentemente usate per indicare che una determinata norma è **imperativa**, inderogabile.

Quando, invece, in un articolo del codice si legge che è "salvo ogni patto contrario", oppure che è "salva la diversa volontà delle parti", ci si trova dinanzi a formule tra le più usate per indicare che una determinata norma è **dispositiva**, derogabile per volontà delle parti.

DIFFERENZE TRA DECADENZA E PRESCRIZIONE

La disciplina della decadenza è diversa da quella della prescrizione nei seguenti aspetti:

- le persone possono stabilire termini di decadenza diversi da quelli indicati dalla legge, purché non siano talmente brevi da rendere "eccessivamente difficile a una delle parti l'esercizio del diritto" (art. 2965) e *purché si tratti di diritti disponibili* (art. 2968);
- il decorso del termine di decadenza non può essere sospeso (art. 2964);
- il decorso del termine di decadenza non può essere interrotto e ricominciare a decorrere (art. 2964): infatti, esercitando il diritto soggetto a decadenza, viene necessariamente e definitivamente meno quella situazione di incertezza che il termine di decadenza mirava a limitare nel tempo.

Non esiste un termine generale di decadenza, a differenza del caso della prescrizione. I termini di decadenza sono molti e diversi, assai più brevi di quelli di prescrizione: saranno menzionati nel corso della trattazione.

Prescrizione e decadenza a confronto

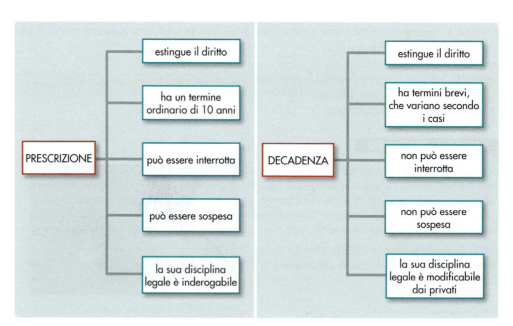

10 I beni

Oggetto dei diritti patrimoniali sono i beni; nonostante il codice civile adoperi spesso indifferentemente le parole "bene" e "cosa", l'art. 810 dà dei beni una precisa definizione riferendosi a una categoria di cose e non a tutte le cose indistintamente.

I **beni** sono le cose che *possono formare oggetto di diritti.*

Una precisazione: per "cose" si intendono qui tutte le cose materiali che possono essere percepite sia con i sensi (per esempio, suolo, acqua, albero, tavolo ecc.), sia anche soltanto con particolari strumenti (per esempio, energia elettrica, raggi X ecc.).

Affinché una cosa possa essere oggetto di un diritto è necessario:

- che abbia un **valore d'uso**, *cioè che sia atta a essere utilizzata dall'uomo per soddisfare un suo bisogno, sia esso materiale o non materiale*;
- che esista in natura in **quantità relativamente limitata**, *di modo che un uomo abbia interesse a impossessarsene per utilizzarla in modo esclusivo*.

Proviamo a chiarire meglio quanto abbiamo detto.

ESEMPIO Il suolo del pianeta Nettuno è una "cosa", ma a tutt'oggi non è un "bene" poiché allo stato attuale della scienza e della tecnica non ha un valore d'uso. Le parti e i tessuti biologici del corpo di una persona sono di recente divenuti sempre più "beni", mentre in passato lo erano in casi rari. L'aria atmosferica è anch'essa una "cosa", ma non è un "bene" poiché esiste in quantità talmente abbondante che l'uomo non ha alcun interesse a impossessarsene in modo esclusivo.

Attenzione: si tratta di un concetto assai relativo. Infatti cose che fino a una certa epoca non erano beni possono successivamente diventarlo.

ESEMPIO Ora che è possibile sbarcare sulla Luna anche il suolo lunare può essere considerato un bene perché aumentano le possibilità per l'uomo di sfruttarlo da un punto di vista economico. Mentre in passato le uniche parti del corpo di una persona che potevano avere utilità per un'altra erano i capelli e i denti, che potevano essere staccati e riutilizzati, oggi le parti utili sono molte di più: basti pensare ai trapianti di organi.

Cose che in circostanze normali sono disponibili in quantità sovrabbondante possono in certe situazioni scarseggiare e, quindi, diventare beni.

ESEMPIO In un laboratorio scientifico sotterraneo l'aria atmosferica può essere considerata un bene, poiché è disponibile in quantità limitata e il suo ricambio non avviene naturalmente, senza intervento umano, ma è frutto di tecnologie, che hanno un costo economico.

La definizione di beni data dal codice all'art. 810 è però incompleta: il codice stesso, come pure altri testi normativi, *considera come beni, quindi oggetto di diritti, anche entità che non sono cose materiali*; sono *beni*, infatti, anche le **creazioni dell'intelletto umano**, come le opere d'arte (dipinti, sculture, opere letterarie e musicali ecc.), le invenzioni, i segni distintivi delle imprese (ditta, insegna) e dei loro prodotti (marchi). Sono questi i cosiddetti beni immateriali, che sono oggetto di particolari diritti regolati dalla legge (diritto d'autore, di brevetto, strumenti finanziari ecc.).

Cose e beni possono dunque essere rappresentati graficamente come due aree che si sovrappongono solo in parte.

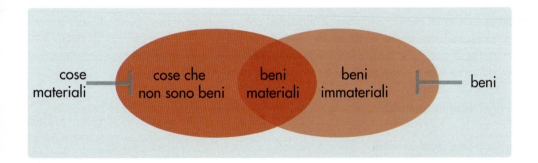

Le distinzioni fra i beni

La più importante distinzione tra i beni materiali, di carattere fondamentalmente naturalistico, è quella tra **beni immobili** e **beni mobili**.

BENI IMMOBILI

Sono **beni immobili** il suolo, le sorgenti e i corsi d'acqua, nonché tutto ciò che è naturalmente (per esempio, alberi) o artificialmente (per esempio, edifici) incorporato al suolo, anche se in modo solo transitorio (art. 812 c. 1).
Inoltre, sono considerati immobili anche i mulini, gli stabilimenti balneari e gli altri edifici galleggianti quando sono saldamente assicurati alla riva o all'alveo e sono destinati a esserlo in modo permanente per la loro utilizzazione (art. 812 c. 2).

BENI MOBILI

Sono invece **beni mobili** tutti gli altri beni (art. 812 c. 3), quindi anche le energie naturali (art. 814).

DISTINZIONE TRA BENI MOBILI E IMMOBILI

La distinzione fra beni mobili e beni immobili è molto importante, di certo la più importante distinzione fra i beni *perché sono molti gli aspetti in cui il diritto regola diversamente le due categorie di beni.*
La differenza di maggiore rilievo riguarda il loro **regime di circolazione**, *cioè il passaggio dei beni dalla proprietà di un soggetto alla proprietà di un altro soggetto* (come avviene quando la cosa è venduta): il problema che in questo caso il diritto si pone è quello della **tutela** di chi acquista il diritto.

BENI MOBILI REGISTRATI

Tra i beni mobili e gli immobili vi è una categoria intermedia di beni: si tratta di beni che sono sì mobili, ma soggetti a una disciplina di legge che ha punti di somiglianza con quella dei beni immobili.

Sono i **beni mobili registrati**, cioè gli autoveicoli e i motoveicoli, i natanti e gli aeromobili, che devono essere iscritti in appositi pubblici registri (art. 815).

Altre distinzioni tra i beni   Vi sono altre distinzioni che occorre fare tra i beni, in relazione alla loro disciplina legale. Sono distinzioni relative: un bene, cioè, rientra nell'una o nell'altra delle categorie che seguono *non solo secondo la sua natura*, ma soprattutto secondo l'**utilizzazione** *che ne viene fatta o secondo il rapporto in cui è con altri beni.* Queste distinzioni sono importanti soprattutto per la disciplina dei diversi tipi di contratto.

BENI FUNGIBILI E INFUNGIBILI

Sono **beni fungibili** quelli che sono sostituibili gli uni agli altri; sono beni **infungibili** quelli che non possono essere sostituiti indifferentemente gli uni agli altri.

ESEMPIO Due auto nuove, dello stesso modello, colore e marca sono beni fungibili perché sono esattamente identiche tra loro e, quindi, una vale l'altra; non sarebbe lo stesso se si trattasse di due auto usate che, anche se identiche tra loro per le caratteristiche esterne, ovviamente non lo sono per il modo in cui sono state utilizzate.

BENI CONSUMABILI E INCONSUMABILI

Sono **beni consumabili** quelli che vengono distrutti con un solo atto di utilizzazione.

Sono **beni inconsumabili** quelli che possono essere utilizzati ripetutamente.

Sergio decide di mettere in vendita la propria abitazione. Quando Graziano lo contatta, gli offre, in cambio di un corrispettivo, la cucina componibile che era stata realizzata su misura, due quadri e la caldaia.
Graziano risponde che intende ristrutturare completamente l'appartamento e, quindi, non è interessato né al mobilio, né ai quadri. Ritiene però che la caldaia faccia parte integrante dell'appartamento. Sergio ribatte che, se non gli verrà riconosciuto un corrispettivo in denaro, farà smontare la caldaia per portarsela via.

• **Chi ha ragione?**

ESEMPIO Sono ovviamente beni consumabili la farina che si utilizza per fare il pane, il cibo che mangiamo quotidianamente, la legna che si brucia per riscaldare una baita di montagna; sono inconsumabili le macchine utensili, gli edifici, gli elettrodomestici, i computer ecc.

Questa distinzione ha un fondamento naturalistico, ma va interpretata con molta elasticità, poiché decisiva non è tanto la natura del bene, quanto piuttosto l'utilizzazione che ne viene fatta.

ESEMPIO Un'automobile è normalmente considerata un bene inconsumabile, ma potrebbe anche essere adoperata come bene consumabile se venisse usata per girare una scena di un film in cui viene fatta esplodere.

> Sono **pertinenze** le cose destinate in modo durevole al servizio o all'ornamento di un'altra cosa da parte del proprietario di quest'ultima (art. 817).

PERTINENZE

Determinare se una cosa è o non è una pertinenza è importante in caso di alienazione: infatti, *quando la cosa principale viene alienata* (venduta), *anche le sue pertinenze subiscono la stessa sorte, a meno che non risulti una volontà delle parti in senso opposto* (art. 818); ma allora le pertinenze **cessano** di essere tali.

ESEMPIO I locali di un edificio adibiti a cantina sono pertinenze dei vari appartamenti dell'edificio stesso; gli attrezzi per la coltivazione di un campo (trattore, aratro ecc.) sono pertinenze del campo.

> Si definisce **universalità di mobili** l'insieme di beni mobili che appartengono a una stessa persona e hanno una destinazione unitaria (art. 816).

UNIVERSALITÀ DI MOBILI

Questi beni possono essere considerati unitariamente, come appunto universalità, oppure anche individualmente e formare quindi oggetto di atti separati.

ESEMPIO Una collezione di francobolli è una universalità di mobili e posso venderla in blocco, ma posso anche scegliere di vendere soltanto i pezzi più pregiati, separandoli così dall'universalità.

Le universalità di mobili sono soggette a regole in qualche misura intermedie fra quelle dei beni mobili e quelle dei beni immobili.

> Si definiscono **frutti** i beni prodotti da altri beni. I **frutti naturali** sono i prodotti dell'agricoltura, dell'allevamento, delle miniere (art. 820 c. 1). I **frutti civili** sono il corrispettivo che il proprietario trae dall'utilizzazione altrui di una sua cosa.

FRUTTI

ESEMPIO Sono frutti civili il canone che spetta al proprietario di un appartamento dato in locazione, gli interessi che la banca accredita periodicamente sul conto corrente dei propri clienti o che il debitore deve corrispondere a chi gli ha prestato una somma di denaro.

Tanto i frutti naturali quanto i frutti civili appartengono al proprietario del bene che li produce.

 I beni pubblici

I beni possono appartenere ai privati cittadini, ma possono anche appartenere allo Stato e agli enti pubblici (art. 42 c. 1 Cost.).

> I beni che appartengono allo Stato o agli altri enti pubblici sono detti **beni pubblici.**

I beni pubblici si distinguono in diverse categorie. Prima di passare a esaminarle occorre precisare che si tratta di distinzioni che hanno perso molta della precisione e del fondamento funzionale che avevano un tempo: vediamo quali sono.

BENI DEMANIALI

> I **beni demaniali** sono quelli che appartengono allo Stato e agli enti pubblici territoriali.

In questo ambito occorre distinguere fra:

- **demanio necessario**, che comprende i beni (elencati nell'art. 822 c. 1) che non possono mai appartenere a privati; fra i principali si possono ricordare il lido del mare e le spiagge, i porti, i fiumi, i laghi, le opere destinate alla difesa nazionale, le aree abbandonate dagli alvei fluviali;
- **demanio accidentale**, (art. 822 c. 2): ne fanno parte – ma solo nel caso in cui appartengano allo Stato, ad altri enti pubblici o alla "Patrimonio dello Stato s.p.a." (ente in forma di società, istituito con il d.l. 63/2002 convertito dalla legge 15 maggio 2002 n. 122), cui possono essere trasferiti immobili demaniali o patrimoniali per permetterne la valorizzazione, cioè un uso economicamente dinamico – le strade pubbliche, le ferrovie, gli aeroporti, gli acquedotti, i manufatti d'interesse storico, artistico ecc.

Tutti i beni demaniali sono **inalienabili**, ma possono formare oggetto di diritti di utilizzazione a favore di altri soggetti, pubblici e privati, nei modi ed entro i limiti stabiliti dalle leggi che li regolano specificamente.

BENI PATRIMONIALI INDISPONIBILI

> I **beni patrimoniali indisponibili** sono quelli che appartengono allo Stato e agli enti pubblici territoriali (art. 826) e servono a *soddisfare un interesse pubblico.*

Si tratta di beni destinati all'attività istituzionale dello Stato o dell'ente pubblico oppure all'uso della collettività; oppure, ancora, sono beni per i quali c'è l'esigenza di regolamentarne sia l'appropriazione, sia l'uso da parte dei privati con particolare rigidità, in funzione dell'utilità generale.

ESEMPIO Fanno parte del patrimonio indisponibile le miniere, i beni culturali (come le cose d'interesse storico, archeologico, artistico ecc.) ritrovati nel sottosuolo, gli armamenti e in generale i beni che servono alla difesa nazionale, gli edifici destinati a sede di uffici pubblici, la fauna selvatica.

Sono regolati dalle norme del codice civile; *possono essere concessi in uso a privati, secondo le regole dettate dalle leggi che li riguardano specificamente, ma non possono essere sottratti alla loro destinazione* (art. 828).

I **beni patrimoniali disponibili** sono tutti gli altri beni appartenenti allo Stato o a enti pubblici.

Di regola sono liberamente alienabili; tuttavia, se sono destinati a un servizio pubblico, non possono essere sottratti alla loro destinazione senza un'apposita decisione dell'autorità pubblica (art. 830).

L'alienazione a privati dei beni del demanio accidentale e dei beni patrimoniali indisponibili non è ammessa. Tuttavia, nei casi previsti dalla legge (per esempio, quando il bene non è più idoneo all'uso cui era destinato, o l'organizzazione dei servizi è cambiata), il vincolo di destinazione può essere cancellato con deliberazione dell'autorità pubblica che ne è proprietaria; in tal caso possono essere successivamente alienati a privati.

ESEMPIO Le *case cantoniere*, quelle case dipinte in rosso scuro che si trovavano (e a volte ancora si trovano) lungo le strade statali, erano destinate ad alloggio dei dipendenti dell'Anas (Azienda autonoma strade statali) che avevano il compito di curare la manutenzione di una certa quantità di chilometri della strada statale, in prossimità della loro casa; con l'adozione di un sistema di controllo e manutenzione centralizzato, il servizio è completamente cambiato, sicché non vi è stato più alcun bisogno degli operai che per motivi di servizio abitavano quelle case e quindi della proprietà di quelle case. Esse allora, con un provvedimento dell'autorità amministrativa, sono state private della qualifica di "demaniali" e sono state vendute a privati.

I beni culturali e ambientali   I beni culturali e ambientali presentano la peculiarità di essere considerati – come l'aria e l'acqua – **beni d'interesse generale**, *ossia beni che l'intera collettività è interessata a conservare e a trasmettere alle generazioni future.* Ma essi appartengono, nello stesso tempo, a singoli proprietari: sono infatti edifici, terreni (per esempio boschi o montagne), beni mobili (per esempio dipinti) che, oltre a un valore culturale e naturalistico, hanno anche un valore economico. Per proteggere tali beni, ossia per far valere l'interesse pubblico alla loro conservazione, è quindi necessario limitare il normale diritto del proprietario.

Di questa materia, che è disciplinata dal codice dei beni culturali e del paesaggio (cod. b.c.p.) emanato con il d.lgs. 42/2004, tratteremo nel volume di quinta.

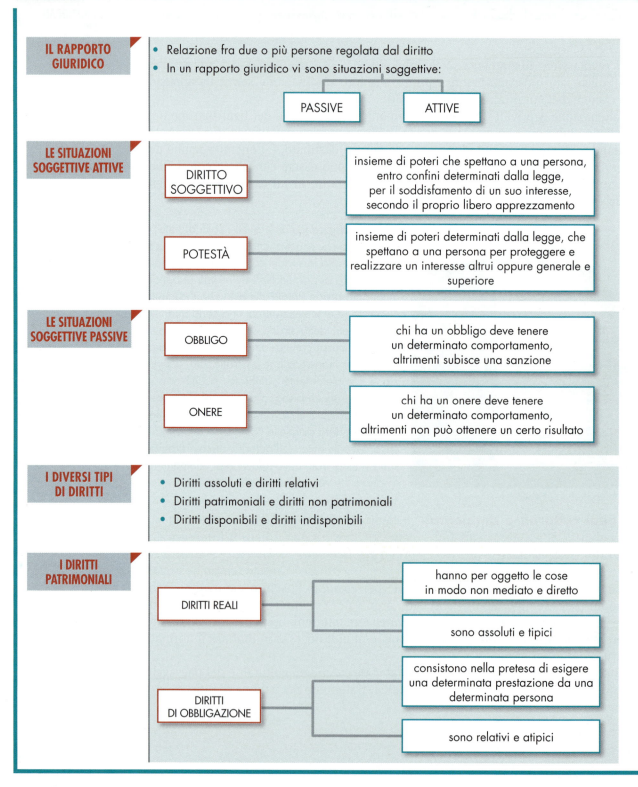

IL RAPPORTO GIURIDICO

- Relazione fra due o più persone regolata dal diritto
- In un rapporto giuridico vi sono situazioni soggettive:

PASSIVE — ATTIVE

LE SITUAZIONI SOGGETTIVE ATTIVE

DIRITTO SOGGETTIVO — insieme di poteri che spettano a una persona, entro confini determinati dalla legge, per il soddisfamento di un suo interesse, secondo il proprio libero apprezzamento

POTESTÀ — insieme di poteri determinati dalla legge, che spettano a una persona per proteggere e realizzare un interesse altrui oppure generale e superiore

LE SITUAZIONI SOGGETTIVE PASSIVE

OBBLIGO — chi ha un obbligo deve tenere un determinato comportamento, altrimenti subisce una sanzione

ONERE — chi ha un onere deve tenere un determinato comportamento, altrimenti non può ottenere un certo risultato

I DIVERSI TIPI DI DIRITTI

- Diritti assoluti e diritti relativi
- Diritti patrimoniali e diritti non patrimoniali
- Diritti disponibili e diritti indisponibili

I DIRITTI PATRIMONIALI

DIRITTI REALI — hanno per oggetto le cose in modo non mediato e diretto

— sono assoluti e tipici

DIRITTI DI OBBLIGAZIONE — consistono nella pretesa di esigere una determinata prestazione da una determinata persona

— sono relativi e atipici

LA PERDITA DEI DIRITTI

PRESCRIZIONE

- estingue il diritto
- il termine ordinario è di 10 anni
- può essere interrotta e sospesa
- la sua disciplina legale è inderogabile

DECADENZA

- estingue il diritto
- i suoi termini sono brevi, variano secondo i casi
- non può essere né interrotta né sospesa
- la sua disciplina legale può essere modificata dai privati

I BENI

- Le cose materiali aventi valore economico
- Le creazioni dell'intelletto umano (beni immateriali)

I BENI IMMOBILI E I BENI MOBILI

- I beni possono essere:
  - immobili (suolo, sorgenti e corsi d'acqua, tutto ciò che è naturalmente o artificialmente incorporato al suolo)
  - mobili (tutti gli altri beni, le energie naturali)
  - mobili registrati

ALTRE DISTINZIONI TRA I BENI

- Beni fungibili e beni infungibili
- Beni consumabili e beni inconsumabili
- Pertinenze
- Universalità di mobili
- Frutti (naturali o civili)

I BENI PUBBLICI

- Beni demaniali (demanio necessario e demanio accidentale)
- Beni patrimoniali indisponibili
- Beni patrimoniali disponibili

I BENI CULTURALI E AMBIENTALI

- Hanno, oltre a un valore culturale e naturalistico, anche un valore economico
- Sono disciplinati dal d.lgs. 42/2004 (codice dei beni culturali e del paesaggio)

Verifica delle conoscenze

VERO O FALSO
Indica se le seguenti affermazioni sono vere o false.

1 L'obbligo e l'onere sono situazioni soggettive passive ☐V ☐F

2 Il diritto soggettivo spetta a una persona per il soddisfacimento di un suo interesse ☐V ☐F

3 La responsabilità genitoriale è un diritto soggettivo ☐V ☐F

4 Chi non assolve a un onere, può subire una sanzione ☐V ☐F

5 I diritti della personalità sono indisponibili ☐V ☐F

6 I diritti di obbligazione sono diritti assoluti ☐V ☐F

7 Il decorso della prescrizione non può essere interrotto ☐V ☐F

8 Il decorso del termine di decadenza non può essere sospeso ☐V ☐F

9 Quando una cosa viene venduta, saranno alienate anche le relative pertinenze ☐V ☐F

10 I beni culturali e ambientali sono considerati di interesse generale ☐V ☐F

CORRISPONDENZE
Metti in relazione gli elementi del primo gruppo con quelli del secondo.

1 Possono essere fatti valere nei confronti di tutti
2 Sono diritti tipici
3 Attribuiscono al titolare un'utilità di carattere economico
4 Possono essere trasferiti
5 Possono essere fatti valere nei confronti di una persona determinata

a diritti relativi
b diritti disponibili
c diritti reali
d diritti patrimoniali
e diritti assoluti

1	2	3	4	5

COMPLETAMENTO
Inserisci i termini mancanti (attenzione ai distrattori!).

Le situazioni giuridiche soggettive _____ sono il diritto soggettivo e la _____; il diritto soggettivo si può definire come l'insieme delle facoltà che spettano a una persona per il soddisfacimento di un suo

_____.

potestà; facoltà; attive; passive; diritto oggettivo; interesse.

Verifica delle abilità

Completa lo schema.

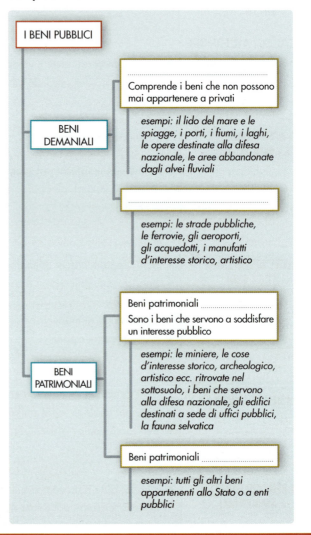

I BENI PUBBLICI

BENI DEMANIALI
Comprende i beni che non possono mai appartenere a privati

esempi: il lido del mare e le spiagge, i porti, i fiumi, i laghi, le opere destinate alla difesa nazionale, le aree abbandonate dagli alvei fluviali

_____

esempi: le strade pubbliche, le ferrovie, gli aeroporti, gli acquedotti, i manufatti d'interesse storico, artistico

BENI PATRIMONIALI
Beni patrimoniali _____
Sono i beni che servono a soddisfare un interesse pubblico

esempi: le miniere, le cose d'interesse storico, archeologico, artistico ecc. ritrovate nel sottosuolo, i beni che servono alla difesa nazionale, gli edifici destinati a sede di uffici pubblici, la fauna selvatica

Beni patrimoniali _____

esempi: tutti gli altri beni appartenenti allo Stato o a enti pubblici

DI CHE COSA STIAMO PARLANDO?
Rispondi dopo aver letto gli indizi.

1 Tutto ciò che è naturalmente o artificialmente incorporato al suolo ....

2 È l'estinzione di un diritto che non viene esercitato da tempo ....

3 È l'attitudine di un bene a soddisfare un bisogno ....

4 Comprende i beni destinati all'attività istituzionale dello Stato e degli enti pubblici ....

5 Comprende i beni che non possono appartenere ai privati ....

CACCIA ALL'ERRORE
Individua e correggi le parole errate.

1 La potestà si può definire come un insieme di facoltà che la legge attribuisce a una persona a tutela di un proprio interesse ....

2 Sono frutti le cose destinate in modo durevole al servizio o all'ornamento di un'altra cosa ....

3 Colui che non rispetta un onere è punito con una sanzione ....

4 Il diritto di seguito è una caratteristica dei diritti di obbligazione ....

5 Sono situazioni giuridiche soggettive attive il diritto soggettivo e l'obbligo ....

QUESITI A RISPOSTA SINGOLA
Rispondi utilizzando non più di 4 righe.

1 Quali sono le caratteristiche del diritto reale? e quelle del diritto di obbligazione?

2 Che cos'è il dovere di astensione dei terzi?

3 Quali sono i principali diritti imprescrittibili?

4 *Explain the difference between movable and immovable property as well as the importance of this distinction.*

5 *What is the difference between fungible goods and infungible goods?*

RISOLVO IL CASO

A giugno 2015 Corrado riceve l'avviso di pagamento per un tributo relativo al servizio idrico che non era stato pagato nell'anno 2007. Corrado preferirebbe evitare di pagare quel debito di cui aveva perso memoria ma, allo stesso tempo, vuole evitare di dover pagare una multa salata.

- La somma che viene richiesta a Corrado è effettivamente dovuta?
- La soluzione sarebbe stata la stessa se, nel 2012, Corrado avesse ricevuto un primo avviso di pagamento e l'avesse volutamente ignorato?

Unità 7
Le persone fisiche e le persone giuridiche

Unit *by* Unit

In Unit 7 you will study the three types of capacity of individuals: legal capacity, the capacity of discernment and the capacity to act. The first is the suitability of a person to be the holder of rights and obligations and is acquired at birth and lost only at death. The second is the ability to understand and look after his/her own interests. The third is the ability of a person to dispose of his/her rights; it is acquired at the age of 18 and is lost (partly) due to the judicial pronunciation of incapacity or (completely) due to the judicial interdict. In performing legal acts, therefore, minors are replaced by their parents, while interdicted persons are replaced by their tutors. Then there are the beneficiaries of administrative support, who can always perform their own acts unless explicitly prohibited.

Every human being, by virtue of his/her existence, is the holder of the right to his/her personality, to his/her life, physical integrity, personal freedom, name, honour, privacy and so on. Not only individuals hold rights, others can and do too: legal persons, or entities, which can be either public or private (companies, associations, foundations, non-profit organizations).

1 La capacità giuridica

Per definire che cos'è la capacità giuridica è utile cominciare da un paio di situazioni che fanno parte della nostra realtà quotidiana.

ESEMPIO Dicendo "quella spider rossa è di proprietà di Alberto" si indica che Alberto è titolare di un diritto di proprietà su quell'auto; affermando che Francesco deve ad Alberto 1.000 euro si vuole dire che Alberto è titolare di un diritto di credito nei confronti di Francesco. Francesco e Alberto sono dunque titolari di diritti e di obblighi: sono **soggetti** di diritto.

DEFINIZIONE Ogni essere umano è un **soggetto di diritti** e può essere titolare di concreti e determinati diritti e obblighi. Questa è la capacità giuridica (art. 1).

La **capacità giuridica** si può dunque definire come *l'idoneità di una persona a essere soggetto di diritti e di obblighi.*

Questo, però, naturalmente, non significa che una persona sia **in concreto** titolare di un determinato diritto od obbligo: *significa soltanto che una persona può esserlo, se si verificano circostanze tali da attribuirle quel diritto o quell'obbligo.* E neppure significa che una persona possa disporre del diritto o dell'obbligo, cederlo ad altri, acquistarlo da altri: *significa soltanto che una persona può essere titolare di un diritto o di un obbligo.*

La capacità giuridica:

- spetta a ogni essere umano *per il solo fatto di essere nato e a partire dal momento della nascita*;
- non gli può essere tolta per nessuna ragione e *cessa solo con la morte*.

EVOLUZIONE STORICA

Questa regola, che oggi appare ovvia e della quale riesce ben difficile pensare di poter fare a meno, è una conquista assai recente se considerata nel contesto della storia dell'uomo: è soltanto con l'affermarsi delle grandi rivoluzioni borghesi dell'epoca moderna, di quella inglese (XVII secolo) e ancor più di quella francese (fine del XVIII secolo), che l'attribuzione della capacità giuridica a tutti, **fin dalla nascita e senza distinzioni**, divenne un principio di base della società e conseguentemente del diritto. Infatti, fino a quando i paesi europei (nelle loro colonie) e gli Stati Uniti d'America non abolirono la schiavitù, esisteva un gran numero di esseri umani che, in quanto schiavi, erano oggetto di diritti altrui e non potevano essere soggetto di diritti propri: si può dire, quindi, che *essi non avevano capacità giuridica.*

CAPACITÀ GIURIDICA E UGUAGLIANZA FORMALE

Come si vede, la regola semplice e apparentemente ovvia sulla capacità giuridica è uno degli elementi essenziali e insopprimibili della struttura della società contemporanea, tanto da essere consacrata in una norma della Costituzione, l'art. 22, secondo la quale "nessuno può essere privato, per motivi politici, della capacità giuridica, della cittadinanza, del nome". Questo è uno dei più importanti aspetti di quel **principio di uguaglianza formale** che oggi in Italia è sancito in primo luogo dall'art. 3 c. 1 della Costituzione.

2 La capacità d'intendere e di volere e la capacità di agire

La capacità giuridica dev'essere tenuta ben distinta da altri due tipi di capacità, la **capacità d'intendere e di volere** e la **capacità di agire**.

CAPACITÀ DI INTENDERE E DI VOLERE

Per **capacità d'intendere e di volere** (detta anche **capacità naturale**) si intende la capacità effettiva di una persona *di avere la coscienza dei propri pensieri e delle proprie azioni*, di comprendere le cose della vita e di badare ai propri interessi.

La capacità d'intendere e di volere è un **dato naturale**, non un dato legale definito dal codice: *si tratta di una caratteristica psicologica, intellettuale, emotiva, che una persona ha o non ha*, ma sempre in modo del tutto **indipendente** dalle norme di legge. In altre parole: una persona è capace d'intendere e di volere perché ha tale caratteristica e non perché è considerata tale da una norma di legge. Il codice non definisce il concetto di capacità naturale, ma vi fa frequente riferimento.

ESEMPIO L'art. 2046 stabilisce che chi produce ad altri un danno ingiusto, mentre si trova in stato d'incapacità d'intendere e di volere, di regola non è obbligato a risarcirlo (ritorneremo successivamente sulla responsabilità per i fatti illeciti).

CAPACITÀ DI AGIRE

Per **capacità di agire** (detta anche **capacità legale**) si intende la capacità di una persona di disporre dei propri diritti, cioè *di compiere atti giuridici validi volti ad acquistare diritti, a cederli, ad assumere obblighi*.

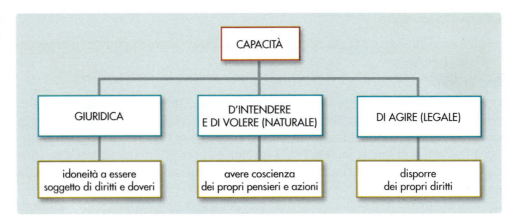

ESEMPIO Sono atti giuridici validi: acquistare o vendere una bicicletta, prendere denaro in prestito, impegnarsi a svolgere un lavoro, fare testamento ecc.

La capacità di agire è un **dato legale**: il codice (art. 2) ne determina i modi di acquisto e di perdita. *Essa si ottiene con la maggiore età, cioè al compimento dei 18 anni.* Il motivo per cui la legge attribuisce a **tutti** la capacità di agire proprio con il compimento del diciottesimo anno si giustifica per le ragioni che seguono:

- in primo luogo, *perché è opportuno fissare un criterio standard uguale per tutti*; ovviamente sarebbe troppo complesso, e fonte di incertezze, valutare caso per caso il momento in cui ciascuna persona raggiunge il livello di maturità sufficiente allo scopo;
- in secondo luogo, perché è ragionevole presumere che, oggi come oggi, *a 18 anni una persona abbia ormai raggiunto una maturità sufficiente per curare in modo attento e sensato i propri interessi.*

 ## La minore età

La principale categoria di persone alle quali il nostro ordinamento attribuisce lo "scudo" dell'**incapacità di agire** al fine di proteggere loro stessi e le loro famiglie dalle conseguenze delle loro azioni è, come si è detto, quella dei **minorenni**.

APPROFONDIMENTO

La responsabilità civile e penale del minorenne

Nonostante sia incapace di agire il minorenne può incorrere:

- in una **responsabilità civile** per i fatti illeciti che compie, *cioè per aver tenuto un comportamento che ha prodotto ad altri un danno ingiusto*, con la conseguenza di essere obbligato a risarcire il danno prodotto;
- in una **responsabilità penale**, *per aver tenuto un comportamento vietato dalla legge penale*, con la conseguenza di essere

soggetto a una pena, cioè a una sanzione pecuniaria (**multa**) o a una sanzione limitativa della libertà personale (**reclusione**).

Ma non tutti i minorenni sono responsabili: a partire da quale momento lo sono?
In **campo penale** il minorenne è responsabile *a partire dal compimento dei 14 anni, purché sia capace d'intendere e di volere.*
In **campo civile** il minorenne è responsabile *se è capace d'intendere e di volere*, indipendentemente dalla sua età. In linea di massima quindi la responsabilità civile sorge prima della responsabilità penale.

Luca e Paolo sono due sedicenni, compagni di classe e amici per la pelle. Paolo vuole fare un regalo di compleanno a Luca e, non disponendo di denaro, decide di donargli la sua racchetta da tennis. I genitori di Paolo, venuti a conoscenza del fatto, chiedono a Luca la restituzione del bene. Paolo, contrariato, dice a Luca di tenersi la racchetta perché trattandosi di un bene di sua proprietà ritiene di poterlo regalare o utilizzare come meglio crede.

• **Chi ha ragione?**

I **minorenni** sono le persone che non hanno ancora raggiunto l'età di 18 anni.

Per gli atti giuridici che, in quanto incapace di agire, non può validamente compiere al minorenne si sostituiscono i suoi **legali rappresentanti**; a seconda dei casi, può trattarsi:

LEGALE RAPPRESENTANTE

• dei **genitori**, *che esercitano* (o del genitore che esercita da solo) *la responsabilità genitoriale sul figlio*;
• di un **tutore appositamente nominato** per svolgere tali funzioni (art. 343 e segg.) nel caso in cui entrambi i genitori siano morti o siano decaduti dalla responsabilità (art. 330).

La **gestione** dell'eventuale patrimonio personale posseduto dal figlio è dunque interamente affidata ai genitori: questi ultimi hanno l'**usufrutto legale** su di esso, cioè il diritto di godere dei beni di proprietà del figlio e trarne utilità a vantaggio della famiglia (art. 324). Possono compiere senza alcun controllo gli atti di ordinaria amministrazione; possono compiere anche atti di straordinaria amministrazione, ma in questo caso devono ottenere l'autorizzazione del giudice (il giudice tutelare o il tribunale, secondo i casi), volta allo scopo di tutelare gli interessi del minorenne (art. 320).

Gli atti giuridici compiuti dai minorenni, come abbiamo detto, sono **annullabili**, e possono essere annullati dal giudice con una sentenza, *anche se non hanno alcuna conseguenza dannosa per il minorenne stesso* (artt. 427 e 1425).

Il **minore emancipato** è il minorenne che ha contratto matrimonio (art. 390 e segg.)

Il minore emancipato acquista così una capacità di agire limitata agli atti di ordinaria amministrazione, qualunque sia la loro natura; per gli atti di straordinaria amministrazione, invece, la sua volontà dev'essere integrata da quella di un **curatore** (determinato secondo le regole dell'art. 392).

Atti di ordinaria e atti di straordinaria amministrazione

La distinzione ha molta importanza nel diritto privato, ma i criteri in base ai quali dev'essere formulata non sono definiti dalla legge. In linea di massima, sono considerati di *ordinaria amministrazione* gli atti concernenti la conservazione del bene, aventi un rilievo patrimoniale limitato; sono considerati di *straordinaria amministrazione* gli atti che aumentano o diminuiscono in modo rilevante il valore del bene, e gli atti di disposizione del bene, aventi un rilievo patrimoniale notevole.

4 I soggetti deboli e le limitazioni della capacità di agire

SOGGETTI DEBOLI Può accadere che una persona maggiorenne si trovi stabilmente in condizioni di **incapacità di intendere e di volere**; oppure che, pur essendo capace d'intendere e di volere, si trovi però, occasionalmente o stabilmente, in **condizioni di grave** debolezza, *così da non avere un grado sufficiente di consapevolezza, di forza e di libertà nel gestire autonomamente la propria esistenza, nel prendere decisioni sulle scelte della propria vita e delle proprie relazioni e nel dare loro una realizzazione effettiva.*

A favore di queste persone vi sono alcuni strumenti di aiuto e di difesa legale; i principali sono:

- l'**amministrazione di sostegno**, introdotta nel codice civile con la legge 9 gennaio 2004 n. 6;
- l'**interdizione**.

AMMINISTRATORE DI SOSTEGNO

L'**amministrazione di sostegno** ha lo scopo di aiutare il soggetto debole nelle sue relazioni sociali e giuridiche, *affiancandogli un'altra persona* che lo aiuti, lo sostenga responsabilmente e, se necessario, lo sostituisca (art. 404 e segg.).

L'amministratore è nominato dal **giudice tutelare**, su richiesta della persona stessa, del pubblico ministero o di alcuni familiari (il coniuge, la persona stabilmente convivente, i parenti e gli affini più stretti); viene scelto di preferenza secondo l'indicazione del beneficiario stesso o fra i suoi familiari più stretti.

CONSEGUENZE L'amministratore *ha anzitutto il compito di prendersi cura della persona del beneficiario e deve tener conto dei suoi bisogni e delle sue aspirazioni.*

I poteri e i doveri che gli spettano sono determinati dal giudice **in modo variabile**, secondo le particolari esigenze della singola persona bisognosa d'aiuto.

Il provvedimento indica quali sono:

- gli atti che possono essere compiuti solo dall'amministratore;
- gli atti che, invece, possono essere compiuti soltanto *insieme dall'amministratore e dal beneficiario*;
- eventualmente gli atti che non possono essere compiuti dal beneficiario.

Tutti gli altri atti possono essere compiuti *personalmente* dal beneficiario, in piena autonomia (art. 405); in ogni caso questi può compiere gli atti necessari a soddisfare le esigenze della propria vita quotidiana.

ESEMPIO Rita è una signora di 80 che non ha figli e vive sola; i suoi problemi di salute cominciano a renderle difficile occuparsi delle esigenze quotidiane e dei suoi interessi; per

---

LAVORO SUL CASO

Paola attraversa una grave crisi depressiva che l'ha colpita in seguito alla morte del marito. Nel suo stato di prostrazione psicofisica non riesce più a badare in modo conveniente a se stessa e ai propri affari.

- **Quale possibile scudo giuridico potrebbe essere attivato nel suo caso?**

poterla aiutare nella gestione dei suoi affari il nipote, Vittorio, viene nominato dal tribunale suo amministratore di sostegno: la potrà assistere nella riscossione della pensione, nell'effettuare pagamenti ecc.

L'amministrazione di sostegno è soggetta al controllo del **giudice tutelare** e può essere revocata, se ciò corrisponde all'interesse del beneficiario.

> L'**interdizione** serve per attribuire a un maggiorenne lo "scudo" protettivo della completa incapacità di agire, a tutela del suo patrimonio e di quello della sua famiglia.

Può essere interdetto chi *si trova abitualmente in uno stato d'infermità mentale grave e l'interdizione è necessaria per assicurargli un'adeguata protezione* (art. 414). Viene decisa dal **tribunale**, su richiesta dei medesimi soggetti che possono chiedere l'amministrazione di sostegno; successivamente il giudice tutelare nomina il tutore, scelto secondo i medesimi criteri stabiliti per l'amministratore di sostegno.

Con l'interdizione la persona stabilmente e gravemente incapace d'intendere e di volere è *privata della capacità di agire*: non può compiere validamente nessun atto giuridico; gli atti che eventualmente compisse sono *annullabili*. Tutti gli atti giuridici che la riguardano vengono compiuti dal tutore, in suo nome e nel suo interesse, sotto il controllo del *giudice tutelare*.

CONSEGUENZE

I soggetti deboli

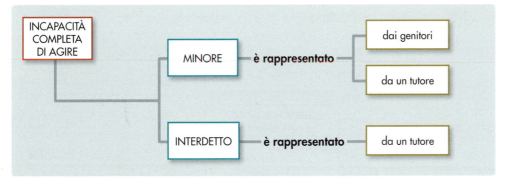

DIRITTO INTERNAZIONALE PRIVATO

Capacità delle persone (giuridica, d'intendere e di volere, di agire): si applica la legge nazionale della persona stessa (artt. 20-23 l. 218/1995).
Per esempio, il giudice italiano deve applicare la legge francese se l'incapace è cittadino francese.

Protezione dei maggiorenni incapaci e dei minorenni: si applica per lo più la legge del luogo di residenza del soggetto (artt. 42-44 l. 218/1995).
Per esempio, se l'incapace è residente in Italia, si applica la legge italiana.

IL DIRITTO AL RISPETTO DELLA PROPRIETÀ

Ogni essere umano, per il solo fatto di esistere, è titolare di un diritto di carattere strettamente personale, il **diritto al rispetto della propria personalità**.

Ciascuno di noi, infatti, può pretendere nei confronti di chiunque – sia che si tratti di persone private sia di poteri pubblici – il rispetto:

- *tanto degli aspetti fondamentali della natura di ogni essere umano,* quali la vita o l'integrità fisica o la libertà personale;
- *quanto degli aspetti principali della propria specificità individuale,* come il nome o l'onore o la riservatezza della propria vita privata.

ASSOLUTEZZA E NON PATRIMONIALITÀ

Il diritto al rispetto della propria personalità è comunemente qualificato come **assoluto e non patrimoniale**: *il titolare può farlo valere contro chiunque e il suo contenuto non ha in linea di principio un carattere economico,* vale a dire che non è quantificabile in termini di denaro.

La disciplina legale di quelli che comunemente vengono definiti diritti della personalità è piuttosto disorganica. Le norme che li indicano e li tutelano sono collocate in diversi settori dell'ordinamento, principalmente nel diritto costituzionale, nel diritto civile e nel diritto penale.

La materia dei diritti della personalità è oggi in fase di rapida evoluzione: l'orientamento è verso una maggiore incisività delle forme di tutela e, soprattutto, verso un ampliamento delle situazioni e dei valori tutelati.

I principali aspetti tutelati del **diritto al rispetto della personalità** sono i seguenti: l'integrità fisica, il nome, l'identità personale, l'onore, l'immagine, il rispetto della vita privata e familiare, i dati personali, la tutela dei diritti della personalità.

L'INTEGRITÀ FISICA

La lesione dell'**integrità fisica**, oltre a essere frequentemente un reato punito dalle norme penali (omicidio, lesioni volontarie ecc.), è comunque di regola un "danno ingiusto" secondo l'art. 2043, fonte di responsabilità civile *che dà quindi diritto al risarcimento del danno causato.*

I diritti della personalità

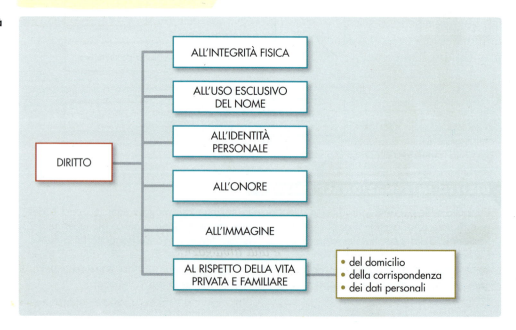

Chiunque ha diritto all'**uso esclusivo del proprio nome**, cioè nome personale, nome familiare e, se particolarmente importante, pseudonimo (artt. 6 e 9 cod. civ.). È illecita ogni lesione di questo diritto, cioè ogni utilizzazione che altri individui facciano, per qualsiasi scopo, del nome di una persona senza il suo consenso.

IL NOME

Chiunque ha diritto di *non vedere travisate le proprie scelte di pensiero e di azione, di valori e di vita; esse costituiscono il modo di essere stesso, sul piano morale e sociale, di ogni persona, ovvero esprimono la sua identità personale nella società.* Ciò significa che non è lecito diffondere notizie con le quali si attribuiscono *falsamente* a una persona comportamenti o idee che non sono suoi e che sono lesivi – soprattutto sotto l'aspetto della *coerenza* – della sua personalità morale: notizie, dunque, che non sono, in sé e per sé, oggettivamente offensive o lesive (altrimenti rientrerebbero piuttosto tra le lesioni dell'onore), ma che hanno un *contenuto falso* e che producono l'*effetto di porre la persona in una luce falsa agli occhi del pubblico.*

L'IDENTITÀ PERSONALE

ESEMPIO È lesivo del diritto all'identità personale divulgare la notizia falsa che un attivista dei diritti degli animali è intervenuto alla sfilata di presentazione della nuova collezione di pellicce di un noto stilista oppure includere tra i firmatari di un manifesto politico una persona le cui idee politiche sono notoriamente diverse da quelle espresse nel manifesto.

Chiunque ha diritto a *non vedersi attribuire caratteristiche personali, opinioni, progetti, azioni disonorevoli o infamanti.* Questo diritto è tutelato innanzitutto contro le violazioni proibite dalla legge penale e, precisamente, quelle che costituiscono i reati di ingiuria e di diffamazione.

L'ONORE

Chiunque ha il diritto di non veder diffusa o pubblicata la propria immagine senza che vi abbia consentito, anche se la diffusione e la pubblicazione non contengono alcun aspetto offensivo o infamante (art. 10).
Il margine di disponibilità di questo diritto è assai ampio: è il consenso della persona interessata, infatti, che rende lecite la diffusione e la pubblicazione. Tuttavia, la legge permette la diffusione e la pubblicazione anche senza il consenso della persona ritratta quando ciò appare giustificato per esigenze di polizia, scopi scientifici, didattici, culturali; oppure per la notorietà pubblica della persona stessa; o quando la pubblicazione è collegata a fatti o avvenimenti di interesse pubblico o svoltisi in pubblico e serve per informare su tali avvenimenti (artt. 96 e 97 l. 633/1941 sul diritto d'autore). La diffusione e la pubblicazione non sono però ammesse se recano pregiudizio all'onore, alla reputazione o al decoro della persona ritratta.

L'IMMAGINE

LAVORO SUL CASO

Un'associazione organizza in una località del Centro Italia una manifestazione celebrativa intitolandola a un noto attore vivente. Una settimana prima della data prevista il noto attore chiede che la manifestazione venga cancellata. Gli organizzatori rispondono che non è possibile annullare tutti gli impegni già presi.

- **Chi ha ragione?**

Chiunque ha diritto alla **riservatezza** della propria vita privata e familiare, *cioè a una sfera di intimità sia della propria persona sia della propria famiglia, sottratta non solo alla curiosità degli estranei e alla divulgazione pubblica, ma anche agli interventi coercitivi dell'autorità pubblica,* salvo che siano giustificati dall'esigenza di proteggere gli interessi della collettività o i diritti di un'altra persona.
Questo principio fondamentale è posto dall'art. 8 della **Convenzione europea dei**

RISPETTO DELLA VITA PRIVATA E FAMILIARE

diritti dell'uomo: ha una grandissima importanza ed è costantemente applicato tanto dalla Corte europea dei diritti dell'uomo quanto dalla giurisprudenza interna italiana, che hanno elaborato un diritto generale alla riservatezza. Il contenuto della tutela generale della riservatezza è ampio e multiforme: trattandosi di materia che si evolve in maniera continua e incalzante, non è possibile determinarne i confini in modo assolutamente preciso. I principali oggetti di tutela sono i seguenti:

a) *il domicilio della persona, la sua corrispondenza e ogni altra sua forma di comunicazione sono proclamati inviolabili dalla Costituzione* (artt. 14 e 15) e sono protetti dalla normativa penale (art. 15 Cost. e art. 616 e segg. cod. pen.);

b) *è illecito divulgare i fatti della vita privata di una persona e del suo nucleo familiare*, anche se veri e non disonorevoli: la divulgazione è illecita in qualsiasi modo avvenga; essa è invece lecita negli stessi casi in cui è ammessa la diffusione dell'immagine per analogia con le norme di legge dettate per quest'ultima.

I DATI PERSONALI

Sono **dati personali** tutte le informazioni, relative a una persona fisica o giuridica, che permettono di identificarla (art. 4 c. 1 lett. *b* cod. dati pers.).

La legge regola in modo analitico il loro **trattamento**, *cioè la loro raccolta, elaborazione, conservazione, comunicazione, diffusione*, con qualsiasi mezzo avvenga, informatico o meno (art. 4 c. 1 lett. *a* cod. dati pers.). La materia è oggi regolata dal d.lgs. 30 giugno 2003 n. 196, denominato anche *codice in materia di protezione dei dati personali* (ne parleremo anche nella Sezione F).

Alcuni dati, detti **sensibili**, sono soggetti a una regolazione che è finalizzata a tutelare in modo particolare la persona. Si tratta delle informazioni riguardanti (art. 4 c. 1 lett. *d* cod. dati pers.): l'*origine razziale* ed *etnica*, le *convinzioni religiose, filosofiche* o di altro genere, le *opinioni politiche*, l'*adesione a organizzazioni quando è di per sé tale da rivelare le predette convinzioni e opinioni*, lo *stato di salute*, la *vita sessuale*. Questi dati possono essere trattati solo in presenza di un'espressa disposizione di legge e per finalità di rilevante interesse pubblico (art. 20 cod. dati pers.).

Il funzionamento del sistema di tutela è assicurato da un'autorità pubblica indipendente, detta **Garante per la protezione dei dati personali**, più comunemente Garante privacy, eletta dal parlamento, che ha il potere di controllare la formazione e la gestione delle banche dati, di imporre la cessazione dei comportamenti illeciti e di irrogare sanzioni amministrative (art. 153 e segg. cod. dati pers.). Qualsiasi privato che intenda *trattare* dati riguardanti le persone deve di regola (salvo i casi indicati dall'art. 24 cod. dati pers.) ottenere il preventivo **consenso** della persona stessa, espresso liberamente e in forma scritta, previa informazione sull'identità di chi li tratta e sugli *scopi* per i quali verranno utilizzati (art. 13 cod. dati pers.). È vietato il trattamento dei dati al di fuori delle regole stabilite dalla legge: sono quindi vietate, tra l'altro, la diffusione e l'utilizzazione dei dati per scopi diversi da quelli indicati durante la raccolta.

Chiunque ha il diritto di *accedere*, gratuitamente, *alle informazioni* raccolte sul suo conto.

LA TUTELA DEI DIRITTI DELLA PERSONALITÀ

Le sanzioni poste a tutela dei diritti della personalità sono molto diverse da caso a caso, spesso cumulabili tra di loro: la *condanna penale*, l'*inibitoria* (ordine di cessare il comportamento lesivo), la *pubblicazione della sentenza* sui giornali, il *risarcimento del danno* secondo le regole dell'art. 2043 e segg. (ne tratteremo nell'Unità sulla responsabilità civile conseguente a fatto illecito). È frequente che il risarcimento del danno abbia un'efficacia piuttosto scarsa, che non riesca cioè a risarcire effettivamente il danno patito.

Il domicilio e la residenza

Il luogo in cui ciascuna persona vive e svolge la sua attività costituisce un punto di riferimento essenziale ai fini del regolare svolgimento di molti rapporti giuridici.

ESEMPIO Secondo il dettato dell'art. 1182 c. 3, l'obbligazione che ha per oggetto una somma di denaro deve essere adempiuta al domicilio che il creditore ha al tempo della scadenza. Per poter adempiere in modo valido, quindi, il debitore deve recarsi al domicilio del creditore.

> **Domicilio** è il *luogo in cui la persona ha stabilito la sede principale della sua attività e dei suoi interessi* (art. 43).

DOMICILIO

È dunque un luogo stabile e di regola scelto volontariamente; tuttavia, gli incapaci (minori, interdetti) hanno il domicilio del loro legale rappresentante (art. 45). Per determinati atti o affari può essere eletto un domicilio speciale (art. 47).

> **Residenza** è il *luogo in cui una persona abitualmente vive* (art. 44); essa risulta pubblicamente dal registro dell'anagrafe della popolazione residente, tenuto in ogni comune.

RESIDENZA

Il domicilio e la residenza di una persona possono trovarsi anche in due luoghi diversi.

ESEMPIO Lorenzo è avvocato; abita a Portici e lavora in proprio presso uno studio, che si trova in centro a Napoli; quindi, ha il domicilio a Napoli, cioè nel luogo in cui si trova lo studio, e la residenza a Portici, dove si trova la sua abitazione.

La distinzione tra domicilio e residenza è caratteristica del diritto civile; nel diritto penale, invece, si usa abitualmente soltanto la parola "domicilio"; e tale parola ha un significato analogo, seppure un po' più ampio, rispetto a quello che ha nel diritto civile la parola "residenza".

> Qualora una persona viva per qualche tempo in un *luogo diverso da quello abituale*, tale luogo è detto **dimora**.

DIMORA

> **LAVORO SUL CASO**
>
> Francesca vive abitualmente a Reggio Calabria. Essendo un'insegnante di lettere, ottiene una cattedra a Dalmine, in provincia di Bergamo, dove prende in affitto un piccolo appartamento per la durata dell'anno scolastico.
>
> Alla fine della scuola, decide di trascorrere tre settimane di vacanza a Moneglia, in Liguria.
>
> - **Qual è il domicilio di Francesca?**
> - **Qual è la sua residenza? E la dimora?**

 ## Le persone giuridiche

I soggetti del diritto di cui abbiamo parlato finora sono individui, considerati singolarmente.

PERSONE FISICHE...

> Nel linguaggio giuridico gli esseri umani vengono comunemente qualificati come **persone fisiche**.

Tuttavia anche le società commerciali – come Luxottica, Barilla, il Gruppo Ferrero o Telecom – o le associazioni, come il Club alpino italiano, o gli enti pubblici, come il comune di Milano, possono essere titolari di diritti e di obblighi: essere proprietari di determinati edifici, creditori o debitori di determinate somme di denaro e così via.

... E GIURIDICHE Esiste dunque anche un'altra categoria di soggetti di diritti, *diversi dalle persone fisiche*: quella delle cosiddette persone giuridiche.

> Le **persone giuridiche** sono enti, cioè *organizzazioni collettive*, che vengono create dagli esseri umani riunendo le proprie forze al fine di perseguire i propri interessi in forma associata.

ESEMPIO Riprendendo i nomi fatti in precedenza, possiamo perciò dire che un determinato terreno è di proprietà della Barilla o del comune di Milano, oppure che il contratto di affitto di un certo locale è stato stipulato dal Club alpino italiano, dall'Ente nazionale protezione animali o dalla Barilla. Il comune di Milano, il Cai, l'Ente nazionale protezione animali, la Barilla sono infatti *organizzazioni* composte di un numero più o meno elevato di individui.

Queste organizzazioni collettive sono disciplinate dal diritto come se fossero persone: possono compiere qualsiasi tipo di atto giuridico tranne quelli che, per la loro natura, possono riguardare esclusivamente gli esseri umani (per esempio, contrarre matrimonio).

PATRIMONIO DELLA PERSONA GIURIDICA **L'autonomia patrimoniale** Per svolgere la loro attività (qualunque sia la sua natura) le organizzazioni hanno bisogno di poter disporre di un **proprio patrimonio** che può essere costituito da somme di denaro, da beni mobili o immobili. Molto spesso sono i singoli aderenti che provvedono a costituire tale patrimonio conferendo all'organizzazione i mezzi necessari.

ESEMPIO Se un gruppo di persone decide di fondare un'associazione sportiva, con l'obiettivo di diffondere la pratica della ginnastica artistica, dovrà occuparsi di versare o raccogliere i fondi necessari perché l'associazione possa raggiungere gli scopi che si propone: mettere a disposizione degli associati una palestra attrezzata per allenarsi, le divise, finanziare la partecipazione alle competizioni e le trasferte degli atleti ecc.

Orbene, la caratteristica comune a tutte le organizzazioni è che il loro patrimonio, una volta costituito, *si configura in modo separato e distinto dai patrimoni personali dei singoli aderenti*. Si dice pertanto che le organizzazioni hanno un'**autonomia patrimoniale** rispetto ai propri membri.

ESEMPIO Tornando alla nostra associazione sportiva è evidente che, una volta costituita, dovrà possedere fondi propri che sono, per forza di cose, separati dai beni di proprietà dei soci.

L'autonomia patrimoniale, che è – lo ripetiamo – una caratteristica generale e comune a tutte le organizzazioni, può essere più o meno completa.

AUTONOMIA PATRIMONIALE PERFETTA > L'autonomia patrimoniale è **perfetta** quando la distinzione tra il patrimonio dell'organizzazione e il patrimonio degli aderenti è totale.

Ciò significa che, se l'organizzazione in quanto tale contrae dei debiti, i suoi creditori non possono in nessun caso rifarsi sul patrimonio dei singoli associati; e d'altra parte i creditori di un singolo associato non possono mai rifarsi sul patrimonio dell'organizzazione.

ESEMPIO Il fornitore degli attrezzi non potrà richiederne il pagamento agli associati, né il creditore particolare di un singolo associato può rivolgersi all'associazione.

Le organizzazioni che godono di *autonomia patrimoniale perfetta* vengono designate dalla legge come **persona giuridica**.

Appartengono a questa categoria di organizzazioni, tra le altre, le associazioni riconosciute, le fondazioni, le società per azioni e gli enti pubblici.

L'autonomia patrimoniale di un'organizzazione può essere incompleta o **imperfetta**: ciò significa che in certe condizioni – che variano a seconda del tipo di organizzazione – i singoli associati possono essere chiamati a rispondere dei debiti contratti dall'organizzazione in quanto tale.

AUTONOMIA PATRIMONIALE IMPERFETTA

Rientrano in questa categoria di organizzazioni le associazioni non riconosciute e le società di persone.

LAVORO SUL CASO

Una compagnia aerea costituita in forma di s.p.a. fallisce nel mese di novembre del 2015. I creditori della società sono preoccupati di non riuscire a riscuotere i propri crediti.

• **Possono pretenderne il pagamento dai singoli azionisti della società?**

Gli organi Abbiamo visto che le organizzazioni possono compiere atti giuridici. Possono comprare o vendere una cosa, prendere in affitto un locale, emettere assegni, contrarre prestiti, pagare le tasse, agire in giudizio contro un debitore inadempiente ecc. Come possono farlo? Chi può decidere, e con quali procedure, gli atti che l'organizzazione deve compiere? Per questo fine le organizzazioni sono composte al loro interno di **organi**.

ORGANI

Gli **organi** sono formati da persone fisiche, che hanno il compito di svolgere le diverse funzioni che fanno capo all'organizzazione stessa.

I diversi tipi di organi hanno distinte funzioni:

RAPPRESENTANZA

• *decidono* le scelte dell'organizzazione;
• *eseguono* quelle decisioni, ossia la amministrano;
• la *rappresentano* nei rapporti con altri soggetti, compiendo atti giuridici a nome dell'organizzazione;
• ne *controllano* l'attività.

Il numero e le funzioni dei singoli organi variano a seconda del tipo di organizzazione considerata.

ESEMPIO In una società per azioni organizzata in base al modello ordinario gli organi sono: l'assemblea degli azionisti, gli amministratori e i sindaci. Una società in nome collettivo ha un'organizzazione meno complessa: possono essere amministratori tutti i soci.

Gli organi sono:

• **individuali**, *quando sono formati da una sola persona fisica*: come per esempio, il sindaco di un comune o l'amministratore unico di una società;
• **collegiali**, *quando sono formati da più persone che prendono le loro decisioni collettivamente*: come per esempio, il consiglio comunale di un comune o il consiglio di amministrazione di una società per azioni.

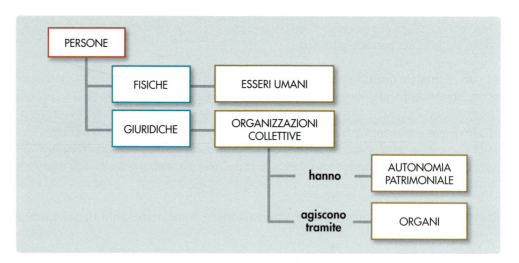

8 Le società, le associazioni, le fondazioni e le Onlus

Le organizzazioni si distinguono in **organizzazioni private e organizzazioni pubbliche** (o enti pubblici). Benché non sia sempre facile decidere, in concreto, se un'organizzazione appartenga all'una o all'altra categoria, si possono delineare – in via generale – le fondamentali caratteristiche di ciascuna.

ENTI PUBBLICI

Gli **enti pubblici** sono *organizzazioni che perseguono fini di carattere pubblico, che riguardano cioè la collettività nel suo insieme*; essi sono sempre dotati di autonomia patrimoniale perfetta.

Le **organizzazioni private** sono organizzazioni costituite volontariamente da soggetti privati per il *conseguimento di scopi di natura privata*.

Le organizzazioni private si dividono, a loro volta, in tre gruppi principali.

SOCIETÀ

a) Le **società** sono organizzazioni private che hanno *fine di lucro, ossia lo scopo di realizzare profitti*. La loro attività consiste nella gestione di *imprese* economiche. In base alla legge italiana sono ammessi soltanto sei tipi di società lucrative:
   – la *società semplice*, la *società in nome collettivo* e la *società in accomandita semplice* sono chiamate "società di persone" e godono di un'*autonomia patrimoniale imperfetta*;
   – la *società a responsabilità limitata*, la *società per azioni* e la *società in accomandita per azioni* vengono chiamate "società di capitali" e godono di un'*autonomia patrimoniale perfetta*.

ASSOCIAZIONI

b) Le **associazioni** *sono organizzazioni private che non svolgono attività economiche*; esse non perseguono fini di lucro ma di altra natura: fini politici, religiosi, culturali o ricreativi, sindacali, sportivi, ecologici e ambientalisti ecc.

> ESEMPIO Sono associazioni che operano nel settore turistico il TCI (Touring club italiano), il CTS (Centro turistico studentesco e giovanile).

Le associazioni vengono costituite mediante l'accordo di più persone fisiche (gli associati). Possono *chiedere e ottenere il riconoscimento da parte dello Stato e in questo caso acquistano un'autonomia patrimoniale perfetta.* Loro organi sono l'assemblea dei soci e l'amministratore. Le associazioni che non chiedono o non ottengono il riconoscimento da parte dello Stato vengono chiamate **associazioni non riconosciute** e hanno un'*autonomia patrimoniale imperfetta.*

c) Le **fondazioni** *sono organizzazioni private costituite da un patrimonio vincolato a fini determinati.* Vengono costituite mediante l'atto unilaterale di un soggetto (il *fondatore) con il quale egli decide di destinare il suo patrimonio (o una parte di esso) a particolari scopi (comunque mai di lucro).* Il patrimonio indicato dal fondatore si stacca così dal suo patrimonio privato, divenendo patrimonio dell'organizzazione. Le fondazioni devono sempre avere il riconoscimento da parte dello Stato e acquistano necessariamente un'*autonomia patrimoniale perfetta;* hanno, in genere, fini culturali (promuovere e finanziare ricerche scientifiche, la conservazione dei beni culturali ecc.) o assistenziali (come aiutare con borse di studio gli studenti bisognosi). Nel settore turistico svolgono attività di divulgazione e conoscenza (per esempio, gestendo spazi espositivi).

FONDAZIONI

Gli enti del privato sociale Nel corso degli anni Novanta del Novecento, si sono sviluppate in modo capillare le attività di carattere **sociale** e **solidaristico**, svolte da organizzazioni non lucrative: associazioni (riconosciute e non) e fondazioni, *che perseguono scopi di solidarietà e di utilità sociale.*
Queste agiscono tanto in modo autonomo quanto, soprattutto, sulla base di **convenzioni**, *stipulate con gli enti pubblici territoriali,* di solito con i comuni, *per realizzare molti degli interventi e servizi sociali previsti dalla legge quadro sul sistema degli interventi e dei servizi sociali (legge 8 novembre 2000 n. 328).*
La legge disciplina molti diversi tipi di enti, che sono accomunati dal fine di **solidarietà sociale** che si pongono e per il quale lavorano; i più importanti sono:

- le **cooperative sociali** (l. 8 novembre 1991 n. 381);
- le **associazioni di promozione sociale** (l. 7 dicembre 2000 n. 383 sulle associazioni di promozione sociale);
- le **imprese sociali** (d.lgs. 24 marzo 2006 n. 155 sull'impresa sociale).

Questi enti, qualunque sia la loro struttura giuridica, possono assumere la qualifica di **organizzazioni non lucrative di utilità sociale** (in sigla Onlus), ottenendo così un trattamento *fiscale* privilegiato (d.lgs. 4 dicembre 1997 n. 460). A tal fine devono essere iscritti nel **registro delle Onlus** e soddisfare i requisiti previsti dalla legge.
L'iscrizione è essenziale perché, soltanto in seguito a essa, *l'ente può accedere ai contributi pubblici* che sono molte volte indispensabili per poter espletare attività di utilità sociale e per *stipulare convenzioni con i comuni.*
Rientrano tra le Onlus soggetti che operano nei diversi settori della cooperazione in ambito nazionale e internazionale, della solidarietà sociale, della protezione e conservazione dell'ambiente: tra questi citiamo Emergency, La lega del filo d'oro, Opera San Francesco per i poveri, Wwf Italia, Italia nostra ecc.

ONLUS

DIRITTO INTERNAZIONALE PRIVATO

Persone giuridiche (società, associazioni, fondazioni): si applica la legge del luogo nel quale si è perfezionato il procedimento di costituzione; si applica in ogni caso la legge italiana qualora la sede amministrativa o l'oggetto principale si trovi in Italia (art. 25 l. 218/1995). Per esempio, se la fondazione è stata costituita in Belgio, si applica la legge belga; se la fondazione opera principalmente in Italia, si applica la legge italiana.

LA CAPACITÀ GIURIDICA	• È l'idoneità di una persona a essere soggetto di diritti e di obblighi • Si acquista con la nascita • Si perde solo con la morte
LA CAPACITÀ D'INTENDERE E DI VOLERE	• È la capacità di comprendere e di badare ai propri interessi; è detta anche *capacità naturale* • Tende a coincidere, ma non sempre coincide, con la capacità di agire
LA CAPACITÀ DI AGIRE	• Consiste nella capacità di una persona di disporre dei propri diritti (acquistare e cedere diritti, assumere obblighi) • Si acquista a 18 anni • Può essere limitata per effetto dell'amministrazione di sostegno • Si perde totalmente per sentenza di interdizione
LA PROTEZIONE DEI SOGGETTI DEBOLI	• I **minorenni**: sono sostituiti dai genitori, loro legali rappresentanti, che compiono gli atti giuridici in nome e per conto loro; sono incapaci di agire • I **beneficiari dell'amministrazione di sostegno**: sono affiancati da un amministratore, nominato dal giudice, con compiti e poteri determinati in modo variabile caso per caso; non possono compiere autonomamente *soltanto* gli atti loro vietati in modo espresso • Gli **interdetti**: sono sostituiti dal tutore, loro legale rappresentante nominato dal giudice, che compie gli atti giuridici in nome e per conto loro; sono incapaci di agire
IL DIRITTO AL RISPETTO DELLA PERSONALITÀ UMANA	• È un diritto assoluto e non patrimoniale

Diritto
- ALL'INTEGRITÀ FISICA
- ALL'USO ESCLUSIVO DEL NOME
- ALL'IDENTITÀ PERSONALE
- ALL'ONORE
- ALL'IMMAGINE
- AL RISPETTO DELLA VITA PRIVATA E FAMILIARE
  - del domicilio
  - della corrispondenza
  - dei dati personali

IL LUOGO DELLA PERSONA

- **Domicilio** è il luogo in cui una persona svolge la propria attività
- **Residenza** è il luogo in cui una persona vive abitualmente
- **Dimora** è il luogo in cui una persona risiede saltuariamente

LE PERSONE GIURIDICHE

- Sono dotate di autonomia patrimoniale
- L'autonomia patrimoniale può essere:

PERFETTA	IMPERFETTA
i membri dell'organizzazione non possono essere chiamati a rispondere con il loro patrimonio dei debiti dell'organizzazione	i membri dell'organizzazione possono essere chiamati a rispondere con il proprio patrimonio dei debiti dell'organizzazione

- Agiscono attraverso organi (individuali, collegiali) formati da persone

TIPI DI ORGANIZZAZIONI PRIVATE

- Società lucrative e cooperative
- Associazioni riconosciute e non riconosciute
- Fondazioni
- Onlus

Verifica delle conoscenze

VERO O FALSO
Indica se le seguenti affermazioni sono vere o false.

1 La capacità di agire spetta a tutti gli esseri umani indistintamente   V F

2 La capacità d'intendere e di volere è detta anche capacità naturale   V F

3 La capacità di agire è la capacità di compiere atti giuridici validi   V F

4 Gli atti giuridici compiuti dai minorenni sono nulli   V F

5 L'interdetto si caratterizza per la completa incapacità di agire   V F

6 I diritti della personalità sono diritti patrimoniali   V F

7 Sono dati personali le informazioni che permettono di identificare una persona fisica o giuridica   V F

8 Le persone giuridiche si caratterizzano per l'autonomia patrimoniale perfetta   V F

9 Tutte le organizzazioni collettive hanno autonomia patrimoniale perfetta   V F

10 Il consiglio regionale del Molise è un organo collegiale   V F

CORRISPONDENZE
Metti in relazione gli elementi del primo gruppo con quelli del secondo.

1 Viene sostituito dai suoi legali rappresentanti in tutti gli atti giuridici

2 Affianca il soggetto debole nelle relazioni sociali e giuridiche

3 È il legale rappresentante nominato dal giudice

4 È il minore che ha acquistato una limitata capacità di agire

5 È privato della capacità di agire con sentenza

a minore emancipato
b tutore
c interdetto
d minorenne
e amministratore di sostegno

1	2	3	4	5

COMPLETAMENTO
Inserisci i termini mancanti (attenzione ai distrattori!).

La capacità d'intendere e di volere è un dato ....: si tratta di una caratteristica psicologica, intellettuale, emotiva, che una persona ha o non ha, ma sempre in modo del tutto .... dalle norme di legge.

La capacità.................... è un dato ....: essa si ottiene con la maggiore età, cioè al compimento dei 18 anni.

giuridica; naturale; dipendente; di agire; legale; indipendente.

Verifica delle abilità

Completa lo schema.

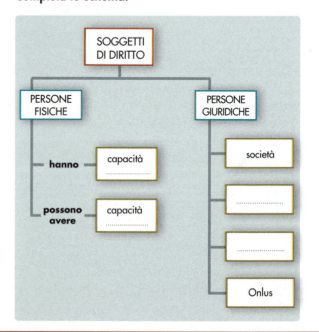

DI CHE COSA STIAMO PARLANDO?
Rispondi dopo aver letto gli indizi.

1 Si acquista alla nascita e si perde solo con la morte ....

2 È la capacità di disporre dei propri diritti ....

3 È il luogo in cui una persona ha stabilito la sede principale della sua attività e dei suoi interessi ....

4 È il luogo in cui una persona abitualmente vive ......

5 È il luogo in cui una persona si trova per un periodo di tempo determinato ....

CACCIA ALL'ERRORE
Individua e correggi le parole errate.

1 Il domicilio di una persona risulta pubblicamente dal registro dell'anagrafe comunale ....

2 Qualsiasi privato che intenda trattare dati riguardanti le persone deve di regola ottenere, dall'interessato, il consenso a posteriori ....

3 Un'organizzazione ha autonomia patrimoniale perfetta quando i suoi membri sono chiamati a rispondere dei debiti con il loro patrimonio ....

4 Le associazioni sono costituite da un patrimonio vincolato a fini determinati ....

5 Le associazioni sono organizzazioni private che hanno fine di lucro ....

QUESITI A RISPOSTA SINGOLA
Rispondi utilizzando non più di 4 righe.

1 *What is an individual's legal capacity?*

2 *What is an individual's capacity to act?*

3 *What is the difference between the capacity of discernment and the capacity to act?*

4 In che cosa consiste l'*autonomia patrimoniale* di una persona giuridica?

5 Che differenza c'è fra le *associazioni* e le *fondazioni*?

Trattazione sintetica di argomenti

1 *Explain the different kinds of capacity (namely, legal capacity, capacity of discernment and capacity to act) highlighting their differences.*

2 *Explain the different types of legal persons provided for by our legislation.*

3 Esponi il sistema di *tutela degli incapaci* e identifica le caratteristiche che distinguono l'amministrazione di sostegno dall'interdizione.

4 Descrivi le differenti tipologie di *diritti della personalità*.

RISOLVO IL CASO

Alcuni pensionati spendono da mesi la propria pensione giocando a carte in tornei organizzati in circoli ricreativi. Le rispettive mogli, preoccupate per le ingenti perdite finanziarie, invitano i mariti a non giocare più. Ma la voglia di giocare è più forte e i mariti persistono nella loro condotta.

• **Quale azione potrebbero intraprendere le mogli, dal punto di vista giuridico, per tutelare sé, la propria famiglia e i rispettivi coniugi?**

Unità 8
L'attività giuridica e la tutela dei diritti

Unit *by* Unit

In Unit 8 you will study the legal protection of rights. A legal act is a human act that produces legal consequences.
If individual rights are not respected or obligations are not met the person entitled to these rights may seek the intervention of the Court.
A civil proceeding has two phases.
1) The process of cognition, which takes place at various levels of jurisdiction; a first level which concludes with a sentence, and a second (appeals) level, where appeals against the sentence can be brought by whichever party lost the case and a third level, the Corte di cassazione (Supreme Appeals Court) where the sentence of the appeals court is appealed against. The process of cognition has two objectives: to establish that the right claimed does exist and, either to compel the party who is not respecting that right to respect it or, to compel the person who is not meeting an obligation to do so.
2) The execution process, which involves intervention by another Court if the party that lost the case does not fulfil the obligations required by the final sentence emitted at the end of the process.

I fatti e gli atti giuridici

Nelle unità precedenti ci è capitato più volte di fare riferimento a "fatti" e ad "atti" che sono rilevanti per il diritto (o, come si dice, "giuridicamente rilevanti"), *in quanto dal loro verificarsi derivano conseguenze che vengono regolate dal diritto*: questi sono detti, rispettivamente, "fatti giuridici" e "atti giuridici".
Ora vogliamo precisare il significato di queste due espressioni, che ricorrono con grande frequenza in ogni discorso che si riferisce al diritto.

FATTO GIURIDICO

> Per **fatto giuridico** si intende un evento che produce conseguenze nel campo del diritto.

Si può trattare:

- sia di un **evento naturale**, *indipendente dalla volontà umana*;
- sia di un **evento causato dall'uomo**, qualora produca conseguenze giuridiche nella sua materialità, nella sua consistenza obiettiva, vale a dire *prescindendo completamente dalle condizioni soggettive di chi lo compie*.

I fatti giuridici

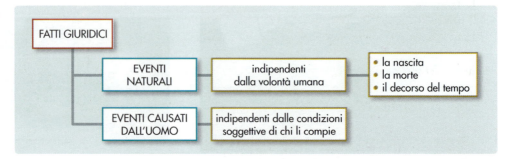

ESEMPIO Sono fatti giuridici il decorso del tempo, la nascita o la morte di una persona, il crollo di un edificio a causa di un terremoto o di gravi difetti di manutenzione; l'atto di impossessarsi di una cosa mobile che non appartiene a nessuno (è un modo per acquistare la proprietà: *occupazione*, art. 923).

Per le conseguenze che produce il semplice decorso del tempo ha un particolare rilievo tra i fatti giuridici.

ESEMPIO Il raggiungimento della maggiore età sottrae i figli alla responsabilità dei genitori; certi diritti si estinguono (si prescrivono) se non vengono esercitati per un certo numero di anni; le cariche pubbliche elettive durano soltanto per un periodo di tempo determinato ecc.

> Per **atto giuridico** si intende qualunque atto umano che produce conseguenze nel campo del diritto, quando chi lo compie si trova in determinate condizioni soggettive.

ATTO GIURIDICO

Sono atti giuridici la formulazione o l'accettazione di una proposta contrattuale, la redazione di un testamento: infatti il contratto e il testamento producono effetti giuridici, quando la persona è capace di agire; oppure il danneggiamento di una cosa altrui: produce l'effetto di obbligare il danneggiante a risarcire il danno quando questi è in colpa, cioè ha tenuto un comportamento imprudente; oppure ancora la testimonianza, cioè la dichiarazione con la quale una persona espone ciò che sa intorno a determinati eventi: produce conseguenze nel processo, poiché costituisce un mezzo di prova, quando la persona è capace di intendere e di volere.
È possibile distinguere varie categorie di atti giuridici in base a diversi criteri.

Un primo criterio è quello della **liceità**; un atto è:

ATTI GIURIDICI LECITI E ILLECITI

- **lecito**, *quando è conforme al diritto*;
- **illecito**, *quando viola una regola dell'ordinamento e, quindi, lede un diritto o un interesse protetto da una norma.*

Esistono poi diversi generi di atti illeciti.

> Si ha un **illecito civile** quando una persona tiene un comportamento che lede ingiustamente un diritto o un interesse di un'altra persona.

ILLECITI CIVILI

ESEMPIO Per negligenza Marco urta un anziano sul marciapiede e lo fa cadere procurandogli una contusione oppure un tour operator fornisce informazioni errate riguardanti il visto o il documento necessario per effettuare un viaggio.

Gli illeciti civili fanno sorgere due diversi tipi di responsabilità:

- i fatti illeciti generano la **responsabilità extracontrattuale** (art. 2043);
- gli inadempimenti delle obbligazioni (art. 1218) generano la responsabilità per l'inadempimento o **responsabilità contrattuale**.

> Si ha un **illecito penale (reato)** quando una persona tiene un comportamento che la legge penale vieta espressamente, a protezione dell'interesse generale, e punisce con una sanzione penale.

ILLECITI PENALI

ESEMPIO Impossessarsi di una cosa mobile altrui con l'intenzione di trarne profitto costituisce il reato di furto, punito con la reclusione (art. 624 c.p.).

Un secondo criterio distintivo è costituito dal rapporto tra la **volontà** di chi compie l'atto e gli **effetti** che questo produce. Da questo punto di vista possiamo distinguere gli atti giuridici tra dichiarazioni di scienza e manifestazioni di volontà.

DICHIARAZIONI DI SCIENZA

> Sono detti **dichiarazioni di scienza** gli atti che producono gli effetti giuridici stabiliti dal diritto, **indipendentemente** dal contenuto della volontà di chi li ha compiuti, dall'intenzione che aveva nel compierli, dagli scopi che si era prefisso.

MANIFESTAZIONI DI VOLONTÀ

> Sono detti **manifestazioni di volontà** (o **dichiarazioni di volontà**) gli atti dai quali derivano, secondo il diritto, le conseguenze volute dal soggetto che li compie.

Con questi atti i soggetti, nell'esercizio dell'autonomia privata, *danno ai propri interessi l'assetto che vogliono, mediante la costituzione, la modificazione, l'estinzione di rapporti giuridici che li legano con altri soggetti.* Le manifestazioni di volontà sono qualificate anche come atti negoziali, o **negozi giuridici**. Sono gli atti giuridici di gran lunga più importanti nel diritto privato.

ESEMPIO Chi redige un testamento "vuole" disporre dei suoi beni a favore di determinate persone; coloro i quali stipulano un contratto di compravendita "vogliono" scambiare una cosa contro una somma di denaro; coloro i quali costituiscono un'associazione sportiva "vogliono" collaborare nello svolgimento di una certa attività sportiva.

Nel testamento, nel contratto di vendita, nel contratto costitutivo di un'associazione la persona che agisce esprime una **volontà**: *gli effetti giuridici che derivano da tali atti sono determinati principalmente dal contenuto della volontà stessa.*

ATTI NEGOZIALI UNILATERALI...

Gli atti giuridici che consistono in una dichiarazione di volontà, o **atti negoziali**, possono essere atti *unilaterali, bilaterali e plurilaterali*:

- sono **unilaterali** gli atti che *vengono compiuti da un solo soggetto*: in questi casi la volontà di un unico soggetto è sufficiente per produrre le conseguenze giuridiche volute, caratteristiche dell'atto compiuto; è il caso del testamento;

... BILATERALI E PLURILATERALI

- sono **bilaterali** gli atti che *producono le proprie conseguenze giuridiche soltanto attraverso l'incontro e l'accordo fra due parti (plurilaterali se fra più di due parti)*: la più importante categoria di atti negoziali bilaterali è il contratto come per esempio il contratto di compravendita.

Categorie di atti giuridici

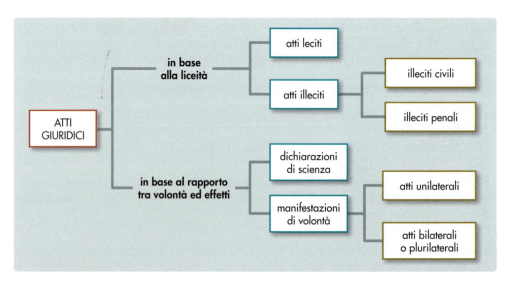

2 Come funziona il sistema del diritto civile

Nelle precedenti unità di questa Sezione abbiamo studiato le nozioni fondamentali relative ai diritti, ai beni e alle persone; nel primo paragrafo di questa unità abbiamo acquisito alcune nozioni elementari sugli atti giuridici. Fin qui la nostra esposizione ha avuto carattere descrittivo e sistematico: si può dire che abbiamo dato un'immagine di tipo fotografico, cioè **statica**, degli argomenti trattati facendo ricorso al linguaggio figurato.

Ora è giunto il momento di abbandonare, per qualche pagina, l'esposizione sistematica e lo stile "fotografico" per cercare di percepire *il sistema del diritto privato nel suo effettivo funzionamento*. Tornando al linguaggio figurato, è il momento di dare del diritto civile un'immagine "cinematografica", cioè **dinamica**.

È possibile ricondurre il funzionamento del diritto civile a uno schema astratto articolato nel modo seguente.

a) Le **persone**, *che in quanto tali hanno capacità giuridica, di solito sono in concreto titolari:*
  - *di diritti sulle cose e sulle opere dell'ingegno umano* (diritti reali e diritti sui beni immateriali);
  - *di diritti di ottenere da altre persone qualche cosa o qualche attività* (diritti di obbligazione);
  - *di diritti che spettano loro in quanto esseri umani* (diritti della personalità).

LE PERSONE...

b) Le persone **agiscono** e più precisamente:
  - *tengono comportamenti materiali di utilizzazione dei propri diritti:* per esempio, come fa il proprietario quando usa una cosa di sua proprietà;
  - *compiono atti giuridici, con i quali dispongono volontariamente dei propri diritti* (per esempio, come fa il proprietario quando aliena una cosa di sua proprietà) oppure *assumono intenzionalmente obblighi,* per esempio, come fa chi si impegna a eseguire una certa opera o a pagare una determinata somma di denaro; per fare tutto ciò si servono soprattutto di uno strumento giuridico, il **contratto**;
  - *compiono atti giuridici che fanno sorgere obblighi a loro carico, anche se non voluti:* per esempio, gli atti illeciti producono un danno ingiusto ad altri.

... COMPIONO ATTI...

c) Dagli atti giuridici che le persone compiono nascono **conseguenze giuridiche**:
  - le più importanti sono quelle che le persone hanno **voluto**: esse, dunque, assumono obblighi e acquistano diritti, li modificano, li trasferiscono ad altre persone (in questo modo i soggetti che ne sono titolari cambiano), li estinguono;
  - inoltre, come abbiamo appena detto, possono anche nascere conseguenze giuridiche **non volute**, come l'obbligo di risarcire il danno prodotto da un fatto illecito.

... PER EFFETTO DEI QUALI I DIRITTI NASCONO, SI TRASFERISCONO, SI ESTINGUONO

d) I diritti appartenenti a ciascuna persona devono essere **soddisfatti**: il loro titolare *ha cioè la facoltà di ottenere che chiunque rispetti il suo diritto reale, che il debitore esegua la prestazione cui è obbligato, che l'acquisto del diritto derivante dall'atto compiuto* (per esempio, l'acquisto della proprietà) *si verifichi effettivamente, che il danno subito sia risarcito e così via.* Correlativamente, com'è ovvio, gli obblighi devono essere **adempiuti**.

I DIRITTI DEVONO ESSERE SODDISFATTI

e) Quando le conseguenze giuridiche degli atti si verificano **pienamente**, i diritti vengono rispettati, gli obblighi vengono eseguiti spontaneamente, *il sistema raggiunge il suo scopo*: l'ordinamento giuridico, *dettando le regole del gioco*, fa sì

SE CIÒ ACCADE IL SISTEMA FUNZIONA

che a ciascuno sia attribuito quanto gli spetta, evitando i conflitti; ricorrendo al linguaggio della biologia, in questo caso il diritto funziona in **modo fisiologico**. A tal fine il diritto regola la circolazione dei beni e protegge l'affidamento, come vedremo nel prossimo paragrafo.

SE CIÒ NON ACCADE SI RICORRE ALLA TUTELA DEI DIRITTI

f) Altrimenti, si verifica una **situazione patologica**, cui il sistema deve reagire con rimedi opportuni: è questo il momento della **tutela dei diritti**, importantissimo non solo perché svolge la funzione di ristabilire il diritto leso, rimediando alle violazioni, ma anche perché dovrebbe rendere più conveniente rispettarlo che violarlo.

3 La circolazione dei beni e l'affidamento

IMPORTANZA DELLA FIDUCIA RECIPROCA

Ora occorre portare l'attenzione su un elemento fondamentale, che dev'essere presente per un buon funzionamento (fisiologico) del sistema: la **fiducia reciproca**, *sulla quale si fondano sia la propensione a dare credito, sia la sicurezza degli acquisti.*

Al fine di garantire la fiducia e la sicurezza il diritto prevede una serie di regole che governano la **circolazione dei beni**, cioè la loro **alienazione**, *ovvero il passaggio da un soggetto a un altro della loro proprietà* (ma non solo della proprietà, anche di altri diritti).

APPROFONDIMENTO

Alienazione

Nel diritto privato si impiega il termine "alienazione" per indicare che la proprietà su una cosa viene trasferita a un'altra persona, per esempio con una vendita oppure con una donazione, di modo che la cosa diventa di altri (o altrui, o aliena).

La persona che si priva della cosa trasferendola prende abitualmente il nome di **dante causa**, quella che acquista la cosa per trasferimento prende abitualmente il nome di **avente causa**.

PRINCIPI SULLA CIRCOLAZIONE DEI BENI

I principi fondamentali che regolano la circolazione dei beni sono i seguenti:

- tutte le informazioni riguardanti la **condizione giuridica** di un bene *devono essere quanto più possibile diffuse, quindi note pubblicamente, e devono ovviamente corrispondere al vero* (chi ne sia proprietario, chi vanti eventuali altri diritti su quel bene, se il proprietario sia legittimato a disporne, cioè abbia la facoltà di alienarlo senza violare diritti altrui);
- chi è interessato all'acquisto ha l'**onere di diligenza** di informarsi sulla condizione giuridica del bene: egli farà pertanto affidamento su ciò che risulta all'esterno; se si è informato con diligenza adeguata, e quindi può essere considerato *in buona fede*, questo suo affidamento è tutelato dal diritto, in modi diversi secondo i casi e le circostanze, secondo quanto studieremo in seguito.

ALIENAZIONE DI UN BENE MOBILE

Vediamo che cosa accade nei casi in cui vengono alienati **beni mobili**.

ESEMPIO Se Marco stipula un contratto per acquistare un lettore CD, intende diventarne proprietario scambiando il corrispettivo in denaro, cioè il prezzo che paga, con la cosa che riceve; però occorre rimarcare che Marco può diventare proprietario del lettore soltanto se chi glielo vende ne è, a sua volta, proprietario; se così non fosse, questo effetto (il trasferimento della proprietà) non si potrebbe verificare e l'interesse dell'acquirente non sarebbe soddisfatto. Ma come fa Marco a sapere se chi gli offre in vendita l'apparecchio ne è effettivamente il proprietario?

Ci sono molte possibili circostanze percepibili dall'esterno, dalle quali Marco, o chiunque altro, può trarre indicazioni in proposito: se Marco effettua l'acquisto in un negozio e l'apparecchio gli viene presentato nella sua confezione originale, allora può essere quasi certo che il negoziante lo abbia acquistato dal produttore o dal grossista distributore, che ne sia quindi proprietario e che possa venderlo ad altri. In tal caso Marco *fa affidamento, in buona fede*, sul fatto che il negoziante possa effettivamente trasferirgli la proprietà del lettore CD. Questo suo affidamento di buona fede è tutelato dal diritto in modo molto forte: infatti Marco *acquista la proprietà del lettore CD ricevendone la consegna*, anche se chi glielo vende non ne è proprietario (art. 1153 "**possesso vale titolo**").

Se, invece, Marco acquista lo stesso oggetto per strada, da uno sconosciuto, che glielo offre a un prezzo molto inferiore a quello di listino, nonostante l'apparecchio sia nuovo di zecca, e magari anche nella sua confezione originale, allora vi sono fondate ragioni per ritenere che si tratti di un oggetto rubato, del quale il venditore, non è proprietario; se Marco lo compera comunque, le circostanze non permettono di considerarlo in buona fede, di conseguenza non solo non può acquistarne la proprietà, ma commette anche il reato di *incauto acquisto*, che è punito dal codice penale (art. 712 c.p.).

Ora passiamo a esaminare un caso che riguarda un **bene immobile**.

ALIENAZIONE DI UN BENE IMMOBILE

ESEMPIO Se Marco intende stipulare un contratto per acquistare un alloggio da Pietro, come può accertarsi che chi glielo offre in vendita ne sia effettivamente proprietario? Il diritto regola un sistema di pubblicità, vale a dire regola i modi nei quali la proprietà di un bene immobile deve risultare pubblicamente: esistono dei **registri immobiliari pubblici** sui quali si annotano tutti i trasferimenti di proprietà degli immobili. Allora, Marco avrà l'onere di diligenza di controllare i registri immobiliari: se l'immobile risulterà di proprietà di Pietro, potrà tranquillamente stipulare il contratto di acquisto, poiché avrà il diritto di far valere, di opporre il suo acquisto a chiunque.

4 La tutela giurisdizionale dei diritti

Ogniqualvolta si verifica un evento che impedisce il funzionamento fisiologico del sistema giuridico – cioè qualora le conseguenze giuridiche degli atti non si verifichino pienamente, i diritti non vengano rispettati, gli obblighi non vengano eseguiti – si è in presenza di una **violazione** dell'ordine giuridico, che deve essere ristabilito, garantendo al titolare del diritto di *ottenere soddisfazione in modo coattivo, cioè anche contro la volontà della persona tenuta a soddisfarlo*.

La persona interessata non può ottenere soddisfazione dei suoi diritti facendosi "giustizia" da sé: nel nostro ordinamento, come in tutti quelli dei paesi civili, esiste un **principio di base** dell'intero sistema giuridico, *secondo il quale le persone non possono farsi giustizia da sé, salvo i pochissimi casi espressamente ammessi dalla legge*.

DIVIETO DI AUTOTUTELA

Questo principio è espresso anche nel codice penale: l'esercizio arbitrario delle proprie ragioni, compiuto con violenza sulle persone o sulle cose, costituisce **reato** (artt. 392 e 393 c.p.).

ESEMPIO Se Mario, che deve una certa somma a Fabio, alla scadenza concordata non lo paga, il fatto di non essere stato pagato non autorizza Fabio (il creditore) a sottrarre, con la forza, a Mario una cosa di valore corrispondente al debito inadempiuto; ma non lo autorizza neppure a trattenere la cosa appartenente al debitore che aveva in deposito in base a un contratto diverso da quello non adempiuto.

LA TUTELA GIURISDIZIONALE DEI DIRITTI

La soddisfazione coattiva si può invece ottenere mediante l'intervento dell'**autorità giudiziaria**, *cioè di quell'autorità imparziale e sovraordinata rispetto alle parti litiganti che esercita la funzione giurisdizionale.*
La **tutela giurisdizionale dei diritti** si realizza, quindi, ricorrendo all'autorità giudiziaria.

Il titolare del diritto è libero di decidere se farlo o meno: ma, *se* vuole ottenere soddisfazione del suo diritto, si **deve rivolgere** all'autorità giudiziaria.

AZIONE

La facoltà di ricorrere all'autorità giudiziaria per la difesa dei propri diritti prende il nome di **azione**.

L'**azione** costituisce la fase iniziale che apre il processo (**di cognizione**): il titolare del diritto leso, detto **attore**, formula una domanda rivolta contro chi ritiene responsabile della lesione del suo diritto, detto **convenuto**, con la quale lo convoca in giudizio.

Nel **processo** davanti al giudice *le parti espongono le loro ragioni in contraddittorio fra loro e cercano di dare le prove dei fatti* che portano a fondamento delle proprie pretese, sia delle **domande** formulate dall'attore, sia delle **eccezioni** opposte dal convenuto.
Le regole del processo civile sono contenute in gran parte nel **codice di procedura civile**, emanato anch'esso nel 1942, come il codice civile, e *ampiamente riformato* soprattutto negli ultimi anni. Molte norme sulle prove sono invece contenute nel libro VI del codice civile.

LAVORO SUL CASO

Roberto è una guida turistica. Un giorno accompagna una famiglia alla scoperta dei coni vulcanici del monte Etna, soffermandosi scrupolosamente sulle descrizioni scientifiche delle loro caratteristiche. Ma al termine dell'escursione la famiglia non lo paga perché si ritiene insoddisfatta.
• **Che cosa potrà fare Roberto per essere pagato?**

LE ALTERNATIVE ALLA CONTROVERSIA GIUDIZIARIA

Le parti litiganti possono evitare il processo davanti all'autorità giudiziaria *se raggiungono un accordo in tal senso, purché la loro controversia verta su diritti disponibili;* vi sono due diverse ipotesi:

• stipulare un **compromesso**, c*on il quale incaricano uno o più arbitri, cioè giudici privati da esse stesse nominati, di decidere la loro lite* (art. 806 e segg. c.p.c.);
• comporre la controversia privatamente, senza interventi esterni, mediante un contratto di **transazione**, *facendosi concessioni reciproche* (art. 1965 e segg.);
• ricorrere alla **procedura di mediazione** presso un Organismo di mediazione accreditato al Ministero della giustizia, per tentare di arrivare a un accordo conciliativo attraverso l'aiuto di un mediatore terzo, neutrale e imparziale (d.lgs. 28/2010, modificato dal d.l. 69/2013, convertito con l. 98/2013);
• ricorrere alla **negoziazione assistita** dagli avvocati (d.l. 132/2014, convertito con l. 162/2014).

Delle procedure alternative al giudizio, spesso indicate con l'acronimo ADR (Alternative Dispute Resolution) parleremo diffusamente nella Sezione D.

Il d.lgs. 28/2010 prevede che il preventivo ricorso alla mediazione sia indispensabile per iniziare molti procedimenti giudiziari, fra i quali ricordiamo quelli in materia di condominio, di locazione, di risarcimento del danno derivante da responsabilità sanitaria, di assicurazione, di contratti bancari.

 # 5 Il procedimento giudiziario

LE FASI E I GRADI DEL PROCESSO

La persona che vuole ottenere soddisfazione del proprio diritto in modo coattivo (dal momento che non ottiene collaborazione da parte della persona tenuta a soddisfarlo) deve normalmente passare attraverso **due fasi** distinte del processo civile:

- la fase di **cognizione**;
- la fase di **esecuzione**.

La fase di **cognizione** può avere diversi **gradi** di giudizio:

- il **primo grado** che si conclude con la sentenza;
- il **secondo grado** (**appello**), *che può essere promosso su iniziativa della parte le cui richieste non sono state accolte*: in questo stadio il giudice riesamina tanto il **merito**, *cioè la ricostruzione dei fatti compiuta sulla base delle prove portate dalle parti*, quanto la **legittimità**, *cioè la scelta delle norme di diritto da applicare e la loro interpretazione*;
- il **terzo grado** (**cassazione**), in cui il giudice riesamina esclusivamente la **legittimità**.

I gradi della fase di cognizione

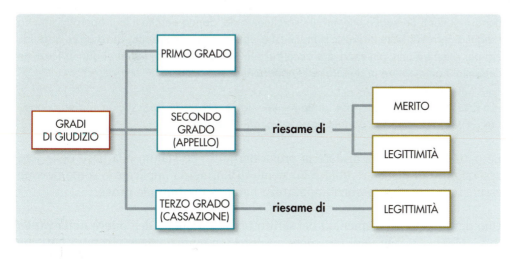

Il processo di cognizione ha un duplice scopo:

PROCESSO DI COGNIZIONE

- in primo luogo quello di *raggiungere la certezza legale dell'esistenza del diritto*;
- in secondo luogo, eventualmente anche quello di *condannare la persona obbligata a soddisfare il diritto, oppure di ordinare alla persona che viola il proprio dovere di smettere di farlo*.

ESEMPIO Se voglio conseguire coattivamente il pagamento di una somma di denaro che una persona mi deve in base a un contratto, devo in primo luogo ottenere dal giudice una **sentenza** che affermi il mio diritto (in altre parole, che lo renda legalmente certo) e condanni

Le presunzioni

Prendono il nome di **presunzioni** le conseguenze che il giudice trae da un fatto noto per risalire a un fatto ignorato (art. 2727).

La presunzione si dice:

- **semplice** quando il *giudice*, prendendo a base del suo ragionamento circostanze accertate, giunge a considerare provati anche fatti ulteriori non direttamente accertati. La *presunzione semplice* è dunque un modo di argomentare sul piano logico una determinata affermazione;
- **legale**, quando la legge stessa indica le conseguenze che devono essere tratte dalla prova dell'esistenza di determinate circostanze.

Le presunzioni legali possono essere:

- **assolute**: *non è ammessa prova contraria*, sicché, provate determinate circostanze, ne derivano in modo automatico e inevitabile determinate conseguenze; per esempio, se un bambino nasce da una donna sposata nel periodo compreso fra il 180° giorno successivo alla celebrazione del matrimonio e il 300° successivo al suo scioglimento (circostanza accertata) è considerato legittimo (circostanza che a questo modo si considera provata);
- **relative**: *è ammessa la prova contraria*, sicché, provate determinate circostanze, ne derivano determinate conseguenze, salvo prova contraria; per esempio, se due persone acquistano un immobile (circostanza accertata), sono debitrici del relativo prezzo in solido tra loro (conseguenza indicata dalla legge), in base alla presunzione di solidarietà stabilita dall'art. 1294; tuttavia, i due acquirenti possono provare di aver concordato con il venditore, nel contratto di compravendita, che l'obbligazione di pagare il prezzo era parziaria. *La presunzione relativa produce dunque unicamente l'inversione dell'onere della prova*: non è il venditore, creditore del prezzo, a dover provare che può ottenere l'intero pagamento da uno qualsiasi degli acquirenti, ma è invece il debitore acquirente che deve provare di essere debitore soltanto di una parte del prezzo e non dell'intero.

il debitore inadempiente a darmi soddisfazione, cioè appunto a pagarmi la somma di denaro dovuta. Se voglio ottenere il risarcimento del danno perché il tour operator non ha eseguito correttamente le prestazioni cui si è obbligato per contratto, devo agire in giudizio per ottenere una sentenza che accerti il suo inadempimento, liquidi il danno (cioè ne determini l'ammontare in denaro) e lo condanni a risarcirmelo.

> La **fase di cognizione** è la fase fondamentale del processo, *in cui si svolge la discussione in contraddittorio fra le parti* (e i loro avvocati difensori).

Le parti hanno l'onere di dare la prova dei fatti che stanno alla base delle loro asserzioni e di discutere qual è l'insieme di norme da applicare e come devono essere interpretate. Massima importanza hanno soprattutto le **prove**.

L'ONERE DELLA PROVA Uno dei principi fondamentali del diritto privato è quello dell'**onere della prova** (art. 2697 c. 1): "chi vuol far valere un diritto in giudizio deve provare i fatti che ne costituiscono il fondamento"; in altre parole, chi vuol far valere un suo diritto in giudizio ha l'onere della prova.

Si tratta di un **onere**: *ciò significa, come si è già detto, che la persona che deve dare la prova non è incondizionatamente obbligata a farlo, ma è tenuta a farlo soltanto se e in quanto voglia giungere a una conseguenza per lei positiva, cioè quella di ottenere la tutela giurisdizionale dei propri diritti*. Allo stesso modo, la controparte che vuol far valere le proprie ragioni "deve provare i fatti" su cui esse sono fondate (art. 2697 c. 2).

La materia delle prove è analiticamente regolata dal codice civile (art. 2697 e segg.) e dal codice di procedura civile.

> La **sentenza** è la decisione del giudice con la quale ha termine il processo.

Come abbiamo accennato sopra, la sentenza può essere **impugnata** in appello dalla parte soccombente.

Anche il **processo d'appello** si conclude con una sentenza, *che può a sua volta essere impugnata in cassazione, ma solo per un vizio di legittimità.* L'accertamento dei fatti compiuto dalla sentenza d'appello è dunque **definitivo**: *costituisce la cosiddetta verità processuale, cioè quanto risulta provato dalle parti.*

La persona che ottiene a proprio favore la sentenza che conclude il processo di cognizione ha **diritto** *di conseguire ciò che nella sentenza è indicato*; correlativamente, la persona contro la quale la sentenza è stata emanata ha l'**obbligo** *di eseguirne le prescrizioni.*

Tuttavia, può darsi che ciò non avvenga, che la persona obbligata a eseguirle *non ottemperi alla sentenza.* In tal caso occorre un **nuovo intervento** del giudice, che potrà finalmente portare alla *soddisfazione effettiva, in modo coattivo,* del diritto.

> Il **processo di esecuzione** è la seconda fase del processo civile, che può essere iniziata soltanto se vi è un titolo esecutivo (la *sentenza di cognizione* è il principale titolo esecutivo) e porta all'**esecuzione forzata**.

Questa può essere di due tipi:

- **in forma specifica**: *ha una funzione ripristinatoria e realizza la stessa situazione che si sarebbe verificata se l'ordine giuridico non fosse stato violato;*
- **per equivalente in denaro**: *ha una funzione risarcitoria e consiste nel pignoramento dei beni del debitore, seguito di regola dalla vendita all'asta e dal pagamento dell'avente diritto mediante il denaro ricavato.*

- Le persone non possono farsi giustizia da sé ——— divieto di **autotutela**

- Per la difesa dei propri diritti occorre promuovere un'**azione** in giudizio

Processo di cognizione
- il titolare del diritto leso (**attore**) e il presunto responsabile (**convenuto**) espongono le proprie ragioni, con l'onere di dare la **prova** dei fatti, in **contraddittorio** fra loro. Il processo termina con la **sentenza** del giudice
- la parte soccombente può impugnare la sentenza **in appello**. Per quanto riguarda il merito (cioè la verità processuale), la sentenza d'appello è definitiva e può essere impugnata in **cassazione** solo per vizi di legittimità

Processo di esecuzione
- se la parte soccombente non ottempera alla sentenza, è ancora possibile rivolgersi al giudice per ottenere l'esecuzione forzata delle prescrizioni stabilite nella sentenza (ripristino delle condizioni antecedenti alla violazione o risarcimento)

- Non è necessario ricorrere all'azione in giudizio quando le parti (chi ha violato il diritto e chi ne ha subito la violazione) raggiungono un accordo (compromesso, cioè nomina di arbitri che decidono, o transazione)

PERCORSO DI SINTESI

I FATTI E GLI ATTI GIURIDICI

FATTO GIURIDICO — evento indipendente dalla volontà umana che produce conseguenze giuridiche

ATTO GIURIDICO — atto umano che produce conseguenze giuridiche

I DIVERSI TIPI DI ATTI GIURIDICI

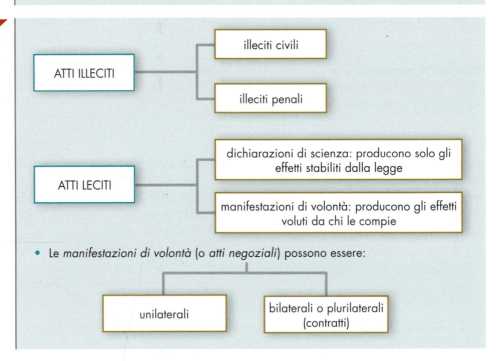

ATTI ILLECITI
- illeciti civili
- illeciti penali

ATTI LECITI
- dichiarazioni di scienza: producono solo gli effetti stabiliti dalla legge
- manifestazioni di volontà: producono gli effetti voluti da chi le compie

- Le *manifestazioni di volontà* (o *atti negoziali*) possono essere:

  - unilaterali
  - bilaterali o plurilaterali (contratti)

LA CIRCOLAZIONE DEI BENI E L'AFFIDAMENTO

- Informazioni sulla condizione giuridica dei beni
- Onere di diligenza di informarsi sulla condizione giuridica del bene e affidamento su quanto ne risulta
- "Possesso vale titolo" e trascrizione

LA TUTELA GIURISDIZIONALE DEI DIRITTI

- Divieto di autotutela
- L'azione
- Il procedimento giudiziario
- Alternative al procedimento giudiziario:
  - arbitrato
  - transazione

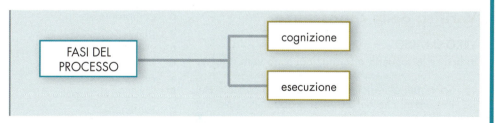

FASI DEL PROCESSO
- cognizione
- esecuzione

IL PROCESSO
DI COGNIZIONE

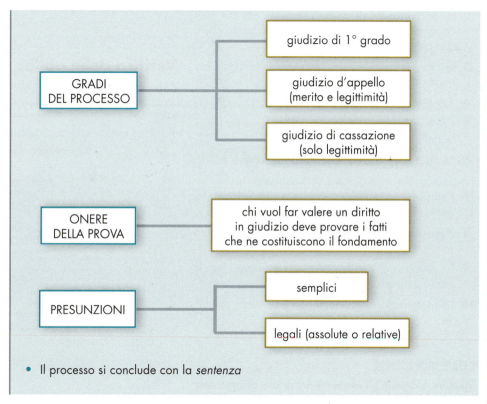

GRADI DEL PROCESSO
- giudizio di 1° grado
- giudizio d'appello (merito e legittimità)
- giudizio di cassazione (solo legittimità)

ONERE DELLA PROVA
- chi vuol far valere un diritto in giudizio deve provare i fatti che ne costituiscono il fondamento

PRESUNZIONI
- semplici
- legali (assolute o relative)

- Il processo si conclude con la *sentenza*

IL PROCESSO
DI ESECUZIONE

- È necessario un **titolo esecutivo** (principalmente la **sentenza**)
  - esecuzione in forma specifica
  - esecuzione per equivalente in denaro

Verifica delle conoscenze

VERO O FALSO
Indica se le seguenti affermazioni sono vere o false.

1 Sono fatti giuridici le devastazioni provocate dallo tsunami che nel 2004 si è abbattuto sulle rive dell'Oceano Indiano   V **F̶**

2 Le dichiarazioni di scienza sono gli atti che producono gli effetti giuridici voluti dal soggetto che li compie   **V̶** F

3 Le manifestazioni di volontà sono dette anche atti negoziali   **V̶** F

4 Il testamento è un atto unilaterale   **V̶** F̶

5 Chi è interessato all'acquisto di un bene ha l'onere della diligenza   V F

6 La "regola possesso vale titolo" è sempre valida   V F

7 Il giudizio di appello può essere promosso dalla parte che non è soddisfatta della sentenza   V F

8 Il processo di esecuzione termina con la sentenza   V F

9 La sentenza d'appello serve ad accertare i fatti in modo definitivo   V F

10 La sentenza di cognizione non è un titolo esecutivo   V F

CORRISPONDENZE
Metti in relazione gli elementi del primo gruppo con quelli del secondo.

1 È un titolo esecutivo

2 Nel processo è il titolare del diritto leso

3 Due arbitri vengono incaricati di risolvere una controversia

4 È un giudizio di legittimità e di merito

5 È un giudizio di legittimità

6 È la parte che viene convocata in giudizio

7 È un modo di comporre privatamente una controversia

a compromesso
b giudizio di cassazione
c convenuto
d transazione
e attore
f giudizio di appello
g sentenza

1	2	3	4	5	6	7
G	E	A	F	B	C	D

Verifica delle abilità

Completa lo schema.

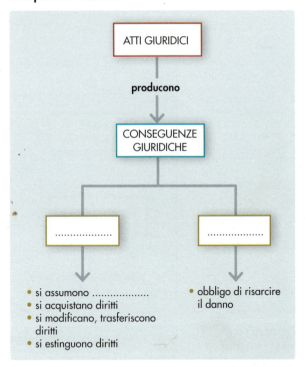

DI CHE COSA STIAMO PARLANDO?
Rispondi dopo aver letto gli indizi.

1 Sono tali tutti gli atti umani che producono conseguenze nel campo del diritto ....

2 Sono gli atti che producono le proprie conseguenze giuridiche solo per mezzo dell'accordo fra due parti ....

3 È il passaggio della proprietà di un bene da un soggetto a un altro ....

4 È il principio in base al quale le persone non possono farsi giustizia da sé, salvo nei rari casi ammessi dalla legge ....

5 Sono le conseguenze che il giudice trae da un fatto noto per risalire a un fatto ignorato ....

CACCIA ALL'ERRORE

Individua e correggi le parole errate.

1 Ogni evento naturale è un atto giuridico ....

2 Chi è interessato all'acquisto di un bene ha l'onere della prova ....

3 Nella fase di esecuzione si svolge la discussione in contraddittorio tra le parti ....

4 Per i beni immobili vige la regola "possesso vale titolo" ....

5 L'esecuzione per equivalente in denaro ha una funzione riparatoria ....

QUESITI A RISPOSTA SINGOLA

Rispondi utilizzando non più di 4 righe.

1 Perché il trascorrere del tempo è considerato un fatto giuridico?

2 *What are the parties in a process?*

3 *What are the alternatives to litigation?*

4 *What are the stages of a civil trial?*

5 *What is the process of cognition? And the execution process?*

Trattazione sintetica di argomenti

1 Illustra le modalità di funzionamento del sistema del diritto civile.

2 *Discuss the basic principles governing the movement of goods.*

3 *Explain what constitutes the legal protection of rights as opposed to the prohibition of self-defense.*

4 Esponi le differenze fra la *presunzione semplice* e quella *legale*, evidenziandone le peculiarità.

PREPARATI ALLA VERIFICA SCRITTA

☑ Puoi svolgere gli esercizi sul tuo MEbook

SEZIONE Ⓐ

Verifica delle conoscenze

VERO O FALSO

Indica se le seguenti affermazioni sono vere o false.

1 L'applicazione della sanzione prevede l'intervento di un'autorità autonoma e indipendente: il giudice [V] [F]

2 La valorizzazione dei beni culturali e ambientali è materia di legislazione concorrente Stato-regioni [V] [F]

3 Le leggi possono essere abrogate solamente in modo tacito o espresso [V] [F]

4 In seguito alla riforma del titolo V della Costituzione il turismo è materia di competenza regionale [V] [F]

5 La raccolta di dipinti esposta in una pinacoteca è una pertinenza della stessa [V] [F]

6 Il Mibact ha accorpato le competenze del Ministero per il turismo, abrogato con referendum nel 1993 [V] [F]

7 La lesione dei diritti della personalità costituisce un illecito civile [V] [F]

8 Le società di persone godono di un'autonomia patrimoniale imperfetta [V] [F]

9 È un illecito civile non attivare un viaggio organizzato senza valido motivo [V] [F]

10 La transazione consente di chiudere una lite senza ricorrere all'autorità giudiziaria [V] [F]

| Totale punti | .... | 10 |

1 punto per risposta esatta, 0 per risposta non data o errata

DOMANDE A RISPOSTA MULTIPLA
Individua la risposta esatta.

1 Le sanzioni di tipo riparatorio consistono:
- [A] nel pagamento di una pena pecuniaria
- [B] nella privazione della libertà personale
- [C] nel mancato pagamento di un debito
- [D] in un risarcimento del danno

2 Il decreto legislativo:
- [A] viene deliberato dal parlamento
- [B] viene deliberato dal governo in casi di urgenza e necessità
- [C] viene deliberato dal governo sulla base di un'apposita legge-delega parlamentare
- [D] non è un atto avente forza di legge

3 Il diritto in senso oggettivo è:
- [A] l'insieme delle norme giuridiche
- [B] quella parte del diritto che ha validità indiscussa
- [C] la norma interpretata in maniera autentica dal legislatore
- [D] il potere riconosciuto a un soggetto dall'ordinamento giuridico

4 L'interdizione fa perdere:
- [A] il diritto all'eredità
- [B] la capacità di agire
- [C] la capacità giuridica
- [D] la capacità lavorativa

5 L'immigrazione è materia:
- [A] di legislazione concorrente
- [B] di competenza delle regioni per quanto riguarda il soggiorno dei turisti
- [C] che non riguarda il soggiorno dei turisti
- [D] di legislazione esclusiva statale e riguarda anche le norme sul soggiorno dei turisti

Verifica delle abilità

6 Per il suo nuovo albergo Sergio sceglie un'insegna molto simile a quella utilizzata da una nota catena alberghiera che, immediatamente, gli chiede di utilizzarne una diversa. Sergio ritiene che nel codice del turismo nulla vieti l'utilizzo di insegne apparentemente simili ad altre già esistenti. Ha ragione?
- [A] Sì
- [B] No, la concorrenza è disciplinata dal codice civile che considera la sua iniziativa una forma di concorrenza sleale
- [C] No, il codice del turismo vieta iniziative simili
- [D] Sì, può farlo solo nella sua regione

7 Per uscire dalla crisi economica la regione Lazio emana una norma regionale che abolisce per un anno il diritto di sciopero. I sindacati dei lavoratori si oppongono ritenendola illegittima. Chi potrebbe intervenire per annullare questa legge?
- [A] Il parlamento
- [B] La Corte costituzionale
- [C] Un giudice
- [D] Il governo

8 Per uscire dalla crisi economica lo Stato italiano intende privatizzare alcuni beni vendendoli a terzi. Prendendo spunto dalla Grecia che ha venduto a privati il porto del Pireo, se volesse mettere in vendita il porto di Genova, potrebbe farlo?

- A Sì, se lo approva il parlamento
- B No, perché è un bene patrimoniale indisponibile
- C No, perché è un bene del demanio
- D No, perché non è un bene patrimoniale

9 Marco, studente di 16 anni, si reca in un ipermercato e compra un lettore mp3 di ultima generazione. Tornato a casa lo mostra ai propri genitori. La madre si arrabbia molto perché il figlio ne ha già un altro acquistato l'anno precedente: che cosa può fare?

- A Chiedere l'annullamento dell'atto di acquisto
- B Nulla, in quanto l'atto non è considerato di straordinaria amministrazione
- C Se il bene non ha vizi, non può fare nulla
- D Chiedere l'annullamento, se il ragazzo non ha la capacità giuridica

10 Rosanna paga una somma di denaro a un centro estetico per una serie di sedute. Qualche giorno dopo, il centro chiude senza che Rosanna abbia potuto usufruire del servizio pagato. Allora contatta il titolare, che nega di aver ricevuto somme di denaro da lei. Che cosa potrà fare per vedere riconosciuto il proprio diritto?

- A Avviare un processo di cognizione
- B Fare affidamento sulla regola "possesso vale titolo"
- C Avviare un processo di esecuzione
- D Appropriarsi di una cosa di egual valore di proprietà del titolare del centro estetico

Totale punti	....	30

3 punti per risposta esatta, 0 per risposta non data o errata

DOMANDE A RISPOSTA BREVE

Rispondi alle seguenti domande utilizzando non più di 4 righe.

1 In quali materie le regioni hanno competenza residuale? Vi sono dei limiti?

2 Quali fonti giuridiche sono alla base del diritto turistico?

3 Come si può perdere un diritto nel nostro ordinamento giuridico?

4 A quali condizioni si può acquisire la qualifica di Onlus? Quali vantaggi ne derivano?

5 In che cosa consiste il processo di esecuzione?

Totale punti	....	30

da 0 a 6 punti per ogni risposta esatta secondo la correttezza e la completezza

SOLUZIONE DI PROBLEMI E/O TRATTAZIONE SINTETICA DI ARGOMENTI

1 Il regolamento emanato dal dirigente di un istituto scolastico consente ai docenti di fumare nell'aula insegnanti. Uno degli insegnanti protesta e il dirigente gli fa presente che, all'interno della scuola, spetta a lui prendere le decisioni. • **Ha ragione?**

(max 10 punti)

2 Nel 2003 Pasquale ha omesso di dichiarare alcuni dei suoi redditi al fisco. Nel 2007 gli viene recapitato un avviso di accertamento con il quale si comunica il mancato pagamento di imposte riferite al 2003. Dovrà pagarle unitamente a una sanzione per la mancata dichiarazione del reddito. Pasquale non vorrebbe pagare e si rivolge al proprio commercialista per avere un consiglio. • **Secondo te dovrà farlo?**

(max 10 punti)

3 Tre amici decidono di costituire una società operante nel settore informatico e scelgono la forma giuridica della società di persone. Dopo aver ordinato le attrezzature necessarie, non sono in grado di far fronte al pagamento relativo alla fattura di uno dei fornitori. Questo decide di rivolgersi personalmente a uno dei soci, il quale si rifiuta dicendo che, se la società non ha i fondi per pagare, il debito dovrà rimanere insoluto. • **Che cosa ne pensi? (Argomenta sinteticamente la tua risposta.)**

(max 10 punti)

Totale punti	....	30

Punteggio totale della prova	Totale punti	....	100

DIRITTO &TURISMO

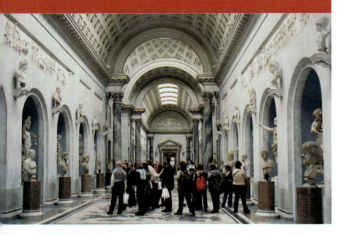

La valorizzazione dei beni culturali e ambientali

Sara, operatrice museale, parla al telefono con la dottoressa Roberta Rossi, dirigente responsabile dei beni culturali presso un ente pubblico.

Sara: ... La crisi economica sta riducendo il potere di acquisto delle famiglie, che destinano sempre meno risorse alla visita degli spazi museali. Abbiamo riscontrato, infatti, un grande afflusso di gente solo quando offriamo visite e ingressi gratuiti; ma, nella parte restante dell'anno, stiamo assistendo a un costante calo di visitatori paganti. Dottoressa, di questo passo dovremo ridurre servizi e personale!

Dott.ssa Rossi: Purtroppo è vero: il settore della cultura è stato molto penalizzato dalla crisi. Ma mi auguro che sia proprio il settore turistico a favorire una ripresa della domanda economica globale, che ci consenta di uscire da questa fase recessiva. L'Italia è ricca di opere d'arte, siti archeologici e naturalistici, molti dei quali riconosciuti dall'Unesco come patrimonio dell'umanità. Non a caso, recentemente, il Ministero dei beni e delle attività culturali e del turismo ha invitato gli operatori pubblici e privati a una maggiore valorizzazione del patrimonio culturale e ambientale, proprio per attrarre una domanda turistica sempre crescente, che possa finanziare le spese necessarie di tutela e restauro dei beni.

Sara: Certo, ma per riuscire nell'intento dovremo riqualificare gli spazi museali ormai obsoleti, rendendoli più interessanti, appetibili soprattutto per i giovani e le famiglie. Dottoressa, secondo lei, che cosa possiamo fare nel nostro museo?

NEI **PANNI** DI...

Per valorizzare il patrimonio italiano

Il patrimonio culturale e ambientale italiano è tra i più importanti al mondo, ma non viene adeguatamente valorizzato, commercializzato e reso accessibile. Che cosa fare in concreto?
Se voi foste al posto della dott.ssa Rossi, vediamo che cosa potreste consigliare a Sara e a tutti gli operatori del settore dei beni culturali e ambientali che si trovano ad affrontare problematiche simili.

1 Articolare una promozione turistica in diverse lingue e proporre materiali informativi utilizzando gli strumenti messi a disposizione dalla tecnologia web, applicata anche ai nuovi strumenti interattivi (smartphone, tablet, portatili ecc.). Per esempio, realizzare alcuni percorsi storico-culturali supportati da accattivanti presentazioni web e da materiale informativo in inglese, francese, tedesco e anche cinese, considerato che proprio dalla Cina arrivano flussi turistici in costante crescita.

2 Integrare i percorsi turistici in reti che rendano città, musei e paesi limitrofi più visibili e attrattivi, mediante strumenti di comunicazione coordinati ed efficaci.

3 Rendere acquistabili online biglietti o pass unici, che consentano la visita a un complesso di attrazioni, con validità dilazionate nel tempo.

4 Migliorare la fruibilità in termini di orari e l'accessibilità fisica ai siti, anche mediante l'abbattimento delle barriere architettoniche sia all'esterno dei punti di accesso, sia lungo i percorsi turistici, in linea con le norme che hanno sancito il diritto dei portatori di disabilità, temporanea o permanente, a fruire dei siti culturali in modo completo e in piena autonomia, senza alcuna maggiorazione di prezzo.

www

Provate a scorrere la lista dei siti italiani nella homepage della Commissione nazionale italiana per l'Unesco (Cni Unesco) all'indirizzo www.unesco.it/cni/index.php/siti-italiani per vedere se trovate siti culturali e naturali della vostra regione, o di una città di vostro interesse, che sono tutelati come patrimonio mondiale dell'umanità.
Li avete mai visitati? In che stato si trovano? In che modo vengono promossi e valorizzati?

I siti italiani nella lista del patrimonio mondiale dell'Unesco

Nel 1972 è stata adottata dalla conferenza generale degli Stati membri dell'Unesco la Convenzione internazionale sulla protezione del patrimonio mondiale culturale e naturale.

La Convenzione ha attribuito a un comitato internazionale, con sede a Parigi presso l'Unesco, la gestione della **lista del patrimonio mondiale**. Nella lista vengono iscritti i beni che hanno "un valore universale eccezionale" dal punto di vista storico, artistico o scientifico.

Spetta al Ministero dei beni e delle attività culturali e del turismo la presentazione delle istanze italiane da inoltrare per l'iscrizione nella lista del patrimonio mondiale. L'iscrizione attribuisce visibilità al bene naturale o culturale e ne riconosce il valore universale; impone, però, a chi lo detiene la responsabilità della sua conservazione nei confronti dell'umanità intera. Il ministero stesso, pertanto, si rende garante presso l'Unesco della salvaguardia dei monumenti e dei siti proposti dallo Stato italiano.

In **ambito culturale**, i beni sono considerati di valore universale eccezionale quando sono capolavori del genio creativo dell'uomo o hanno esercitato un'influenza considerevole, in un dato periodo o in un'area culturale determinata, sullo sviluppo dell'architettura, delle arti monumentali, della pianificazione urbana o della creazione di paesaggi, o costituiscono testimonianza unica o quanto meno eccezionale di una civiltà o di una tradizione culturale scomparsa.

In **ambito naturalistico**, i beni devono avere un'importanza estetica eccezionale oppure essere un habitat naturale rilevante per i processi ecologici, biologici e la conservazione delle biodiversità.

I siti iscritti nella lista del patrimonio mondiale sono sottoposti a un costante monitoraggio, che ha l'obiettivo di verificare la conservazione nel tempo dei valori universali eccezionali per i quali essi hanno ottenuto l'iscrizione. Normalmente, viene steso un report ogni sei anni. Per i siti che sono sottoposti a particolari situazioni di rischio vengono redatti appositi report che fotografano le cause all'origine di possibili danneggiamenti o perdite del bene.

(Fonte: liberamente tratto dal portale del Ministero dei beni e delle attività culturali e del turismo)

LO **SAPEVATE** CHE...?

Il Fai (Fondo per l'ambiente italiano, www.fondoambiente.it) è una fondazione senza scopo di lucro creata nel 1975; ha la mission di promuovere in concreto una cultura di rispetto della natura, dell'arte, della storia e delle tradizioni d'Italia, rendendo fruibili al pubblico importanti testimonianze del patrimonio artistico e naturalistico italiano (come castelli e complessi monasteriali, giardini e luoghi naturali, ville e case d'arte), dopo averle riscattate dal loro stato di abbandono.

CERCA SUL WEB
Laboratorio

Dividetevi in gruppi e, seguendo le indicazioni che troverete online, proseguite la ricerca.

SEZIONE  B

Le obbligazioni e il rapporto obbligatorio

CONOSCENZE

- Le fonti e le prestazioni
- La solidarietà attiva e passiva
- Adempimento e inadempimento delle obbligazioni: responsabilità del debitore, impossibilità sopravvenuta, reintegrazione in forma specifica ed equivalente, concorso di colpa del creditore
- Clausola penale e caparra confirmatoria
- La parità di trattamento tra i creditori
- Le cause di prelazione: privilegi e diritti reali di garanzia
- Pegno e ipoteca
- Altre cause di estinzione delle obbligazioni
- Novazione, remissione, compensazione

Biblioteca Glossario

ABILITÀ

- Individuare e riconoscere le differenti tipologie di prestazione
- Individuare e comprendere la differente portata del principio di solidarietà e parziarietà
- Individuare e comprendere la disciplina legale dell'adempimento e le conseguenze dell'inadempimento e dell'impossibilità sopravvenuta
- Individuare e comprendere le differenti forme di risarcimento del danno
- Comprendere la portata del concorso di colpa del creditore
- Individuare e comprendere le peculiarità delle cause di estinzione delle obbligazioni
- Comprendere la portata della responsabilità patrimoniale del debitore
- Comprendere il meccanismo di funzionamento del principio di parità di trattamento tra i creditori
- Riconoscere le peculiarità delle cause di prelazione
- Individuare le caratteristiche principali dei diritti reali di garanzia
- Riconoscere e distinguere le differenti tipologie di ipoteca

COMPETENZE

- Individuare e utilizzare gli strumenti di comunicazione e di team working più appropriati per intervenire nei contesti organizzativi e professionali di riferimento
- Individuare e accedere alla normativa pubblicistica, civilistica, fiscale con particolare riferimento a quella del settore turistico

VERIFICA DELLE COMPETENZE
PAG. 579

Unità 9
L'obbligazione

En

Unit *by* Unit

In Unit 9 you will learn that the actions or instruments from which an obligation arises are defined as "sources". The sources of obligations are: contract, tort and any other action or situation arising by operation of law. The simplest form an obligation may take is as follows: a person (creditor) has the right to obtain from another person (debtor) a certain patrimonial performance. This performance must be possible, lawful, determinate or otherwise determinable. It can consist of giving, doing, not doing. It can be continuous, periodic or instantaneous. It can be incidental or principal. When there are multiple debtors involved in an obligation, it is assumed that the obligation is exercised jointly and severally: this means that the creditor may exact the entire performance from any one of the debtors.

1 Le fonti delle obbligazioni

Nella Sezione A abbiamo già studiato le caratteristiche fondamentali del diritto di obbligazione contrapponendole a quelle proprie del diritto reale; esse sono:

- la **relatività**: *il titolare (creditore) può far valere il diritto solo nei confronti dell'obbligato (debitore)*; ESEMPIO se ho prestato dei soldi al mio compagno di classe, Giulio, non potrò chiederne la restituzione a un'altra persona;
- la **mediatezza**: *il titolare (creditore) può ottenere soddisfazione del diritto soltanto per mezzo della collaborazione dell'obbligato (debitore)*; ESEMPIO il mio diritto di credito potrà essere soddisfatto solo se Giulio sarà disponibile a ridarmi il denaro che gli ho prestato.

PRINCIPALI FONTI DI OBBLIGAZIONE | Sono detti **fonti** (o titoli) **dell'obbligazione** gli atti o i fatti che fanno sorgere un'obbligazione.

In base all'art. 1173 del codice civile esse sono:

- il **contratto**, *cioè l'accordo di due o più parti avente un contenuto patrimoniale*;
- il **fatto illecito**, *cioè il fatto che provoca ad altri un danno ingiusto*;
- *ogni altro atto o fatto che, secondo l'ordinamento giuridico, è idoneo a produrla*: sotto questo generico richiamo sono ricompresi principalmente le *promesse unilaterali*, i *titoli di credito*, la *gestione di affari altrui*, la *ripetizione dell'indebito*, l'*arricchimento senza causa*.

In questa Sezione e in quella successiva studieremo le regole comuni a tutte le obbligazioni, qualsiasi titolo esse abbiano, cioè qualsiasi sia stato l'atto o il fatto che le ha fatte sorgere; la loro disciplina legislativa è contenuta in gran parte nel titolo I del libro IV del codice civile (artt. 1173-1320); ma in parte minore anche nel titolo II del libro IV, dedicato al contratto in generale: la ragione di questa sistemazione consiste nel fatto che proprio il contratto è fonte della grande maggioranza delle obbligazioni.

② Il rapporto obbligatorio

Tutte le obbligazioni possono essere ricondotte a una struttura composta dai seguenti elementi:

STRUTTURA DEL RAPPORTO OBBLIGATORIO

- il **creditore**, cioè la persona che ha il diritto di ottenere;
- il **debitore**, cioè colui che si assume l'obbligo di adempiere;
- una determinata **prestazione patrimoniale**, cioè il comportamento cui il debitore si obbliga.

L'**obbligazione** è, dunque, un rapporto giuridico tra due parti (creditore e debitore), avente un oggetto patrimoniale (la prestazione).

Proviamo a spiegarci; ESEMPIO Giada ha prenotato un posto sul traghetto per la Sardegna: quindi, nel rapporto giuridico che si è creato per Giada (*debitore*) sorge l'obbligo di pagare il prezzo del biglietto (*prestazione*) alla compagnia navale (*creditore*).

L'obbligazione

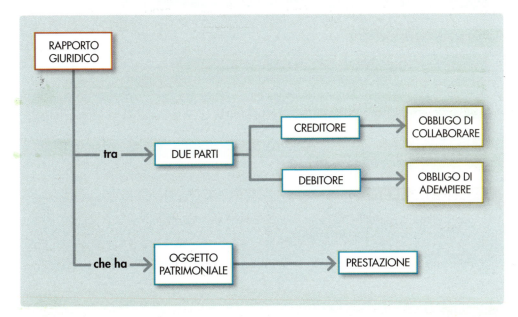

Ciascuna **parte** del rapporto può consistere di:

PARTE DEL RAPPORTO OBBLIGATORIO

- una *sola persona*, come nel caso di Giada;
- una *pluralità di persone* (due coniugi che acquistano insieme un alloggio): ma anche in quest'ultimo caso le parti del rapporto sono **sempre solo** due, i creditori, da un lato, e i debitori, dall'altro.

"Parte", dunque, indica una **posizione** del rapporto obbligatorio (quella di creditore oppure debitore) e non una persona.

La legge indica una *regola generalissima*, che costituisce una guida e un riferimento per i debitori e i creditori nei loro comportamenti reciproci: essi devono sempre comportarsi secondo **correttezza** (art. 1175). In generale, questo significa che:

CORRETTEZZA DELLE PARTI

- da un lato il debitore deve **adempiere**, *cioè deve eseguire in modo esatto e puntuale la prestazione cui è tenuto*;

- dall'altro il creditore deve **cooperare** all'adempimento, *cioè comportarsi in modo tale da favorire l'adempimento, da non renderlo più gravoso*; il creditore che non coopera può andare incontro a una serie di conseguenze a lui sfavorevoli (*mora del creditore*: art. 1206 e segg.).

ESEMPIO Stefano ha contratto un debito nei confronti di Marco: in quanto debitore, ha l'obbligo di restituire puntualmente alla scadenza la somma dovuta e gli interessi, mentre Marco, in quanto creditore, deve rendere possibile l'adempimento, cioè essere reperibile e disponibile nei modi e nei tempi concordati.

 ## La prestazione

PATRIMONIALITÀ

La prestazione deve avere **carattere patrimoniale** (art. 1174): ciò significa che essa deve avere un **valore di scambio**, espresso da una somma di denaro. *Ogni prestazione ha dunque necessariamente una contropartita in denaro.*

ALTRI REQUISITI DELLA PRESTAZIONE

La prestazione dev'essere:

- **possibile** da un punto di vista sia fisico che materiale;
- **lecita**, cioè non deve consistere in un comportamento vietato dalla legge;
- **determinata**, oppure **determinabile**, cioè contenere tutti i riferimenti necessari affinché possa essere determinata (art. 1346).

Se la prestazione è impossibile o illecita o indeterminata e indeterminabile, allora l'obbligazione **non può** sorgere.

LAVORO SUL CASO

Un'agenzia di viaggio offre sul mercato un pacchetto turistico che prevede un viaggio nello spazio fino all'orbita del pianeta Marte.

- **Lo può fare?**

PRESTAZIONI DI DARE...

Le prestazioni patrimoniali possono avere i contenuti più diversi e si possono classificare in tre categorie:

- prestazioni di **dare**, *che consistono nell'obbligo del debitore di consegnare una cosa al creditore*; la cosa può essere sia un oggetto fisicamente individuato (per esempio, uno specifico quadro di quel determinato pittore), sia una certa quantità di cose determinate solo nel genere (per esempio, 100 litri di vino di un certo vitigno, di un'annata e di un produttore determinati, oppure un'automobile

nuova con determinate caratteristiche), o, ancora, una certa somma di denaro, cioè un valore astratto;

- prestazioni di **fare**, *che consistono nell'obbligo del debitore di svolgere una determinata attività a favore del creditore* (per esempio, costruire, custodire ecc.); ... DI FARE...

- prestazioni di **non fare**, *che consistono nell'obbligo del debitore di astenersi dal compiere una determinata azione, che altrimenti egli potrebbe liberamente compiere* (per esempio, molti rivenditori legati al proprio fornitore da un contratto con clausola di esclusiva hanno l'obbligo di non vendere prodotti della concorrenza). ... E DI NON FARE...

Le prestazioni sono definite:

- **istantanee**, *quando consistono in comportamenti che si esauriscono in un atto e non si protraggono nel tempo*; PRESTAZIONI ISTANTANEE...

ESEMPIO Stefano – che, come abbiamo visto nell'esempio precedente, è debitore di Marco – è obbligato a ripagare la somma e la sua prestazione si esaurisce nell'attimo in cui effettuerà il pagamento;

- **continuative**, *quando consistono in comportamenti che si protraggono nel tempo*, dal momento che sono rivolte a soddisfare un interesse del creditore che si protrae anch'esso nel tempo; ... CONTINUATIVE E PERIODICHE

ESEMPIO se ho dato in locazione un appartamento a un conoscente devo consentirgli di utilizzarlo per la durata del contratto;

- **periodiche**, *quando devono essere ripetute a scadenze determinate*;

ESEMPIO la ditta che fornisce un servizio di scuolabus è tenuta a trasportare i bambini a un orario fisso tutti i giorni in base al calendario scolastico.

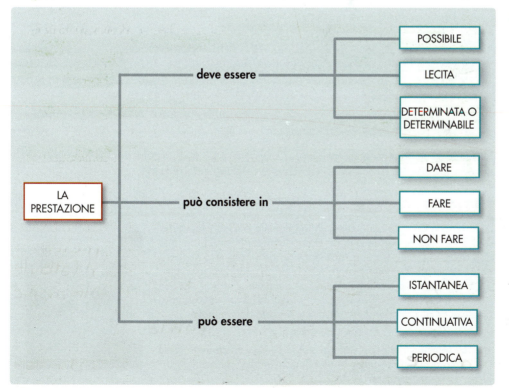

La prestazione

L'obbligazione solidale

Come abbiamo detto, in un rapporto di obbligazione possono esservi più persone nella posizione di debitore o più persone nella posizione di creditore. Quando questo si verifica l'obbligazione si definisce, secondo i casi, *solidale* oppure *parziaria*.

SOLIDARIETÀ PASSIVA In presenza di **più debitori**, l'obbligazione è:

- **solidale**, *quando il creditore può ottenere l'esecuzione dell'intera prestazione da uno qualsiasi dei condebitori, a sua scelta*. Di conseguenza, l'esecuzione dell'intera prestazione da parte di uno qualsiasi dei condebitori estingue l'intera obbligazione e libera anche gli altri (*solidarietà passiva*: art. 1292). Di regola, il creditore ha la facoltà di rivolgersi a quello, tra i condebitori solidali, che preferisce. Il condebitore solidale che ha adempiuto per intero ha **diritto di regresso** nei confronti degli altri: *egli può cioè ottenere che ciascuno di essi gli rimborsi la propria parte di prestazione* (art. 1299);

  ESEMPIO Carla e Vittorio acquistano insieme un appartamento; entrambi ne divengono comproprietari in comunione e sono entrambi condebitori solidali del pagamento del prezzo al venditore. Se il venditore-creditore, per sua libera scelta, si rivolge a Vittorio per ottenere l'intero pagamento, questi è obbligato a eseguirlo e, successivamente, potrà chiedere a Carla di pagargli la metà di sua competenza.

- **parziaria**, *quando il creditore può chiedere a ciascun condebitore soltanto l'esecuzione della parte di prestazione che a lui compete*; di conseguenza, l'adempimento da parte di un condebitore di quanto a lui compete non estingue l'intera obbligazione, ma solo la sua parte.

Quando vi sono **più condebitori**, l'obbligazione è di regola **solidale** (art. 1294). Le parti possono però escludere la solidarietà e, allora, l'obbligazione è parziaria.

SOLIDARIETÀ ATTIVA In presenza di **più creditori**, l'obbligazione è:

- **solidale**, quando *uno qualsiasi dei creditori può ottenere dal debitore l'adempimento dell'intera obbligazione* (*solidarietà attiva*: art. 292); gli altri concreditori hanno il diritto di ottenere da questo la parte della prestazione che loro compete (*diritto di regresso*);
- **parziaria**, quando ciascun concreditore può chiedere al debitore soltanto la parte di prestazione che gli spetta.

Quando vi sono **più concreditori**, l'obbligazione è di regola **parziaria** e non solidale, a meno che non risulti una diversa volontà delle parti.

LAVORO SUL CASO

Barbara e Giorgio sono separati legalmente e sono proprietari al 50% di un appartamento in un condominio. Nessuno dei due ci abita. Siccome Barbara non paga la propria quota di spese condominiali, l'amministratore si rivolge al marito e ne richiede il pagamento. Giorgio, infuriato, risponde che non intende pagare e minaccia di rivolgersi a un legale se l'amministratore insisterà nel richiedergli le quote non versate dalla moglie.

- **Ha ragione?**
- **La soluzione sarebbe stata la stessa se ciascun coniuge fosse stato proprietario unico di un alloggio in quel condominio?**

PERCORSO
DI SINTESI

LE FONTI DELLE OBBLIGAZIONI

Sono fonti delle obbligazioni:

- il **contratto**
- il **fatto illecito**
- ogni altro fatto idoneo secondo la **legge**

L'OBBLIGAZIONE

- Il creditore ha diritto di ottenere dal debitore una determinata **prestazione patrimoniale**
- Le parti devono comportarsi tra loro secondo **correttezza**

LA PRESTAZIONE

La prestazione deve essere: **possibile, lecita, determinata o determinabile**

può consistere in
- DARE
- FARE
- NON FARE

può essere
- ISTANTANEA
- CONTINUATIVA
- PERIODICA

L'OBBLIGAZIONE SOLIDALE

La solidarietà passiva (più debitori)

- Il creditore può ottenere l'**intera prestazione** da uno qualsiasi dei debitori
- Chi ha pagato l'intero debito ha diritto di **regresso** nei confronti degli altri condebitori
- L'obbligazione con più debitori si presume **solidale**

La solidarietà attiva (più creditori)

- Uno qualsiasi dei creditori può ottenere l'**intera prestazione** dal debitore
- Gli altri creditori hanno diritto di **regresso** nei suoi confronti
- L'obbligazione con più creditori si presume **parziaria**

Verifica delle conoscenze

VERO O FALSO

Indica se le seguenti affermazioni sono vere o false.

1 I diritti di obbligazione sono diritti assoluti [V̶] [F]

2 Il contratto rientra tra le fonti dell'obbligazione [V̶] [F]

3 Il creditore è la parte che ha diritto di ottenere la prestazione *dare* [V̶] [F]

4 La prestazione può non avere carattere patrimoniale [V] [F̶]

5 L'obbligazione sorge comunque anche quando la prestazione è ~~illecita~~ *lecita* [V] [F̶]

6 La prestazione del debitore può consistere nel dare, nel fare oppure nel non fare [V̶] [F]

7 La fornitura di energia elettrica è una prestazione continuativa [V̶] [F]

8 Il servizio abbonamenti di una rivista è una prestazione periodica [V̶] [F]

9 Il condebitore solidale ha il diritto di regresso nei confronti degli altri [V̶] [F]

10 In presenza di più concreditori l'obbligazione è di regola ~~solidale~~ *parziale* [V] [F̶]

CORRISPONDENZE

Metti in relazione gli elementi del primo gruppo con quelli del secondo.

1 Ha il diritto alla prestazione

2 Il debitore si obbliga a consegnare una cosa al creditore

3 Il creditore può ottenere l'esecuzione dell'intera prestazione da uno qualsiasi dei condebitori

4 Il creditore può chiedere a ciascun condebitore soltanto l'esecuzione della parte di prestazione che a lui compete

5 È un rapporto giuridico con oggetto patrimoniale

a obbligazione solidale   b obbligazione
c prestazione di dare   d creditore
e obbligazione parziaria

1	2	3	4	5
d	c	a	e	b

COMPLETAMENTO

Inserisci i termini mancanti (attenzione ai distrattori!).

La prestazione deve avere un carattere *patrimoniale* cioè un valore di scambio; deve essere materialmente possibile, *lecita*, determinata oppure *determinabile* quindi, può consistere in un oggetto fisicamente individuato oppure identificato solo nel genere, come per esempio una Fiat 500.

lecita; personale; ~~patrimoniale~~; concreta; ~~determinabile~~; riproducibile.

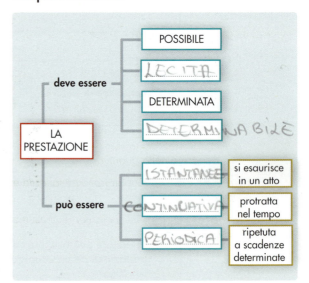

Verifica delle abilità

Completa lo schema.

LA PRESTAZIONE

deve essere
- POSSIBILE
- *LECITA*
- DETERMINATA
- *DETERMINABILE*

può essere
- *ISTANTANEE* — si esaurisce in un atto
- *CONTINUATIVA* — protratta nel tempo
- *PERIODICA* — ripetuta a scadenze determinate

DI CHE COSA STIAMO PARLANDO?

Rispondi dopo aver letto gli indizi.

1 Deve collaborare all'adempimento *il creditore*

2 Provoca agli altri un danno ingiusto *il fatto illecito*

3 È l'oggetto dell'obbligazione *il patrimonio*

4 È il termine che indica la posizione nel rapporto obbligatorio *PARTE*

5 È il diritto del condebitore solidale che ha adempiuto per intero a essere rimborsato *il diritto di regresso*

CACCIA ALL'ERRORE

Individua e correggi le parole errate.

1 La prestazione deve avere carattere ~~personale~~
patrimoniale

2 L'obbligazione sorge se la prestazione è ~~illecita~~
lecita

3 L'obbligazione è ~~parziaria~~ se il creditore può ottenere l'intera prestazione da ognuno dei condebitori *solidale*

4 Le prestazioni di ~~fare~~ consistono nell'obbligo di consegnare una cosa *dare*

5 In presenza di più condebitori l'obbligazione è di regola ~~parziaria~~ *solidale*

QUESITI A RISPOSTA SINGOLA

Rispondi utilizzando non più di 4 righe.

1 *What does the phrase "sources of obligation" mean? What are they?*

2 *What is the difference between performance of obligation to give, to do and refrain from doing?*

3 Quali sono le prestazioni di dare *cose determinate solo nel genere e nella quantità?*

4 Che differenza c'è tra un'obbligazione *solidale* e una *parziaria?*

5 L'obbligazione con *pluralità di debitori* si presume solidale o parziaria?

Trattazione sintetica di argomenti

1 Descrivi i requisiti giuridici che deve possedere la *prestazione* di un diritto di obbligazione.

2 *Explain the main rules about obligations exercised jointly and severally.*

In un condominio formato da sei abitazioni, un condòmino vorrebbe ampliare la propria abitazione aggiungendo un nuovo locale.
Ma i lavori richiederebbero la demolizione della facciata posteriore della palazzina.
Il condòmino garantisce che il comune darà il permesso ai lavori, però gli altri condòmini si oppongono: ritengono, infatti, che le opere realizzate porteranno a una radicale modificazione dell'estetica originale del palazzo.

- **Se avessero ragione, i lavori potrebbero violare un obbligo. Quale?**

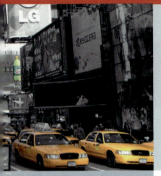

Unità 10
Adempimento, inadempimento e responsabilità patrimoniale

(En) ### Unit *by* Unit

In Unit 10 you will study performance and default. Performance consists of the proper execution, by the debtor, of the agreed performance, in favour of the creditor. The fulfilment of the performance must be proper, i.e. in accordance with what is stated in the title of the obligation or with the laws on quality, quantity, time and place of fulfilment. The creditor must co-operate in the fulfilment according to the general duty of fairness. The debtor who does not properly fulfil his duty to perform must compensate the creditor for the damage arising from this lack of performance, unless he or she is able to prove that the performance has become impossible for a cause not attributable to him or her. In the event of a supervening impossibility, resulting from a cause not attributable to the debtor, the obligation is extinguished. The debtor who is late in his/her performance is in default. The damage caused may be compensated for through specific implement (which requires the debtor to provide for the situation that would have resulted if the obligation had been properly fulfilled) or through the payment of a sum of money proportionate to the damage. You will also study that, in addition to fulfilment, non-fulfilment and supervening impossibility, the Italian Civil Code provides for other legal grounds for the extinction of an obligation. These are: novation, remission, offset of corresponding debts and prescription.

Lastly, you will study the meaning of "debtor's liability": the debtor is responsible for the fulfilment of his/her own obligations with all of his/her present and future assets. Assets therefore represent the general personal property guarantee of the creditors. Creditors rank equally amongst themselves. There are legitimate rights of pre-emption such as: privilege (general or special) and real security rights (pledge and mortgage).

 ## Le vicende delle obbligazioni

Il debitore è obbligato a eseguire la prestazione dovuta; così facendo, egli soddisfa l'interesse del creditore e **adempie** il suo obbligo. Avendo assolto pienamente la sua funzione, *l'obbligazione si estingue e il debitore è liberato dall'obbligo*. L'adempimento, detto anche pagamento (parola usata propriamente solo quando si tratta di obbligazioni pecuniarie), è dunque la **causa di estinzione** per eccellenza delle obbligazioni.

Quando tutto si svolge regolarmente, l'obbligazione si estingue **per adempimento**. Tuttavia, non sempre va così:

a) può accadere che il debitore **non adempia**; in questo caso l'obbligazione:
   – *non si estingue* e il creditore può ottenere dal debitore un **risarcimento del danno**, a soddisfazione del suo diritto leso;
   – *si estingue* perché il debitore è riuscito a dimostrare che il mancato adempimento è dovuto a un'**impossibilità a lui non imputabile**;
b) può verificarsi un **altro evento** *che produce anch'esso l'effetto di estinguere l'obbligazione*; gli eventi che producono questo effetto sono elencati dal codice li studieremo successivamente.

② L'adempimento

Il debitore **adempie** la sua obbligazione *quando esegue in modo esatto la prestazione dovuta*; non si ha quindi un adempimento, se egli esegue una prestazione diversa, quand'anche fosse simile e di valore superiore.

ESATTEZZA

ESEMPIO Caterina ha deciso di organizzare una festa per i suoi 18 anni e per farlo prenota un rinfresco sulla terrazza panoramica di un hotel con vista mare; a pochi giorni dall'evento il direttore la avvisa che il luogo non è disponibile; scusandosi per il disguido, le offre, allo stesso prezzo, un salone più grande e un catering di fascia più alta; questa controproposta, però, non rappresenta l'adempimento dell'obbligazione iniziale e Caterina può anche decidere di rifiutarla e rivolgersi altrove.

L'**esatto adempimento** dell'obbligazione è rappresentato dalla prestazione conforme a quanto indicato nel titolo dell'obbligazione stessa.

Spesso le indicazioni contenute nel titolo dell'obbligazione sono insufficienti per descriverne tutti gli aspetti: per rimediare a queste carenze il codice detta alcune regole, in gran parte **suppletive** (*cioè regole che si applicano solo in mancanza di un diverso accordo delle parti*), volte a permettere di determinare con quanta più precisione possibile se si è in presenza di un esatto adempimento oppure no.

Prendono il nome di **norme suppletive** le norme dispositive (cioè derogabili per volontà delle parti) che riguardano quegli aspetti dell'obbligazione che le parti non hanno ritenuto opportuno disciplinare.

Le norme suppletive completano così l'insieme delle regole contenute nel contratto (titolo) dal quale sorge obbligazione.

Passiamo ora a esaminare i diversi aspetti dell'adempimento che vengono regolati dalle norme giuridiche: sono la *qualità*, la *quantità*, il *tempo* e il *luogo* della prestazione.

Qualità e quantità dell'adempimento Per quanto riguarda la **qualità** della prestazione, il codice stabilisce che l'adempimento è *esatto* solo se il debitore:

QUALITÀ

- tiene un comportamento corrispondente a quanto indicato nel titolo dell'obbligazione;
- usa la "diligenza del buon padre di famiglia" (art. 1176 c. 1).

Si tratta di una regola di contenuto molto elastico, che costituisce il *principale criterio generale di valutazione dell'esattezza dell'adempimento*. L'espressione "*buon padre di famiglia*" trae origine dal diritto romano e indica il *cittadino medio*.

DILIGENZA MEDIA E DILIGENZA PROFESSIONALE

La **diligenza del buon padre di famiglia** è dunque quella del cittadino medio, cioè la diligenza media che ogni persona ha, o dovrebbe avere, nella propria vita di relazione.

Non sempre la diligenza del buon padre di famiglia è sufficiente: quando il debitore deve adempiere un'obbligazione inerente alla propria attività professionale, la legge richiede che *egli esegua la prestazione con un grado di diligenza superiore a quello medio*, cioè con la **diligenza professionale** (art. 1176 c. 2). Eseguire una prestazione con diligenza professionale significa agire e comportarsi come fa il professionista medio che esercita la propria attività in linea con gli standard del settore in cui opera.

ESEMPIO Se Pietro accetta, dietro compenso, di aiutare Giorgio a traslocare, deve adempiere la sua obbligazione con diligenza media, stando attento a non causare danni come farebbe in casa propria; se Pietro fosse traslocatore di professione, il discorso sarebbe diverso: allora dovrebbe adempiere con diligenza professionale. In questo secondo caso, a differenza del primo, l'adempimento di Pietro è considerato inesatto – perché non sufficientemente diligente – se durante il trasloco si rompe una specchiera perché non è stata imballata correttamente, cioè impiegando le tecniche che sono un contenuto specifico della professionalità di un traslocatore.

L'ADEMPIMENTO DEVE ESSERE INTERO

Per quanto riguarda la **quantità** della prestazione, essa deve essere eseguita *interamente* anche se è materialmente divisibile.

ESEMPIO Marco fa il ristoratore e si è accordato con la cascina Sant'Ambrogio, un'azienda ortofrutticola del territorio, per ricevere, tutte le mattine, tre cassette di verdura e tre di frutta di stagione; se un giorno il fornitore ne consegna una di meno la prestazione non può considerarsi adempiuta.

TERMINE

Tempo e luogo dell'adempimento Rispetto al tempo dell'adempimento, le parti possono stabilire un **termine** entro il quale la prestazione dev'essere eseguita; esso può consistere nell'indicazione di:

- una certa data (per esempio, il 3 giugno);
- un certo periodo di tempo (per esempio, 3 mesi, oppure 60 giorni).

Se le parti non hanno indicato alcun termine, il creditore ha la facoltà di chiedere l'adempimento in qualsiasi momento (art. 1183).

LUOGO DELL'ADEMPIMENTO

Se le parti non hanno indicato il **luogo** nel quale la prestazione dev'essere eseguita, si applicano le *regole suppletive* dettate dalla legge all'art. 1182.
Una volta eseguita la prestazione, il debitore ha diritto di ottenere, a proprie spese, una **quietanza** dell'avvenuto adempimento (art. 1199).

L'adempimento

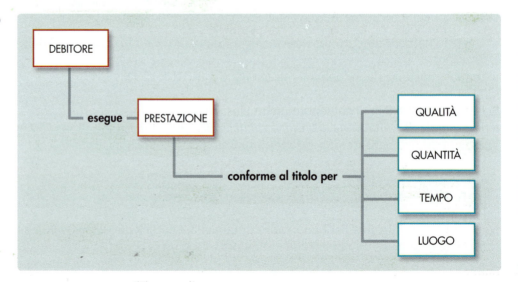

L'adempimento delle obbligazioni pecuniarie Il codice detta alcune regole particolari per l'adempimento delle **obbligazioni pecuniarie**, *che sono le obbligazioni di dare una somma di denaro*. Esse si adempiono al **valore nominale** (art. 1277 c. 1): ESEMPIO se nel 2015 ho contratto l'obbligazione di pagare 500 euro, esigibili nel 2019, potrò adempiere versando 500 euro anche se alla scadenza, nel 2019, il potere d'acquisto di questa somma dovesse risultare minore di quello che aveva nel 2015, anno in cui ho avuto il prestito.

OBBLIGAZIONI PECUNIARIE

Le parti possono cautelarsi contro le diminuzioni del potere d'acquisto del denaro: possono cioè stabilire che la somma che il debitore deve pagare sia legata a determinati indici. I più comunemente usati sono quello dell'*Istat sull'andamento dei prezzi al consumo*, oppure il prezzo di una *moneta straniera*, come il dollaro. ESEMPIO Martino ha contratto un debito di 500 euro che scade a 12 mesi ed è legato all'andamento dell'indice Istat; se in questi 12 mesi l'indice fa segnare un aumento del 2%, alla scadenza Martino dovrà restituire al creditore 510 euro.

CLAUSOLE DI RIVALUTAZIONE

Il denaro è considerato dal codice come un **bene fruttifero**: produce interessi, detti *interessi corrispettivi* (art. 1182), al tasso legale stabilito ogni anno con decreto del ministro dell'economia e delle finanze (art. 1284). È salva la diversa volontà delle parti, che possono stabilire un diverso tasso, più alto o più basso, oppure possono escludere gli interessi.

INTERESSI

③ L'inadempimento e l'impossibilità sopravvenuta

Si ha **inadempimento** quando il debitore non esegue esattamente la prestazione dovuta (o non la esegue affatto).

RESPONSABILITÀ DEL DEBITORE (CONTRATTUALE)

In questo caso il debitore *è tenuto al risarcimento del danno così provocato al creditore*, a meno che non riesca a provare che l'inadempimento è determinato da un'**impossibilità della prestazione**, *sopravvenuta per una causa a lui non imputabile* (art. 1218).

La responsabilità del debitore per i danni subiti dal creditore in conseguenza dell'inadempimento è chiamata abitualmente "**responsabilità contrattuale**".

A fronte del mancato adempimento da parte del debitore, dunque, di regola le possibilità sono **due**:

- il debitore riesce a dimostrare che non ha potuto adempiere per una causa che **non** gli è imputabile;
- l'impossibilità è dovuta a cause **imputabili al debitore**, che è obbligato a risarcire al creditore il danno provocato.

Nel primo caso l'obbligazione si estingue per **impossibilità sopravvenuta** e il debitore è *liberato*. Ma attenzione: ciò avviene *soltanto* quando la causa che ha reso impossibile l'adempimento *non è imputabile al debitore*.
Nel secondo caso, invece, *quando l'impossibilità è dovuta a cause imputabili al debitore* l'obbligazione **non si estingue** e il debitore resta obbligato a risarcire il danno.

IMPOSSIBILITÀ SOPRAVVENUTA

Il problema centrale è individuare il confine che separa la responsabilità per inadempimento, da una parte, e l'estinzione per impossibilità sopravvenuta dall'altra. In questo ambito non esiste una disciplina uniforme, che indichi con precisione e in via generale, una volta per tutte, dove passa tale confine: esistono invece *molte regole, diverse secondo il tipo di obbligazione che dev'essere adempiuta.* Tutte queste regole hanno in comune la caratteristica di essere piuttosto **generiche** e di dover essere applicate tenendo sempre presenti, con realismo e buon senso pratico, le varie situazioni concrete.

Le diverse regole sulla responsabilità del debitore dettate dalla legge sono classificabili secondo uno schema a scala e, man mano che si sale, si amplia l'ambito dei casi in cui il debitore è responsabile e, correlativamente, si restringe l'ambito dei casi in cui vi è un'impossibilità a lui non imputabile.

DIVERSE REGOLE DI RESPONSABILITÀ — Le regole più importanti e generali sono le seguenti.

a) In molte obbligazioni il debitore *risponde solo se è in* **colpa**: egli ha l'onere, se vuole liberarsi dalla responsabilità, di *dimostrare di essersi comportato da ogni punto di vista con la diligenza dovuta*, cioè, secondo i casi, quella *media* (cosiddetta del *buon padre di famiglia*, art. 1176 c. 1) o quella *professionale* (art. 1176 c. 2).

b) In molte altre obbligazioni il debitore *risponde anche* **senza colpa**: in tal caso egli ha l'onere, se vuole liberarsi dalla responsabilità, di dimostrare l'esistenza di:
- un **caso fortuito**, cioè di un *evento che sfugge interamente a ogni possibilità di controllo da parte sua*;

   ESEMPIO se un'alluvione ha compromesso il risultato della vendemmia, il viticoltore non potrà consegnare il quantitativo promesso alla cantina che gliel'aveva richiesto;

- una **forza maggiore**, cioè di una *forza alla quale non è possibile resistere* che impedisce di adempiere;

   ESEMPIO se l'autorità pubblica vieta l'accesso a un sentiero di montagna per l'elevato rischio di frane, la guida alpina che aveva organizzato un'escursione non potrà essere ritenuta responsabile dell'inadempimento dai suoi clienti.

c) Nelle *obbligazioni di dare una cosa determinata solo nel genere e nella quantità* (cosiddette *obbligazioni di genere*) il debitore risponde anche **senza colpa**: egli ha l'onere, se vuole liberarsi dalla responsabilità, di dimostrare l'esistenza di un ordine dell'autorità pubblica.

d) Nelle *obbligazioni pecuniarie* il debitore risponde **sempre**: *egli non può mai liberarsi dalla responsabilità.*

LIMITI DI VALIDITÀ — **Le clausole di esonero dalla responsabilità** Le parti possono inserire nel contratto una clausola che esonera una di esse dalla responsabilità per l'inadempimento; l'art. 1229 **non** ammette però che si escluda la responsabilità per gli inadempimenti dovuti a dolo (cioè consapevolmente voluti) e colpa grave (cioè dovuti a una grave, macroscopica mancanza di diligenza).

MORA DEL DEBITORE — **La mora del debitore** Il debitore che non adempie puntualmente la sua obbligazione cade in **mora**. Il ritardo, fatto rilevare nei modi stabiliti dalla legge (art. 1219), produce per lui alcune **conseguenze negative**; il debitore:

- se la prestazione diventa successivamente impossibile, è sempre tenuto al risarcimento del danno, anche se la causa dell'impossibilità non gli è imputabile;

- se si tratta di un'obbligazione pecuniaria, è tenuto a pagare gli **interessi moratori**, al tasso legale stabilito ogni anno con decreto del ministro dell'economia e delle finanze (artt. 1224 e 1284).

ESEMPIO Lorenzo deve restaurare un tavolo di proprietà di Walter ed è in ritardo nella consegna; durante la sua mora il tavolo viene distrutto nel crollo della palazzina in cui si trova il laboratorio; Lorenzo deve risarcire a Walter il danno, anche se l'impossibilità non gli è imputabile.

4 Il risarcimento del danno

Il debitore inadempiente deve risarcire il danno che ha provocato al creditore. Il risarcimento può consistere:

- nella *reintegrazione in forma specifica*;
- nel *pagamento di una somma di denaro commisurata al danno*.

La **reintegrazione in forma specifica** consiste nel porre in essere la stessa situazione che vi sarebbe stata se l'obbligazione fosse stata adempiuta.

REINTEGRAZIONE IN FORMA SPECIFICA

ESEMPIO Un ristoratore si era impegnato a non costruire nel cortile interno dell'edificio in cui si trova il suo locale una veranda di dimensioni tali da rendere difficoltoso l'accesso ai portoni dei vicini; poiché ha violato questa obbligazione di non fare, il vicino (creditore) può ottenere che la veranda venga demolita, anche se il comune aveva concesso il permesso di costruire.

Il **risarcimento per equivalente** consiste nel pagamento di una somma di denaro.

RISARCIMENTO PER EQUIVALENTE IN DENARO

La somma comprende:

- il **danno emergente**, *cioè la diminuzione patrimoniale subita dal creditore a causa dell'inadempimento*;
- il **lucro cessante**, *cioè il guadagno che in modo ragionevolmente certo il creditore avrebbe avuto se l'obbligazione fosse stata esattamente adempiuta* (art. 1223).

In altre parole, il creditore ha diritto di ricevere una somma pari al danno che avrebbe evitato e al profitto che avrebbe ottenuto grazie all'adempimento.
Danno risarcibile è soltanto quello che è "*conseguenza immediata e diretta*" dell'inadempimento (art. 1223) e che era *prevedibile* nel momento in cui l'obbligazione è sorta (art. 1225).

CAUSALITÀ DIRETTA E IMMEDIATA E PREVEDIBILITÀ

ESEMPIO Se l'agricoltore che doveva fornire alla Conserve di una volta s.r.l. le pesche dei propri frutteti non le consegna, l'inadempimento causa un danno all'impresa; l'agricoltore (danneggiante) deve pagare come risarcimento una somma così composta: il valore della materia prima non consegnata, più le somme che la Conserve di una volta deve eventualmente pagare ai propri clienti perché, non potendo produrre, diventa inadempiente agli obblighi di consegna già assunti (cosiddetto danno emergente); a ciò va aggiunto il profitto che l'impresa danneggiata avrebbe conseguito dalla sua normale attività produttiva (cosiddetto lucro cessante).

CONCORSO DEL COMPORTAMENTO DEL CREDITORE

L'onere di provare l'esistenza e l'ammontare del danno grava di regola sul creditore. *Quando fatti colposi del creditore concorrono a produrre il danno* (cosiddetto *concorso di colpa del creditore*), il risarcimento è diminuito in misura della gravità della colpa del creditore e dell'entità delle conseguenze derivatene (art. 1227 c. 1). Inoltre, non è risarcibile quella parte di danno che poteva essere evitata dal creditore se solo si fosse comportato in modo mediamente diligente (art. 1227 c. 2).

CLAUSOLA PENALE

Al fine di evitare le liti che potrebbero sorgere al momento di stabilire l'ammontare del danno da risarcire, le parti possono pattuire una **clausola penale**:

> la **clausola penale** serve a determinare, in via preventiva e forfettaria, la somma di denaro che il debitore inadempiente dovrà pagare a titolo di risarcimento del danno (art. 1382).

ESEMPIO Per l'inizio della stagione balneare la Datamark, una società che rivende materiale informatico, deve fornire al proprio cliente Hotel Marina i nuovi computer per la gestione della struttura unitamente al software personalizzato; l'eventuale ritardo nella messa in opera del sistema comporterà da parte del fornitore l'obbligo di pagare al cliente a titolo di penale la somma di 100 euro al giorno; questa clausola serve appunto a stabilire in via preventiva l'ammontare del risarcimento dovuto dal debitore inadempiente.

In caso di inadempimento il creditore avrà diritto a ricevere la somma pattuita, senza avere l'onere di dimostrare l'ammontare del danno subito.

CAPARRA CONFIRMATORIA

Funzione abbastanza simile ha anche un altro patto che le parti possono stipulare: la **caparra confirmatoria**.

> La **caparra confirmatoria** è una somma di denaro che una parte consegna all'altra al momento della conclusione del contratto, allo scopo di avere una maggiore garanzia dell'adempimento (art. 1385).

Se, poi, la parte che ha consegnato la caparra:

- **adempie**, la caparra dev'essere *imputata* alla (cioè scalata dalla) prestazione dovuta;
- **non adempie**, l'altra parte può trattenere la caparra a titolo di risarcimento forfettario del danno, salvo il diritto di ottenere il risarcimento del maggiore danno (che dovrà essere dimostrato).

ESEMPIO Donatella e Fabrizia hanno prenotato una "settimana benessere" presso un hotel di una località termale versando, a titolo di caparra confirmatoria, il 10 per cento del costo totale del soggiorno; al momento di saldare il conto la somma verrà detratta dal totale dovuto.

Il risarcimento del danno nelle obbligazioni pecuniarie

Il risarcimento del danno per il ritardo nel pagamento delle *obbligazioni pecuniarie* ha regole in parte diverse:

- il debitore deve pagare gli *interessi moratori*;
- il creditore è esentato dall'onere di provare il danno.

Il tasso degli interessi moratori è lo stesso degli interessi corrispettivi: quindi, secondo i casi è quello concordato dalle parti o quello legale. Gli interessi sono

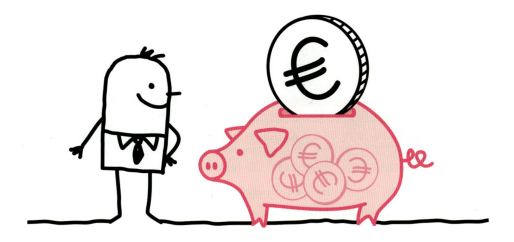

dovuti a un tasso molto **più elevato**, per scoraggiare gli inadempimenti, se il ritardo riguarda **obbligazioni commerciali**, *cioè quelle che sono sorte da contratti tra imprese o tra imprese e pubblica amministrazione, e hanno per oggetto la fornitura di merci o di servizi contro il pagamento di un prezzo* (d.lgs. 231/2002).

⑤ Le altre cause di estinzione delle obbligazioni

Come abbiamo accennato all'inizio di questa unità, l'obbligazione si può estinguere per **eventi diversi** dall'adempimento e dall'impossibilità sopravvenuta non imputabile al debitore. Il codice indica le seguenti **cause di estinzione**.

a) La **novazione** (artt. 1230-1235): l'obbligazione si estingue per novazione *quando il creditore e il debitore si accordano per sostituirla con una nuova obbligazione, avente titolo oppure oggetto diversi*; la volontà di estinguere la precedente deve risultare in modo non equivoco (art. 1230).

NOVAZIONE

 ESEMPIO Giorgio deve a Francesco 60.000 euro per la compravendita di un monolocale che intende ristrutturare; per poter cominciare subito i lavori si accorda per trattenere un terzo del prezzo di vendita a titolo di mutuo e poter versare un anticipo all'impresa incaricata dei lavori; alla scadenza concordata restituirà la somma; in questo caso si ha *diversità di titolo*, poiché l'obbligazione di pagare la somma non ha più titolo nel contratto di compravendita ma in quello di mutuo. Se, invece, i due si accordano affinché, in luogo di una parte della somma di denaro, Giorgio consegni una cosa determinata, quale un tappeto, allora si avrebbe *diversità di oggetto*.

b) La **remissione** (artt. 1236-1240): l'obbligazione si estingue per remissione *quando il creditore rinuncia al proprio credito*; l'effetto estintivo si produce non appena la comunicazione giunge al debitore; questi, tuttavia, può opporsi entro un congruo termine (art. 1236).

REMISSIONE

c) La **compensazione** (artt. 1241-1252): *quando due persone sono obbligate reciprocamente, cioè l'una verso l'altra, i loro due debiti si estinguono per le quantità corrispondenti* (art. 1241).

COMPENSAZIONE

ESEMPIO Se Luciano deve a Roberto 500 euro e, a sua volta, Roberto gliene deve 1.500, l'obbligazione di Luciano nei confronti di Roberto si estingue interamente, mentre l'obbligazione di Roberto nei confronti di Luciano si estingue per 500 euro riducendosi a 1.000 euro.

Questo è il meccanismo della **compensazione**. I suoi effetti si verificano:
– *quando esiste un accordo delle parti in proposito*: compensazione **volontaria** (art. 1252);
– indipendentemente da ogni accordo delle parti, *quando i debiti reciproci sono omogenei e fungibili* (hanno a oggetto cose fungibili della stessa specie, come il denaro), *esigibili* (il loro adempimento può essere preteso dal creditore, per esempio, se il termine per il pagamento è scaduto) e *liquidi* (cioè determinati nel loro ammontare): compensazione **legale** (art. 1243).

CONFUSIONE

d) La **confusione** (artt. 1253-1255): l'obbligazione si estingue per confusione quando le qualità di debitore e di creditore si riuniscono nella stessa persona (art. 1253). È quello che succede, per esempio, quando si fondono due società, una delle quali ha un debito nei confronti dell'altra.

PRESCRIZIONE

e) Infine va ricordato che le obbligazioni si estinguono per **prescrizione** (art. 2934 e segg.), come la maggior parte dei diritti.

Le cause di estinzione dell'obbligazione

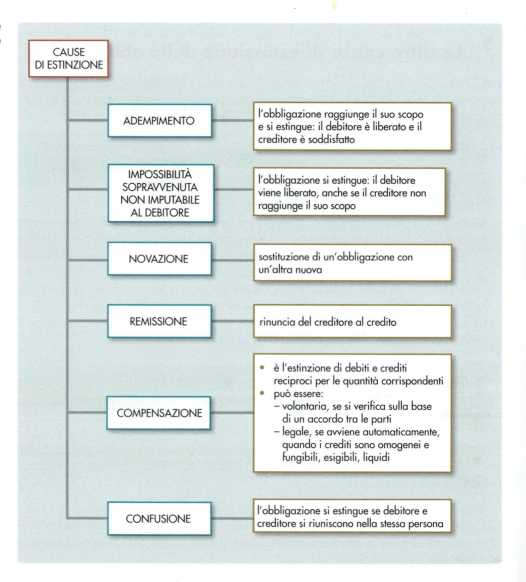

CAUSE DI ESTINZIONE

ADEMPIMENTO — l'obbligazione raggiunge il suo scopo e si estingue: il debitore è liberato e il creditore è soddisfatto

IMPOSSIBILITÀ SOPRAVVENUTA NON IMPUTABILE AL DEBITORE — l'obbligazione si estingue: il debitore viene liberato, anche se il creditore non raggiunge il suo scopo

NOVAZIONE — sostituzione di un'obbligazione con un'altra nuova

REMISSIONE — rinuncia del creditore al credito

COMPENSAZIONE —
• è l'estinzione di debiti e crediti reciproci per le quantità corrispondenti
• può essere:
 – volontaria, se si verifica sulla base di un accordo tra le parti
 – legale, se avviene automaticamente, quando i crediti sono omogenei e fungibili, esigibili, liquidi

CONFUSIONE — l'obbligazione si estingue se debitore e creditore si riuniscono nella stessa persona

6 Il patrimonio e la responsabilità patrimoniale

L'art. 2740 c. 1 definisce il principio della **responsabilità patrimoniale** nel seguente modo:

> "Il debitore risponde dell'adempimento delle obbligazioni con tutti i suoi beni presenti e futuri".

Anzitutto: che cosa significa "il debitore risponde dell'adempimento delle obbligazioni"? A proposito dell'inadempimento abbiamo studiato che *il debitore inadempiente deve risarcire il danno al creditore*, nei diversi modi che di volta in volta si applicano. E se non lo fa, se non risarcisce il danno? È un'ipotesi assai frequente: quando si verifica, il creditore (come abbiamo già visto trattando della tutela dei diritti) può ottenere quanto gli spetta anche contro la volontà del debitore, ricorrendo all'autorità giudiziaria (processo di cognizione e, successivamente, processo di esecuzione).

> Il **procedimento di esecuzione forzata** consiste nella maggior parte dei casi, nell'espropriazione dei beni del debitore (alcuni o tutti, secondo le necessità), seguita dalla loro vendita, allo scopo di ricavarne denaro, con il quale pagare le somme dovute ai creditori.

Per il creditore, dunque, il patrimonio del debitore costituisce la **garanzia** *di poter ottenere una soddisfazione dei propri diritti, quanto meno in forma di equivalente in denaro*: infatti, qualora il debitore non adempia, il creditore potrà ottenere quanto gli spetta se il patrimonio esiste ed è sufficiente; non potrà invece ottenerlo e resterà quindi insoddisfatto se è insufficiente.

Nella società contemporanea la responsabilità del debitore è limitata al suo **patrimonio**.

PATRIMONIO

> Per **patrimonio** si intende l'insieme dei rapporti giuridici attivi e passivi, aventi un contenuto patrimoniale, che spettano a una persona.

Esso comprende:

- i diritti reali sui beni;
- i diritti sui beni immateriali;
- i diritti di credito;
- i debiti.

ESEMPIO Alfredo è proprietario di un'automobile del valore di 10.000 euro, ha un conto corrente bancario con un saldo attivo di 20.000 euro; ha anche diversi debiti di modesta entità per un totale di 5.000 euro: quindi, il suo patrimonio lordo è di 30.000 euro, mentre il patrimonio netto ammonta a 25.000. Se, invece, i debiti di Alfredo raggiungessero il valore di 35.000 euro, il suo patrimonio netto avrebbe un valore inferiore allo zero: sarebbe di −5.000 euro.

Con l'attivo del proprio patrimonio ogni persona risponde per le obbligazioni di cui è debitrice: *il patrimonio del debitore costituisce dunque una generale garanzia patrimoniale per il creditore*.

L'art. 2740 c. 1 precisa: "beni *presenti e futuri*". Ciò significa che il debitore non risponde soltanto con il patrimonio che possedeva al momento in cui l'obbligazione è sorta, ma anche con tutti i beni acquistati successivamente (che, rispetto al momento in cui l'obbligazione è sorta, sono "futuri").

PATRIMONIO DELLE PERSONE GIURIDICHE E AUTONOMIA PATRIMONIALE

Titolare del patrimonio può essere tanto una *persona fisica*, quanto una *persona giuridica*. Come abbiamo già studiato in precedenza, le persone giuridiche possono avere **autonomia patrimoniale perfetta** o **imperfetta**. Limitandoci ai tipi di persone giuridiche senza scopo di lucro, che abbiamo già studiato, hanno autonomia patrimoniale perfetta le *associazioni riconosciute* e le *fondazioni*; **autonomia patrimoniale imperfetta** le *associazioni non riconosciute* e i *comitati*.

Se la persona giuridica gode di autonomia patrimoniale:

- **perfetta**, i suoi creditori possono *sottoporre a esecuzione forzata unicamente il patrimonio della persona giuridica stessa*;
- **imperfetta**, i creditori possono *sottoporre a esecuzione forzata sia il patrimonio della persona giuridica, sia il patrimonio delle persone fisiche che hanno agito in suo nome e per suo conto*.

GARANZIE PERSONALI

Le garanzie personali   Il credito assolve un ruolo essenziale nel sistema economico perché favorisce la crescita della ricchezza; affinché il sistema dei rapporti su cui si basa possa funzionare, l'ordinamento giuridico prevede una serie di garanzie a tutela dei creditori; queste possono essere:

- **garanzie personali**, *quando il patrimonio di una persona, diversa dal debitore, può essere chiamato per iniziativa del creditore a rispondere dell'obbligazione e può quindi essere anche sottoposto a esecuzione forzata*;
- **garanzie reali**, *quando un determinato bene è destinato a soddisfare per primo il creditore che ne è titolare; gli altri eventuali creditori potranno soddisfarsi sul residuo se resta*.

Mentre le **garanzie reali** sono in numero predefinito, *vale a dire esistono soltanto quelle stabilite dalla legge*, quelle **personali** *possono essere liberamente decise dalle parti*. Il tipo principale di garanzia personale è la **fideiussione**.

 ## 7 La parità di trattamento fra i creditori e le cause di prelazione

PRINCIPIO DELLA PARITÀ DI TRATTAMENTO

Il patrimonio del debitore costituisce una garanzia generale per tutti i suoi creditori, che hanno tutti allo stesso modo diritto di essere soddisfatti sui beni del debitore, salvo le cause legittime di prelazione.

È questo il principio della **parità di trattamento tra i creditori**. Il suo effetto consiste in questo: se il patrimonio del debitore è insufficiente a pagare integralmente tutti i debiti, questi sono **in concorso** fra loro, *cioè devono essere pagati in proporzioni uguali*.

ESEMPIO Se un'azienda ha un attivo patrimoniale di 10.000 euro e debiti per un totale di 20.000 euro (cioè il doppio dell'attivo patrimoniale) nei confronti di quattro creditori che chiedono contemporaneamente di essere soddisfatti – tre aventi ciascuno un credito di 4.000 euro e uno avente un credito di 8.000 euro – ciascun creditore ottiene **metà** del proprio credito (i primi tre 2.000 euro, il quarto 4.000 euro, per un totale, appunto, di 10.000 euro).

> Le **cause di prelazione** sono le ragioni elencate dalla legge (privilegi, pegno, ipoteca), per le quali un determinato creditore viene preferito e il principio di parità non opera.

Qualora vi sia una **causa di prelazione**, cioè una delle ragioni di preferenza per un determinato creditore elencate dalla legge (privilegi, pegno, ipoteca), il principio di parità non opera (art. 2741 c. 2).

EFFETTO DELLE CAUSE DI PRELAZIONE

ESEMPIO Il creditore che ha ottenuto dal debitore una cosa in pegno, a garanzia del pagamento del suo debito, in caso di inadempimento può sottoporla a esecuzione forzata prima di qualsiasi altro creditore; egli non si trova dunque in concorso con gli altri creditori, ma è preferito rispetto a loro.

LAVORO SUL CASO

La Maialino d'oro s.p.a., che gestisce una catena di ristoranti, fallisce a seguito di una grave crisi di liquidità. I debiti ammontano a 1.000.000 di euro. I liquidatori valutano i beni e i crediti in possesso della società in 820.000 euro. Tra i diversi creditori una banca possiede un'ipoteca su un bene a garanzia di un proprio credito di 400.000 euro e un fornitore ha in pegno una cambiale dell'importo di 100.000 euro.

- **Quanto riceverà ciascun creditore?**
- **È possibile rivolgersi ai soci della società e chiedere loro il pagamento dei debiti?** (Argomenta in modo esaustivo)

 # Le cause di prelazione: i privilegi

La legge stabilisce che alcuni crediti siano **privilegiati** rispetto agli altri, *poiché li ritiene meritevoli di una speciale protezione in considerazione della loro natura.*

> Il **privilegio** costituisce quindi una particolare qualità di determinati crediti, che viene attribuita loro dalla legge con norme imperative e si esercita su determinati beni del debitore.

Ciò significa che il creditore privilegiato ha un **diritto prioritario** rispetto a tutti gli altri creditori (detti *creditori chirografari*) a soddisfarsi sui beni soggetti al privilegio. Se non ottiene così soddisfazione, perché i beni soggetti al privilegio sono insufficienti, può concorrere con i creditori chirografari a soddisfarsi sugli altri beni facenti parte del patrimonio del debitore.

I privilegi possono essere **generali** oppure **speciali**.

PRIVILEGIO GENERALE

Il **privilegio generale** *è posto su tutti i beni mobili del debitore*; è una **qualità** di molti crediti, *tra i quali la legge stabilisce un ordine inderogabile di priorità*. Ai primi posti si trovano i crediti dei lavoratori dipendenti per le retribuzioni e le indennità, i crediti degli enti previdenziali per i contributi, i crediti dello Stato per le imposte. La legge indica analiticamente i casi in cui il credito è garantito con un privilegio generale (art. 2751 e segg. e numerose leggi speciali).

Il privilegio generale *non è opponibile ai terzi* che acquistano diritti sulle cose mobili del debitore (art. 2747 c. 1).

PRIVILEGIO SPECIALE

Il **privilegio speciale** *riguarda determinati beni mobili o immobili del debitore e viene attribuito dalla legge in considerazione della particolare connessione tra il credito e il bene sul quale il privilegio si esercita.*
Citiamo alcuni casi importanti: il venditore di una macchina ha privilegio sulla macchina stessa per il prezzo che il compratore non gli ha pagato (art. 2762 c. 1); chi riceve una cosa in deposito ha privilegio, per il debito del depositante nei suoi confronti, sulla cosa stessa finché resta depositata presso di lui (art. 2761 c. 3).

I casi in cui il credito è garantito con un privilegio speciale sono indicati dal codice civile (art. 2755 e segg.).
Il privilegio speciale è *opponibile ai terzi* che acquistano successivamente diritti sul bene a esso soggetto (art. 2747 c. 2): ciò significa che il creditore privilegiato può soddisfarsi sul bene anche se non si trova più nel patrimonio del debitore, ma è stato acquistato da un terzo.

Le cause di prelazione: i privilegi

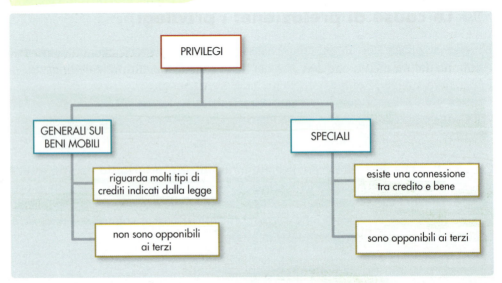

9 I diritti reali di garanzia in generale

I **diritti reali di garanzia** sono *diritti reali su una cosa altrui* e sono definiti anche *garanzie reali*.

I diritti reali di garanzia sono due, il **pegno** e l'**ipoteca**. ~~Vediamo quali sono le loro~~ caratteristiche principali: CARATTERISTICHE

- sono diritti **tipici**, vale a dire che, come per tutti gli altri diritti reali, sono tali soltanto quelli indicati dalla legge;
- sono **accessori** al credito garantito; ciò significa che:
  - non possono esistere se questo non esiste;
  - si estinguono se questo si estingue;
  - non possono essere ceduti se non insieme al credito garantito;
- attribuiscono al titolare unicamente un **diritto di prelazione**, *cioè il diritto di soddisfarsi sul bene che ne forma oggetto a preferenza degli altri creditori* (art. 2741); non attribuiscono al loro titolare alcun diritto di utilizzare il bene dato in pegno o ipotecato;
- attribuiscono al titolare il **diritto di seguito**, *cioè il diritto di far valere il proprio diritto reale di garanzia contro chiunque, anche contro successivi acquirenti dello stesso bene.*

La cosa oggetto del diritto reale di garanzia può appartenere al debitore stesso o a un terzo. Può essere alienata ad altri; tuttavia, proprio perché esiste il diritto di seguito, l'acquirente la riceve gravata del diritto reale di garanzia, sicché non può impedire che il creditore si soddisfi su di essa: unico mezzo per evitarlo è quello di adempiere egli stesso l'obbligazione garantita, al posto del debitore (è un caso di adempimento da parte di un terzo).
Qualora i beni oggetto del diritto reale di garanzia siano insufficienti a soddisfarlo, il creditore può concorrere con i creditori chirografari a soddisfarsi sugli altri beni facenti parte del patrimonio del debitore.

I diritti reali di garanzia attribuiscono al titolare il diritto di sottoporre a esecuzione forzata, a preferenza degli altri creditori, il bene che ne è oggetto, ma *non gli attribuiscono* quello di acquisirne la proprietà in caso di inadempimento del debitore. Anzi, un simile accordo è esplicitamente vietato dalla legge (divieto del cosiddetto patto commissorio: art. 2744), poiché si presterebbe a prevaricazioni da parte del creditore, dal momento che il valore del bene oggetto del diritto reale di garanzia è in genere maggiore di quello del credito che garantisce. DIVIETO DI PATTO COMMISSORIO

10 Il pegno

NOZIONE

Il **pegno** è il diritto reale di garanzia *che ha per oggetto beni mobili, universalità di mobili, diritti di credito e altri diritti su cose mobili.*

Pegno

Documento

Si costituisce mediante un **contratto** tra il creditore e il debitore (o tra il creditore e il terzo che dà la cosa in pegno) *redatto in forma scritta, avente data certa.*
Affinché tale contratto sia concluso e produca l'effetto di far sorgere il diritto occorre lo **spossessamento**: *è cioè necessario che la cosa o il documento rappresentativo del credito, secondo i casi, siano consegnati al creditore o a chi è incaricato della custodia* (artt. 2784, 2786 e 2787 c. 3).

DIRITTO DEL CREDITORE PIGNORATIZIO

Il titolare del diritto di pegno è detto **creditore pignoratizio**; egli:

- non può utilizzare la cosa ricevuta in pegno (art. 2792);
- è titolare di una **prelazione**, *cioè può soddisfarsi sulla cosa o sul credito sottoponendoli a esecuzione forzata a preferenza di tutti gli altri creditori (chirografari) dello stesso debitore.*

ESEMPIO Carla, che è proprietaria di un agriturismo in Toscana, deve fare dei lavori di ristrutturazione per adeguarlo alle norme sulle barriere architettoniche; non disponendo dei fondi necessari decide di chiedere un finanziamento a Federico, suo conoscente, che come garanzia richiede in pegno alcuni mobili d'epoca particolarmente pregiati che fanno parte dell'arredamento del casale; se alla scadenza Carla non restituirà la somma ricevuta, il creditore (Federico) potrà ottenere la vendita dei beni e sarà pagato per primo rispetto a eventuali altri creditori di Carla.

LAVORO SUL CASO

Elisabetta ha contratto un debito nei confronti di Carlo, consegnandogli come garanzia una preziosa collana di perle naturali; dopo un paio di mesi, essendo stata invitata a presenziare a un evento mondano, decide di chiedere a Carlo di restituirgliela per quel giorno; di fronte al rifiuto di quest'ultimo, Elisabetta gli risponde di avere, in quanto proprietaria, la facoltà di indossare la collana nonostante il pegno a suo favore.

- **Ha ragione?**

11 L'ipoteca

NOZIONE

L'**ipoteca** è il diritto reale di garanzia avente per oggetto la proprietà, la superficie, l'enfiteusi e l'usufrutto su beni immobili, la proprietà e l'usufrutto su beni mobili registrati, su rendite dello Stato e su beni immateriali iscritti in appositi registri, come i brevetti d'invenzione (art. 2810).

TITOLO E ISCRIZIONE

L'ipoteca si costituisce con l'**iscrizione** nei registri immobiliari, su iniziativa del creditore interessato, la quale può avvenire soltanto se vi è un **titolo**, *cioè un atto o un fatto giuridico che la giustifichi.* Entrambi questi requisiti, il titolo e l'iscrizione, sono **indispensabili**: se uno di essi manca, l'ipoteca non si costituisce; se il titolo è annullabile, l'ipoteca ne segue la sorte (art. 2824).

Ipoteca

Documento

IPOTECA VOLONTARIA, GIUDIZIALE, LEGALE

L'ipoteca può avere titolo in un *contratto* (o in un *atto unilaterale*), o in una *sentenza*, o in una serie di situazioni particolari, *indicate direttamente dalla legge.* Si definisce:

- **volontaria**, quando ha titolo in un contratto (o in un atto unilaterale) che deve essere redatto in forma scritta (art. 2821);
- **giudiziale**, quando ha titolo in una sentenza; ogni sentenza di condanna di una persona ad adempiere un'obbligazione o a risarcire un danno, da liquidare successivamente, a favore di un'altra persona, dà diritto a quest'ultima di iscrivere ipoteca sui beni del debitore condannato (art. 2818);
- **legale**, quando viene iscritta per indicazione diretta della legge indipendentemente sia dalla volontà del debitore, sia da una sentenza; per esempio, quella iscritta dallo Stato sui beni dell'imputato in un giudizio penale per il pagamento delle pene pecuniarie e delle spese del processo (art. 2817).

Il procedimento costitutivo dell'ipoteca, come già detto, si perfeziona solo con l'**iscrizione** del titolo nei pubblici registri: si tratta di un caso di *pubblicità costitutiva* (artt. 2802 c. 2, 2827 e segg.). Gli effetti dell'iscrizione durano vent'anni e possono essere *rinnovati*, purché naturalmente il titolo sia ancora efficace (art. 2847 e segg.). Il creditore ipotecario ha una **prelazione** sul bene ipotecato, *cioè può soddisfarsi su di esso sottoponendolo a esecuzione forzata a preferenza degli altri creditori (chirografari) dello stesso debitore.* | **ISCRIZIONE**

Se gravano più ipoteche su uno stesso bene, queste hanno un **grado**, in base alla loro data di iscrizione: il titolare dell'ipoteca di primo grado ottiene per primo soddisfazione sul ricavato dell'esecuzione forzata sul bene, il titolare dell'ipoteca di secondo grado per secondo, cioè sul residuo del primo, e così via (art. 2852 e segg.).

Il bene ipotecato può essere alienato liberamente. Chi lo acquista è soggetto all'ipoteca e quindi a subire l'esecuzione forzata. Egli tuttavia, a fronte della legittima pretesa del creditore ipotecario, può evitare l'esecuzione forzata pagando personalmente il debito. | **ALIENAZIONE DEL BENE IPOTECATO**

Normalmente l'ipoteca *si estingue* con l'estinguersi del credito garantito (a seguito del suo adempimento). | **ESTINZIONE DELL'IPOTECA**
Una volta estinta, dev'essere *cancellata*, annotandone l'estinzione sul pubblico registro in margine all'iscrizione (art. 2882 e segg.).

L'ADEMPIMENTO

- Consiste nell'esecuzione a favore del creditore della prestazione dovuta dal debitore
- Estingue l'obbligazione
- Dev'essere **esatto**, cioè conforme:
  - a quanto indicato nel titolo dell'obbligazione
  - alle norme dispositive di legge su qualità, quantità, tempo e luogo dell'adempimento
- La **diligenza** dev'essere:
  - *media* (del "buon padre di famiglia"): diligenza che ogni persona ha o dovrebbe avere nella sua vita di relazione
  - *professionale*: applicazione di tutte le regole tecniche extragiuridiche caratteristiche di ciascun tipo di attività
- Il **termine** è il tempo in cui deve essere eseguita la prestazione
- L'**obbligazione pecuniaria**:
  - si adempie al valore nominale (è debito di valuta)
  - la somma dovuta può essere ancorata a determinati indici (Istat, moneta straniera ecc.)

L'INADEMPIMENTO E L'IMPOSSIBILITÀ SOPRAVVENUTA

- Il debitore che non adempie esattamente deve risarcire il danno così provocato al creditore; a meno che non provi che la prestazione è divenuta impossibile per cause non imputabili al debitore stesso
- L'obbligazione inadempiuta non si estingue
- L'obbligazione divenuta impossibile per causa non imputabile al debitore si estingue

LA RESPONSABILITÀ PER L'INADEMPIMENTO

- Il debitore **risponde**:

  per colpa — senza colpa — senza colpa e senza poter dimostrare l'impossibilità sopravvenuta a lui non imputabile

- Il debitore che risponde per colpa è liberato se dimostra di aver agito con la diligenza dovuta
- Il debitore che non adempie esattamente la prestazione di dare cose determinate solo nel genere è liberato soltanto in casi estremi
- Il debitore di una somma di denaro non può mai essere liberato
- Il debitore in ritardo nell'adempimento è in mora (automaticamente o per iniziativa del creditore)

- Le **forme di risarcimento** del danno sono:

| la reintegrazione in forma specifica | il risarcimento per equivalente in denaro |

- Il danno è risarcibile se è conseguenza immediata e diretta dell'inadempimento
  Il **danno risarcibile** consiste in:

| DANNO EMERGENTE | LUCRO CESSANTE |

- L'eventuale concorso di colpa del creditore potrà condurre a una riduzione proporzionale del danno risarcibile
- Nelle **obbligazioni pecuniarie**:

| il debitore deve pagare gli interessi moratori | il creditore è esentato dall'onere di provare il danno |

- La **clausola penale** definisce in via preventiva e forfettaria la somma da risarcire in caso di inadempimento
- La **caparra confirmatoria** è una somma di denaro versata subito a garanzia del futuro adempimento

LE ALTRE CAUSE DI ESTINZIONE DELL'OBBLIGAZIONE

- *Novazione*: creditore e debitore si accordano per sostituire la vecchia obbligazione con una nuova
- *Remissione*: il creditore rinuncia al proprio credito
- *Compensazione*:

| debiti reciproci si estinguono per quantità corrispondenti | può essere legale e volontaria |

- *Confusione*
- *Prescrizione*

IL PATRIMONIO E LA RESPONSABILITÀ PATRIMONIALE

- Il patrimonio è l'insieme dei beni e dei diritti spettanti a una persona
- Il debitore risponde dell'adempimento delle obbligazioni con tutto il proprio patrimonio: esso è la garanzia patrimoniale generale del creditore
- I creditori hanno parità di trattamento tra loro salve le cause di prelazione

LE CAUSE DI PRELAZIONE

- I *privilegi* sono particolari qualità, stabilite dalla legge, di determinati crediti (privilegio generale sui beni mobili; privilegio speciale su determinati beni)
- I *diritti reali di garanzia* sono accessori al credito. Possono essere di due specie:

| il **pegno**: ha a oggetto beni mobili | l'**ipoteca**: ha a oggetto beni immobili e beni mobili registrati |

- L'**ipoteca**:

| si costituisce con l'iscrizione nei registri immobiliari | può essere volontaria, giudiziale o legale |

Verifica delle conoscenze

VERO O FALSO

Indica se le seguenti affermazioni sono vere o false.

1 Quando il debitore adempie alla prestazione dovuta, l'obbligazione si estingue [V] F

2 La prestazione non deve necessariamente essere conforme al titolo dell'obbligazione V [F]

3 Se la prestazione diventa impossibile, il debitore che non ha adempiuto puntualmente è obbligato a risarcire il danno V [F]

4 Il risarcimento del danno non sempre tiene conto del lucro cessante [V] [F]

5 Se il patrimonio del debitore è insufficiente a soddisfare integralmente i creditori, si applica il principio della parità di trattamento dei creditori [V] F

6 Il privilegio speciale può riguardare solo determinati beni del debitore [V] F

7 Le garanzie personali possono essere liberamente decise dalle parti [V] F

8 Il pegno si costituisce mediante contratto redatto in forma scritta [V] F

9 L'ipoteca può essere solo giudiziale V [F]

10 Il bene ipotecato può essere venduto liberamente [V] F

CORRISPONDENZE

Metti in relazione gli elementi del primo gruppo con quelli del secondo.

1 Il patrimonio di una persona può essere chiamato a rispondere dell'obbligazione assunta da un'altra persona

2 È il comportamento corretto che si dovrebbe tenere nei rapporti con gli altri

3 Sono cause di prelazione

4 Il debitore deve rispondere con tutti i suoi beni presenti e futuri

5 Sono diritti reali su cosa altrui

a diligenza del buon padre di famiglia

b garanzie reali

c responsabilità patrimoniale

d privilegi

e garanzia personale

1	2	3	4	5
E	A	D	C	B

COMPLETAMENTO

Inserisci i termini mancanti (attenzione ai distrattori!).

1 L'esatto adempimento consiste nella PRESTAZIONE conforme al CONTENUTO dell'obbligazione.

contenuto; prestazione; responsabilità; titolo.

2 In presenza di una causa di prelazione il principio della PARITA di trattamento tra i creditori non opera; esse sono i PRIVILEGI, il pegno e l'ipoteca.

diritti; parità; privilegi; responsabilità.

3 I diritti reali di garanzia sono diritti TIPICI; attribuiscono al titolare unicamente un diritto D PRESTAZION cioè il diritto di soddisfarsi sul bene che ne forma oggetto a preferenza degli altri creditori.

atipici; di seguito; di prelazione; tipici.

Verifica delle abilità

Completa gli schemi.

1

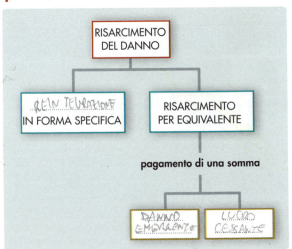

RISARCIMENTO DEL DANNO

REINTEGRAZIONE IN FORMA SPECIFICA

RISARCIMENTO PER EQUIVALENTE

pagamento di una somma

DANNO EMERGENTE

LUCRO CESSANTE

2

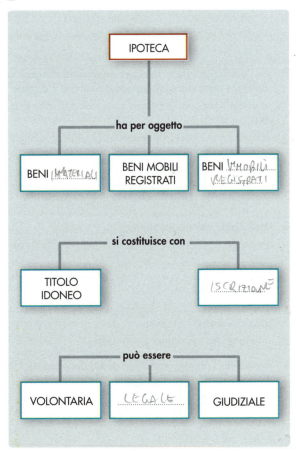

IPOTECA

ha per oggetto

BENI (MATERIALI) | BENI MOBILI REGISTRATI | BENI (IMMOBILI) (REGISTRATI)

si costituisce con

TITOLO IDONEO | ISCRIZIONE

può essere

VOLONTARIA | LEGALE | GIUDIZIALE

DI CHE COSA STIAMO PARLANDO?

Rispondi dopo aver letto gli indizi.

1 Svolgere un compito rispettando gli standard caratteristici di un determinato settore DILIGENZA PROFESSIONALE

2 Riguardano gli aspetti dell'obbligazione che le parti non hanno regolato esplicitamente NORME SUPPLETIVE

3 Li deve corrispondere il debitore inadempiente nelle obbligazioni pecuniarie INTERESSI

4 È una somma versata a garanzia del futuro adempimento CAPARRA CONFIRMATORIA

5 È il diritto di garanzia che ha per oggetto i beni mobili PEGNO

CACCIA ALL'ERRORE

Individua e correggi le parole errate.

1 Il dolo è un comportamento non sufficientemente diligente COLPA

2 Il privilegio speciale riguarda tutti i beni mobili del debitore UNO

3 Il lucro cessante è la diminuzione che il patrimonio del creditore subisce a causa dell'inadempimento DEL GUADAGNO

4 La fideiussione è una garanzia reale PERSONALE

5 La prescrizione ha l'effetto di costituire l'ipoteca ISCRIZIONE ESTINGUERE

QUESITI A RISPOSTA SINGOLA

Rispondi utilizzando non più di 4 righe.

1 Che cosa sono le *cause di prelazione*? Quale effetto producono?

2 In che cosa consiste la *responsabilità patrimoniale* del debitore?

3 In che modo opera il principio della *parità di trattamento fra i creditori*?

4 Che differenza c'è tra il privilegio *generale* e quello *speciale*?

5 *How are* damages *quantified*?

Trattazione sintetica di argomenti

1 Esponi la problematica relativa all'*adempimento dei debiti in valuta*, evidenziando le regole particolari che la governano.

2 *Explain which* damages *can be recovered*.

3 Esponi le diverse regole che governano la *responsabilità del debitore*, evidenziandone le specifiche conseguenze giuridiche.

4 Indica le caratteristiche principali dei *diritti reali di garanzia*; in particolare spiega che cosa significa diritto di seguito.

PREPARATI
ALLA VERIFICA SCRITTA

☑ Puoi svolgere gli esercizi
sul tuo MEbook

SEZIONE B

Verifica delle conoscenze

VERO O FALSO
Indica se le seguenti affermazioni sono vere o false.

1 Quando vi sono più creditori l'obbligazione è di regola solidale. V̶ F

2 Se le parti non stabiliscono alcun termine, il creditore può richiedere l'adempimento della prestazione in qualsiasi momento. V̶ F

3 La clausola penale non richiede l'onere di provare l'entità del danno subito. V̶ F

4 Il bene ipotecato non può essere alienato. V F̶

5 Chi ottiene un bene in pegno non lo può mai utilizzare. V̶ F

6 Una prestazione diversa da quella pattuita è considerata adempiuta se è di valore superiore a quella concordata. V F̶

7 La confusione estingue il debito per rinuncia del creditore. V F̶

8 Il patrimonio di una persona è rappresentato dai beni che possiede. V̶ F

9 Il diritto di obbligazione è in genere relativo. V F̶

10 La mora del creditore si verifica quando il debitore esegue la propria prestazione in ritardo. V̶ F

| Totale punti | .... | 10 |

1 punto per risposta esatta, 0 per risposta non data o errata

DOMANDE A RISPOSTA MULTIPLA
Individua la risposta esatta.

1 **Non costituisce fonte di obbligazione:**
A il possesso
B il contratto
C un fatto illecito
D̶ un arricchimento senza giusta causa

2 **Il creditore che vanta una causa di prelazione su un determinato bene:**
A̶ è preferito a qualunque altro acquirente in caso di vendita del bene
B può utilizzare limitatamente il bene purché consenta anche al debitore un'analoga utilizzazione
C può ottenere la consegna del bene per una utilizzazione temporanea in prova
D è sottratto al principio di parità di trattamento fra tutti i creditori e può soddisfarsi sul bene a preferenza di ogni altro creditore

3 **Se l'esecuzione della prestazione diviene impossibile, il debitore resta di regola tenuto a risarcire il danno:**
A quando l'impossibilità deriva da fatti a lui non imputabili
B̶ quando non riesce a dimostrare che l'impossibilità deriva da fatti a lui non imputabili
C quando è in mala fede
D̶ quando il creditore riesce a dimostrare che l'impossibilità deriva da fatti imputabili al debitore

4 **Nell'obbligazione parziaria:**
A le prestazioni debbono essere fornite a scadenze determinate
B il creditore può ottenere l'esecuzione da uno qualsiasi dei condebitori
C̶ il creditore può pretendere da un debitore la sola prestazione che gli compete
D i debitori hanno diritto di regresso

5 **Non è tra i requisiti della compensazione legale:**
A l'esigibilità dei debiti reciproci
B la liquidità dei debiti reciproci
C l'omogeneità e la fungibilità dei debiti reciproci
D̶ l'accordo tra le parti

Verifica delle abilità

6 **Due coniugi acquistano insieme la comproprietà di un appartamento. Se le parti del contratto non hanno stabilito diversamente, il creditore ha diritto di ottenere:**
A̶ l'intero pagamento da ciascuno di loro a sua scelta, in quanto condebitori solidali
B l'intero pagamento dal solo marito in quanto è l'unico a percepire un reddito
C il pagamento a metà da ciascuno dei due coniugi in quanto condebitori parziari
D il pagamento secondo norme stabilite a livello comunale

7 **Dopo aver faticosamente racimolato il denaro ottenendo dei prestiti da alcuni familiari, il debitore di una certa somma viene rapinato mentre la sta portando al domicilio del creditore per adempiere. Il debitore:**
A È liberato perché la responsabilità per il suo mancato

adempimento ricade interamente sul terzo che lo ha rapinato

- B È liberato purché dimostri di avere agito in buona fede
- ☒C non è liberato perché la prestazione di pagare una somma di denaro non può mai diventare impossibile
- D È liberato se dimostra che l'impossibilità è dovuta a causa di forza maggiore

8 Una società fallisce. Il suo patrimonio, al netto dei debiti, ammonta a 120.000 euro. Vi sono quattro creditori. Il primo vanta un credito di 80.000 euro garantito da ipoteca. Gli altri vantano, rispettivamente, crediti pari a 60.000, 50.000, 30.000 euro; i creditori verranno pagati:

- A ciascuno ricevendo l'ammontare originario del proprio credito
- B in parti uguali secondo il principio della parità di trattamento fra i creditori
- ☒C il primo integralmente, gli altri in parti eguali
- D il primo integralmente, gli altri in proporzioni eguali

9 Mauro versa a Giovanni una caparra confirmatoria. Se Mauro non esegue la prestazione, Giovanni:

- A deve ricorrere a un giudice per definire in modo equivalente l'entità del danno
- B non restituirà la caparra versata da Mauro previa dimostrazione del danno subito
- ☒C trattiene la caparra a titolo di risarcimento del danno
- D trattiene la caparra se dimostra che l'inadempimento non è dovuto a causa di forza maggiore

10 Il debitore risponde dell'adempimento delle obbligazioni:

- ☒A con tutti i beni presenti e futuri
- B con responsabilità di carattere personale e corporale.
- C con il patrimonio di cui è in possesso
- D nelle fondazioni, con il patrimonio personale del fondatore

Totale punti	....	30

3 punti per risposta esatta, 0 per risposta non data o errata

DOMANDE A RISPOSTA BREVE

Rispondi alle seguenti domande utilizzando non più di 4 righe.

1 Quali caratteristiche debbono essere presenti perché si possa parlare di corretto adempimento di un'obbligazione?

2 Che cos'è il pegno? Quali diritti attribuisce al creditore pignoratizio?

3 Che cosa si intende con il termine solidarietà attiva?

4 Che cosa sono il danno emergente e il lucro cessante?

5 Quali sono le possibili cause di estinzione di un'obbligazione?

Totale punti	....	30

da 0 a 6 punti per ogni risposta esatta secondo la correttezza e la completezza

SOLUZIONE DI PROBLEMI E/O TRATTAZIONE SINTETICA DI ARGOMENTI

1 Una famiglia ordina per telefono la consegna, entro le ore 20.00, di quattro pizze a domicilio: due margherite, una capricciosa e una quattro stagioni. • **Questo fatto origina un diritto di obbligazione? • Se sì, quale ne è la fonte? • Quali tipologie di prestazioni sono previste? • Come dovrà essere eseguita la prestazione?**

(max 10 punti)

2 Quattro amici che frequentano l'università prendono un appartamento in affitto a Milano. Viene fatto un unico contratto intestato a tutti e quattro i conduttori. Ciascuno si impegna a pagare il 25% del canone di affitto. Al termine del primo trimestre solo tre ragazzi pagano; l'ultimo non versa la propria quota. Il locatore pretende dagli altri tre il pagamento di quanto non versato dal ragazzo insolvente. I ragazzi si rifiutano. • **Chi ha ragione?**

(max 10 punti)

3 Gianni acquista un bene immobile. Il venditore garantisce che lo stesso non è gravato da ipoteche. Purtroppo, qualche mese dopo Gianni viene informato che una banca vanta un'ipoteca volontaria su quel bene ed esige il pagamento del credito minacciandone, in caso contrario, l'esecuzione forzata. • **Gianni sarà costretto a pagare? • Come potrà rivalersi eventualmente sul venditore (e sul notaio)? • Che cosa sono l'ipoteca volontaria e l'esecuzione forzata?**

(max 10 punti)

Totale punti	....	30

Punteggio totale della prova	Totale punti	....	100

SEZIONE C

Il contratto e le altre fonti dell'obbligazione

CONOSCENZE

- Elementi essenziali ed effetti del contratto
- La rappresentanza
- Il diritto di recesso e la tutela del consumatore
- Nullità, annullabilità, rescissione del contratto
- Risoluzione per inadempimento e di diritto
- I contratti tipici (vendita, somministrazione, locazione, appalto, mandato)
- Il deposito, l'agenzia e il mutuo
- Transazione, fideiussione, leasing, factoring, assicurazione
- Contratti bancari
- Promesse unilaterali e tipologie di titoli di credito

Biblioteca   Glossario

ABILITÀ

- Individuare e comprendere i limiti all'autonomia contrattuale
- Individuare e comprendere le ragioni e gli stati soggettivi della rappresentanza
- Individuare e comprendere le modalità di esercizio del diritto di recesso
- Analizzare le forme di tutela offerte ai consumatori
- Riconoscere cause ed effetti di nullità e annullabilità del contratto
- Riconoscere e comprendere cause ed effetti della rescissione
- Riconoscere i casi di risoluzione dei contratti
- Saper individuare i principali contratti
- Comprendere il funzionamento dei contratti di assicurazione e bancari
- Riconoscere le tipologie e le funzioni dei titoli di credito

COMPETENZE

- Individuare e utilizzare gli strumenti di comunicazione e di team working più appropriati per intervenire nei contesti organizzativi e professionali di riferimento
- Individuare e accedere alla normativa pubblicistica, civilistica, fiscale con particolare riferimento a quella del settore turistico

VERIFICA DELLE COMPETENZE
PAG. 581

Unità 11
Il contratto

Unit *by* Unit

In Unit 11 you will learn the definition of a contract, which is an agreement between two or more parties to establish, regulate or extinguish a legal relationship amongst themselves. Private individuals are free to contract, (to negotiate) i.e. they are free to create contractual relationships as they wish, with whom they wish, and subject to whatever conditions they wish.

An agreement, giving rise to a bilateral contract, is usually reached after a series of passages: a proposal is made by one party to another, this latter party responds, back and forth, until final agreement is reached when the recipient of the proposal accepts.

Contracts involving obligations solely on behalf of the proposer do not require acceptance by the recipient in order to be concluded, provided that the offer is not rejected within a certain period of time. During negotiations, the parties must act in good faith, and whoever violates this rule is liable for any damages arising directly from it. In order to be valid every contract must be based on: consensus of the parties, valid legal ground, object and the form.

Contracts can be classified as: for good and valuable consideration, for gratuitous obligation, for mutual consideration, associative, with obligatory effects only or, also, with transfer effects or real effects and typical or non-typical.

1 Il contratto e lo scambio

DEFINIZIONE DI CONTRATTO

La definizione di contratto è contenuta nel codice civile; all'art. 1321 si legge:

> "il **contratto** è l'accordo di due o più parti per costituire, regolare o estinguere tra loro un *rapporto giuridico patrimoniale*".

Per comprendere a pieno il senso di questa definizione, bisogna ricordare che *la nozione giuridica di contratto coincide in larga parte con quella economica di scambio*:

> ogni **scambio** è un contratto (anche se non è sempre vero l'inverso: non tutti i contratti sono scambi).

CONTRATTO E MERCATO

Il contratto e il mercato Il fatto che ogni scambio sia un contratto ci fa capire che l'istituto del contratto è centrale in una società basata sull'economia di mercato, nella quale il soddisfacimento di gran parte dei bisogni individuali è appunto affidato al mercato. Dove c'è un mercato, lì si stipulano contratti.

ESEMPIO Chi scambia un bene mobile o immobile, un televisore oppure un terreno di proprietà, contro una somma di denaro, stipula un *contratto di compravendita*; chi scambia, per un certo periodo di tempo, le proprie capacità lavorative contro un compenso in denaro, stipula un *contratto di lavoro*; chi acquista, presso un'agenzia di viaggio, un *pacchetto turi-*

stico per fare trekking attraverso i Pirenei stipula un contratto che lo obbliga a pagare una somma di denaro e gli attribuisce il diritto di ottenere dall'agenzia i servizi promessi (viaggio aereo, trasferimenti, pernottamenti nei rifugi, assistenza di una guida turistica ecc.).

Dallo scambio nascono le figure del **creditore** e del **debitore**: si dice la stessa cosa affermando che *lo scambio (vale a dire il contratto) determina la costituzione di un rapporto obbligatorio.*

Lo scambio fra le prestazioni reciproche delle parti:

- può avvenire *contestualmente*; ESEMPIO quando entro in pasticceria per comprare una torta, consegno il denaro alla commessa e nello stesso momento questa mi darà la torta;
- può essere *dilazionato nel tempo*: cioè una o entrambe le prestazioni possono avvenire a distanza di tempo; ESEMPIO se Alice stipula un mutuo con la banca, ottiene subito il denaro e si obbliga a restituirlo con gli interessi a una determinata scadenza; se Marco stipula un contratto di lavoro come addetto alla reception di un hotel, si assume l'obbligo di prestare le proprie capacità lavorative e diventa creditore del pagamento della retribuzione a determinate scadenze.

Dalla stipulazione di un contratto possono derivare:

EFFETTI REALI
O TRASLATIVI
ED EFFETTI OBBLIGATORI

- **effetti reali** o **traslativi**, *che consistono nel trasferimento della proprietà o di un altro diritto reale*, come accade nel contratto di compravendita (ricordiamo che il contratto è uno dei modi di acquisto della proprietà a titolo derivativo);
- **effetti obbligatori**, *che consistono nella nascita di uno o più rapporti di obbligazione tra le due parti del contratto* (ovviamente a **contenuto patrimoniale**).

In base alle norme del codice civile (art. 1325) i **requisiti** del contratto sono:

- l'*accordo delle parti*;
- la *causa*;
- l'*oggetto*;
- la *forma*, quando è prevista.

Di ciascuno avremo modo di parlare diffusamente in seguito.

2 L'autonomia contrattuale

AUTONOMIA
CONTRATTUALE

L'art. 1322 c.c. stabilisce che *i privati sono liberi di concludere i contratti che vogliono, con le persone che vogliono, determinandone liberamente il contenuto.* Questo è il principio dell'**autonomia contrattuale** e non è altro che la realizzazione di quella *libertà degli scambi che caratterizza il liberismo economico e l'economia di mercato.* Esso si basa sul presupposto che ogni individuo è il miglior giudice del proprio interesse e, perciò, dev'essere lasciato **libero**, dal potere pubblico, di stipulare i contratti che ritiene più opportuni, scambiando ciò che vuole (beni, capacità lavorative ecc.) alle condizioni che vuole.

IL CONTRATTO HA FORZA
DI LEGGE FRA LE PARTI

Il principio dell'autonomia contrattuale implica anche che, come dice l'art. 1372, "il contratto ha **forza di legge** fra le parti": i privati sono lasciati liberi di stipulare i contratti che ritengono meglio rispondenti ai propri interessi ma, una volta che hanno stipulato un contratto, questo produce tra le parti gli stessi effetti della legge; ognuna delle parti nel contratto:

- ha l'obbligo di *rispettarne ed eseguirne le disposizioni*;
- può chiedere all'autorità giudiziaria la condanna al risarcimento del danno contro la parte che non adempie le obbligazioni che ne derivano.

LIMITI ALL'AUTONOMIA CONTRATTUALE

I limiti all'autonomia contrattuale L'autonomia contrattuale ha dei limiti; si tratta di quegli stessi limiti che l'ordinamento giuridico impone alla libertà degli scambi con l'obiettivo di perseguire diverse finalità.

TUTELA DEL CONTRAENTE DEBOLE

Innanzitutto, la **tutela del contraente più debole**: spesso le leggi del mercato fanno sì che per necessità una delle parti sia indotta ad accettare le condizioni proposte dall'altra stipulando un contratto che realizza lo scambio a condizioni più favorevoli per il contraente economicamente più forte. Il nostro ordinamento si preoccupa di prevenire il verificarsi di queste situazioni, che sono molto frequenti nella realtà quotidiana. Un primo importantissimo esempio è il contratto di lavoro subordinato, in cui la legge è intervenuta per limitare l'autonomia dei datori di lavoro e dei singoli lavoratori assicurando la tutela degli interessi di questi ultimi.

TUTELA DEL CONSUMATORE

La **tutela dei consumatori** è un altro degli ambiti in cui *è nell'interesse generale assicurare la soddisfazione di un bisogno a condizioni eque*: per esempio, nei contratti, che i clienti stipulano con le società di assicurazione, con le banche, con le società che propongono investimenti finanziari ai piccoli risparmiatori, con le agenzie di viaggio, con gli operatori di televendite e i siti di e-commerce o comunque fuori dai locali commerciali ecc, la legge interviene a porre limiti alle clausole troppo gravose per i consumatori.

Altre volte i limiti sono ispirati da scelte di **politica economica** *che tendono a correggere gli effetti socialmente negativi del mercato*, per esempio, fissando i livelli dei prezzi per determinati beni e servizi (tipico è il caso delle tariffe dei servizi di interesse pubblico; **ESEMPIO** per i mezzi di trasporto pubblici il prezzo del biglietto non può essere fissato solo in base a criteri economici ma anche in funzione di scelte di politica ambientale e sociale).
Altre volte, ancora, lo scopo è temperare gli effetti negativi delle situazioni di *monopolio*, imponendo alle imprese che offrono beni o servizi in tali condizioni l'obbligo di contrattare con chiunque sia interessato e di rispettare il principio della parità di trattamento.

③ Le principali classificazioni dei contratti

I contratti possono essere classificati in varie **categorie** secondo alcune loro caratteristiche.

CONTRATTI A TITOLO ONEROSO E A TITOLO GRATUITO

a) Contratti **a titolo oneroso** e contratti **a titolo gratuito**: nei primi, *al sacrificio patrimoniale che una delle parti compie eseguendo la sua prestazione, corrisponde un vantaggio patrimoniale che la stessa parte consegue ricevendo la prestazione della controparte* (compravendita, mutuo, locazione); **ESEMPIO** se Stefano vende il suo motorino ad Andrea per 500 euro, a fronte del sacrificio (consegna dello scooter) potrà ricevere la prestazione, cioè il pagamento del prezzo; nei secondi, invece, *il sacrificio patrimoniale di una parte non ha alcun corrispettivo* (donazione); ESEMPIO se lo zio di Stefano decide di donargli la sua collezione di monete antiche, quest'ultimo non dovrà effettuare nessuna prestazione corrispettiva.

b) Contratti **a prestazioni corrispettive** e contratti **associativi**: la caratteristica dei primi è la **corrispettività**, *cioè la corrispondenza tra la prestazione cui è tenuta una parte e la prestazione cui è tenuta l'altra*: si tratta sempre di contratti a titolo oneroso. Sono tali, per esempio, la locazione, il mandato, la compravendita e la maggior parte dei contratti tipici disciplinati dal codice civile.

La caratteristica dei **contratti associativi** sta nel fatto che *le parti conferiscono beni o servizi per il perseguimento di uno scopo comune*: tali sono, per esempio, il contratto di società e quello costitutivo di un'associazione.

CONTRATTI A PRESTAZIONI CORRISPETTIVE E CONTRATTI ASSOCIATIVI

c) Contratti **a effetti reali o traslativi** e contratti **a effetti solo obbligatori**: i primi, oltre a *far sorgere obbligazioni, producono anche l'effetto di trasferire un diritto*; tornando al caso di Stefano il contratto con Andrea per la compravendita dello scooter ha l'effetto di trasferire la proprietà di un bene mobile registrato; i secondi hanno solo l'effetto di *far sorgere obbligazioni*; è il caso della locazione; ESEMPIO se Alfredo dà in locazione la sua baita di montagna a Giovanni, per entrambi sorgono degli obblighi; il primo (Alfredo) deve consegnare l'immobile e garantire alla controparte la possibilità di goderne, mentre il secondo (Giovanni) deve custodirlo, pagare il canone e restituire le chiavi alla scadenza.

CONTRATTI A EFFETTI REALI O TRASLATIVI E A EFFETTI SOLO OBBLIGATORI

d) Contratti **tipici** e **atipici**: i primi sono regolati dal codice nel titolo III del libro IV (artt. 1470-1986); sono detti **tipici** perché sono *specificamente regolati dalla legge*. Tuttavia, in nome del principio dell'*autonomia contrattuale*, le parti sono libere di stipulare anche contratti *aventi un diverso contenuto*, che si chiamano **contratti atipici**. Per esempio, è un contratto atipico il *leasing*. Tutti i contratti atipici devono essere "diretti a realizzare *interessi meritevoli di tutela* secondo l'ordinamento giuridico" (art. 1322 c. 2).

CONTRATTI TIPICI E ATIPICI

Gli atti unilaterali Abbiamo visto che il contratto è un *accordo di due o più parti*: per questo dal contratto si distingue l'**atto unilaterale**, *che è una dichiarazione di volontà di una sola parte, produttiva di effetti giuridici*.

ATTI UNILATERALI

Quando hanno un contenuto patrimoniale, gli atti unilaterali tra vivi sono regolati dalle stesse norme che regolano i contratti, in quanto compatibili (art. 1324). Altrimenti sono regolati da norme specificamente dettate dal codice per ciascuno di essi.

4 L'accordo delle parti

Come abbiamo visto, il contratto è definito dal codice civile come "accordo" (art. 1321).

> Si ha l'**accordo delle parti** quando due o più persone manifestano **reciprocamente** le proprie volontà, e queste sono dirette allo stesso scopo, cioè la conclusione del contratto.

Con l'accordo il contratto è *stipulato* (o *concluso*). A volte però l'accordo da solo non basta: in alcuni casi deve essere manifestato in una determinata forma (contratti formali); in altri casi deve essere accompagnato dalla consegna della cosa oggetto del contratto (contratti reali).

PROPOSTA E ACCETTAZIONE

I modi in cui si può formare l'accordo che dà origine a un contratto bilaterale o *a prestazioni corrispettive* sono molteplici, ma per lo più riconducibili a questo schema di base:

- la **proposta**, fatta da una persona e diretta a un'altra;
- l'**accettazione**, fatta dal destinatario della proposta e diretta al proponente.

Le due fasi possono essere *simultanee* oppure *successive*.

La proposta è effettivamente tale:

- se è **completa**, *cioè se regola tutti gli aspetti rilevanti dell'operazione economica che il contratto realizza* (altrimenti ha solo il valore di *invito a proporre*, di cui diremo tra poco);
- se appare all'**esterno** come *espressione dell'intenzione del proponente di obbligarsi* (se non è tale, come la proposta fatta durante una recita a teatro, non può essere presa sul serio e non ha quindi alcun valore).

L'accettazione è effettivamente tale solo se è **esattamente conforme** alla proposta; in caso contrario essa non ha l'effetto di concludere il contratto, ma ha invece il valore di **controproposta** (art. 1326 c. 5).

MOMENTO DI CONCLUSIONE DEL CONTRATTO

Il contratto è **concluso** *nel momento (e nel luogo) in cui il proponente viene a conoscenza dell'accettazione dell'altra parte* (art. 1326 c. 1). Che cosa significa "viene a conoscenza"?

Se la proposta e l'accettazione intercorrono tra:

- *due persone che si trovano l'una in presenza dell'altra*, il momento della conclusione è quello in cui il proponente ascolta la frase di accettazione;
- *due persone che sono lontane* e comunicano per lettera (o per fax o per posta elettronica) il momento della conclusione è quello in cui la lettera di accettazione (o il fax o il messaggio di posta elettronica) giunge al domicilio del proponente (art. 1335).

L'accettazione non ha l'effetto di concludere il contratto quando è **tardiva**, *cioè quando giunge al domicilio del proponente oltre il termine da lui indicato nella proposta od oltre quello consono alla natura dell'affare o agli usi* (art. 1326 c. 2); il proponente può tuttavia, se lo desidera, ritenere efficace l'accettazione tardiva (art. 1326 c. 3).

LAVORO SUL CASO

Una società immobiliare ha messo in vendita gli appartamenti di un complesso residenziale di nuova costruzione. Cristina è interessata all'acquisto e richiede informazioni presso l'ufficio vendite; riceve una proposta di vendita che accetta. Tre mesi dopo, la società venditrice le comunica che il prezzo di vendita è aumentato a causa di alcune opere supplementari che si sono rese necessarie nella palazzina. Cristina non ritiene corretto il comportamento della società immobiliare e insiste nel considerare concluso il contratto alle originarie condizioni proposte.

- **Ha ragione?**

COMPORTAMENTO CONCLUDENTE

Quanto detto fin qui riguarda i casi in cui *la volontà viene espressa, esplicitata in una dichiarazione, e solo successivamente le parti danno esecuzione al contratto* già concluso con la dichiarazione. Tuttavia, è frequente che il destinatario della proposta *dia spontaneamente esecuzione al contratto senza prima esprimere la sua volontà in una dichiarazione*; se tale comportamento è inequivocabilmente un'esecuzione del contratto e, inoltre, è stato richiesto dal proponente oppure è conforme alla natura dell'affare o agli usi, lo si dice **concludente**: in tali casi *il contratto è concluso nel momento e nel luogo in cui l'esecuzione ha avuto inizio* (art. 1327).

ESEMPIO Se una libreria ha ordinato all'editore 30 copie del romanzo *Il trono di spade*, a seconda delle circostanze la casa editrice può, invece di rispondere con un'accettazione esplicita, consegnare direttamente i libri richiesti, ovviamente alle condizioni indicate nella proposta.

La proposta contrattuale può essere **revocata** prima della conclusione del contratto (art. 1328 c. 1), a meno che:

REVOCA DELLA PROPOSTA

- il proponente si sia obbligato a tenerla ferma per un certo periodo di tempo (*proposta irrevocabile*: art. 1329 c. 1);
- il proponente e il destinatario della proposta abbiano stipulato un accordo, detto **patto di opzione**, *secondo il quale il primo si obbliga a tener ferma la proposta per un certo tempo e l'altra parte, in genere, gli paga una somma di denaro come corrispettivo dell'irrevocabilità* (art. 1331 c. 1).

Le trattative Non sempre il contratto viene concluso così semplicemente, mediante un'accettazione conforme alla proposta, data immediatamente o entro breve tempo. È frequente che si svolgano trattative, a volte anche lunghe e complesse, allo scopo di definire la migliore mediazione tra gli interessi contrapposti delle parti. In questo caso il contratto è concluso solo al termine delle trattative, *nel momento in cui le parti sottoscrivono il testo contrattuale completo e definitivo che hanno concordato.*

TRATTATIVE

In questi casi le parti di solito percorrono la via che le porta all'accordo a piccoli passi: possono allora avere interesse a fissare, volta per volta, in forma scritta i risultati raggiunti, compilando le cosiddette **minute**, *che documentano le fasi di formazione del contratto*, ma non rispecchiano ancora un accordo completo, su tutte le clausole, e quindi non possono ovviamente costituire un contratto concluso.

MINUTE

L'offerta al pubblico e l'invito a proporre Sono tipi particolari di proposta contrattuale l'**offerta al pubblico** e l'**invito a proporre**.

OFFERTA AL PUBBLICO

L'**offerta al pubblico** è una proposta contrattuale diretta a qualsiasi persona eventualmente interessata (e non a una persona determinata).

Per esempio, si parla di offerta al pubblico a proposito dei prodotti esposti per la vendita sugli scaffali di un ipermercato o nelle vetrine di un centro commerciale; poiché si tratta di una proposta, essa deve indicare "gli estremi essenziali del contratto alla cui conclusione è diretta" (art. 1336 c. 1).

Diverso dall'offerta al pubblico è l'invito a proporre.

INVITO A PROPORRE

Si parla di **invito a proporre** quando ci si rivolge a una pluralità di persone invitandole a formulare una proposta contrattuale.

Sono esempi di invito a proporre gli annunci economici pubblicati nei quotidiani, nei periodici specializzati e da numerosi siti Internet dedicati, che offrono in vendita o in locazione cose, o che offrono posti di lavoro oppure forza lavoro.

LAVORO SUL CASO

Andrea intende vendere in blocco la sua collezione di dischi in vinile e inserisce un'inserzione su un portale di annunci tra privati, in cui indica genericamente il numero dei dischi, il genere musicale dei pezzi e il prezzo richiesto per l'intera collezione; l'iniziativa ha successo e Andrea riceve tre diverse offerte; decide di scegliere quella che gli è pervenuta per seconda in ordine di tempo, ma quando lo comunica agli altri potenziali acquirenti, Giovanni, che ha risposto all'inserzione per primo, protesta dicendo che il contratto è stato concluso per effetto della sua accettazione.

• **Ha ragione? Perché?**

Quindi, *chi risponde all'offerta assume il ruolo di proponente* e il contratto è concluso soltanto se chi ha fatto pubblicare l'annuncio accetta la proposta ricevuta.

Offerta al pubblico e invito a proporre hanno quindi effetti molto diversi; tuttavia, può non essere facile riconoscere se una certa dichiarazione abbia gli uni o gli altri effetti e appartenga pertanto all'una o all'altra categoria: una differenza significativa sta innanzitutto nel fatto che *l'invito a proporre può anche non contenere gli estremi indispensabili del contratto che è diretto a concludere*; ma soprattutto ai fini della distinzione ci si deve riferire alle circostanze in cui sono formulati, alla natura dell'affare, agli eventuali usi in proposito (deduzioni tratte dal riferimento alle circostanze e agli usi contenuto nell'art. 1336 c. 1).

5 La responsabilità precontrattuale

Durante le trattative, e in generale in tutta la fase preparatoria del contratto, le parti devono comportarsi secondo **buona fede**, cioè *in modo corretto e leale* (art. 1337).

DOVERI DI COMPORTAMENTO DURANTE LE TRATTATIVE

Questo significa in primo luogo che le parti *non devono cercare di ingannarsi reciprocamente*; significa inoltre che *ciascuna delle parti ha il dovere di informare l'altra parte di una eventuale causa d'invalidità del contratto di cui sia a conoscenza* (art. 1338), oppure di quelle circostanze che possano influire sulla altrui decisione di stipulare o meno il contratto e sulle condizioni alle quali stipularlo. Significa poi ancora che *una parte non può troncare ingiustificatamente le trattative dopo aver indotto l'altra parte a confidare nella probabile conclusione del contratto*.

RESPONSABILITÀ PRECONTRATTUALE

La violazione del dovere di comportarsi secondo buona fede nelle trattative compiuta da una parte può produrre all'altra un **danno economico**; la parte che subisce l'interruzione ingiustificata della trattativa può aver lasciato perdere altri possibili affari vantaggiosi proprio perché confidava nella conclusione del contratto e, quindi, ha subito un danno.

DANNI RISARCIBILI

Chi incorre nella responsabilità precontrattuale, deve risarcire il **danno subito** da chi si è impegnato nelle trattative: *esso consiste principalmente nelle spese sostenute per trattare e nelle occasioni perdute di stipulare contratti con altre persone* (cosiddetto **interesse negativo**).

ESEMPIO È contrario a buona fede il comportamento di chi, una volta che l'accordo sulle clausole più importanti di un contratto è stato raggiunto, si rifiuta di stipularlo senza che siano

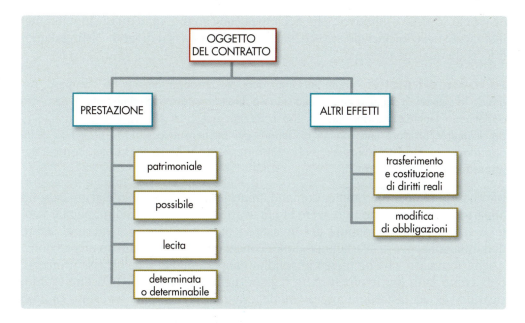

sopravvenute valide ragioni che giustifichino questa decisione e nonostante la controparte sia disposta ad accettare tutte le richieste per quanto riguarda il contenuto delle clausole secondarie non ancora concordate.

 ## L'oggetto e il contenuto

Un altro importante requisito del contratto è l'**oggetto** (art. 1325 n. 3).

> L'**oggetto** può essere definito come tutto ciò che le parti hanno voluto realizzare per mezzo del contratto.

La legge usa in modo promiscuo i termini "oggetto" e "contenuto".

In primo luogo sono oggetto del contratto le **prestazioni** alla cui esecuzione le parti si sono obbligate. Come abbiamo già spiegato a proposito delle obbligazioni, le prestazioni devono essere *patrimoniali* (art. 1174), e inoltre *possibili, lecite, determinate o determinabili* (art. 1346). La mancanza di questi requisiti rende **nulla** la relativa obbligazione e, per conseguenza, l'intero contratto.

PRESTAZIONI

In secondo luogo possono essere oggetto del contratto anche **altri effetti** che le parti hanno voluto realizzare, come il trasferimento della proprietà e la costituzione o il trasferimento di un altro diritto reale, oppure la modifica di obbligazioni precedentemente esistenti o lo scioglimento consensuale di un precedente contratto.

TRASFERIMENTI DI DIRITTI

 ## La causa

Il codice menziona la causa tra i "requisiti del contratto" (art. 1325 n. 2), ne disciplina l'illiceità (art. 1343 e segg.), ma *non ne dà alcuna definizione, né fornisce indicazioni esaurienti a tale proposito.*

LA NOZIONE DI CAUSA
NON È DEFINITA
DAL CODICE

Le parole "causa" e "motivo", che nel linguaggio comune sono quasi sinonimi, nel linguaggio del codice civile, invece, hanno **significati assai diversi**. Distinguiamoli facendo qualche esempio.

DISTINZIONE TRA CAUSA E MOTIVI

La causa e i motivi

ESEMPIO Se Omar acquista un appartamento da Tommaso, pagando la somma di 60 mila euro, il suo agire è diretto a uno scopo immediato di carattere oggettivo, identificabile dall'esterno con certezza: quello di effettuare uno scambio e, precisamente, di dare una somma di denaro per ottenere in cambio la proprietà di un appartamento. Questo scopo è ciò che comunemente si definisce **causa**, come spiegheremo meglio tra poco.

Ritornando al nostro esempio, domandiamoci: perché Omar vuole acquistare un appartamento? Nel farlo può avere le più svariate ragioni: lo compra perché vuole andare ad abitarci, oppure per investire i propri risparmi e metterli al sicuro dall'inflazione, per ricavarne un reddito, concedendo l'appartamento in locazione. Anche Tommaso, che ha messo in vendita l'appartamento e ne incassa il prezzo, può averlo fatto per le più svariate ragioni: perché è intenzionato a impiegare il ricavato per acquistarne uno più grande, oppure perché vuole investirlo in titoli dello stato o in azioni, oppure perché intende servirsene per pagare dei debiti contratti in precedenza ecc.

NOZIONE DI MOTIVO

Tutte le ragioni che abbiamo elencato sono dette, nel linguaggio del codice, **motivi**: si possono definire come *le ragioni soggettive per le quali una persona decide di effettuare una determinata operazione*. Queste ragioni spesso non possono essere identificate con certezza dall'esterno, dalle altre persone.

Mentre la causa è, come si è detto, un requisito indispensabile del contratto; il motivo, invece, *è per lo più irrilevante sul piano giuridico*, tranne il caso indicato dall'art. 1345, di cui parleremo in seguito.

Nel contratto la **causa** è lo scopo immediato e oggettivo che esso intende raggiungere, cioè la sintesi dei suoi effetti giuridici.

ESEMPIO La causa nel contratto di compravendita è il trasferimento della proprietà su una cosa in cambio di un prezzo, poiché gli effetti giuridici principali, che caratterizzano il contratto di compravendita, sono appunto il trasferimento della proprietà su una cosa e il pagamento del prezzo corrispettivo; la causa del contratto di locazione è l'obbligo di far utilizzare una cosa ad altri in cambio di un corrispettivo e così via.

LAVORO SUL CASO

Due studenti, Margherita e Claudio, vogliono identificare la causa del contratto in base al quale la loro classe potrà fare un viaggio di istruzione in Sicilia. Margherita sostiene che la causa consiste nella volontà dei professori di far conoscere loro i templi e le città di cui hanno studiato l'arte e la storia. Invece, Claudio afferma che la causa è rappresentata dallo scambio fra la prestazione dell'agenzia di viaggio e il prezzo pagato dai viaggiatori.

• **Chi dei due ha ragione?**

```
┌─────────────────┐              ┌─────────────────┐
│  SCOPO IMMEDIATO │              │ RAGIONI SOGGETTIVE│
│   E OGGETTIVO    │              │  PER STIPULARE   │
│  DEL CONTRATTO   │              │   IL CONTRATTO   │
└────────┬────────┘              └────────┬────────┘
         │                                │
         ▼                                ▼
   ┌──────────┐                     ┌──────────┐
   │  CAUSA   │                     │  MOTIVO  │
   └────┬─────┘                     └────┬─────┘
        │                                │
   ┌────┴────┐                           ▼
   ▼         ▼                     ┌────────────┐
┌────────┐ ┌──────────┐            │ IRRILEVANTE│
│MANCANZA│ │ ILLICEITÀ│            └────────────┘
└───┬────┘ └────┬─────┘
    └─────┬─────┘
          ▼
 rende nullo il contratto
```

Nei *contratti a titolo gratuito, dove non vi è controprestazione*, la causa è lo **spirito di liberalità**.

I contratti privi di causa sono **nulli**. Si dice che *manca la causa quando uno degli effetti giuridici principali è privo di giustificazione*, oppure *non può verificarsi* poiché ne manca un *presupposto* logicamente necessario. Facciamo qualche esempio:

- il trasferimento della proprietà della cosa dal venditore al compratore è giustificato dall'esistenza di un corrispettivo (non dal suo effettivo pagamento: questo riguarda la diversa questione dell'adempimento dell'obbligazione sorta dal contratto, come abbiamo visto nella Sezione B); ma se questo manca, il trasferimento è ingiustificato, il contratto manca di causa ed è pertanto *nullo*;
- il trasferimento della proprietà alla persona che riceve una cosa in donazione è giustificato dallo spirito di liberalità di chi la compie; ma se questo manca, il trasferimento è ingiustificato, il contratto manca di causa ed è pertanto *nullo*;
- l'obbligo del fideiussore di pagare l'obbligazione garantita è giustificato, tra l'altro, dall'esistenza dell'obbligazione stessa; ma se questa è nulla, il contratto manca di causa ed è pertanto *nullo*;
- il presupposto del trasferimento della proprietà (che è elemento causale della compravendita) è che la cosa non sia già di proprietà dell'acquirente; se invece lo è, il trasferimento della proprietà non si può realizzare, sicché il pagamento del prezzo corrispettivo (l'altro elemento causale) diviene privo di giustificazione: allora si dice che il contratto manca di causa ed è pertanto *nullo*.

La causa illecita   Si dice che la causa è **illecita** quando è contraria:

- a *norme imperative*, cioè inderogabili;
- all'*ordine pubblico*, cioè ai principi fondamentali del sistema giuridico;
- al *buon costume*, cioè alle principali regole, comunemente accettate, sul comportamento morale.

Quando la causa è illecita il contratto è *nullo* (art. 1343). Ma attenzione: non è molto frequente che un contratto sia nullo per un'illiceità che riguarda soltanto la causa. L'illiceità, quando c'è, riguarda nella stragrande maggioranza dei casi la prestazione; ESEMPIO un antiquario incarica uno dei suoi fattorini di rubare un quadro che si trova esposto in una chiesa offrendogli in cambio un corrispettivo in denaro; l'illiceità è innanzitutto evidente nella prestazione che il collaboratore è obbligato a compiere, cioè rubare; un simile contratto ha anche un oggetto illecito ed è pertanto *nullo*.

La nullità *per illiceità della sola causa* si ha quando entrambe le prestazioni sono lecite, ma *illecito è il loro legame causale reciproco*; ESEMPIO un contratto in base al quale un imprenditore versa a un pubblico funzionario una somma di denaro affinché questo svolga in modo esatto e legittimo una "pratica" che egli ha il dovere d'ufficio di evadere in quel momento e in quel modo. In questo caso le due prestazioni, in sé e per sé considerate, sono lecite (il disbrigo della pratica e il pagamento): ciò che è illecito, e che rende nullo il contratto, è il fatto che il funzionario si faccia pagare per fare il suo dovere, cioè appunto il legame causale tra le due prestazioni. Ritorneremo più ampiamente su questo argomento.

8 La forma

L'ultimo requisito del contratto è la **forma**, *quando è prescritta a pena di nullità* (art. 1325 n. 4).

Anzitutto è necessario intendersi sul significato della parola "forma". Qualsiasi manifestazione di volontà ha una forma, per il solo fatto di essere, appunto, manifestata all'esterno: può avere la forma di uno scritto, di una dichiarazione verbale, di un comportamento concludente. Se diamo alla parola "forma" questo significato, qualsiasi contratto ha una "forma". Il codice, nell'art. 1325 n. 4, intende "forma" in un senso diverso, e precisamente nel senso di *forma particolare specificamente indicata dalla legge come necessaria per la validità del contratto*.

Se un contratto può essere stipulato in qualsiasi forma, cioè può anche essere stipulato **in forma orale**, *si dice che quel contratto non richiede una forma o che non è formale*.

In altri casi, la legge prescrive per il contratto la **forma scritta**. La forma scritta può essere richiesta:

- come *requisito di validità*; in questi casi si parla di **contratti formali** (o **solenni**) e sono elencati dal codice civile e dalle leggi speciali;
- solo come *mezzo di prova* dell'avvenuta stipulazione del contratto e del suo contenuto.

Il contratto stipulato oralmente:

- è **nullo**, quando la forma scritta è richiesta come requisito di validità;
- è **valido**, quando la forma scritta è richiesta come mezzo di prova.

Tuttavia, nel secondo caso, se una parte non adempie, l'altra incontrerà difficoltà spesso quasi insormontabili a fornire la prova dell'esistenza del contratto e del suo contenuto.

Gli scritti Le forme scritte previste dalla legge sono: la *scrittura privata*, la *scrittura privata autenticata* e l'*atto pubblico*.

> La **scrittura privata** è qualsiasi atto scritto da una persona, non importa con quale mezzo (a mano o al computer), e dalla stessa sottoscritto, cioè firmato a mano ("di pugno").

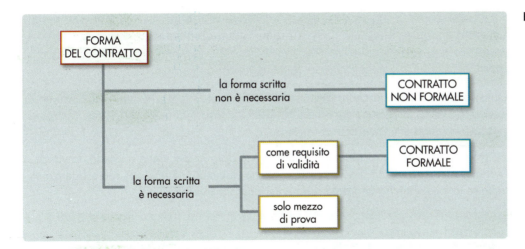

Essa fa piena prova della provenienza dell'atto dalla persona che lo ha sottoscritto, a meno che questa disconosca la sottoscrizione, cioè la dichiari non propria e quindi falsa.

La **scrittura privata autenticata** è una scrittura privata firmata in presenza di un pubblico ufficiale, il quale attesta che quella firma è vera, cioè che è stata fatta proprio da quella persona in quella certa data.

Essa fa piena prova della provenienza, cioè della sottoscrizione delle parti.

L'**atto pubblico** è un atto scritto, redatto da un pubblico ufficiale e firmato dallo stesso e dalle parti.

Il pubblico ufficiale attesta ciò che le parti gli hanno dichiarato, *cioè le rispettive volontà contrattuali, e la veridicità della loro firma.* Si faccia ben attenzione: l'atto pubblico non attesta la verità dei fatti che le parti dichiarano, ma attesta **soltanto** che hanno fatto quelle determinate dichiarazioni.

ESEMPIO In un atto pubblico di compravendita immobiliare il pubblico ufficiale attesta che le parti gli hanno dichiarato che il prezzo è già stato pagato; ma non può certo attestare che ciò sia effettivamente accaduto.

Il pubblico ufficiale che ha il compito di dare "pubblica fede" agli scritti che contengono un contratto, cioè di autenticare le sottoscrizioni delle scritture tra privati e di redigere gli atti pubblici nell'interesse dei privati, è il **notaio**; gli atti pubblici da lui redatti si dicono abitualmente *rògiti.*

LAVORO SUL CASO

Mauro e Luana si sposano e il loro regime patrimoniale è la comunione legale dei beni. Qualche anno dopo decidono, di comune accordo, di passare al regime patrimoniale di separazione dei beni. L'art. 162 c.c. stabilisce che le convenzioni matrimoniali debbano essere fatte per atto pubblico. Ciò nonostante, i due considerano superfluo stipulare una nuova convenzione, ritenendo sufficiente l'accordo pienamente raggiunto tra loro.

- **Il contratto che hanno stipulato è valido?**
- **Quali conseguenze giuridiche si potrebbero verificare?**

I contratti aventi a oggetto diritti reali sui beni immobili "*devono*" essere redatti in forma di atto pubblico (o di scrittura privata autenticata): *la forma scritta è necessaria per la validità, l'ulteriore formalismo del ròdito notarile è necessario per la trascrivibilità, e conseguentemente per l'opponibilità ai terzi.*

DATA CERTA

Questione molto importante per la sicurezza degli scambi è poter stabilire se la **data** apposta dalle parti a un atto scritto possa essere considerata *certa anche con riguardo ai terzi eventualmente interessati.*

ESEMPIO Se Alberto, che è proprietario di un terreno dato in locazione a Guido, lo vende a Maria, costei sarà tenuta a rispettare il contratto di locazione fino alla sua scadenza soltanto se la locazione ha una **data certa anteriore** alla vendita.

La data dell'atto pubblico e quella in cui la scrittura privata autenticata è stata sottoscritta sono *certe* nei confronti dei terzi; la data della scrittura privata semplice può essere certa soltanto in casi particolari, il più importante fra i quali è la **registrazione** del contratto (cioè la data nella quale è avvenuto il pagamento dell'*imposta di registro*), richiesta in moltissimi casi dalla legge.

Il documento informatico e la firma digitale   Nella comunicazione è sempre più ampio e frequente il ricorso alle tecnologie informatiche: ciò ha indotto il legislatore a disciplinare i documenti informatici e la firma digitale. La materia è regolata analiticamente dal d.lgs. 82/2005 (codice dell'amministrazione digitale). Per **documento informatico** si intende "la rappresentazione informatica di atti, fatti o dati giuridicamente rilevanti" (art. 1 lett. p). Il valore probatorio di quanto vi è scritto è liberamente valutabile in giudizio, "tenuto conto delle sue caratteristiche oggettive di qualità, sicurezza, integrità e immodificabilità" (art. 20 c. 1). Il valore probatorio della sua **sottoscrizione** – che indica la persona che lo ha redatto – è diverso secondo i casi:

* la semplice sottoscrizione in forma elettronica (*firma elettronica*) è liberamente valutabile in giudizio, tenuto conto delle stesse caratteristiche indicate sopra (art. 21 c. 1);
* la *firma elettronica avanzata* (art. 1 c. 1 lett. q bis), quella *qualificata* (art. 1 c. 1 lett. r) e quella *digitale* (art. 1 c. 1 lett. s) sono sottoscrizioni aventi diverse modalità di certificazione della loro provenienza, ma tutte caratterizzate almeno da un codice personale e segreto, secondo un principio simile a quello dei bancomat e delle carte di credito (art. 21): hanno lo stesso valore della sottoscrizione manuale (art. 2702). Il documento sottoscritto a questo modo *ha quindi*

LAVORO SUL CASO

Per festeggiare il venticinquesimo anniversario di matrimonio i genitori di Lorenzo decidono di realizzare il loro sogno nel cassetto: visitare New York. Si recano presso un'agenzia di viaggi e, dopo aver preso visione di varie offerte, optano per un soggiorno di una settimana e prenotano subito. Questo dà origine a un contratto.

* **Quando avviene la conclusione del contratto?**
* **È necessaria una forma stabilita dalla legge?**
* **Può essere fatto anche come documento informatico? Se sì, a quali condizioni?**

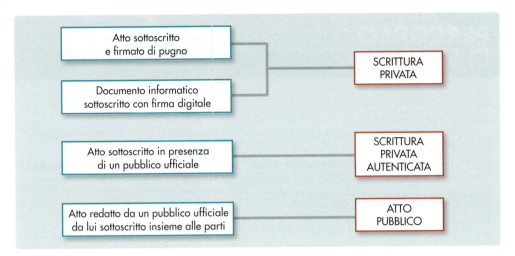

lo stesso valore della scrittura privata: fa piena prova della provenienza dell'atto dalla persona che lo ha sottoscritto, a meno che questa disconosca la sottoscrizione, cioè la dichiari non propria e quindi falsa.

L'integrazione del contratto

Le parti che stipulano un contratto concordano una serie di regole, che danno una disciplina degli elementi più importanti dell'operazione; se questi non sono sufficientemente determinati, il contratto non può ancora dirsi concluso, a meno che tali elementi non siano determinati da norme imperative.

LA NECESSITÀ DI INTEGRARE IL CONTRATTO

ESEMPIO La compravendita di un bene avente un prezzo imposto è valida e completa anche se il prezzo non è indicato dalle parti.

Ma è ben difficile che le parti possano prevedere e disciplinare tutto: è frequente, per esempio, che non si pongano neppure il problema delle conseguenze di un eventuale inadempimento di una di loro e che, di conseguenza, non ne dettino alcuna disciplina. Oppure è anche abbastanza frequente che, una volta stipulato il contratto, sorgano dei problemi applicativi, se una delle parti ritiene, in disaccordo con l'altra, che il contratto le conceda *implicitamente* un certo diritto.

ESEMPIO L'impresa che prende in locazione per i suoi uffici alcuni piani di un edificio può ritenere, in disaccordo con il locatore, di avere il diritto di esporre all'esterno un'insegna luminosa, senza che il contratto di locazione (né il regolamento condominiale dell'edificio) preveda esplicitamente alcunché in proposito.

Tutte queste sono **lacune** nel regolamento dei loro interessi che le parti si sono date con il contratto: e devono essere colmate. L'art. 1374 indica che devono essere colmate in primo luogo con l'applicazione delle **norme dispositive** della legge: nel primo degli esempi fatti, si applica la normativa sulla responsabilità del debitore per l'inadempimento e sulla risoluzione del contratto. In mancanza di norme dispositive si ricorre agli **usi contrattuali**, *cioè a quelle clausole d'uso che s'intendono sempre inserite nel contratto purché non siano state escluse dalle parti* (art. 1340). Nel secondo esempio fatto sopra si applica la disciplina degli usi, dunque diversa a seconda dei luoghi e delle circostanze. In mancanza anche di usi, si ricorre a un **intervento del giudice**, *che decide secondo equità*.

LE LACUNE DEL CONTRATTO

PERCORSO
DI SINTESI

IL CONTRATTO

- Accordo di due o più parti per costituire, regolare o estinguere un **rapporto giuridico patrimoniale**
- I privati hanno l'**autonomia contrattuale**; sono liberi di concludere i contratti che vogliono, con chi vogliono, alle condizioni che vogliono
- L'autonomia contrattuale ha limiti
- Il contratto fa sorgere obbligazioni ed eventualmente trasferisce diritti reali
- I contratti possono essere:
  - a titolo oneroso
  - a titolo gratuito
  - a prestazioni corrispettive
  - associativi
  - a effetti reali
  - a effetti solo obbligatori
  - tipici
  - atipici

GLI ATTI UNILATERALI

- Sono dichiarazioni di volontà di una sola parte, che producono gli effetti giuridici voluti

L'ACCORDO DELLE PARTI

- C'è accordo quando le volontà manifestate dalle parti sono dirette allo stesso scopo
- L'accordo delle parti si forma con:

  | la **proposta** | l'**accettazione** |

- I contratti che comportano obbligazioni per il solo proponente si concludono anche senza accettazione, purché il destinatario della proposta non la rifiuti entro un certo termine
- *Offerta al pubblico*: proposta diretta a una molteplicità di soggetti
- *Invito a proporre*: il soggetto che lo lancia invita una molteplicità di soggetti ad avanzare proposte che il proponente si riserva di accettare
- *Contratto per persona da nominare*: la persona su cui ricadranno gli effetti del contratto sarà individuata in un secondo momento

LA RESPONSABILITÀ PRECONTRATTUALE

- Le parti devono comportarsi secondo **buona fede** durante le trattative
- Chi viola tale regola deve risarcire i **danni** che così produce

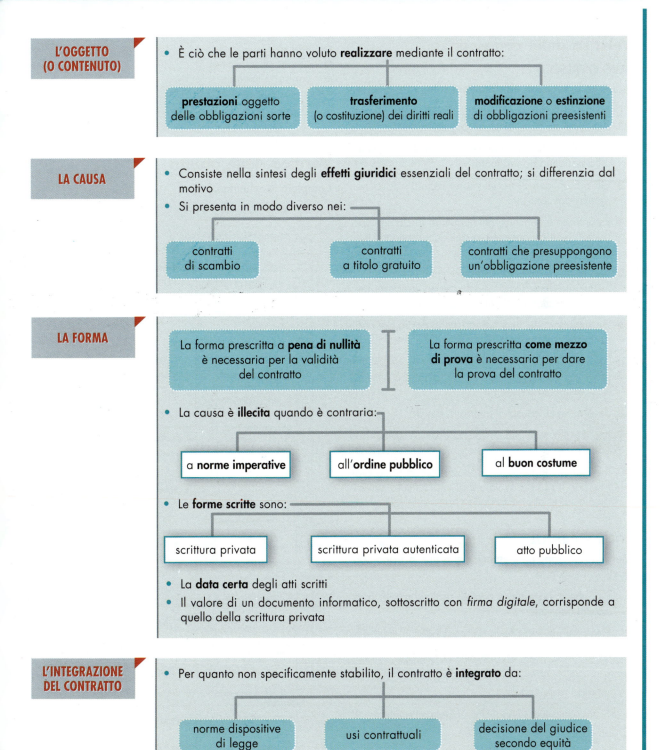

L'OGGETTO (O CONTENUTO)

- È ciò che le parti hanno voluto **realizzare** mediante il contratto:

  - **prestazioni** oggetto delle obbligazioni sorte
  - **trasferimento** (o costituzione) dei diritti reali
  - **modificazione** o **estinzione** di obbligazioni preesistenti

LA CAUSA

- Consiste nella sintesi degli **effetti giuridici** essenziali del contratto; si differenzia dal motivo
- Si presenta in modo diverso nei:

  - contratti di scambio
  - contratti a titolo gratuito
  - contratti che presuppongono un'obbligazione preesistente

LA FORMA

La forma prescritta a **pena di nullità** è necessaria per la validità del contratto

La forma prescritta **come mezzo di prova** è necessaria per dare la prova del contratto

- La causa è **illecita** quando è contraria:

  - a **norme imperative**
  - all'**ordine pubblico**
  - al **buon costume**

- Le **forme scritte** sono:

  - scrittura privata
  - scrittura privata autenticata
  - atto pubblico

- La **data certa** degli atti scritti
- Il valore di un documento informatico, sottoscritto con *firma digitale*, corrisponde a quello della scrittura privata

L'INTEGRAZIONE DEL CONTRATTO

- Per quanto non specificamente stabilito, il contratto è **integrato** da:

  - norme dispositive di legge
  - usi contrattuali
  - decisione del giudice secondo equità

Verifica delle conoscenze

VERO O FALSO

Indica se le seguenti affermazioni sono vere o false.

1 Lo scambio fra le prestazioni reciproche previste dal contratto deve avvenire contestualmente ☐V ☐F

2 La tutela del consumatore rappresenta un limite all'autonomia contrattuale ☐V ☐F

3 Gli atti unilaterali tra vivi sono regolati dalla normativa del contratto ☐V ☐F

4 Il contratto è concluso nel momento in cui il proponente viene a conoscenza dell'accettazione della controparte ☐V ☐F

5 Nel patto di opzione il proponente si impegna a mantenere ferma la proposta per un certo periodo contro pagamento di un corrispettivo ☐V ☐F

6 Un annuncio del tipo "vendesi una copia del codice civile" affisso nella bacheca della scuola è un esempio di offerta al pubblico ☐V ☐F

7 In virtù della responsabilità contrattuale è previsto il risarcimento dei danni ☐V ☐F

8 Se è privo di causa, il contratto è nullo ☐V ☐F

9 Il contratto stipulato in forma orale è comunque valido ☐V ☐F

10 Il documento informatico sottoscritto con firma digitale non ha lo stesso valore di una scrittura privata anche se redatto secondo le norme di legge ☐V ☐F

CORRISPONDENZE

Metti in relazione gli elementi del primo gruppo con quelli del secondo.

1 Ciò che le parti hanno voluto realizzare per mezzo del contratto

2 È la ragione soggettiva per concludere il contratto

3 La forma scritta è un requisito di validità

4 È lo scopo immediato e oggettivo che il contratto intende raggiungere

5 Si rivolge a tutti i soggetti eventualmente interessati

a causa
b oggetto
c motivo
d offerta al pubblico
e contratto formale

1	2	3	4	5

Verifica delle abilità

Completa lo schema.

UN CONTRATTO PUÒ ESSERE

A TITOLO .... — sacrificio patrimoniale di una parte a fronte del vantaggio dell'altra

A TITOLO .... — sacrificio patrimoniale senza corrispettivo

A PRESTAZIONI .... — corrispondenza delle prestazioni

.... — perseguimento di uno scopo comune

A EFFETTI .... — trasferisce un diritto / fa sorgere obbligazioni

A EFFETTI .... — fa sorgere solo obbligazioni

.... — è regolato specificamente dalla legge

.... — è lasciato all'autonomia delle parti

DI CHE COSA STIAMO PARLANDO?
Rispondi dopo aver letto gli indizi.

1 È l'accordo col quale il proponente si obbliga verso corrispettivo a tener ferma la proposta per un certo tempo ....

2 Portano alla conclusione del contratto ....

3 È la dichiarazione della volontà di una sola parte ....

4 Può anche non contenere gli estremi indispensabili del contratto ....

5 Viene fatta per mezzo di un codice segreto personale ....

CACCIA ALL'ERRORE
Individua e correggi le parole errate.

1 La disciplina del rapporto di lavoro subordinato è un esempio della tutela del consumatore ....

2 La donazione è un contratto a titolo oneroso ....

3 La locazione è un contratto atipico ....

4 In virtù della responsabilità contrattuale i privati sono liberi di determinare liberamente il contenuto del contratto ....

5 L'atto pubblico è un atto scritto mano e firmato da una persona ....

Trattazione sintetica di argomenti

1 *Analyze the different reasons that limit the freedom to contract in Italy.*

2 Analizza le differenti modalità con cui si realizza l'*accordo tra le parti*, evidenziandone le peculiarità.

3 Esponi la nozione di *causa* nel contratto e le sue possibili articolazioni.

RISOLVO IL CASO

Giulia vede esposto nella vetrina del negozio Computerlandia un computer, sul quale vi è un cartello che, oltre a precisare con ricchezza di particolari il tipo di macchina, sottolinea che si tratta di un'offerta speciale, a un prezzo eccezionalmente basso, fatta solo da quel rivenditore.
Entra immediatamente nel negozio e dichiara di volerlo acquistare. Il negoziante le risponde che purtroppo i computer in offerta speciale sono finiti e che quello esposto in vetrina è appena stato venduto e il commesso non ha avuto il tempo di togliere il cartello promozionale.
Giulia, che si sente sicura del fatto suo poiché ha studiato diritto civile, sostiene che l'esposizione in vetrina costituisce un'offerta al pubblico e che pertanto la sua dichiarazione di accettazione ha avuto l'effetto di concludere il contratto; pretende dunque che il negoziante le consegni un computer identico a quello offerto mediante esposizione in vetrina, naturalmente alle condizioni indicate nel cartello promozionale; aggiunge che, se il negoziante non ne ha un altro in magazzino, è tenuto a procurarselo. Il negoziante rifiuta.

• **Chi ha ragione?**

Unità 12
La rappresentanza

 Unit by Unit

In Unit 12 you will study Agency, which is the mechanism through which a person (the agent) has the authority to enter into a contract on the behalf of another named person (the principal).
Voluntary agency is where one person grants another, through a unilateral act called an agency mandate, the power of representing him or her. A contract of Agency arising by operation of law is where the law provides that one person acts in the name of another who lacks legal capacity. Voluntary agency is a unilateral act which contains the specification of powers conferred to the agent; it may be general (as regards any business of the person) or special (when it only covers certain businesses). The rights and obligations arising from contracts concluded by the agent will produce effects that will bind the principal. A contract concluded by the agent outside his power does not bind the principal. A contract entered into by the agent whose interests are in conflict with those of the principal is voidable.

Nozioni generali

Il codice civile detta l'insieme delle regole che disciplinano la rappresentanza.

> Si ha la **rappresentanza** quando una persona stipula un contratto in nome di un'altra persona e il contratto così stipulato produce i suoi effetti nei confronti della persona il cui nome è stato indicato.

DESCRIZIONE Vediamo ora più da vicino come funziona questo meccanismo giuridico, che può essere descritto da due diversi punti di vista. Mediante la rappresentanza:

- una persona (il **rappresentante**) *sostituisce un'altra persona* (il **rappresentato**) *nella conclusione di un contratto* (o nel compimento di un atto unilaterale), *dichiarando di agire in nome e in sostituzione, appunto, del rappresentato* cioè, come si usa dire, *spendendone il nome*;
- *gli effetti dell'atto che il rappresentante compie in nome del rappresentato si producono in capo a quest'ultimo.*

Nella pratica quotidiana si ricorre spesso a questo meccanismo nelle situazioni più disparate; ESEMPIO ogni volta che ci capita di entrare in un negozio per fare acquisti, il commesso che ci consiglia nella scelta dei prodotti, confeziona la merce e incassa i corrispettivi della vendita, ha il potere di stipulare contratti con i clienti in nome del suo datore di lavoro, cioè di vendere le sue merci ed è, quindi, un suo rappresentante; la persona che acquista un appartamento in una località turistica in nome (e nell'interesse) di un'altra persona è un suo *rappresentante*; lo stesso vale per chi conclude affari in nome (e nell'interesse) di un'altra persona.

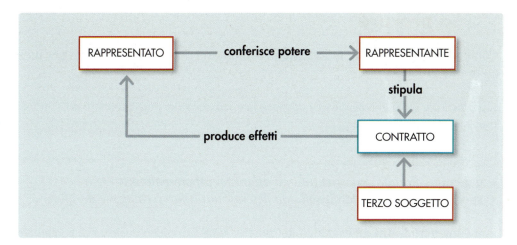

RAPPRESENTATO	— conferisce potere →	RAPPRESENTANTE
		stipula ↓
↑ produce effetti —		CONTRATTO
		↑
		TERZO SOGGETTO

La rappresentanza volontaria e la rappresentanza legale Possiamo individuare diversi tipi di rappresentanza. La rappresentanza si dice:

- **volontaria**, *quando una persona conferisce a un'altra*, mediante un atto unilaterale detto **procura** (art. 1387), *il potere di rappresentarla*, cioè di agire in suo nome (è quello che si è verificato negli esempi fatti in precedenza);
- **legale**, *quando è la legge a stabilire che una persona sia chiamata ad agire in nome di un'altra*, che si trova in condizioni di incapacità legale.

I casi più importanti di rappresentanti legali nel diritto civile sono i **genitori** che esercitano la potestà sui figli minori, l'**amministratore di sostegno** (qualora abbia ricevuto tale potere nel provvedimento di nomina) e il **tutore** dell'interdetto; nel diritto commerciale un caso importante è quello del **curatore del fallimento** (l'organo che ha la funzione di amministrare e liquidare il patrimonio fallimentare).

Nella maggior parte dei casi *la rappresentanza volontaria serve a tutelare meglio l'interesse del rappresentato che l'ha conferita*. Ma non sempre: a volte può essere conferita nell'interesse di entrambi, tanto del rappresentato quanto del rappresentante, e a volte anche nell'interesse di un terzo. La rappresentanza legale, invece, è attribuita ai genitori, all'amministratore di sostegno e al tutore *esclusivamente nell'interesse degli incapaci che rappresentano* (minorenni, beneficiari, interdetti).

APPROFONDIMENTO

Persone giuridiche e rappresentanza

Le persone fisiche che agiscono in nome e per conto di *persone giuridiche* (associazioni, fondazioni) sono comunemente definite i loro **legali rappresentanti**: non si tratta comunque di un caso di rappresentanza *legale* in senso proprio, dal momento che esse ricevono il potere di rappresentare l'organizzazione non dalla legge, ma *per il fatto di essere nominate a svolgere una funzione*, per lo più quella dell'**organo amministrativo**, *cui lo statuto dell'ente conferisce il potere di agire nei confronti dei terzi in nome e per conto della persona giuridica.*

② La procura

PROCURA Come abbiamo detto, la rappresentanza volontaria deve essere conferita per mezzo di una procura.

> La **procura** è l'atto unilaterale che contiene l'indicazione dei poteri conferiti dal rappresentato al rappresentante.

La procura può essere:

- **generale**, *quando concerne tutti gli affari del rappresentato*;
- **speciale**, *quando riguarda soltanto determinati affari o categorie di affari*.

Procura

Documento

Può contenere **limiti** all'esercizio del potere; ESEMPIO Carlo può decidere di conferire al nipote la procura per vendere la sua auto con l'indicazione che il prezzo non deve essere inferiore a 5.000 euro.

La procura generale è sempre limitata agli atti di ordinaria amministrazione. Non può essere attribuito a un rappresentante il potere di compiere gli atti di carattere *strettamente personale*, come il testamento e la maggior parte degli atti di diritto familiare.

La procura può essere conferita in qualsiasi *forma*, anche tacitamente; se però attribuisce il potere di compiere atti che devono essere stipulati in una determinata forma (per esempio, scritta), anche la procura dev'essere redatta nella stessa forma (art. 1392).

LAVORO SUL CASO

Francesco è un imprenditore che intende fare investimenti in un'isola dalle notevoli potenzialità di sviluppo, ma ancora poco battuta dal turismo di massa. Decide di conferire la procura al suo avvocato perché provveda ad acquistare due strutture alberghiere, una discoteca e due supermercati che, adeguatamente pubblicizzati e valorizzati, potranno attirare molti clienti. (Motiva le risposte)

- A tuo parere, la procura conferita conterrà dei limiti?
- In che forma verrà rilasciata? Come si estinguerà?
- Sarà efficace nei confronti di terzi?

La procura

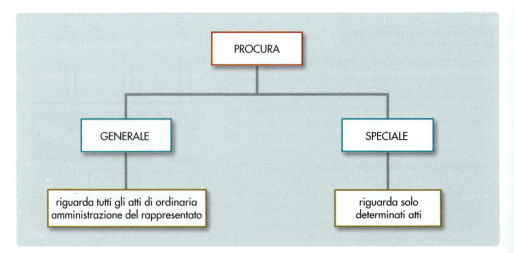

La rappresentanza si estingue quando:

- si estingue il rapporto che sta alla base, è stato svolto il compito per il quale è stata attribuita, oppure è scaduto il termine;
- il rappresentante o il rappresentato muore o diventa incapace, o il rappresentante rinuncia.

Inoltre, la rappresentanza si estingue **per revoca** del rappresentato, ma soltanto se conferita nell'interesse esclusivo di quest'ultimo.

ESTINZIONE
DELLA RAPPRESENTANZA

Le conseguenze della rappresentanza

Come già sappiamo, i diritti e gli obblighi che nascono dal contratto stipulato dal rappresentante in nome del rappresentato si producono in capo a quest'ultimo, *purché il rappresentante si sia qualificato come tale, cioè abbia dichiarato di agire in nome e per conto del rappresentato*. È questa la cosiddetta **spendita del nome**. Correlativamente il terzo che entra in contatto con il rappresentante ha l'**onere** di accertarsi che questi abbia effettivamente i poteri (art. 1393).

EFFETTI
DELLA RAPPRESENTANZA

Qualora il rappresentante agisca senza averne i poteri, cioè sia un **falso rappresentante**, *il contratto che conclude è inefficace nei confronti del rappresentato*, cioè in altre parole *non lo vincola*. Il terzo ignaro, che ha confidato senza propria colpa nell'efficacia del contratto, *ha diritto a essere risarcito degli eventuali danni dal rappresentante senza poteri* (art. 1398).

FALSO RAPPRESENTANTE

LAVORO SUL CASO

Quando un uomo si presenta alla sua porta qualificandosi come il rappresentante incaricato dall'Enel per la riscossione, Bruna, che è anziana e vive sola, non esita a pagare la bolletta che le viene presentata; purtroppo, di lì a qualche giorno ne riceve per posta un'altra relativa al medesimo periodo. Allora, telefona alla società comunicando di aver già pagato, ma con sua grande sorpresa si sente rispondere che la società non aveva incaricato nessuno dei suoi addetti della riscossione delle bollette e che, quindi, il pagamento andava comunque effettuato; Bruna si rifiuta di pagare dicendo che tocca all'Enel recuperare la somma che lei ha già regolarmente pagato.

- **Chi ha ragione?**

Problemi più complessi si pongono quando il contenuto della procura viene modificato (per esempio, viene limitata e il rappresentante non può vendere a un prezzo inferiore a una determinata cifra) o quando la procura viene revocata o si estingue per altre cause.

Modifiche e revoca devono essere portate a conoscenza dei terzi con mezzi idonei. Le eventuali modifiche, la revoca della procura o le altre cause di estinzione dei poteri conferiti con la procura:

* *non sono opponibili ai terzi*, se non si prova che questi ne erano a conoscenza al momento della conclusione del contratto: in altre parole, se la notizia della revoca non viene adeguatamente diffusa o non è comunque nota ai terzi, il contratto *obbliga il rappresentato a eseguirlo*, come se non fossero intervenute né modifiche né revoca né altre cause di estinzione della procura (**tutela dell'affidamento**);
* *sono opponibili ai terzi* qualora siano state rese note con mezzi idonei, o siano comunque state conosciute: ciò significa che il contratto concluso dal rappresentante che non ha più i poteri o che ne eccede i limiti è *inefficace nei confronti del rappresentato*, allo stesso modo e con le stesse conseguenze del contratto concluso dal rappresentante che non ha mai avuto i poteri (art. 1398).

RATIFICA
Tuttavia, con la **ratifica** il rappresentato può far sì che il contratto *sia efficace nei suoi confronti*, come se il rappresentante avesse avuto i poteri necessari.

> La **ratifica** è un *atto unilaterale* con il quale una persona può fare propri gli effetti di un contratto concluso in nome e per conto suo da un'altra persona, che non ne aveva i poteri (art. 1399).

**AGGIRAMENTO
DEI DIVIETI**
Il meccanismo della rappresentanza *non può essere utilizzato*:

* per aggirare il divieto fatto al rappresentato di stipulare determinati contratti: *se il contratto era vietato al rappresentato, lo è anche al rappresentante* (art. 1389 c. 2);
* per aggirare le regole sulla buona fede (art. 1391 c. 2); ESEMPIO se Paolo (rappresentato) è a conoscenza del fatto che Giovanni gli sta vendendo un quadro di cui non è proprietario, non si possono verificare gli effetti dell'art. 1153 ("possesso vale titolo"), anche se per l'acquisto Paolo si avvale di un rappresentante che invece è in buona fede.

**CONTRATTO CONCLUSO
IN CONFLITTO D'INTERESSI**
Il rappresentante e il rappresentato possono trovarsi in una situazione di **conflitto d'interessi** tra loro; ESEMPIO Dario è rappresentante di Massimo, dal quale ha ricevuto l'incarico di vendere una collezione di monete; nel giro di qualche tempo Dario riesce a venderla a Vittorio, che è un suo socio d'affari; in tali casi il contratto è **annullabile** su domanda del rappresentato, anche se questi non riceve alcun danno, come per esempio se la vendita è stata stipulata a un prezzo equo, *purché il conflitto d'interessi fosse conosciuto o riconoscibile da parte del terzo* (art. 1394); quindi, il contratto è annullabile su richiesta di Massimo purché il conflitto di interessi fosse noto a Vittorio, che è il terzo, acquirente delle monete.
Anche qui, dunque, la tutela del rappresentato contro eventuali abusi del rappresentante incontra il limite invalicabile della *tutela dell'affidamento* del terzo.

Caso estremo di conflitto d'interessi tra rappresentante e rappresentato è il cosiddetto **contratto con se stesso**: "il contratto che il rappresentante conclude con se stesso, in proprio o come rappresentante di un'altra parte", è **annullabile** su domanda del rappresentato, a meno che "il rappresentato non lo abbia autorizzato specificamente, ovvero il contenuto del contratto sia determinato in modo da escludere la possibilità di conflitto d'interessi" (art. 1395); ESEMPIO il contratto con il quale il rappresentante vende a se stesso un bene, il cui prezzo di vendita è stato rigidamente fissato dal rappresentato, non è annullabile; se invece il prezzo non è stato rigidamente fissato, il contratto è annullabile anche se il prezzo pagato è equo.

CONTRATTO
CON SE STESSO

In estrema sintesi, la **differenza** fra il caso del conflitto d'interessi (art. 1394) e quello del contratto con se stesso (art. 1395) è la seguente:

- nel primo caso il rappresentato ha l'onere di dimostrare l'esistenza del conflitto, se vuole ottenere l'annullamento del contratto;
- nel secondo caso, invece, è il rappresentante ad avere l'onere di dimostrare l'inesistenza del conflitto, se vuole evitare l'annullamento.

LAVORO SUL CASO

Fabio è un neodiplomato e, da poco, collabora con un tour operator che lo ha incaricato di proporre viaggi e pacchetti turistici per suo conto, determinandone tutte le clausole. I suoi zii, che ne sono venuti a conoscenza, lo chiamano dicendo di essere interessati ad acquistare un soggiorno di 15 giorni a Cuba.

- Nel vendere il pacchetto di viaggio agli zii Fabio potrebbe incorrere in qualche sanzione?
- E se fosse lui stesso ad acquistarlo che cosa accadrebbe?

DIRITTO INTERNAZIONALE PRIVATO

Rappresentanza volontaria: si applica la legge del luogo nel quale il rappresentante ha la propria sede d'affari o esercita in via principale i suoi poteri nel caso concreto (art. 60 l. 218/1995).
Per esempio, se il rappresentante agisce principalmente in Italia, si applica la legge italiana.

PERCORSO DI SINTESI

LA RAPPRESENTANZA

- È il meccanismo per il quale gli effetti degli atti compiuti da una persona (**rappresentante**) in nome di un'altra (**rappresentato**) si producono in capo al rappresentato
- La **rappresentanza** può essere:

VOLONTARIA	LEGALE

LA PROCURA

- Atto unilaterale che conferisce e delimita il **potere** di rappresentare
- La **procura** può essere:

generale quando concerne tutti gli affari del rappresentato	**speciale** quando riguarda soltanto determinati affari o categorie di affari

LE CONSEGUENZE DELLA RAPPRESENTANZA

- Il rappresentante agisce **in nome** del rappresentato, entro i **limiti** della procura, e deve spenderne il nome
- Gli effetti del contratto concluso dal rappresentante si producono **in capo al rappresentato**
- Il terzo che contratta con il rappresentante ha l'**onere** di accertarsi dei suoi poteri
- Il rappresentato che limita o revoca la procura deve darne **notizia** ai terzi

IL RAPPRESENTANTE SENZA POTERI

- Il contratto concluso dal rappresentante senza poteri **non vincola** il rappresentato
- Il rappresentante senza poteri deve risarcire al terzo di buona fede il **danno** derivante dalla stipulazione
- Il rappresentato ha la facoltà di **ratificare** l'operato del rappresentante senza poteri

IL RAPPRESENTANTE IN CONFLITTO D'INTERESSI

- Il contratto stipulato dal rappresentante **in conflitto d'interessi** con il rappresentato è **annullabile**; l'onere di provare il conflitto d'interessi grava sul rappresentato
- Il contratto stipulato dal rappresentante **con se stesso** è **annullabile**; l'onere di provare la mancanza del conflitto d'interessi grava sul rappresentante

VERIFICA
DI FINE UNITÀ

Verifica delle conoscenze

VERO O FALSO

Indica se le seguenti affermazioni sono vere o false.

1 Il rappresentante agisce in nome e per conto del rappresentato ☑V ☐F

2 Il commesso di un negozio è rappresentante del suo datore di lavoro ☑V ☐F

3 La rappresentanza può essere solo volontaria ☑V ☐F

4 Il contratto concluso dal falso rappresentante non vincola il rappresentato ☑V ☐F

5 Il contratto concluso dal falso rappresentante diventa efficace per mezzo della ratifica ☑V ☐F

6 La ratifica è un atto bilaterale ☑V ☐F

7 L'onere di dimostrare l'esistenza del conflitto di interessi spetta al rappresentato ☑V ☐F

8 Il meccanismo della rappresentanza può servire a una persona per aggirare il divieto di stipulare un certo tipo di contratto ☑V ☐F

9 Il contratto che il rappresentante conclude con se stesso può essere annullabile ☑V ☐F

CORRISPONDENZE

Metti in relazione gli elementi del primo gruppo con quelli del secondo.

1 È la persona che ne sostituisce un'altra nella stipulazione di un contratto

2 È la persona in capo alla quale si producono gli effetti del contratto

3 È tale se agisce senza averne i poteri

4 Lo è l'amministratore di sostegno

5 È il soggetto nel cui interesse agisce il rappresentante legale

a rappresentato   b rappresentante legale
c rappresentante   d incapace
e falso rappresentante

1	2	3	4	5

Verifica delle abilità

QUESITI A RISPOSTA SINGOLA

Rispondi utilizzando non più di 4 righe.

1 *What is meant by* agency?

2 Che cos'è la *procura*?

3 Quando si può dire che un contratto è concluso dal rappresentante in una situazione di *conflitto d'interessi*?

4 In quali circostanze si *estingue* la rappresentanza?

5 In che modo devono essere portate a conoscenza dei terzi le *modifiche* e la *revoca* della procura?

6 Si può ricorrere alla rappresentanza per *aggirare dei divieti*?

Trattazione sintetica di argomenti

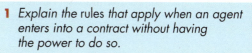

1 *Explain the rules that apply when an agent enters into a contract without having the power to do so.*

2 Analizza le situazioni che possono indurre a un utilizzo sostanzialmente *illecito* dell'istituto della rappresentanza.

RISOLVO IL CASO

Claudia ha ricevuto in eredità alcuni immobili che decide di vendere; a questo scopo incarica Mauro di occuparsene conferendogli il potere di rappresentarla nella stipulazione dei contratti di vendita. Per assolvere l'incarico affidatogli, Mauro prepara un programma complessivo di vendite, che viene approvato da Claudia; si stabilisce che ciascun immobile verrà sottoposto a una perizia per accertarne il valore minimo, e che nessuno di essi potrà essere venduto per un prezzo inferiore a quello indicato dal perito. Successivamente Mauro vende uno degli immobili a una società, il cui amministratore unico, nonché titolare della metà del capitale sociale, è sua moglie. Il prezzo indicato nella perizia per l'immobile è di 100.000 euro; il prezzo pattuito per la vendita è di 105.000 euro. Claudia, scoperta questa vicenda, decide di agire in giudizio per ottenere l'annullamento del contratto di vendita.

• **Ha ragione?**

Unità 13
Gli effetti del contratto

Unit *by* Unit

In Unit 13 you will learn that, once entered into, a contract produces effects. There are two categories: of effects: mandatory and transformative. All contracts have mandatory effects, since they give rise to obligations; only those contracts which implement the transfer of ownership rights in a specific thing, the constitution or the transfer of a real right, or the transfer of another right, have the effect of transferring such rights. As a rule, parties cannot escape the effects of the contract; however, the right to rescind may be allowed by law or by agreement of the parties. In this regard, it is common to pay a sum of money at the time the contract is made (penitential deposit) or at the time of the actual withdrawal from it (penitential fine). Furthermore, contractors may establish, by entering into the contract, that its effects will occur only if and when a defined uncertain future event happens (suspensive condition), or that the effects of the contract will cease to occur if and when that event happens (resolutive condition). With the preliminary contract, the parties agree to enter into the final contract, subject to the content they agreed to in the preliminary instance.

1 Gli effetti obbligatori e gli effetti reali

Una volta concluso, **stipulato**, *il contratto viene a esistenza e produce i suoi effetti*; come abbiamo già accennato, questi sono di **due categorie**: gli *effetti obbligatori* e gli *effetti traslativi o reali*. Per comprendere il significato di queste formule occorre ricordare che il contratto ha la duplice funzione:

- di **fonte dell'obbligazione**;
- di **modo di acquisto** a titolo derivativo della proprietà, o di un altro diritto.

EFFETTI OBBLIGATORI

Si dice che un contratto ha **effetti obbligatori** quando fa sorgere, a carico di una delle parti e a favore dell'altra, un'obbligazione prima inesistente.

Proviamo a capire come questo avviene nella pratica quotidiana.

 Se Davide dà in locazione a Ivan un appartamento di sua proprietà, nel momento stesso in cui il contratto viene concluso sorgono, tra le parti, alcune obbligazioni reciproche; l'obbligazione principale di Davide è quella di consentire a Ivan di utilizzare l'appartamento, mentre quella principale di Ivan è pagare a Davide il canone di locazione.

Se Carlotta vende un camper a Roberto, nel momento stesso della conclusione del contratto sorge un'obbligazione a carico di Roberto, cioè quella di pagare il prezzo concordato; se poi è pattuito che la consegna non avvenga immediatamente, ma dopo un mese, allora sorge anche un'obbligazione a carico di Carlotta e, cioè, quella di consegnare il camper che ha venduto dopo un mese dalla stipulazione del contratto.

Si dice che un contratto ha **effetti traslativi** o **reali**, quando può far acquistare, a uno dei contraenti, la proprietà o un altro diritto, *cioè quando costituisce un titolo idoneo per trasferire tale diritto* (art. 1376).

`ESEMPIO` Se Alberto vende a Paolo un'automobile usata, la proprietà si trasferisce da Alberto a Paolo nel momento in cui il contratto è concluso; e questo avviene anche se è stato concordato che la consegna venga effettuata, per esempio, il giorno successivo.

Giorgio e Fabio sono proprietari di due terreni vicini e stipulano un contratto che costituisce una servitù di passaggio a favore del terreno di Fabio e gravante sul terreno di Giorgio; Fabio diventa titolare del diritto di servitù nel momento stesso in cui il contratto è concluso. Se, poi, Fabio vende il proprio terreno a Carlo, quest'ultimo acquista sia la proprietà dell'appezzamento, sia la servitù di passaggio sul terreno di Giorgio nel momento stesso in cui il contratto è concluso.

Guido ha un credito di 1.000 euro nei confronti di Chiara; vende il suo credito a Roberto; Roberto acquista il credito nel momento in cui il contratto è concluso (tuttavia, deve notificare la cessione a Chiara, altrimenti questa è liberata se paga in buona fede al creditore cedente Guido).

Un contratto, qualsiasi esso sia, *fa sempre sorgere una o più obbligazioni a carico di una o di entrambe le parti;* obbligazioni che dovranno essere adempiute, secondo le regole sull'adempimento. Quindi, *tutti i contratti hanno effetti obbligatori.* Invece, **soltanto alcuni** contratti costituiscono titolo idoneo per il trasferimento della proprietà o per la costituzione o il trasferimento di un diritto reale su cosa altrui: quindi, *soltanto alcuni contratti possono avere anche effetti traslativi o reali.*

Dal punto di vista degli effetti i contratti sono pertanto classificati in due categorie:

- contratti che hanno soltanto **effetti obbligatori** (per esempio, la locazione, il comodato);
- contratti che hanno nello stesso tempo **effetti traslativi** o **reali ed effetti obbligatori** (per esempio, la vendita, la donazione).

Gli effetti traslativi o reali si producono automaticamente al momento della conclusione del contratto: questo accade di regola, ma non sempre e non necessariamente. In alcune situazioni l'effetto reale si verifica in un momento diverso, **successivo.** ~~Vediamo quali sono.~~

APPROFONDIMENTO

Contratti reali e contratti a effetti reali

Sono locuzioni aventi significati del tutto diversi: i *contratti reali* sono quei contratti (pochi) che *si concludono con la consegna della cosa*, come per esempio il contratto di pegno, o di donazione di modico valore secondo gli usi (cosiddetta donazione manuale), o di comodato. La categoria dei contratti reali si contrappone a quella dei *contratti consensuali*, che cioè *si concludono con il semplice consenso*.
I *contratti a effetti reali* sono quei contratti che producono l'effetto di trasferire la proprietà (o di costituire o trasferire un diritto reale su cosa altrui); sono contrapposti alla categoria dei *contratti a effetti soltanto obbligatori*.

Gli effetti del contratto

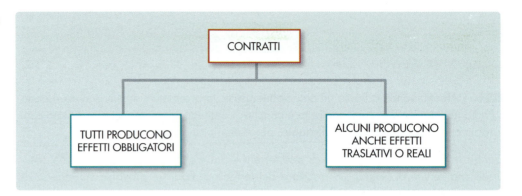

CONTRATTI

TUTTI PRODUCONO EFFETTI OBBLIGATORI

ALCUNI PRODUCONO ANCHE EFFETTI TRASLATIVI O REALI

a) Il trasferimento della proprietà su cose determinate **solo nel genere e nella quantità** si verifica in un momento successivo a quello della conclusione del contratto, e precisamente *nel momento in cui avviene l'individuazione o specificazione* (art. 1378) ESEMPIO se l'Azienda agricola Santa Sofia vende alla Trattoria "Il passatore" una damigiana di vino sangiovese, l'individuazione, cui consegue il trasferimento della proprietà, avviene nel momento in cui la damigiana viene consegnata al vettore (cioè a chi è incaricato di trasportarla al compratore); se il concessionario Opel vende a Bernardo un'automobile nuova, l'individuazione avviene nel momento in cui il veicolo viene consegnato al compratore.

b) Il trasferimento della proprietà su **cose future**, cioè non ancora esistenti quando viene stipulato il contratto, si verifica *soltanto nel momento in cui le cose vengono a esistenza*; ESEMPIO se Maurizio compra dall'impresa edile Case in città un appartamento non ancora costruito, ne acquisterà la proprietà soltanto quando il palazzo nel quale esso si trova sarà costruito.

c) Il trasferimento della proprietà su **cose altrui**, cioè non ancora entrate a far parte del patrimonio dell'alienante, si verifica *soltanto nel momento in cui le cose entrano a farne parte*; ESEMPIO se Alessandra acquista da Luca un gioiello che appartiene a Giuliana, ne acquisterà la proprietà soltanto se, e quando, Luca lo avrà acquistato da Giuliana.

d) L'effetto traslativo o reale si può verificare in un momento successivo a quello indicato dalla legge anche **per accordo fra le parti**: per esempio, nel caso di acquisti a rate (di beni durevoli come automobili, elettrodomestici ecc.) è di solito pattuita la **riserva della proprietà**: il compratore la acquista solo pagando l'ultima rata.

APPROFONDIMENTO

Il trasferimento della proprietà e la consegna della cosa

Il *trasferimento della proprietà* di una cosa e la *consegna* di una cosa sono profondamente diversi: il trasferimento della proprietà è un effetto immediato della conclusione dei contratti che producono effetti traslativi o reali; la consegna *può coincidere* temporalmente con il primo, ma *può anche avvenire in un momento diverso*, per lo più successivo.

184

Sezione C Il contratto e le altre fonti dell'obbligazione

2 Il termine

Gli effetti del contratto possono esaurirsi nell'attimo stesso della sua conclusione: ciò accade quando *un contratto è eseguito immediatamente e le obbligazioni che ne sorgono sono adempiute istantaneamente.*

ESEMPIO Se Emanuele acquista una birra al bar dell'albergo dov'è in vacanza e ne paga subito il prezzo, gli effetti del contratto si esauriscono in un istante: l'effetto reale fa sì che Emanuele divenga immediatamente proprietario della bibita; l'obbligazione di Emanuele di pagarne il prezzo e quella dell'albergo di consegnargli la cosa vengono adempiute immediatamente e, quindi, si estinguono.

Può anche capitare che, durante il soggiorno in albergo, Emanuele acquisti più di una bevanda e ne saldi il prezzo al termine della vacanza.

In questo secondo caso l'obbligazione non è adempiuta immediatamente, ma sottoposta a un **termine** (la fine del soggiorno). Tale termine, come abbiamo studiato in precedenza, è a favore del debitore, salvo sia disposto altrimenti: pertanto prima della scadenza il debitore può adempiere, ma il creditore non può esigere il pagamento (artt. 1184 e 1185 c. 1).

TERMINE PER L'ADEMPIMENTO

Si definisce:

TERMINE INIZIALE E TERMINE FINALE

- **termine iniziale** quello che *indica il momento a partire dal quale deve iniziare l'esecuzione;*
- **termine finale** quello che *indica il momento nel quale deve cessare l'esecuzione.*

ESEMPIO Nel mese di aprile Fabrizio e Silvia stipulano un contratto in base al quale Fabrizio dà in locazione a Silvia un appartamento al mare per il mese di luglio e Silvia si impegna a pagare il canone anticipatamente entro la fine di maggio. Questo è un contratto la cui esecuzione dura nel tempo e i cui effetti sono variamente sottoposti a diversi *termini*.
Più analiticamente: la prestazione di Fabrizio, cioè consentire a Silvia l'utilizzo dell'appartamento, è naturalmente destinata a durare nel tempo ed è sottoposta a un **termine iniziale** (1° luglio), nel quale deve cominciare a essere eseguita, e a un **termine finale** (31 luglio), nel quale cessa di avere esecuzione in quanto è pienamente eseguita e, quindi, l'obbligazione si estingue. La prestazione di Silvia (pagare il canone di locazione) è invece eseguibile istantaneamente ed è in questo caso sottoposta, come nell'esempio precedente, a un *termine entro il quale* dev'essere adempiuta (31 maggio).

3 "Il contratto ha forza di legge tra le parti"

Questa formula è contenuta nell'art. 1372 c. 1 e significa che *le parti sono obbligate a rispettare le regole che esse stesse si sono date stipulando il contratto* o, in altre parole, devono adempiere le obbligazioni che hanno titolo nel contratto.

Una volta stipulato (concluso), dunque, il contratto **vincola** le parti: *ciascuna di queste non può più sottrarsi ai suoi effetti, ovvero non può evitare che essi si producano.*
Può capitare che uno dei contraenti si penta di aver stipulato il contratto: ciononostante, egli *non può per sua sola volontà* evitare che si verifichi l'eventuale trasferimento della proprietà (effetto traslativo o reale), né sottrarsi all'adempimento delle obbligazioni che dal contratto sono sorte (effetto obbligatorio).

DIVIETO DI RECESSO UNILATERALE

Di regola, ciascuna parte non ha, dunque, la **facoltà di recedere** dal contratto, *cioè di far venire meno gli effetti del contratto per volontà unilaterale.*

Tuttavia, è pur sempre possibile che *entrambe le parti si pentano di aver stipulato il contratto*: in tal caso esse possono accordarsi per **scioglierlo**, *cioè per farne venir meno gli effetti* (art. 1372 c. 1). Ma è necessario che si tratti appunto di un **accordo** (detto anche di *mutuo dissenso*), *nel quale sia espressa la volontà di entrambe le parti di far venir meno gli effetti del contratto.*

 ## Il recesso unilaterale

Il **recesso unilaterale**, dunque, di regola è vietato. Tuttavia, vi sono molti contratti nei quali il potere di recedere è concesso dalla legge stessa oppure è concordato fra le parti. Si ha:

- **recesso legale**, *quando la facoltà di recedere dal contratto è concessa dalla legge* (art. 1373 c.c.);
- **recesso convenzionale**, *quando la facoltà di recedere viene concordata tra le parti.*

Il recesso, tanto quello legale quanto quello convenzionale, può essere esercitato liberamente oppure solo in presenza di circostanze predeterminate.
In caso di **recesso libero**, una parte (o entrambe) può recedere quando vuole e per qualsiasi motivo: per esempio, il lavoratore subordinato può liberamente dimettersi, l'utente di energia elettrica può far cessare la somministrazione quando lo desidera.

In caso di recesso **per giusta causa**, invece, una parte (o entrambe) ha una **facoltà di recesso limitata**, *cioè può recedere soltanto se si verificano determinate circostanze indicate*, secondo i casi, dalla legge o dalle parti stesse al momento della stipulazione del contratto. `ESEMPIO` La legge autorizza il datore di lavoro a licenziare il lavoratore soltanto in presenza di una giusta causa.

LAVORO SUL CASO

Marta lavora come cassiera presso un ipermercato; ogni volta che si accorge che i clienti non hanno la carta fedeltà della catena, si offre di utilizzare la propria permettendogli così di usufruire di promozioni e sconti, riservati ai titolari della carta, e riuscendo, al tempo stesso, ad accumulare a proprio vantaggio punti su acquisti fatti da altri. Dopo un certo periodo di tempo, il direttore si accorge di questa situazione e decide di licenziarla.

- **Lo può fare?**

Il codice ammette in linea di massima il **recesso legale** per i *contratti a esecuzione continuativa o periodica, conclusi per un tempo indeterminato.*

Sono **contratti a esecuzione continuativa** o **periodica** quelli che obbligano una parte (o entrambe) a prestazioni continuative o ripetute, dal momento che sono destinate a soddisfare un interesse del creditore che si protrae nel tempo.

Rientrano in questo ambito, per esempio, il contratto di somministrazione per la fornitura di gas o di energia elettrica, il contratto di lavoro subordinato, il contratto di società ecc. Se questi contratti sono conclusi:

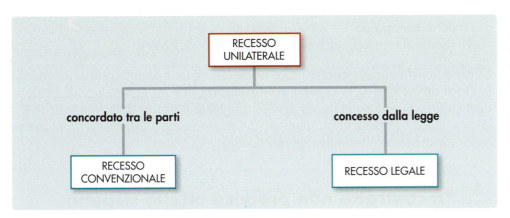

- a **tempo determinato**, *cessano di avere effetto nel momento posto dalle parti come termine finale*;
- a **tempo indeterminato**, *hanno durata potenzialmente illimitata e cessano di aver effetto quando una delle parti, appunto, ne recede.*

La legge ammette il recesso anche in molti *contratti a esecuzione continuativa o periodica che hanno un termine finale* o che comunque sono destinati, per le caratteristiche stesse della prestazione, a non durare oltre un certo tempo: si tratta di *un potere concesso a una parte o a entrambe, che spesso, ma non sempre, può essere esercitato soltanto al verificarsi di determinate circostanze*, costituenti **giusta causa di recesso**: vedi, per esempio, la revoca e la rinunzia del mandato (artt. 1723 e 1727).

ALTRI CASI DI RECESSO LEGALE

> Si parla di **recesso convenzionale** quando una o entrambe le parti hanno facoltà di recedere dal contratto.

RECESSO CONVENZIONALE

Tale potere può essere esercitato soltanto fino al momento in cui non ne è ancora iniziata l'esecuzione (art. 1373 c. 1): se il contratto è a esecuzione continuativa o periodica, il potere di recesso può essere esercitato anche successivamente, cioè a esecuzione già iniziata; in questo caso il recesso di una parte fa cessare gli effetti del contratto solo a partire dal momento in cui viene esercitato (art. 1373 c. 2). Queste norme sono *dispositive*: le parti possono pattuire regole diverse (art. 1373 c. 4).

È frequente che il recesso convenzionale abbia un **prezzo**: i contraenti possono stabilire che quello di loro che desidera recedere debba pagare all'altro una somma di denaro.

CAPARRA PENITENZIALE

LAVORO SUL CASO

Un famoso calciatore stipula un contratto della durata di quattro anni con il proprio club. Nel contratto viene inserita una clausola che prevede la possibilità di recesso da parte del calciatore con versamento di una somma pari a venti milioni di euro.

- È lecito l'inserimento di una clausola di questo tipo nel contratto?

La **caparra penitenziale** è il corrispettivo che una parte riconosce all'altra in cambio della facoltà di recedere o dell'esercizio effettivo di tale facoltà.

La caparra penitenziale *assolve unicamente la funzione di corrispettivo del recesso*; in ciò si differenzia dalla **caparra confirmatoria**, *che ha la funzione di garantire l'adempimento*, e dalla **clausola penale**, *che ha la funzione di determinare in modo preventivo e forfettario l'ammontare del risarcimento del danno per l'inadempimento*; le abbiamo già studiate in precedenza.

"Il contratto non produce effetto rispetto ai terzi"

IL CONTRATTO NON PUÒ FAR SORGERE OBBLIGHI A CARICO DI TERZI

Questa formula, contenuta nell'art. 1372 c. 2, ha un significato più ristretto di quello che può apparire da una prima lettura: *significa soltanto che le regole, che le parti si sono date con il contratto e che devono rispettare, non possono far sorgere obblighi a carico di terze persone*. In altre parole, *significa semplicemente che il contratto non può essere fonte di obbligazioni delle quali siano debitori persone diverse dai contraenti stessi*.

Il contratto a favore di terzi

SCHEMA DEL CONTRATTO A FAVORE DI TERZI

Come abbiamo detto, per mezzo di un contratto le parti non possono far sorgere obbligazioni a carico di terzi, può capitare però che si verifichi la situazione opposta: cioè che si facciano sorgere diritti a favore di terzi.

Si definisce **a favore di terzi** il contratto in cui le parti si accordano affinché la prestazione di una di esse venga eseguita a favore di terzi (art. 1411).

ESEMPIO Se Antonio decide di acquistare, presso l'agenzia Viaggi & Immagini, un pacchetto turistico con soggiorno di due settimane alle Mauritius e lo intesta a suo fratello Matteo, si tratta di un contratto a favore di un terzo: Antonio (*stipulante*) incarica Viaggi & Immagini (*promittente*) di eseguire una prestazione a favore di Matteo (*beneficiario*).

Mario stipula con la società assicuratrice Munich un contratto di assicurazione sulla propria vita, con il patto che alla sua morte la società pagherà la somma a Margherita, la sua vedova: con il contratto Mario (*stipulante*) si obbliga a pagare i premi, mentre la società assicuratrice (*promittente*) si obbliga a pagare la somma a Margherita (*beneficiaria*).

CAUSA

L'art. 1411 c. 1 pone un **requisito** alla validità della stipulazione a favore di terzo, e cioè che *lo stipulante abbia un interesse a far acquistare al terzo il diritto nei confronti del promittente*; se manca tale interesse, la clausola a favore del terzo è **nulla**. Dire che lo stipulante deve avere un interesse significa dire che deve esistere una **causa**, una ragione giustificativa dell'attribuzione di un diritto al terzo.
Negli esempi fatti prima, l'interesse degli stipulanti è quello di compiere un atto di liberalità a favore dei rispettivi familiari. La prestazione dei promittenti a favore dei beneficiari si fonda quindi su questa **causa**: lo spirito di liberalità. Se tale causa viene a mancare, allora è nulla, in quanto priva di causa, anche l'attribuzione del diritto ai terzi.

Con la conclusione del contratto tra stipulante e promittente, il terzo beneficiario *acquista il diritto, senza che occorra alcuna sua dichiarazione in proposito* (art. 1411 c. 2). Lo stipulante può *revocare* la stipulazione a favore del terzo, e ricevere quindi lui stesso la prestazione da parte del promittente (art. 1411 c. 3), *a meno che il terzo beneficiario abbia dichiarato tanto allo stipulante quanto al promittente di volerne profittare, cioè di voler ricevere la prestazione* (art. 1411 c. 2). Naturalmente il beneficiario può *rinunciare* al diritto che gli viene attribuito: allora il promittente deve eseguire la prestazione a favore dello stipulante.

7 La condizione

Stipulando il contratto i contraenti possono stabilire che i suoi effetti:

- *si produrranno soltanto se e quando si verificherà un determinato evento*; allora si dice che il contratto è sottoposto a una **condizione sospensiva**;
- *cesseranno di prodursi se e quando si verificherà un determinato evento*: allora si dice che il contratto è sottoposto a una **condizione risolutiva**.

ESEMPIO Se il tour operator Jet Tours vende a Corrado un viaggio alle isole Galapagos, pattuendo che il viaggio verrà effettuato se si raggiungerà il numero minimo di 25 partecipanti, nel contratto è stata inserita una *condizione sospensiva*: solo se si raggiungerà la soglia di 25 partecipanti, il contratto produrrà i propri effetti obbligando il tour operator a organizzare effettivamente il vaggio.

Invece, un esempio di *condizione risolutiva* si può trovare frequentemente nei contratti d'albergo: il mancato rispetto del regolamento da parte del cliente consente all'albergatore di risolvere immediatamente il contratto.

L'evento, al cui verificarsi sono sottoposti (sospensivamente o risolutivamente) gli effetti del contratto, deve essere:

- **futuro**, *cioè non si deve ancora essere verificato*;
- **incerto**, *cioè tale che siano ragionevolmente possibili tanto il suo verificarsi quanto il suo non verificarsi* (art. 1353).

APPROFONDIMENTO

La condizione meramente potestativa

Dalla condizione potestativa occorre tener ben distinta quella situazione, correntemente chiamata "condizione meramente potestativa" (sospensiva), nella quale la produzione degli effetti del contratto dipende esclusivamente dalla "mera volontà" di uno dei contraenti.

Quando si può parlare di "mera volontà" che si producano o meno gli effetti del contratto? Un esempio può servire più di una definizione astratta a chiarire efficacemente la questione: Sergio pattuisce con Andrea di non fargli concorrenza "se deciderà di non fargliela"; questa ipotesi "se deciderà di non fargliela" costituisce una condizione meramente potestativa. In tali casi manca, a ben vedere, la volontà stessa di assumere obbligazioni: Sergio, pattuendo con Andrea di non fargli concorrenza se deciderà di non fargliela, non si impegna a nulla, non intende assumere alcuna obbligazione; il contratto i cui effetti sono tutti interamente subordinati a una simile condizione è dunque nullo (art. 1355).

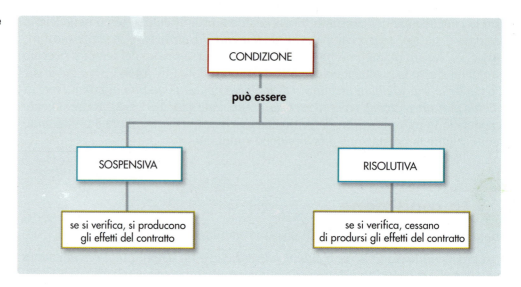

Le parti, utilizzando lo strumento della condizione, possono meglio adattare gli effetti del contratto agli scopi che si prefiggono di raggiungere: possono cioè ottenere il risultato di dare una rilevanza a quei motivi soggettivi del contrarre che, come abbiamo visto studiando la causa, sono altrimenti di regola irrilevanti.

CONDIZIONE CASUALE E CONDIZIONE POTESTATIVA

Il verificarsi o meno dell'evento posto come condizione può essere:

- *interamente indipendente dalla volontà dei contraenti*, allora si dice che gli effetti del contratto sono sottoposti a una **condizione casuale**;
- *influenzato in modo decisivo dalla volontà di una delle parti:* allora si dice che gli effetti del contratto sono sottoposti a una **condizione potestativa**.

CONDIZIONE IMPOSSIBILE

Si dice che la condizione è **impossibile**, se è impossibile che si verifichi l'evento posto come condizione nel contratto (art. 1354 c. 2).

APPROFONDIMENTO

Pendenza della condizione, aspettativa e diritto condizionato

Nel periodo di tempo durante il quale è incerto se l'evento posto come condizione si verificherà o meno, si dice che la condizione è **pendente**.

Se si tratta di una *condizione sospensiva:*

- il contraente che acquisterà il diritto se la condizione si verificherà ha un'*aspettativa*;
- l'altro contraente ha invece un *diritto condizionato*.

Se, invece, è una *condizione risolutiva:*

- il contraente che ha acquistato il diritto (e lo perderà se la condizione si verificherà) ha un *diritto condizionato*;
- l'altro contraente ha invece un'*aspettativa*.

Chi ha un *diritto condizionato* può esercitar-

lo (art. 1357) e anche trasferirlo ad altri, che lo acquista *sottoposto alla stessa condizione*. Chi ha invece un'*aspettativa* può compiere *atti conservativi* (art. 1356): per esempio, l'acquirente sotto condizione sospensiva di una cosa mobile può ottenerne il sequestro se vi è il fondato pericolo che essa possa essere venduta durante la pendenza della condizione (se fosse venduta, egli perderebbe la possibilità di acquistarne la proprietà al verificarsi della condizione per effetto della regola "possesso vale titolo" a favore del secondo acquirente). Finché la condizione è pendente, ciascuna parte deve comportarsi secondo *buona fede*, per conservare integre le ragioni dell'altra parte (art. 1358): per esempio, non può lasciare che la cosa alienata sotto condizione si deteriori.

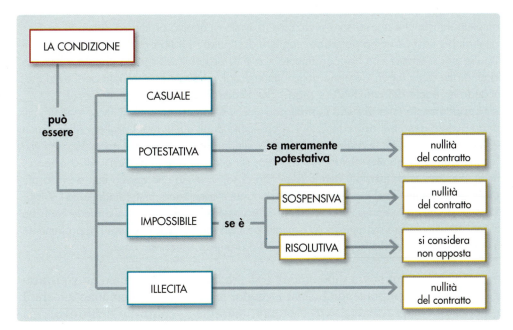

Una condizione *sospensiva impossibile* fa sì che gli effetti del contratto al quale è apposta non possano mai prodursi: indica, in altre parole, che manca ogni volontà di assumere obbligazioni, sicché un simile contratto è **nullo**.

Una condizione *risolutiva impossibile*, invece, è **nulla** essa stessa, ma non rende nullo il contratto; pertanto si può dire che sia *come non apposta*; ESEMPIO se Alberto vende a Massimo una barca a vela, con il patto che il contratto verrà risolto se si prosciugherà il mare, il contratto è pienamente valido e una simile condizione è come se non esistesse.

È **illecita** la condizione che incoraggia o premia una condotta illegale contraria a norme imperative, di ordine pubblico o buon costume, oppure quando monetizza il compimento di scelte che rientrano nella sfera delle libertà fondamentali della persona.

ESEMPIO Ettore è sindaco di un piccolo paese e fa in modo che la Bozzi Costruzioni ottenga un appalto per la costruzione di una strada comunale, a condizione che il titolare dell'impresa gli assicuri un certo numero di voti di preferenza alle elezioni comunali.

I contratti aventi una condizione illecita, tanto sospensiva quanto risolutiva, sono **nulli**.

Il contratto preliminare

Nel corso delle trattative dirette alla stipulazione di un contratto, può succedere che le parti raggiungano un accordo completo, ma che ciononostante una di esse (o entrambe) mantenga un qualche grado di incertezza sull'opportunità o meno di stipulare definitivamente il contratto.

ESEMPIO Caterina intende acquistare l'appartamento che Marco ha messo in vendita, ma non è certa che Marco abbia il diritto di disporne (primo caso); oppure Caterina, essendosi rivolta all'impresa costruttrice Beta per l'acquisto di un appartamento non ancora edificato, non ha completa fiducia che questo sarà realizzato al livello di qualità promesso (secondo caso).

In entrambi i casi Caterina potrebbe scegliere di stipulare subito il contratto di compravendita. Se poi si scopre che l'appartamento non è di proprietà di Marco oppure è gravato da un diritto reale altrui, Caterina potrà ottenere dal venditore la garanzia per l'evizione, secondo le regole dell'art. 1479 e segg., che studieremo in seguito (primo caso).

Se l'appartamento (che appena costruito diventerà automaticamente di sua proprietà, secondo quanto detto nel precedente § 1 a proposito degli effetti reali) risulterà rifinito a un livello qualitativo inferiore a quello promesso, Caterina potrà ottenere la garanzia per i vizi e la mancanza di qualità della cosa venduta, secondo le regole dell'art. 1490 e segg., che studieremo anch'esse più avanti (secondo caso). È ovvio che questa non è la via più conveniente: infatti ciò che interessa a Caterina non è concludere immediatamente l'affare, ma piuttosto avere la certezza che l'affare potrà essere concluso *se* e *quando* le verifiche sui registri immobiliari avranno dato risultato positivo (primo caso) oppure l'appartamento sarà stato costruito e rifinito al livello qualitativo promesso (secondo caso).

CONTRATTO PRELIMINARE In queste situazioni la via più comoda e sicura è quella di stipulare un **contratto preliminare** di compravendita. Così facendo, le parti non concludono ancora il contratto di compravendita vero e proprio (cosiddetto **contratto definitivo**), ma *sono soltanto obbligate a stipularlo se e quando se ne verificheranno le condizioni.*

> Il **contratto preliminare** è dunque un vero e proprio contratto: il suo effetto è però soltanto quello di obbligare le parti a stipulare il contratto definitivo, secondo il contenuto prestabilito di comune accordo.

Contratto preliminare di compravendita | Documento

Il preliminare deve specificare tutti gli elementi del contratto definitivo che le parti si impegnano a stipulare, e *dev'essere redatto nella forma eventualmente richiesta dalla legge per il contratto definitivo* (art. 1351).

Se poi una parte non adempie la sua obbligazione, cioè si rifiuta di stipulare il contratto definitivo, allora è inadempiente, a meno che tale rifiuto sia giustificato da un inadempimento dell'altra parte.

ESEMPIO Riprendiamo il secondo degli esempi fatti prima; se, una volta ultimato, l'appartamento risulta conforme alla qualità e alle caratteristiche promesse, Caterina *deve stipulare* il contratto definitivo di compravendita; invece, si può rifiutare soltanto se l'abitazione non è conforme alle caratteristiche concordate.

TRASCRIZIONE Il contratto preliminare con il quale le parti si impegnano a stipulare un contratto definitivo di trasferimento della proprietà su un bene immobile, o di trasferimento, costituzione, modificazione, estinzione di diritti reali di godimento su un bene immobile, *può essere trascritto sui registri immobiliari, purché sia stipulato in forma di atto pubblico o di scrittura privata autenticata* (art. 2645 bis).

ESECUZIONE COATTIVA DEL PRELIMINARE INADEMPIUTO La parte che subisce l'inadempimento del contratto preliminare può *ottenere dal giudice una sentenza che produca gli stessi effetti del contratto definitivo non concluso* (art. 2932), oltre al risarcimento degli eventuali danni ulteriori: si tratta di una forma particolare e molto efficace di **esecuzione in forma specifica**.

ESEMPIO Ritornando all'esempio fatto sopra, dinanzi all'inadempimento di Caterina, l'impresa Beta può ottenere una sentenza che produca gli stessi effetti del contratto di compravendita, cioè che trasferisca la proprietà dell'appartamento a Caterina facendo sorgere a suo carico l'obbligazione di pagare il prezzo.

Giorgio intende vendere il cascinale, che possiede in provincia di Siena. Mario è interessato ad acquistarlo per poter avviare un'attività agrituristica. Così i due stipulano un preliminare in attesa di definire con precisione il contratto definitivo. Ma dopo qualche mese Giorgio telefona a Mario e gli comunica che non intende più vendere.

- **Lo può fare?**
- **E Mario, che cosa può fare? Prova a esaminare le possibili soluzioni.**

Il contratto preliminare è utilizzato molto di frequente, soprattutto come fase preparatoria di un contratto che trasferisce la proprietà su un immobile: nella pratica degli affari viene allora spesso denominato "compromesso". Esso, però, può essere impiegato come fase preparatoria di qualsiasi contratto a titolo oneroso.

Il contratto preliminare dev'essere tenuto distinto dalle cosiddette **minute**, delle quali si è già parlato a proposito dell'**accordo tra le parti**.

APPROFONDIMENTO

Il "compromesso"

Con la parola **compromesso**, assai comunemente usata nella pratica degli affari, si possono indicare atti aventi diverso valore:

a) il "compromesso" spesso è (come indicato nel testo) un **contratto preliminare di vendita**: *quindi non trasferisce la proprietà all'acquirente, ma obbliga soltanto le parti a stipulare il contratto definitivo*; se riguarda beni immobili, dev'essere redatto in forma scritta e può essere trascritto;

b) il "compromesso" può essere un **contratto definitivo** di vendita di beni immobili o di beni mobili registrati, *ma redatto in forma*

di semplice scrittura privata: esso è valido e produce i suoi effetti (dunque trasferisce la proprietà all'acquirente), ma non consente di effettuare la trascrizione; con questo "compromesso" le parti si obbligano poi esplicitamente anche a documentare successivamente il loro accordo con un atto pubblico, di modo che sia possibile effettuare la trascrizione.

Dall'interpretazione del testo di ciascun compromesso si può ricavare se le parti hanno inteso stipulare un preliminare di vendita (ipotesi a), oppure una vendita vera e propria (ipotesi b).

---

9 La cessione del contratto

Ciascun contraente (detto **cedente**) può trasferire ad altri la sua posizione contrattuale, *cioè cedere i propri diritti e gli obblighi nascenti dal contratto, purché l'altro contraente* (detto **ceduto**) *dia il suo consenso* (art. 1406).

Il consenso è **indispensabile**, *dal momento che la cessione del contratto comporta non soltanto una cessione di crediti, per la quale sarebbe sufficiente l'accordo tra cedente e cessionario, ma anche una cessione di debiti, per la quale è invece necessario anche il consenso del creditore.*

Per effetto della cessione, il cessionario acquista tutti i diritti e gli obblighi che facevano capo al cedente (e correlativamente quest'ultimo li perde) a partire dal momento in cui il contraente ceduto acconsente (art. 1408 c. 1): le prestazioni reciproche non ancora eseguite, pertanto, dovranno essere effettuate tra il contraente ceduto e il cessionario.

EFFETTI OBBLIGATORI ED EFFETTI REALI	• Hanno **effetti obbligatori** tutti i contratti, poiché fanno sorgere obbligazioni • Hanno **effetti traslativi** o **reali** i contratti che trasferiscono la proprietà o un altro diritto, reale o obbligatorio • L'effetto traslativo o reale si verifica:

<table>
<tr>
<td>di regola al momento della conclusione del contratto</td>
<td>successivamente se:
• si tratta di cose determinate solo nel genere e nella quantità
• si tratta di cose future
• si tratta di cose altrui
• le parti hanno concordato che avvenga in un momento successivo</td>
</tr>
</table>

IL TERMINE	• *Termine*: tempo nel quale dev'essere effettuata una prestazione che si adempie istantaneamente • *Termine iniziale*: tempo a partire dal quale una prestazione continuativa o periodica dev'essere eseguita • *Termine finale*: tempo entro il quale una prestazione continuativa o periodica deve cessare di essere eseguita

IL RECESSO UNILATERALE	• Di regola, le parti non possono sottrarsi agli effetti del contratto (regola); tuttavia la facoltà di recesso può essere ammessa dalla legge o dalle parti (eccezione) • La facoltà di recesso – quando ammessa – può essere esercitata, secondo i casi, in modo *libero* o solo in presenza di *circostanze predeterminate* (giusta causa) • *Recesso legale* (ammesso dalla legge): è consentito nei contratti a esecuzione continuativa o periodica stipulati a tempo indeterminato e in tutti i casi in cui la legge lo prevede espressamente • *Recesso convenzionale* (concordato dalle parti): è regolato secondo la volontà delle parti • È frequente il pagamento di una somma di denaro o al momento della stipula (*caparra penitenziale*) o al momento dell'effettivo recesso (*multa penitenziale*)

IL CONTRATTO E I TERZI	• Di regola il contratto non produce effetti nei confronti dei terzi • La promessa del fatto del terzo non vincola il terzo il cui fatto viene promesso • Il contratto è a favore di terzo quando le parti concordano che la prestazione di una di esse sia eseguita a favore di un terzo beneficiario

LA CONDIZIONE

Evento **futuro** e **incerto** al cui verificarsi è subordinato:

| il prodursi degli effetti di un contratto **(condizione sospensiva)** | il venir meno degli effetti di un contratto **(condizione risolutiva)** |

- La **condizione** può essere:

  casuale o **potestativa**

  meramente potestativa: il contratto è nullo

  impossibile: se sospensiva il contratto è nullo; se risolutiva si considera non apposta

  illecita (l'illiceità sta nel nesso tra fatto condizionante ed effetti del contratto): il contratto è nullo

- Quando la condizione è **pendente**, la parte che acquisterà il diritto se si verificherà la condizione ha un'aspettativa, l'altra un diritto condizionato

IL CONTRATTO PRELIMINARE

- Obbliga le parti a stipulare il contratto definitivo secondo il contenuto così concordato
- Se una parte non lo adempie, l'altra può ottenere con una sentenza gli stessi effetti che avrebbe avuto il contratto non concluso

LA CESSIONE DEL CONTRATTO

- È possibile cedere diritti e obblighi nascenti da un contratto purché il contraente ceduto dia il proprio consenso

VERIFICA
DI FINE UNITÀ

Verifica delle conoscenze

VERO O FALSO

Indica se le seguenti affermazioni sono vere o false.

1 Una volta stipulato, il contratto viene a esistenza ⬜V ⬜F

2 Una volta stipulato, il contratto produce solo ed esclusivamente effetti obbligatori ⬜V ⬜F

3 Il contratto di compravendita produce effetti reali ⬜V ⬜F

4 Il recesso può essere concordato tra le parti ⬜V ⬜F

5 Un contratto non può essere stipulato a favore di terzi ⬜V ⬜F

6 Il contratto di assicurazione può essere stipulato a favore di terzi ⬜V ⬜F

7 Se il contratto potrà produrre i suoi effetti solo al verificarsi di un certo evento, si parla di condizione sospensiva ⬜V ⬜F

8 La condizione è un evento futuro e certo ⬜V ⬜F

9 Stipulando il contratto preliminare si può evitare di stipulare quello definitivo ⬜V ⬜F

10 Per la cessione del contratto è sufficiente l'iniziativa di una delle parti ⬜V ⬜F

CORRISPONDENZE

Metti in relazione gli elementi del primo gruppo con quelli del secondo.

1 È il corrispettivo per il recesso convenzionale

2 È indispensabile per la cessione del contratto

3 Ha effetti soltanto obbligatori

4 È la fase preparatoria di un contratto che trasferisce la proprietà su un immobile

5 È il tempo nel quale deve essere effettuata la prestazione

a locazione **b** compromesso
c termine **d** caparra penitenziale
e consenso

1	2	3	4	5

COMPLETAMENTO

Inserisci i termini mancanti (attenzione ai distrattori!).

1 Nel contratto a favore di terzi intervengono i seguenti soggetti: ...., che è colui che indica il terzo beneficiario del contratto, ..., che è la parte tenuta a eseguire la prestazione, e ...., ovvero colui che si avvantaggerà dell'esecuzione del contratto.

beneficiario; titolare; promittente; committente; stipulante; obbligato.

2 Il contratto .... obbliga le parti a stipulare il contratto .... secondo il contenuto così concordato: se una parte non lo adempie, l'altra può ottenere con una .... gli stessi .... che avrebbe avuto il contratto non concluso.

sentenza; definitivo; preliminare; perizia; informale; obblighi; effetti.

Verifica delle abilità

Completa lo schema.

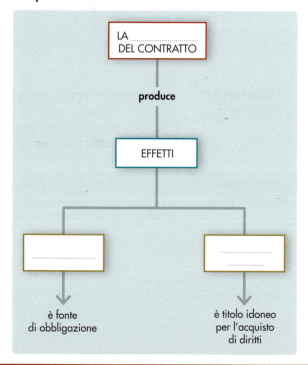

LA .... DEL CONTRATTO

produce

EFFETTI

.... è fonte di obbligazione

.... è titolo idoneo per l'acquisto di diritti

DI CHE COSA STIAMO PARLANDO?

Rispondi dopo aver letto gli indizi.

1 Si tratta di un evento futuro e incerto che può condizionare l'efficacia del contratto ....

2 È il recesso consentito in tutti i casi previsti espressamente dalla legge ....

3 È il requisito posto dal codice civile per la validità della stipulazione a favore di un terzo ....

4 È la parte che deve adempiere la prestazione nel contratto a favore di terzi ....

5 Rientrano in questa categoria il contratto di lavoro subordinato e quello di società ....

CACCIA ALL'ERRORE

Individua e correggi le parole errate.

1 Gli effetti obbligatori del contratto trasferiscono la proprietà

2 Si parla di recesso per giusta causa quando le parti possono recedere dal contratto in qualsiasi momento ....

3 La condizione potestativa è indipendente dalla volontà delle parti ....

4 La condizione sospensiva impossibile rende il contratto annullabile ....

5 Per la facoltà di recedere una parte corrisponde all'altra la caparra confirmatoria ....

QUESITI A RISPOSTA SINGOLA

Rispondi utilizzando non più di 4 righe.

1 *What are the mandatory effects of a contract?*

2 *What are the transformative effects of a contract?*

3 Che differenza c'è tra *contratti a effetti traslativi e contratti reali*?

4 Qual è il significato effettivo della regola "*il contratto non produce effetti rispetto a terzi*"?

5 Quali sono le *ragioni* che spingono a stipulare un contratto preliminare?

Trattazione sintetica di argomenti

1 Analizza le differenti situazioni in cui l'*effetto traslativo* non si verifica alla conclusione del contratto.

2 *Explain the concept of condition, focusing on its features and effects.*

3 Illustra la differenza tra *caparra penitenziale* e *caparra confirmatoria*.

RISOLVO IL CASO

Tommaso e Rita sono una coppia di coniugi senza figli, che risiede e lavora in città e decide di prendere in locazione per 5 anni un appartamento in un paesino di montagna, per passarci i fine settimana e le vacanze. Il locatore, un signore attempato che non sopporta nessun rumore, non sopporta la vitalità dei bambini e ne teme la capacità di far danni, ha imposto nel contratto una clausola contenente una condizione risolutiva: se i locatari avranno un figlio, il contratto cesserà immediatamente di produrre effetti. Dopo 2 anni Tommaso e Rita diventano genitori di un bambino; il locatore, considerata verificata la condizione risolutiva, cambia la serratura, per impedire ai locatari l'accesso all'appartamento. Dal canto loro, Tommaso e Rita, non riuscendo più a utilizzare l'appartamento, sostengono che il locatore è inadempiente, dato che ha violato il suo obbligo di garantire il pacifico godimento dell'immobile; di conseguenza, pretendono un risarcimento del danno.

• **Chi ha ragione?**

Unità 14

I limiti all'autonomia contrattuale e la tutela del consumatore

Unit *by* Unit

In Unit 14 you will learn that the doctrine of freedom of contract has some limits, which are imposed by public authorities, often with the aim of protecting the weaker contracting party. Firstly, the law states that the general conditions of a contract, where they are arranged by one of the contracting parties, are effective against the other party only if he or she was aware of them before entering into the contract, or if he or she could have known of them by using reasonable diligence. Moreover, in the event that the standard conditions of a contract contain onerous clauses, they are effective only if specifically agreed to, in writing, by the other contracting party. Onerous clauses are also dealt with under the Consumer Code, where they are concerned with protecting consumers with regard to the contracts a consumer enters into with professionals.

 1 ## I limiti all'autonomia contrattuale

Nell'unità dedicata al concetto di contratto e alle sue funzioni abbiamo studiato l'autonomia contrattuale in generale: abbiamo accennato che essa incontra dei **limiti** e, precisamente, *quei limiti che la libertà degli scambi incontra in ogni società*. Abbiamo anche parlato degli obiettivi che il potere pubblico persegue stabilendo tali limiti. Ora, occorre approfondire la disciplina dei più importanti tra questi limiti.

LIMITI STABILITI DA NORME IMPERATIVE NELL'INTERESSE GENERALE

Le discipline contrattuali imposte dalla legge Accade con frequenza che una delle due parti contraenti stipuli il contratto allo scopo di soddisfare un proprio bisogno di carattere primario; dal momento che *la soddisfazione di alcuni di questi bisogni è considerata d'interesse generale*, la legge dà una particolare tutela a quello dei contraenti che stipula il contratto appunto allo scopo di soddisfarli. I casi più significativi sono quelli del lavoro subordinato e dei contratti di **locazione di immobili urbani**. In questi contratti la legge stabilisce in modo imperativo, cioè non derogabile dalle parti, gran parte della disciplina dei diritti e degli obblighi che da essi nascono. Un altro caso significativo è quello dei contratti aventi per oggetto la vendita di beni di consumo, ove la legge stabilisce in modo imperativo quali diritti spettano ai consumatori.

Qualora le parti stabiliscano clausole contrastanti con le prescrizioni di legge, queste sono *nulle e automaticamente sostituite con la corrispondente norma imperativa* (artt. 1419 c. 2 e 1339).

MONOPOLI LEGALI

L'obbligo di contrarre Chi esercita attività economiche in condizioni di **monopolio legale** è obbligato a stipulare contratti, aventi a oggetto la prestazione dei beni o dei servizi da lui offerti, *con chiunque ne faccia richiesta*; è inoltre tenuto a rispettare il principio della *parità di trattamento fra tutti gli utenti* (art. 2597). In questi casi l'autonomia contrattuale è ridotta al minimo.

Agiscono di solito in situazione di monopolio legale le aziende municipali che gestiscono i trasporti pubblici urbani. Si tratta di attività per le quali, oltre all'**obbligo di contrarre**, si applicano anche prezzi e tariffe stabiliti d'imperio dall'autorità pubblica. Questa compie così un atto di governo dell'economia, influenzando le scelte dei privati, orientandole sull'uso di un tipo di mezzo di trasporto piuttosto che di un altro, e garantendo che quel servizio pubblico resti economicamente alla portata della stragrande maggioranza della popolazione.

La tutela del lavoro subordinato Si tratta di un complesso normativo assai ampio, che studieremo più avanti. Qui basta ricordare, come esempi, alcuni aspetti particolarmente importanti della disciplina del lavoro subordinato, quali i licenziamenti, i diritti sindacali, i minimi salariali stabiliti dalla contrattazione collettiva.

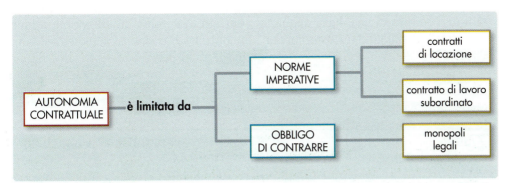

2. Le condizioni generali di contratto e le clausole vessatorie

Nel sistema economico contemporaneo lo sviluppo della produzione di beni e servizi in serie e delle attività commerciali, bancarie, finanziarie, assicurative su larga scala ha portato profonde modifiche nel modo di stipulare i contratti e nell'ampiezza stessa dell'autonomia contrattuale dei singoli.

Le imprese che producono beni e servizi in serie, soprattutto se sono di grandi dimensioni, operano spesso in situazioni di mercato lontane, a volte anche di molto, dal modello astratto della libera concorrenza perfetta e dispongono di conoscenze del mercato, delle caratteristiche tecniche dei prodotti, della loro sicurezza e affidabilità, che superano di gran lunga quelle dell'altra parte contraente.

A partire da questa situazione di fatto, esse hanno anzitutto una forte convenienza a fissare **unilateralmente**, in modo costante e uniforme, il contenuto dei contratti che stipulano, *cioè a stabilire delle condizioni generali di contratto, che disciplinano la loro attività contrattuale secondo regole e modi unificati.*
Tali **condizioni generali di contratto**, *quando sono predisposte da uno dei contraenti, sono efficaci nei confronti dell'altro soltanto se questi le conosce o se dovrebbe conoscerle, usando l'ordinaria diligenza* (art. 1341 c. 1).
Si tratta di un aspetto non solo formale, ma di grande importanza sostanziale: in primo luogo, *in questi casi non vi è la possibilità di condurre una vera e propria trattativa,* nella quale le parti, con aggiustamenti e concessioni reciproche, cercano di raggiungere la mediazione ottimale tra i loro interessi. Le condizioni generali

di contratto fissate unilateralmente corrispondono **esclusivamente** all'interesse di chi le ha fissate: l'altra parte ha soltanto l'alternativa secca fra prendere e lasciare.

CLAUSOLE VESSATORIE Ma vi è di più: le imprese che intendono fissare unilateralmente le proprie condizioni generali di contratto e, soprattutto, che hanno il potere economico di farlo non perdono l'occasione di inserirvi clausole che prevedono **disparità** più o meno forti fra i diritti che il contratto garantisce loro e i diritti che garantisce all'altro contraente: per esempio, clausole che limitano la loro responsabilità per inadempimento, che in vario modo aggravano il rischio contrattuale dell'altra parte, che limitano le possibilità dell'altra parte di far valere i diritti nascenti dal contratto. Queste clausole si chiamano vessatorie e costituiscono un fattore di squilibrio e di ingiustizia nel contratto.

Gli esempi di contratti il cui contenuto è fissato unilateralmente sono innumerevoli: basti pensare ai contratti con le banche, ai contratti di assicurazione, ai contratti di fornitura di gas, luce, acqua, ai contratti di vendita di automobili nuove, ai contratti di viaggio "tutto compreso", ai contratti di trasporto aereo e così via.

Si tratta di contratti il cui testo è redatto, per lo più a stampa, da parte dell'impresa: al singolo cittadino contraente non resta che completarlo con il proprio nome e con la precisazione degli estremi dell'operazione che viene compiuta, nonché apporre in calce una firma di accettazione globale. I contratti conclusi a questo modo sono detti **contratti per adesione**.

In queste circostanze porsi l'obiettivo di tutelare il contraente più debole significa cercare di ricondurre a giustizia ed equità scambi stipulati in condizioni di forte disparità di potere economico, di informazione tecnica e di conoscenza del mercato. Si ricordi comunque che le clausole contrattuali che escludono o limitano preventivamente la responsabilità di un contraente *per un inadempimento dovuto a suo dolo o a sua colpa grave* sono in ogni caso **nulle** e si considerano, quindi, come **non apposte** (art. 1229).

GIUSTIZIA NELLO SCAMBIO CONTRATTUALE Gli strumenti giuridici che perseguono il fine di ricondurre a giustizia scambi contrattuali stipulati da contraenti in condizioni tanto impari sono di diverse specie:

- l'uno, di lunga tradizione, formale e poco efficace, è finalizzato alla **tutela del contraente più debole**, *intendendo come tale quello che non ha predisposto unilateralmente il testo contrattuale*;
- l'altro, di più recente introduzione, sostanziale ed efficace, è finalizzato alla **tutela dei consumatori**, *intendendo come tali coloro i quali stipulano il contratto al di fuori dell'esercizio della propria attività professionale*.

La tutela del contraente debole contro le clausole vessatorie La **tutela formale del contraente più debole** si applica *quando il testo contrattuale è predisposto unilateralmente da una parte, qualunque sia l'oggetto del contratto*. È inoltre irrilevante la condizione personale del contraente: se nell'esercizio della sua attività professionale o al di fuori della stessa. Lo scopo è soltanto quello di *richiamare l'attenzione del contraente che non ha predisposto il testo*, cioè del contraente debole.

Qualora nelle condizioni generali di contratto siano contenute delle clausole vessatorie (elencate nell'art. 1341 c. 2), queste sono efficaci soltanto se approvate **specificamente per scritto** dall'altro contraente. Pertanto, nella prassi comune, dopo la firma di accettazione complessiva del testo del contratto, vi è un richiamo fatto *una per una a tutte le clausole che hanno un contenuto vessatorio*; segue una seconda firma, di accettazione specifica di tali clausole.

3 La tutela del consumatore

L'Unione europea ha intrapreso da tempo uno sforzo piuttosto intenso per migliorare la tutela del consumatore, rafforzandola e completandola, e per uniformare sul punto la legislazione dei vari paesi che ne fanno parte: così ha emanato numerose **direttive**, destinate a essere recepite nel diritto interno degli stati membri dell'Unione. A partire dagli anni Novanta del Novecento, anche in Italia sono stati introdotti molti provvedimenti legislativi che hanno doverosamente recepito i principi e le regole delle direttive europee. Essi costituivano un insieme disorganico, che qua e là presentava pure qualche contraddizione.

Nel 2005, dopo parecchi anni di preparazione, gran parte di questi provvedimenti legislativi è stata riorganizzata in un **testo unico**, il **codice del consumo** (d.lgs. 206/2005). Il codice contiene poche innovazioni sostanziali rispetto al diritto precedentemente vigente, limitandosi per lo più ad assemblare e rinumerare le norme che prima erano sparse in diversi provvedimenti legislativi. Tuttavia, esso ha una struttura organica, che pone in buona evidenza i principi generali cui si ispira la tutela dei consumatori. Fra le molte materie regolate dal codice del consumo ricordiamo, oltre a quelle trattate in questa unità, la disciplina della responsabilità del produttore per i prodotti difettosi, di cui parleremo più avanti in questa sezione.

I **principi fondamentali** del sistema di protezione legale dei consumatori e degli utenti dei servizi pubblici e privati (art. 2 cod. cons.) sono:

- tutela della salute;
- garanzia della sicurezza e della qualità dei prodotti e dei servizi;
- garanzia di informazione e pubblicità corrette;
- garanzia di trasparenza ed equità nei rapporti contrattuali;
- garanzia di servizi pubblici di buona qualità ed efficienza.

La tutela dei consumatori può svolgersi tanto in forma individuale quanto in forma collettiva e associativa; quest'ultima dovrebbe essere aiutata a svilupparsi.

L'art. 3 cod. cons. contiene le **definizioni terminologiche** da applicare all'intero codice, secondo un'abitudine di origine anglosassone, divenuta comune nella normativa dell'Unione europea; vediamole.

Consumatore o **utente** è la persona fisica che agisce per scopi estranei alla propria attività imprenditoriale o professionale; **professionista** è la persona fisica o giuridica che agisce nell'esercizio della propria attività imprenditoriale o professionale (lett. a).

Produttore è chi dichiara di fabbricare il prodotto o lo importa nell'Unione europea (lett. b).

Prodotto è qualsiasi oggetto, purché non già usato, destinato al consumatore o che si può ragionevolmente prevedere sia destinato a essere utilizzato dal consumatore (lett. c).

I principali aspetti di **tutela del consumatore**, ~~che studieremo~~, sono i seguenti:

- la tutela contro le clausole vessatorie;
- la tutela in caso di contratti stipulati fuori dai locali commerciali o a distanza;
- le garanzie per i vizi dei beni di consumo;
- la responsabilità civile del produttore di beni di consumo.

La tutela del consumatore contro le clausole vessatorie

CONSUMATORE E PROFESSIONISTA

La **tutela del consumatore contro le clausole vessatorie** è contenuta negli artt. '33-38 cod. cons. Essa offre al consumatore una **tutela sostanziale** in ogni contratto che egli stipula con il professionista, *attribuendogli alcuni diritti irrinunciabili* (art. 143 cod. cons.).

FINALITÀ

Si cerca così di garantire, nei limiti del possibile, *tanto la completezza e la chiarezza nella determinazione del contenuto del contratto, quanto la giustizia e l'equità nelle regole che governano lo scambio contrattuale fra le parti*, impedendo l'apposizione di **clausole vessatorie**.

La tutela del consumatore, invece, *non riguarda l'adeguatezza del corrispettivo che il consumatore paga per ottenere la prestazione del professionista*: questo resta **liberamente** determinato dalle parti.

CLAUSOLE CHE SI PRESUMONO VESSATORIE

Le **clausole vessatorie** nei contratti del consumatore sono divise in due categorie:

- quelle che *si presumono vessatorie*;
- quelle *la cui vessatorietà dev'essere dimostrata caso per caso dal consumatore*; in questa seconda categoria potrebbe rientrare qualsiasi clausola.

Le *clausole che si presumono vessatorie* sono elencate nell'art. 33 cod. cons.; la lettura di questa norma è assai istruttiva sulla scorrettezza delle pratiche commerciali impiegate da molte imprese.

Fra le molte clausole che si presumono vessatorie ricordiamo quelle che permettono:

- la limitazione della responsabilità del professionista per danni alla persona del consumatore;
- la limitazione della facoltà del consumatore di far valere i suoi diritti nei confronti del professionista;
- il recesso dal contratto in modo diverso per le due parti, più favorevole per il professionista che per il consumatore;
- la modificazione unilaterale delle clausole del contratto da parte del professionista;
- l'aumento del prezzo del prodotto da parte del professionista, senza consentire al consumatore il recesso dal contratto;
- l'imposizione al consumatore di clausole che non ha potuto conoscere prima della conclusione del contratto o di penali manifestamente eccessive;
- l'imposizione al consumatore di decadenze, di limitazioni alla facoltà di opporre eccezioni o di portare prove, di inversioni dell'onere probatorio, di restrizioni alla libertà contrattuale nei rapporti con i terzi.

NULLITÀ DELLE CLAUSOLE VESSATORIE

Le clausole vessatorie sono **nulle**, cioè *non obbligano il consumatore, nonostante qualsiasi patto contrario*, a meno che il professionista dia la prova che esse sono state oggetto di un'effettiva **trattativa individuale** con il singolo consumatore, sicché lo squilibrio fra le parti che esse producono dev'essere ritenuto compensato da uno squilibrio in senso opposto derivante da altre clausole del contratto. Le restanti parti del contratto restano invece comunque valide ed efficaci.

Un'impresa edile vende singoli appartamenti situati in uno stabile che costituisce
un condominio. Nel regolamento condominiale l'impresa fa inserire una clausola secondo la quale le spese condominiali delle
singole unità immobiliari ancora invendute
non sono a carico della società stessa, ma
dei condòmini che hanno acquistato gli
appartamenti. I singoli condòmini si trovano così costretti a pagare spese condominiali che non sono di propria competenza.
Uno di loro chiede l'annullamento della
clausola.

- **Ha ragione?**

Le clausole contenenti le sperequazioni più gravi (art. 36 c. 2 cod. cons.) sono *in ogni caso nulle, anche se oggetto di trattativa individuale.*

Le associazioni dei consumatori, le associazioni dei professionisti e le camere di commercio possono ottenere dal giudice l'**inibitoria**, *cioè l'ordine di cessare l'impiego delle clausole vessatorie elencate sopra, contro i professionisti che le inseriscono abitualmente nei loro contratti con i consumatori* (art. 37 cod. cons.). Questa previsione è volta non soltanto a tutelare i consumatori, ma anche a tutelare i professionisti che agiscono sul mercato con correttezza: *l'inibitoria ha quindi anche la funzione di garantire il corretto funzionamento del mercato.*

INIBITORIA

La tutela del consumatore e la tutela del contraente debole
Come abbiamo visto nei paragrafi di questa unità, il sistema è complesso. In particolare, la locuzione "clausola vessatoria" è **ambigua**: può riferirsi tanto alle clausole di cui all'art. 1341 c.c. quanto alle clausole di cui all'art. 33 cod. cons.
Gli ambiti di applicazione della tutela del contraente debole (di cui sopra al § 2) e di quella del consumatore sono diversi. Tuttavia, nella frequente ipotesi in cui il contratto fra il consumatore e il professionista sia stato concluso su moduli o formulari predisposti da quest'ultimo, l'ambito di applicazione delle regole dell'art. 33 e segg. cod. cons. viene a sovrapporsi con quello dell'art. 1341 c. 2. In questo caso *hanno la prevalenza le regole del codice del consumo, sicché ogni clausola elencata nell'art. 33 di questo codice è nulla, anche se è stata approvata specificamente per iscritto* (art. 1469 bis).

Si applica solo l'art. 1341 c. 2, e non il codice del consumo, ai contratti stipulati *su moduli predisposti a stampa da uno dei contraenti* quando i contraenti non sono un consumatore, da una parte, e un professionista, dall'altra: in tal caso, come abbiamo detto nel § 2, le clausole vessatorie ivi contenute sono valide ed efficaci, purché approvate specificamente per iscritto.
Ciò accade, per esempio, per i contratti di locazione di case di abitazione che i privati stipulano fra loro, ove spesso il locatore ha nei fatti il potere di imporre al conduttore – che stipula per soddisfare il bisogno primario di avere una casa in cui vivere – clausole squilibrate a proprio favore.

I contratti stipulati fuori dai locali commerciali o a distanza

FINALITÀ
Le norme che regolano i contratti conclusi fuori dai locali commerciali e i contratti conclusi a distanza hanno lo scopo di dare al consumatore un **periodo di riflessione**, *nel quale rimeditare sull'opportunità dell'operazione contrattuale conclusa ed eventualmente liberarsene recedendo dal contratto.* Intendono così proteggerlo dalla fortissima capacità di pressione che molti *professionisti*, che svolgono attività di operatore commerciale, sono in grado di esercitare per convincere una persona a stipulare un contratto del quale, in realtà, non avrebbe alcun bisogno.

Il loro scopo è dunque diverso da quello delle norme sulle clausole vessatorie, contenute nell'art. 33: non sono volte a difendere il consumatore dalle condizioni contrattuali inique imposte dal contraente più forte, ma a *dargli la facoltà di sciogliersi dal contratto se si pente di averlo stipulato.*

CONTRATTI CONCLUSI FUORI DAI LOCALI COMMERCIALI
Sono **contratti conclusi fuori dai locali commerciali del professionista** quelli conclusi mediante la sottoscrizione di una nota d'ordine al domicilio del consumatore, o in luoghi aperti al pubblico nei quali avviene l'incontro fra le parti, o durante viaggi organizzati dall'operatore commerciale; oppure per corrispondenza o su catalogo (art. 45 lett. h. cod. cons.).

Sono esclusi i contratti relativi alla fornitura di cibi e bevande, quelli di assicurazione, quelli relativi a valori mobiliari (per esempio, fondi comuni d'investimento), quelli riguardanti beni immobili.

CONTRATTI A DISTANZA
Sono **contratti conclusi a distanza** quelli nei quali il fornitore delle merci contatta il consumatore nell'ambito di un sistema di comunicazione a distanza – telefonica, televisiva oppure sito Internet (art. 45 lett. g cod. cons.).

Sono esclusi i contratti relativi alla fornitura di cibi e bevande, quelli relativi a servizi finanziari, bancari e d'investimento mobiliare, quelli riguardanti beni immobili e quelli conclusi in occasione di vendite all'asta.

FACOLTÀ DI RECESSO
Il consumatore ha il diritto irrinunciabile di recedere dal contratto liberamente, mediante lettera raccomandata, *senza penalità e senza dover motivare,* **entro 14 giorni** (art. 52 cod. cons.), che decorrono, secondo i casi, dalla data di sottoscrizione dell'ordine o di consegna del prodotto.

RESTITUZIONE DEL BENE
In seguito al recesso, il consumatore deve restituire il bene, qualora gli fosse già stato consegnato, **entro 14 giorni** dalla data del recesso ed è responsabile dell'eventuale diminuzione di valore del bene solo se lo ha manipolato in modo diverso da quanto necessario per constatarne la natura, le caratteristiche e il funzionamento; deve pagare le spese di riconsegna espressamente previste nel contratto e ha, inoltre, il diritto di ottenere gratuitamente la restituzione del prezzo, se già pagato (art. 57 cod. cons.).

Il diritto al recesso del consumatore dev'essere espressamente menzionato nel testo contrattuale; altrimenti, il termine per esercitarlo è allungato (artt. 49 c. 1 lett. h e 53 cod. cons.).

È espressamente vietata la fornitura di beni o servizi senza previo ordine del consumatore (art. 66 quinquies cod. cons.), ribadendo un **principio generale** dell'intero diritto dei contratti.

I LIMITI ALL'AUTONOMIA CONTRATTUALE	• Discipline contrattuali imposte dalla legge a tutela del contraente più debole • Corrispondono ai limiti alla libertà degli scambi • Ve ne sono di settoriali e di generali

LA DISPARITÀ FRA I CONTRAENTI E LA GIUSTIZIA NELLO SCAMBIO CONTRATTUALE	• Condizioni generali di contratto e clausole vessatorie • Contratti per adesione • Contratti del consumatore

LE CONDIZIONI GENERALI DI CONTRATTO PREDISPOSTE DA UN CONTRAENTE	• Sono efficaci se conosciute o conoscibili dall'altro contraente • Le eventuali clausole vessatorie che contengono sono efficaci solo se approvate specificamente per iscritto dall'altro contraente

LA TUTELA DEL CONSUMATORE IN GENERALE	• Iniziativa dell'Unione europea • Tutela del consumatore contenuta nel codice del consumo (d.lgs. 206/2005) • Le regole di tutela del consumatore prevalgono su quelle in materia di condizioni generali di contratto

LE CLAUSOLE VESSATORIE NEI CONTRATTI DEL CONSUMATORE	• La tutela si applica ai contratti conclusi fra consumatore e professionista • Le clausole vessatorie a favore del professionista sono nulle • Azione inibitoria per la rimozione delle clausole

I CONTRATTI STIPULATI FUORI DAI LOCALI COMMERCIALI E A DISTANZA	• Il consumatore: — ha la facoltà di recedere liberamente dal contratto entro 14 giorni — deve restituire il bene, se già consegnato

Verifica delle conoscenze

VERO O FALSO

Indica se le seguenti affermazioni sono vere o false.

1 Un'azienda che gestisce il trasporto pubblico ha l'obbligo di contrattare   V☑ F☐

2 Le condizioni generali di contratto predisposte da uno dei contraenti sono sempre efficaci nei confronti dell'altro   V☐ F☑

3 Le clausole vessatorie inserite nelle condizioni generali di contratto sono efficaci solo se approvate specificamente per iscritto   V☑ F☐

4 La clausola che prevede condizioni di recesso più onerose per il consumatore si presume vessatoria   V☑ F☐

5 Se ho acquistato una batteria di pentole durante un'escursione organizzata dal produttore ai luoghi manzoniani, si tratta di un contratto stipulato a distanza   V☐ F☑

6 La vendita per corrispondenza presuppone la stipulazione di un contratto al di fuori dei locali commerciali del professionista   V☑ F☐

7 Le norme del codice del consumo riguardano, tra l'altro, la garanzia della sicurezza e qualità dei prodotti   V☑ F☐

8 In base al codice del consumo è considerato "produttore" chi fabbrica il prodotto o lo importa nell'Unione europea   V☑ F☐

9 Nei contratti conclusi al di fuori dei locali commerciali il consumatore dispone di un periodo per riconsiderare la sua decisione di acquisto   V☑ F☐

10 La tutela del consumatore riguarda anche l'adeguatezza del prezzo pagato   V☐ F☑

CORRISPONDENZE

Metti in relazione gli elementi del primo gruppo con quelli del secondo.

1 Chi dichiara di fabbricare il prodotto

2 È la persona fisica o giuridica che agisce nell'esercizio della propria attività imprenditoriale

3 Può essere richiesta al giudice dalle associazioni dei consumatori

4 È la persona fisica che agisce per scopi estranei alla propria attività imprenditoriale

5 È una vendita stipulata a distanza

a utente   b televendita
c professionista   d produttore
e inibitoria

1	2	3	4	5
D	C	E	A	B

COMPLETAMENTO

Inserisci i termini mancanti (attenzione ai distrattori!).

1 I principi fondamentali del sistema di protezione legale dei consumatori e degli utenti dei servizi pubblici e privati sono: tutela della salute; garanzia della _sicurezza_ e qualità dei prodotti e dei servizi; garanzia di informazione e _riservatezza_ corrette, di trasparenza ed equità nei rapporti _contrattuali_; garanzia di servizi pubblici di buona qualità ed efficienza.

sicurezza; economicità; riservatezza; pubblicità; personali; contrattuali.

Verifica delle abilità

Completa lo schema.

DI CHE COSA STIAMO PARLANDO?

Rispondi dopo aver letto gli indizi.

1 Sono i contratti che presuppongono l'accettazione globale di tutte le clausole da parte di uno dei contraenti *CONTRATTI PER ADESIONE*

2 Il fornitore entra in contatto con il consumatore attraverso un sito Internet *TELEVENDITA*

3 È definito dal codice del consumo come "qualsiasi oggetto, purché non già usato, destinato al consumatore" *PRODOTTO*

4 Determinano una disparità tra le due parti impegnate nel contratto *CLAUSOLE VESSATORIE*

5 È un diritto del consumatore che deve essere esplicitamente menzionato dal contratto *FACOLTÀ DI RECESSO*

CACCIA ALL'ERRORE

Individua e correggi le parole errate.

1 Il contratto concluso a distanza viene stipulato durante un'escursione organizzata dal ~~venditore~~ *FORNITORE*

2 Per il codice del consumo "produttore" è solo chi importa il prodotto nell'Unione europea *DICHIARA DI FABBRICARE IL PRODOTTO E INDIRIZZO INTERNO*

3 Il consumatore ha il diritto di recedere dal contratto entro ~~10~~ giorni *14 GG*

4 I contratti stipulati con le banche sono contratti conclusi fuori dai locali commerciali *PER CORRISPONDENZA*

QUESITI A RISPOSTA SINGOLA

Rispondi utilizzando non più di 4 righe.

1 Che cosa significa *obbligo di contrarre*?

5 Quali sono i contratti stipulati *fuori dai locali commerciali*? Fai tre esempi.

6 Quali sono i contratti stipulati *a distanza*? Fai tre esempi.

Trattazione sintetica di argomenti

1 Esamina l'effetto che l'*obbligo di contrarre* ha nell'erogazione dei servizi turistici.

2 *Explain the basic rules which exist for the protection of the* weaker party.

3 *Examine the differences between a consumer and a* professional.

4 Esponi le linee fondamentali della disciplina delle *clausole vessatorie* nei contratti del consumatore.

RISOLVO IL CASO

1 Supponiamo che, nel contratto di trasporto aereo di persone stipulato online, un vettore abbia inserito appositamente una clausola che limita la propria responsabilità per danni a persone o cose.

• **Lo può fare?**

2 Dopo una lunga chiacchierata informativa con l'agente di una società specializzata in impianti d'allarme, Sergio sottoscrive l'ordine di acquisto di un impianto per la propria abitazione. Al momento dell'installazione, Sergio si pente dell'acquisto. Allora, decide di telefonare per comunicare l'intenzione di restituire il bene, ma l'agente ribatte che lui ha sottoscritto un contratto d'acquisto e che questo deve essere eseguito.

• **Chi dei due ha ragione?**

3 Rachele ha bisogno di un nuovo tablet e, non avendo molto da spendere, decide di cercare in rete un'offerta conveniente; in un sito di e-commerce trova il prodotto adeguato al suo budget e fa l'ordine di acquisto.
Il giorno successivo si pente dell'acquisto e desidera rimediare alla propria scelta e disdire l'ordinazione.

• **Lo può fare?**

Unità 15
L'invalidità del contratto

Unit *by* Unit

In Unit 15 you will study cases where a contract may be declared void: due to the lack of an essential requirement (consensus, object, valid legal ground or form) or to an unlawful purpose. A void contract has no effect. You will then study cases where a contract may be declared voidable: due to the legal incapacity or incapability of the contractor and to elements of intention (mistake, fraud or duress). Unlike a void contract, a voidable contract remains effective: it ceases to be effective only if it is declared void. Lastly, you will learn that rescission is possible where a contract is entered into under unbalanced conditions between the two parties, e.g. one is in danger or in a state of need.

1 Premessa

DIVERSE SPECIE DI VALIDITÀ

Il contratto è **invalido** quando presenta anomalie, alterazioni, vizi di gravità tale che le parti **non sono obbligate** a regolare i reciproci rapporti in base a ciò che esso stabilisce.

I principali tipi di invalidità del contratto sono:

- la **nullità**: quando è nullo, il contratto non produce alcun effetto;
- l'**annullabilità**: se è annullabile, il contratto produce effetti, ma *questi possono essere successivamente eliminati, su richiesta di uno dei contraenti, per mezzo di una sentenza.*

Alla nullità e all'annullabilità può essere assimilata la figura, particolare e circoscritta, della **rescindibilità** del contratto.

L'invalidità del contratto

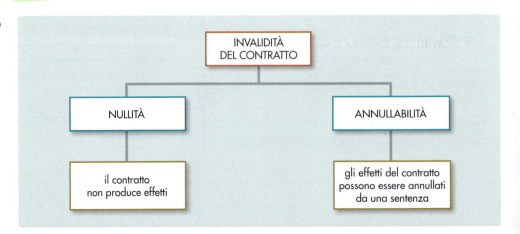

2 Le cause di nullità: la mancanza di un requisito indispensabile

Come abbiamo avuto modo di spiegare in una delle precedenti unità di questa sezione (Unità 11), il codice civile individua i seguenti requisiti del contratto: l'accordo delle parti, la causa, l'oggetto, la forma, quando è prevista a pena di nullità. Il contratto è nullo quando manca uno di questi requisiti.

MANCANZA DI UN REQUISITO INDISPENSABILE A PENA DI NULLITÀ

a) **Mancanza dell'accordo**: quando la proposta e l'accettazione sono *difformi*, il contratto non può essere considerato validamente concluso. Non soltanto: lo stesso accade se la dichiarazione contrattuale non può in alcun modo essere presa sul serio; ESEMPIO se Mauro, attore dilettante, acconsente alla stipulazione di un contratto durante una recita sul palcoscenico, la sua dichiarazione non potrà in nessun caso portare a un accordo effettivo e, dunque, a un contratto validamente concluso.

b) **Inesistenza**, **impossibilità**, **indeterminatezza** e **indeterminabilità dell'oggetto**: ESEMPIO è nulla una compravendita nella quale il prezzo non è stato indicato, né può essere determinato; oppure quella in cui il bene da trasferire non è stato identificato, o non esiste più poiché è andato distrutto.

c) **Mancanza della causa**: ESEMPIO è nulla una compravendita mediante la quale una persona acquista la proprietà di una cosa di cui è già proprietaria.

d) **Mancanza della forma**, nei casi in cui la legge la prevede a pena di nullità: ESEMPIO è nulla una compravendita immobiliare stipulata oralmente.

3 Le cause di nullità: l'illiceità del contratto

La causa di nullità del contratto di gran lunga più importante e più complessa consiste nella sua **illiceità**.

ILLICEITÀ

Il contratto è **illecito** quando è diretto a realizzare risultati illeciti, cioè contrari all'**ordine pubblico**, al **buon costume**, oppure a **norme imperative**.

Nell'art. 1343 il codice attribuisce all'espressione "**ordine pubblico**" un *significato particolare, diverso da quello che abitualmente ha nel linguaggio comune* (e nel diritto penale): la norma vuole indicare i principi fondamentali della struttura economica e politica della società, che reggono tutto l'ordinamento giuridico e non, semplicemente, l'ambito della pubblica sicurezza. Questi non sono sempre enunciati in modo esplicito e preciso mediante singole norme generali: spesso devono essere ricavati dal sistema legislativo.

ORDINE PUBBLICO

ESEMPIO Sono nulli in quanto contrari all'ordine pubblico i contratti con i quali si limita la libertà di decisione di una persona in materia di costituzione o di scioglimento di vincoli familiari, o in materia di disposizioni di ultima volontà, o in materia di opinioni politiche e religiose; oppure i contratti contenenti atti di disposizione di diritti che sono invece indisponibili, come molti aspetti dei diritti della personalità.

La locuzione "**buon costume**" ha qui un significato più ampio di quello che gli viene attribuito nel linguaggio corrente; essa vuole indicare i principi generali della morale comunemente accettati: non riguarda soltanto la sfera sessuale, ma *tutto l'insieme dei principi etici che governano il vivere civile*. In altre parole, è contrario

BUON COSTUME

al buon costume un contratto il cui risultato appare disonesto o immorale; **ESEMPIO** Il contratto con il quale un funzionario pubblico si impegna, a fronte del pagamento di un corrispettivo in denaro, a sbrigare in modo esatto e legittimo una certa "pratica", il cui disbrigo rientra comunque tra i suoi doveri d'ufficio.

Il "buon costume" è una nozione assai elastica: la linea di demarcazione, tra ciò che è in contrasto con il buon costume e ciò che non lo è, è relativa e si modifica nel tempo di pari passo con l'evoluzione dei costumi e del sentire comune.

LAVORO SUL CASO

Roberto, che è disoccupato da tempo e si trova in una situazione economica decisamente critica, decide di pubblicare un'inserzione su un quotidiano nel quale si dice disposto a vendere uno dei suoi reni per 25.000 euro. Una casa di cura privata lo contatta e accetta la proposta programmando la data per l'intervento.

- **È valido questo contratto?**
- **Potrebbe essere modificato o sanato nel tempo?**

Rispondi analizzando gli effetti giuridici che possono derivare dalla situazione delineata nella tua risposta.

NORME IMPERATIVE

La locuzione "**norme imperative**" indica tutte quelle norme che non possono essere derogate dai privati. Molte norme imperative contengono l'enunciazione esplicita e precisa di principi di ordine pubblico e di regole di buon costume, sicché vi sono frequenti sovrapposizioni tra norme imperative, da un lato, e principi di ordine pubblico e regole di buon costume, dall'altro: un contratto può dunque essere illecito in quanto contrario a un principio di ordine pubblico e contemporaneamente alla norma imperativa che enuncia quello stesso principio.

È necessario distinguere i casi in cui l'illiceità consiste nella violazione di principi di buon costume, non importa se esplicitati o meno in norme imperative, dagli altri casi: la ragione sta nella disposizione contenuta nell'art. 2035, secondo la quale "chi ha eseguito una prestazione per uno scopo che, anche da parte sua, costituisca offesa al buon costume non può ripetere quanto ha pagato". Riparleremo di questa regola nel paragrafo successivo e nell'Unità 20.

L'ILLICEITÀ DEL RISULTATO

Abbiamo detto che il contratto è illecito quando il suo risultato è contrario all'ordine pubblico, al buon costume o a norme imperative. Entro la parola "risultato" sono comprese:

- l'illiceità dell'oggetto (quella che più frequentemente si verifica);
- l'illiceità della causa;
- l'illiceità di una condizione al verificarsi della quale iniziano a prodursi, o cessano di prodursi, gli effetti del contratto.

Poco importa distinguere se l'illiceità riguardi l'uno o le altre, dal momento che la legge stabilisce le medesime conseguenze.

MOTIVO ILLECITO

Abbiamo studiato nel paragrafo sulla causa che i motivi soggettivi dell'agire dei privati sono in linea di massima irrilevanti. Ma le disposizioni di legge sul contratto illecito contengono una significativa **eccezione**: il contratto è illecito (e pertanto nullo) quando, pur essendo leciti sia l'oggetto, sia la causa, sia l'eventuale condizione, le parti si sono decise a concluderlo esclusivamente per un **motivo illecito** e questa è la comune ragione dell'agire di entrambe (art. 1345).

```
┌─────────────────┐              ┌─────────────────┐
│  IL CONTRATTO   │──────────────│     accordo     │
│    È NULLO      │              └─────────────────┘
└─────────────────┘
         │          ┌─────────────────┐  ┌─────────────────┐
         │          │ quando manca un │──│     oggetto     │
         │──────────│requisito        │  └─────────────────┘
         │          │indispensabile   │
         │          └─────────────────┘  ┌─────────────────┐
         │                               │      causa      │
         │          ┌─────────────────┐  └─────────────────┘
         │          │ quando ha       │
         │──────────│ contenuto       │  ┌─────────────────┐
                    │ illecito        │  │ forma (se       │
                    │ (oggetto, causa,│──│ prescritta      │
                    │ condizione)     │  │ a pena di       │
                    └─────────────────┘  │ nullità)        │
                                         └─────────────────┘
```

Può succedere che le parti di un contratto, prefiggendosi di raggiungere uno scopo vietato da una norma imperativa, tentino di aggirarla stipulando un contratto in frode alla legge.

Il contratto **in frode alla legge** ha un risultato lecito nell'apparenza, ma illecito nella sostanza ed è nullo in base all'art. 1344.

CONTRATTO IN FRODE ALLA LEGGE

ESEMPIO Giacomo è un debitore inadempiente e ha subito l'esecuzione forzata; ovviamente non può partecipare all'asta nella quale saranno venduti i suoi beni (art. 579 cod. proc. civ.); per aggirare il divieto, decide di incaricare Mario di prendere parte all'asta e acquistare per suo conto alcuni dei beni che gli sono stati espropriati; Mario accetta e i due stipulano un contratto di mandato senza rappresentanza. Si tratta di un contratto che ha un'apparenza pienamente lecita. Tuttavia, esso ha il fine di ottenere in modo indiretto proprio lo stesso risultato che è vietato da una norma imperativa, cioè in altre parole di aggirarla: pertanto il contratto è nullo in quanto in frode alla legge.

4 Le conseguenze della nullità

Il contratto nullo non produce effetti, né tra le parti né rispetto ai terzi, pertanto:

- **non** fa sorgere alcuna obbligazione tra le parti;
- **non** costituisce causa giustificatrice di prestazioni eventualmente già eseguite;
- **non** ha l'effetto di modificare o estinguere alcuna obbligazione tra le parti;
- **non** ha l'effetto di trasferire la proprietà né un altro diritto.

IL CONTRATTO NULLO NON PRODUCE EFFETTI

Le prestazioni eventualmente già eseguite, essendo **prive di causa** giustificatrice, *devono essere restituite* secondo le norme sulla **ripetizione dell'indebito** (art. 2033 e segg.), che studieremo in seguito.

Questa regola ha un'importante e ampia eccezione, cui s'è già fatto cenno: "chi ha eseguito una prestazione per uno scopo che, anche da parte sua, costituisca offesa al buon costume non può ripetere quanto ha pagato" (art. 2035). Ciò significa che i contratti nulli in quanto contrari a una regola di "buon costume", non importa se esplicitata o meno in una norma imperativa, hanno un limitato effetto quando si verifica la situazione indicata dall'art. 2035 citato: costituiscono causa giustificatrice delle prestazioni già eseguite, ma nulla più.

OBBLIGO DI RESTITUIRE LE PRESTAZIONI RICEVUTE

IL CONTRATTO NULLO NON TRASFERISCE DIRITTI

Il contratto nullo non ha l'effetto di trasferire la proprietà: ESEMPIO Arturo acquista con un contratto valido un terreno da Simone, il quale a sua volta l'aveva acquistato con un contratto nullo da Massimo; Massimo resta proprietario del terreno, e può ottenere che Arturo sia condannato a restituirglielo (Arturo potrà poi ottenere da Simone il risarcimento del danno subito). Per i particolari effetti che ha in questi casi la *trascrizione* vedi l'art. 2652 n. 6.

Quando si tratta invece di cose *mobili*, occorre ricordare che può operare *a favore dei terzi subacquirenti* la regola *"possesso vale titolo"* (art. 1153): pertanto, *chi ottiene in buona fede la consegna di una cosa mobile, in base a un contratto idoneo a trasferire la proprietà, ne diventa proprietario*, anche se il suo dante causa non ne è proprietario in quanto il titolo in base al quale l'aveva acquistata era nullo.

ESEMPIO Angela acquista con un contratto valido un quadro d'autore da Beatrice e ne ottiene in buona fede la consegna; Beatrice, a sua volta, l'aveva acquistato da Federico con un contratto nullo; Angela diviene comunque proprietaria del quadro a titolo originario e Federico non può ottenere che lei sia condannata a restituirglielo (tutt'al più può ottenere che Beatrice sia condannata a risarcirgli il danno).

RILEVABILITÀ D'UFFICIO E IMPRESCRITTIBILITÀ

La nullità del contratto *può essere rilevata d'ufficio dal giudice* (art. 1421), anche senza un'apposita richiesta di parte; *può essere fatta valere senza limiti di tempo da chiunque vi abbia interesse* (art. 1422), cioè non solo dalle parti, ma anche da terzi: è dunque **imprescrittibile**. A differenza del contratto annullabile, quello nullo non può essere convalidato.

NULLITÀ PARZIALE

Si ha una **nullità parziale**, quando la nullità non riguarda l'intero contratto, ma solo alcune delle sue clausole.

In caso di nullità parziale, si pone il problema di stabilire se estenderla o meno all'intero contratto. Per il codice civile (art. 1419), l'intero contratto:

- è **nullo**, "se risulta che i contraenti non lo avrebbero concluso senza quella parte del suo contenuto che è colpita dalla nullità";
- è **valido**, se, pur privato delle clausole nulle, rimane ciononostante ancora sufficientemente conforme al risultato che le parti intendevano raggiungere stipulandolo.

Quando le clausole nulle sono automaticamente sostituite con norme imperative, secondo le regole studiate nell'unità sui limiti dell'autonomia contrattuale, il contratto, *così modificato*, è valido (art. 1419 c. 2).

APPROFONDIMENTO

Rilevabilità d'ufficio

Significa che *il giudice, chiamato a decidere una controversia nella quale è rilevante determinare se il contratto è nullo o meno, può accertarne la nullità, anche se nessuna delle parti litiganti la eccepisce*.

Si tratta di una delle numerose eccezioni a una regola generale, opposta, del diritto processuale civile, secondo la quale il giudice deve tenere in considerazione, per la risoluzione della controversia, tutti e *soltanto* gli elementi che le parti hanno portato alla sua conoscenza con le loro domande ed eccezioni, e dei quali sono riuscite a fornire le prove.

Carlo prenota, presso un'agenzia di viaggi, un pacchetto turistico che consiste di volo e soggiorno in una località balneare della Tunisia. L'agenzia gli fa firmare il contratto nel quale è stata inserita una clausola che esclude qualsiasi responsabilità del tour operator in caso di mancata esecuzione del viaggio.

- **È valida questa clausola?**
- **Che cosa può fare Carlo?**

Ricordiamo ancora che le clausole che escludono o limitano la responsabilità di uno dei contraenti per inadempimento dovuto a dolo o a colpa grave (art. 1229) sono nulle, ma *non rendono nullo l'intero contratto*: pertanto, il contratto che le contiene è valido ed efficace, ma tali clausole sono nulle e non producono nessun effetto.

5 L'annullabilità

Il contratto è **annullabile**:

- per l'*incapacità* di uno dei contraenti;
- per i *vizi della volontà*.

Può capitare che una delle parti impegnate nel contratto sia priva della capacità di **INCAPACITÀ** agire; vediamo quali sono gli effetti che questo può avere sulla validità del contratto. Il contratto stipulato da un **incapace di agire** è *annullabile*, anche se non gli provoca alcun danno: ESEMPIO Luigi, che è interdetto perché soffre di una patologia psichica, decide di vendere un prezioso cronografo svizzero di sua proprietà a un conoscente; la vendita è annullabile in ogni caso, anche se il prezzo pagato corrisponde effettivamente al valore dell'oggetto (artt. 1425 e 427).

Il contratto stipulato da chi, pur essendo capace di agire, è **incapace d'intendere e di volere** in modo grave nel momento della stipulazione è anch'esso *annullabile, ma soltanto se gli provoca un grave pregiudizio e vi è la mala fede dell'altro contraente* (cioè se quest'ultimo è in condizione di rendersi conto dell'incapacità della controparte e ha l'intenzione di approfittarne: artt. 1425 c. 2 e 428).

È **annullabile** il contratto stipulato da una persona *la cui volontà è "viziata"*.

I **"vizi della volontà"** sono fattori che interferiscono nel processo psicologico di colui che decide di stipulare un contratto portandolo a prendere una decisione che, altrimenti, non avrebbe preso.

Massimiliano ha 15 anni; avendo ricevuto una bella mancia dallo zio, decide di comprarsi uno smartphone; insieme ai suoi amici va a un centro commerciale vicino a casa e, dopo aver curiosato un po', si decide e investe l'intera somma nell'acquisto di un cellulare di ultima generazione. Alla sera, tutto entusiasta, lo mostra ai genitori che, invece, non si mostrano per niente contenti dell'acquisto fatto.

- **Quali iniziative potrebbero prendere i genitori di Massimiliano?**

Quindi, in presenza di un vizio della volontà una persona decide di stipulare un contratto che, in circostanze differenti, non avrebbe stipulato o che avrebbe stipulato a condizioni diverse.

I vizi della volontà indicati dal codice sono l'*errore*, la *violenza* e il *dolo*.

ERRORE È considerato in **errore** quel contraente che *ignora, oppure conosce in modo sbagliato o insufficiente, situazioni determinanti per decidere se stipulare o meno il contratto, oppure a quali condizioni stipularlo.*
L'errore non sempre è causa di annullamento del contratto: occorre che sia *determinante del consenso*, che sia *riconoscibile* dall'altro contraente e che sia *essenziale*.

VIOLENZA Si dice che vi è **violenza**, o **minaccia**, *quando un contraente è indotto a stipulare un contratto che altrimenti non avrebbe stipulato, oppure avrebbe stipulato a condizioni diverse, a causa della minaccia di un male ingiusto e notevole, diretta a imporgli la conclusione del contratto.*
La minaccia è causa di annullamento quando è tale "da fare impressione sopra una persona sensata e da farle temere di esporre sé o i suoi beni a un male ingiusto e notevole". Nel valutare se una minaccia può fare impressione si deve tener conto delle caratteristiche soggettive della persona che la subisce e della specifica situazione in cui essa concretamente si trova (art. 1435).

DOLO Si dice che vi è **dolo**, *quando un contraente è indotto a stipulare un contratto che altrimenti non avrebbe stipulato a causa di altrui raggiri e inganni* (art. 1439 c. 1).
Se è incidentale, il dolo non comporta l'annullamento.

Le cause di annullamento del contratto

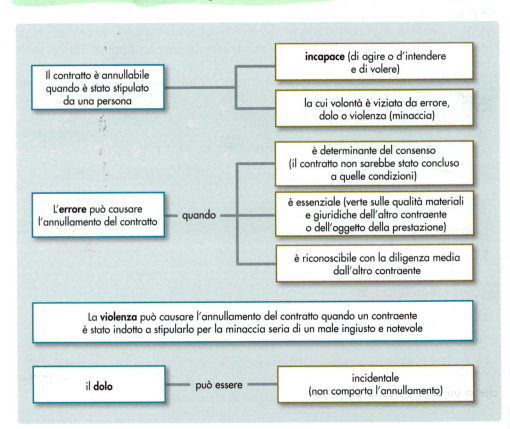

Un'agenzia di viaggio propone la vendita di viaggi che prevedono il soggiorno in lussuosi hotel. Nelle fotografie del catalogo si possono ammirare ampi saloni, belle piscine e camere elegantemente arredate. Loredana e Marco, entusiasti, prenotano una vacanza a Bodrum in Turchia. Purtroppo, una volta giunti a destinazione, si ritrovano di fronte a una struttura turistica che non risponde in nessun aspetto alle caratteristiche di quella che avevano scelto nel catalogo e prenotato.

- **Che cosa possono fare Loredana e Marco?**

Le conseguenze dell'annullamento   Come s'è detto, il contratto **annullabile**, *ma non ancora annullato*, produce i suoi effetti: tuttavia, la parte incapace, o quella la cui volontà è viziata, *può rifiutarsi di adempierlo e ottenere che l'autorità giudiziaria emani una sentenza che elimini, rimuova tali effetti.*

EFFETTI DEL CONTRATTO ANNULLABILE

Nel periodo di tempo che intercorre tra la stipulazione e l'annullamento, ~~dunque~~ *il contratto annullabile produce i suoi effetti come se fosse valido.*
Dal momento della sentenza di annullamento, invece, tali effetti *cessano di prodursi*; non solo, vengono *eliminati* anche quelli che si sono già prodotti (efficacia *retroattiva* dell'annullamento): ciò significa che le prestazioni già eseguite devono essere *restituite*, secondo le norme sulla **ripetizione dell'indebito** (art. 2033 e segg.). L'eventuale trasferimento di proprietà, che si è verificato per effetto di un contratto annullabile, viene anch'esso eliminato a posteriori con la sentenza di annullamento, *sicché il bene trasferito rientra nel patrimonio dell'alienante ed è anzi considerato come se non ne fosse mai uscito.*

OBBLIGO DI RESTITUIRE LE PRESTAZIONI RICEVUTE

L'annullamento del contratto *può essere domandato soltanto dalla parte che lo ha stipulato in condizioni di incapacità o la cui volontà era viziata* (art. 1441 c. 1). L'annullabilità non può essere rilevata d'ufficio dal giudice. L'annullamento deve essere pronunciato dal giudice. L'azione di annullamento si prescrive in *5 anni* (art. 1442).
A differenza del contratto nullo, *il contratto annullabile può essere convalidato* (art. 1444), attraverso una dichiarazione o la spontanea esecuzione, purché risulti la conoscenza del motivo di annullabilità.

AZIONE DI ANNULLAMENTO

⑥ La rescissione del contratto

In genere ciò che le parti si scambiano con un contratto a prestazioni corrispettive (beni, servizi, denaro) ha un valore per lo più equivalente, almeno in linea di massima. Ma questo non è sempre vero: può anche capitare che si verifichino forti sperequazioni tra le prestazioni delle parti. Di solito, tutto questo è lecito perché non è altro che una conseguenza dell'autonomia contrattuale.

 Se Giampaolo è un collezionista di fumetti e possiede la serie di "Diabolik" quasi completa, per acquistare il primo numero sarà senz'altro disposto a pagare un prezzo che a un'altra persona potrà sembrare addirittura folle e che, certamente, supera di molto il valore intrinseco del giornaletto.

L'esplosione di una centrale nucleare sulla costa ovest del Giappone ha reso sconsigliabile effettuare viaggi in un'area di circa 150 km dal luogo del disastro. Nella zona sono presenti numerose strutture che accolgono normalmente migliaia di turisti. Molte di queste hanno stipulato, prima dell'incidente, contratti che prevedono l'erogazione di servizi di vitto e alloggio ai turisti per i sei mesi successivi.

● **Sono validi questi contratti?**

Rispondi analizzando gli effetti giuridici che possono derivare dalla situazione delineata nella tua risposta.

Tuttavia, in alcuni casi, non molto frequenti nella realtà quotidiana, tale squilibrio può costituire **causa di invalidità** del contratto e precisamente può portare alla rescissione.

Sono rescindibili i contratti stipulati *a condizioni fortemente squilibrate tra due parti, se si verifica una delle seguenti situazioni.*

STATO DI PERICOLO

a) Contratto concluso **in stato di pericolo**, *per la necessità, nota alla controparte, di salvare sé o altri dal pericolo attuale di un danno grave alla persona* (art. 1447). ESEMPIO È rescindibile il contratto con il quale una persona si impegna a pagare al pilota di un elicottero una somma sproporzionatamente elevata, affinché questi vada alla ricerca di un suo familiare disperso in montagna. L'eventuale attività svolta dal contraente ingiustamente avvantaggiato a favore della persona in pericolo può essere *equamente compensata* per decisione del giudice che pronuncia la rescissione.

STATO DI BISOGNO

b) Contratto concluso **in stato di bisogno** *di una parte, del quale l'altra ha approfittato per trarne vantaggio, qualora lo squilibrio fra le controprestazioni sia tale per cui una vale più del doppio dell'altra* (art. 1448).

EFFETTI DEL CONTRATTO RESCINDIBILE

Il contratto **rescindibile**, *ma non ancora rescisso*, produce pienamente i suoi effetti; tuttavia, la parte che ha dovuto subire l'iniquità delle condizioni *può ottenere che l'autorità giudiziaria emani una sentenza che elimini, rimuova tali effetti*. Nel periodo di tempo intercorrente tra la stipulazione e la rescissione, dunque, *il contratto rescindibile produce i suoi effetti come se fosse valido*.
Dal momento della *sentenza di rescissione*, invece, questi *cessano di prodursi*; non solo, vengono *eliminati* anche gli effetti che si sono già prodotti, a somiglianza di quanto accade in seguito all'annullamento (efficacia *retroattiva* della rescissione).

AZIONE DI RESCISSIONE

La rescissione *può essere domandata soltanto dalla parte che ha subito le condizioni inique* e *deve sempre essere pronunciata dal giudice*. L'azione di rescissione si prescrive in 1 anno; nello stesso tempo si prescrive anche l'eccezione (art. 1449). Il contratto rescindibile *non può essere convalidato*. La rescissione può essere evitata *modificando* il contratto, su proposta del contraente che poteva trarne ingiusto vantaggio, allo scopo *di ricondurlo a equità* (art. 1450).

Un piccolo imprenditore svolge attività di trasporto a favore di turisti per conto di un villaggio turistico situato su un'isola dell'arcipelago delle Tremiti. Un periodo di grave crisi economica riduce la capacità di spesa dei turisti, che rinunciano spesso alle escursioni al di fuori del villaggio. Il piccolo imprenditore, in crisi di liquidità, stipula un nuovo accordo con il titolare del villaggio turistico in base al quale si impegna a effettuare servizi di trasporto a qualsiasi ora del giorno e della notte a prezzi talmente ridotti da essere fuori mercato.

- **È valido questo contratto? Potrebbe essere modificato?**

Rispondi analizzando gli effetti giuridici che possono derivare dalla situazione delineata nella tua risposta.

 7 L'inefficacia relativa

Può darsi che un contratto, benché valido, *non riesca a produrre pienamente i suoi effetti nei confronti di qualsiasi terzo*: in tal caso si dice che esso è inefficace *relativamente a una determinata terza persona, o categoria di terze persone.*

Si tratta di casi numerosi, variamente previsti e disciplinati nel codice. Per esempio, gli *atti di disposizione del proprio patrimonio* che una persona compie in pregiudizio dei propri creditori possono essere revocati (art. 2901): per effetto di questa revoca il contratto, con il quale l'atto di disposizione è realizzato, diviene *inefficace nei confronti del creditore che ha esperito la revocatoria.* Altri casi sono indicati (l'elencazione è solo esemplificativa) dagli artt. 1396, 2644, 2913 e segg.

LE CAUSE DI NULLITÀ

- Il contratto è **nullo** quando:

  | **manca** un requisito indispensabile accordo, oggetto, causa o forma (se prescritta a pena di nullità) | ha contenuto **illecito** |

IL CONTRATTO ILLECITO

- Il contenuto del contratto è illecito quando l'oggetto, la causa, la condizione sono **contrari**:

  | all'**ordine pubblico** (principi essenziali della struttura economica e politica della società) | al **buon costume** (principi generali della morale) | alle **norme imperative** (norme inderogabili) |

- Il contenuto del contratto è illecito quando l'intera operazione contrattuale è **in frode alla legge**
- Il contenuto del contratto è illecito anche quando il **motivo** è illecito, comune ai contraenti e unico determinante

LE CONSEGUENZE DELLA NULLITÀ

- Il contratto nullo non produce effetti; le prestazioni eventualmente già eseguite devono essere restituite
- La nullità può essere parziale o totale
- L'azione di nullità è imprescrittibile e può essere esercitata da chiunque vi abbia interesse
- Il contratto nullo non può essere convalidato
- Nella maggior parte dei casi la nullità è opponibile ai terzi

LE CAUSE DI ANNULLAMENTO

- Il contratto è annullabile quando è stato stipulato da una persona:

  | **incapace** (di agire o d'intendere e di volere) | la cui volontà è viziata da **errore**, **violenza** (minaccia) o **dolo** |

- L'**errore** può causare l'annullamento del contratto quando è:

determinante del consenso (non sarebbe stato concluso a quelle condizioni)	**essenziale** (verte sulle qualità materiali e giuridiche dell'altro contraente o dell'oggetto della prestazione)	**riconoscibile** dall'altro contraente con la diligenza media

- La **violenza** può causare l'annullamento del contratto quando un contraente è stato indotto a stipularlo per la minaccia seria di un male ingiusto e notevole
- Il contratto è annullabile per **dolo** quando un contraente è indotto con inganni e raggiri a stipularlo; il dolo può essere *incidentale* (non comporta l'annullamento)

- Il **contratto annullabile** ma non annullato produce i suoi effetti; e può essere **convalidato**
- Il **contratto annullato** non produce più alcun effetto; gli effetti eventualmente prodotti vengono eliminati, le prestazioni eventualmente già eseguite devono essere restituite
- L'annullamento può essere chiesto:

solo dalla parte interessata	entro 5 anni

- L'annullamento è **opponibile** ai terzi, tranne a quelli che hanno acquistato in buona fede a titolo oneroso

- Il contratto è rescindibile quando è concluso a condizioni inique per una parte, la quale si trova:

in **stato di pericolo**	in **stato di bisogno**

- Il **contratto rescindibile** ma non rescisso produce i suoi effetti
- Il **contratto rescisso** non produce più alcun effetto; gli effetti eventualmente prodotti vengono eliminati, le prestazioni eventualmente già eseguite devono essere restituite
- La rescissione può essere chiesta solo dalla parte interessata, entro 1 anno
- Il contratto rescindibile può essere ricondotto a equità
- La rescissione non è opponibile ai terzi

- Il contratto non produce effetti nei confronti di determinati soggetti (per esempio, in caso di revocatoria)

Verifica delle conoscenze

VERO O FALSO

Indica se le seguenti affermazioni sono vere o false.

1 In caso di nullità il contratto non produce alcun effetto ⬜V ⬜F

2 Anche se proposta e accettazione sono difformi, il contratto può essere validamente concluso ⬜V ⬜F

3 Un contratto è nullo quando non è stipulato nella forma prevista dalla legge ⬜V ⬜F

4 Il contratto è illecito quando è diretto a realizzare risultati illeciti ⬜V ⬜F

5 L'espressione "buon costume" si riferisce solo alla sfera della morale sessuale ⬜V ⬜F

6 La nullità può essere parziale ⬜V ⬜F

7 Il contratto annullabile, ma non ancora annullato, produce i suoi effetti ⬜V ⬜F

8 I vizi della volontà indicati dal codice sono errore, violenza e colpa ⬜V ⬜F

9 È rescindibile il contratto concluso in stato di bisogno ⬜V ⬜F

10 In caso di rescissione del contratto le prestazioni già eseguite non devono necessariamente essere restituite ⬜V ⬜F

CORRISPONDENZE

Metti in relazione gli elementi del primo gruppo con quelli del secondo.

1 Il contraente ignora o conosce in modo sbagliato la situazione che l'ha portato a decidere di stipulare il contratto

2 È stato concluso da un incapace

3 È stato stipulato in frode alla legge

4 Il contraente è indotto a stipulare il contratto con l'inganno

5 Il contraente è indotto con le minacce ad accettare condizioni che altrimenti non avrebbe accettato

a dolo
b violenza
c contratto nullo
d errore
e contratto annullabile

1	2	3	4	5

COMPLETAMENTO

Inserisci i termini mancanti (attenzione ai distrattori!).

1 Nel periodo di tempo che intercorre tra la stipulazione e l'annullamento il contratto .... produce i suoi effetti come se fosse ....; con la sentenza di annullamento il bene trasferito ritorna a far parte del patrimonio del ....

nullo; annullabile; valido; retroattivo; venditore; compratore.

2 È .... il contratto che uno dei contraenti ha concluso in uno stato di .... di cui la controparte ha approfittato traendone vantaggio e ottenendo una prestazione che vale .... di quella dell'altra.

di più; più del doppio; errore; bisogno; annullabile; rescindibile.

Verifica delle abilità

Completa lo schema.

1

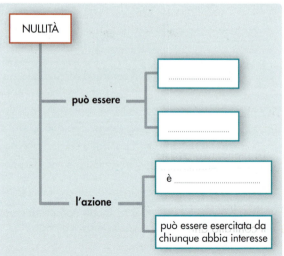

2

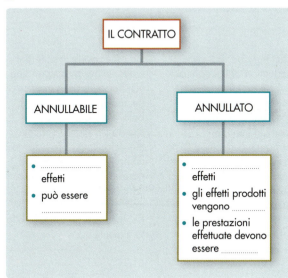

IL CONTRATTO

ANNULLABILE
- ....
  effetti
- può essere
  ....

ANNULLATO
- ....
  effetti
- gli effetti prodotti vengono ....
- le prestazioni effettuate devono essere ....

DI CHE COSA STIAMO PARLANDO?

Rispondi dopo aver letto gli indizi.

1 Sono fattori che interferiscono nel processo psicologico di chi decide di stipulare un contratto ....

2 Lo sono le norme che non possono essere derogate dai privati ....

3 Ne fanno parte i principi fondamentali della struttura economica e politica della società ....

4 Lo è la nullità che riguarda solo alcune clausole ....

5 È la necessità di salvare se stessi o altri dal rischio di subire un danno grave ....

CACCIA ALL'ERRORE

Individua e correggi le parole errate.

1 La mancanza della forma prescritta dalla legge è causa di annullamento ....

2 Se il prezzo non è indicato, la compravendita è nulla per mancanza dell'accordo ....

3 Il contratto annullabile non produce effetti ....

4 La nullità del contratto può essere fatta valere solo dalle parti ....

5 La rescissione può essere richiesta da chiunque .....

QUESITI A RISPOSTA SINGOLA

Rispondi utilizzando non più di 4 righe.

1 *In what situations will a contract be rendered void?*

2 Quando un contratto è *illecito*? Spiegalo facendo qualche esempio.

3 Che cosa si intende per *contratto in frode alla legge*?

4 Quali *conseguenze* ha la nullità del contratto tra le parti?

5 *In what situations will a contract be rendered voidable?*

6 Quali *conseguenze* ha l'annullamento del contratto nei confronti delle parti? E nei confronti dei terzi?

Trattazione sintetica di argomenti

1 Esponi la disciplina dell'illiceità del contratto.

2 Descrivi il contenuto delle formule "ordine pubblico", "buon costume" e "norme imperative".

3 Delinea, mettendole a confronto, le conseguenze della *nullità* e quelle dell'*annullabilità* del contratto.

Unità 16
La risoluzione del contratto

Unit *by* Unit

In Unit 16 you will learn that in any contract for mutual consideration there is a relationship of reciprocity between the performances which both parties undertake; in particular, each party assumes the obligation to perform in favour of the other parties only insofar as those parties assume the obligation to perform a reciprocal benefit in his/her favour. However, if this relationship is altered, the contract may be reduced. The reduction of the contract may occur when there is non-performance, due to supervening excessive onerosity (when the performance is deemed to be excessively onerous because of supervening events), or because of supervening impossibility resulting from a cause not attributable to the debtor. A party may react to the non-performance of the other party in different ways: either by suspending his/her own performance (temporarily), or by going before a Court, or by sending a formal notice to the defaulting contractor to comply within a specified period. Through reduction the contract is terminated and it no longer binds the parties, i.e. they are no longer obliged to execute it.

1 Premessa

Abbiamo studiato che, una volta concluso, il contratto produce i suoi **effetti**: *i diritti si trasferiscono (o si costituiscono), le obbligazioni sorgono, si modificano, si estinguono; e le parti adempiono le obbligazioni sorte*. Sintetizzando, si usa dire che le parti danno esecuzione al contratto. Tutto questo accade quando il contratto:

NO

- è **valido** (cioè non è nullo, né annullabile, né rescindibile);
- ha una "vita normale".

Secondo quanto abbiamo studiato nell'unità precedente, se il contratto:

NO

- è **nullo**, *non produce effetti*, cioè non trasferisce diritti e non fa sorgere obbligazioni: *non deve essere eseguito*;
- è **annullabile** o **rescindibile**, il contraente interessato *può evitare di doverlo eseguire chiedendone l'annullamento o la rescissione*.

Se il contratto è **valido**, non è tuttavia ancora detto che abbia una "vita normale". Può darsi, infatti, che *dopo la sua conclusione si verifichino eventi, circostanze che hanno l'effetto di turbare il buon andamento del rapporto contrattuale*, di modo che il contratto, pur valido, non ha esecuzione oppure ha esecuzione solo in parte.

FATTORI PERTURBATIVI DEL CONTRATTO

Questi **fattori perturbativi** del contratto possono essere di diverso genere e possono portare a diverse conseguenze. Nella realtà quotidiana ciò si verifica quando gli effetti nascenti dal contratto non coincidono con l'assetto di interessi che le parti hanno oggettivamente predisposto con la stipulazione del contratto; quando, ~~in parole più semplici e banali,~~ un contraente si trova nelle condizioni di non ottenere dal contratto i risultati che ha il diritto di conseguire.

ESEMPIO Può darsi che in un contratto di compravendita il venditore non raggiunga il risultato che si era prefisso, poiché non riceve il pagamento del prezzo; oppure che non lo raggiunga il compratore, perché non ottiene la proprietà della cosa acquistata, oppure riceve una cosa difettosa, oppure ancora riceve una cosa che ha caratteristiche diverse da quelle che avrebbe dovuto avere.

Questi vari eventi possono, a loro volta, avere cause diverse.

ESEMPIO Può accadere che il venditore non riceva il pagamento del prezzo perché il compratore, avendo ricevuto una cosa difettosa, lo ha sospeso volontariamente; oppure semplicemente perché il compratore non dispone del denaro necessario. Può succedere che il compratore riceva una cosa difettosa, perché non era possibile altrimenti, oppure che non ottenga la proprietà della cosa acquistata, poiché il venditore non ne era proprietario o, trattandosi di cosa non ancora costruita, perché non vi è più la possibilità di costruirla a causa di un terremoto.

Come si vede, si tratta principalmente di quei problemi di inadempimento delle obbligazioni e di **impossibilità sopravvenuta** per causa non imputabile al debitore, ~~che abbiamo già studiato nell'Unità 10.~~ In quelle pagine abbiamo avvertito che la trattazione ivi svolta isolava il mancato adempimento della singola obbligazione dal contesto in cui essa era inserita: in particolare dalla sua fonte (contratto, fatto illecito ecc.) e dalle sue relazioni con altre obbligazioni, e con gli eventuali trasferimenti di diritti (proprietà o altri diritti), nascenti dalla stessa fonte (contratto) e aventi funzione di suo corrispettivo. Proprio questa materia va ora ripresa e completata, per ricomporre il quadro dei problemi in tutta la sua complessità.

COLLEGAMENTO CON L'INADEMPIMENTO E L'IMPOSSIBILITÀ SOPRAVVENUTA

In ogni contratto a prestazioni corrispettive esiste un **vincolo di corrispettività** (detto anche sinàllagma) *che lega gli effetti favorevoli a un contraente con quelli favorevoli all'altro.* Possono alterare tale vincolo di corrispettività fenomeni come:

ALTERAZIONE DEL VINCOLO DI CORRISPETTIVITÀ

- l'inadempimento di un'obbligazione;
- l'impossibilità sopravvenuta, non imputabile al debitore, di adempiere un'obbligazione;
- il sensibile aumento della difficoltà o gravosità della prestazione dovuta da uno dei contraenti;
- il mancato verificarsi dell'effetto traslativo o reale.

Questa alterazione influenza anche le prestazioni corrispettive che deve eseguire l'altro contraente.

Un contratto nel quale si verifica una significativa perturbazione del vincolo di corrispettività può essere **sciolto**: nel linguaggio del codice "**risolto**".

LA RISOLUZIONE: CASI ED EFFETTI

La **risoluzione del contratto** riguarda soltanto i contratti a prestazioni corrispettive e può avvenire:

- per inadempimento (artt. 1453-1462);
- per impossibilità sopravvenuta (artt. 1463-1466);
- per eccessiva onerosità sopravvenuta (artt. 1467-1469).

Con la risoluzione il contratto si **scioglie**, *non lega più le parti, ovvero queste non sono più obbligate a dargli esecuzione*. Ne consegue che:

- le obbligazioni che ne erano sorte si estinguono;
- ogni prestazione eventualmente effettuata in esecuzione del contratto dev'essere restituita, secondo le regole sulla ripetizione dell'indebito (art. 2033 e segg.);
- ogni effetto traslativo prodotto dal contratto viene eliminato, di modo che il diritto si ritrasferisce automaticamente all'alienante.

② La risoluzione per inadempimento

ECCEZIONE DI INADEMPIMENTO

L'inadempimento di un'obbligazione da parte di uno dei contraenti può avere una prima conseguenza immediata, ma **solo provvisoria**: l'altro *può sospendere l'adempimento della propria obbligazione corrispettiva non ancora adempiuta, purché ciò non sia contrario a buona fede* (**eccezione di inadempimento**: art. 1460); in particolare, è considerato contrario a buona fede sospendere il proprio adempimento, quando l'inadempimento della controparte è di scarsa importanza.

La sospensione dell'adempimento è un **modo per fare pressione**, *che uno dei contraenti può esercitare sull'altro inadempiente*; è uno dei pochi casi di autotutela concessi dalla legge. Ma è una **situazione provvisoria**, temporanea, che deve poi comunque sfociare o nell'adempimento (giustificatamente tardivo) o nella risoluzione.

LA SCELTA DEL RISULTATO: ESATTO ADEMPIMENTO O RISOLUZIONE

Il contraente che subisce l'inadempimento della controparte – abbia o non abbia fatto uso dell'eccezione di inadempimento – può scegliere fra diverse strade.

L'alternativa fondamentale riguarda il **risultato** che si prefigge di raggiungere:

a) se preferisce *ottenere che l'altro contraente adempia*, può insistere fino a ottenere che il giudice pronunci una **sentenza**, *con la quale lo condanna ad adempiere esattamente e a risarcire i danni derivanti dal ritardo*;

b) se vuole *liberarsi dagli effetti del contratto*, si trova dinanzi alla scelta se chiedere o meno l'intervento del giudice.

Il contraente che subisce l'inadempimento altrui non è sempre libero di scegliere se ottenere l'esatto adempimento o la risoluzione del contratto: questa è la regola, ma *vi sono alcuni tipi contrattuali che fanno eccezione, per i quali la legge stabilisce una normativa specifica diversa*. Un caso importante è quello della **vendita** (con l'eccezione della vendita di beni di consumo): quando la cosa venduta è affetta da vizi, cioè da difetti, il compratore può ottenere soltanto la risoluzione del contratto o la riduzione del prezzo, **ma non** l'esatto adempimento.

RISOLUZIONE GIUDIZIALE PER INADEMPIMENTO

Se il compratore sceglie di chiedere l'intervento del giudice, può ottenere la pronuncia di una **sentenza**, *avente valore costitutivo* (cioè tale da modificare la situazione giuridica esistente), con la quale il contratto viene risolto per **inadempimento** e il contraente inadempiente è condannato anche a risarcire gli eventuali ulteriori danni (art. 1453 c. 1).

L'azione per ottenere la risoluzione del contratto *si prescrive nei termini, spesso brevi*, indicati dalla legge nella disciplina di molti contratti tipici; in mancanza di un'indicazione specifica, si applica il termine generale di prescrizione di 10 anni.

La scelta fra esatta esecuzione e risoluzione non è sempre reversibile: chi chiede l'esatta esecuzione può poi modificare la sua domanda in giudizio chiedendo la risoluzione; ma non viceversa.

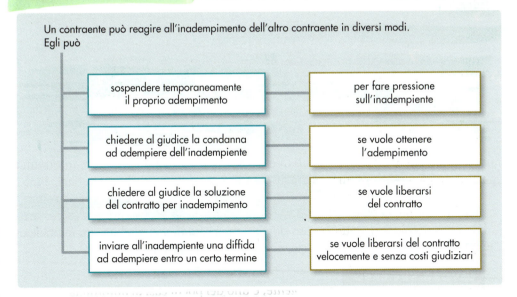

Un contraente può reagire all'inadempimento dell'altro contraente in diversi modi. Egli può

sospendere temporaneamente il proprio adempimento	per fare pressione sull'inadempiente
chiedere al giudice la condanna ad adempiere dell'inadempiente	se vuole ottenere l'adempimento
chiedere al giudice la soluzione del contratto per inadempimento	se vuole liberarsi del contratto
inviare all'inadempiente una diffida ad adempiere entro un certo termine	se vuole liberarsi del contratto velocemente e senza costi giudiziari

DIFFIDA AD ADEMPIERE

Se il compratore/il contraente sceglie invece di non chiedere l'intervento del giudice, può inviare la **diffida ad adempiere**, *che consiste nell'intimazione scritta fatta alla controparte di adempiere entro un congruo termine*, non inferiore a 15 giorni, indicando che, "*decorso inutilmente tale termine, il contratto s'intenderà senz'altro risolto*" (art. 1454 c. 1 e 2). A questo modo il contraente inadempiente ha ancora la possibilità di rimediare e di adempiere (seppur tardivamente); altrimenti il contratto *si risolve di diritto*, cioè automaticamente senza intervento del giudice, alla scadenza del termine intimato (art. 1454 c. 3).
Questa seconda strada per ottenere il risultato di liberarsi degli effetti del contratto ha il vantaggio di essere immediatamente efficace, evitando le spese e la lunga attesa che un procedimento giudiziario comporterebbe.

Documento — Diffida ad adempiere

L'inadempimento di una obbligazione non può portare a risolvere il contratto, né per via giudiziale, né mediante la diffida ad adempiere, *se è di scarsa importanza dal punto di vista del contraente che lo subisce* (art. 1455).

IMPORTANZA DELL'INADEMPIMENTO

ESEMPIO Se la mancata consegna della cosa venduta può essere causa di risoluzione per inadempimento del contratto di compravendita, invece, in genere, non possono esserlo una piccola inesattezza, un breve ritardo, oppure l'inadempimento di una prestazione accessoria di minima importanza.

La valutazione dell'importanza dell'inadempimento deve essere fatta dal giudice non in astratto, ma tenendo invece ben conto di tutte le caratteristiche del caso concreto.

Altri casi di risoluzione di diritto

Vi sono due altri casi, oltre a quello della diffida ad adempiere, nei quali la risoluzione avviene **di diritto**, al verificarsi di determinate circostanze, quindi senza necessità di un'azione in giudizio e di una sentenza. Si faccia ben attenzione: quando è così, l'eventuale sentenza poi pronunciata in materia dal giudice – qualora le parti siano in disaccordo fra loro – ha solo l'effetto di *accertare che il contratto si era già risolto*, in conseguenza del verificarsi di quelle determinate circostanze, senza modificare la situazione giuridica esistente.

Il contratto si risolve **di diritto** quando contiene:

CLAUSOLA RISOLUTIVA ESPRESSA

a) una **clausola risolutiva espressa**, *cioè quando le parti, stipulando il contratto, pattuiscono che esso si risolverà di diritto al verificarsi di un determinato inadempimento.* Una volta che questo si sia verificato, *il contraente interessato può dichiarare di valersi della clausola risolutiva: allora (e solo allora) il contratto si risolve di diritto* (art. 1456); non importa che l'inadempimento indicato nella clausola risolutiva espressa appaia obiettivamente poco importante: le parti, inserendolo come clausola risolutiva espressa nell'esercizio della loro autonomia contrattuale, lo hanno ritenuto importante; *non si applica*, dunque, l'art. 1455. Va sottolineato che l'inadempimento posto come causa di risoluzione dev'essere **specificamente determinato**: *non è valida una clausola risolutiva espressa di contenuto generico*; ESEMPIO "in caso di inadempimento di una qualsiasi tra le obbligazioni nascenti dal presente contratto, esso s'intenderà risolto di diritto";

LAVORO SUL CASO

Massimo, imprenditore edile, e Ugo, proprietario di un terreno, stipulano un contratto definitivo avente a oggetto quel terreno: Ugo ne trasferisce la proprietà a Massimo, il quale a titolo di corrispettivo gli versa la somma di 500.000 euro. Successivamente, prima dell'inizio dei lavori di costruzione, il comune apporta una modifica al piano urbanistico, la quale vincola quel terreno all'utilizzazione a verde pubblico. Massimo non è più interessato all'affare e vorrebbe ottenere la restituzione dei 500.000 euro che ha versato.

• **Ne ha il diritto?**
• **La soluzione sarebbe identica se le parti avessero posto come condizione risolutiva che il terreno restasse edificabile?**

TERMINE ESSENZIALE

b) un **termine essenziale**, cioè quando, anche in mancanza di specifiche clausole, "il termine fissato per la prestazione di una delle parti *deve considerarsi essenziale nell'interesse dell'altra*", sicché *un adempimento tardivo sarebbe privo di significato* (art. 1457); il contratto, tuttavia, non si risolve se il contraente interessato avverte l'altro, entro 3 giorni, di aver comunque interesse a ricevere la prestazione, anche se in ritardo.

L'essenzialità del termine *si ricava da una valutazione obiettiva degli interessi delle parti, della natura della prestazione, del significato economico del contratto*: essa è dunque **implicita** nel contratto, al contrario della clausola risolutiva espressa che dev'essere invece prevista in modo esplicito.

LAVORO SUL CASO

In data 5 dicembre 2015 Filippo stipula con Cristina un preliminare riguardante la vendita di un'abitazione utilizzata come bed and breakfast. Oltre alla descrizione dell'appartamento, al prezzo fissato in 250.000 euro e alla caparra da versare di 30.000 euro, Filippo inserisce una clausola che indica che il contratto definitivo di vendita (rògito) e il versamento del saldo dovranno essere effettuati entro il termine del 30 aprile 2016, considerato essenziale per le parti.

• **Quale valenza ha questa clausola e quali effetti giuridici produce il suo mancato rispetto?**

Gli effetti della risoluzione   Con la risoluzione il contratto viene **sciolto**: ciò significa che *le parti non sono più tenute a eseguirlo*; non solo, ma *se una parte ha ricevuto una prestazione in esecuzione del contratto, è tenuta a restituirla alla controparte* (secondo le norme sulla **ripetizione dell'indebito**: art. 2033 e segg.). Se si tratta di un contratto a prestazioni continuative o periodicamente ripetute, l'obbligo di restituzione non si estende alle prestazioni effettuate nel periodo in cui il contratto ha avuto regolare esecuzione.

LIBERAZIONE DELLE PARTI E RESTITUZIONE DELLE PRESTAZIONI RICEVUTE

Queste regole vengono enunciate dal codice con la formula, non del tutto precisa, secondo la quale la risoluzione per inadempimento *"ha effetto retroattivo tra le parti, salvo il caso dei contratti ad esecuzione continuata e periodica"* (art. 1458 c. 1).

EFFETTO RETROATTIVO

ESEMPIO Se una compravendita viene risolta per inadempimento del compratore, poiché non ha pagato il prezzo dovuto, il bene ritorna di proprietà del venditore, e il compratore, se ne ha già ricevuta la consegna, è obbligato a restituirglielo.
Se il contratto di fornitura per la mensa di una scuola (somministrazione) viene risolto per inadempimento del somministrato (della scuola), poiché da un certo momento in poi ha smesso di pagare il corrispettivo dovuto, questi è tenuto a restituire soltanto le prestazioni ricevute e non pagate. Se la restituzione non è materialmente possibile (i pasti sono stati consumati dagli alunni della scuola), il contraente è tenuto a pagare in sostituzione l'equivalente in denaro.

La risoluzione non è opponibile ai terzi, cioè *non pregiudica i diritti che i terzi hanno acquistato*. Si tratta di una regola diversa da quelle che abbiamo studiato nell'unità precedente a proposito della **nullità** e dell'**annullabilità**, e analoga invece a quella della rescissione.

INOPPONIBILITÀ AI TERZI

ESEMPIO Angela vende un tappeto orientale a Roberto, di professione arredatore, che a sua volta lo rivende immediatamente a Sergio; in seguito alla risoluzione del contratto tra Angela e Roberto per inadempimento (ipotizziamo che Roberto non abbia pagato il prezzo), l'acquisto di Sergio resta comunque valido ed efficace; pertanto, Angela non può pretendere la restituzione da Sergio; e Roberto, non potendo restituire il tappeto, dovrà corrisponderne ad Angela l'equivalente in denaro.

Per i particolari effetti della trascrizione della domanda giudiziale di risoluzione vedi l'art. 2652 n. 1.

3 La risoluzione per eccessiva onerosità sopravvenuta

Lo **squilibrio di valore** tra le prestazioni corrispettive *non è di per sé un fattore perturbativo del contratto*. Può esserlo solo in determinate circostanze specificamente indicate dalla legge: già sappiamo, per esempio, che i contratti conclusi a condizioni inique in stato di pericolo o in stato di bisogno, se ricorrono le circostanze previste dalla legge, possono essere rescissi (art. 1447 e segg.); e pure già sappiamo che un contratto stipulato a condizioni inique da una persona in stato di incapacità d'intendere e di volere può essere annullato, purché ricorrano anche le altre circostanze previste dalla legge (artt. 1425 c. 2 e 428).
Lo squilibrio di valore è, dunque, di regola **legalmente lecito**: è espressione dell'autonomia contrattuale dei privati, che a volte può risultare anche moralmente ingiusta. Per questa ragione un contratto non può essere sciolto solo per il fatto di essere nato con uno squilibrio di valore tra ciò che le parti si scambiano.

SQUILIBRIO SOPRAVVENUTO TRA LE PRESTAZIONI

Tuttavia, può succedere che lo squilibrio dei valori sopraggiunga *dopo la stipulazione del contratto, ma prima della sua completa esecuzione*. Ciò può materialmente accadere soltanto per quei contratti la cui esecuzione si protrae nel tempo: dunque solo per i **contratti a esecuzione differita** (ESEMPIO Pietro e Giulia stipulano un contratto di locazione o di vendita pattuendo che gli effetti incomincino a prodursi solo dopo 6 mesi) e per i **contratti a esecuzione continuativa o periodica** (come locazione, somministrazione, appalto ecc.). In tali contratti, se una prestazione diviene eccessivamente onerosa rispetto all'altra in seguito al verificarsi di eventi *straordinari* (si considerano tali gli eventi non controllabili dal debitore e aventi carattere di generalità) e *imprevedibili*, la parte che dovrebbe eseguirla può invece *ottenere la risoluzione del contratto*: è questa la risoluzione per **eccessiva onerosità sopravvenuta** (art. 1467 c. 1).

OFFERTA DI EQUA PEREQUAZIONE

La risoluzione per eccessiva onerosità sopravvenuta non avviene mai automaticamente: *dev'essere decisa dal giudice mediante una sentenza*. Può essere evitata dalla controparte *"offrendo di modificare equamente le condizioni del contratto"* (art. 1467 c. 3).

SQUILIBRIO SOPRAVVENUTO E INIZIO DELL'ESECUZIONE

Il codice stabilisce che la risoluzione per eccessiva onerosità sopravvenuta *non sia ammissibile dopo che l'esecuzione ha avuto inizio*.
Questa regola non si applica ai contratti a esecuzione continuativa o periodica, ma solo ai *contratti a esecuzione differita*: in questi ultimi lo squilibrio sopravvenuto resta privo di conseguenze, quando si verifica dopo che una parte ha ricevuto la prestazione, ma prima che venga il momento in cui deve effettuare la sua controprestazione. Ciò è logico, se si pensa che nel momento in cui la prestazione viene effettuata, essa ha ancora un valore equivalente a quello della controprestazione, che dovrà essere effettuata successivamente.

CONTRATTI ALEATORI

Non possono essere risolti per eccessiva onerosità sopravvenuta i **contratti aleatori**, *cioè quelli nei quali l'assunzione di un rischio da parte di uno o di entrambi i contraenti caratterizza la funzione stessa del contratto* (per esempio assicurazione, rendita vitalizia ecc.: art. 1469).

SINTESI RIASSUNTIVA

Riassumendo, possono essere risolti per eccessiva onerosità sopravvenuta i *contratti non aleatori a esecuzione differita* oppure *a esecuzione continuativa o periodica* quando:

- **dopo** la conclusione del contratto, *sopraggiunge uno squilibrio di valore tra ciò che le parti si scambiano*;
- *tale squilibrio è dovuto a eventi straordinari e imprevedibili*;
- *non è ancora iniziata l'esecuzione* del contratto (se si tratta di un contratto a esecuzione differita).

EFFETTI DELLA RISOLUZIONE PER ECCESSIVA ONEROSITÀ

Gli **effetti** della risoluzione per eccessiva onerosità sopravvenuta sono gli stessi della risoluzione per inadempimento (artt. 1467 c. 1 e 1458), che abbiamo già studiato nel paragrafo precedente.

LAVORO SUL CASO

A gennaio Carlo acquista un pacchetto viaggio che prevede volo e soggiorno in California nel mese di agosto. Nei mesi successivi, inaspettatamente, il dollaro si rivaluta sull'euro raddoppiando il proprio valore. L'agenzia di viaggio contatta il cliente per chiedergli un adeguamento del prezzo pagato, come previsto dalle clausole contrattuali. Carlo si rifiuta di pagare e minaccia azioni legali se l'agenzia proseguirà su questa linea. L'agenzia gli risponde che, se non pagherà l'adeguamento, non potrà usufruire del viaggio.

- **Chi ha ragione Carlo o l'agenzia?**

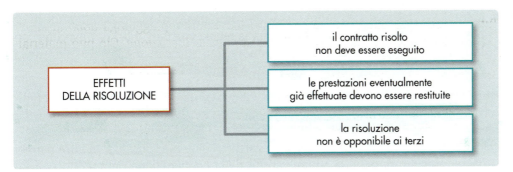

EFFETTI DELLA RISOLUZIONE
- il contratto risolto non deve essere eseguito
- le prestazioni eventualmente già effettuate devono essere restituite
- la risoluzione non è opponibile ai terzi

 ## 4 La risoluzione per impossibilità sopravvenuta

L'impossibilità sopravvenuta **totale** di adempiere un'obbligazione, che non sia imputabile al debitore, ha l'effetto *di estinguerla*; l'impossibilità sopravvenuta **parziale** (cioè l'impossibilità di adempiere per intero, o puntualmente, o con la diligenza prescritta ecc.), che non sia imputabile al debitore, fa sì che *questi non debba rispondere dei danni così provocati al creditore.* ~~Di tutto ciò abbiamo già trattato.~~

In un contratto a *prestazioni corrispettive* la prestazione divenuta impossibile è legata da un *vincolo di corrispettività* con altre prestazioni che, invece, restano possibili: il contraente, la cui prestazione è ancora possibile, *non è più obbligato* a effettuarla a favore dell'altro contraente, il quale è a sua volta liberato dall'obbligo di effettuare la propria a causa dell'impossibilità sopravvenuta a lui non imputabile.

IMPOSSIBILITÀ SOPRAVVENUTA NON IMPUTABILE AL CONTRAENTE DEBITORE

La **risoluzione per impossibilità sopravvenuta** (art. 1463) avviene di diritto (automaticamente) quando il debitore non adempie per impossibilità sopravvenuta a lui non imputabile.

LAVORO SUL CASO

Laura prenota un soggiorno di una settimana al mare, presso un affittacamere situato nella rinomata località di Monterosso, in Liguria. Una settimana prima di partire, provvede al versamento dell'intero importo pattuito alla società che ha curato la prenotazione. Ma, il giorno precedente la partenza, un'alluvione che si abbatte sulle Cinque Terre sommerge gran parte delle abitazioni del paese, che risultano così inagibili.

- **Che cosa potrà chiedere Laura alla società?**
- **Con quali conseguenze?**

Se l'impossibilità sopravvenuta è **parziale**, *il contraente la cui prestazione può ancora essere effettuata in modo esatto ha diritto di ridurla in modo corrispondente alla riduzione di valore dell'altra, in modo tale da ripristinare la loro equivalenza* (art. 1466); tuttavia, può darsi che egli *non abbia interesse a ottenere l'adempimento parziale* (il creditore può rifiutarlo: art. 1181): in tal caso gli è concessa la facoltà di *recedere* dal contratto (art. 1464).

IMPOSSIBILITÀ SOPRAVVENUTA PARZIALE...

Se l'impossibilità sopravvenuta non imputabile al debitore si verifica:

- mentre il **debitore** è in mora, *questo non è liberato* (art. 1221), *ma è obbligato invece a risarcire il danno*, come se l'impossibilità gli fosse imputabile, cioè come se si trattasse di un inadempimento: abbiamo già studiato questa regola a proposito della mora del debitore;

... DURANTE LA MORA DEL DEBITORE

... DURANTE LA MORA DEL CREDITORE

- mentre il **creditore** è in mora, *essa non ha l'effetto di liberarlo dall'obbligo di effettuare la controprestazione*: è questa la regola che l'art. 1207 c. 1 esprime con la formula "quando il creditore è in mora, è a suo carico l'impossibilità della prestazione sopravvenuta per **causa non imputabile al debitore**".

L'impossibilità sopravvenuta della prestazione dovuta a comportamenti del creditore, tra i quali in particolare la sua mancata **cooperazione all'adempimento**, *non libera quest'ultimo* dall'obbligo di eseguire la sua prestazione corrispettiva, anche se tale mancata cooperazione deriva da cause a lui non imputabili; in altre parole, il rischio per l'impossibilità sopravvenuta della cooperazione del creditore, a lui non imputabile, grava sul creditore stesso.

L'IMPOSSIBILITÀ SOPRAVVENUTA NEI CONTRATTI A EFFETTI TRASLATIVI...

Tutto quanto precede *non riguarda i contratti aventi effetti traslativi (o reali)*. In essi, come già sappiamo, il diritto si trasferisce (o si costituisce) **al momento** stesso del consenso (art. 1376), oppure, se si tratta di cose determinate solo nel genere e nella quantità, al momento dell'individuazione (art. 1378). Da quel momento *l'acquirente diviene proprietario della cosa* (o titolare di un altro diritto).

... L'OBBLIGO DI EFFETTUARE LA CONTROPRESTAZIONE

Se la cosa va distrutta, per una causa non imputabile all'alienante, in un momento successivo alla conclusione del contratto, ma comunque prima del termine pattuito per la consegna, l'acquirente resta tenuto a effettuare la sua controprestazione, anche se non potrà mai ricevere la cosa (art. 1465 c. 1 e c. 3).

ESEMPIO Marco vende un'automobile usata a Lorenzo, pattuendo di consegnarla dopo una settimana e di riceverne contestualmente il pagamento; se, per un caso fortuito (come un'alluvione), l'auto va distrutta 2 giorni dopo la vendita, Lorenzo, l'acquirente, dovrà comunque pagarne il prezzo allo scadere della settimana.

IL PRINCIPIO GENERALE SULLA SOPPORTAZIONE DEL RISCHIO IN CASO DI DISTRUZIONE FORTUITA

Questa regola esprime un principio fondamentale del diritto privato: *il danno per la distruzione di una cosa non imputabile a persona alcuna, ma dipendente da un caso fortuito, grava sul suo proprietario.*
Inoltre, si ricordi che il nesso di corrispettività che lega i due principali oggetti del contratto a effetti traslativi (il **trasferimento del diritto** e la **prestazione corrispettiva**, quale per esempio una somma di denaro) non è turbato dalla distruzione della cosa per caso fortuito: se si è verificato l'effetto traslativo, è equo che sia eseguita anche la prestazione corrispettiva.

Se la distruzione della cosa è invece imputabile all'alienante (debitore dell'obbligo di consegnarla e di custodirla: art. 1177), *si deve applicare la disciplina della risoluzione per inadempimento.*

LAVORO SUL CASO

Mario vende a Cesare la sua auto usata per 5.000 euro; le parti concordano che il pagamento sarà fatto alla consegna e che questa avverrà quando Mario, a sua volta, riceverà l'automobile nuova che ha ordinato, della quale attende da un giorno all'altro la consegna. Il giorno successivo Mario posteggia la sua auto accanto a un'edicola, con la chiave inserita, e se ne allontana di qualche metro per acquistare un quotidiano; in quei pochi secondi l'auto viene rubata. Ciononostante, qualche giorno dopo Mario chiede il pagamento a Cesare, il quale però si rifiuta di pagare.

- Cesare è obbligato a pagare?
- Se, invece di essere stata rubata in quelle circostanze, l'automobile fosse andata distrutta nell'incendio del garage in cui era custodita, la soluzione sarebbe diversa?

LA RISOLUZIONE DEL CONTRATTO	• Il contratto può essere risolto quando il vincolo di corrispettività tra le controprestazioni viene alterato dopo la sua stipulazione

| **LA RISOLUZIONE PER INADEMPIMENTO** | • Un contraente può reagire all'inadempimento dell'altro contraente in diversi modi:
　– sospendere il proprio adempimento (temporaneamente)
　– chiedere al giudice la condanna del contraente inadempiente ad adempiere
　– chiedere al giudice la risoluzione del contratto per inadempimento
　– inviare al contraente inadempiente una diffida ad adempiere entro un certo termine
• La risoluzione per inadempimento è pronunciata di regola dal giudice
• La risoluzione avviene di diritto quando:
　– è scaduto il termine indicato nella diffida ad adempiere
　– il contratto conteneva una clausola risolutiva espressa
　– il contratto conteneva un termine essenziale
• Il contratto risolto per inadempimento non deve essere eseguito; le prestazioni eventualmente già effettuate devono essere restituite
• La risoluzione non è opponibile ai terzi |

| **LA RISOLUZIONE PER ECCESSIVA ONEROSITÀ SOPRAVVENUTA** | • I contratti a esecuzione differita oppure continuativa o periodica possono essere risolti quando dopo la stipulazione si verifica uno *squilibrio* di valore tra le controprestazioni, dovuto a eventi straordinari e imprevedibili
• Per i contratti a esecuzione differita la risoluzione non è ammessa se è già iniziata l'esecuzione
• Le conseguenze sono le stesse della risoluzione per inadempimento |

| **LA RISOLUZIONE PER IMPOSSIBILITÀ SOPRAVVENUTA** | • L'impossibilità sopravvenuta, non imputabile al debitore, di una prestazione produce automaticamente la risoluzione del contratto
• Le conseguenze sono le stesse della risoluzione per inadempimento; ma se si tratta di contratti aventi effetti traslativi, una volta trasferito il diritto l'altro contraente resta tenuto a eseguire la controprestazione |

Verifica delle conoscenze

VERO O FALSO

Indica se le seguenti affermazioni sono vere o false.

1 Nel contratto esiste un vincolo di corrispettività tra gli effetti che esso ha per le parti ☒V ☐F

2 La risoluzione del contratto può avvenire solo per inadempimento ☐V ☒F

3 Il giudice emette la diffida ad adempiere nei confronti di chi non rispetta gli obblighi derivanti dal contratto ☐V ☒F

4 Il contratto si risolve di diritto quando contiene un termine essenziale ☒V ☐F

5 Quando il contratto è risolto, le parti non sono più tenute a eseguirlo ☒V ☐F

6 Lo squilibrio di valore tra le prestazioni corrispettive delle parti rappresenta in sé un fattore perturbativo del contratto ☐V ☒F

7 La risoluzione del contratto non è opponibile ai terzi ☒V ☐F

8 Se l'impossibilità sopravvenuta non imputabile al debitore si verifica mentre questo è in mora, egli non è liberato ☒V ☐F

9 L'impossibilità sopravvenuta può essere totale o parziale ☒V ☐F

10 La risoluzione per eccessiva onerosità deve essere decisa dal giudice ☒V ☐F

CORRISPONDENZE

Metti in relazione gli elementi del primo gruppo con quelli del secondo.

1 Non può essere risolto per eccessiva onerosità sopravvenuta

2 Si verifica uno squilibrio di valore tra le prestazioni previste dal contratto

3 Produce automaticamente la risoluzione del contratto

4 Il contraente può ridurre in modo corrispondente la controprestazione

a impossibilità sopravvenuta, non imputabile al debitore

b impossibilità sopravvenuta parziale

c risoluzione per eccessiva onerosità sopravvenuta

d contratto aleatorio

1	2	3	4
D	C	A	B

COMPLETAMENTO

Inserisci i termini mancanti (attenzione ai distrattori!).

1 Se la cosa va distrutta, per una *causa* non imputabile all'alienante, in un momento *successivo* alla conclusione del contratto, ma comunque prima del termine pattuito per la consegna, l'acquirente *non è tenuto* a effettuare la sua controprestazione.

è tenuto; non è tenuto; successivo; causa; motivo; precedente.

2 Si considerano "straordinari e *imprevedibili*" gli eventi che non sono controllabili dal *debitore* e hanno carattere di generalità.

creditore; imprevedibili; prevedibili; debitore.

Verifica delle abilità

Completa lo schema.

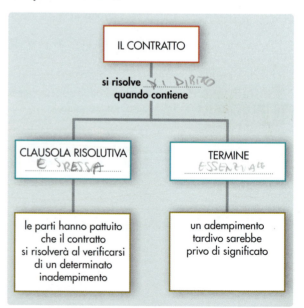

IL CONTRATTO

si risolve *di diritto* quando contiene

CLAUSOLA RISOLUTIVA *espressa*

TERMINE *essenziale*

le parti hanno pattuito che il contratto si risolverà al verificarsi di un determinato inadempimento

un adempimento tardivo sarebbe privo di significato

DI CHE COSA STIAMO PARLANDO?

Rispondi dopo aver letto gli indizi.

1 Può essere un modo per fare pressione nei confronti della controparte nel contratto SOSPENSIONE ADEMPIMENO (ECCEZ INADEMP)

2 Lega gli effetti favorevoli a un contraente con quelli favorevoli all'altro

3 È un'intimazione scritta, diretta alla controparte, di adempiere entro un congruo termine

4 È lo squilibrio di valore tra le prestazioni delle parti nel contratto ECCESSIVA ONEROSITA

5 Se il contratto viene risolto, devono essere restituite PRESTAZIONI

CACCIA ALL'ERRORE

Individua e correggi le parole errate.

1 L'adempimento di un'obbligazione può alterare il vincolo di corrispettività delle prestazioni corrispettive previste dal contratto

2 Il contratto si risolve di diritto se contiene una clausola sospensiva espressa

3 Lo squilibrio di valore tra le prestazioni corrispettive è di per sé un fattore perturbativo del contratto

4 La risoluzione per eccessiva onerosità avviene automaticamente

5 Se la distruzione della cosa è imputabile al compratore, si deve applicare la disciplina della risoluzione per inadempimento

QUESITI A RISPOSTA SINGOLA

Rispondi utilizzando non più di 4 righe.

1 *What is meant by "reduction of the contract"?*

2 *How may a party react to the non-performance of the other party?*

3 *What is meant by reduction due to supervening impossibility?*

4 *Che cosa può ottenere*, agendo in giudizio, il contraente che subisce l'altrui inadempimento?

5 La *disciplina* della risoluzione per impossibilità sopravvenuta è diversa secondo che si tratti di *contratti aventi effetti reali* o *aventi effetti solo obbligatori*?

Trattazione sintetica di argomenti

1 Esponi le differenze tra l'*invalidità* e la *risoluzione* del contratto.

2 Esponi la disciplina dei casi in cui la *risoluzione per inadempimento* opera di diritto.

3 Esponi le regole che governano la *retroattività* nella risoluzione dei contratti.

4 *Explain the concept of reduction due to supervening impossibility resulting from a cause not attributable to the debtor.*

Unità 17
I principali contratti

En

Unit *by* Unit

In Unit 17 you are going to the most frequently used types of contracts, which are expressly governed by the Italian Civil Code. In particular, you will study sales, when one party transfers ownership of any thing, or of other rights to another on payment of a sum of money. You'll study contracts for the supply of goods or services, wherein one party undertakes to supply goods or services, continuously and periodically, to another and leases, under which one party grants the enjoyment of any thing to another party on payment of a fee. Then there are submissions, the party who tendered a bid for, and won it is obliged to carry out works or perform services, against payment,

and organise the necessary resources and management at its own risk. You will also study mandates, under which one party authorizes another to perform legal acts on his/her behalf; deposits, where the depositary receives a movable thing from the depositor with the obligation to safeguard it and return it when requested; agencies, when an agent assumes the task of successfully concluding contracts, in a given area, on behalf of the principal. There are contracts for loans; here one party receives the delivery of a sum of money from another and must return it within a certain period of time; for transactions, when the parties concerned resolve a dispute through reciprocal concessions; contracts

for guarantees, when a guarantor, personally assumes responsibility for any lack or non performance of an obligation by others and leases, where one party, upon payment of a periodic fee, grants enjoyment of a thing to a user, a lessee, who, at the end of the contract may choose to become the owner of the thing leased or not. Lastly you will study Factoring, a contract wherein an entrepreneur cedes part or all of his/her assets (credits) to a Factor, represented by a factoring agency, which, for a fee, will commit itself to recovering the debts and returning, at least part of, the money to the original ceding party.

 ## Premessa

LA DISCIPLINA LEGALE DEI CONTRATTI TIPICI

Il nostro codice civile detta una disciplina specifica per la maggior parte dei contratti di uso più frequente: si tratta dei contratti tipici (come si ricorderà, abbiamo già studiato le nozioni di **contratto tipico** e **contratto atipico**).

La disciplina legale dei contratti tipici è in gran parte costituita da **norme dispositive**, *cioè da norme che devono essere applicate soltanto qualora le parti non abbiano indicato di comune accordo regole diverse.*
Tuttavia, essa contiene anche **norme inderogabili**, *cioè norme che le parti non possono disapplicare, neppure di comune accordo.* L'inderogabilità di ciascuna di esse è legata al tipo di contratto: in altre parole, se le parti stipulano un contratto appartenente a un certo tipo, *non possono violare le norme inderogabili dettate specificamente per quel tipo di contratto.*

La vendita: nozione

Il codice civile definisce la vendita all'art. 1470. In base a tale definizione:

> la **vendita** è il contratto che ha per oggetto il trasferimento della proprietà di una cosa o di un altro diritto verso il corrispettivo di un prezzo.

La vendita, dunque, non serve unicamente per trasferire la proprietà di una cosa: possono essere venduti anche diritti reali diversi dalla proprietà, per esempio l'usufrutto, la superficie (non la servitù, se non insieme con la proprietà sul fondo dominante, come già sappiamo); può essere venduta la proprietà di un'universalità di beni, per esempio un'azienda, un'eredità; può essere venduta una quota di comproprietà su un bene; possono essere venduti diritti su beni immateriali, per esempio, un brevetto di invenzione; possono essere venduti anche crediti. In sintesi, si può vendere qualsiasi bene o diritto trasferibile ad altri.

Per quanto riguarda le **modalità di conclusione**, la vendita è un contratto *consensuale* oppure *formale*, secondo ciò che viene venduto; precisamente:

- è **formale**, *cioè richiede inderogabilmente la forma scritta a pena di nullità*, quando ha per oggetto diritti reali su beni immobili (art. 1350) oppure un'eredità (art. 1543);
- è **consensuale**, *cioè si conclude con il semplice consenso delle parti*, negli altri casi.

Per quanto riguarda gli **effetti**, la vendita è in linea di massima *un contratto avente effetti sia obbligatori, sia reali*. L'effetto reale si verifica *di regola al momento stesso del consenso*; ma non sempre:

nella *vendita di cose determinate solo nel genere e nella quantità*, l'effetto reale si verifica nel momento, successivo, dell'individuazione (art. 1378);
nella *vendita di cose non ancora esistenti* (future) l'effetto reale si verifica nel momento, successivo, in cui vengono a esistenza (art. 1472);
nella *vendita di cose altrui* l'effetto reale si verifica nel momento, successivo, in cui il venditore acquista la proprietà della cosa già venduta (art. 1478; ma se si tratta di cosa mobile si può applicare la regola "possesso vale titolo");
nella *vendita sottoposta a termine*, oppure *a condizione sospensiva*, le parti possono concordare che l'effetto reale si verifichi in un momento successivo.

In tutti questi casi, *nel momento della stipulazione la vendita ha effetti solo obbligatori e gli effetti reali si producono successivamente.*

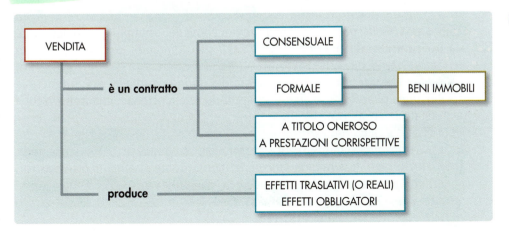

La vendita: le obbligazioni delle parti

OBBLIGAZIONI
DEL VENDITORE

Le obbligazioni del venditore L'art. 1476 elenca le principali obbligazioni del venditore. Innanzitutto, egli deve **consegnare** la cosa: *essa dev'essere consegnata nello stato in cui si trovava al momento della vendita, insieme con le pertinenze, gli accessori e i frutti maturati dal giorno della vendita, nonché con i titoli e i documenti relativi* (art. 1477).

In secondo luogo il venditore deve **fare** quanto è *necessario affinché il compratore possa acquistare il diritto* (se l'effetto reale si verifica in un momento successivo a quello della conclusione del contratto).

Infine, il venditore deve fornire al compratore due **garanzie**: la *garanzia per l'evizione* e la *garanzia per i vizi e la mancanza di qualità della cosa*.

GARANZIA
PER L'EVIZIONE

La garanzia per l'evizione

Garantire il compratore **dall'evizione** significa garantirlo dall'eventualità che terze persone, che vantano diritti sulla cosa venduta, possano a buon diritto sottrargliela o limitarne il godimento.

ESEMPIO Quando la cosa venduta è altrui (e non opera la regola "possesso vale titolo"), il compratore non può acquistarne la proprietà, sicché la cosa resta del terzo, che ne è proprietario e che ha il diritto di rivendicarla (a meno che nel frattempo il venditore ne abbia acquistata la proprietà).

Quando l'immobile venduto è gravato da una servitù o da un'ipoteca, il compratore non ne può acquistare la proprietà piena e libera da ogni vincolo: l'acquista gravata dalla servitù o dall'ipoteca, diritti che possono essere esercitati da parte del loro titolare; quando l'acquisto della cosa viene revocato (azione revocatoria, art. 2901), il creditore che ha agito può sottoporre la cosa a esecuzione forzata.

CONTENUTO
DELLA GARANZIA...

Il **contenuto** della garanzia è diverso secondo se, nel momento in cui stipula il contratto, il compratore è o meno a conoscenza del fatto che terze persone vantano diritti sulla cosa.

... SE IL COMPRATORE
NON È A CONOSCENZA
DEL DIRITTO ALTRUI...

a) Nel caso in cui il compratore *non ne sia a conoscenza*:
   - se la cosa *è interamente di proprietà altrui* (art. 1479), può ottenere la **risoluzione per inadempimento** (a meno che nel frattempo il venditore non gliene abbia fatto acquistare la proprietà: artt. 1478 e 1479);
   - se la cosa *è gravata da diritti a favore di un terzo che limitino la facoltà di godimento* (*diritti personali di godimento*, come per esempio quello derivante da un contratto di locazione, *diritti reali di godimento, diritto di proprietà parzialmente altrui*, artt. 1489, 1480), il compratore può ottenere una **riduzione del prezzo** (oltre al risarcimento del danno); tuttavia, può ottenere la *risoluzione* "quando deve ritenersi, secondo le circostanze, che non avrebbe acquistato la cosa" (art. 1480);
   - se la cosa *è gravata da diritti a favore di un terzo che non limitino la facoltà di godimento*, ma siano tali da fargli rischiare la completa perdita del suo diritto (*diritti reali di garanzia, vincoli derivanti da pignoramento o sequestro*), il compratore può chiedere al giudice la **fissazione di un termine** entro il quale il bene dev'essere liberato, altrimenti il contratto si risolve e ha diritto al risarcimento del danno (art. 1482 c. 2).

b) Nel caso in cui il compratore *ne sia a conoscenza:*

– se la cosa *è in parte di proprietà altrui*, o se è gravata da *diritti personali (o reali) di godimento* a favore di un terzo, che ne limitino il godimento, il compratore **non ha alcuna tutela**, *poiché ha accettato di acquistare un diritto limitato e proprio perciò è probabile che abbia pagato un prezzo più basso* (art. 1489);

– se la cosa *è gravata da diritti a favore di un terzo che non limitino la facoltà di godimento, ma pongano a rischio il suo acquisto* (**cosa di proprietà integralmente altrui o gravata** da diritti reali di garanzia o da vincoli derivanti da pignoramento o sequestro), il compratore è tutelato **soltanto se** subisce l'evizione, *cioè se il terzo, facendo valere il proprio diritto, gli sottrae interamente la cosa*; in tal caso il contratto si risolve e il prezzo dev'essere restituito (art. 1483).

La garanzia per l'evizione può essere **esclusa** dalle parti (art. 1487): in tal caso il compratore che subisce l'evizione non può ottenere il risarcimento del danno, ma soltanto il rimborso del prezzo pagato e delle spese (art. 1488 c. 1); e neppure questo se "la vendita è stata convenuta a rischio e pericolo del compratore" (art. 1488 c. 2). La garanzia per l'evizione non può tuttavia essere esclusa del tutto: il venditore risponde comunque se è in dolo o in colpa grave (ogni clausola contraria è nulla). Si tratta di una regola generale, contenuta nell'art. 1229, che stabilisce un limite inderogabile alla validità dei patti di limitazione della responsabilità del debitore per l'inadempimento.

La garanzia per i vizi e la mancanza di qualità della cosa

Per **vizi** si intendono i difetti gravi della cosa "che la rendano inidonea all'uso a cui è destinata o ne diminuiscano in modo apprezzabile il valore" (art. 1490 c. 1).

Per **mancanza di qualità** si intende la mancanza delle qualità promesse, oppure delle qualità "essenziali per l'uso a cui è destinata" la cosa (art. 1497 c. 1).

La garanzia *non è dovuta per i vizi che erano conosciuti dal compratore* al momento della stipulazione del contratto, nonché *per quelli che erano dallo stesso facilmente riconoscibili*, "salvo, in questo caso, che il venditore abbia *dichiarato* che la cosa era esente da vizi" (art. 1491).

LAVORO SUL CASO

Un allevatore produce mozzarelle impiegando sia latte di bufala che latte vaccino. Le commercializza come mozzarelle di bufala dop. Giovanni è uno dei ristoratori che acquista regolarmente e in gran quantità i prodotti dell'allevatore; quando si rende conto che il prodotto acquistato non risulta conforme a quanto promesso, intende denunciarlo e ottenere un risarcimento del danno.

• **Lo può fare?**

APPROFONDIMENTO

La garanzia per i vizi dei beni di consumo

Qualora il bene venduto sia un bene di consumo, il venditore è obbligato a prestare una garanzia legale per i vizi diversa e ulteriore rispetto a quella qui descritta, *che vi si somma*: la garanzia disciplinata dall'art. 128 e segg. del codice del consumo. L'acquirente di un bene di consumo, pertanto, dispone di varie garanzie legali: quella dell'art. 128 e segg. del codice del consumo, di solito la più efficace, e quella dell'art. 1490 e segg. A queste può eventualmente aggiungersi una garanzia pattizia, cioè una garanzia offerta dal venditore al compratore, come per esempio la garanzia di buon funzionamento di cui all'art. 1512.

DENUNCIA DEI VIZI

Il compratore ha l'**onere** di denunciare l'esistenza dei vizi, o la mancanza delle qualità promesse o essenziali, entro **8 giorni** dalla scoperta (artt. 1495 c. 1 e 1497 c. 2), a meno che il venditore non li abbia ammessi o non li abbia occultati (art. 1495 c. 2); le parti possono pattuire un termine diverso (art. 1495 c. 1).

Se il compratore non effettua la denuncia entro il termine, **decade** dalla garanzia. In ogni caso la garanzia *cessa per prescrizione decorso un anno dalla consegna* (artt. 1495 c. 3 e 1497 c. 2).

CONTENUTO DELLA GARANZIA

Il **contenuto** della garanzia consiste in questo: quando la cosa presenta i vizi o le mancanze di qualità il compratore può, a sua scelta, ottenere:

- la *risoluzione del contratto per inadempimento del venditore* (cosiddetta *azione redibitoria*: art. 1492 c. 1), con restituzione della cosa e rimborso del prezzo (art. 1493);
- una congrua *diminuzione del prezzo* (cosiddetta *azione estimatoria*: art. 1492 c. 1).

Inoltre, egli ha diritto al **risarcimento del danno**, se il venditore "non prova di aver ignorato senza colpa i vizi della cosa" (art. 1494).

Questa garanzia di legge è cosa diversa dalla garanzia di buon funzionamento che accompagna normalmente la vendita di cose mobili: ne parleremo più avanti in questa unità (nel paragrafo 4).

LAVORO SUL CASO

Sonia e Lucio acquistano una casa realizzata con moderni sistemi di isolamento termico e acustico, dotata di apposita certificazione energetica. Trascorsi 3 mesi, i giovani comunicano al venditore di aver rilevato, all'interno della propria abitazione, muffa, umidità e rilevanti problemi di insonorizzazione. Delusi dal loro acquisto, si chiedono quali diritti e azioni giuridiche possono esercitare per far valere i propri diritti di acquirenti.

- **Che cosa si deve rispondere loro?**

ESCLUSIONE PATTIZIA DELLA GARANZIA PER I VIZI

La garanzia per i vizi (ma *non* quella per la mancanza di qualità) può essere *esclusa* dalle parti: tuttavia il venditore risponde comunque quando è in dolo o in colpa grave (art. 1229).

CONSEGNA DI COSA COMPLETAMENTE DIVERSA DA QUELLA PATTUITA

Può darsi il caso che il venditore consegni una cosa addirittura *diversa* da quella pattuita: in questo caso si applica la disciplina generale della **risoluzione del contratto**, sicché il compratore può a sua scelta chiedere l'esatto adempimento, oppure ottenere la risoluzione del contratto, senza sottostare ai termini di decadenza e di prescrizione indicati dall'art. 1495 c. 1 e 3.

APPROFONDIMENTO

Gli obblighi di garanzia e la colpa del venditore

Il venditore *garantisce* contro evizione, vizi e mancanza di qualità: "garantisce" significa che egli è *considerato inadempiente anche se non ha alcuna colpa* nell'aver ignorato la situazione che ha portato all'evizione o nell'aver ignorato l'esistenza di vizi o di mancanze di qualità. Pertanto, anche senza sua colpa, subisce la risoluzione del contratto per l'inadempimento dell'obbligo di garanzia (e deve restituire il prezzo), oppure la riduzione del prezzo.

Può darsi che il compratore subisca danni che non sono compensati dalle restituzioni conseguenti alla risoluzione oppure dalla riduzione del prezzo (per esempio, la cosa, proprio in quanto difettosa, provoca un danno a un terzo, che il compratore è obbligato a risarcire in quanto responsabile secondo l'art. 2051): *questi danni sono risarciti dal venditore solo se è in colpa* (cioè avrebbe dovuto conoscere la situazione della cosa venduta) *o se è in dolo* (cioè se conosceva la situazione, ma l'ha taciuta).

Le obbligazioni del compratore Il compratore deve *pagare il prezzo* (art. 1498), *nel tempo e nel luogo pattuiti*; in mancanza di patti e di usi diversi, il prezzo dev'essere pagato nel luogo e al momento della consegna.

OBBLIGO DI PAGARE IL PREZZO

Se il prezzo non è esplicitamente determinato, e se si tratta di cose abitualmente vendute dal venditore, "si presume che le parti abbiano voluto riferirsi al prezzo normalmente praticato dal venditore" (art. 1474 c. 1); se invece si tratta di cose aventi un prezzo di mercato, esso si desume dai listini praticati sul mercato (art. 1474 c. 2).

Il compratore deve inoltre *pagare le spese della vendita* (art. 1475), salvo diverso accordo tra le parti.

OBBLIGO DI PAGARE LE SPESE

ESEMPIO In una vendita immobiliare, che viene fatta per atto pubblico, il compratore deve pagare la prestazione professionale del notaio e l'imposta di registro sul contratto.

4 Le garanzie per l'alienazione dei beni di consumo

L'alienazione dei beni di consumo è soggetta a una serie di regole particolari, dettate a garanzia del consumatore, contenute negli artt. 128-135 del codice del consumo. Queste norme contengono i principi e le regole che devono essere applicati a tutti i contratti "comunque finalizzati alla fornitura di beni di consumo da fabbricare o produrre": il principale fra tali contratti è naturalmente la vendita, sicché ne trattiamo qui; ma si applicano anche ad altri contratti, principalmente alla somministrazione, all'appalto e al contratto d'opera, dei quali tratteremo più avanti.

Questa normativa si applica ai **beni di consumo** forniti da un **venditore** o da un **produttore** a un **consumatore**. Di queste nozioni l'articolo 128 cod. cons. fornisce una precisa definizione.

CAMPO DI APPLICAZIONE

> Sono **beni di consumo** tutti i beni mobili, anche se non ancora assemblati; fanno eccezione l'acqua, il gas e l'energia elettrica, salvo siano confezionati per la vendita all'interno di recipienti chiusi, quindi in quantità predeterminate.

> Il **venditore** è chi aliena il bene nell'esercizio della propria attività professionale (con un contratto di vendita o con uno degli altri contratti indicati sopra).

> Il **produttore** è chi si presenta come fabbricante o importatore nell'Unione europea del bene, apponendovi il suo marchio o nome.

Il tratto fondamentale di questa disciplina è la **garanzia legale di conformità** del prodotto a quanto contrattato dalle parti, con la conseguente responsabilità contrattuale del venditore e del produttore per i vizi e le difformità del prodotto. Dunque i beni consegnati devono essere "conformi al contratto" (art. 129 cod. cons.). Ciò significa che il venditore e il produttore sono **responsabili**, oltre che per la mancanza delle qualità e delle prestazioni che da essi è ragionevole attendersi, anche se i beni:

GARANZIA LEGALE DI CONFORMITÀ

• *non hanno le qualità e le funzioni che essi hanno vantato al compratore, sia nella pubblicità, sia nei contatti diretti;*

- *non sono idonei all'uso particolare indicato dal consumatore al momento dell'acquisto e accettato dal venditore e dal produttore "anche per fatti concludenti"*; il venditore e il produttore però non rispondono se la difformità risulta dalle istruzioni per l'uso fornite al consumatore o se quest'ultimo, usando l'ordinaria diligenza, non poteva ignorarla.

DIRITTI DEL CONSUMATORE

In caso di difformità il venditore e il produttore sono tenuti, a scelta del consumatore, a riparare o sostituire gratuitamente il bene, salvo che ciò sia impossibile o eccessivamente oneroso. Nelle circostanze indicate dall'art. 130 cod. cons., il consumatore può anche ottenere a sua scelta la riduzione del prezzo o la risoluzione del contratto.

Il consumatore decade dalla garanzia se non denuncia il difetto entro 2 mesi dalla scoperta; in ogni caso il suo diritto si prescrive in 26 mesi dalla consegna (art. 132 cod. cons.). Se il difetto si manifesta entro 6 mesi dalla consegna, si presume, salvo prova contraria, che fosse già presente al momento della consegna; altrimenti il consumatore ha l'onere di darne la prova.

SOGGETTI OBBLIGATI ALLA GARANZIA

Il primo responsabile nei confronti del consumatore è il **venditore finale**, *cioè l'ultimo anello della catena distributiva del prodotto*. Qualora egli debba rispondere nei confronti del consumatore per difetti imputabili ai venditori che lo hanno preceduto nella catena distributiva, oppure imputabili al produttore, ha **diritto di regresso** nei confronti del soggetto responsabile del difetto.

I diritti del consumatore sono **irrinunciabili**: ogni patto che in qualsiasi modo ne escluda o limiti l'operatività è nullo (art. 134 cod. cons.).

⑤ La vendita: alcune specie particolari

PARTICOLARITÀ DELLA VENDITA IMMOBILIARE

La vendita immobiliare Questa dev'essere stipulata in **forma scritta** a pena di *nullità* (art. 1350). Il **prezzo** può essere determinato secondo due diversi sistemi:

- è **a misura**, *quando è determinato in un tanto per ogni unità di misura* (ESEMPIO ti vendo quell'appezzamento di terreno di 3.000 metri quadrati al prezzo di 100 euro al metro quadrato);
- è **a corpo**, quando è determinato per l'immobile nel suo insieme (ESEMPIO ti vendo quell'appartamento della superficie di 80 metri quadrati al prezzo di 100.000 euro).

PRELAZIONE LEGALE IMMOBILIARE

Nella vendita di immobili la legge prevede alcune cause di **prelazione legale**: ciò significa che in determinati casi il proprietario, *se decide di vendere un immobile*, ha l'**obbligo** di interpellare le persone cui è attribuita la prelazione; queste hanno il **diritto** di acquistarlo a preferenza di chiunque altro, allo stesso prezzo; il proprietario può vendere ad altri *soltanto se chi ha la prelazione non vuole acquistare oppure non vuole acquistare a quel prezzo*.

Hanno **prelazione legale**:

- *nella vendita di fondi rustici*: il coltivatore diretto affittuario del fondo stesso e, in subordine, il coltivatore diretto proprietario del fondo confinante (art. 8 legge 26 maggio 1965 n. 590 e artt. 7 e 8 legge 14 agosto 1971 n. 817);
- *nella vendita di immobili urbani adibiti ad attività commerciali o artigianali aventi rapporti diretti con il pubblico*: il locatario dell'immobile stesso (art. 38 e segg. legge 27 luglio 1978 n. 392).

Queste prelazioni legali sono **opponibili ai terzi** acquirenti: *il titolare della prelazione, se non è stato interpellato e preferito ai terzi, ha il diritto di riscattare la proprietà dell'immobile*, anche contro la volontà di chi lo ha acquistato, versandogliene il prezzo.

OPPONIBILITÀ AI TERZI

La vendita di cose mobili   Questa è disciplinata anzitutto da alcune regole, *volte a favorire una pronta esecuzione del contratto e ad accertare e sanzionare con la massima rapidità e incisività ogni eventuale inadempimento*, per rispondere alle esigenze del commercio. A tale scopo il codice stabilisce:

PARTICOLARITÀ DELLA VENDITA DI COSE MOBILI...

a) *la risoluzione di diritto per inadempimento* (art. 1517): essa avviene, in deroga alle regole generali già studiate, quando una parte non adempie, nonostante l'offerta dell'altra parte di eseguire la propria prestazione;

... RISOLUZIONE DI DIRITTO...

b) *l'esecuzione coattiva delle obbligazioni contrattuali inadempiute*: se il compratore non adempie, il venditore può far vendere la cosa per conto e a spese di lui, secondo la procedura descritta dall'art. 1515; e, correlativamente, se il venditore non adempie, il compratore può far acquistare la cosa (se è fungibile) a spese di lui, secondo la procedura descritta dall'art. 1516;

... RISOLUZIONE COATTIVA...

c) *la facoltà del venditore di riprendere il possesso della cosa venduta, consegnata e non pagata* (art. 1519): qualora la cosa, già consegnata ma non pagata senza giustificato motivo, si trovi ancora in possesso del compratore, il venditore ha la facoltà, entro 15 giorni dalla consegna, di riottenerne il possesso; a questo modo egli ne riacquista la proprietà.

... FACOLTÀ DI RIAPPROPRIAZIONE...

Il codice stabilisce inoltre alcune regole aventi valore solo **dispositivo**, riguardanti:

a) la **consegna** (art. 1510): se le cose mobili vendute devono essere trasportate per poter essere consegnate, di regola (salvo usi contrari) "il venditore si libera dall'obbligo della consegna rimettendo la cosa al vettore" incaricato di trasportarla; in tal caso la vendita si dice **con spedizione**; qualora invece le parti si accordino per considerare come consegna il momento in cui la cosa perviene al compratore, il venditore si libera dall'obbligo della consegna solo quando la cosa perviene al compratore; in tal caso la vendita si dice **con consegna all'arrivo**;

... CONSEGNA AL VETTORE...

b) la **garanzia di buon funzionamento** (art. 1512): se essa è pattuita, il compratore deve denunciare i difetti entro 30 giorni dalla scoperta, salvo patto contrario; sono comunque salvi gli usi che attribuiscono tale garanzia al compratore anche in mancanza di patto espresso. Si tratta di un tipo di garanzia di frequentissima applicazione e grande importanza: infatti *è il tipo di garanzia che normalmente accompagna la vendita delle macchine* (come, per esempio, elettrodomestici, automobili, computer ecc.), in aggiunta alla garanzia per i vizi, studiata nel paragrafo 3. Essa è molto utile al compratore, poiché gli *permette di ottenere il cambio o la riparazione della macchina difettosa* (altrimenti avrebbe diritto soltanto alla riduzione del prezzo o alla risoluzione del contratto).

... GARANZIA DI BUON FUNZIONAMENTO

Nella pratica commerciale è frequente l'uso di diverse **particolari clausole**, *che servono a stabilire su quale dei due contraenti grava l'obbligo di provvedere alle spese di trasporto* (e alle spese di assicurazione per il trasporto); tra le più importanti ricordiamo:

REGOLE COMMERCIALI SULLE SPESE DI TRASPORTO

- *"franco stabilimento"*: tutte le spese del trasporto (e relativa assicurazione) dal domicilio del venditore a quello del compratore sono a carico di quest'ultimo;

- "cif" (*cost, insurance, freight* ovvero costo, assicurazione e nolo): tutte le spese del trasporto (e relativa assicurazione) dal domicilio del venditore fino al porto specifico di arrivo sono a carico del venditore;
- "fob" (*free on board* ovvero franco bordo della nave): tutte le spese del trasporto (e relativa assicurazione) sono trasferite al compratore nel momento in cui la merce è caricata a bordo della nave nel porto di partenza.

La vendita a rate con riserva della proprietà La vendita che contiene la *clausola di riserva della proprietà a favore del venditore* ha i seguenti effetti particolari (art. 1523):

EFFETTO TRASLATIVO E RISCHIO DEL PERIMENTO FORTUITO

- l'**effetto traslativo** non si verifica nel momento della conclusione del contratto, *ma in quello, successivo, nel quale il compratore paga l'ultima rata del prezzo;*
- prima che si verifichi l'effetto reale, il **rischio** per il perimento fortuito della cosa, contrariamente alla regola solita, *non grava sul proprietario* (che è ancora rimasto il venditore), *ma grava invece sul compratore*, che ha ricevuto la consegna della cosa e la utilizza.

Finché la cosa resta di proprietà del venditore, il compratore *non* può alienarla; se lo fa, commette il reato di *appropriazione indebita* (art. 646 cod. pen.); tuttavia, il terzo acquirente in buona fede può diventarne proprietario per effetto della regola "possesso vale titolo".

I creditori del compratore non possono sottoporre la cosa a esecuzione forzata, purché la riserva di proprietà risulti da atto scritto avente data certa anteriore al pignoramento da loro richiesto (art. 1524 c. 1).

NORME INDEROGABILI A TUTELA DELL'ACQUIRENTE

La vendita a rate con riserva di proprietà è impiegata di solito quando il compratore non è in grado di pagare, per intero, il prezzo in un'unica soluzione; pertanto è normale che vi sia *una netta disparità di potere economico tra le parti contraenti*. Per questo motivo il codice detta alcune **norme inderogabili**, *che limitano l'autonomia contrattuale a favore del contraente più debole* (in questo caso il compratore):

MANCATO PAGAMENTO DI UNA RATA

- il mancato pagamento di una sola rata (che non superi un ottavo del prezzo totale) *non fa decadere il compratore dal beneficio del termine* (art. 1525); questi, cioè, *non è obbligato a pagare immediatamente tutte le rate ancora dovute*, secondo la disposizione generale dell'art. 1186; ogni patto contrario è nullo (art. 1525);
- il mancato pagamento di una sola rata (che non superi un ottavo del prezzo totale) *non può portare alla risoluzione del contratto per inadempimento*; ogni patto contrario è nullo (art. 1525);

CLAUSOLA PENALE

- il patto con il quale il venditore impone al compratore che, in caso di risoluzione del contratto per inadempimento di quest'ultimo, *le rate già pagate restino acquisite al venditore a titolo di penale* è valido (art. 1382); tuttavia, il compratore può ottenere dal giudice una riduzione della penale (art. 1384), cioè in concreto la restituzione di una parte delle rate già pagate (art. 1526 c. 2).

EQUO COMPENSO PER IL VENDITORE

In ogni caso, se il contratto viene risolto per inadempimento del compratore, il venditore ha diritto a "un equo compenso per l'uso della cosa, oltre al risarcimento del danno" (art. 1526 c. 1).

PRELAZIONE LEGALE SUI BENI CULTURALI

La vendita di beni culturali Lo Stato ha una **prelazione legale** su tali beni in base all'art. 60 del *codice dei beni culturali e del paesaggio* (d.lgs. 22 gennaio

2004 n. 42; la definizione di *bene culturale* è all'art. 10). Ciò significa che il proprietario, se decide di venderli, ha l'obbligo di interpellare lo Stato, il quale ha il diritto di acquistarli a preferenza di chiunque altro, allo stesso prezzo; il proprietario può venderli ad altre persone solo qualora lo Stato non intenda acquistare.

Questa prelazione legale dello Stato è **opponibile ai terzi** acquirenti: *lo Stato, cioè, se non è stato interpellato, ha il diritto di riscattare la proprietà di tali beni, anche contro la volontà di chi li ha acquistati, versandogliene il prezzo.*

OPPONIBILITÀ AI TERZI

6 La locazione

> La **locazione** è il contratto col quale una parte (locatore) si obbliga a far godere all'altra (locatario o conduttore) una cosa mobile o immobile per un dato tempo, verso un determinato corrispettivo (art. 1571).

NOZIONE

La locazione è un contratto **a titolo oneroso** e **a prestazioni corrispettive**: il godimento del bene trova causa nell'obbligo di pagare il canone corrispettivo, e viceversa.
La concessione di godimento di beni materiali è disciplinata dalle norme della locazione; *se però viene concesso il godimento di un bene produttivo*, come un fondo rustico o un'azienda, si applicano le norme, parzialmente diverse, dell'**affitto** (art. 1615 e segg.).

PRINCIPALI CARATTERISTICHE

Per quanto riguarda le **modalità di conclusione**, la locazione:

- è un contratto *consensuale*;
- è *formale* soltanto quando ha per oggetto beni immobili e la sua durata è superiore a 9 anni (art. 1350 n. 7); in questo caso, e solo in questo caso, la locazione dev'essere trascritta (art. 2643 n. 8).

Per quanto riguarda gli **effetti**, la locazione è un contratto che ha **effetti solo obbligatori**: *il diritto di godere la cosa che viene concessa non è un diritto reale bensì un diritto personale di godimento*. Il conduttore, o locatario, è soltanto **detentore** della cosa, *non possessore, sicché non può acquistarne la proprietà per usucapione, né per effetto della regola "possesso vale titolo".*
Tuttavia, il suo diritto personale di godimento è disciplinato in modo analogo ai diritti reali di godimento in **due aspetti** (e solo in essi):

- il conduttore, come già sappiamo, può esperire l'azione di reintegrazione nel possesso (art. 1168 c. 2);
- il conduttore può opporre il suo diritto di godimento ai terzi che acquistano la proprietà della cosa mentre è locata (art. 1599): pertanto il nuovo proprietario è obbligato a consentire che il conduttore continui a godere della cosa fino alla scadenza del termine della locazione.

PARZIALE OPPONIBILITÀ AI TERZI

La **durata** della locazione è stabilita dalle parti (in mancanza, è disciplinata dall'art. 1574), ma di regola non può superare i 30 anni (art. 1573); si considera tacitamente rinnovata se il conduttore rimane nella detenzione della cosa locata senza opposizione da parte del locatore (art. 1597).

DURATA E RINNOVO TACITO

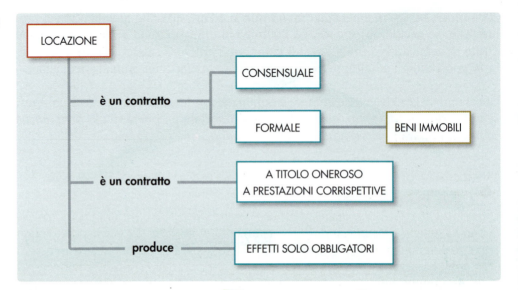

La locazione pattuita a tempo indeterminato cessa quando una delle parti *recede* dal contratto, cioè comunica all'altra la **disdetta** nel termine pattuito, o in quello stabilito dagli usi (art. 1596 c. 2).

APPLICABILITÀ DELLE REGOLE GENERALI DEL CODICE SULLA LOCAZIONE

La normativa sinteticamente esposta in questo paragrafo è contenuta nel codice civile: oggi essa ha una portata limitata, poiché la concessione del godimento degli immobili urbani, cioè dei beni aventi maggiore importanza economica e sociale tra quelli che vengono abitualmente dati in locazione, è regolata da leggi speciali. Queste, in particolare le leggi 392/1978 e 431/1998 (alle quali è dedicato il paragrafo che segue), contengono una disciplina diversa in molti punti essenziali da quella del codice, caratterizzata dalla presenza di numerose **norme inderogabili**, *che limitano l'autonomia privata con lo scopo di proteggere il conduttore,* cioè colui il quale nella maggior parte dei casi è il contraente più debole.

La disciplina generale del codice svolge dunque una funzione residuale: si applica solo quando manca una norma speciale, allo scopo di:

- *integrare* e *completare* la disciplina delle leggi speciali (in primo luogo delle leggi sulle locazioni di immobili urbani);
- regolare tutte le locazioni aventi a oggetto beni per i quali non vi è una normativa particolare (come un televisore, un paio di sci o di pattini da ghiaccio).

Le obbligazioni principali del locatore   L'art. 1575 stabilisce che il locatore deve:

OBBLIGHI DEL LOCATORE: CONSEGNA…

a) *consegnare la cosa in buono stato di manutenzione*; se questa, al momento della consegna, "è affetta da vizi che ne diminuiscono in modo apprezzabile l'idoneità all'uso pattuito, il conduttore può domandare la risoluzione del contratto o una riduzione del corrispettivo, salvo che si tratti di vizi da lui conosciuti o facilmente riconoscibili" (art. 1578 c. 1); inoltre, "il locatore è tenuto a risarcire al conduttore i danni derivati da vizi della cosa, se non prova di avere senza colpa ignorato i vizi stessi al momento della consegna" (art. 1578 c. 2);

… CONSERVAZIONE…

b) *mantenerla in stato tale da servire all'uso convenuto*, eseguendo tutte le riparazioni necessarie, "eccettuate quelle di piccola manutenzione che sono a carico del conduttore" (art. 1576 c. 1);

c) *garantirne il pacifico godimento durante la locazione*, cioè in primo luogo non compiere atti che lo disturbino; e in secondo luogo difenderlo contro le molestie arrecate da terzi che le giustificano con la pretesa di avere diritti sulla cosa (artt. 1585 c. 1 e 1586); il conduttore può difendersi personalmente, invece, tanto contro lo spoglio compiuto contro di lui (reintegrazione: art. 1168), quanto contro le molestie di terzi che *non* le giustificano con la pretesa di avere diritti sulla cosa (art. 1585 c. 2: si tratta di vicende che si verificano frequentemente soprattutto tra inquilini dello stesso edificio).

... GARANZIA DI PACIFICO GODIMENTO

Le obbligazioni principali del conduttore o locatario

Secondo l'art. 1587 il locatario deve:

a) *custodire la cosa e "servirsene per l'uso determinato nel contratto o per l'uso che può altrimenti presumersi dalle circostanze" con la diligenza media* (del "buon padre di famiglia"); il conduttore è responsabile per la perdita e il deterioramento della cosa durante la locazione, se non prova che ciò è accaduto per cause a lui non imputabili (art. 1588): dell'inadempimento di questa obbligazione egli risponde, dunque, per *colpa*;

OBBLIGHI DEL CONDUTTORE: CUSTODIA E USO...

b) *pagare il corrispettivo* pattuito, detto **canone**;

... PAGAMENTO DEL CANONE...

c) *restituire la cosa al termine della locazione* nel medesimo stato in cui l'ha ricevuta (art. 1590); se ha effettuato miglioramenti o addizioni si applicano gli artt. 1592 e 1593.

... RESTITUZIONE

LAVORO SUL CASO

Edoardo prende in locazione un appartamento in cui è stato installato un impianto di climatizzazione. Durante un violento temporale estivo, un fulmine danneggia l'unità esterna dell'impianto, che deve essere riparata da un tecnico specializzato. Una volta effettuata la riparazione, Edoardo spiega al tecnico che la parcella dovrà essere intestata al locatore. Il locatore, a sua volta, si rifiuta di pagare, affermando che la spesa in oggetto non è di propria competenza.

- **Chi dovrà pagare, per legge, l'intervento effettuato sul climatizzatore?**

---

7 La locazione di immobili urbani

Dalla fine della seconda guerra mondiale in poi, la locazione di immobili urbani è stata oggetto di un gran numero di leggi particolari che limitavano principalmente l'ammontare del canone dei fitti (cosiddetto *blocco dei fitti*) e la possibilità del locatore di non rinnovare il contratto (cosiddetta *proroga*). Si tratta di una legislazione cresciuta in modo alluvionale, emanata sulla spinta di situazioni contingenti particolarmente gravi, ma sempre senza un disegno organico di politica della casa, che potesse risolvere il problema della scarsità di alloggi e del loro elevato prezzo. La **legge 27 luglio 1978 n. 392**, nota come *legge sull'equo canone*, ha tentato di offrire una soluzione organica e "definitiva" che tenesse anzitutto conto del diritto primario di ciascuno di avere una casa in cui abitare; i risultati non sono stati però corrispondenti alle attese, dal momento che, da un lato, la sua disciplina è stata frequentemente violata, dall'altro lato, essa non conteneva alcun mezzo per arginare il diffuso fenomeno degli appartamenti tenuti sfitti.

LEGGE SULL'EQUO CANONE

USO ABITATIVO E NON ABITATIVO

Le **locazioni a uso di abitazione** e le **locazioni a uso diverso dall'abitazione** sono disciplinate in modo differente. Qualora l'uso cui il conduttore adibisce l'immobile sia diverso da quello pattuito (in particolare quando l'immobile è adibito ad abitazione nonostante non sia pattuito un uso abitativo) il locatore può ottenere dal giudice la risoluzione del contratto; se non la domanda, "al contratto si applica il regime giuridico corrispondente all'uso effettivo dell'immobile" (art. 80 l. 392/1978). La disciplina delle locazioni di immobili urbani adibiti **a uso diverso** da quello di abitazione è regolata dalle norme della legge sull'equo canone.

LEGGE 431/1998

La disciplina delle locazioni di immobili urbani adibiti **a uso di abitazione**, invece, *è stata in gran parte rinnovata dalla legge 9 dicembre 1998 n. 431* secondo principi di politica legislativa diversi da quelli della legge sull'equo canone: si propone una **mediazione** fra gli interessi contrapposti fondata piuttosto sugli incentivi che sui divieti, *lasciando uno spazio molto più ampio all'autonomia contrattuale*. La legge 431/1998 lascia anche spazio all'autonomia collettiva delle *organizzazioni maggiormente rappresentative dei locatori e dei conduttori:* la convenzione nazionale stipulata in data 8 febbraio 1999 (art. 4 della legge 431/1998) detta i principi degli accordi successivamente raggiunti in sede locale.

Per entrambi i tipi di locazione i principali limiti all'autonomia contrattuale riguardano la ripartizione delle spese, la durata minima del contratto, la facoltà di recesso, la successione nel contratto, la prelazione del conduttore in caso di vendita.

CASI DI ESCLUSIONE

Locazione di immobili urbani adibiti a uso di abitazione Sono **escluse** dalla disciplina della legge 431/1998 e della legge 392/1978 (per la parte ancora applicabile) le locazioni degli immobili di particolare interesse storico e artistico, degli immobili di lusso e degli *alloggi locati esclusivamente per finalità turistiche* (art. 1 c. 2, lett. c, l. 431/1998), di cui parleremo nella Sezione D.

MODELLI DI CONTRATTO

Vi sono **quattro modelli** di contratto, che si differenziano per la durata e l'ammontare del canone, mentre la parte restante è disciplina comune. ~~Vediamo quali sono.~~

CONTRATTO A CONTENUTO DETERMINATO DALLE PARTI IN MODO PARZIALMENTE LIBERO

a) *Contratto a contenuto determinato dalle parti in modo parzialmente libero.*
Le parti possono determinare **liberamente** il canone e tutte le altre condizioni contrattuali, salvo quelle regolate imperativamente dalla legge (art. 2 c. 1 l. 431/1998).

La **durata minima** iniziale del contratto è di *4 anni*. Alla prima scadenza dev'essere *rinnovato* per altri *4 anni* alle stesse condizioni (art. 2 c. 1 l. 431/1998). Tuttavia, se ricorre uno dei motivi indicati dalla legge, il locatore può rifiutare il rinnovo (art. 3 c. 1 e 2 l. 431/1998), specificandone per iscritto il motivo: se intende destinarlo a uso proprio o di uno stretto familiare, o se intende eseguire lavori di ristrutturazione, di manutenzione straordinaria, di trasformazione dell'immobile locato, incompatibili con la presenza di abitanti nell'alloggio, o se intende venderlo e non è proprietario di altri immobili salvo quello in cui abita, oppure ancora se il conduttore non lo occupa continuativamente senza giusto motivo o se ha la disponibilità di un altro alloggio idoneo. Alla seconda scadenza il contratto può essere liberamente disdetto o rinnovato a nuove condizioni (art. 2 c. 5 l. 431/1998).

CONTRATTI A CONTENUTO CONFORME A UN MODELLO-TIPO

b) *Contratti a contenuto conforme a un modello-tipo.*
La durata, il canone e le altre condizioni del contratto sono determinate secondo il **contratto-tipo** *previsto dagli accordi definiti in sede locale fra le organizzazioni della proprietà edilizia e le organizzazioni maggiormente rappresentative dei*

conduttori (art. 2 c. 3 l. 431/1998), sulla base delle indicazioni generali contenute nella "convenzione nazionale" (8 febbraio 1999).

Questi accordi devono individuare, per ciascuna zona di territorio che presenta caratteristiche omogenee, i valori di mercato degli immobili, le dotazioni infrastrutturali (trasporti, servizi pubblici, attrezzature commerciali) e le diverse tipologie edilizie; devono definire per ogni zona un valore minimo e uno massimo del canone, che tenga anche conto delle caratteristiche dei singoli alloggi.

Il contratto-tipo non può prevedere una durata iniziale inferiore a *3 anni*. Alla prima scadenza dev'essere *rinnovato*; in mancanza di accordo in proposito è prorogato per 2 anni. Alla seconda scadenza il contratto può essere liberamente disdetto o rinnovato a nuove condizioni (art. 2 c. 5 l. 431/1998).

Se le organizzazioni rappresentative delle parti non concordano un contratto-tipo, il ministro delle infrastrutture e dei trasporti stabilisce con decreto i criteri generali per la definizione dei canoni (art. 4 c. 1 l. 431/1998).

La stipulazione di contratti conformi ai contratti-tipo è incentivata con sgravi fiscali per i locatori.

c) *Contratti destinati a soddisfare esigenze abitative di natura transitoria.*
Le condizioni e le modalità delle locazioni destinate a soddisfare esigenze abitative di **natura transitoria** (art. 5 c. 1 l. 431/1998) sono stabilite con decreto del ministro delle infrastrutture e dei trasporti, sulla base delle indicazioni generali contenute nella "convenzione nazionale" (8 febbraio 1999).

In ogni caso i contratti hanno una **durata** compresa *fra un minimo di 1 mese e un massimo di 18 mesi*. L'esigenza transitoria del locatore deve risultare da un'apposita clausola ed essere provata con idonea documentazione.

Nelle grandi aree metropolitane e nei capoluoghi di provincia i canoni sono determinati secondo le regole dei contratti conformi a un modello-tipo, mentre nel resto del territorio sono determinati liberamente.

d) *Contratti destinati a soddisfare le esigenze abitative degli studenti universitari fuori sede.*
Possono essere stipulati solo nei comuni sede di corsi universitari e in quelli limitrofi, e solo da studenti iscritti a un corso di laurea e residenti in un comune diverso. Il canone e le altre condizioni del contratto sono determinate secondo il *contratto-tipo previsto dagli accordi definiti in sede locale* fra le organizzazioni della proprietà edilizia e le organizzazioni maggiormente rappresentative dei conduttori, sulla base delle indicazioni generali contenute nella "convenzione nazionale" (8 febbraio 1999). In ogni caso i contratti hanno una durata compresa fra un minimo di 6 mesi e un massimo di 3 anni.

Tutti i contratti sono validi solo se stipulati **in forma scritta** (art. 1 c. 4 l. 431/1998) e devono essere registrati; tuttavia, il conduttore può ottenere dal giudice che sia accertata l'esistenza del contratto, nonostante la mancanza della forma scritta (art. 13 c. 5 l. 431/1998).

Ogni **patto** *che determini un canone di importo superiore a quello risultante dal contratto* scritto e registrato è nullo, come anche ogni vantaggio economico o normativo che si traduca in un canone più elevato; la restituzione delle relative somme può essere richiesta entro 6 mesi dalla riconsegna dell'alloggio al locatore (art. 13 c. 1, 2 e 4 l. 431/1998).

CONTRATTI PER ESIGENZE ABITATIVE DI NATURA TRANSITORIA

CONTRATTI PER STUDENTI UNIVERSITARI FUORI SEDE

DISCIPLINA COMUNE

Ogni **patto** *che deroghi ai limiti di durata* è nullo; il conduttore, durante la locazione e comunque entro 6 mesi dalla riconsegna dell'alloggio al locatore, può ottenere dal giudice che la locazione venga ricondotta ai termini conformi a quanto previsto dalla legge (art. 13 c. 3 e 5 l. 431/1998).

Se il locatore riacquista la disponibilità dell'alloggio per averne rifiutato illegittimamente il rinnovo, deve pagare un minimo di 36 mensilità come **risarcimento del danno** (art. 3 c. 3 l. 431/1998). Se il locatore, riacquistata la disponibilità dell'alloggio, non lo adibisce all'uso indicato nella motivazione del rifiuto, il conduttore ha diritto al medesimo risarcimento oppure al *ripristino* del rapporto locativo (art. 3 c. 5 l. 431/1998).

SPESE

Le **spese** che devono essere sostenute dal conduttore sono analiticamente elencate negli artt. 8 e 9 della legge 392/1978; l'art. 10 della stessa legge attribuisce poi al conduttore una serie di diritti di intervento e di voto nell'assemblea condominiale: il conduttore ha diritto di voto in luogo del proprietario per le delibere in materia di gestione del servizio di riscaldamento centrale.

Il conduttore può *recedere* per gravi motivi in ogni tempo, con preavviso di 6 mesi (art. 3 c. 6 l. 431/1998).

INADEMPIMENTO

Il contratto può essere ovviamente **risolto per inadempimento**: l'inadempimento del conduttore dev'essere grave (per esempio, mancato pagamento del canone), secondo le indicazioni degli artt. 5 e 55 della legge 392/1978.

SUCCESSIONE NEL CONTRATTO

In caso di **morte** del conduttore, *gli succedono nel contratto i familiari o gli eredi conviventi* (art. 6 c. 1 l. 392/1978); in caso di **separazione** o di **divorzio**, *gli succede nel contratto l'altro coniuge cui sono stati affidati i figli, qualora il diritto di abitare nella casa familiare sia stato attribuito a quest'ultimo per decisione del giudice o per accordo delle parti*; in caso di scissione di una coppia non sposata, gli succede l'ex convivente, qualora le parti abbiano concordato che quest'ultimo avrebbe continuato ad abitare nella casa familiare (art. 6 c. 2 e 3 l. 392/1978; art. 155 cod. civ.; art. 12 l. 898/1970; sentenza corte cost. n. 404/1988).

In tutti questi casi la successione nel contratto avviene anche contro la volontà del locatore; al di fuori di questi casi, invece, la successione nel contratto (e la sublocazione dell'intero immobile) è ammessa solo se il locatore acconsente (art. 2 c. 1 l. 392/1978).

Salvo patto contrario, il conduttore *può sublocare una parte dell'immobile* (per esempio, una stanza) anche senza il consenso del locatore (art. 2 c. 2 l. 392/1978).

Locazione di immobili urbani adibiti a uso diverso da quello di abitazione

Quando l'immobile è preso in locazione per svolgervi attività industriali, commerciali, artigianali, professionali, culturali, assistenziali ecc., si applicano le regole seguenti.

DETERMINAZIONE DEL CANONE

Il canone iniziale è determinato **liberamente** dalle parti, ma non può essere aumentato per i primi 3 anni; successivamente può subire aumenti con cadenza biennale, entro il limite massimo del 75% dell'aumento del costo della vita accertato dall'Istat (art. 32 l. 392/1978).

Le **spese** e il diritto di partecipare all'assemblea condominiale sono disciplinati come nelle locazioni abitative (art. 41 c. 1 l. 392/1978). SPESE

La **durata minima** del contratto è di 6 anni (9 se l'immobile è adibito ad attività alberghiera); ogni clausola che stabilisce termini inferiori è nulla (art. 27 l. 392/1978). Il contratto si *rinnova* tacitamente per il medesimo periodo di tempo, se non viene inviata disdetta almeno 12 mesi (18 per l'attività alberghiera) prima della scadenza (art. 28 l. 392/1978). Il locatore deve rinnovare il contratto alla prima scadenza, a meno che non ricorra uno dei casi indicati dall'art. 29 della legge 392/1978. DURATA MINIMA

Il **recesso** dal contratto è disciplinato come nelle locazioni abitative (art. 27 c. 7 e 8 l. 392/1978). RECESSO

In caso di **morte** del conduttore, gli *succedono nel contratto le persone che ne continuano l'attività* (art. 37 l. 392/1978). Il conduttore può cedere il contratto di locazione o sublocare l'intero immobile *anche senza il consenso del locatore, ma resta comunque condebitore del canone in solido con il cessionario*; tuttavia il locatore può opporsi per gravi motivi (art. 36 l. 392/1978). SUCCESSIONE NEL CONTRATTO

In caso di cessazione del rapporto di locazione il conduttore, se esercitava nell'immobile attività commerciali o artigianali che comportano contatti diretti con il pubblico oppure attività professionali, ha diritto di ricevere un'*indennità per la perdita dell'avviamento* pari a 18 mensilità dell'ultimo canone corrisposto (21 se si tratta di attività alberghiera), purché la cessazione non sia dovuta a suo recesso o a risoluzione per suo inadempimento (artt. 34 e 35 l. 392/1978). AVVIAMENTO

In caso di vendita dell'immobile locato, il conduttore, se vi esercitava attività commerciali o artigianali che comportano contatti diretti con il pubblico, ha un diritto di **prelazione legale**, opponibile ai terzi (artt. 38 e 39 l. 392/1978). PRELAZIONE LEGALE
Il conduttore ha il diritto di ottenere la restituzione di tutte le somme pagate al locatore in base a clausole contrattuali contrarie alle norme inderogabili, entro il termine di decadenza di 6 mesi dal momento della riconsegna dell'immobile (art. 79 l. 392/1978).

LAVORO SUL CASO

Alessandra e Giancarlo intendono dedicarsi all'attività alberghiera e decidono di prendere in locazione un immobile di pregio. Il contratto viene stipulato, secondo la legge 392/1978, ha durata di anni 9 + 9. Dopo 7 anni, il locatore vorrebbe utilizzare in modo diverso l'immobile che ha affittato. Manda, quindi, la disdetta 18 mesi prima della scadenza dei primi 9 anni. Giancarlo gli risponde che alla prima scadenza il contratto si rinnova automaticamente. A quel punto, il locatore ribatte minacciando lo sfratto.

- **Chi ha ragione?**

8 L'appalto

La definzione di appalto è contenuta nel codice civile all'art. 1655.

L'**appalto** è il contratto con il quale una parte (appaltatore) si obbliga verso l'altra parte (appaltante o committente) a compiere un'opera o un servizio, dietro un corrispettivo in denaro, con l'organizzazione dei mezzi necessari e con gestione a proprio rischio (art. 1655).

L'appalto può dunque avere per **oggetto** il compimento di un'opera o la prestazione di un servizio.

L'appaltatore è un **imprenditore** che agisce su commissione di un cliente, *predisponendo l'organizzazione necessaria all'esecuzione dell'opera o del servizio (lavoratori dipendenti e mezzi materiali) e assumendo a proprio carico il rischio di tale organizzazione*: vale a dire, il rischio che i costi superino il corrispettivo pattuito. Dall'appalto si distingue il contratto d'opera.

CONTRATTO D'OPERA Con il **contratto d'opera** una persona si obbliga a compiere verso un corrispettivo un'opera o un servizio, con il lavoro prevalentemente proprio e senza vincolo di subordinazione nei confronti del committente (art. 2222).

L'appalto

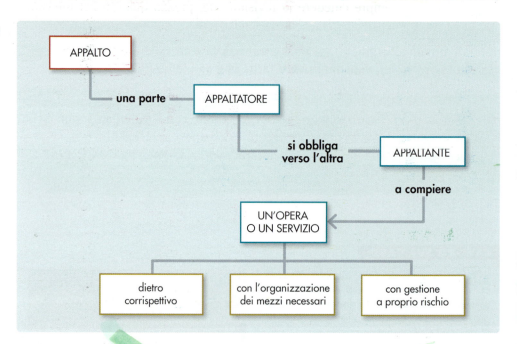

Mentre l'**appalto** è il contratto dell'imprenditore medio o grande che *organizza il lavoro altrui necessario per l'esecuzione dell'opera o del servizio*, il **contratto d'opera** è il tipico contratto del piccolo imprenditore o del *lavora*tore autonomo *che si impegna a eseguire, con il lavoro prevalentemente proprio, l'opera o il servizio.*

ESEMPIO L'oggetto di un contratto di appalto può essere la costruzione di una strada, una linea ferroviaria o il servizio di pulizia in un palazzo o la manutenzione di un impianto di riscaldamento, mentre per il contratto d'opera si può trattare di una libreria fatta su misura dal falegname o un abito da sposa di sartoria, delle prestazioni di un idraulico o un barbiere.

L'esecuzione dell'opera   L'**appaltatore** deve eseguire l'opera *in conformità al progetto approvato dal committente* e può apportare al progetto solo le *variazioni che siano tecnicamente necessarie* (art. 1660).

PROGETTO E VARIAZIONI, DIRETTORE DEI LAVORI

Il **committente** può apportare variazioni al progetto, purché il loro ammontare non superi il sesto del prezzo complessivo convenuto (l'appaltatore può rifiutarsi di eseguire le variazioni che superino tale misura e recedere dal contratto): all'appaltatore spetta un compenso per i maggiori lavori eseguiti (art. 1661).

Il committente ha diritto di *controllare* lo svolgimento dei lavori e di verificarne a proprie spese lo stato (art. 1662): il controllo viene generalmente esercitato tramite un tecnico di fiducia del committente, chiamato **direttore dei lavori**.

Il prezzo dell'appalto   Il prezzo dell'appalto viene comunemente pattuito dalle parti; in mancanza esso è stabilito con riferimento alle tariffe esistenti o agli usi e, se questi non esistono, lo fissa il giudice (art. 1657).

REVISIONE DEI PREZZI

Tuttavia, il prezzo può subire **modificazioni**, anche se è stato determinato dai contraenti: infatti, se circostanze imprevedibili causano aumenti o diminuzioni nel costo dei materiali o della mano d'opera superiori a un *decimo* del prezzo complessivo convenuto, l'appaltatore o il committente (nella rara ipotesi che vi sia una diminuzione dei costi) può chiedere una **revisione del prezzo** (art. 1664). Questa norma vale evidentemente ad attenuare il rischio economico dell'appaltatore, che può sempre chiedere la revisione del prezzo quando nel mercato si verifichi un aumento del costo dei materiali o della mano d'opera superiore alla misura indicata.

Salvo diversa pattuizione, il prezzo deve essere pagato quando l'opera è stata verificata e accettata dal committente (è questo il **collaudo**: artt. 1665 e 1666).

COLLAUDO

Il recesso del committente   Il committente può sempre *recedere* dal contratto, anche se è stata iniziata l'esecuzione dell'opera o la prestazione del servizio: tuttavia egli deve rimborsare all'appaltatore le spese sostenute e risarcirlo del mancato guadagno (art. 1671).

⑨ Il mandato

Il codice civile definisce il mandato all'art. 1703.

> Il **mandato** è il contratto con il quale una parte (mandatario) si obbliga a compiere uno o più atti giuridici per conto dell'altra (mandante).

NOZIONE

Oggetto del mandato è un genere particolare di attività, di "fare", *consistente nella stipulazione di contratti o nel compimento di atti unilaterali da parte della persona che riceve l'incarico* (**mandatario**), secondo le indicazioni della persona che dà l'incarico (**mandante**).

ESEMPIO Anna dà a Federico, agricoltore in Maremma, che accetta, l'incarico di comperare, per suo conto, un quantitativo di miele che intende rivendere nella sua erboristeria.

Il mandato è fondato su un rapporto di **fiducia personale** tra le parti. Può essere *con o senza rappresentanza*, secondo se è accompagnato o meno da una **procura**.

MANDATO CON RAPPRESENTANZA

Nel **mandato con rappresentanza** il mandatario-rappresentante:

- *è obbligato ad agire per conto del mandante-rappresentato* in base al contratto di mandato (e ha il diritto al compenso);
- *ha il potere di agire anche in nome del mandante-rappresentato* in base alla **procura**.

In questo modo, come abbiamo studiato nell'unità sulla rappresentanza, gli **effetti** degli atti giuridici compiuti dal mandatario-rappresentante *si producono direttamente in capo al mandante-rappresentato*.

MANDATO SENZA RAPPRESENTANZA

Nel **mandato senza rappresentanza**, invece, il mandatario:

- *è obbligato ad agire per conto* del mandante (e ha diritto al compenso), in forza del contratto di mandato;
- *non può agire anche in suo nome*, poiché **manca** una procura che gli attribuisca tale potere.

Gli **effetti** degli atti compiuti dal mandatario si producono in capo a lui stesso; in base al contratto di mandato *egli ha poi l'obbligo di trasferire al mandante i diritti acquisiti* per conto di quest'ultimo (artt. 1705 e 1706).

PRINCIPALI CARATTERISTICHE

Il mandato è normalmente **a titolo oneroso**: *il mandante è obbligato a pagare al mandatario un compenso*. Tuttavia, le parti possono stabilire che non vi sia alcun compenso, cioè che il mandato sia a titolo gratuito (art. 1709).

Il mandato è di regola un contratto **consensuale**; tuttavia, se ha per oggetto la stipulazione di atti che richiedono una determinata forma a pena di nullità, come, per esempio, la forma scritta per gli acquisti immobiliari, è **formale**.

Il mandato è un contratto **a effetti solo obbligatori**.

Le principali obbligazioni del mandatario

Le **principali obbligazioni** del mandatario sono le seguenti.

ESECUZIONE DILIGENTE

a) *Eseguire la prestazione pattuita con la diligenza media* (del "buon padre di famiglia"), senza eccedere i limiti del mandato (artt. 1710 e 1711); vi si considerano compresi non solo gli atti per il compimento dei quali il mandato è stato conferito, "ma anche quelli che sono necessari al loro compimento" (art. 1708 c. 1); il mandato può contenere l'indicazione esplicita degli atti (e categorie di atti) per i quali è conferito (**mandato speciale**), oppure può essere conferito per il compimento di tutti gli atti riguardanti la sfera giuridica del mandante (**mandato generale**): in questo caso "non comprende gli atti che eccedono l'ordinaria amministrazione, se non sono indicati espressamente" (art. 1708 c. 2).

RENDICONTO

b) *Rendere conto del proprio operato al mandante* (art. 1713 c. 1); l'eventuale clausola con la quale le parti pattuiscono la dispensa dal rendiconto non libera comunque il mandatario dalla responsabilità per dolo o per colpa grave (artt. 1713 c. 2 e 1229).

TRASFERIMENTO AL MANDANTE DEI DIRITTI ACQUISTATI

c) *Trasferire al mandante tutti i diritti acquistati in esecuzione del mandato*, qualora sia senza rappresentanza (se è con rappresentanza, i diritti sono già direttamente acquistati in capo al mandante-rappresentato); se il mandatario non adempie quest'obbligo, il mandante:
  - se si tratta di *beni immobili* o *mobili registrati*, può ottenere una sentenza che produca gli stessi effetti dell'atto di trasferimento che il mandatario avrebbe dovuto compiere (artt. 1706 c. 2 e 2932);

- se si tratta di *beni mobili*, può rivendicarli direttamente, come se fossero di sua proprietà (art. 1706 c. 1);
- se si tratta di *diritti di credito*, può esercitarli direttamente, cioè riscuoterli personalmente (art. 1705 c. 2).

Attenzione: si ricordi che comunque *il terzo che ha contrattato con il mandatario senza rappresentanza può chiedere l'adempimento soltanto a quest'ultimo e non al mandante*: l'art. 1705 c. 2 esprime ciò con la formula "i terzi non hanno alcun rapporto col mandante".

ESEMPIO Alberto, mandatario senza rappresentanza, compera un orologio da collezione, per conto del mandante Paolo, da una terza persona, Giulio; Paolo può ottenere la consegna direttamente da Giulio (art. 1706 c. 1), mentre Giulio non può ottenere il pagamento da Paolo, ma solo da Alberto.

L'atto stipulato dal mandatario senza rappresentanza, che eccede i limiti del mandato ricevuto, resta a carico del mandatario (art. 1711).

Le principali obbligazioni del mandante

Le **principali obbligazioni** del mandante sono le seguenti.

a) *Pagare il compenso pattuito* al mandatario (art. 1720 c. 1).
b) "*Somministrare al mandatario i mezzi necessari per l'esecuzione del mandato e per l'adempimento delle obbligazioni* che a tal fine il mandatario ha contratto in proprio nome" (art. 1719).
c) *Pagare le spese sostenute dal mandatario* (art. 1720 c. 1) e risarcirgli i danni eventualmente subiti a causa dell'incarico (art. 1720 c. 2).

L'estinzione del mandato

Il mandato **si estingue** quando si verifica uno degli eventi elencati dall'art. 1722:

CAUSE DI ESTINZIONE

- scadenza del termine o compimento dell'affare;
- morte o sopravvenuta incapacità legale di una delle parti (art. 1728);
- rinunzia (cioè recesso) del mandatario: se non vi è una giusta causa di recesso, il mandatario deve risarcire i danni dovuti alla sua rinunzia, a meno che il mandato non sia stato pattuito a tempo indeterminato e venga dato congruo preavviso (art. 1727);
- revoca (cioè recesso) del mandante: se il mandato è oneroso e manca una giusta causa di recesso, il mandante deve risarcire i danni dovuti alla revoca, a meno che il mandato non sia stato pattuito a tempo indeterminato e venga dato congruo preavviso (art. 1725).

Il mandato

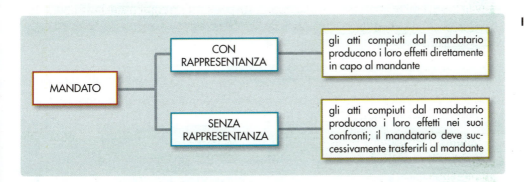

10 Il deposito

Il codice civile definisce il deposito all'art. 1766.

NOZIONE

Il **deposito** è il contratto con il quale una parte (depositario) riceve dall'altra (depositante) una cosa mobile con l'obbligo di custodirla e di restituirla in natura.

Si tratta di un **contratto reale** (poiché si perfeziona con la consegna della cosa), che può essere gratuito od oneroso.
Se le parti non stabiliscono nulla si presume gratuito, salvo che risulti il contrario dalla qualità professionale del depositario o da altre circostanze (art. 1767).

CUSTODIA E RESTITUZIONE

Il depositario deve custodire la cosa con la diligenza del buon padre di famiglia (art. 1768) e deve restituirla a richiesta del depositante (art. 1771). Egli *non può servirsi della cosa depositata, né può darla in deposito ad altri senza il consenso del depositante* (art. 1770).
Queste regole valgono per il deposito in generale. Il codice disciplina poi due figure specifiche di deposito, nelle quali il depositario è un imprenditore commerciale: si tratta del deposito **in albergo** e del deposito **nei magazzini generali.** Del deposito in albergo parleremo più avanti, quando affronteremo i contratti del turismo.

Il deposito

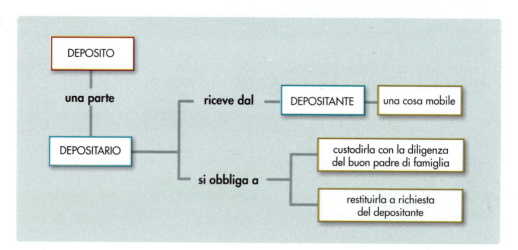

11 L'agenzia

NOZIONE

L'**agenzia** è il contratto con il quale una parte (agente) assume stabilmente l'incarico di promuovere, per conto dell'altra (preponente) e verso retribuzione, la conclusione di contratti in una zona determinata (art. 1742 c. 1).

Il contratto deve essere provato **per iscritto** (art. 1742 c. 2 modificato da ultimo dal d.lgs. 65/1999).

PROMOZIONE

L'obbligo dell'agente è dunque quello di **promuovere** la vendita dei prodotti del preponente in una zona determinata: *egli procura le ordinazioni dei clienti e le trasmette al preponente.* I relativi contratti sono tuttavia conclusi da quest'ultimo, a meno che egli non abbia conferito all'agente poteri di rappresentanza: in questo caso si ha l'**agente con rappresentanza** *che non si limita a procacciare clienti, ma conclude anche i contratti con costoro in nome e per conto del preponente* (art. 1752). Poiché è un autonomo **imprenditore commerciale**, l'agente *assume il rischio della sua attività promozionale e non ha pertanto diritto di ottenere dal preponente il rimborso delle spese di agenzia* quali, per esempio, le spese per l'assunzione di dipendenti, per la retribuzione di eventuali sub-agenti, per la pubblicità, per l'affitto dei locali ecc. (art. 1748 ultimo comma).

L'agente viene retribuito dal preponente con una **provvigione**, *che è una percentuale sul prezzo delle merci vendute o dei servizi forniti dallo stesso preponente*. In base al testo dell'art. 1748 del codice civile, la provvigione spetta all'agente *quando il contratto è stato concluso per effetto del suo intervento* (c. 1): tuttavia, l'agente è tenuto a **restituire** le provvigioni percepite nell'ipotesi in cui *sia certo che il contratto tra il terzo e il preponente non avrà esecuzione per cause non imputabili al preponente* (c. 6).
Quindi, se è certo che il cliente non adempirà il contratto concluso, l'agente dovrà restituire la provvigione già versatagli dal preponente. Si tratta evidentemente di *una regola posta nell'interesse del preponente, volta a indurre l'agente a raccogliere soltanto le ordinazioni di clienti solvibili e che abitualmente pagano le merci che ordinano*: l'agente che raccoglie ordinazioni di clienti che non pagano rischia di dover restituire la provvigione percepita. È però nullo ogni patto più sfavorevole all'agente (art. 1748 c. 6).

PROVVIGIONE

L'agente si caratterizza per la **stabilità** del suo incarico: il contratto di agenzia è infatti un **contratto di durata**, *che può essere a tempo determinato o indeterminato* (in quest'ultimo caso, il contratto dura fino a quando una delle parti non receda, dando un preavviso: art. 1750). Pertanto, l'**agente**:

STABILITÀ

- si inserisce stabilmente nell'organizzazione di vendita del preponente – a fianco, eventualmente, di altri agenti – e deve tutelare gli interessi del preponente, agendo con lealtà e buona fede;
- deve adempiere l'incarico affidatogli in conformità delle istruzioni del preponente stesso e fornire a quest'ultimo le informazioni riguardanti le condizioni del mercato nella zona assegnatagli e ogni altra informazione utile per valutare la convenienza dei singoli affari (art. 1746).

APPROFONDIMENTO

Gli accordi collettivi

Da quanto si è detto, risulta chiaro che l'agente, pur essendo un imprenditore autonomo, si trova in una situazione di dipendenza dall'imprenditore preponente, tale da rendere questa figura simile a quella del lavoratore subordinato. Nella pratica è anzi diffusa la tendenza a tentare di mascherare come contratti di agenzia quelli che sono sovente veri e propri contratti di lavoro subordinato, al fine di evitare gli oneri e i vincoli che questi ultimi contratti comportano per l'imprenditore preponente.

Questa somiglianza con i lavoratori subordinati (vedi Unità 30) spiega perché, in analogia con i contratti individuali di lavoro, i singoli contratti di agenzia siano regolati in modo uniforme da accordi collettivi stipulati tra le organizzazioni sindacali degli agenti e quelle dei preponenti. Inoltre – in analogia con quanto previsto per il trattamento di fine rapporto del lavoratore subordinato – all'atto della cessazione del rapporto di agenzia, anche per morte dell'agente, il preponente, a certe condizioni, deve corrispondere all'agente un'indennità (art. 1751).

Da parte sua, il **preponente** deve:

- agire con lealtà e buona fede verso l'agente;
- mettere a disposizione dell'agente la documentazione relativa ai beni e servizi trattati;
- avvertire l'agente non appena prevede che il volume delle operazioni commerciali sarà notevolmente inferiore a quello che l'agente avrebbe potuto normalmente attendersi;
- informare l'agente, entro un termine ragionevole, dell'accettazione o del rifiuto o della mancata esecuzione di un contratto procuratogli;
- consegnare all'agente un estratto conto trimestrale delle provvigioni maturate e pagare queste provvigioni entro il mese successivo (art. 1749 nuovo testo introdotto dal d.lgs. 65/1999).

ESCLUSIVA Salvo patto contrario, il preponente e l'agente hanno un reciproco **diritto di esclusiva**: *il preponente non può valersi contemporaneamente di più agenti nella stessa zona e per lo stesso ramo di attività, né l'agente può assumere l'incarico di trattare nella stessa zona e per lo stesso ramo gli affari di più imprese in concorrenza tra loro* (art. 1743).

L'agente

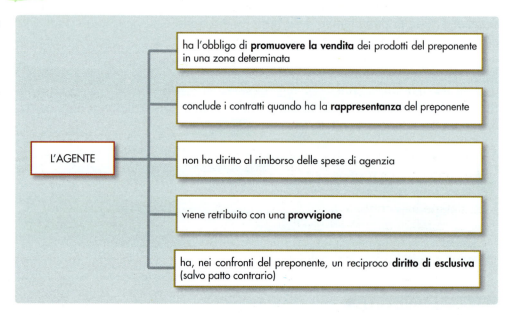

L'AGENTE

- ha l'obbligo di **promuovere la vendita** dei prodotti del preponente in una zona determinata
- conclude i contratti quando ha la **rappresentanza** del preponente
- non ha diritto al rimborso delle spese di agenzia
- viene retribuito con una **provvigione**
- ha, nei confronti del preponente, un reciproco **diritto di esclusiva** (salvo patto contrario)

LAVORO SUL CASO

Luciano è agente con diritto di esclusiva e, al termine del mese di novembre, riceve l'estratto conto del secondo trimestre dell'anno con le relative provvigioni maturate. Nel documento compaiono diverse detrazioni dovute a mancati pagamenti dei clienti, in parte imputabili a disfunzioni di natura amministrativo-commerciale. Così, le provvigioni liquidate sono piuttosto basse rispetto alle aspettative dell'agente, che si domanda se le detrazioni che il preponente ha effettuato siano espressamente previste dalla legge.

- **Che cosa gli si deve rispondere?**

 **Il mutuo**

NOZIONE

Il **mutuo** è il contratto con il quale una parte (mutuante) consegna all'altra (mutuatario) una determinata quantità di denaro o di altre cose fungibili, e il mutuatario si obbliga a restituire altrettante cose della stessa specie e qualità (art. 1813).

Il mutuo è il prototipo dei contratti di **credito**. È un contratto avente effetti reali: *il mutuatario acquista la proprietà del denaro o delle cose fungibili consegnategli, sicché può liberamente disporne.*

È un contratto **a titolo oneroso**: *il mutuatario deve corrispondere gli interessi al mutuante*; deve cioè corrispondere una somma che ha la funzione di *corrispettivo dell'utilizzazione per un certo tempo del denaro* (si ricordi che l'oggetto di quasi tutti i contratti di mutuo è il denaro).

ONEROSITÀ E INTERESSI

Il saggio (o tasso) degli interessi è stabilito dalle parti (art. 1815 c. 1), oppure, in mancanza, è quello **legale** (stabilito ogni anno con decreto del ministro dell'economia e delle finanze: art. 1284 c. 1). "Se sono convenuti interessi usurari, la clausola è nulla e gli interessi sono dovuti solo nella misura legale" (art. 1815 c. 2). Gli interessi possono essere determinati in un saggio anche elevato senza con ciò essere usurari: *gli interessi molto elevati sono considerati usurari solo quando il mutuante, stipulando il contratto, li impone e approfitta così consapevolmente dello stato di bisogno del mutuatario*; in questi casi l'**usura** è anche punita come reato (art. 644 cod. pen.).

Le parti possono escludere la corresponsione degli interessi: il mutuo può dunque essere anche a titolo gratuito (art. 1815 c. 1).

Il mutuatario ha l'**obbligo** *di pagare gli interessi e, alla scadenza del termine pattuito, di restituire quanto ha ricevuto*; se "non adempie l'obbligo del pagamento degli interessi, il mutuante può chiedere la risoluzione del contratto" per inadempimento (art. 1820), cui consegue il diritto di ottenere la restituzione immediata dell'intero capitale dato in mutuo, secondo la regola generale dettata dall'art. 1458 in tema di risoluzione.

RESTITUZIONE

Il mutuo

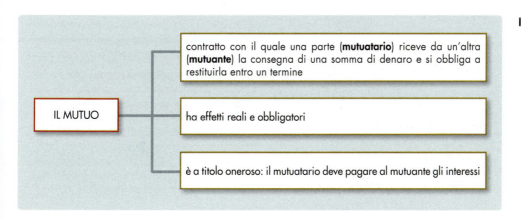

IL MUTUO

contratto con il quale una parte (**mutuatario**) riceve da un'altra (**mutuante**) la consegna di una somma di denaro e si obbliga a restituirla entro un termine

ha effetti reali e obbligatori

è a titolo oneroso: il mutuatario deve pagare al mutuante gli interessi

13 La fideiussione

Il tipo principale di **garanzia personale** è la fideiussione.

NOZIONE

> La **fideiussione** è il contratto mediante il quale una persona (fideiussore) garantisce l'adempimento di un'obbligazione altrui, obbligandosi personalmente, cioè con tutto il proprio patrimonio, nei confronti del creditore (art. 1936).

Per effetto di questo contratto il fideiussore *diventa condebitore solidale del debitore principale*, sicché il creditore può chiedere l'adempimento tanto al debitore principale, originario, quanto al fideiussore. Le parti contraenti sono dunque il creditore e il fideiussore; si tratta di un **contratto unilaterale**, *che fa sorgere obbligazioni a carico del solo fideiussore.*

ACCESSORIETÀ

Il debito del fideiussore è **accessorio** rispetto al debito principale: *se questo non esiste o non è valido, analoga sorte subisce l'obbligazione del fideiussore* (art. 1939); tuttavia, esso può anche garantire un'obbligazione futura (art. 1938). L'obbligazione del fideiussore non può essere di ammontare superiore al debito garantito; può essere invece anche inferiore a esso (art. 1941).

OBBLIGHI E DIRITTI DEL FIDEIUSSORE

Il creditore può ottenere l'adempimento dal debitore principale o dal fideiussore, a sua scelta, a meno che sia stato pattuito a favore di quest'ultimo un *beneficio di escussione*: in questo caso deve prima rivolgersi al debitore principale (art. 1944).

Il fideiussore che ha pagato il debito del debitore principale ha azione di **regresso** nei suoi confronti per l'intera somma, oltre agli interessi e alle spese (art. 1950), ed è **legalmente surrogato** nei diritti che spettavano al creditore (art. 1949), *cioè conserva le eventuali garanzie reali (per esempio, l'ipoteca) che aveva il creditore.*

14 Il leasing

Il **leasing** è un contratto con il quale una parte (detta concedente), dietro pagamento di un canone periodico, concede a un'altra (utilizzatore) il godimento di un bene; l'utilizzatore assume il rischio del perimento del bene e ha la facoltà di diventarne proprietario al termine del contratto, dietro pagamento di un prezzo prestabilito.

NOZIONE

Si tratta di un contratto che ha avuto origine negli Stati Uniti, ma è ormai largamente diffuso pure in Italia, dove viene anche chiamato **locazione finanziaria**. Tuttavia, è un **contratto atipico**, nel senso che non ha ancora avuto una disciplina legislativa. I beni che vengono dati a leasing sono soprattutto **beni strumentali** utilizzati dalle imprese, come macchinari, impianti o immobili: perciò gli utilizzatori dei contratti di leasing sono anzitutto gli imprenditori. Tuttavia, anche i professionisti ricorrono sovente al leasing per ottenere, per esempio, la disponibilità di attrezzature per il loro ufficio. Ha poi una notevole diffusione il leasing di beni di consumo durevoli come le automobili.

Il successo del leasing tra imprenditori e professionisti è dovuto anche ai vantaggi fiscali che questo contratto consente loro di ottenere: i canoni del leasing possono infatti essere dedotti dal reddito di questi soggetti, diminuendo perciò l'ammontare sul quale devono pagare le imposte.

Per comprendere le esigenze economiche che possono essere soddisfatte da un contratto di leasing occorre distinguerne tre **tipi diversi**:

- *leasing finanziario*;
- *leasing operativo*;
- *lease-back* (o leasing di ritorno).

Il leasing finanziario   È il contratto più diffuso nella pratica: esso viene concluso da **società di leasing**, che concedono il godimento di un bene a un utilizzatore, dopo averlo acquistato dal produttore del bene stesso.

In questo modo, le società di leasing *si interpongono tra le imprese produttrici di un bene e gli utilizzatori del bene stesso*, svolgendo una **funzione di finanziamento**.

NOZIONE

La società di leasing:

- acquista dall'impresa produttrice il bene desiderato dall'utilizzatore, pagando così in contanti alla stessa impresa il bene acquistato;
- stipula il contratto di leasing con l'utilizzatore e ottiene da quest'ultimo la restituzione del capitale anticipato (aumentato naturalmente di una quota di utile) sotto forma di pagamento periodico dei canoni.

PRODUTTORE-SOCIETÀ DI LEASING-UTILIZZATORE

Dal canto suo, l'utilizzatore acquisisce l'uso del bene di cui ha bisogno per la sua attività, senza diventarne proprietario (poiché la proprietà rimane della società di leasing) e senza dover anticipare il capitale necessario per acquistarne la proprietà: stipulando il contratto di leasing, si impegna soltanto a pagare periodicamente i canoni convenuti.

OPZIONE DI ACQUISTO

Alla scadenza del contratto, egli potrà decidere, in base al grado di obsolescenza del bene, se restituire il bene stesso oppure diventarne proprietario esercitando, tramite il pagamento di un prezzo già stabilito, l'**opzione di acquisto** concessagli con il contratto di leasing.

Si noti che un'apposita clausola del contratto pone il **rischio della perdita** o **del perimento del bene** a carico dell'utilizzatore anche per causa a lui non imputabile: perciò, *se il bene concesso in leasing perisce o viene rubato, l'utilizzatore deve continuare a pagare i canoni convenuti.*

Per tutelarsi nei confronti del mancato pagamento dei canoni da parte dell'utilizzatore, le società di leasing inseriscono nel contratto ulteriori **clausole** *in base alle quali, in caso di mancato pagamento anche di un solo canone, esse hanno anzitutto la facoltà di chiedere la risoluzione del contratto* (riprendendosi così il bene dato in godimento, che potranno poi vendere o dare in leasing ad altri utilizzatori) e hanno anche il diritto di trattenere integralmente i canoni già percepiti e di pretendere, a titolo di risarcimento dei danni, pure il pagamento dei canoni ancora dovuti e del prezzo di opzione.

Il leasing operativo È il contratto stipulato **direttamente** tra il produttore e l'utilizzatore del bene, *senza l'intermediazione di una società di leasing.*
Questo tipo di contratto ha normalmente per oggetto beni standardizzati (come le apparecchiature per uffici). La sua durata è di solito inferiore al periodo di obsolescenza del bene: perciò il **prezzo di opzione** (*vale a dire, il prezzo che l'utilizzatore deve pagare se, alla fine del contratto, vuole diventare proprietario del bene*) è relativamente più elevato del prezzo di opzione che viene praticato per un leasing finanziario. Infatti, a differenza di quanto avviene normalmente nel leasing finanziario, i canoni che l'utilizzatore deve pagare nel leasing operativo non coprono integralmente il valore del bene: alla fine del contratto quest'ultimo ha ancora un valore notevole che si riflette nell'ammontare del prezzo di opzione.
Sono poi caratteristici del leasing operativo gli **ulteriori obblighi**, che il concedente assume, *di prestare servizi di assistenza e di manutenzione nei confronti dell'utilizzatore.*

Il lease-back (o *leasing di ritorno*). Si tratta di un'operazione finanziaria composta di **due contratti**:

- il primo, col quale un imprenditore vende i propri beni aziendali (prevalentemente immobili) a una società di leasing che ne paga il prezzo;
- il secondo, il contratto di leasing avente per oggetto gli stessi beni che, subito dopo, la società di leasing stipula col venditore.

In questo modo *i beni rimangono quindi nel godimento dell'imprenditore che si impegna a pagare i canoni periodici del leasing* e che avrà la facoltà di ritornarne proprietario, esercitando l'opzione prevista nel contratto di leasing.
Evidentemente si tratta di una **forma di finanziamento**, alla quale ricorrono in effetti imprenditori in difficoltà o che vogliono usufruire dei vantaggi fiscali derivanti dalla stipulazione di un leasing.
Il prezzo pagato per la vendita dei beni è sostanzialmente un *finanziamento che la società di leasing concede al venditore, ottenendo in garanzia la proprietà dei beni stessi*; i canoni di leasing sono rate di rimborso del finanziamento, calcolate naturalmente in modo tale da rendere il finanziamento profittevole per la società di leasing.

15 Il franchising

Il franchising è definito dall'art. 1 c. 1 della legge 6 maggio 2004 n. 129 che lo disciplina.

Il **franchising** (o **affiliazione commerciale**) è il contratto tra due soggetti giuridicamente ed economicamente indipendenti in base al quale una parte (affiliante) concede, verso corrispettivo, a un'altra parte (affiliato) la disponibilità di segni distintivi (come marchi, insegne, denominazioni commerciali), di brevetti, di conoscenze pratiche generalmente non conosciute (chiamate know-how), fornendo all'affiliato assistenza tecnica e commerciale e inserendolo in un sistema costituito da una pluralità di affiliati distribuiti sul territorio, allo scopo di commercializzare determinati beni o servizi.

Chi stipula un contratto di franchising entra, dunque, in una rete di imprenditori giuridicamente ed economicamente autonomi, che, pur assumendo tutti i rischi della propria impresa, operano però con gli stessi segni distintivi e con modalità identiche così da apparire al pubblico come tante succursali di un'unica grande impresa.

Il contratto di affiliazione commerciale può essere utilizzato in ogni settore dell'attività economica (art. 1 c. 2 l. 129/2004). A seconda dei beni e dei servizi che vengono offerti al pubblico si possono distinguere diverse forme di franchising. Si può avere:

FRANCHISING DI SERVIZI

- un contratto di **franchising di servizi**, quando l'affiliato *è autorizzato a prestare servizi* utilizzando i segni distintivi e il know how fornitogli dall'affiliante; ESEMPIO nel settore del turismo molti alberghi o villaggi turistici sono gestiti da imprenditori autonomi ma si presentano agli occhi del pubblico come se facessero parte di un'unica impresa organizzata dall'affiliante; lo stesso avviene in quello degli intermediari immobiliari e delle società di revisione contabile che spesso sono affiliati a un'unica rete commerciale;

... INDUSTRIALE...

- un contratto di **franchising industriale**, quando l'affiliato *viene autorizzato a produrre e vendere beni* utilizzando i segni distintivi, i brevetti e il know-how fornitogli dall'affiliante; ESEMPIO le imprese multinazionali ricorrono comunemente a questo tipo di contratto con l'obiettivo di espandere la produzione e la commercializzazione di prodotti caratterizzati da un marchio celebre su vari mercati nazionali;

... E DI DISTRIBUZIONE

- un contratto di **franchising di distribuzione**, quando l'affiliato *è autorizzato a rivendere i beni che gli vende l'affiliante* utilizzando gli stessi segni distintivi di quest'ultimo e il know-how da questi fornitogli: know-how che consisterà nelle modalità di vendita, di arredamento dei locali, di formazione del personale ecc. prescritte dall'affiliante, in modo tale da far apparire il punto vendita, gestito a proprio rischio dal concessionario, come una filiale dell'impresa del concedente.

HOTEL
FRANCHISING
FORUM

16 Il factoring

NOZIONE
Il **factoring** è il contratto con il quale un imprenditore cede una parte o tutti i crediti della propria impresa a un altro imprenditore (detto **factor** e rappresentato da una società di factoring) che si obbliga, dietro corrispettivo, a gestire e riscuotere i crediti acquistati e a versarne l'importo al cedente.

FUNZIONI
Anche il factoring è un contratto che ha avuto origine negli Stati Uniti ed è, da tempo, diffuso pure in Italia.

ESEMPIO A questo contratto ricorrono le imprese che vendono i loro prodotti all'estero e che non sono in grado di gestire l'eventuale contenzioso relativo al pagamento del prezzo che può sorgere con il compratore straniero; oppure le imprese che vendono a credito a numerosi clienti e non vogliono sopportare le spese necessarie alla riscossione della massa dei crediti.

Le società di factoring offrono alle imprese anzitutto questo **servizio**: *si fanno cedere i crediti che esse hanno verso i clienti e si occupano della loro gestione contabile, della riscossione e dell'eventuale contenzioso che può sorgere con i clienti, versando alla scadenza il denaro incassato all'imprenditore cedente.* Per questa loro attività le società di factoring si fanno pagare delle **commissioni**.

ANTICIPAZIONI
Nei contratti di factoring è inoltre prevista la *facoltà dell'imprenditore che cede i propri crediti di chiedere al factor anticipazioni sull'importo dei crediti ceduti*: perciò il contratto di factoring può svolgere anche una **funzione di finanziamento**, consentendo all'imprenditore cedente di trasformare in denaro il suo credito prima della scadenza. Si tratta di una funzione analoga a quella svolta dal contratto di sconto bancario, per la quale le società di factoring si fanno pagare **interessi** in genere superiori a quelli praticati dalle banche.

ASSICURAZIONE DEL CREDITO
Infine, i contratti di factoring possono prevedere che la cessione dei crediti avvenga **pro soluto**: *il che significa che il rischio dell'insolvenza del debitore ceduto passa alla società di factoring.* Se contiene questa clausola, il contratto di factoring svolge anche una funzione di **assicurazione del credito**, *nel senso che la società di factoring ne paga l'importo al cliente anche se il debitore ceduto si rivela insolvente.* Quando il contratto contiene una clausola siffatta, la società di factoring normalmente si riserva la facoltà di accettare, di volta in volta, i crediti che il cliente le offre, considerando la solvibilità del debitore ceduto. Naturalmente, per svolgere questa funzione, la società di factoring si fa pagare un apposito compenso.

DISCIPLINA
Il contratto di factoring è ora regolato dalla l. 52/1991. Essa stabilisce che possono essere ceduti al factor i crediti anche **prima** che siano stipulati i contratti dai quali sorgeranno: *perciò possono essere ceduti non soltanto crediti già esistenti, ma anche crediti futuri.*
Crediti esistenti e crediti futuri possono poi essere ceduti anche **in massa**: *vale a dire che si possono cedere tutti i crediti derivanti da contratti stipulati nell'esercizio della propria impresa.* Tuttavia, la cessione in massa dei crediti futuri è valida soltanto se viene indicato il debitore ceduto e può avere per oggetto soltanto i crediti che sorgeranno da contratti da stipulare con quel debitore in un periodo non superiore a 24 mesi (art. 3).
Il cedente garantisce al *factor*, nei limiti del corrispettivo pattuito, la solvenza del debitore ceduto, salvo che il *factor* non rinunci in tutto o in parte alla garanzia (art. 4): ciò vuol dire che la cessione dei crediti avviene *pro solvendo*, a meno che le parti pattuiscano che essa avvenga *pro soluto*.

17 La transazione

Il codice civile definisce la transazione all'art. 1965 c. 1.

> La **transazione** è il contratto con il quale le parti, facendosi reciproche concessioni, pongono fine a una lite già cominciata o prevengono una lite che può sorgere tra di loro.

NOZIONE

Si tratta di un contratto della massima importanza, al quale nella pratica si ricorre con frequenza allo scopo di evitare liti giudiziarie. La transazione:

- *presuppone l'esistenza di una controversia* tra le due persone che stipulano (non ha alcun rilievo il grado di fondatezza delle pretese che ciascuna parte ha nei confronti dell'altra);

ESISTENZA DI UNA CONTROVERSIA

- *consiste in concessioni reciproche che si fanno le parti*, cioè nella **rinuncia** *sia di una parte sia dell'altra ad alcune delle proprie pretese*, fondate o meno non importa; *non a tutte*: chi rinunciasse a tutto non stipulerebbe una transazione, ma compirebbe invece un atto unilaterale di rinuncia a un proprio diritto.

CONCESSIONI RECIPROCHE

Le concessioni reciproche possono avere il contenuto più vario (art. 1965 c. 2).

ESEMPIO Adriano ha venduto un carico di olive a Luca e ne pretende il pagamento, affermando che la merce venduta e consegnata era esente da vizi; Luca, invece, pretende una riduzione del prezzo del 30% e un risarcimento del danno, affermando che il carico consegnato aveva dei vizi. Se le parti seguono la via della lite giudiziaria, il giudice accerterà la fondatezza o meno delle loro pretese e si pronuncerà di conseguenza; se, in alternativa, scelgono la via della transazione, concorderanno concessioni reciproche: possono concordare che Luca paghi un prezzo ridotto del 30% ma non ottenga il risarcimento del danno; oppure che Luca paghi un prezzo ridotto del 10%; oppure che Luca paghi il prezzo intero, ma ottenga gratuitamente da Adriano una certa quantità di prodotto; oppure che Luca paghi il prezzo intero, e contemporaneamente che Adriano gli rimetta un debito derivante da una fornitura precedente e non ancora interamente pagata; oppure che Luca paghi il prezzo intero e contemporaneamente che Adriano gli doni un televisore; e così via.

Non possono essere oggetto di transazione i diritti indisponibili, come per esempio alcuni diritti della personalità, la gran parte dei diritti familiari, i diritti stabiliti da norme inderogabili di tutela del contraente più debole (art. 1966 c. 1). La transazione avente per oggetto diritti indisponibili è **nulla** (art. 1966 c. 2); altrettanto quella che verte su un contratto illecito (art. 1972 c. 1).

DIRITTI INDISPONIBILI

La transazione dev'essere redatta in **forma scritta**:

- a pena di nullità se riguarda beni immobili (art. 1350 n. 12);
- come mezzo indispensabile di prova in tutti gli altri casi (art. 1967).

La transazione costituisce un modo per risolvere una controversia, che si pone **in alternativa** rispetto alla lite giudiziaria: *ha dunque lo scopo di chiudere definitivamente la controversia insorta tra le parti, prescindendo dalla ragione e dal torto di ciascuno*. Pertanto:

Documento | Transazione

- in primo luogo, "la transazione non può essere annullata per errore di diritto relativo alle questioni che sono state oggetto di controversia tra le parti" (art. 1969);
- in secondo luogo, non può essere rescissa per lesione (art. 1970); la transazione *può essere annullata* (riaprendo così la controversia) *solo nei pochi casi indicati dalla legge* (artt. 1971-1975).

LA VENDITA

- Contratto con il quale una parte trasferisce a un'altra la proprietà di una cosa o un altro diritto (reale o di credito) contro il corrispettivo di un prezzo in denaro
- È un contratto consensuale o formale
- È un contratto a titolo oneroso e a prestazioni corrispettive
- Produce effetti traslativi (o reali) e obbligatori

Le principali obbligazioni delle parti

Obbligazioni del **venditore**
- consegnare la cosa
- far acquistare il diritto (ma solo se l'effetto reale non è immediato)
- garantire contro l'evizione
- garantire contro i vizi occulti

Obbligazioni del **compratore**
- pagare il prezzo
- pagare le spese del contratto

LA GARANZIA PER I VIZI DEI BENI DI CONSUMO

- Qualora il bene venduto sia un bene di consumo, il venditore è obbligato a prestare una garanzia legale per i vizi. Questa garanzia è disciplinata dall'art. 128 e segg. del codice del consumo

---

LE SPECIE PARTICOLARI DI VENDITA

- Vendita immobiliare
- Vendita di cose mobili
- Vendita a rate con riserva della proprietà
- Vendita di beni culturali

LA LOCAZIONE

- Contratto con il quale una parte concede a un'altra in godimento una cosa (mobile o immobile) contro il corrispettivo di un canone
- È un contratto consensuale o formale
- È un contratto a titolo oneroso e a prestazioni corrispettive
- Ha effetti solo obbligatori (è titolo costitutivo di un diritto personale di godimento)

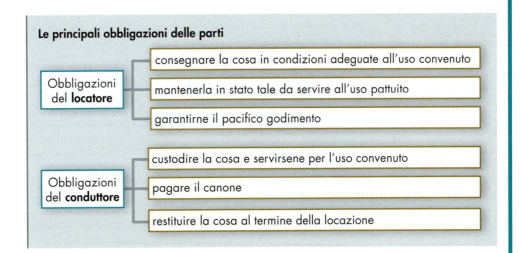

Le principali obbligazioni delle parti

Obbligazioni del **locatore**
- consegnare la cosa in condizioni adeguate all'uso convenuto
- mantenerla in stato tale da servire all'uso pattuito
- garantirne il pacifico godimento

Obbligazioni del **conduttore**
- custodire la cosa e servirsene per l'uso convenuto
- pagare il canone
- restituire la cosa al termine della locazione

LA LOCAZIONE DI IMMOBILI URBANI

- È regolata dalle leggi 392/1978 e 431/1998 che disciplinano la locazione degli immobili urbani a uso di abitazione e a uso diverso
- **Locazioni a uso di abitazione**
  - Vi sono due modelli fondamentali:

    - contratto a contenuto determinato dalle parti in modo parzialmente libero
    - contratto a contenuto conforme al modello-tipo

  - La durata è regolata dalla legge
- **Locazioni a uso diverso da quello di abitazione**
  - Il canone iniziale è liberamente determinato dalle parti
  - La durata è regolata dalla legge

L'APPALTO

- È il contratto con il quale l'appaltatore si obbliga verso l'appaltante a compiere un'opera o un servizio, con l'organizzazione dei mezzi necessari e con gestione a proprio rischio
- Si distingue dal **contratto d'opera** che è il contratto del piccolo imprenditore o, il che è lo stesso, del lavoratore autonomo
- Il prezzo pattuito dell'appalto può essere sottoposto a revisione
- L'appaltatore è tenuto alla garanzia per le difformità e i vizi dell'opera

Unità 17 — PERCORSO DI SINTESI

IL MANDATO

- Contratto con il quale una parte incarica un'altra, che accetta, di compiere atti giuridici per suo conto
- È un contratto consensuale (o formale), con effetti solo obbligatori
- È normalmente a titolo oneroso
- Può essere:

con rappresentanza	senza rappresentanza

Le principali obbligazioni delle parti

Obbligazioni del mandatario
- eseguire la prestazione pattuita con la diligenza dovuta
- rendere conto del proprio operato
- trasferire al mandante i diritti acquistati in esecuzione del mandato (se è senza rappresentanza)

Obbligazioni del mandante
- pagare il compenso
- somministrare i mezzi necessari per l'esecuzione del mandato
- pagare le spese

IL DEPOSITO

- È il contratto con il quale il depositario riceve dal depositante una cosa mobile con l'obbligo di custodirla e di restituirla

L'AGENZIA

- È il contratto con il quale l'**agente** assume stabilmente l'incarico di promuovere per conto del **preponente** la conclusione di contratti in una determinata zona
- L'**agente** è:

- privo di potere di rappresentanza, se non gli è stato espressamente conferito
- retribuito a *provvigione*

- Salvo patto contrario, agente e preponente hanno un reciproco diritto di **esclusiva**

IL MUTUO	• Contratto con il quale una parte riceve da un'altra la consegna di una somma di denaro e si obbliga a restituirla entro un termine
	• Ha effetti reali e obbligatori
	• È normalmente *a titolo oneroso*: il mutuatario deve pagare al mutuante gli interessi

LA FIDEIUSSIONE	• Contratto con il quale una parte garantisce al creditore l'adempimento di un'obbligazione altrui con tutto il proprio patrimonio
	• È una garanzia personale

IL LEASING	• È il contratto con il quale il concedente, dietro pagamento di un canone periodico, concede all'utilizzatore il godimento di un bene: l'utilizzatore assume il rischio del perimento del bene e ha la facoltà di diventarne proprietario al termine del contratto, dietro pagamento di un prezzo prestabilito
	• Può assumere la forma del:

LEASING FINANZIARIO

LEASING OPERATIVO

LEASE-BACK

IL FRANCHISING	• È il contratto con il quale l'*affiliante*, dietro corrispettivo:
	– concede la disponibilità di segni distintivi, di brevetti e di know-how all'*affiliato*
	– inserisce l'affiliato in una rete commerciale formata da imprenditori giuridicamente ed economicamente autonomi

IL FACTORING	• È il contratto con il quale un imprenditore cede al *factor* una parte o tutti i crediti della propria impresa e il *factor* si obbliga, dietro corrispettivo, a gestire e riscuotere i crediti acquistati e a versarne l'importo al cedente

LA TRANSAZIONE	• Contratto con il quale le parti chiudono definitivamente una controversia fra loro facendosi **reciproche concessioni**
	• È un contratto consensuale oppure formale; ha effetti obbligatori e può avere effetti traslativi
	• Può essere annullata solo in casi assai limitati

Verifica delle conoscenze

VERO O FALSO

Indica se le seguenti affermazioni sono vere o false.

1 La garanzia dall'evizione tutela il compratore nei confronti delle pretese di coloro che vantano diritti sulla cosa ☐V ☐F

2 Nella vendita a rate con riserva di proprietà l'effetto traslativo si verifica comunque al momento della conclusione del contratto ☐V ☐F

3 Quando viene concesso in godimento un bene produttivo (fondo rustico o azienda) si applicano le regole dell'affitto ☐V ☐F

4 Il contratto di appalto non può avere per oggetto un servizio ☐V ☐F

5 In base alla procura il mandatario ha il potere di agire anche in nome del mandante ☐V ☐F

6 Il deposito non può essere gratuito ☐V ☐F

7 L'agente è un imprenditore commerciale ☐V ☐F

8 I diritti indisponibili possono in certi casi essere oggetto di transazione ☐V ☐F

9 Il debito del fideiussore è accessorio rispetto al debito principale ☐V ☐F

10 Il lease-back è un'operazione finanziaria che comporta la conclusione di due contratti ☐V ☐F

CORRISPONDENZE

Metti in relazione gli elementi del primo gruppo con quelli del secondo.

1 Comporta l'organizzazione dei mezzi necessari per compiere un'opera e con gestione a proprio rischio

2 Il rischio dell'insolvenza del debitore ceduto passa alla società di factoring

3 Richiede l'intervento di tre soggetti: produttore-società di leasing-utilizzatore

4 Si obbliga dietro corrispettivo a gestire e riscuotere i crediti acquistati

5 È stipulato direttamente tra produttore e utilizzatore del bene

a cessione pro soluto
b leasing operativo
c appalto
d leasing finanziario
e factor

1	2	3	4	5

COMPLETAMENTO

Inserisci i termini mancanti (attenzione ai distrattori!).

1 La fideiussione è una garanzia ....; le parti contraenti sono il .... e il fideiussore; si tratta di un contratto ...., che fa sorgere obbligazioni a carico del solo fideiussore.

creditore; reale; unilaterale; personale; bilaterale; debitore.

2 Nel mandato .... rappresentanza il mandatario è *obbligato ad agire* .... del mandante (e ha diritto al compenso), in forza del contratto di mandato; *non può agire anche* ...., poiché manca una procura che gli attribuisca tale potere.

per conto; senza; in suo nome; con.

Verifica delle abilità

Completa lo schema.

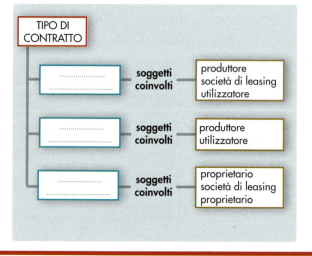

DI CHE COSA STIAMO PARLANDO?
Rispondi dopo aver letto gli indizi.

1 È la parte che riceve una cosa mobile in deposito

2 È il contratto che pone fine a una lite

3 È la parte che affida all'agente l'incarico di promuovere affari per suo conto

4 È il contratto che prevede prestazioni periodiche o continuative

5 È il compenso che viene riconosciuto al mutuatario

6 Sono le conoscenze pratiche che vengono messe a disposizione nel contratto di franchising

7 Nel franchising è la parte che mette a disposizione dell'altra segni distintivi, brevetti e conoscenze pratiche

CACCIA ALL'ERRORE
Individua e correggi le parole errate.

1 Il mandatario con rappresentanza può agire solo per conto del rappresentato

2 Il locatore deve custodire la cosa e servirsene per l'uso determinato nel contratto

3 La garanzia per l'evizione non può essere esclusa dalle parti

4 Se è pattuita la garanzia di buon funzionamento, il compratore deve denunciare i difetti entro 20 giorni dalla scoperta, salvo patto contrario

5 Con il contratto d'opera una parte si obbliga a compiere un'opera con il lavoro prevalentemente proprio

6 L'affiliato è giuridicamente ed economicamente dipendente dall'affiliante

7 Nel franchising gli affiliati operano con segni distintivi differenti

QUESITI A RISPOSTA SINGOLA
Rispondi utilizzando non più di 4 righe.

1 *What is the contract of sale? What are its main characteristics?*

2 *What are the characteristics of a sale of cultural goods?*

3 *What is a loan?*

4 Come si distingue l'*appalto* dal *contratto d'opera*?

5 Quali *obblighi* assume l'*agente*?

6 Che cos'è il *mandato*?

7 Che cos'è il *factoring*? Quali funzioni svolge?

Trattazione sintetica di argomenti

1 Descrivi i principi della tutela del consumatore che acquista un *bene di consumo*.

2 Esponi i particolari effetti giuridici connessi alla *vendita a rate con riserva della proprietà*.

3 Descrivi i modelli di contratto che possono essere utilizzati nella *locazione di immobili a uso abitativo*.

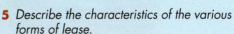

4 *Explain the differences between personal and real guarantees.*

5 *Describe the characteristics of the various forms of lease.*

Unità 18
L'assicurazione

Unit *by* Unit

In Unit 18 you will learn that an insurance company is a commercial enterprise which enters into insurance contracts.
The insurer, in return for a payment (called a premium) gives an undertaking to make up for damage suffered by the insured party due to an accident (insurance in respect of damage) or gives an undertaking to pay a capital sum or an annuity should an event related to human life occur (life insurance).
The profit from this activity is based on the calculability of the risks assumed by the company, i.e. on the likelihood of a harmful event occurring.

1 L'impresa di assicurazione

> L'**impresa di assicurazione** è un'impresa commerciale volta alla stipulazione in massa di contratti di assicurazione (art. 2195 n. 4).

Il contratto di assicurazione è definito dal codice civile all'art. 1882. Vediamo in che modo.

> L'**assicurazione** è il contratto in base al quale l'assicuratore, dietro pagamento di un corrispettivo (chiamato *premio*) si obbliga a rivalere l'assicurato del danno a esso prodotto da un sinistro (assicurazione *contro i danni*) ovvero si obbliga a pagare un capitale o una rendita al verificarsi di un evento attinente alla vita umana (*assicurazione sulla vita*).

RISCHIO E SINISTRO

L'impresa di assicurazione assume dunque su di sé, dietro un corrispettivo, il **rischio** del verificarsi di certi sinistri.

> Per **rischio** si intende la probabilità del verificarsi di un evento dannoso che viene chiamato **sinistro**.

ESEMPIO Ci si può assicurare contro eventi dannosi come il furto o l'incendio, che possono riguardare i beni di un singolo individuo o di un'impresa oppure come la morte o la malattia che sono attinenti alla vita umana.

Dalla massa dei premi raccolti tra tutti i soggetti assicurati l'impresa assicuratrice ricava quanto è necessario per indennizzare quelli tra loro che sono stati colpiti da sinistro.
Il profitto di questa attività si fonda sulla **calcolabilità dei rischi** che l'impresa assume. Ricorrendo a tecniche statistiche si può calcolare la probabilità del verifi-

carsi di un certo evento (per esempio, quanti furti d'auto si possono verificare mediamente in un anno) e l'ammontare dei danni che esso può causare: sulla base di questi calcoli, l'impresa fissa l'**entità** del premio, *in modo che la somma dei premi raccolti non copra soltanto l'ammontare delle indennità che, prevedibilmente, dovranno essere pagate agli assicurati, ma garantisca anche la copertura delle spese di organizzazione e, infine, un margine di profitto.*

Il calcolo può, naturalmente, essere fatto per **rischi omogenei**: perciò in ogni ramo assicurativo (incendio, furto, vita ecc.) vigono premi diversi.

Il controllo pubblico   Il ciclo economico delle imprese di assicurazione è in una certa misura **invertito** rispetto al ciclo di altre imprese: *l'impresa assicurativa inizia il ciclo incassando i premi (che rappresentano i **ricavi** dell'attività assicurativa) e soltanto in un secondo tempo paga le eventuali indennità (che rappresentano una parte dei **costi**).*

Raccogliendo una gran massa di premi tra gli assicurati, le imprese di assicurazione svolgono una funzione di **raccolta del risparmio** analoga a quella bancaria e, come le banche, devono amministrare un cospicuo capitale monetario.

NOZIONE

Per questa ragione le imprese di assicurazione, come le banche, sono sottoposte a **vigilanza pubblica** che in Italia è regolata dal *codice delle assicurazioni private* (d.lgs. 209/2005 e sue successive modifiche); a partire dal 2013, l'attività di vigilanza nei settori finanziario e assicurativo, in stretto collegamento con la vigilanza bancaria, è esercitata dall'**Ivass** (*Istituto per la vigilanza sulle assicurazioni*), che in base alla l. 135/2012 (di conversione, con modifiche, del d.l. 95/2012) è subentrato in tutte le funzioni che precedentemente facevano capo all'Isvap. La vigilanza ha lo scopo di garantire:

IVASS

- anzitutto la **prudente gestione** delle imprese di assicurazione, *in modo che queste siano in grado di far fronte agli obblighi che assumono con gli assicurati;*
- in secondo luogo la **correttezza** e la **trasparenza** dei comportamenti delle imprese e degli intermediari del settore assicurativo (art. 3 *codice delle assicurazioni*).

L'Ivass esercita la funzione di vigilanza sia emanando regolamenti generali vincolanti per tutte le imprese, sia controllando la gestione delle singole imprese di assicurazione.

L'attività assicurativa può essere esercitata soltanto da **imprese autorizzate** dall'Ivass che assumano la forma di società per azioni, di società cooperative o di società di mutua assicurazione.

② Il contratto di assicurazione

Il contratto di assicurazione **si perfeziona** *con il consenso delle parti*, tuttavia l'assicurazione resta **sospesa** (vale a dire, l'assicuratore non assume il rischio) *fino a quando il contraente non paga la prima rata del premio*. Analogamente, l'assicurazione rimane sospesa *se il contraente non paga i premi successivi, alle scadenze convenute*. In entrambi i casi, il contratto è **risolto di diritto** *se l'assicuratore, nel termine di 6 mesi dal giorno in cui la rata del premio è scaduta, non agisce per la riscossione* (art. 1901).

SOSPENSIONE

Le parti del contratto sono:

- l'**assicuratore**, *che assume il rischio e si obbliga a rivalere l'assicurato al verificarsi del sinistro;*
- il **contraente**, *il quale si obbliga a pagare il premio* (e non necessariamente è l'assicurato);
- l'**assicurato**, *vale a dire la persona esposta al rischio previsto nel contratto.*

Nell'**assicurazione per conto altrui** o **per conto di chi spetta** (art. 1891), infatti, *il contraente è un soggetto diverso dall'assicurato.*

ESEMPIO Per assicurare le merci trasportate o custodite il vettore o i magazzini generali stipulano un contratto nel quale **contraenti** sono il vettore o i magazzini generali e su di loro grava l'obbligo di pagamento del premio; **assicurati** sono, invece, coloro che dimostrano di essere proprietari delle merci al momento del verificarsi del sinistro e a loro spetterà il diritto al pagamento dell'indennità (nell'assicurazione per conto altrui, la persona dell'assicurato è indicata nel contratto di assicurazione; nell'assicurazione per conto di chi spetta, la persona dell'assicurato non è determinata nel contratto, perché si usa questa forma di assicurazione quando la merce è destinata a essere venduta durante il trasporto o durante il deposito: assicurato sarà perciò chi, al momento del sinistro, si dimostra possessore dei titoli rappresentativi della merce emessi dal vettore o dai magazzini generali).

Nel contratto di **assicurazione sulla vita a favore di un terzo** l'assicurato è poi persona ancora diversa dal **beneficiario**, *che è colui il quale ha il diritto di riscuotere dall'assicuratore l'indennizzo al verificarsi del sinistro.*

ESEMPIO Giorgio è un accompagnatore turistico specializzato in "viaggi avventura", che comportano spesso una certa dose di pericolo; essendo da poco diventato padre, decide di stipulare un'assicurazione sulla vita a favore della moglie e del figlio appena nato: in questo caso l'assicurato è Giorgio, mentre beneficiari – ma non assicurati – sono il coniuge e il figlio.

La polizza di assicurazione Il contratto di assicurazione deve essere *provato per iscritto* (art. 88).

> Si chiama **polizza di assicurazione** il documento che ne fornisce la prova.

Si tratta di un **contratto per adesione**, che contiene clausole contrattuali uniformi, predisposte dall'impresa di assicurazione, alle quali il contraente si limita ad aderire apponendovi la propria firma (si applicano le regole degli artt. 1341 e 1342).

Il rischio nell'assicurazione

Poiché il contratto di assicurazione ha la **funzione** *di trasferire sull'assicuratore il rischio del verificarsi di un evento dannoso*, ne consegue che il **rischio** è *un elemento essenziale del contratto*. Pertanto:

a) *se il rischio non esiste al momento della stipulazione del contratto di assicurazione*, il contratto è **nullo** (art. 1895): se il premio è già stato pagato, se ne può dunque ottenere la restituzione; ESEMPIO se la casa che ho assicurato contro l'incendio è già stata demolita, ovviamente il rischio non esiste e il contratto è nullo;

b) *se il rischio cessa di esistere dopo la conclusione del contratto*, il contratto **si scioglie**, ma l'assicuratore ha **diritto al pagamento** dei premi finché la cessazione del rischio non gli sia stata comunicata o non venga altrimenti a sua conoscenza (art. 1896); ESEMPIO la casa assicurata contro l'incendio viene distrutta da un'inondazione;

CESSAZIONE

c) *se, durante il contratto, il rischio diminuisce e il contraente comunica tale diminuzione all'assicuratore*, questi può pretendere soltanto un **premio minore**, ma non può **recedere** dal contratto (art. 1897); ESEMPIO un'auto nuova ha un determinato valore: quando invecchia il suo valore diminuisce e, con esso, anche il rischio di furto, quindi il proprietario assicurato può chiedere alla compagnia di assicurazione una riduzione del premio;

DIMINUZIONE

d) se invece, durante il contratto, *il rischio si aggrava, il contraente deve darne immediato avviso all'assicuratore* e questi ha la facoltà di **recedere** dal contratto (art. 1898); ESEMPIO dopo aver assicurato l'automobile contro il furto ad Aosta, mi sono trasferito a Roma dove i furti di auto sono molto più frequenti, ovviamente il rischio aumenta e l'assicuratore vorrà rivedere la sua posizione.

AGGRAVAMENTO

Prima della conclusione del contratto, il contraente *deve fornire all'assicuratore le informazioni necessarie a una valutazione del rischio.*
Se il contraente fornisce dichiarazioni inesatte o reticenti su circostanze tali che, se le avesse conosciute, l'assicuratore *non avrebbe dato il suo consenso o non lo avrebbe dato alle medesime condizioni*, l'assicuratore:

DICHIARAZIONI INESATTE O RETICENTI

- può chiedere l'**annullamento** del contratto, *quando il contraente ha agito con dolo o colpa grave* (art. 1892);
- può solo **recedere** dal contratto (art. 1893), *se il contraente ha agito senza dolo o colpa grave.*

La differenza tra le due ipotesi sta nel fatto che nel primo caso, se il sinistro si verifica prima dell'annullamento del contratto, l'assicuratore non è tenuto a pagare l'indennità; mentre nel secondo, se il sinistro si verifica prima del recesso, l'assicuratore è tenuto a pagare un'indennità sia pure ridotta (art. 1893 ultimo comma).

LAVORO SUL CASO

Nel 2012 Corrado, proprietario di un hotel sul Lago di Garda, ha stipulato un contratto di assicurazione contro gli incendi del suo albergo. Nel 2015 decide di far installare un nuovo sistema antincendio che riduce notevolmente il rischio incendi nello stabile garantendo maggiore sicurezza agli ospiti. L'albergatore comunica i dati relativi al nuovo sistema alla società di assicurazione.

- **Questo fatto potrà influire sul contratto precedentemente stipulato?**

4   L'assicurazione contro i danni

RISCHI

La categoria dell'**assicurazione contro i danni** copre i più svariati rischi ai quali può essere esposto il patrimonio dell'assicurato: a seconda del rischio assicurato si distinguono, per esempio, l'assicurazione **per il furto, l'incendio, il perimento** o **il danneggiamento** di una cosa; l'assicurazione per l'insolvenza del debitore dell'assicurato (**del credito**); l'assicurazione **della responsabilità civile** (di cui parleremo tra poco) e così via.

DANNO EFFETTIVAMENTE SOFFERTO

Il principio indennitario   La disciplina dell'assicurazione contro i danni si ispira fondamentalmente al **principio indennitario**: è questo il principio per il quale *l'assicuratore è tenuto a risarcire, nei modi e nei limiti stabiliti dal contratto, soltanto il danno effettivamente sofferto dall'assicurato in conseguenza del sinistro* (art. 1905 c. 1).
Questo principio mira a evitare che l'assicurato persegua un intento speculativo e tragga quindi un vantaggio dal verificarsi del sinistro. Dal principio indennitario discendono le seguenti regole.

INTERESSE DELL'ASSICURATO

a) Il contratto di assicurazione contro i danni è **nullo** *se, al momento in cui l'assicurazione deve avere inizio, non esiste un interesse dell'assicurato al risarcimento del danno* (art. 1904). Può dunque validamente assicurarsi soltanto chi può subire un danno per il verificarsi del sinistro: in questa situazione può trovarsi non solo il proprietario del bene, ma anche chi per esempio ha sul bene un diritto di garanzia (quale un pegno o un'ipoteca) oppure chi è responsabile della sua conservazione (come lo sono il depositario o il vettore); il contratto di assicurazione si trasformerebbe invece in uno strumento di speculazione (e, più precisamente, diventerebbe una semplice scommessa) se potesse essere stipulato da chi non può soffrire alcun danno dal verificarsi del sinistro; ESEMPIO tale sarebbe il caso di chi si volesse assicurare contro il furto dell'automobile altrui.

SOVRASSICURAZIONE

b) Se l'assicurazione è stata stipulata per una *somma superiore al valore reale della cosa* (**sovrassicurazione**), l'assicurazione:
- *non è valida* in caso di **dolo** dell'assicurato;
- *vale soltanto per il valore reale della cosa e il contraente ha diritto di ottenere per l'avvenire una proporzionale riduzione del premio* (art. 1909), se invece non vi è dolo dell'assicurato; ESEMPIO se Marta assicura contro il furto per il valore di 3.500 euro un bracciale che, in realtà, ne vale 350: il contratto è nullo se Marta ha agito con dolo, mentre è valido solo fino al valore di 350 euro nel caso in cui Marta abbia agito in buona fede.

COASSICURAZIONE

c) Se per il medesimo rischio sono contratte **separatamente** diverse assicurazioni presso più assicuratori (per esempio, assicuro il mio scooter contro il furto presso più assicuratori), l'assicurato deve *darne avviso a tutti gli assicuratori* (se omette dolosamente di farlo, gli assicuratori non sono tenuti a pagare l'indennità): in caso di sinistro, *le somme complessivamente riscosse non possono superare l'ammontare del danno* (art. 1910). In assenza di questo limite diventerebbe molto facile eludere il principio indennitario e stipulare per lo stesso rischio più assicurazioni.

SURROGA DELL'ASSICURAZIONE

d) L'assicuratore che ha pagato l'indennità è **surrogato**, fino alla concorrenza del suo ammontare, *nei diritti dell'assicurato verso i terzi responsabili del danno* (art. 1916). Se così non fosse, l'assicurato potrebbe riscuotere l'indennità e in più ottenere il risarcimento del danno dal terzo che l'ha causato: per lo stesso danno verrebbe perciò pagato due volte.

La regola proporzionale

Diversa dal principio indennitario è invece **la regola proporzionale**, *che si applica se l'assicurazione copre solo una parte del valore che la cosa assicurata aveva al momento del sinistro* (si parla in tal caso di **sottoassicurazione** o **assicurazione parziale**). In base a questa regola, l'assicuratore risponde dei danni soltanto in proporzione alla parte del valore che risulta assicurata (art. 1907).

ESEMPIO Gianluca ha assicurato contro l'incendio per 60.000 euro un appartamento di proprietà a Cortina, che ne vale 100.000; se, nell'immobile, scoppia un incendio che causa un danno di 30.000 euro, l'assicuratore sarà tenuto a pagare soltanto il 60% del danno sofferto e cioè 18.000 euro.

LAVORO SUL CASO

Una società possiede un fabbricato che utilizza per lo svolgimento di attività turistica. Lo stabile viene assicurato per: rischi derivanti da crollo e necessaria ricostruzione, perdite d'acqua e ricerca del danno, eventi atmosferici. Il valore assicurato è di 800.000 euro; il valore reale del fabbricato è, invece, stimato in 1.600.000 euro. Un giorno la rottura di una tubatura dell'acqua provoca danni per una spesa complessiva pari a 2.000 euro. La società proprietaria del fabbricato chiede l'integrale rimborso delle spese alla società di assicurazione. Questa però comunica che risarcirà solamente 1.000 euro.

* **Chi ha ragione?**

Gli obblighi dell'assicurato

L'assicurato deve:

* *dare avviso del sinistro all'assicuratore entro 3 giorni da quello in cui il sinistro si è verificato o l'assicurato ne ha avuto conoscenza* (art. 1913);
* *fare quanto gli è possibile per evitare o diminuire il danno* (è il cosiddetto obbligo di salvataggio: art. 1914).

L'assicurato che dolosamente non adempie all'obbligo dell'avviso o del salvataggio perde il diritto all'indennità; se l'inadempimento a tali obblighi è colposo, l'indennità è ridotta in ragione del pregiudizio sofferto dall'assicuratore (art. 1915).

L'assicurazione contro i danni

5 L'assicurazione della responsabilità civile

NOZIONE

L'**assicurazione della responsabilità civile** è una forma di assicurazione contro i danni, con la quale l'assicuratore si obbliga a rimborsare all'assicurato quanto questi deve pagare a terzi per risarcirli di danni dei quali l'assicurato sia responsabile (art. 1917).

La responsabilità coperta dall'assicuratore viene precisata nel contratto; può trattarsi di responsabilità:

- **per inadempimento contrattuale**; è tale la responsabilità del vettore nei confronti del mittente o del professionista verso il cliente;
- **per fatti illeciti**, come la responsabilità per i danni arrecati a terzi con l'automobile.

L'assicurazione non può coprire i danni derivanti da fatti dolosi dell'assicurato (art. 1917 c. 1). L'assicuratore può pagare **direttamente** al terzo danneggiato l'indennità dovuta ed è obbligato al pagamento diretto se l'assicurato lo richiede (art. 1917 c. 2).

OBBLIGATORIETÀ

Questa forma di assicurazione ha avuto un notevole sviluppo con il moltiplicarsi, nella vita sociale, delle occasioni di danno a terzi. Anzi, in alcuni settori il legislatore è intervenuto per rendere **obbligatoria** l'assicurazione della responsabilità civile, soprattutto a tutela dei terzi danneggiati, che possono non trovare nel patrimonio del danneggiante beni sufficienti a ottenere un risarcimento. Così, con la legge 24 dicembre 1969 n. 990, ora abrogata e confluita nel codice delle assicurazioni private d.lgs. 209/2005, è stata resa obbligatoria l'assicurazione della responsabilità civile per i danni causati nella circolazione di veicoli a motore e di natanti. In base a questa legge, il terzo danneggiato ha un'azione diretta, per ottenere il risarcimento del danno, nei confronti dell'assicuratore del proprietario del veicolo.

6 L'assicurazione sulla vita

NOZIONE

L'**assicurazione sulla vita** è quella forma di assicurazione con la quale l'assicuratore, dietro pagamento di un premio, si obbliga a pagare un capitale o una rendita al verificarsi di un evento attinente alla vita umana (art. 1882).

MORTE O SOPRAVVIVENZA

In relazione alla natura dell'evento si distinguono diversi tipi di assicurazione sulla vita:

- l'**assicurazione per il caso di morte**, *con la quale l'assicuratore si obbliga a pagare, alla morte dell'assicurato, un capitale o una rendita a un terzo beneficiario;*
- l'**assicurazione per il caso di sopravvivenza**, *con la quale l'assicuratore si obbliga a pagare un capitale o una rendita, se l'assicurato sopravvive oltre un certo termine;*
- l'**assicurazione mista**, *con la quale l'assicuratore si obbliga a pagare il capitale o la rendita alla morte dell'assicurato oppure, se l'assicurato sopravvive, decorso un certo termine.*

A differenza di quanto si è visto per l'assicurazione contro i danni, *nell'assicurazione sulla vita non vige il principio indennitario*: si possono pertanto stipulare assicurazioni sulla vita per qualunque ammontare e si possono anche cumulare le indennità derivanti da più assicurazioni contratte con diversi assicuratori.

Come si è detto, l'assicurazione sulla vita può essere contratta **a favore di un terzo** (per esempio, il coniuge o i figli). Per effetto della designazione, il terzo beneficiario acquista un diritto proprio ai vantaggi dell'assicurazione (art. 1920). La designazione del beneficiario è tuttavia revocabile, salvo che l'assicurato abbia rinunciato per iscritto al potere di revoca (art. 1921). Se il beneficiario attenta alla vita dell'assicurato, la designazione non ha effetto (art. 1922).

L'assicurazione può essere stipulata sulla vita propria o su quella di un terzo: tuttavia, l'assicurazione contratta per il **caso di morte di un terzo** non è valida se questi non dà il suo consenso per iscritto (art. 1919).

La polizza deve regolare il **diritto di riscatto** dell'assicurazione e il **diritto di riduzione** della somma assicurata (art. 1925). Il primo consente all'assicurato che abbia versato un certo ammontare prestabilito di premi *di risolvere anticipatamente il contratto e ottenere la restituzione di una parte dei premi pagati*; il secondo permette, invece, all'assicurato *di cessare il pagamento dei premi, pur mantenendo in vigore il contratto di assicurazione per una somma assicurata proporzionalmente ridotta*.

RISCATTO E RIDUZIONE

7 La riassicurazione

Le imprese di assicurazione sono solite assicurarsi, a loro volta, presso altre imprese assicuratrici, soprattutto quando assumono rischi ingenti.

La **riassicurazione** è appunto il contratto con il quale un'impresa assicuratrice (o **riassicuratore**), dietro pagamento di un premio, si obbliga a rimborsare in tutto o in parte il danno che un'altra impresa assicuratrice subisce per dover pagare determinate indennità ai suoi assicurati.

NOZIONE

Si tratta di una forma di **assicurazione della responsabilità civile**, *poiché viene assicurata la responsabilità contrattuale che l'impresa di assicurazione assume verso i propri assicurati*.
Il contratto di riassicurazione non crea rapporti diretti tra l'assicurato e il riassicuratore (art. 1929).

Unità 18 **PERCORSO** DI SINTESI

L'IMPRESA DI ASSICURAZIONE

- È un'**impresa commerciale** diretta alla *stipulazione in massa di contratti di assicurazione*
- È soggetta a un controllo pubblico

IL CÒNTRATTO DI ASSICURAZIONE

- È il contratto in base al quale l'assicuratore, dietro pagamento di un premio, si obbliga:

a rivalere l'assicurato del **danno** prodotto da un **sinistro**	a pagare un **capitale** o una **rendita** al verificarsi di un evento attinente alla vita umana
ASSICURAZIONE CONTRO I DANNI	**ASSICURAZIONE SULLA VITA**

- Deve essere provato per iscritto: il documento che ne fornisce la prova si chiama **polizza di assicurazione**

- L'assicurazione è sospesa se l'assicurato non paga:

  - la prima rata del premio
  - o i premi successivi alle scadenze convenute

- Il contratto di assicurazione è **nullo** se al momento della stipulazione non esiste il *rischio* assicurato

- Norme particolari sono contenute nel codice per:

  - la **cessazione** del rischio
  - la **diminuzione** del rischio
  - l'**aggravamento** del rischio

- Le dichiarazioni inesatte o reticenti dell'assicurato possono legittimare l'annullamento del contratto o il recesso dell'assicuratore

L'ASSICURAZIONE CONTRO I DANNI

- È disciplinata in base al **principio indennitario**, per il quale l'assicuratore è tenuto a risarcire soltanto il danno effettivamente sofferto dall'assicurato in conseguenza del sinistro
- In applicazione del principio indennitario, norme particolari sono contenute nel codice civile per:

> la mancanza di un **interesse** dell'assicurato al risarcimento del danno

> la **sovrassicurazione**

> l'assicurazione dello stesso rischio presso *più assicuratori* (**coassicurazione**)

> la surroga dell'assicuratore nei diritti dell'assicurato

- Nell'ipotesi di *sottoassicurazione* si applica la **regola proporzionale**

L'ASSICURAZIONE DELLA RESPONSABILITÀ CIVILE

- È una sottospecie dell'assicurazione contro i danni, con la quale l'assicuratore si obbliga a rimborsare all'assicurato quanto questi deve pagare **a terzi** per risarcirli di danni dei quali l'assicurato sia responsabile

L'ASSICURAZIONE SULLA VITA

- Può essere:

> PER IL CASO DI MORTE

> PER IL CASO DI SOPRAVVIVENZA

> MISTA

- Non si applica il principio indennitario

RIASSICURAZIONE

- Consente una più oculata gestione dei rischi assunti **trasferendoli** in parte ad altre società di assicurazione

Verifica delle conoscenze

VERO O FALSO
Indica se le seguenti affermazioni sono vere o false.

1 Nel contratto di assicurazione il rischio consiste nella probabilità che si verifichi un determinato evento V F

2 I premi incassati rappresentano i ricavi dell'attività assicurativa V F

3 Le parti nel contratto di assicurazione sono l'assicuratore e il contraente V F

4 Il rischio non è un elemento essenziale del contratto di assicurazione V F

5 La polizza di assicurazione è un contratto per adesione V F

6 In base al principio indennitario l'assicuratore deve risarcire all'assicurato soltanto il danno effettivamente sofferto V F

7 Se l'assicurazione copre solo una parte del valore assicurato, l'assicuratore deve comunque risarcire l'intero danno V F

8 Nell'assicurazione della responsabilità civile l'assicuratore può pagare direttamente al terzo l'indennizzo dovuto V F

9 L'assicurazione sulla vita può essere stipulata solo per il caso di morte o di sopravvivenza V F

10 Il contratto di riassicurazione crea rapporti diretti tra il riassicuratore e i soggetti assicurati V F

CORRISPONDENZE
Metti in relazione gli elementi del primo gruppo con quelli del secondo.

1 È la probabilità che si verifichi un evento dannoso

2 L'assicurato si obbliga a pagare un corrispettivo

3 È il documento che prova la stipulazione del contratto di assicurazione

4 L'assicurazione è stata stipulata per una somma superiore al valore reale della cosa

5 La persona a favore della quale è stato stipulato il contratto di assicurazione

a polizza
b sovrassicurazione
c rischio
d beneficiario
e premio

1	2	3	4	5

COMPLETAMENTO

Inserisci i termini mancanti (attenzione ai distrattori!).

1 Le parti del contratto di assicurazione sono l'......... e il contraente: quest'ultimo non necessariamente è l'........................, cioè la persona esposta al .... previsto nel contratto.

assicuratore; assicurato; beneficiario; sinistro; rischio; premio

2 Se il rischio non esiste al momento della stipulazione del contratto, il contratto è ....; se il rischio cessa, il contratto ....

annullabile; nullo; si scioglie; è concluso

Verifica delle abilità

Completa lo schema.

Assicurazione sulla vita a favore di un terzo: le parti del contratto	
....	**chi assume il rischio** e si obbliga a pagare l'indennizzo
....	**chi si obbliga** a pagare il premio
....	**chi è esposto** al rischio previsto nel contratto
....	**chi ha il diritto** di riscuotere l'indennizzo al verificarsi del sinistro

DI CHE COSA STIAMO PARLANDO?

Rispondi dopo aver letto gli indizi.

1 Copre i rischi ai quali è esposto il patrimonio dell'assicurato ....

2 Serve a risarcire i danni eventualmente provocati a terzi dall'assicurato ....

3 Può garantire un capitale o una rendita ....

4 È il contratto riservato alle società di assicurazione ....

5 È un evento dannoso ....

CACCIA ALL'ERRORE

Individua e correggi le parole errate.

1 Il ciclo economico delle imprese assicurative è analogo a quello delle altre imprese ....

2 L'assicuratore è tenuto al pagamento del premio ....

3 In base al principio indennitario, se l'assicurazione copre solo una parte del valore, l'assicuratore risponde dei danni alla cosa solo in proporzione ....

4 Al verificarsi del sinistro l'assicuratore è tenuto a versare il premio al beneficiario ....

5 Se il rischio si aggrava, l'assicurato ha diritto di recedere ....

QUESITI A RISPOSTA SINGOLA

Rispondi utilizzando non più di 4 righe.

1 Quali obblighi assumono le parti nel contratto di assicurazione contro i danni e in quello di assicurazione sulla vita?

2 *Which techniques is the* management of an insurance company *based on?*

3 *Which types of* life insurance *exist?*

4 Che cos'è la *polizza di assicurazione*?

5 Che cosa sono l'*assicurazione per conto altrui* e *per conto di chi spetta*?

Trattazione sintetica di argomenti

1 Spiega il significato del *principio indennitario* e individua le norme relative al contratto di assicurazione che si ispirano a questo principio.

2 *Explain what insurance* against civil liability *is.*

3 Analizza il *ciclo economico* delle imprese di assicurazione e spiega il motivo che ne rende necessario il controllo pubblico.

4 Esamina le differenti forme di *responsabilità civile* che possono essere coperte dalle società di assicurazione anche con riferimento al settore turistico.

Unità 19
La banca e i contratti bancari

Unit *by* Unit

In Unit 19 you will learn that banks are commercial enterprises that hold savings and manage credit. Banking transactions are contracts entered into with clients. Passive operations are those aimed at collecting savings (bank deposit contract). Active operations are those aimed at financing entrepreneurs, public and private bodies using different legal forms (loans, guarantees, credit contracts, banker's advance contracts, bank discount contracts and bank accounts). Ancillary operations are those through which banks offer certain other services to the customers (such as safe deposit boxes, administration of securities).

1 La banca

ATTIVITÀ BANCARIA

Nella realtà economica contemporanea gli imprenditori hanno bisogno di un capitale monetario da investire nell'attività produttiva per ricavarne un profitto; così si crea una costante **domanda di denaro** da impiegare a fini speculativi nelle imprese.

Nel sistema economico le banche *svolgono essenzialmente la funzione di soddisfare questa domanda degli imprenditori*; esse:

- da un lato, raccolgono il **risparmio** che a loro affluisce sotto forma di depositi;
- dall'altro, esercitano, in diversi modi, il **credito** principalmente nei confronti di imprenditori (ma anche verso enti pubblici o privati cittadini).

Le **banche** sono imprese commerciali che svolgono le attività della raccolta del risparmio e dell'esercizio del credito (art. 2195 n. 4).

Il controllo pubblico Per questa loro funzione, le banche rappresentano un anello strategico nell'organizzazione del sistema economico. In tutti i paesi capitalistici, e in particolare in tutti i paesi dell'Unione europea, esse sono assoggettate a un controllo pubblico volto non soltanto a evitare che i denari depositati dai risparmiatori vengano sperperati (come non di rado è successo), ma anche a trasmettere ai risparmiatori decisioni di politica monetaria assunte dalla Banca centrale europea. L'aumento o la diminuzione dei tassi di interesse disincentiva o incentiva l'offerta di denaro da parte delle banche e i conseguenti investimenti delle imprese.

In Italia, il sistema bancario è disciplinato dal *testo unico delle leggi in materia bancaria e creditizia* (d.lgs. 385/1993 e sue successive modificazioni). In base a questa legge, l'attività bancaria può essere esercitata solo da banche costituite in forma di società per azioni o di cooperativa per azioni a responsabilità limitata.

L'esercizio dell'attività bancaria è poi subordinato alla preventiva **autorizzazione** della Banca d'Italia ed è sottoposto alla **vigilanza** della Banca centrale europea (Bce) e della Banca d'Italia, che emanano direttive vincolanti per le banche ed esercitano anche una vigilanza sulla gestione delle singole banche.

I contratti bancari Le operazioni bancarie con le quali le banche esercitano la loro attività portano alla stipulazione di **contratti** con i clienti.

Si chiamano **operazioni passive** quelle dirette alla raccolta del risparmio (rientra in questa categoria il contratto di deposito bancario).

Si chiamano **operazioni attive** quelle dirette a esercitare il credito, vale a dire a finanziare, in diverse forme giuridiche, gli imprenditori, gli enti pubblici e i privati.

In questa categoria rientrano, oltre al mutuo e alla fideiussione, i contratti di apertura di credito, di anticipazione bancaria e di sconto bancario. Tuttavia, le banche non si occupano unicamente di credito e risparmio; negli ultimi anni con l'affermarsi del modello della banca universale, che agisce in tutti gli ambiti dell'intermediazione finanziaria, ha guadagnato sempre più importanza il settore degli investimenti finanziari che le banche offrono a imprese e risparmiatori. Quindi, le banche dedicano sempre più risorse allo sviluppo delle attività di investimento.

Si chiamano **operazioni accessorie** quelle con le quali le banche offrono determinati servizi alla clientela (servizio delle cassette di sicurezza, amministrazione di titoli ecc.).

Oltre che dal codice civile, i contratti bancari sono comunemente disciplinati da *condizioni generali di contratto* (art. 1341), formulate unilateralmente dall'insieme delle banche. Queste condizioni generali sono chiamate "norme bancarie uniformi": esse vengono riportate sui formulari che il cliente sottoscrive al momento della conclusione del contratto.

I contratti bancari

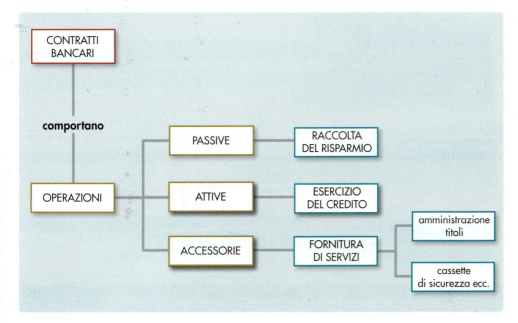

Gli intermediari finanziari

Nel settore finanziario, oltre alle banche, operano diversi altri soggetti per i quali il testo unico delle leggi in materia bancaria e creditizia (d.lgs. 385/1993 da ultimo modificato dal d.lgs. 72/2015) detta una particolare disciplina volta a porre un minimo di ordine in questo campo sovente infestato da finanzieri senza scrupoli, usurai e malavitosi. Il testo unico dispone che l'esercizio nei confronti del pubblico delle attività di concessione di finanziamenti sotto qualsiasi forma non può avvenire liberamente ma è riservato agli intermediari finanziari autorizzati, iscritti in un apposito albo tenuto dalla Banca d'Italia (art. 106 c. 1); nel nuovo testo si specifica che la "Banca d'Italia nega l'autorizzazione quando dalla verifica delle condizioni indicate nel comma 1 *non risulti garantita la sana e prudente gestione*".

Il deposito in denaro

Come abbiamo detto, il deposito rientra tra le principali operazioni passive delle banche per il ruolo che svolge nell'economia agevolando l'intermediazione del credito.

NOZIONE

Il **deposito in denaro** è il contratto con il quale un cliente deposita una somma di denaro presso una banca, che ne acquista la proprietà ed è obbligata a restituirla alla scadenza del termine convenuto oppure a richiesta del depositante (art. 1834).

FORME DI DEPOSITO

Si tratta, come si vede, di un **deposito irregolare** (art. 1782) che svolge una duplice funzione:

- il cliente deposita in banca il denaro principalmente perché sia *custodito*;
- la banca, da parte sua, ricava dai depositi il denaro necessario per l'esercizio del credito, sì che il deposito svolge anche una funzione di *finanziamento* della banca.

Per questa ragione la banca paga al cliente depositante un **interesse** che sarà diverso a seconda che si tratti di:

- un **deposito libero**, in cui il cliente può ritirare in ogni momento, in tutto o in parte, il denaro depositato;
- un **deposito vincolato**, in cui il cliente non può ritirare il denaro prima del termine pattuito per la restituzione.

Il deposito bancario può essere:

- **semplice**, *quando non consente al depositante di effettuare versamenti o prelevamenti parziali prima della scadenza;* ESEMPIO è il caso dei certificati di deposito, che attribuiscono al cliente il diritto di riavere il proprio denaro con gli interessi a una scadenza prestabilita;
- **a risparmio**, *quando, invece, attribuisce al depositante la facoltà di effettuare successivi versamenti o prelevamenti parziali in contanti;*
- **in conto corrente** (ce ne occuperemo più avanti in questa unità).

LIBRETTO DI DEPOSITO

Il deposito a risparmio viene documentato da un **libretto di deposito a risparmio**, *rilasciato dalla banca al cliente, nel quale vengono annotati tutti i prelevamenti e i* *versamenti da questi effettuati*. Le annotazioni sul libretto, firmate dall'impiegato della banca addetto al servizio, fanno piena prova nei rapporti tra banca e depositante (art. 1835).

Il libretto può essere *nominativo, nominativo pagabile al portatore* o *al portatore*: in questi ultimi due casi, la banca che senza dolo o colpa grave adempie la prestazione nei confronti del possessore è liberata, anche se questi non è il depositante (art. 1836).

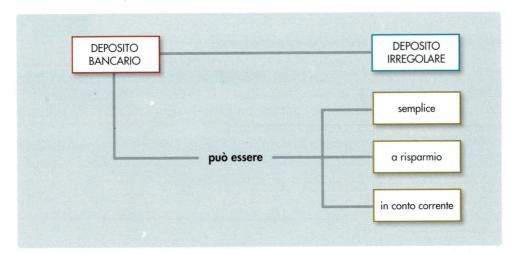

Il deposito bancario

3 L'apertura di credito

Tra le operazioni attive che caratterizzano l'attività bancaria, accanto al mutuo di cui abbiamo già parlato nell'Unità 17, riveste particolare importanza l'apertura di credito.

> **L'apertura di credito** è il contratto col quale la banca si obbliga a tenere a disposizione del cliente una somma di denaro per un dato periodo di tempo o a tempo indeterminato (art. 1842).

NOZIONE

Nell'apertura di credito la banca si limita a tenere a disposizione del cliente una somma di denaro (**non** gliela consegna come avviene, invece, nel mutuo); chi ha ottenuto l'apertura di credito potrà servirsene prelevando soltanto la parte della somma di cui di volta in volta avrà bisogno e solo sulla somma prelevata dovrà pagare gli interessi.

Il cliente non può solo utilizzare in più volte il credito, ma può anche ripristinare la sua disponibilità con successivi versamenti (art. 1843).

Nel gergo bancario la somma messa a disposizione del cliente si chiama **fido**.

L'apertura di credito può essere:

FORME

- **allo scoperto**, *quando non è assistita da garanzie reali o personali prestate a favore della banca*;
- **garantita** *da una fideiussione o da un pegno o un'ipoteca*; in questo secondo caso, la garanzia si estingue soltanto con la fine del rapporto di apertura di credito (art. 1844).

RECESSO   Oltre che per *morte* del cliente o per *scadenza* del termine pattuito, l'apertura di credito si estingue per **recesso** di una delle parti.

Nell'apertura di credito **a tempo indeterminato** ciascuna delle parti può recedere dando un preavviso che, in mancanza di usi o di pattuizioni, è di 15 giorni (art. 1845 ultimo comma). Le norme bancarie uniformi fissano tuttavia in un giorno il termine di preavviso per il recesso della banca.

Nell'apertura di credito a **tempo determinato** la banca non può recedere dal contratto prima della scadenza del termine se non per giusta causa (per esempio, poiché il cliente versa in condizioni economiche precarie).

L'apertura di credito

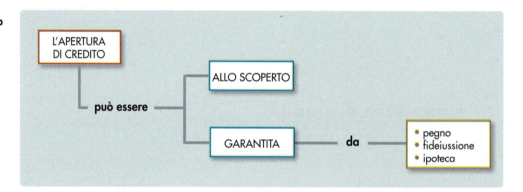

4 L'anticipazione bancaria

NOZIONE   L'**anticipazione bancaria** è un tipo di apertura di credito caratterizzata dal fatto che essa è garantita da titoli o merci che il cliente dà in pegno alla banca (art. 1846).

 In attesa di vendere una partita di merci depositate presso i magazzini generali, il commerciante le dà in pegno alla banca (consegnando a quest'ultima la nota di pegno) per ricevere un anticipo sul prezzo che ricaverà dalla vendita delle merci. Una volta realizzata la vendita, potrà rimborsare l'anticipo alla banca, pagando gli interessi per il prestito e le spese per la custodia delle merci (art. 1848).

SCARTO   La banca concede credito *in proporzione del valore dei titoli o delle merci dati in pegno, nel senso che questo valore deve superare l'ammontare del credito concesso nella misura almeno del dieci per cento.* Questo **scarto** di valore deve permanere per tutta la durata del rapporto. Pertanto, il cliente può ritirare parte dei titoli o delle merci dati in pegno in proporzione delle somme rimborsate alla banca, purché il credito residuo risulti sufficientemente garantito (art. 1849).

Per converso, la banca può chiedere al cliente un **supplemento di garanzia** se il valore delle cose date in pegno diminuisce di oltre un decimo rispetto a quello iniziale (art. 1850).

Il pegno sui titoli o sulle merci può essere:

PEGNO

- **regolare**, *se le merci o i titoli sono stati individuati* (art. 1846);
- **irregolare**, *se le merci o i titoli non sono stati individuati oppure, pur essendo stati individuati, è stata data per iscritto alla banca la facoltà di disporne* (art. 1851).

Nel primo caso (che è l'unico diffuso nella pratica) la banca *deve conservare le stesse cose che il cliente ha dato in pegno e riconsegnarle*, quando sarà stata rimborsata. REGOLARE

Nel secondo caso la banca diventa, invece, **proprietaria** delle cose date in pegno e può disporne come crede: *alla scadenza è tenuta a restituire soltanto quella quantità di merci o titoli (dello stesso genere di quelli ricevuti) che eccede l'ammontare del credito garantito* (art. 1851). IRREGOLARE

LAVORO SUL CASO

Susanna lavora da anni in un ristorante situato in provincia di Campobasso. Alla morte dei genitori decide di mettersi in proprio e aprire una trattoria investendo nella ristrutturazione dell'immobile che questi le hanno lasciato. Dell'eredità fanno parte anche 450.000 euro investiti in titoli. Al fine di realizzare il suo progetto decide di licenziarsi e, volendo cominciare i lavori, si rivolge alla banca per chiedere i finanziamenti.

- Dato che Susanna possiede dei titoli, quale contratto potrebbe stipulare con la banca?
- Quale somma potrebbe ricevere?
- Quali eventi potrebbero richiedere una revisione del contratto bancario stipulato?

---

5 **Lo sconto bancario**

NOZIONE

Lo **sconto bancario** è il contratto con il quale la banca, previa deduzione dell'interesse, anticipa al cliente l'importo di un credito verso terzi non ancora scaduto, contro la cessione, salvo buon fine, del credito stesso (art. 1858).

Si tratta di un'altra importante **operazione attiva** della banca, *che agevola la vendita di merci a credito, vale a dire la vendita con pagamento dilazionato a 30, 60, 90 e 180 giorni dalla consegna.*

ESEMPIO L'imprenditore che vende le proprie merci a credito può cedere alla banca il proprio credito verso il compratore e ottenere così immediatamente denaro liquido; dal canto suo, la banca anticipa al cliente l'ammontare del credito, *scontando* (cioè, deducendo) l'interesse calcolato a un determinato tasso (*tasso di sconto*) dal giorno dello sconto fino alla scadenza del credito. L'interesse così dedotto rappresenta quindi l'utile che la banca ricava dall'operazione.

SALVO BUON FINE

La cessione del credito alla banca avviene **salvo buon fine** (o, come si usa dire, *pro solvendo*): il che significa che, se la banca non viene pagata alla scadenza dal debitore ceduto, potrà chiedere al cliente la restituzione della somma anticipata.

6 Il conto corrente bancario

NOZIONE

Il conto corrente è il contratto principe con il quale la banca si rivolge alla cliente-la, anche se è un contratto atipico (perché non previsto dalla legge) elaborato dalla prassi bancaria e regolato dalle norme bancarie uniformi.

> Il **conto corrente bancario** (o **conto corrente di corrispondenza**) è il contratto con il quale la banca si impegna a eseguire, con le somme di pertinenza del cliente, i pagamenti e gli incassi che le verranno ordinati dal cliente stesso, annotando pagamenti e incassi su un conto a lui intestato.

CONVENZIONE DI ASSEGNO

Con questo contratto, dunque, la banca:

- da un lato si impegna, nei limiti della disponibilità del conto, *a pagare gli asse-gni emessi su di lei dal cliente* (**convenzione di assegno**) *e a eseguire ogni altro suo ordine di pagamento a terzi*; ESEMPIO il titolare del conto corrente può ordinare alla banca di effettuare bonifici o giroconti oppure di provvedere a pagare le bollette del telefono, della luce, del gas;
- dall'altro, si impegna anche a eseguire gli incarichi di riscossione dei crediti che le vengono di volta in volta conferiti dal cliente e a ricevere tutti i versamenti effettua-ti a favore dello stesso cliente; per esempio la riscossione di assegni o di cambiali.

La banca, ovviamente, assume questi incarichi solo se il cliente ha presso di lei una disponibilità in denaro: questa disponibilità può essere fornita da un deposito ban-cario o da un'apertura di credito (o da qualsiasi altra forma di sovvenzione conces-sa dalla banca, quale l'importo di un mutuo o di un'anticipazione bancaria o di uno sconto) che confluiscono così nel più ampio contratto di conto corrente bancario. Rispetto al deposito o all'apertura di credito, il conto corrente bancario presenta questi elementi in più:

MANDATO...

a) anzitutto la banca assume l'incarico di svolgere un *servizio di cassa* per conto del cliente; questo incarico ha la natura di un *mandato* senza rappresentanza a compiere pagamenti e riscossioni per conto del correntista: perciò, per l'esecu-zione degli incarichi assunti la banca risponde secondo le regole del mandato (art. 1856);

... IN CONTO CORRENTE

b) il deposito o l'apertura di credito sono regolati *in conto corrente*: questo significa che tutti gli incassi e i versamenti sono accreditati sul conto del cliente e tutti i pagamenti e i prelievi sono addebitati sullo stesso conto; il cliente può disporre in ogni momento delle somme risultanti a suo credito (art. 1852) nelle forme previste dal contratto di conto corrente (prelevamenti, emissione di assegni, bonifici, giroconti ecc.); egli, inoltre, può sempre reintegrare le sue disponibilità tramite successivi versamenti.

7 Il deposito di titoli in amministrazione

NOZIONE

Il **deposito di titoli in amministrazione** è il contratto con il quale la banca si obbliga a custodire e ad amministrare i titoli consegnati dal cliente.

Si tratta di un **servizio accessorio** che la banca offre ai propri clienti, dietro un determinato compenso.

I titoli dati in custodia (azioni od obbligazioni) rimangono di proprietà del cliente (si tratta dunque di un **deposito regolare**).

La banca *adempie al mandato di amministrarli* esigendo gli interessi e i dividendi dei titoli stessi, verificando i sorteggi per l'attribuzione dei premi o per il rimborso del capitale, curando le riscossioni per conto del depositante e in genere provvedendo alla tutela dei diritti inerenti ai titoli. Le somme riscosse devono essere accreditate al depositante (art. 1838 c. 1).

 ## 8 Il servizio delle cassette di sicurezza

Anche il servizio delle cassette di sicurezza rientra tra le operazioni accessorie che la banca offre, dietro compenso, ai propri clienti.

NOZIONE

Il **servizio delle cassette di sicurezza** è il contratto in base al quale la banca mette a disposizione del cliente una cassetta, situata in appositi locali generalmente blindati, nella quale il cliente può riporre gli oggetti che vuole.

La cassetta è dotata di due serrature con due chiavi: una chiave viene consegnata al cliente, l'altra è trattenuta dalla banca; pertanto, la cassetta può essere aperta soltanto con il concorso dell'impiegato della banca e del cliente. La banca tuttavia ignora ciò che il cliente deposita nella cassetta (per esempio, titoli, gioielli, documenti ecc.).

La banca **risponde** verso il cliente per l'idoneità o la custodia dei locali e per l'integrità della cassetta, salvo il caso fortuito (art. 1839): perciò risponde dei furti o dei danneggiamenti subiti dalle cose depositate nella cassetta, salvo che provi che essi sono dovuti a fatti non prevedibili né evitabili.

LAVORO SUL CASO

Silvia deposita gioielli e argenteria per un valore di circa 20.000 euro in una cassetta di sicurezza presso la banca di cui è correntista. La banca garantisce di essere dotata dei più moderni sistemi di sicurezza. Dopo una settimana si verifica un'effrazione e il contenuto delle cassette di sicurezza viene trafugato. Dalle indagini della polizia emergono gravi carenze nel sistema di sicurezza: non è stato predisposto un servizio di vigilanza con guardie giurate; non esistono telecamere di sorveglianza; l'allarme, collegato alla questura, non era in funzione. La giovane decide di chiedere alla banca il risarcimento del danno equivalente al valore depositato nella cassetta di sicurezza.

La banca ribatte che non intende rimborsare alcunché, in quanto il fatto è da considerarsi caso fortuito.

• **Chi ha ragione?**

LE BANCHE

- Sono *imprese commerciali* che svolgono le attività della *raccolta del risparmio* e dell'*esercizio del credito*
- Sono sottoposte alla vigilanza della Banca centrale europea e della Banca d'Italia
- Esercitano la loro attività concludendo contratti che possono configurarsi per la banca come:

  OPERAZIONI PASSIVE

  OPERAZIONI ATTIVE

  OPERAZIONI ACCESSORIE

IL DEPOSITO IN DENARO

- È il contratto con il quale il cliente deposita una somma di denaro presso una banca che:
  - ne acquista la proprietà
  - è obbligata a restituirla alla scadenza del termine convenuto oppure a richiesta del depositante
- Può trattarsi di un deposito:

  SEMPLICE

  A RISPARMIO

  IN CONTO CORRENTE

- Il deposito a risparmio viene documentato da un libretto di deposito a risparmio

L'APERTURA DI CREDITO

- È il contratto con il quale la banca si obbliga a tenere a disposizione del cliente una somma di denaro:
  - per un dato periodo di tempo
  - a tempo indeterminato
- Viene normalmente regolata in conto corrente
- Può essere:

  ALLO SCOPERTO

  GARANTITA

L'ANTICIPAZIONE BANCARIA	• È un'apertura di credito garantita dal pegno di titoli o di merci; • il pegno può essere:

REGOLARE

IRREGOLARE

LO SCONTO BANCARIO	• È il contratto con il quale la banca, previa deduzione dell'interesse, anticipa al cliente l'importo di un credito non ancora scaduto, contro la cessione, salvo buon fine, del credito stesso

IL CONTO CORRENTE BANCARIO	• È il contratto atipico con il quale la banca s'impegna a ricevere gli incassi e a eseguire, con le somme di pertinenza del cliente, i pagamenti che le verranno ordinati dal cliente stesso

IL DEPOSITO DI TITOLI IN AMMINISTRAZIONE	• È il contratto con il quale la banca si obbliga a custodire e ad amministrare i titoli consegnati dal cliente

IL SERVIZIO DELLE CASSETTE DI SICUREZZA	• È il contratto in base al quale la banca mette a disposizione del cliente una cassetta, situata in appositi locali generalmente blindati, nella quale il cliente può riporre gli oggetti che vuole

Verifica delle conoscenze

VERO O FALSO

Indica se le seguenti affermazioni sono vere o false.

1 Le banche svolgono esclusivamente l'attività di esercizio del credito V F

2 I contratti bancari sono disciplinati anche dalle norme bancarie uniformi V F

3 Il deposito bancario è una forma di deposito irregolare V F

4 Il libretto di risparmio può essere nominativo o al portatore V F

5 L'apertura di credito è un'operazione attiva analoga al mutuo V F

6 L'anticipazione è garantita da merci o titoli dati in pegno V F

7 "Salvo buon fine" e "pro solvendo" hanno lo stesso significato V F

8 Il titolare del conto corrente ha la convenzione di assegno V F

9 La banca non può esigere gli interessi e i dividendi dei titoli amministrati V F

10 Il titolare di una cassetta di sicurezza deve consegnare alla banca un elenco delle cose depositate V F

CORRISPONDENZE

Metti in relazione gli elementi del primo gruppo con quelli del secondo.

1 La banca anticipa al cliente l'importo di un credito non ancora scaduto previa la deduzione degli interessi

2 La banca si obbliga a tenere a disposizione del cliente una somma di denaro

3 È garantita da titoli o merci dati in pegno dal cliente

4 La banca svolge un servizio di cassa per il cliente

5 È una forma di deposito irregolare

a anticipazione bancaria

b deposito di titoli in amministrazione
c conto corrente di corrispondenza
d sconto bancario
e apertura di credito

1	2	3	4	5

COMPLETAMENTO

Inserisci i termini mancanti (attenzione ai distrattori!).

1 L'apertura di credito è .... quando non è assistita da .... reali o personali; è .... quando esiste una fideiussione, un pegno o un'ipoteca.

garantita; allo scoperto; crediti; garanzie

2 Nell'anticipazione il pegno sui titoli o sulle merci può essere: ...., *se le merci o i titoli sono stati individuati,* ...., *se essi non sono stati individuati oppure se è stata data per iscritto alla banca la facoltà di* ....

bancaria; regolare; irregolare; conservarli; disporne

Verifica delle abilità

Completa lo schema.

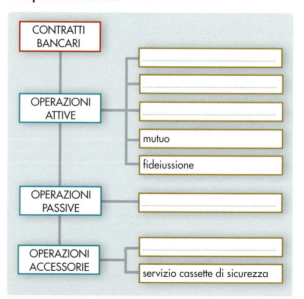

DI CHE COSA STIAMO PARLANDO?
Rispondi dopo aver letto gli indizi.

1 Il cliente non può ritirare il denaro depositato fino al termine pattuito ....

2 Contiene le annotazioni dei versamenti e prelevamenti effettuati ....

3 Lo sono le operazioni dirette a esercitare il credito ....

4 Lo sono le operazioni di raccolta del risparmio ......

5 Lo sono le operazioni con le quali le banche offrono vari servizi alla clientela ....

CACCIA ALL'ERRORE
Individua e correggi le parole errate.

1 Il libretto al portatore permette solo al titolare di ottenere le prestazioni della banca ....

2 L'anticipazione bancaria è una forma di conto corrente ....

3 La banca non si può rivalere nei confronti del cliente che cede un credito salvo buon fine ....

4 Per la banca il deposito di titoli in amministrazione è un'operazione passiva ....

5 I contratti bancari sono disciplinati da condizioni specifiche ....

QUESITI A RISPOSTA SINGOLA
Rispondi utilizzando non più di 4 righe.

1 Quali attività svolge una *banca*?

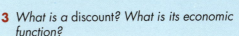

2 *What are the purposes of state regulation over banking activity?*

3 *What is a discount? What is its economic function?*

4 Che cosa si intende per *operazioni attive, passive* e *accessorie* della banca?

5 Che cos'è il *conto corrente di corrispondenza*?

Trattazione sintetica di argomenti

1 *Identify the contracts through which a bank collects savings from the public and those through which it manages credit.*

2 Spiega perché le banche sono sottoposte alla *vigilanza* della Banca d'Italia.

Unità 20
I fatti illeciti
e le altre fonti dell'obbligazione

Unit *by* Unit

In Unit 20 you will study the concept of tort, which is a source of a legal obligation. According to Article 2043 of the Italian Civil Code, any act or tort which causes unjust damage to others requires the person who committed it to pay damages. In order to be liable for compensation, the person responsible for the injurious conduct must have been aware of it; that event occurred due to negligence or was intentional, or that there was vicarious liability; and that there was a causal link between the conduct and the injury. If the rights of a homogeneous group of consumers or users are infringed, a class action may be filed.

The categories of recoverable damages, as indicated by the law, are both pecuniary damage, e.g. damages that are detrimental to the economic interests of the injured party, and non-pecuniary damages, i.e. damages that are detrimental to interests inherent in the human personality without direct economic relevance.

 ## Le fonti dell'obbligazione diverse dal contratto

Come abbiamo visto all'inizio dell'Unità 9, le principali **fonti dell'obbligazione** – oltre al contratto, che abbiamo già studiato – sono le seguenti:

- i *fatti illeciti;*
- le *promesse unilaterali;*
- i *titoli di credito;*
- la *gestione di affari altrui;*
- la *ripetizione dell'indebito;*
- l'*arricchimento senza causa.*

 ## I fatti illeciti

Nella realtà quotidiana dei rapporti sociali capita di frequente che il comportamento di una persona provochi a un'altra un danno. Quando ciò si verifica, bisogna porsi il problema se la persona danneggiata abbia il *diritto di essere compensata* (**risarcita**) del danno subito; e, correlativamente, se a carico della persona danneggiante sorga l'*obbligo di risarcire il danno* prodotto.

Il risarcimento del danno svolge due **funzioni fondamentali:**

FUNZIONI DEL RISARCIMENTO DEL DANNO

- **risarcitoria**: *compensare il danneggiato della diminuzione patrimoniale e delle eventuali sofferenze subite a causa del fatto dannoso;*

- **sanzionatoria**: *"punire" con una diminuzione patrimoniale* (cioè con il risarcimento) **la persona che ha causato il danno**; lo scopo ultimo è di **carattere preventivo**, cioè *indurre tutti, con la minaccia dell'obbligo di risarcimento, a comportarsi con la massima cura allo scopo di evitare di causare danni agli altri.*

Funzioni del risarcimento

L'art. 2043 indica le linee fondamentali della disciplina del danno e del risarcimento: *"qualunque fatto doloso o colposo, che cagiona ad altri un danno ingiusto, obbliga colui che ha commesso il fatto a risarcire il danno".*

La responsabilità per fatto illecito prende, abitualmente, il nome di **responsabilità extracontrattuale** o **responsabilità civile**.

L'ingiustizia del danno Dopo aver letto l'art. 2043, siamo in grado di fare una prima osservazione: solo alcuni atti produttivi di un danno sono illeciti, vietati, e precisamente quelli che causano un **danno ingiusto**. A questo punto la questione centrale è: *quali danni sono ingiusti?*
La risposta a questa domanda ci viene data – seppure in modo molto elastico e mutevole – dalla giurisprudenza. Sono **ingiusti** principalmente (ma non solo) i danni che ledono:

- i *diritti spettanti alla persona*, come il diritto alla vita, all'integrità fisica e psichica, all'onore e alla reputazione, al nome, all'identità personale, alla riservatezza della vita privata, all'immagine;
- i *diritti reali*, come la proprietà e gli altri diritti reali minori;
- gli altri *interessi protetti dal diritto*, come quello a che la pubblica amministrazione si comporti correttamente nei confronti del cittadino, secondo le indicazioni date dalla giurisprudenza in applicazione del principio generale dell'art. 2043.

APPROFONDIMENTO

Illeciti civili e illeciti penali

Gli atti che producono un danno ingiusto sono **illeciti civili**: *chi li compie è obbligato a risarcire il danno che provocano.*

Gli stessi atti, a volte, possono essere *contemporaneamente*, oltre che illeciti civili, e quindi fonte dell'obbligo di risarcire il danno, *anche illeciti penali*, cioè **reati**: *ciò accade quando (e solo quando) una norma penale li vieta in modo specifico ed esplicito, indicando che chi li compie deve essere punito* con una pena pecuniaria (multa, ammenda) o con la privazione della libertà personale (reclusione, arresto).

Gli illeciti penali, a differenza di quelli civili, sono **tipici**, *cioè tutti espressamente previsti dalla legge*: uno dei principi basilari dello Stato di diritto consiste, appunto, nel fatto *che nessuna persona può essere condannata a una pena, se non in base a una norma di legge che punisce il comportamento che essa ha tenuto come reato* (art. 25 c. 2 Cost.).

Le cause di giustificazione Può accadere che si verifichino circostanze particolari, dette **cause di giustificazione**, *tali da far sì che un danno, normalmente considerato ingiusto, perda questa qualifica, non debba cioè più essere considerato tale: allora, per conseguenza, non sorge l'obbligo di risarcirlo.*
Sono **cause di giustificazione**:

CONSENSO DELL'AVENTE DIRITTO
a) il *consenso dell'avente diritto*: chi lede un diritto altrui *con il consenso della persona, che ne è titolare e che può validamente disporne*, non è responsabile dei danni che provoca;

LEGITTIMA DIFESA
b) la *legittima difesa*: chi provoca un danno, *costretto dalla necessità di difendere un diritto proprio o altrui che era ingiustamente minacciato a opera di una persona, non è responsabile del danno che arreca, purché la difesa sia proporzionata all'offesa* (art. 2044);

STATO DI NECESSITÀ
c) lo *stato di necessità*: chi provoca un danno, *costretto dalla necessità di salvare sé o altri dal pericolo di un danno grave alla persona*, non è responsabile del danno che arreca, purché il pericolo non sia stato causato da lui, e non fosse evitabile altrimenti; il danneggiante in stato di necessità, tuttavia, deve pagare un'equa *indennità* stabilita dal giudice (art. 2045).

L'imputabilità, la colpa e il dolo, il nesso di causalità Affinché da un evento dannoso ingiusto sorga a carico del danneggiante l'obbligo di risarcire il danno, sono necessari anche altri elementi: *la loro esistenza deve essere provata, di regola, dal danneggiato che pretende il risarcimento.* Occorre che:

IMPUTABILITÀ
• il comportamento sia **imputabile**, *cioè sia stato tenuto da una persona che in quel momento era capace di intendere e di volere* (art. 2046);

COLPA E DOLO
• il comportamento sia stato tenuto **con colpa** o **con dolo** (art. 2043); vi sono però molti casi, indicati espressamente dalla legge, nei quali chi provoca un danno è tenuto a risarcirlo *anche se non è in colpa né in dolo*: sono i casi di **responsabilità oggettiva**;

NESSO DI CAUSALITÀ
• esista un nesso di **causalità** tra il comportamento e il danno: *il danno dev'essere prodotto da un comportamento* e dev'esserne *conseguenza immediata e diretta*.

La responsabilità oggettiva Come abbiamo accennato, vi sono molti casi, indicati dalla legge, nei quali chi produce un danno ingiusto è obbligato a risarcirlo *anche se il suo comportamento non era colposo né doloso*: sono i casi di responsa-

---

APPROFONDIMENTO

La colpa e il dolo

Colpa significa *negligenza, imprudenza, imperizia nell'agire*: è in colpa chi vuole consapevolmente tenere un comportamento, *ma non vuole che ne derivino conseguenze dannose*: queste si producono per effetto della sua azione, ma contro la sua volontà.
Dolo significa *volontà di nuocere*: è in dolo chi vuole consapevolmente *anche le conseguenze dannose che derivano dal suo comportamento*.

Per esempio, se guido in città a una velocità tale per cui non riesco a fermare la mia auto ed evitare di investire il pedone che attraversa la strada sulle strisce, sono in *colpa*: volevo andare a una velocità eccessiva, ma non volevo che ne derivassero conseguenze dannose. Se, invece, il mio scopo nel guidare a forte velocità era riuscire a investire quel pedone, allora sono in *dolo*.

bilità oggettiva, che tendono oggi a crescere per numero e per importanza pratica. I principali sono i seguenti.

CASI DI RESPONSABILITÀ OGGETTIVA

a) *Responsabilità del datore di lavoro per i danni causati dal dipendente*: il datore di lavoro è sempre *oggettivamente* responsabile per tutti i danni *causati a terzi* dai suoi dipendenti (lavoratori subordinati) nell'*esecuzione delle mansioni cui sono adibiti* (art. 2049).

b) *Responsabilità per il danno prodotto da cose o da animali*: chi *utilizza nel proprio interesse* una *cosa* o un *animale* è *oggettivamente* responsabile per tutti i danni che essi possono causare a terzi nel periodo di tempo in cui li ha in uso (artt. 2050 e 2051); la responsabilità è esclusa se la persona che li utilizza nel proprio interesse dimostra che il fatto si è verificato per un *caso fortuito*, cioè un evento raro, oggettivamente imprevedibile e incontrollabile.

c) *Responsabilità per il danno prodotto nell'esercizio di un'attività pericolosa*: chi svolge un'attività che sia *pericolosa* per il tipo di materia prima impiegata o di macchinari utilizzati è *oggettivamente* responsabile per tutti i danni causati a terzi in conseguenza di tale attività, salvo *dimostri di aver preso tutte le misure di sicurezza idonee a evitare il danno* (art. 2050).

d) *Responsabilità per la circolazione di veicoli* (senza guida di rotaie): il *proprietario* e il *conducente* di un veicolo sono *oggettivamente* responsabili per danni prodotti dal veicolo, salvo diano la prova che non derivano da *vizi di costruzione* o da *difetti di manutenzione*, ma derivano invece da un *caso fortuito* (art. 2054 c. 4).

e) *Responsabilità per rovina di edificio*: il proprietario di un edificio è oggettivamente responsabile per i danni causati dalla sua *rovina*, salvo dimostri che si tratta di danni non derivanti da *vizi di costruzione* o da *difetti di manutenzione*, ma derivanti invece da *un caso fortuito* (art. 2053).

f) *Responsabilità del fabbricante per danno da prodotti difettosi*: i fabbricanti sono oggettivamente responsabili per i danni causati ai *consumatori* dai *difetti di fabbricazione* o di *progettazione* dei loro prodotti (artt. 3 c. 1 lett. *d*, 102 c. 1 lett. d, 115 e segg. cod. cons.), salvo dimostrino l'esistenza di una delle circostanze espressamente indicate dalla legge.

LAVORO SUL CASO

Mentre cammina sul marciapiede, Lara viene ferita dai calcinacci che si sono staccati da uno dei davanzali della casa di proprietà di Monica. Il davanzale, come tutti gli altri della villetta, era appena stato rifatto, su incarico di Monica, dall'impresa Edil 99.

- Lara può ottenere il risarcimento da Monica?
- Potrebbe anche ottenere il risarcimento dall'impresa Edil 99? In base a quali regole?
- L'onere della prova che grava su Lara, se chiede il risarcimento a Monica, è uguale o diverso da quello che graverebbe su di lei se chiedesse invece il risarcimento all'impresa Edil 99?
- Quali diritti ha Monica nei confronti dell'impresa? A quale titolo?

Il concorso di responsabilità

OBBLIGAZIONE SOLIDALE DEI CORRESPONSABILI

A volte l'evento dannoso può essere causato:

- da un **unico** comportamento imputabile a più persone;
- dalla somma di diversi comportamenti, ciascuno imputabile a una persona diversa.

In entrambi i casi tutti coloro i quali hanno concorso a causare l'evento dannoso sono **coobbligati solidalmente** tra loro a risarcire il danno (art. 2055).

ESEMPIO Se Fabio, minorenne, per dispetto nei confronti della professoressa di chimica danneggia le attrezzature del laboratorio, concorrono tra loro, e sono coobbligati solidalmente al risarcimento, il minorenne capace d'intendere e di volere che ha commesso il fatto e i suoi genitori.

Se Carla presta l'auto alla sua amica Cristina e questa, parcheggiando, danneggia un altro veicolo in sosta, Cristina è obbligata a risarcire il danno in solido con Carla, proprietaria del veicolo.

RIPARTIZIONE

Questa è una regola posta a favore del danneggiato, che può così ottenere l'intero risarcimento rivolgendosi a uno qualsiasi dei danneggianti corresponsabili. L'ammontare complessivo del danno deve essere **ripartito** *fra i danneggianti in modo corrispondente alla gravità della colpa e all'entità dei rischi creati da ciascuno di essi.*

REGRESSO

Il danneggiante che ha pagato l'intero risarcimento ha **diritto di regresso** contro ciascuno degli altri corresponsabili: può cioè ottenere che ciascuno di questi gli versi la somma che, secondo la ripartizione suddetta, corrisponde alla propria quota di responsabilità.

CONCORSO DI RESPONSABILITÀ DEL DANNEGGIATO

A volte l'evento dannoso viene causato dalla **somma** di due comportamenti, uno imputabile al danneggiante e l'altro al danneggiato stesso: *in questi casi vi è un concorso di responsabilità del danneggiato* (detto anche **concorso di colpa**) *e il risarcimento dovuto è diminuito della somma corrispondente alla quota di responsabilità nell'evento dannoso che va attribuita al danneggiato stesso,* determinata in base alla gravità della sua colpa e all'entità delle conseguenze derivate (art. 1227 c. 1, richiamato dall'art. 2056). La regola sul concorso di responsabilità del danneggiato ha frequentissima applicazione in materia di incidenti stradali.

DANNI EVITABILI

Può accadere che, una volta subito il danno, il danneggiato lo lasci diventare più grave per il proprio **comportamento negligente**. In questo caso *il danneggiante non è responsabile degli ulteriori danni che il danneggiato avrebbe potuto evitare comportandosi con diligenza* (art. 1227 c. 2).

ESEMPIO Giuseppe è proprietario di una mansarda e il vicino dell'appartamento sottostante, nel far installare un'antenna parabolica, danneggia il rivestimento del tetto in corrispondenza della proprietà di Giuseppe, che però non si attiva per farlo riparare; la pioggia dei mesi successivi provoca danni ulteriori all'interno dell'immobile: tuttavia, il vicino *non è responsabile* di questi danni ulteriori perché Giuseppe avrebbe potuto evitarli comportandosi con diligenza.

3 L'azione di classe

Il sistema della responsabilità civile è costruito per permettere alla *singola persona danneggiata di ottenere il risarcimento del danno*. Quando però questo è di entità modesta, il singolo danneggiato non ha di solito la convenienza ad agire in giudizio, sicché la condotta del danneggiante resta nei fatti priva di sanzione.

Oggi sono ormai frequenti i casi in cui un danno, che singolarmente è di modesta entità, viene prodotto a un *numero molto elevato di consumatori o di utenti*, in conseguenza della *condotta* tenuta da imprese o enti, i quali:

DANNO PRODOTTO A UN NUMERO ELEVATO DI PERSONE

- inseriscono, nei contratti per adesione proposti alla massa dei clienti, clausole *vessatorie* che fruttano loro guadagni maggiori (ma illeciti);
- adottano pratiche concorrenziali scorrette;
- immettono sul mercato prodotti difettosi;
- erogano in modo gravemente inadeguato i servizi cui sono tenuti.

Allo scopo di offrire ai consumatori una protezione efficace e soprattutto di scoraggiare simili comportamenti, è stato recentemente introdotto in Italia – rifacendosi in parte all'esempio della *class action* nordamericana – un nuovo strumento.

L'AZIONE DI CLASSE

> È chiamata **azione di classe** o **azione collettiva risarcitoria** (art. 140 bis cod. cons.) l'azione che può essere esercitata dalle associazioni di consumatori o di utenti, oppure da comitati appositamente costituiti, quando siano lesi diritti omogenei spettanti a una pluralità di consumatori o di utenti.

Qualsiasi consumatore o utente ha la facoltà di intervenire successivamente nel processo. L'obiettivo è ottenere una **sentenza**, *che accerti il diritto al risarcimento del danno o alla restituzione delle somme eventualmente pagate in conseguenza dei comportamenti scorretti dell'impresa o dell'ente*.

Il processo è diviso in due fasi:

FASI DEL PROCESSO

- nella prima si giudica sull'**ammissibilità** dell'azione, *cioè se questa presenta tutte le caratteristiche richieste dalla legge*, in particolare *l'evidente omogeneità dei diritti spettanti ai consumatori o agli utenti*;
- nella seconda – che si svolge se l'azione è ammessa e alla quale dev'essere data pubblicità, per consentire a tutti gli interessati di aderirvi – si entra nel merito del **comportamento** dell'impresa o dell'ente; se la domanda è accolta, il giudice determina le somme di denaro dovute a chi ha aderito all'azione.

4 Il risarcimento del danno

Vi sono diverse categorie di danni ingiusti che devono essere risarciti e l'onere di provarne l'ammontare grava sul danneggiato.

Le categorie di danni ingiusti indicati dal codice come risarcibili sono due:

DANNI PATRIMONIALI E DANNI NON PATRIMONIALI

- i **danni patrimoniali**, cioè quelli *lesivi di interessi che hanno rilevanza economica*; possono avere per oggetto:
  - i *beni* di un soggetto;
  - la *capacità della persona di produrre reddito*;

- i **danni non patrimoniali**, cioè i danni – come li definisce la più recente giurisprudenza della cassazione – *determinati dalla lesione di interessi inerenti alla personalità umana che non hanno una diretta rilevanza economica.*

Qualora il danneggiante produca tanto un danno patrimoniale quanto un danno non patrimoniale, sarà obbligato a risarcirli entrambi.

Categorie di danni risarcibili

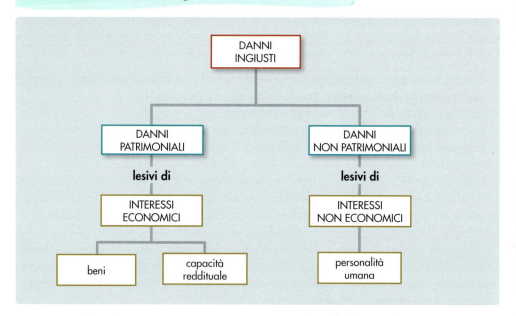

RISARCIMENTO DEL DANNO PATRIMONIALE

I danni patrimoniali Quando abbiamo affrontato l'inadempimento delle obbligazioni, abbiamo studiato le regole dettate dal codice per il **risarcimento del danno patrimoniale**. Esse sono in gran parte identiche sia per la responsabilità contrattuale, sia per la responsabilità extracontrattuale: l'art. 2056 c. 1 richiama infatti espressamente gli artt. 1223, 1226 e 1227, dettati a proposito del danno derivante dall'inadempimento di un'obbligazione.

RISARCIMENTO IN FORMA SPECIFICA

Il danno patrimoniale deve essere risarcito **in forma specifica** oppure **per equivalente in denaro**.
Se è possibile e se non è eccessivamente gravoso per l'obbligato (eventualità non molto frequenti), il danneggiante *deve risarcire il danno in forma specifica.*

> Il **risarcimento in forma specifica** consiste nel *ripristinare* esattamente la situazione patrimoniale del danneggiato prima dell'evento dannoso (art. 2058).

ESEMPIO Se, giocando a pallone in giardino, rompo un vetro della finestra del mio vicino, risarcisco in forma specifica se lo sostituisco, a mie spese, con un altro identico, cioè dello stesso tipo e qualità.

RISARCIMENTO PER EQUIVALENTE IN DENARO

Nella grande maggioranza dei casi il danno viene però risarcito **per equivalente in denaro**. La somma, riconosciuta al danneggiato, è calcolata tenendo conto:

- sia del **danno emergente**, cioè della *diminuzione del suo patrimonio*;
- sia del **lucro cessante**, cioè del *mancato aumento ragionevolmente certo del suo patrimonio* (art. 1223).

Deve anche essere risarcito il **danno futuro**, cioè il danno non ancora verificatosi, ma che è ragionevolmente certo che si verificherà, anche se al momento del compimento dell'atto illecito non era prevedibile.

ESEMPIO Se le infiltrazioni di acqua provenienti dal piano superiore danneggiano i locali di una pizzeria, il danneggiato, proprietario dell'immobile, e titolare dell'esercizio, ha diritto di ottenere il risarcimento dei seguenti danni: le spese sostenute per il ripristino dei locali, quali tinteggiatura ecc. (*danno emergente*); il mancato guadagno dovuto alla sospensione temporanea dell'attività commerciale e al possibile sviamento della clientela verso altri ristoratori concorrenti (*lucro cessante*).

Il **danno patrimoniale alla persona** si verifica quando in seguito all'evento dannoso il danneggiato subisce una diminuzione temporanea o permanente della sua capacità di lavorare e quindi di produrre reddito.

DANNO PATRIMONIALE ALLA PERSONA

Viene calcolato in base al reddito da lavoro, se si tratta di lavoro dipendente, o al reddito dichiarato ai fini dell'imposta Irpef, se si tratta di lavoro autonomo (art. 137 cod. ass.).

LAVORO SUL CASO

Antonio, medico libero professionista, guadagna normalmente circa 5.000 euro al mese e ha una moglie e due figli minori, interamente mantenuti da lui. Mentre attraversa la strada sulle strisce pedonali, viene investito da un'automobile: subisce così lesioni fisiche, che richiedono, per la guarigione, 2 mesi di ospedale e 1 mese di convalescenza. Il comportamento dell'investitore costituisce un reato, dal momento che il codice penale punisce le lesioni fisiche causate con colpa. Il periodo di tempo in cui l'investito non può lavorare, e quindi non può produrre reddito e non può erogare il mantenimento ai familiari, è di 3 mesi.

- **Com'è determinato il danno che dev'essere risarcito ad Antonio?**
- **Ha diritto alla riparazione del danno morale?**
- **I familiari possono ottenere direttamente il proprio mantenimento dall'investitore?**
- **Come sarebbe stato risarcito il danno, se Antonio fosse morto in conseguenza dell'incidente?**

I danni non patrimoniali

I **danni non patrimoniali** consistono nella lesione di interessi strettamente attinenti alla persona.
Non possono essere oggetto di scambio né di valutazione economica e non hanno quindi una precisa corrispondenza con il denaro.

RIPARAZIONE EQUITATIVA DEL DANNO NON PATRIMONIALE

LAVORO SUL CASO

Grace è una cittadina filippina che da anni risiede e lavora in Italia; sente molto la mancanza della sua famiglia e si tiene in contatto facendo regolarmente delle lunghe videochiamate via Skype. Per un errore del gestore la connessione Internet veloce del suo appartamento viene interrotta e, prima di riuscire a farla ripristinare, Grace è costretta stare molte settimane senza poter comunicare con i figli e il marito. Questo stato di cose, sommandosi allo stress del lavoro e alla fatica di vivere in un paese straniero, finisce per causarle un grave esaurimento nervoso. Su consiglio di un amico Grace decide di rivolgersi al giudice per denunciare il disservizio creato dal gestore telefonico e chiedere un risarcimento del danno morale di tipo esistenziale. Il suo avvocato dichiara che è stato violato il diritto della persona a coltivare le proprie relazioni sociali e familiari e ciò ha causato la depressione che la signora sta curando tuttora.

- **Ha ragione l'avvocato?**

I danni non patrimoniali sono risarcibili "solo nei casi determinati dalla legge" (art. 2059). Quali sono oggi questi casi? La materia è in fase di tumultuosa evoluzione. Non vi è alcun dubbio che vi rientrano tutti i casi nei quali la legge indica espressamente la risarcibilità. Il principale è quello in cui il comportamento produttivo del danno ingiusto *costituisce anche reato*: in base all'art. 185 del codice penale, infatti, "ogni reato, che abbia cagionato un danno patrimoniale *o non patrimoniale*, obbliga al risarcimento".

Un altro caso è quello della violazione delle regole sulla *tutela dei dati personali*: l'art. 15 c. 2 cod. dati pers. stabilisce la risarcibilità del "danno non patrimoniale" per il caso di violazione delle regole sul trattamento dei dati contenute nell'art. 11 cod. dati pers.

Negli ultimi anni, soprattutto grazie ad alcune sentenze di importanza fondamentale della corte di cassazione, fra le quali ricordiamo la n. 26972 del 2008, la regolazione giurisprudenziale del danno non patrimoniale alla persona oggi sembra arrivata a un punto fermo, benché provvisorio, com'è tutto in questa materia. I principi fondamentali sono i seguenti:

- fra i "casi determinati dalla legge" rientrano anche tutti i casi in cui *il comportamento produttivo del danno ingiusto lede un diritto fondamentale della persona che sia espressione di valori garantiti dalla Costituzione e dal sistema internazionale di protezione dei diritti umani*; il danno non patrimoniale è dunque **risarcibile** *quando consiste nella lesione dei diritti inviolabili della persona, purché si tratti di una lesione significativa e non irrisoria*, cioè tale da superare il livello di quanto appare *ragionevolmente tollerabile*, e *il pregiudizio che ne deriva sia serio e non futile*; `ESEMPIO` sono futili e devono essere tollerati, in quanto non degni di tutela, i pregiudizi consistenti nella delusione derivante dalla rottura del tacco di una scarpa da sposa, dall'errato taglio di capelli, dal mancato godimento della partita in televisione per la rottura di un ripetitore e così via; questo principio si applica tanto al danno derivante da fatto illecito (art. 2043) quanto al danno derivante da inadempimento di un'obbligazione (responsabilità contrattuale, art. 1218);

- l'esistenza e la gravità del danno devono essere provate **dal danneggiato**, che può però valersi di *presunzioni*, cioè adempiere il suo onere probatorio dimostrando i fatti, dotati di intrinseca gravità, lesività e offensività, che ne costituiscono conseguenze significative sia sul piano statistico, sia su quello etico; `ESEMPIO` la persona che abbia subito una lesione fisica dalla quale deriva l'impossibilità di avere rapporti sessuali, o di generare, deve dare la prova medica di tale impossibilità, dalla quale per *presunzione* si può dedurre l'esistenza e la rilevanza del danno alla sua integrità fisica e alla sua salute, che merita di essere risarcito (un simile caso è oggetto della citata sentenza n. 26972 della cassazione).

5 Le promesse unilaterali

Le **promesse unilaterali** producono l'effetto di *far sorgere l'obbligazione, cioè di obbligare la persona che le compie a effettuare la prestazione promessa, solo nei casi indicati dalla legge* (art. 1987), vale a dire quando la promessa:

- è rivolta **al pubblico**;
- è incorporata in un **titolo di credito**.

I titoli di credito in generale Sebbene il loro utilizzo si sia negli ultimi anni ridimensionato a causa della diffusione capillare di altri mezzi di pagamento (carte di credito, di debito, ricevute bancarie ecc.), i titoli di credito restano tuttora strumenti diffusi nella pratica quotidiana e non solo nell'attività commerciale: basti pensare alle diverse occasioni di impiegare assegni e cambiali.

> I **titoli di credito** sono i *documenti che rappresentano un diritto di credito e servono per renderne più facile e sicura la circolazione.*

Essi svolgono le seguenti **funzioni**:

- *attribuiscono a chi ne è possessore legittimo il diritto di esigere la prestazione indicata nel documento stesso;*
- *vengono emessi allo scopo di consentire la cessione di tale diritto mediante il trasferimento del documento che lo rappresenta.*

Vi sono diverse categorie di titoli di credito, secondo le diverse prestazioni indicate nel documento. Fra le principali vi sono:

- i **titoli di credito in senso stretto**, come gli assegni, le cambiali, i titoli del debito pubblico, che attribuiscono il diritto al pagamento della somma di denaro indicata nel titolo stesso;
- i **titoli di partecipazione**, come le azioni, che attribuiscono il diritto di esercitare i diritti derivanti dalla *qualità di socio* di una società per azioni;
- i **titoli rappresentativi di merci**: attribuiscono il diritto di ricevere le merci indicate, che si trovano *depositate nei magazzini generali oppure in viaggio.*

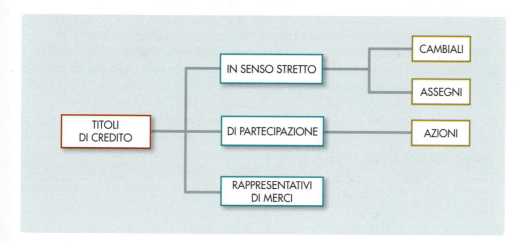

Tipi di titoli di credito

La causa dell'emissione del titolo Tutti i titoli di credito *vengono emessi sulla base di un rapporto preesistente fra chi emette il titolo* (debitore) *e il suo primo possessore* (creditore): questo rapporto si chiama **rapporto causale**, o **rapporto sottostante**.

ESEMPIO Eric ha deciso di acquistare uno scooter dal suo amico Filippo; il contratto di compravendita prevede metà del pagamento in contanti e metà con una cambiale che Eric deve emettere a favore di Filippo: la vendita è la causa dell'emissione della cambiale e il rapporto fra il compratore (Eric) e il venditore (Filippo) è il rapporto sottostante alla cambiale.

I principi fondamentali dei titoli di credito La disciplina dei titoli di credito fissa alcuni principi fondamentali.

INCORPORAZIONE

a) L'**incorporazione**: l'acquisto del documento è condizione indispensabile per l'acquisto della titolarità del diritto che in esso viene indicato; pertanto, *chi acquista in buona fede il possesso di un titolo, in conformità delle norme che regolano la sua circolazione, ne diventa proprietario, anche se lo riceve da chi non ne era proprietario* (art. 1994). **ESEMPIO** Chi ha rubato il titolo, o lo ha acquistato consapevolmente dal ladro, è possessore di malafede, e non può diventarne proprietario; chi ignora i fatti che viziavano il possesso del precedente possessore è invece possessore di buona fede e ne diventa proprietario.

AUTONOMIA

b) L'**autonomia**: la persona indicata come debitore nel titolo *non può opporre al suo possessore le eccezioni personali relative ai precedenti possessori* (art. 1993). L'acquirente del titolo acquista dunque una **posizione giuridica autonoma** rispetto a quella del precedente possessore, *come se avesse acquistato a titolo originario*: pertanto, il debitore non potrà opporre al creditore, per esempio, l'esistenza di accordi intervenuti con il possessore precedente, non riportati sul titolo, che gli concedevano una dilazione nel pagamento. Grazie a questa regola la circolazione del diritto viene resa *sicura per l'acquirente del titolo*: egli sa infatti che non potrà vedersi opposte eccezioni di cui potrebbe anche ignorare l'esistenza quando acquista il titolo.

ESEMPIO Se compro una partita di merci e mi impegno a pagarle a 60 giorni, sono debitore del prezzo delle merci in base al contratto di compravendita; se le merci che ho acquistato si rivelano difettose, potrei eccepire i difetti e per conseguenza rifiutare il pagamento, secondo le regole generali del contratto di compravendita. Ma se ho firmato una cambiale per l'importo del prezzo dovuto, il mio debito è regolato dalle norme sui titoli di credito. Quindi, se il mio creditore ha trasferito il titolo a un altro soggetto, per esempio a una banca per farselo scontare, io non posso opporre alla banca l'eccezione nascente dal contratto di compravendita (le merci difettose) in quanto si tratta di un'*eccezione personale*; sarò invece costretto a pagare, salvo il mio diritto di ottenere successivamente la restituzione da parte del venditore di quanto pagato.

CIRCOLAZIONE DEI TITOLI

Le regole di circolazione dei titoli di credito I titoli di credito circolano in base alle regole stabilite dalla legge, che sono diverse secondo le varie categorie di titoli. Sotto questo aspetto, possiamo distinguere:

- i titoli **al portatore**, *che si trasferiscono mediante la semplice consegna materiale del documento*;
- i titoli **all'ordine**, *che si trasferiscono mediante la consegna del documento, accompagnata dalla girata*, cioè dall'ordine che il creditore rivolge al debitore di eseguire la prestazione a favore di un nuovo creditore;
- i titoli **nominativi**, *che si trasferiscono mediante la consegna del documento, accompagnata dall'annotazione del nome dell'acquirente sul titolo stesso e sul registro dell'emittente*.

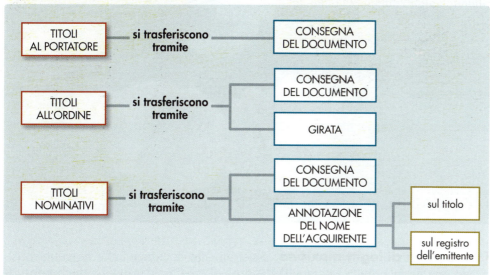

Le cambiali e gli assegni   I titoli di credito che attribuiscono il diritto al pagamento di una somma di denaro più comunemente utilizzati sono le **cambiali** e gli **assegni**.

a) Le **cambiali** *sono titoli all'ordine*; ne esistono due specie:

  – il **vaglia cambiario**: *contiene la promessa incondizionata del sottoscrittore (il debitore che lo emette) di pagare una somma di denaro a un prenditore (creditore) nel tempo e nel luogo indicati sul titolo*;

  – la **cambiale tratta**: *contiene l'ordine incondizionato rivolto dal sottoscrittore (traente) a un altro soggetto (il debitore, detto trattario) di pagare una somma di denaro a un prenditore (il creditore) nel tempo e nel luogo indicati sul titolo*; se il trattario **accetta**, *firmando la cambiale, diventa obbligato* verso il prenditore.

CAMBIALI

b) Gli **assegni** *sono titoli all'ordine*; ve ne sono due specie:

  – l'**assegno bancario**: *contiene l'ordine rivolto dal sottoscrittore (traente) a una banca (trattaria) di pagare una somma di denaro a un prenditore* (il creditore), *su semplice richiesta di quest'ultimo* (a vista); *la banca trattaria è tenuta a pagare* **solo** *qualora abbia fondi disponibili, depositati presso i suoi sportelli dal cliente che ha emesso l'assegno*;

  – l'**assegno circolare**: *contiene la promessa di una banca* (il debitore che lo emette) *di pagare a vista una somma di denaro a un prenditore* (creditore).

ASSEGNI

APPROFONDIMENTO

Il traveller's cheque

L'**assegno turistico** o traveller's cheque è tratto da una banca su una banca estera a favore di un prenditore; la banca traente subordina il pagamento al fatto che il prenditore, dopo aver firmato il titolo al momento dell'emissione, apponga una seconda firma al momento del pagamento. In tal modo, la banca trattaria può controllare se la seconda firma risulti eguale alla prima (art. 44 l. ass.).

I documenti di legittimazione   Esistono altri documenti che vengono emessi con una finalità diversa da quella dei titoli di credito; si tratta dei **documenti di
legittimazione** che non servono a consentire il trasferimento di un diritto.

> I **documenti di legittimazione** hanno il solo scopo di agevolare l'identificazione di chi ha
> diritto di ricevere una prestazione (art. 2002).

La loro emissione avviene di solito per un *interesse del debitore della prestazione*:
la loro funzione, infatti, è quella di far sì che egli di regola sia *liberato* quando
esegue, senza dolo o colpa grave, la prestazione a favore del *possessore del documento*, anche se non è titolare del diritto. Sono diffusissimi: ne sono esempi i biglietti di viaggio, i biglietti per l'ingresso a spettacoli, gli scontrini dei guardaroba,
le tessere bancomat ecc.

Il pagamento dell'indebito

NOZIONE   Quando una persona esegue a favore di un'altra una prestazione non dovuta:

- sorge a carico di chi la riceve l'obbligazione di restituirla;
- correlativamente chi l'ha eseguita ha il diritto di **ripeterla**, *cioè di farsela restituire*.

È questo il diritto alla **ripetizione dell'indebito** (art. 2033 e segg.).

ESEMPIO Può accadere che venga pagato un debito che era già stato pagato o che, per
errore, venga effettuato un pagamento a una persona diversa dal creditore; oppure che
sia stata eseguita una prestazione in base a un contratto nullo, oppure successivamente
annullato, o rescisso, o risolto. In tutti questi casi le prestazioni effettuate non erano dovute
e, pertanto, obbligano chi le ha ricevute a restituirle.

L'indebito oggettivo

> L'indebito si dice **oggettivo** quando la prestazione eseguita non è dovuta da alcuno.

Ciò può naturalmente accadere semplicemente perché chi esegue la prestazione si
sbaglia. Ma è ben più frequente che avvenga per tutt'altre ragioni.

Studiando la causa nel contratto abbiamo visto che *ogni prestazione dev'essere effettuata in quanto abbia una causa*, cioè sia dovuta in base a un rapporto obbligatorio, che ha fonte, per esempio, in un contratto, o in un fatto illecito, o in altre ragioni che giustificano il sorgere dell'obbligazione. Abbiamo anche visto che non sono dovute e, pertanto, **obbligano** chi le ha ricevute a restituirle:

- le prestazioni **prive di causa** fin dall'inizio (per esempio, perché sono state effettuate in esecuzione di un contratto nullo);
- le prestazioni divenute prive di causa **successivamente** (per esempio, perché sono state effettuate in esecuzione di un contratto poi annullato, rescisso o risolto).

Tale obbligo di **restituzione**, appunto, è disciplinato dalle regole esposte in questo paragrafo.

ESEMPIO Chi consegna la cosa venduta senza ricevere il pagamento del prezzo corrispettivo, se ottiene poi la risoluzione del contratto per inadempimento, ha il diritto di ottenere la restituzione della cosa consegnata.

L'indebito soggettivo

L'indebito si dice **soggettivo** quando la prestazione eseguita è, sì, dovuta a chi l'ha ricevuta, però non è dovuta dalla persona che l'ha eseguita, ma da altri.

ADEMPIMENTO ERRONEO DEL DEBITO ALTRUI

In altre parole, si ha **indebito soggettivo** *quando una persona adempie per errore un debito altrui* (art. 2036). Affinché chi ha adempiuto il debito altrui possa ottenere la restituzione di quanto ha pagato, *è necessario che il suo errore sia scusabile, vale a dire che non derivi da un suo comportamento negligente*.
In ogni caso, la ripetizione non è ammessa se, dopo avere ricevuto l'adempimento da chi non era debitore, il creditore si è privato *in buona fede* (cioè convinto di avere ricevuto la prestazione da chi ne era davvero debitore):

INAMMISSIBILITÀ DELLA RIPETIZIONE

- *del titolo del credito* (il documento dal quale risulta il contratto, per adempiere il quale la prestazione è stata eseguita);
- *delle garanzie che assistevano il credito* (ha restituito al proprietario la cosa ricevuta in pegno).

Qualora la ripetizione non sia ammessa, chi ha adempiuto è surrogato nei diritti del creditore nei confronti del vero debitore (artt. 2036 c. 3 e 1203 e segg.).

ESEMPIO In seguito a una lite su chi sia proprietario di un appartamento condominiale, chi soccombe ha il diritto di ripetere, nei confronti di colui al quale la sentenza ha attribuito la proprietà, tutte le spese che ha sostenuto nell'erronea convinzione di essere proprietario, come quelle pagate all'amministratore per le riparazioni straordinarie.

La restituzione della prestazione ricevuta dev'essere fatta secondo le **regole** seguenti:

REGOLE SULLA RESTITUZIONE

a) *chi ha ricevuto indebitamente una cosa è tenuto a restituirla*; se nel frattempo la cosa è stata consumata, o è andata distrutta, o è stata alienata, chi l'ha ricevuta è tenuto a:
   - *pagarne il valore*, se era in malafede (cioè sapeva che avrebbe dovuto restituirla);

– *pagare una somma non superiore al valore del suo arricchimento*, cioè del vantaggio patrimoniale che ne ha ricavato, se invece era in buona fede (cioè non sapeva che avrebbe in seguito dovuto restituirla);

b) *chi ha ricevuto indebitamente una somma di denaro è tenuto a restituirla*; se era in malafede deve anche pagare gli interessi dal giorno in cui ha ricevuto il pagamento non dovuto;

OBBLIGAZIONE NATURALE

c) *chi ha ricevuto una prestazione compiuta spontaneamente, in esecuzione di doveri morali o sociali, non è tenuto a restituirla* (art. 2034), come per esempio chi riceve il pagamento di un debito prescritto; si usa quindi dire che tali prestazioni costituiscono adempimento di una "obbligazione naturale";

d) *chi ha ricevuto una prestazione, in base a un contratto nullo per violazione di una regola di buon costume, non è tenuto a restituirla* se la prestazione è stata effettuata per uno scopo che costituisce offesa al buon costume anche da parte dell'altro contraente (art. 2035).

LAVORO SUL CASO

Matteo consegna a domicilio pesce per conto di una pescheria; un giorno, durante il periodo natalizio per errore consegna due salmoni affumicati a Paola che li riceve in buona fede pensando a un acquisto fatto dal marito e, successivamente, ne regala uno alla sua vicina Giulia. Resosi conto dell'errore, Matteo spera di poter recuperare il costoso pesce.

- **Quali diritti ha Matteo?**

7 L'arricchimento senza causa

ARRICCHIMENTO SENZA CAUSA

Quando si verifica, senza alcuna causa che lo giustifichi, uno spostamento patrimoniale a favore di una persona (detta **arricchito**) *e, correlativamente, a danno di un'altra* (detta **impoverito**), quest'ultima ha diritto di ottenere dalla prima un indennizzo (art. 2041).

Si tratta di una regola di carattere residuale, importante sul piano dei principi, ma non molto frequentemente applicata nella pratica. La si applica soprattutto nei casi in cui una persona consuma o aliena in buona fede e senza colpa una cosa che è oggetto di diritti altrui: in tal caso l'**indennizzo** consiste nel *pagamento di una somma di denaro corrispondente al valore della cosa*, ma non superiore all'*arricchimento* di chi l'ha consumata o alienata.

IL RISARCIMENTO DEL DANNO DERIVANTE DA FATTO ILLECITO

- "Qualunque fatto doloso o colposo, che cagiona ad altri un danno ingiusto, obbliga colui che ha commesso il fatto a risarcire il danno" (art. 2043 cod. civ.)
- Illecito civile
- Illecito penale (reato)
- Gli elementi costitutivi dell'obbligazione di risarcire il danno sono:
  - il danno e la sua ingiustizia
  - un comportamento imputabile a una persona, a titolo di dolo o di colpa, oppure oggettivamente
  - il nesso di causalità fra il comportamento e il danno

L'INGIUSTIZIA DEL DANNO

- Il concetto di ingiustizia del danno è in rapida evoluzione
- Oggi sono considerati ingiusti i danni che ledono:

  - i *diritti spettanti alla persona* (diritto alla vita, all'integrità fisica e psichica, all'onore, al nome ecc.)

  - i *diritti reali* (proprietà ecc.)

  - gli altri *interessi* protetti dal diritto

LE CAUSE DI GIUSTIFICAZIONE

- Sono:

CONSENSO DELL'AVENTE DIRITTO	LEGITTIMA DIFESA	STATO DI NECESSITÀ
non è dovuto alcun risarcimento	non è dovuto alcun risarcimento	è dovuta un'equa indennità

L'IMPUTABILITÀ

- Occorre che il danneggiante sia capace d'intendere e di volere, cioè che tenga il comportamento produttivo del danno con coscienza e volontà

IL DOLO E LA COLPA

- È in *dolo* chi tiene un comportamento produttivo del danno avendo l'intenzione di nuocere
- È in *colpa* chi tiene un comportamento produttivo del danno senza l'intenzione di nuocere; il danno deriva dalla sua negligenza, imprudenza, imperizia

LA RESPONSABILITÀ OGGETTIVA

- Sono casi in cui l'autore del danno è obbligato a risarcirlo anche se non è in colpa né in dolo
- Sono casi tipici, previsti dalla legge: riguardano soprattutto i rischi connessi con la proprietà di cose, con l'esercizio di attività imprenditoriali e l'uso di mezzi di trasporto

I CASI TIPICI DI RESPONSABILITÀ OGGETTIVA DISCIPLINATI DALLA LEGGE

- Responsabilità del datore di lavoro per i danni causati dai suoi dipendenti
- Responsabilità per i danni prodotti da cose o da animali
- Responsabilità per i danni prodotti nell'esercizio di attività pericolose
- Responsabilità per i danni derivanti dalla circolazione di veicoli
- Responsabilità per i danni derivanti dalla rovina di edificio
- Responsabilità per i danni derivanti da prodotti difettosi

IL CONCORSO DI RESPONSABILITÀ

- Se più persone hanno collaborato a produrre il danno, sono tenute in solido a risarcirlo in proporzione alla gravità della loro colpa
- Se il danneggiato ha collaborato a produrre il danno, il risarcimento è diminuito in proporzione

L'AZIONE DI CLASSE

- Azione esercitata da associazioni o comitati per la difesa di diritti omogenei di una pluralità di consumatori

I DANNI RISARCIBILI

- Sono:

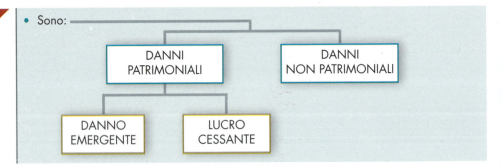

LE FONTI NON CONTRATTUALI DELL'OBBLIGAZIONE

- I titoli di credito
- Il pagamento dell'indebito
- L'arricchimento senza causa

I TITOLI DI CREDITO

- Possono essere:
  - AL PORTATORE
  - ALL'ORDINE
  - NOMINATIVI

- I più conosciuti e utilizzati sono:
  - CAMBIALI
  - ASSEGNI

IL PAGAMENTO DELL'INDEBITO

- Una prestazione non è dovuta quando è senza causa
- L'esecuzione di una prestazione non dovuta obbliga chi l'ha ricevuta a restituirla a chi l'ha effettuata
- L'indebito può essere:
  - OGGETTIVO
  - SOGGETTIVO

- Ciò che deve essere restituito è, secondo i casi, la cosa stessa oppure una somma di denaro
- Le prestazioni effettuate in adempimento di obbligazioni naturali non devono essere restituite
- L'obbligo di restituire non pregiudica i diritti acquistati dai terzi

L'ARRICCHIMENTO SENZA CAUSA

- Quando si verifica uno spostamento patrimoniale senza causa, l'arricchito deve un indennizzo all'impoverito
- L'applicazione dell'art. 2041 è residuale

Verifica delle conoscenze

VERO O FALSO

Indica se le seguenti affermazioni sono vere o false.

1 Il risarcimento del danno ha una funzione sia risarcitoria sia sanzionatoria ☐V ☐F

2 La responsabilità del datore di lavoro per i danni prodotti dai dipendenti rientra nei casi di responsabilità oggettiva ☐V ☐F

3 Nel risarcimento per equivalente la somma pagata tiene conto solo del danno emergente ☐V ☐F

4 Il processo della class action è diviso in due fasi distinte ☐V ☐F

5 I danni non patrimoniali sono risarcibili solo nei casi indicati dalla legge ☐V ☐F

6 L'indebito soggettivo è quando una persona adempie per errore a un'obbligazione altrui ☐V ☐F

7 Le prestazioni effettuate in esecuzione di un contratto nullo devono essere restituite ☐V ☐F

8 Se la cosa ricevuta indebitamente è stata consumata, chi l'ha ricevuta è liberato da ogni obbligo ☐V ☐F

9 I documenti di legittimazione hanno la funzione di indentificare chi ha diritto a ricevere una prestazione ☐V ☐F

10 La cambiale è un documento di legittimazione ☐V ☐F

CORRISPONDENZE

Metti in relazione gli elementi del primo gruppo con quelli del secondo.

1 Si trasferisce mediante girata e consegna del documento

2 Contiene la promessa della banca di pagare una somma al prenditore

3 Si trasferisce mediante consegna e annotazione del nome dell'acquirente sul titolo e sul registro dell'emittente

4 Contiene una promessa incondizionata di pagare

5 Si trasferisce con la semplice consegna materiale del documento

a assegno circolare
b titolo al portatore
c vaglia cambiario
d titolo nominativo
e titolo all'ordine

1	2	3	4	5

Verifica delle abilità

Completa lo schema.

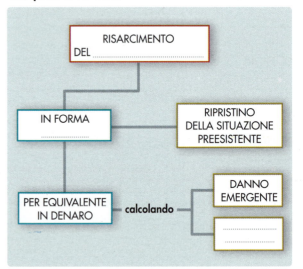

DI CHE COSA STIAMO PARLANDO?

Rispondi dopo aver letto gli indizi.

1 Si definiscono così il diritto alla vita, all'integrità fisica e psichica, all'onore e alla reputazione, al nome, alla riservatezza della vita privata ecc. ....

2 Lo sono i danni lesivi di interessi economici ....

3 Viene esercitata a difesa degli interessi di una pluralità di consumatori ....

4 Ha l'effetto di obbligare chi la compie a eseguire la prestazione ....

5 È il diritto di farsi restituire una prestazione non dovuta ....

CACCIA ALL'ERRORE

Individua e correggi le parole errate.

1 La responsabilità per fatto illecito, di solito, si definisce "responsabilità contrattuale" o "responsabilità civile" ....

2 Dolo significa negligenza, imprudenza, imperizia nell'agire ....

3 Il risarcimento per equivalente consiste nel ripristinare esattamente la situazione patrimoniale del danneggiato prima dell'evento dannoso ....

4 Cambiali e assegni sono titoli di partecipazione ...

5 In base al principio dell'incorporazione colui che sul titolo di credito risulta essere debitore non può opporre al possessore le eccezioni personali relative ai precedenti possessori ....

QUESITI A RISPOSTA SINGOLA

Rispondi utilizzando non più di 4 righe.

1 Quali danni sono considerati *ingiusti*?

2 Che cosa sono il *danno emergente* e il *lucro cessante*? E il *danno futuro*?

3 *By whom and under which circumstances can a class action be exercised?*

4 *What are documents of title? What is their function?*

5 *What is the difference between pecuniary and non-pecuniary damages?*

Trattazione sintetica di argomenti

1 Esponi gli elementi costitutivi di un *fatto illecito*.

2 Distingui tra i danni che costituiscono *inadempimento di un'obbligazione* e i danni che *non costituiscono inadempimento di un'obbligazione*.

3 Esponi le regole che governano il *concorso di responsabilità*.

4 *Focus on the legal issues related to compensation of non-pecuniary damage.*

5 Illustra i principi fondamentali che governano i *titoli di credito*, evidenziandone le conseguenze giuridiche.

RISOLVO IL CASO

Daniele si è comperato una bicicletta da corsa; il giorno in cui decide di provarla su strada, mentre sta pedalando, il perno di uno dei pedali si spezza e, a causa della rovinosa caduta che ne deriva, Daniele si rompe una clavicola oltre a riportare numerose escoriazioni.

● **Che diritti ha?**

PREPARATI
ALLA VERIFICA SCRITTA

☑ Puoi svolgere gli esercizi sul tuo MEbook

SEZIONE C

Verifica delle conoscenze

VERO O FALSO

Indica se le seguenti affermazioni sono vere o false.

1 I danni che le assicurazioni risarciscono agli assicurati sono calcolati sulla base del principio indennitario ☐V ☐F

2 Nell'apertura di credito, gli interessi vengono calcolati sulla somma messa a disposizione dalla banca ☐V ☐F

3 Chi svolge attività produttive pericolose è sempre responsabile dei danni arrecati a terzi da tali attività ☐V ☐F

4 Il trasferimento di cose determinate solo nel genere e nella quantità si verifica quando avviene l'individuazione o la specificazione delle stesse ☐V ☐F

5 L'agente ha diritto al rimborso delle spese di agenzia ☐V ☐F

6 Se nel contratto è stata inserita una condizione risolutiva, questo produrrà i suoi effetti soltanto se e quando si verificherà un determinato evento ☐V ☐F

7 I contratti stipulati per via telefonica rientrano tra quelli conclusi fuori dai locali commerciali ☐V ☐F

8 Nella stipulazione dei contratti, la legge pone norme imperative a tutela dei consumatori ☐V ☐F

9 Nel contratto d'appalto, il direttore dei lavori controlla, per conto del committente, lo svolgimento dei lavori ☐V ☐F

10 Il contratto stipulato da un soggetto temporaneamente incapace di intendere e di volere è sempre annullabile ☐V ☐F

Totale punti	....	10

1 punto per risposta esatta, 0 per risposta non data o errata

DOMANDE A RISPOSTA MULTIPLA
Individua la risposta esatta.

1 Le operazioni bancarie attive consentono:
- A la raccolta del risparmio
- B l'esercizio del credito
- C la gestione del portafoglio titoli
- D la vigilanza su credito e risparmio

2 Nel contratto di locazione a uso abitativo a contenuto parzialmente libero:
- A la durata minima iniziale è liberamente fissata dalle parti
- B il rinnovo è liberamente deciso dalle parti
- C il canone è liberamente fissato dalle parti
- D sono previsti incentivi fiscali per il locatore

3 Il recesso convenzionale:
- A è una facoltà concessa dalla legge
- B non è consentito
- C è consentito solo se il contratto è nullo
- D è concordato tra le parti

4 I titoli di credito nominativi si trasferiscono:
- A con la semplice consegna del titolo
- B con la consegna del titolo accompagnata da annotazione del nome dell'acquirente sul titolo stesso e sul registro dell'emittente
- C con la consegna del titolo accompagnata dalla girata
- D con la girata del titolo

5 Il contratto nullo:
- A produce i suoi effetti sino a quando non viene dichiarato nullo
- B può essere convalidato
- C non è soggetto a prescrizione
- D non prevede la ripetizione dell'indebito

Verifica delle abilità

6 Luca vende a Fabio una villetta con un documento informatico e relativa firma digitale. Il contratto:
- A è nullo in quanto non ha la forma prescritta dalla legge
- B non è opponibile a terzi
- C è una scrittura privata autenticata regolarmente trascrivibile nei pubblici registri
- D è illecito

7 Roberto, senza disporre di alcuna procura, dichiara di agire in nome e per conto della ditta Solivax, di cui è dipendente. Conclude un contratto che prevede una spesa di 10.000 euro. Gli obblighi del contratto graveranno:
- A sulla ditta Solivax
- B su Roberto, se la ditta Solivax non ratificherà il contratto
- C sempre e solo su Roberto
- D su nessuno, in quanto il contratto è nullo

8 Il consiglio di classe della III A approva una visita d'istruzione a Parigi della durata di 5 giorni, a condizione che partecipino all'iniziativa i 2/3 degli alunni della classe. La condizione posta è:

A sospensiva

B risolutiva

C impossibile

D illecita

9 Giacomo invia una diffida ad adempiere a Rossano in relazione alla consegna di materiali attesi da quasi un mese. Il relativo contratto:

A non può più essere eseguito

B sarà considerato risolto di diritto se non eseguito entro i termini indicati nella diffida

C sarà risolto in via giudiziale

D verrà risolto per impossibilità sopravvenuta

10 Mario vuole prenotare un volo per Buenos Aires. L'impiegata alla quale si rivolge fa presente che i posti sono esauriti e può essere messo in lista d'attesa; ma, se lui fosse disposto a riconoscerle una certa somma di denaro, lei lo inserirebbe immediatamente nella lista dei passeggeri. Questo contratto è:

A nullo, perché mancante di un requisito indispensabile

B illecito, perché contrario all'ordine pubblico

C illecito, perché contrario a norme imperative

D illecito, perché contrario al buon costume

| Totale punti | .... | 30 |

3 punti per risposta esatta, 0 per risposta non data o errata

DOMANDE A RISPOSTA BREVE

Rispondi alle seguenti domande utilizzando non più di 4 righe.

1 In che cosa consiste la tutela del contraente più debole?

2 Quando è possibile chiedere la risoluzione del contratto per eccessiva onerosità sopravvenuta?

3 Quando è possibile esercitare il diritto di recesso unilaterale?

4 Che cosa sono la sovrassicurazione e la sottoassicurazione?

5 Quali cause di giustificazione consentono di non risarcire un danno da fatto illecito?

| Totale punti | .... | 30 |

da 0 a 6 punti per ogni risposta esatta secondo la correttezza e la completezza

SOLUZIONE DI PROBLEMI E/O TRATTAZIONE SINTETICA DI ARGOMENTI

1 Elisa stipula con Simone un contratto di locazione riguardante un negozio di sua proprietà; la durata è di anni 6 + 6, come sancito dalla legge 392/1978. Dopo 11 anni e 6 mesi, Elisa invia raccomandata con ricevuta di ritorno per disdire il contratto. Simone le risponde che la disdetta inviata non ha alcuna validità e pertanto continuerà a gestire il negozio. • **Chi ha ragione?**

(max 10 punti)

2 Alfredo stipula un contratto RC auto dichiarando di percorrere normalmente 10.000 km all'anno. La compagnia di assicurazioni adotta tariffe differenziate a seconda dei km percorsi, prevedendo premi più alti per gli assicurati che ne percorrono tanti. Alfredo paga una tariffa proporzionata ai rischi legati ai 10.000 km normalmente percorsi. In realtà, ne percorre circa 30.000 l'anno. Un giorno Alfredo causa un grave incidente stradale. Nell'esaminare la necessaria documentazione per risarcire il danno arrecato a terzi da Alfredo, la compagnia di assicurazioni accerta l'inesattezza della dichiarazione fornita da Alfredo. • **Ci saranno delle conseguenze giuridiche per Alfredo?**

(max 10 punti)

3 Renata desidera acquistare una nuova tv digitale. Un amico le consiglia di effettuare l'acquisto tramite Internet. Renata si collega ai siti che vendono prodotti online e ordina un televisore di cui ha letto le caratteristiche tecniche e ha potuto vedere l'immagine a video. Due giorni dopo, un altro amico le dice che l'acquisto online non sempre è veramente conveniente e, soprattutto, non consente di avere un interlocutore che risolva i possibili problemi che dovessero insorgere dopo l'installazione del prodotto. A questo punto Renata si pente dell'acquisto già effettuato e lo vorrebbe annullare. • **Lo può fare? Se sì, con quali modalità e a quali condizioni?**

(max 10 punti)

| Totale punti | .... | 30 |

| Punteggio totale della prova | Totale punti | .... | 100 |

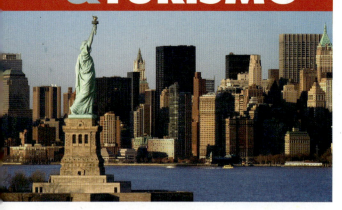

L'assicurazione sanitaria per gli italiani che si recano all'estero

Giovanni, sposato e padre di due bambini, scrive una e-mail a Mauro che opera nel settore assicurativo.

Oggetto: Info assicurazione viaggio New York
Da: giovanni.75@gmail.it
A: <mauro.bianchi@assicurazionibianchi.it>
Data: 19/02/2016 17:43

Caro Mauro, come stai? Noi tutti bene. Ho prenotato un volo per New York il 24 dicembre. Ci porto tutta la famiglia. Ci fermeremo una settimana. Un amico medico mi ha detto che è necessario sottoscrivere una copertura sanitaria con un'assicurazione privata perché là non esiste alcuna copertura pubblica. È vero? Come posso fare per assicurare tutta la famiglia?

Dopo qualche ora arriva la risposta alla mail.

Oggetto: Re: Info assicurazione viaggio New York
Da: mauro.bianchi@assicurazionibianchi.it
A: <giovanni.75@gmail.it>
Data: 19/02/2016 19:51

Caro Giovanni, splendida scelta! New York nelle feste natalizie è veramente magica. Ti piacerà. Per la tua richiesta: dato che non è prevista una copertura sanitaria pubblica, è assolutamente necessario sottoscrivere un'assicurazione sanitaria che offra una copertura di almeno 5.000.000 di euro per viaggiatore. Negli Stati Uniti, interventi anche banali risultano essere molto costosi. Eccoti una lista dei siti dove è possibile trovare assicurazioni che vendono online pacchetti per famiglie con un buon rapporto qualità-prezzo.

NEI **PANNI** DI...

Un confronto Italia-Usa

Se fossi l'amico medico che dà consigli a Giovanni, è molto probabile che tu abbia partecipato a un convegno, tenutosi a Milano, in cui sono stati confrontati i costi del Servizio sanitario lombardo con quelli statunitensi. Dal paragone è emerso che, negli Usa, una larga fetta della popolazione deve pagare di tasca propria gli interventi sanitari necessari per la cura e la prevenzione delle malattie e il costo del servizio appare più oneroso rispetto a quello offerto in Italia. Ecco un confronto sui costi di alcuni interventi.

Italia/Usa alcune situazioni a confronto			
Incidente/patologia	**Prestazioni erogate**	**Costi medi sostenuti dal paziente**	
		Stati Uniti	**Italia: regione Lombardia**
Varie patologie che richiedono visita medica (infezione vie aeree, intestinale ecc.)	Prescrizione medica	70-100 dollari	25 euro (ticket codice bianco in pronto soccorso)
Polso slogato o fratturato	Visita specialistica e radiografia	Da 500 a 2.500 dollari (per frattura)	euro 17,90 + 19,75
	Intervento chirurgico	Da 7.000 a 10.000 dollari	Gratuito*
Appendicectomia d'urgenza	Diagnosi e intervento chirurgico	13.500 dollari	Gratuito*

* Per i cittadini italiani e stranieri iscritti al Servizio sanitario nazionale; per i cittadini dell'Unione europea ed extracomunitari si applica la vigente normativa.

(*Fonte*: tratto dal convegno *Confronto dei sistemi sanitari e dei trattamenti cardiovascolari*, tenutosi nell'ottobre 2008 presso il Policlinico San Donato)

www

Provate a ricercare su Internet le assicurazioni di viaggio proposte per gli Stati Uniti d'America digitando, in un motore di ricerca, "assicurazione sanitaria viaggi Usa": confrontate poi le diverse coperture offerte considerando i periodi richiesti, i massimali, le franchigie, i prezzi.

PER SAPERNE DI PIÙ

La copertura sanitaria per gli italiani che vanno all'estero

La mobilità sanitaria internazionale ha lo scopo di tutelare gli assistiti che si spostano in altri stati per ragioni di lavoro, studio, pensione o turismo. Se ci si muove verso uno stato che fa parte dell'Ue, è possibile usufruire di tutte le cure mediche necessarie, anche non urgenti, presentando la propria tessera Team (tessera europea di assicurazione malattia). Tale tessera, in vigore dal 1° novembre 2004, è il retro della tessera sanitaria nazionale (Ts) o della carta regionale dei servizi (Crs) per le regioni Lombardia, Friuli-Venezia Giulia e Sicilia. Dà diritto all'assistenza sanitaria statale in caso di permanenza temporanea in uno dei 28 Stati membri dell'Ue, in Islanda, in Liechtenstein, in Norvegia e in Svizzera, alle stesse condizioni e allo stesso costo (gratuitamente in alcuni paesi) degli assistiti del paese in cui ci si trova.

Le prestazioni sono gratuite, salvo il pagamento del ticket o di altra partecipazione alla spesa che è a diretto carico dell'assicurato, secondo la legislazione vigente nello stato. Talora è possibile che venga richiesto il pagamento delle prestazioni. Conservando le ricevute e la necessaria documentazione sanitaria che le comprova, è possibile chiedere il rimborso nello stesso paese all'ente competente.

Se invece ci si muove verso altri stati non Ue, è bene verificare l'esistenza di accordi bilaterali in tema di assistenza sanitaria. Negli Usa e nelle Americhe in generale non è prevista alcuna forma di tutela da parte del Servizio sanitario nazionale (Ssn). È esclusa anche la copertura delle prestazioni di pronto soccorso. In questi casi il viaggiatore deve provvedere, prima della partenza, alla stipula di un'assicurazione sanitaria privata. La copertura della polizza assicurativa prevede il pagamento diretto delle spese ospedaliere e chirurgiche prestate nel territorio di soggiorno e non solo. Esistono soluzioni assicurative che prevedono anche il rimpatrio aereo sanitario verso l'Italia, il rimborso delle spese di trasporto al centro medico di pronto soccorso all'estero e i rimborsi per le visite mediche, per le spese farmaceutiche prescritte dal medico sul posto e infine anche per le cure odontoiatriche urgenti. Prima di firmare la polizza, è importante leggere molto attentamente tutti i dettagli della scheda informativa, che deve accompagnare il contratto, per identificare punto per punto tutte le garanzie che spettano al viaggiatore assicurato. Talvolta possono essere comprese spese per interventi di notevole portata per sofferenti di cuore o per la cura di possibili tumori, mentre ne sono escluse prestazioni di pronto soccorso che, statisticamente, sono quelle che si verificano con maggior frequenza.

(Fonte: liberamente tratto dal sito del ministero della salute www.salute.gov.it)

CINEFORUM

Il dramma di John Q.

John Q. è un film del 2002 di Nick Cassavetes con l'attore Denzel Washington, che narra la storia di John Q., umile operaio, sposato, con un bimbo che si scopre essere affetto da una grave anomalia cardiaca per la quale necessita di un trapianto urgente. L'ospedale, dopo le prime indagini e cure sommarie, scopre che l'assicurazione privata della famiglia non copre le onerose spese necessarie per eseguire l'intervento. Il padre fa tutto il possibile per raccogliere il denaro necessario per l'intervento, ma riesce solamente a raccogliere una piccola parte della cifra richiesta. Quando sente dire che il figlio verrà dimesso dall'ospedale, gli crolla il mondo addosso e decide di agire con la forza pur di salvare il figlio.

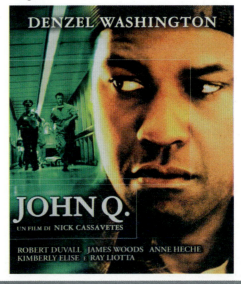

CERCA SUL WEB
Laboratorio

Dividetevi in gruppi e, seguendo le indicazioni che troverete online, proseguite la ricerca.

SEZIONE D

I contratti del settore turistico

CONOSCENZE

- L'organizzatore e l'intermediario di viaggio
- Il pacchetto turistico: forma, scopo turistico, obblighi informativi, prezzo, caparra, condizioni, copertura assicurativa, reclami, annullamento
- Il risarcimento dei danni
- I contratti di locazione turistica, di affittacamere, d'albergo, di deposito in albergo, di ormeggio
- Il contratto di trasporto di persone e di cose
- I danni alle persone e alle cose
- I contratti di lungo termine relativi ai prodotti per le vacanze
- I contratti di multiproprietà

Biblioteca Glossario

ABILITÀ

- Individuare e comprendere funzioni e responsabilità di organizzatori e intermediari di viaggio
- Riconoscere lo scopo turistico dei contratti
- Riconoscere le clausole giuridiche che consentono la cessione o la nomina di altra persona in un contratto turistico
- Individuare le cause che consentono revisioni del prezzo nel pacchetto turistico
- Analizzare il significato di "esatta esecuzione" di un contratto turistico
- Analizzare le differenti tipologie di richiesta di risarcimento dei danni in ambito turistico
- Individuare le differenti durate della locazione turistica
- Riconoscere le differenze tra contratti di affittacamere e d'albergo
- Analizzare le differenti responsabilità dell'albergatore e del tour operator nel contratto d'albergo
- Riconoscere le fonti legislative che disciplinano il contratto di ormeggio
- Analizzare le differenti responsabilità dei vettori nel trasporto di cose e di persone
- Individuare i requisiti giuridici necessari per la validità dei contratti di lungo termine relativi ai prodotti per le vacanze

COMPETENZE

- Individuare e accedere alla normativa civilistica, con particolare riferimento a quella del settore turistico
- Analizzare il valore, i limiti e i rischi di varie soluzioni giuridiche per la vita sociale, con particolare attenzione alla tutela della persona e del lavoro
- Individuare e utilizzare gli strumenti di comunicazione e di team working più appropriati per intervenire nei contesti organizzativi e professionali di riferimento

VERIFICA DELLE COMPETENZE
PAG. 583

Unità 21
Le figure contrattuali del settore turistico: breve introduzione

Unit *by* Unit

In Unit 21 you will learn that tourism contracts are concluded by a tourist in order to enjoy a holiday. These contracts have two key elements: the context in which they are stipulated (i.e., working towards the enjoyment of the holiday) and the positions of the parties involved (i.e., the tourist and the tour operator). Tourism contracts are regulated by 3 different legal instruments: namely, *Il codice civile*, the Civil Code (Article 1321 on), *Il codice del consumo*, the Consumer Code, and *Il codice del turismo*, the Tourism Code (Article 32 on).

① Il settore turistico: un quadro d'insieme

I CONTRATTI DEL TURISMO

Il turismo è caratterizzato dalla presenza di figure contrattuali "tipiche" o, per meglio dire, di contratti che hanno la specifica funzione di *scambiare sul mercato i prodotti e i servizi legati all'offerta turistica*. Non c'è nulla di strano in questo; ogni settore economico-produttivo ha i propri contratti specifici: esistono i contratti di banca, di borsa, dell'industria, dello sport e, quindi, ci sono anche i "contratti del turismo".
Per riuscire a darne una definizione, occorre prima di tutto domandarsi quali sono gli elementi peculiari che accomunano questi contratti e ci permettono di raggrupparli insieme. La risposta è, in parte, scontata.
Gli aspetti che contraddistinguono i contratti del turismo sono:

IL CONTESTO E I SOGGETTI COINVOLTI

- il **contesto**, nel quale vengono stipulati: *si tratta di contratti funzionali al godimento di quella che comunemente possiamo definire una vacanza*;
- i **soggetti** coinvolti: *chi stipula questi contratti è di regola una persona fisica (il turista), mentre la sua controparte è un operatore del settore turistico*.

NOZIONE

In linea di massima possiamo, quindi, definire **"contratti del turismo"** *quelli stipulati dal turista per fruire di un periodo di vacanza.*

A questo punto, però, occorre aggiungere un'ulteriore osservazione: bisogna ricordare che, nel quadro di una definizione così ampia, *non vanno comunque considerati come "turistici" quei contratti che, pur essendo collegati a un viaggio o a un soggiorno, sono privi di qualsiasi elemento peculiare che giustifichi il fatto di considerarli a parte.*

ESEMPIO È quasi inevitabile che il turista medio acquisti qualche souvenir per sé o da regalare ad amici e parenti; in questo caso si tratta di contratti riconducibili a una normale vendita di bene mobile, soggetta alle comuni regole del contratto di compravendita. Quindi, benché l'acquisto dei souvenir riguardi soprattutto i turisti, non avrebbe senso annoverarlo tra i contratti "del turismo" in senso proprio.

Quindi, l'espressione "**contratti del turismo**" è una pura e semplice etichetta per definire un insieme di contratti, che, nella realtà, non rimanda a una disciplina comune oppure, al contrario, rappresenta un mondo a sé, governato per intero da regole specifiche che lo distinguono da tutti gli altri settori? Né l'una, né l'altra cosa.

DISCIPLINA GENERALE

Nessun insieme di contratti è davvero un universo isolato. Innanzitutto perché esiste la **disciplina generale** contenuta negli art. 1321 e seguenti del codice civile infatti:

> in base all'art. 1323, **tutti** i contratti sono sottoposti a tali norme generali, a meno che non appartengano ai tipi che hanno una **disciplina speciale**.

Quindi, rappresentano un punto di riferimento anche per i contratti del turismo tutte le norme del codice civile che regolano per esempio:

- proposta, accettazione e conclusione del contratto;
- rappresentanza e cessione del contratto;
- contratto per persona da nominare o a favore di terzi;
- invalidità, risoluzione e rescissione; a meno che non vi siano norme speciali che derogano alla normativa generale del codice civile.

ASPETTI PECULIARI

Dato che il turista è propriamente un soggetto che agisce per scopi **estranei** alla propria attività imprenditoriale o professionale e la controparte è – com'è normale che sia – un **professionista**, si creano le condizioni tipiche che impongono l'applicazione anche delle norme (generali e particolari) del **codice del consumo**.
A ciò si aggiunga che, anche da una prima e superficiale analisi, è facile accorgersi che i contratti del mondo del turismo (o alcuni di essi) sono oggetto di una disciplina a loro particolarmente dedicata.
La formula "contratti del turismo" non è, dunque, una formula del tutto "vuota" e priva di conseguenze normative. Ciò è evidente – come vedremo – per i cosiddetti "contratti del turismo organizzato", che sono regolati negli art. 32 e seguenti del codice del turismo.

② I contratti del turismo organizzato: l'evoluzione della disciplina giuridica

Nella prossima unità studieremo che cosa prevedono gli art. 32 e seguenti del codice del turismo, normativa entrata in vigore con il d.lgs. 79 del 2011, *codice della normativa statale in materia di ordinamento e mercato del turismo*, che ha sostituito la previgente normativa sui "servizi turistici" contenuta nel codice del consumo agli artt. 82-100 che sono stati contestualmente abrogati.

LA TUTELA DEL TURISTA

Le norme del codice del turismo tutelano in modo speciale il **turista-consumatore**:

- da una parte, puntando a riequilibrare a suo vantaggio il rapporto tra imprenditori del turismo (tour operator e agenzie di viaggio) e turista-consumatore;
- dall'altra, dando alle **imprese turistiche** un quadro normativo preciso delle proprie responsabilità, sulla base del quale poter orientare le proprie scelte imprenditoriali calcolando nei costi di produzione anche le conseguenze negative dei risarcimenti dei danni in caso di inadempimento.

Queste norme però non sono dotate di piena autonomia, poiché hanno la necessità di appoggiarsi e coordinarsi – per quanto non previsto – alle norme del codice del consumo e a quelle sui contratti in generale. Allora, proviamo a riflettere su alcune questioni:

- *perché è necessaria una disciplina speciale a tutela del turista-consumatore?*
- *quali sono le differenze tra contratto di viaggio, contratti del turismo organizzato e pacchetto turistico?*
- *che differenze ci sono tra viaggiatore, consumatore e turista?*

Per rispondere è necessario premettere alcune considerazioni importanti che riguardano sia l'evoluzione delle norme nel tempo, sia la terminologia specifica del settore.

EVOLUZIONE DEL FENOMENO

Da tempo il turismo è divenuto un fenomeno di massa e questa tendenza si è maggiormente accentuata in seguito della diffusione capillare dei servizi per mezzo di Internet; in questo contesto la figura professionale dell'organizzatore di viaggio e quella dell'intermediario hanno contribuito alla produzione e alla distribuzione di un gran numero di possibili combinazioni di servizi turistici che vengono offerti sul mercato a prezzi forfetari più vantaggiosi rispetto al costo dei singoli servizi (trasporto, alloggio, vitto, attività sportive ecc.) se acquistati isolatamente.

PACCHETTO TURISTICO COME PRODOTTO DI MASSA

Gli operatori del settore si sono sempre più organizzati in modo da diversificare da un lato la **produzione** del pacchetto turistico come attività industriale e, dall'altro, la sua **distribuzione** come attività commerciale facendo diventare questa combinazione di servizi un **bene di consumo di massa**. La predisposizione di schemi rigidi e uniformi di *condizioni generali di contratto*, contenuti negli opuscoli informativi, ha fatto emergere la necessità di tutelare il **viaggiatore** *come parte debole di un rapporto contrattuale sbilanciato a favore dei professionisti.* Dallo sviluppo di questa realtà economico-sociale, sul piano normativo è emersa la necessità, da un lato, di definire giuridicamente la figura contrattuale del contratto di viaggio organizzato e, dall'altro, di tutelare l'acquirente dei servizi, il viaggiatore appunto, di fronte a inadempimenti più o meno gravi degli organizzatori e degli intermediari.

EVOLUZIONE DELLA NORMATIVA

Il primo importante passo nell'evoluzione normativa è rappresentato dalla **Convenzione internazionale sul contratto di viaggio (Ccv)**, firmata a Bruxelles il 23 aprile 1970 e ratificata in Italia con legge 27 dicembre 1977 n. 1084; essa ha operato la distinzione tra contratto di organizzazione di viaggio e contratto di intermediazione di viaggio.

Il **contratto di organizzazione di viaggio (Cov)** riguarda l'ideazione e realizzazione del viaggio tutto compreso.

Queste sono le attività tipiche del tour operator.

Il **contratto di intermediazione di viaggio (Civ)** si riferisce alle attività dirette a procurare a una persona un pacchetto di viaggio organizzato oppure singole prestazioni (biglietto aereo, ferroviario, prenotazione alberghiera, posto a teatro ecc.).

Queste ultime, invece, costituiscono le tipiche attività svolte dalle agenzie di viaggio.

Nonostante le difficoltà incontrate sul piano operativo in quanto il ridotto numero degli Stati che l'aveva ratificata ne limitava il campo di applicazione, la Ccv è rimasta in vigore in Italia fino all'emanazione del codice del turismo (d.lgs. 79/2011) che all'art. 3 ha previsto le modalità di abrogazione della relativa legge di ratifica 1084/1977.

NORMATIVA EUROPEA

Successivamente, nel quadro del processo di integrazione europea e della creazione di uno spazio turistico comunitario, viene emanata la direttiva 90/314/Cee del 13 giugno 1990 concernente i viaggi, le vacanze ed i "circuiti tutto compreso". Si tratta di un intervento mirato a bilanciare due ordini di **interessi contrapposti**:

- quelli di natura economica, che fanno capo agli imprenditori turistici;
- quelli, meritevoli di tutela, del turista, il quale deve fare i conti con un prodotto turistico, che non sempre si rivela all'altezza delle caratteristiche e delle qualità promesse e pubblicizzate.

Infatti, il turista che acquista un prodotto turistico è privo del contatto diretto con gli organizzatori e si trova in una posizione di debolezza nel rapporto contrattuale in quanto deve necessariamente aderire a clausole standard e alle condizioni generali di contratto, spesso inique e ingannevoli, che sono inserite nei contratti di viaggio a catalogo.

TURISTA COME CONSUMATORE

La direttiva 90/314/Cee è stata recepita in Italia dal d.lgs. 17 marzo 1995 n. 111, le cui disposizioni sono state inserite nel codice del consumo agli artt. 82-100 sotto la voce "**servizi turistici**".
L'importanza di questo recepimento sta nell'aver inserito il contratto di viaggio (identificato come "servizio turistico") nel codice del consumo, dando rilevanza al comparto turistico e considerando "**consumatore**" il viaggiatore che acquista un "contratto di viaggio tutto compreso"; in questo modo, quindi, il viaggiatore è diventato destinatario di una disciplina più favorevole rispetto a quella generale prevista dal codice civile.
Come abbiamo detto in precedenza, tale disciplina è stata abrogata dal codice del turismo e trova ora sistemazione, sotto la voce "**contratti del turismo organizzato**", nel codice del turismo (artt. 32-51), che si pone come **disciplina speciale** rispetto a quella consumeristica e civilistica.
Questa disciplina speciale è diretta a tutelare il **turista** come "consumatore speciale", *che al momento dell'acquisto non è in grado di vedere in anticipo ciò che sta comperando* come può fare, invece, chi compra un auto, un elettrodomestico o un qualsiasi altro prodotto di consumo; il turista è costretto ad acquistare – a scatola chiusa e spesso con un notevole esborso economico – un insieme di servizi, definiti dal legislatore "**pacchetto turistico**", senza poterli verificare in anticipo.

MAGGIORE RESPONSABILITÀ CONTRATTUALE

Per gli organizzatori e gli intermediari la maggior tutela del turista comporta:

- maggiori obblighi informativi riguardanti i prodotti offerti;
- più ampie responsabilità contrattuali riguardanti l'inadempimento, sia in termini di qualità dei servizi offerti, sia sul piano del risarcimento del danno.

Il fatto che il turista è motivato da ragioni legate alla vacanza e allo svago ha indotto il legislatore a prevedere il **danno da vacanza rovinata**, fino a quel momento riconosciuto solo dalla giurisprudenza e ora espressamente previsto dalla legge, come autonoma voce di danno e determinata per la parte del danno correlata al tempo di vacanza inutilmente trascorso, ovvero alla irripetibilità dell'occasione perduta.

I CONTRATTI DEL TURISMO

- Sono i contratti stipulati dal turista per fruire di un periodo di vacanza
- Presentano due aspetti peculiari:

> sono funzionali al godimento di una vacanza

> sono stipulati tra
> una persona fisica (il turista)
> e un operatore professionale del settore turistico

- Sono sottoposti:

> alla disciplina generale del codice civile (art. 1321 e segg.)

> alle norme del codice del consumo (d.lgs. 206/2005)

> alle norme del codice del turismo (d.lgs. 79/2011)

L'EVOLUZIONE DELLA DISCIPLINA GIURIDICA

- Convenzione internazionale sul contratto di viaggio (Ccv), ratificata con l. 1084/1977 ha operato la distinzione tra:

| CONTRATTO DI ORGANIZZAZIONE DI VIAGGIO | — | ideazione del pacchetto turistico |

| CONTRATTO DI INTERMEDIAZIONE DI VIAGGIO | — | commercializzazione del pacchetto o di altri servizi |

- Direttiva 90/314/Cee (recepita dal d.lgs. 111/1995 confluito nel codice del consumo):
  - ha considerato il viaggiatore che acquista un pacchetto tutto compreso come "consumatore speciale" meritevole di speciale tutela
  - impone a organizzatori e intermediari maggiori obblighi informativi e più ampie responsabilità contrattuali per l'inadempimento

> DANNO DA VACANZA ROVINATA

Verifica delle conoscenze

VERO O FALSO

Indica se le seguenti affermazioni sono vere o false.

1 Si può considerare come "turistico" il contratto con il quale Sofia, in visita a Istanbul, acquista un tappeto che si fa spedire a casa [V] [F]

2 Il turista viaggia per scopi estranei alla propria attività professionale [V] [F]

3 Nei contratti del turismo la controparte è quasi sempre un operatore professionista [V] [F]

4 La Ccv è stata ratificata con la l. 1084/1970 [V] [F]

5 L'attività di organizzazione di viaggio è tipica delle agenzie di viaggio [V] [F]

6 Il tour operator opera a contatto con le persone che intendono acquistare servizi turistici [V] [F]

7 In genere i contratti turistici contengono clausole standard [V] [F]

8 Gli articoli da 82 a 100 del codice del consumo sono stati abrogati [V] [F]

9 Alla maggior tutela del turista corrispondono maggiori obblighi delle imprese turistiche [V] [F]

CORRISPONDENZE

Metti in relazione gli elementi del primo gruppo con quelli del secondo.

1 Si tratta di una persona fisica

2 Ha operato la distinzione tra contratto di organizzazione di viaggio e contratto di intermediazione di viaggio

3 Riguarda tra l'altro i circuiti vacanze "tutto compreso"

4 Si occupa dell'ideazione del viaggio tutto compreso

a Ccv
b direttiva 90/314/Cee
c tour operator
d turista

1	2	3	4

Verifica delle abilità

Completa lo schema.

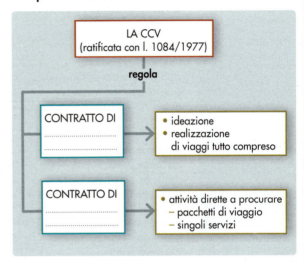

DI CHE COSA STIAMO PARLANDO?
Rispondi dopo aver letto gli indizi.

1 Sono stipulati per fruire di un periodo di vacanza

2 Riguarda l'ideazione e la realizzazione del viaggio tutto compreso

3 Riguarda le attività dirette a procurare al turista un pacchetto turistico oppure singoli servizi

4 È contenuta negli artt. 1321 e seguenti del codice civile

5 Si riferisce al tempo della vacanza inutilmente trascorso o alla irripetibilità dell'occasione perduta

Trattazione sintetica di argomenti

1 Delinea l'evoluzione della tutela del turista nel nostro ordinamento.

2 Individua le caratteristiche peculiari che fanno del pacchetto turistico un "prodotto di massa".

3 Individua le motivazioni che hanno indotto il legislatore europeo a imporre agli operatori del mercato turistico (organizzatori e intermediari) una più ampia responsabilità contrattuale.

Unità 22
I contratti del turismo organizzato

Unit *by* Unit

In Unit 22 you will study "organized tourism contracts". The tour operator is the person who sells package holidays, either directly or through an intermediary. The content of package holidays may consist of the travel arrangements, the holiday itself, or be an "all-inclusive package" or a cruise. It must be a combination of at least two of the following elements: transportation, accommodation or other tourist services not ancillary to transport or accommodation. The contract for the sale of the package must provide information related to the tour organizer, to transportation, both departure and return journeys, possible accommodation, the cost and the deposit, the amount to be paid in advance the terms of any insurance policy and the period within which complaints must be made. If, once departed, an essential service stipulated by the contract can no longer be provided, the organizer is obliged to provide, at no additional cost, adequate alternative arrangements for the continuation of the trip, or he/she must reimburse a portion of the price to the traveller. In the event of default or inadequate performance of the contract, damages will be paid.

Tourists may seek further compensation for inconvenience as a result of wasted vacation time and the loss of a "one-off" opportunity: it is the so-called "damage for a ruined holiday".

1 Organizzazione e intermediazione nella vendita di pacchetti turistici

IL MERCATO DEI VIAGGI E DELLE VACANZE

Il mondo del turismo presenta una notevole varietà di figure contrattuali.

 Rientrano nell'ambito turistico una serie di "piccoli contratti" quali l'ormeggio oppure la locazione di attrezzature varie, dalla tavola da surf all'ombrellone, e anche altri contratti, come il trasporto o l'albergo, che si intersecano con questa materia ma non hanno per forza finalità turistica: infatti si può viaggiare o sostare in albergo anche per lavoro, per questioni di salute o per altre ragioni.

Nel sistema dei contratti turistici assume un ruolo centrale la disciplina oggi racchiusa nel codice del turismo, d.lgs. 79/2011, allegato 1, negli artt. 32 e seguenti, che, come abbiamo avuto modo di anticipare nell'unità precedente, ha abrogato e sostituito la previgente disciplina sui "servizi turistici" contenuta nel codice del consumo (artt. 82-100).

Nel capo intitolato "Contratti del turismo organizzato" viene, infatti, dettata una serie di norme da applicare ai **pacchetti turistici** venduti oppure offerti in vendita "a chiunque nel territorio nazionale" da quelle **figure professionali**, *che il codice identifica come l'organizzatore e l'intermediario.* Queste norme riguardano anche i pacchetti turistici negoziati **al di fuori dei locali commerciali** o **a distanza**, nell'ambito di televendite oppure dell'e-commerce accedendo direttamente ai portali delle aziende ecc.

Non si tratta, come si è detto, di una disciplina che esaurisce il multiforme panorama delle figure contrattuali del mondo del turismo. Tuttavia, per il modo stesso in cui si compone il "pacchetto", e per il fatto che in esso possono intrecciarsi – come vedremo – tutti gli aspetti tipici di una vacanza (il viaggio, il soggiorno e altri servizi diversi legati alla fruizione della vacanza stessa), questa disciplina finisce per sommare in sé, nella prospettiva del contratto, tutti i caratteri più tipici del mercato dei viaggi e delle vacanze.

È lo stesso codice del turismo a fornire la definizione delle **figure professionali** che agiscono su tale mercato.

Per **organizzatore di viaggio** si intende il soggetto che *si obbliga*, in nome proprio e verso corrispettivo forfetario, *a procurare a terzi pacchetti turistici* oppure a offrire al turista, anche tramite un sistema di comunicazione a distanza, la possibilità di realizzare da sé e acquistare quell'insieme combinato di prestazioni e servizi che compongono il pacchetto stesso (art. 33 cod. tur.).

ORGANIZZATORE DI VIAGGIO

L'organizzatore può vendere pacchetti turistici direttamente, o tramite un venditore o tramite un **intermediario**.

INTERMEDIARIO

L'**intermediario** è colui che, anche non professionalmente e senza scopo di lucro, *vende o si obbliga a procurare a terzi*, verso un corrispettivo forfetario, pacchetti turistici o singoli servizi turistici disaggregati.

Le figure professionali del mercato turistico

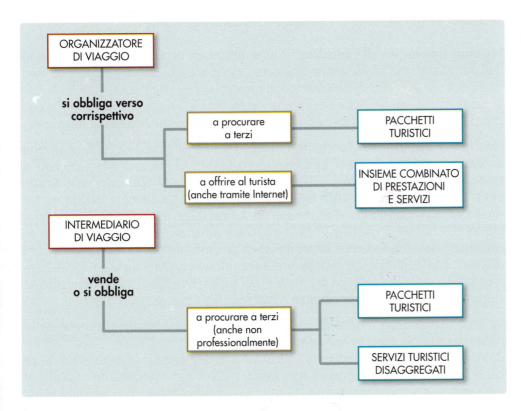

L'organizzatore e l'intermediario, dunque, sono coloro i quali "vendono" oppure "offrono in vendita" pacchetti turistici. È il legislatore stesso a usare queste espressioni. Il richiamo alla nozione di "vendita" va però inteso correttamente per evitare accostamenti impropri o eccessive semplificazioni che possano rivelarsi sbagliate.

C'è un'idea spontanea che ci spinge a definire "vendita" ogni scambio per il quale otteniamo qualcosa contro pagamento di una somma di denaro.

ESEMPIO Noi tutti diciamo di avere *comprato* il biglietto del treno; o diciamo che il bigliettaio ce l'ha *venduto*. Può sembrare che qualcosa di simile accada, per esempio, nell'art. 35 c. 2 cod. tur., dove si dispone che il venditore che si obbliga a procurare a terzi, anche in via telematica, un servizio turistico disaggregato è tenuto a rilasciare al turista i documenti relativi a questo servizio. Attenzione, però: a nessuno (se non è un collezionista!) interessa il biglietto in sé. Noi acquistiamo il diritto a essere trasportati, alloggiati e così via, e il documento serve solo a legittimarci come fruitori della prestazione.

Tutto ciò, per quanto banale, serve a capire che solo impropriamente si può accostare la "vendita" dei pacchetti turistici alla comune *vendita* degli artt. 1470 e seguenti del codice civile, definita – lo abbiamo già studiato – come *il contratto che ha per oggetto il trasferimento della proprietà di una cosa o di un altro diritto verso un corrispettivo*.

La "vendita" del pacchetto turistico avviene certamente dietro corrispettivo di un prezzo, ma *ciò che l'acquirente intende procurarsi non è la disponibilità materiale e giuridica di un oggetto* – come di solito avviene quando compriamo un libro, un computer, una casa – bensì quell'**insieme di prestazioni**, *che congiuntamente formano appunto il "pacchetto"* e che, considerate isolatamente, potrebbero ciascuna costituire l'oggetto di altri contratti diversi e distinti, e talvolta tipici (per esempio, un contratto di trasporto). Ciò rende evidente, come si è già detto, che il termine "vendita" va qui inteso in un significato del tutto particolare.

Nuove tipologie di vendita Come abbiamo detto, la disciplina dettata dall'art. 32 cod. tur. presta anche maggiore attenzione alle nuove tipologie di "vendita", nonché ai mezzi di comunicazione informatica e telematica, stabilendo che le sue disposizioni, oltre che alle vendite "tradizionali", si applicano anche "ai pacchetti turistici negoziati (cioè venduti) fuori dai locali commerciali o a distanza".

Nel caso di acquisto del pacchetto turistico tramite Internet, o con altro sistema di comunicazione a distanza, perché si abbia la vendita nel territorio nazionale di esso, prevista dal 1° comma dell'articolo 32 del d.lgs. 79/2011 come condizione per la sua applicabilità, è sufficiente che l'acquirente-consumatore risieda nel territorio italiano. Questo lo si deduce dall'art. 63 del d.lgs. 206/2005 (come abbiamo già detto le norme del codice del turismo vanno integrate con quelle del codice del consumo) che stabilisce che la competenza processuale per le controversie civili derivanti dall'applicazione delle norme sui contratti conclusi fuori dai locali commerciali e a distanza è quella del giudice del luogo di residenza o di domicilio del consumatore e che tale competenza è inderogabile dalle parti.

La particolarità della vendita di pacchetti turistici viene considerata anche da un punto di vista dei soggetti coinvolti.
Come abbiamo visto, il codice del turismo (art. 33) amplia la definizione di organizzatore di viaggio, il quale è non soltanto colui che direttamente combina gli elementi del pacchetto turistico, ma è anche chi offre al turista la possibilità di rea-

lizzare autonomamente e acquistare tale combinazione. Nella pratica sono sempre più frequenti i casi di pacchetti turistici, individuali o di gruppo, che sono definiti "**tailor-made**" (fatti su misura), *cioè confezionati da parte di agenti di viaggio su espressa richiesta del committente*.

Dal punto di vista operativo l'agenzia di viaggi o il tour operator (organizzatore di viaggio) che realizzano tale modalità organizzativa sono individuati nella prassi con il nome di tour organizer.

L'utilizzo di Internet da parte del consumatore-turista rende spesso più agevole la costruzione del proprio pacchetto turistico personalizzato, ma non sempre la costruzione è pienamente libera e autonoma in quanto spesso il ruolo dell'organizzatore è comunque decisivo nell'indirizzare l'acquirente verso la combinazione del pacchetto turistico.

La nuova definizione di organizzatore consentirà l'estensione delle tutele assicurate dalla disciplina normativa anche a tale ipotesi e impedirà all'organizzatore di sottrarsi alle connesse responsabilità. L'accento posto sulla possibilità che sia il turista a combinare gli elementi del pacchetto rende, inoltre, più chiaro che la figura del venditore, oggi ribattezzato intermediario, è eventuale. Il contatto diretto tra organizzatore e turista, già contemplato dal previgente art. 83 c. 2 cod. cons., è destinato a diventare sempre più frequente.

La trasformazione del venditore in intermediario non è solo terminologica, ma si accompagna a una modifica di tipo sostanziale, dovuta alla volontà di aderire maggiormente alle definizioni della normativa internazionale e chiarire alcuni dubbi sorti sotto la precedente normativa. È infatti intermediario anche colui che vende o si obbliga a procurare i pacchetti turistici, non professionalmente e senza scopo di lucro. Tale novità chiarisce che può essere considerato venditore (*meglio* intermediario) di un pacchetto turistico anche l'ente *non profit* che si assuma la responsabilità della messa a disposizione del pacchetto turistico. Il chiarimento appare opportuno anche per la tendenza, sempre più frequente, all'acquisto dei pacchetti turistici *tramite Internet*, dove gli intermediari non sempre svolgono l'attività relativa ai pacchetti turistici come attività professionale principale, ma si limitano a una messa in contatto dell'organizzatore con il turista.

② La nozione di "pacchetto" turistico

La disciplina dei contratti del turismo organizzato ruota intorno al concetto di **pacchetto turistico**.

COMBINAZIONE DI ELEMENTI

Soffermiamoci sulla nozione di "pacchetto". Nel linguaggio corrente il pacchetto è l'involucro che contiene il prodotto; il termine può essere riferito a qualsiasi prodotto, che si tratti di un bene materiale o immateriale: dal pacchetto di biscotti al pacchetto azionario di una società quotata in borsa. Il termine pacchetto si impiega anche in riferimento a un insieme di atti normativi.

ESEMPIO Vi sarà già capitato di sentir annunciare, che il governo ha adottato un "pacchetto liberalizzazioni" o che il parlamento ha votato un "pacchetto" anticriminalità o per favorire l'occupazione giovanile. Nel primo pacchetto troveranno posto misure in tema di esercizi commerciali, tariffe degli avvocati, licenze dei taxi, vendita dei farmaci nei supermercati; nel secondo, nuove figure di reato, disposizioni sulle carceri, dotazioni di mezzi per le forze di polizia; nel terzo, vari incentivi per l'assunzione dei giovani.

In questo senso, possiamo dire che "**pacchetto**" è un *gruppo di elementi che stanno insieme perché servono a uno scopo unitario*. Qualcosa di molto simile vale anche per il pacchetto turistico, di cui l'art. 34 cod. tur. ci fornisce la definizione.

PACCHETTO TURISTICO

Il **pacchetto turistico** ha a oggetto i viaggi, le vacanze, i circuiti tutto compreso, le crociere, risultanti dalla *combinazione* (da chiunque e in qualunque modo realizzata) *di almeno due dei seguenti elementi venduti oppure offerti in vendita a un prezzo forfetario*: trasporto, alloggio, servizi turistici non accessori al trasporto o all'alloggio che costituiscano, per la soddisfazione delle esigenze ricreative del turista, parte significativa del pacchetto turistico.

ESEMPIO Chi acquista un pacchetto turistico per le città imperiali del Marocco potrà usufruire, oltre che del trasporto aereo, dei trasferimenti interni, del soggiorno in hotel, di visite guidate, dell'assistenza di una guida durante tutto il viaggio.

La formulazione dell'art. 34 cod. tur. presenta importanti **novità** rispetto alla normativa precedente. Vediamo quali sono.

a) Entrano a far parte del pacchetto turistico le **crociere turistiche**, che la precedente normativa non nominava e che, per molto tempo, sono state considerate un contratto misto non sempre appartenente a questa categoria; *ora la norma considera la crociera un pacchetto turistico con la sostanziale equiparazione della tutela del crocerista a quella di qualsiasi altro turista in caso di disservizi imputabili all'organizzatore del viaggio*. Per i crocieristi il trasporto rimane un elemento essenziale ma *non rappresenta lo scopo del contratto*, che, invece, consiste nella realizzazione di un viaggio per finalità ricreative, e comprende oltre al trasferimento, al vitto e all'alloggio, anche varie opportunità di svago quali intrattenimento, sale da gioco, attività sportive, escursioni a terra. Tuttavia la particolarità della prestazione del trasporto marittimo, inclusa nel contratto, comporta alcuni adattamenti del contratto di crociera in quanto vanno considerate anche le norme del codice della navigazione.

Il pacchetto turistico

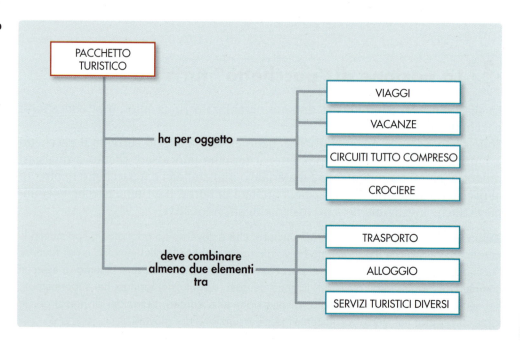

b) Vengono eliminati dalla definizione di pacchetto turistico il tempo minimo di viaggio e la durata minima; il codice del consumo (art. 84 c. 1) richiedeva una durata del viaggio, vacanza o circuito "tutto compreso" superiore alle ventiquattro ore, ovvero comprendente almeno una notte; ora anche le **escursioni giornaliere**, che possono a volte essere anche molto costose, rientrano nella fattispecie di pacchetto turistico offrendo una migliore protezione al turista e un'adeguata salvaguardia del cosiddetto "turismo motivazionale", cioè quello che consiste nel viaggio ispirato da un particolare interesse o motivazione; ESEMPIO rientrano in questo ambito il tifoso che acquista un trasporto aereo e un biglietto per una finale di calcio o una competizione olimpica, gli appassionati che vogliono assistere a un concerto ecc. Pertanto, il tour operator e/o l'agente di viaggio dovranno prestare particolare attenzione ai motivi individuali che spingono il turista-consumatore all'acquisto del viaggio, dovranno informarsi e informare il turista, per evitare di incorrere in responsabilità per inadempimento qualora qualcosa non dovesse funzionare con conseguente responsabilità dell'organizzatore e/o dell'intermediario che non abbiano debitamente considerato e non si siano sufficientemente informati sui motivi individuali di chi acquista il pacchetto turistico.

c) La definizione risulta più ampia rispetto a quella della precedente normativa dal punto di vista oggettivo, in quanto consente di qualificare "pacchetto turistico" anche la **combinazione** *dei servizi realizzata dal turista mediante Internet* e, in particolare, attraverso siti telematici che propongono offerte di volo e soggiorno, oppure volo e noleggio auto. Questo anche in relazione alla nuova definizione da un punto di vista soggettivo di organizzatore di viaggio che, come abbiamo visto sopra, consente di intendere tale anche chi offre "al turista, anche tramite un sistema di comunicazione a distanza, la possibilità di realizzare autonomamente ed acquistare tale combinazione" (art. 33 c. 1 lett. a).

Lo scopo turistico del contratto   Il pacchetto turistico è una combinazione di elementi distinti. Qual è, poi, il loro scopo unitario? Parte della risposta si trova nella definizione che abbiamo dato in precedenza: lo scopo è la *soddisfazione delle esigenze ricreative del turista* (art. 34 lett. c).

Per capire l'importanza di questo aspetto occorre richiamare brevemente alcune nozioni generali. Acquistando il pacchetto turistico, il turista diventa creditore di prestazioni; e la prestazione, oggetto dell'obbligazione, deve rispondere a un interesse del creditore che può essere *patrimoniale* oppure *non patrimoniale* (art. 1174 cod. civ.).

ESEMPIO Chi partecipa a un tour nella valle dei Re, in Egitto, di norma, vorrà soddisfare un interesse di questo secondo tipo, non patrimoniale: svagarsi e approfondire la conoscenza di una civiltà antica e misteriosa. Magari, come nei viaggiatori di certi romanzi di un tempo, cercherà i benefici di un clima caldo per curare i propri acciacchi. Oppure tenterà di riassaporare l'atmosfera di un viaggio compiuto anni prima con il coniuge, per ritrovare le ragioni affettive di un rapporto traballante...

Queste divagazioni più o meno fantasiose hanno lo scopo di far riflettere sul fatto che, quando una prestazione diretta a soddisfare un bisogno non patrimoniale si cala in un contesto contrattuale (la vendita del pacchetto turistico), può diventare sottile il confine tra la causa del contratto e i motivi, cioè *le ragioni soggettive per*

le quali una persona decide di effettuare una determinata operazione che, come sappiamo, sono irrilevanti sul piano giuridico.

Rispetto ai contratti turistici, tuttavia, i nostri giudici hanno più volte precisato che la "finalità turistica" (o lo "scopo di piacere") non è un motivo irrilevante, ma *coincide con l'interesse che il contratto mira a soddisfare.* Tale interesse – di svago, di relax, di cultura – riguarda, dunque, la **causa** del contratto piuttosto che i motivi e determina perciò la natura dei servizi finalizzati a realizzare lo scopo vacanziero, che sono alla base della scelta di acquistare quello specifico pacchetto turistico e non un altro (per esempio, Cass. n. 16315/2007).

Si tratta di un punto non facile da definire, perché impone di trovare un giusto equilibrio tra due estremi: se da un lato, infatti, non si può ritenere che il turista abbia sempre il diritto a vedere realizzata ogni aspettativa, anche capricciosa ed eccentrica, riposta nel viaggio (sì che possa lamentarsene se l'attesa viene delusa), dall'altro, non si può ignorare il fine ultimo che il turista si ripromette quando parte per una vacanza, non si può ridurre quest'ultima a una fredda conta di prestazioni di trasporto, alloggio ecc. senza considerare lo scopo di piacere o turistico che tiene insieme queste varie componenti.

Allo stesso tempo, *lo scopo turistico è un punto di centrale importanza, che ha diverse e dirette ripercussioni sulla valutazione dell'esatto adempimento del contratto.*

L'ADEGUATEZZA DELLE SOLUZIONI ALTERNATIVE **Le adeguate soluzioni alternative**   In particolare, in base ai commi 4 e 5 dell'art. 41 cod. tur., quando, a partenza avvenuta, una parte essenziale dei servizi previsti dal contratto non può essere effettuata, l'organizzatore ha l'obbligo di predisporre **adeguate soluzioni alternative** per la prosecuzione del viaggio, senza costi aggiuntivi. Oppure deve rimborsare al viaggiatore una parte del prezzo, salvo il risarcimento del danno. Se, invece, non è possibile alcuna alternativa o il turista non la accetta per un giustificato motivo, l'organizzatore deve mettergli a disposizione un mezzo di trasporto per il ritorno, restituendo anche qui una parte del prezzo. Vediamo nella pratica che cosa accade.

ESEMPIO Se nel corso di una crociera un'escursione "salta" irreparabilmente per una causa di forza maggiore, il viaggiatore ha diritto a un rimborso parziale, pari alla differenza di prezzo tra le prestazioni promesse e quelle effettuate (Trib. Genova, 19 febbraio 2007); una riduzione anche maggiore spetta a chi, avendo acquistato un soggiorno "tutto compreso" in un'assolata spiaggia del Mediterraneo, non abbia poi potuto fare il bagno per l'inquinamento provocato da una petroliera e non abbia neppure beneficiato di un'adeguata collocazione sostitutiva.

È evidente che, nel giudizio sull'"adeguatezza" delle alternative, un ruolo centrale è svolto dallo scopo turistico perseguito in origine. Naturalmente, il turista rimane libero di accettare un cambio di programma radicale. Tuttavia, sarebbe da parte sua *giustificato* il rifiuto di un'alternativa che non lo portasse più a soddisfare le sue specifiche finalità di svago, cultura, piacere.

ESEMPIO Se nell'isola che ha scelto come meta del viaggio è scoppiata un'epidemia, il turista può accettare di essere dirottato in un luogo diverso, ma può anche chiedere di sciogliere il contratto (Cass. n. 16315/2007).

3 Il turista e il suo diritto a essere informato

Per **turista** (cioè chi viaggia per piacere) si intende l'*acquirente* del pacchetto turistico, "il *cessionario di un pacchetto turistico o qualunque persona anche da nominare*, che soddisfi tutte le condizioni richieste per la fruizione del servizio, per conto della quale il contraente principale si impegna ad acquistare senza remunerazione un pacchetto turistico" (art. 33 lett. *c* cod. tur.).

TURISTA COME ACQUIRENTE DEL PACCHETTO TURISTICO...

Quanto al cessionario del pacchetto turistico, va detto che per la **cessione** del contratto il codice civile richiede il consenso dell'altro contraente (art. 1406 cod. civ.). Il codice del turismo sembra fare a meno di questo consenso, ma pone altri limiti:

... CESSIONARIO DEL PACCHETTO TURISTICO...

- chi subentra deve possedere i requisiti richiesti per la fruizione del servizio; **ESEMPIO** se si tratta di affrontare un viaggio al di fuori dei confini dell'Ue, la persona deve essere in possesso di un passaporto valido per l'espatrio;
- la cessione è subordinata a una comunicazione formale e a una condizione di impossibilità del contraente originario: egli deve, infatti, avvisare per iscritto l'organizzatore o l'intermediario, entro e non oltre *4 giorni* prima della partenza, di trovarsi nell'impossibilità di usufruire del pacchetto turistico e comunicare le generalità del cessionario.

Nonostante la cessione, *anche l'acquirente originario resta obbligato al pagamento del prezzo e delle spese ulteriori eventualmente derivanti dalla cessione* (art. 39 cod. tur.).

Il turista può essere poi una "persona da nominare". Con questa espressione il codice del turismo sembra alludere al contratto per persona da nominare regolato nel codice civile: in base agli art. 1401 e seguenti cod. civ., infatti, alla conclusione del contratto, una parte può riservarsi la facoltà di nominare successivamente la persona che deve acquistare i diritti e assumere gli obblighi nascenti dal contratto stesso; in mancanza della nomina, il contratto resta fermo tra le parti originarie. Il codice civile prevede, ancora, che tale dichiarazione di nomina debba essere comunicata all'altro contraente entro *3 giorni* dalla stipulazione, se le parti non hanno previsto un termine diverso (art. 1402 cod. civ.). Rispetto alla libertà di nomina, il codice del turismo aggiunge una restrizione naturalmente connessa a questo particolare tipo di contratto: anche qui *la persona nominata deve possedere i requisiti richiesti per partecipare al viaggio o alla vacanza*.

... PERSONA DA NOMINARE...

Il turista, come si è già avuto modo di precisare, è tipicamente un consumatore. E, sebbene l'intermediario sia definito come un soggetto che potrebbe agire anche non professionalmente, l'organizzatore-venditore di pacchetti turistici è di norma

... CONSUMATORE

LAVORO SUL CASO

Immagina di voler organizzare la tua prossima vacanza con gli amici in un Paese extraeuropeo; per decidere la destinazione da proporre, prova a raccogliere informazioni riguardanti le formalità necessarie per visitare alcune mete extraeuropee a tua scelta, prestando particolare attenzione alle con-

dizioni sanitarie e di sicurezza che come ipotetico "organizzatore" hai l'obbligo di segnalare ai partecipanti.

- Per la ricerca dei dati puoi collegarti al sito **www.viaggiaresicuri.it** e riassumere tutte **le informazioni raccolte in una tabella.**

un professionista (vedi sentenza Cass. n. 5007/2005). Si spiega così il comma 3 dell'art. 32 cod. tur., il quale rinvia, per quanto non previsto dalla disciplina di settore, alle disposizioni del d.lgs. 206/2005, ossia al codice del consumo.

OBBLIGHI INFORMATIVI **Le informazioni al turista**   Proprio seguendo l'esempio della disciplina sulla corretta informazione del consumatore, a tutela del viaggiatore e nel più generale interesse a una leale concorrenza nel mercato turistico, il legislatore impone una fitta serie di **obblighi informativi** a carico degli operatori del settore.
In particolare, l'art. 37 cod. tur. stabilisce che il turista deve ricevere:

- una serie di informazioni durante le trattative e, comunque, prima della conclusione del contratto, su passaporto, visto, obblighi sanitari e relative formalità;
- altre informazioni (sempre scritte) prima dell'inizio del viaggio riguardanti gli orari, le coincidenze, gli scali intermedi, i recapiti telefonici utilizzabili in caso di necessità (un disguido, la richiesta di un chiarimento, lo smarrimento di un documento; non ultimi i problemi legati alle "turbolenze" del Paese di destinazione).

LAVORO SUL CASO

Michele prenota un viaggio in Kenya. Il tour operator fornisce tutta una serie di informazioni su itinerari, voli, escursioni, alloggio, ma non gli dà alcuna informazione sui visti necessari e sulla profilassi sanitaria da seguire. Michele si mette in viaggio. Dopo una settimana, contrae una malattia tropicale che gli impone la sospensione del viaggio e il rientro anticipato in Italia con mezzi messi a disposizione gratuitamente dal tour operator. Michele si domanda se possa ottenere un risarcimento danni dal tour operator sia per la malattia, sia per non aver potuto portare a termine il viaggio come era stato programmato.

- **Che cosa possiamo rispondergli?**

A tale riguardo, il sito dell'Unità di crisi del Ministero degli esteri fornisce notizie aggiornate sui vari paesi del mondo e altri avvisi che è bene conoscere prima di mettersi in viaggio. Va da sé che un quadro sulla condizione del Paese di destinazione dev'essere fornito anzitutto dall'organizzatore, che può essere chiamato a rispondere dei danni se la vacanza risulti rovinata a causa dei disordini legati alla precaria situazione politica del luogo (Trib. Rimini, 28 dicembre 2005).

OPUSCOLO INFORMATIVO Altre e più complete informazioni sono contenute nell'**opuscolo informativo** previsto dall'art. 38, di cui parleremo più avanti; queste devono servire:

- a orientare il turista prima e dopo la stipulazione;
- a vincolare l'intermediario e l'organizzatore, in quanto le informazioni fornite concorrono a definire il contenuto delle prestazioni che essi si sono obbligati ad adempiere.

4 Vendita del pacchetto: forma e contenuto

FORMA SCRITTA **Forma del contratto**   Il contratto di vendita del pacchetto turistico deve essere stipulato in **forma scritta** e il turista ha il diritto di averne una copia, sottoscritta dall'organizzatore o venditore (art. 35 cod. tur.).
Lo stesso articolo precisa che tale contratto deve essere redatto "in termini chiari e precisi". Poiché è normale che simili contratti siano predisposti dal professionista in via unilaterale, questo obbligo di chiarezza si lega all'art. 35 cod. cons.: nel

Contratto di compravendita in ambito turistico | Documento

caso di contratti le cui clausole (tutte o alcune) siano proposte al consumatore per iscritto, esse devono essere messe nero su bianco in modo chiaro e comprensibile e, in caso di dubbio, prevale l'interpretazione più favorevole al consumatore (è un principio che già si trova espresso in via generale nell'art. 1370 cod. civ.).

Contenuto   Quanto al **contenuto** (art. 36 cod. tur.), il contratto deve riportare con precisione:

CONTENUTO

- i *dati identificativi dell'organizzatore* (o dell'*intermediario*) che sottoscrive il contratto e quelli del vettore (qualora il pacchetto includa un trasporto aereo);
- i mezzi, le caratteristiche e le tipologie del *trasporto* e del posto assegnato;
- il *prezzo* del pacchetto;
- la *destinazione* e la *durata* della vacanza;
- la data, il luogo e l'ora della *partenza* e del *ritorno*;
- i dati dell'eventuale *sistemazione in albergo* (ubicazione, categoria turistica, livello specificando se la struttura sia idonea all'accoglienza di persone disabili);
- gli estremi della *copertura assicurativa obbligatoria* e delle *ulteriori polizze convenute* con il turista;
- i *servizi complementari* inclusi nel pacchetto: visite, escursioni con o senza accompagnatori e altri servizi; ESEMPIO possono essere tali l'acquisto di un trattamento estetico o di un ciclo di massaggi, di lezioni di balli caraibici oppure lezioni di lingua, la prenotazione di un posto a sedere per assistere alla sfilata dei carri al carnevale di Rio ecc.;
- il termine entro cui il turista deve essere informato dell'*annullamento* del viaggio per la mancata adesione del numero minimo dei partecipanti eventualmente previsto;
- termine entro il quale il turista deve presentare *reclamo per l'inadempimento* o l'*inesatta esecuzione* del contratto.

Particolare attenzione è rivolta alla chiara determinazione del **prezzo**. In particolare, oltre al costo vero e proprio del pacchetto turistico, *vanno indicati nel contratto l'importo dei diritti e delle tasse sui servizi di atterraggio, sbarco e imbarco nei porti e negli aeroporti e gli altri oneri posti a carico del turista* (lett. *c*). In effetti, benché questi esborsi non siano diretti a remunerare l'attività degli operatori turistici (non siano cioè *controprestazioni*), incidono sul costo-vacanza complessivamente percepito e sostenuto dal turista. Egli deve, perciò, conoscerne prima l'importo per decidere con maggiore cognizione di causa e per ridurre il rischio di contestazioni successive.

PREZZO

Nel contratto deve poi essere indicato (lett. *d*) l'importo degli **anticipi** versati all'atto della prenotazione, che non devono comunque superare il 25% del prezzo, nonché il termine per il saldo finale. L'anticipo, si precisa, vale come **caparra**; ma gli effetti di cui all'art. 1385 cod. civ. non si producono qualora il recesso dipenda da fatto sopraggiunto non imputabile, ovvero sia giustificato dal grave inadempimento della controparte.

CAPARRA

A certe condizioni (e se espressamente prevista nel contratto) è possibile la **revisione** del prezzo forfetario di vendita del pacchetto a causa, per esempio, della variazione del costo del trasporto o del carburante. Il rialzo:

REVISIONE DEL PREZZO DI VENDITA

- non può comunque avvenire nei *20 giorni* che precedono la partenza;
- in ogni caso non può essere superiore al 10% del prezzo originario.

Nel mese di marzo Lorenzo e Sara prenotano un viaggio di una settimana alle Canarie al prezzo di 2.200 euro, trattamento all-inclusive. Un mese prima della partenza, viene loro richiesto il versamento di ulteriori 200 euro a titolo di "adeguamento carburante". Il venditore spiega che l'aumento è dovuto a un'impennata del prezzo del petrolio sui mercati internazionali, che ha spinto i vettori aerei a ritoccare le tariffe dei propri servizi. Sara si arrabbia e dichiara che non intende pagare e vuole chiedere l'annullamento del contratto.

- **Lo può fare?**
- **La risposta sarebbe stata differente se la comunicazione fosse giunta ai coniugi solo due settimane prima della partenza?**

Altrimenti l'acquirente può recedere dal contratto e avere il rimborso delle somme già date (art. 40 cod. tur.).

TERMINE PER LA COMUNICAZIONE DELL'ANNULLAMENTO DEL VIAGGIO

Tra le altre possibili clausole, il contratto potrebbe contenere l'indicazione del *termine entro cui il turista deve essere informato dell'annullamento del viaggio* per la mancata adesione di un numero minimo di partecipanti (art. 36 lett. *l* cod. tur.). A seconda di come è congegnata, una simile clausola può tradursi in una **condizione sospensiva** o, più probabilmente, **risolutiva** (se e quando non dovesse raggiungersi il numero minimo di viaggiatori, il contratto si intende risolto). Condizione lecita, in quanto non meramente potestativa ma legata a oggettive esigenze organizzative dell'operatore turistico.

ESTREMI DELLA COPERTURA ASSICURATIVA

Il contratto deve contenere gli estremi della **copertura assicurativa** (obbligatoria) e di eventuali polizze facoltative. Va ricordato che, in base all'art. 50 cod. tur. l'organizzatore e l'intermediario devono essere assicurati per la responsabilità civile a favore del turista. È senz'altro una previsione opportuna, in quanto costui potrebbe essere indotto a sottostimare i rischi di danni e, se non ci fosse un obbligo assicurativo generalizzato, il viaggiatore medio si orienterebbe probabilmente verso gli operatori che, non siglando polizze, riuscirebbero a garantire prezzi più concorrenziali, salvo poi non essere in grado di far fronte a tutti i risarcimenti in caso di danni particolarmente cospicui.

TERMINE PER IL RECLAMO

Infine, il contratto deve indicare il termine entro cui il turista deve presentare **reclamo** per l'inadempimento o l'inesatta esecuzione del contratto (art. 36 lett. *o* cod. tur.).

Una giovane coppia prenota il viaggio di nozze alle isole Fiji. Prima della partenza, il tour operator telefona allo sposo e gli comunica che il villaggio in cui avevano prenotato il soggiorno non è più disponibile e che, quindi, verranno alloggiati in un residence poco lontano. Lo sposo, dopo aver sentito la compagna, decide di non accettare la modifica proposta, perché il nuovo residence non assicura tutti gli standard che erano stati inizialmente richiesti. Chiede, dunque, l'annullamento del contratto e la restituzione della caparra versata. Il tour operator risponde che non verrà restituita alcuna caparra, data la scelta unilaterale del cliente di rinuncia al viaggio.

- **Chi ha ragione?**

Le polizze viaggi

In una polizza viaggi le garanzie assicurative sono mirate a tutelare l'assicurato (turista o viaggiatore) dalle conseguenze economiche dei molti imprevisti e problemi in cui si può incappare, quando si intraprende un viaggio o si fa una vacanza.

Normalmente nei pacchetti di viaggio "tutto compreso" viene offerta una polizza assicurativa di base, che il consumatore, a sua discrezione, è libero di integrare con ulteriori garanzie aggiuntive oppure acquistando separatamente un'altra polizza.

Sul mercato sono disponibili diversi prodotti che coprono i rischi derivanti da una serie di eventi "dannosi". Vediamo quali sono le coperture assicurative più ricorrenti.

Annullamento, riprotezione e interruzione del viaggio

Questa copertura assicurativa (che può contenere uno soltanto o tutti i rischi in questione) garantisce al consumatore il rimborso dei corrispettivi versati e dei costi sostenuti nel caso in cui sia costretto a rinunciare al viaggio o al rientro anticipato, per eventi fortuiti o cause di forza maggiore.

La garanzia "**annullamento**" opera nei casi in cui si verifichino imprevisti come l'infortunio, la malattia o il decesso di un familiare, che rendono impossibile la partenza: l'assicurazione rimborserà al consumatore le somme perdute a titolo di penale, il cui importo può variare a seconda che si tratti della sola caparra (massimo il 25% del prezzo complessivo) o dell'intero prezzo pattuito per il pacchetto turistico (annullamento a saldo avvenuto).

La garanzia "**riprotezione**" si riferisce al ritardato arrivo sul luogo di partenza, che in genere comporta la necessità di riorganizzare il trasporto; copre in tutto o in parte le spese sostenute per l'acquisto di nuovi biglietti aerei o marittimi in caso di ritardato arrivo del viaggiatore sul luogo di partenza.

La garanzia "**interruzione del viaggio**" opera in caso di rientro sanitario, rientro anticipato o ricovero del viaggiatore, rimborsando la quota parte di soggiorno non usufruito dall'assicurato e dai compagni di viaggio inseriti in polizza.

Infortuni e malattie

Questo tipo di copertura garantisce il pagamento di un indennizzo, nei limiti dei massimali previsti in polizza, qualora l'assicurato subisca danni derivanti dall'insorgere di malattie o dal verificarsi di infortuni durante un viaggio o una vacanza.

L'assistenza

È una garanzia integrativa che copre particolari situazioni come il caso di smarrimento o furto dei documenti di viaggio e/o personali e del denaro contante o delle carte di credito. Possono esservi coperture relative al caso di arresto e per il deposito cauzionale penale che rientrano nella garanzia "tutela legale", oppure il rientro anticipato per gravi motivi familiari ed altre circostanze impreviste che richiedano assistenza legale, linguistica ed economica. È normalmente prevista anche l'assistenza medica, comprensiva anche di un call center telefonico.

Assicurazioni per il bagaglio

Questo tipo di polizze tutela l'assicurato dai danni economici derivanti da tutti quegli eventi dannosi che possono riguardare il bagaglio, sia imbarcato, sia a mano: furto, rapina, incendio o mancata riconsegna del bagaglio da parte del vettore. Le assicurazioni bagaglio generalmente coprono le spese sostenute per acquisti di prima necessità in conseguenza dell'evento dannoso.

Occorre anche ricordare che il bagaglio è oggetto di specifica tutela nel trasporto aereo, in caso di ritardata consegna, smarrimento o danneggiamento, in base alla quale sono già previsti rimborsi e risarcimenti che possono essere richiesti a prescindere dall'avere o meno stipulato polizze assicurative, appunto dette aggiuntive.

Esatta esecuzione del contratto

ESATTA ESECUZIONE

È liberato l'operatore turistico che esegue esattamente le prestazioni promesse al cliente: ma che cosa vuol dire "esatta" esecuzione? Non è una domanda dalla risposta scontata.

> In linea di principio, **eseguire esattamente** il contratto significa *adempiere in modo preciso e completo alle prestazioni che formano il suo oggetto.*

L'organizzatore e l'intermediario eseguiranno esattamente le obbligazioni assunte con la vendita del pacchetto turistico se forniranno al cliente tutti i servizi concordati (e quelli complementari anche impliciti) necessari affinché quest'ultimo possa fruire della vacanza e soddisfare, così, il suo interesse di svago, cultura, relax. Si può discutere se le obbligazioni degli operatori turistici siano di mezzi o di risultato, ma è ragionevole ritenere che, di fronte a un prodotto composto come il pacchetto turistico, le conclusioni che potrebbero trarsi per una singola prestazione potrebbero non valere necessariamente per le altre.

LA DILIGENZA PROFESSIONALE

Prima di tutto, dato che, di norma, agiscono professionalmente sul mercato, gli operatori turistici devono usare la **diligenza tecnica**, richiesta dall'art. 1176 c. 2 del codice civile, che viene valutata in riferimento alla particolare attività svolta.

In secondo luogo, nel calcolare lo sforzo che si può pretendere dall'operatore turistico e, quindi, nel valutare l'esattezza del suo adempimento occorre considerare la particolare natura della **finalità turistica** o **di svago** che, come si è visto, non è un semplice e irrilevante motivo; occorre poi mettere in conto le **legittime aspettative** suscitate dalle informazioni date al turista (si veda, per esempio, Cass.

LE ASPETTATIVE DEL TURISTA

n. 5189/2010). Anche queste, come sappiamo, impegnano chi le ha fornite e non possono essere "ingannevoli" (art. 37 c. 4 cod. tur.). Naturalmente, si tratterà di una valutazione che andrà pesata con cura in riferimento ai singoli casi concreti.

`ESEMPIO` Se in un tratto di mare adatto alla balneazione il turista viene contaminato da un'alga urticante e sviluppa una dermatite che gli guasta la vacanza, non è considerato negligente il tour operator che non abbia previamente informato il turista di una simile eventualità (Cass. n. 15798/2009) perché ogni turista medio sa che simili inconvenienti si possono verificare. Diverso è il caso in cui nel dépliant turistico si faccia ripetutamente riferimento a un'attrattiva naturalistica (la possibilità di osservare da vicino certi animali selvatici) senza precisare che essa non è fruibile nel periodo dell'anno in cui si svolgerà la vacanza (Trib. Milano, 22 aprile 2005).

Nel secondo caso, l'attrattiva reclamizzata deve essere considerata un **elemento rilevante** ai fini della decisione di acquistare quello specifico pacchetto turistico e il colposo (o doloso) silenzio dell'operatore lo espone al risarcimento dei danni.

 ## Responsabilità per danni

RECLAMO

Una volta ritornato dal viaggio, il turista può sporgere reclamo entro **10 giorni** per lamentare disagi e inadempienze (art. 49 cod. tur.).

Più in generale, *ogni mancanza dev'essere tempestivamente segnalata* per dare modo all'organizzatore, al suo rappresentante o all'accompagnatore di porvi subito rimedio, se ciò è possibile.

Il 12 aprile Mara rientra da un viaggio organizzato in Tunisia. Avendo dovuto subire una serie di disservizi durante il soggiorno, ne parla con la sua amica Sonia, che le consiglia di sporgere reclamo scritto evidenziando i servizi di cui non ha usufruito o che non ha potuto utilizzare in modo pieno.
Il 2 maggio Mara consegna il reclamo all'agenzia che le aveva venduto il pacchetto di viaggio.

• **Ha diritto a un risarcimento dei danni?**

Il mancato reclamo non esclude di per sé il diritto al risarcimento dei danni, ma è valutabile ai fini dell'art. 1227 cod. civ., come concorso del fatto colposo del creditore che può ridurre o escludere il risarcimento.

Il codice del turismo (art. 43) dispone che l'organizzatore e l'intermediario sono tenuti a rifondere, secondo le rispettive responsabilità, i **danni** che derivano da:

RISARCIMENTO DEI DANNI

• **mancato adempimento**: per esempio quando un'escursione programmata viene cancellata senza valide ragioni;
• **inesatto adempimento**: per esempio quando la sistemazione in albergo avviene in una struttura di categoria inferiore a quella pattuita.

L'articolo 43 prevede una responsabilità diversificata e non solidale dell'organizzatore rispetto a quella dell'intermediario. Venditore e organizzatore sono pertanto responsabili *per non aver adempiuto* o *per aver adempiuto in modo inesatto agli obblighi derivanti dal contratto* e il consumatore potrà ottenere un **risarcimento monetario** dei danni eventualmente subiti.
La norma specifica però che tale eventualità viene esclusa tutte le volte in cui la prestazione del venditore o dell'organizzatore sia divenuta **impossibile** *per un motivo che non può essere a loro addebitato*, vale a dire quando l'inadempimento:

• è da attribuire al consumatore;
• dipende da un fatto imprevedibile e inevitabile commesso da un terzo estraneo;
• dipende da un caso fortuito o di forza maggiore (calamità naturali, stati di guerra, attentati terroristici ecc.).

In quali casi può sorgere la responsabilità dell'organizzatore?

RESPONSABILITÀ DELL'ORGANIZZATORE

La **responsabilità dell'organizzatore** sussiste sia nei casi di *violazione degli obblighi collegati all'organizzazione*, sia per gli *inadempimenti connessi ai vari servizi* che compongono il pacchetto turistico.

La norma precisa che costituiscono inesatto adempimento tutte le difformità rispetto agli standard qualitativi del servizio.

ESEMPIO Si ha responsabilità dell'organizzatore quando le caratteristiche di un determinato servizio del pacchetto offerto non sono corrispondenti a quelle dei cataloghi illustrativi: l'albergo è di categoria inferiore, la camera non ha la vista sul mare come era stato promesso ecc.

RESPONSABILITÀ DELL'INTERMEDIARIO

Quali possono essere i casi di responsabilità dell'intermediario? L'intermediario è responsabile se non adempie obblighi che le norme espressamente gli impongono:

> la **responsabilità dell'intermediario** deriva dall'*inadempimento* di obblighi informativi (inerenti la partenza, gli orari, le pratiche doganali, i visti di ingresso, le regolarità del passaporto), nonché degli obblighi riguardanti le comunicazioni su circostanze sopravvenute che possano determinare nel turista la volontà di annullare il viaggio.

L'intermediario non è responsabile delle prestazioni promesse dall'organizzatore, ma ha comunque l'**obbligo** di *scegliere con diligenza l'organizzatore del pacchetto turistico che intende vendere*, in quanto, se viene provato che non abbia assunto le cautele necessarie nell'individuazione dell'organizzatore, potrà essere considerato egli stesso responsabile. Occorre precisare, inoltre, che sull'intermediario ricade parte della responsabilità dell'organizzatore anche quando i documenti forniti non consentono al cliente-turista di fare una netta distinzione tra la figura dell'intermediario e quella dell'organizzatore.

RESPONSABILITÀ PER ALTRI PRESTATORI

L'organizzatore o l'intermediatore che si avvale di altri prestatori di servizi è comunque *tenuto a risarcire il danno sofferto dal consumatore, salvo poi il diritto di rivalersi nei confronti dei coloro che hanno prestato il servizio* (albergatore, vettore o comunque terzo prestatore).

ESEMPIO Se durante il soggiorno presso l'hotel incluso nel pacchetto turistico acquistato il turista dovesse riscontrare che la struttura non ha le caratteristiche promesse (scarsa pulizia, camere prive di adeguata aereazione, cibo scadente ecc.), potrà rivolgersi all'organizzatore del viaggio e ottenere un risarcimento per i disagi sofferti, senza la necessità di dovere agire nei confronti dell'albergo stesso; sarà eventualmente l'organizzatore ad agire successivamente contro il proprietario dell'albergo per ottenere quanto speso per il risarcimento.

DANNI ALLA PERSONA

L'art. 44 cod. tur. si occupa, in particolare, di responsabilità per i **danni alla persona**, rinviando alle "norme stabilite dalle convenzioni internazionali, di cui sono parte l'Italia o l'Unione europea, che disciplinano le singole prestazioni che formano oggetto del pacchetto turistico".
È bene sottolineare che le convenzioni internazionali richiamate da questa norma sono caratterizzate dalla loro "temporaneità", nel senso che sono soggette a frequenti evoluzioni e cambiamenti nel tempo per cui sarà necessario verificare le norme in vigore da applicarsi ai vari casi concreti. Per esempio è importante sottolineare al riguardo che la Corte costituzionale con la sentenza n. 75 del 30 marzo 2012 ha dichiarato l'illegittimità costituzionale delle norme che prevedevano un massimale per il risarcimento dei danni subiti dalla persona durante un viaggio organizzato "tutto compreso". La Corte costituzionale ha dichiarato l'illegittimità costituzionale dell'art. 15 del d.lgs. 111/1995 in attuazione della direttiva n. 90/314/Cee che poneva come limite all'obbligo di ristoro dei danni alla persona quello indicato dalla Convenzione internazionale relativa al contratto di viaggio, firmata a Bruxelles il 23 aprile 1970 e ratificata con legge 27 dicembre 1977 n. 1084 (Ccv).

DANNO DA VACANZA ROVINATA

Infine, il codice considera il cosiddetto danno da vacanza rovinata.
Questo aspetto particolare del risarcimento del danno era in precedenza materia di interpretazione da parte dei giudici, soprattutto in seguito alla famosa sentenza

della Corte di giustizia CE, 12 marzo 2002 (causa C-168/00 Leiter contro Tui) che per prima aveva parlato di risarcimento del danno morale. La Corte aveva stabilito che l'art. 5 della direttiva 90/314/Cee concernente i viaggi, le vacanze e i circuiti all-inclusive, dovesse essere "interpretato nel senso che il consumatore ha diritto al risarcimento del danno morale derivante dall'inadempimento o dalla cattiva esecuzione delle prestazioni fornite in esecuzione di un contratto turistico rientrante nel campo di applicazione della direttiva".

Anche in Italia il *danno da vacanza rovinata* è stato oggetto di definizione dalla giurisprudenza come *stress o pregiudizio al benessere psicologico che ogni persona ricerca nell'intraprendere un periodo di vacanza e che le impedisce di conseguire quegli obiettivi di piacere, svago e rigenerazione delle energie psicofisiche che si era prefissata al momento dell'acquisto del pacchetto turistico.*

A tale proposito, l'art. 47 cod. tur. dispone che, se l'inadempimento non è di scarsa importanza, il turista può chiedere, *indipendentemente dalla risoluzione del contratto,* un **risarcimento** "correlato al tempo di vacanza inutilmente trascorso ed all'irripetibilità dell'occasione perduta".

In molte occasioni le aspettative del turista vengono frustrate a causa di carenze o imprecisioni informative riguardanti il livello della qualità dell'alloggio, dei trasporti e dei servizi che non corrispondono allo standard promesso con l'acquisto del pacchetto turistico all-inclusive.

Con la normativa del codice del turismo la **finalità di vacanza** e **di svago** entra a far parte del contenuto del contratto, *costituendone addirittura l'elemento caratterizzante e obbligando l'organizzatore o l'intermediario a garantire la fruizione della vacanza secondo gli accordi conclusi.*
Il mancato godimento della vacanza si configura, dunque, come un **danno** *strettamente legato all'inesatta o alla mancata esecuzione delle obbligazioni derivanti dal contratto di vendita del pacchetto turistico, che legittima il turista a richiedere il risarcimento.*

MANCATO GODIMENTO COME DANNO

Una volta che il turista avrà provato l'inadempimento o l'inesatta esecuzione delle prestazioni oggetto del pacchetto turistico, non di scarsa importanza ai sensi dell'art. 1455 c.c., potrà chiedere, oltre e indipendentemente dalla risoluzione del contratto, un risarcimento del danno correlato al tempo di vacanza inutilmente trascorso e all'irripetibilità dell'occasione perduta.
Per il consumatore-turista sarà sufficiente provare questo inadempimento poiché l'ulteriore danno da vacanza rovinata sarà desumibile dalla mancata realizzazione della finalità turistica e da quanto previsto dal contratto concluso in relazione alle diverse attività e ai diversi servizi, in ragione della loro essenzialità alla realizzazione dello scopo vacanziero e alla soglia minima di tollerabilità. La soglia minima di tollerabilità sarà stabilita di volta in volta dal giudice tenuto conto della **finalità** del viaggio e dell'**essenzialità** di tutte le attività e dei servizi oggetto del pacchetto turistico (confronta in tal senso la sentenza della Corte di cassazione civ. sez. III sent. n. 7256/2012).

OCCASIONE PERDUTA

ESEMPIO Quando la vacanza rovinata è il viaggio di nozze, è ovviamente implicita la "irripetibilità" dell'evento nella vita di quella coppia.

Il consumatore potrà avanzare domanda di risarcimento del danno da vacanza rovinata, per le rispettive responsabilità, al venditore (agenzia di viaggi) e/o all'organizzatore del viaggio (tour operator), che risponderà anche del fatto dei terzi del cui servizio si sia avvalso.

DANNO CAUSATO DA ALTRI PRESTATORI DI SERVIZI

Va poi segnalato che da alcune disposizioni normative (art. 43 c. 2 e art. 48 cod. tur.) si ricava che *l'organizzatore o l'intermediario possono essere chiamati a risarcire il danno sofferto dai clienti anche quando questo è dipeso da altri prestatori di servizi* di cui si è avvalso l'operatore turistico. Questi avrà poi diritto di rivalersi nei confronti dei diretti autori del danno. Si tratta dell'applicazione particolare di un principio più generale, che impone a chi, per adempiere, si avvale dell'opera di ausiliari di rispondere anche dei loro fatti dolosi o colposi (art. 1228 cod. civ.). Inoltre, è evidente l'intento di rendere più agevole la tutela per il danneggiato, che può agire contro l'operatore turistico a lui più vicino (Trib. Marsala, 5 aprile 2007), perché lo conosce e perché è con lui che ha direttamente negoziato, secondo una logica che ricorda la possibilità data dal codice del consumo all'acquirente di agire contro il venditore finale del prodotto, che avrà poi regresso verso il produttore o contro i precedenti anelli della catena distributiva.

Modulo di proposta di polizza | Documento

L'ORGANIZZATORE DI VIAGGIO	• Vende pacchetti turistici direttamente o tramite *intermediari*

IL PACCHETTO TURISTICO	• Consiste in viaggi o vacanze che nascono dalla **combinazione** predeterminata di almeno due dei seguenti elementi:
	  – trasporto
	  – alloggio
	  – servizi turistici non accessori al trasporto o all'alloggio
	• Scopo del contratto turistico è la soddisfazione delle esigenze ricreative del turista

IL TURISTA	• Il turista può essere: **acquirente del pacchetto turistico** — **cessionario del pacchetto turistico** — **una persona da nominare** • La **cessione del pacchetto** turistico può avvenire solo con comunicazione scritta da inviare, almeno 4 giorni prima della partenza, all'organizzatore (o intermediario) specificando le generalità del cessionario, che deve possedere gli stessi requisiti giuridici del cedente; cedente e cessionario sono obbligati in solido • Nel caso di contratto per persona da nominare, la persona nominata deve possedere i requisiti richiesti per poter partecipare al viaggio • Il turista ha diritto a una serie di informazioni elencate nell'art. 37 cod. tur. e contenute in genere in un apposito opuscolo informativo
LA VENDITA DEL PACCHETTO TURISTICO	• Forma e contenuto del pacchetto turistico sono definiti dal codice del turismo • Prezzo del pacchetto turistico e caparra debbono essere indicati nel pacchetto turistico • Variazioni del prezzo sono ammesse solo nei limiti del 10% e solo entro il ventesimo giorno antecedente la partenza • Nel contratto sono altresì riportati eventuali condizioni sospensive e risolutive, gli estremi della copertura assicurativa, i termini per i reclami • L'esatta esecuzione del contratto consiste nell'adempiere in modo preciso con la diligenza professionale richiesta

IL RISARCIMENTO DEI DANNI	• L'organizzatore e l'intermediario devono risarcire i **danni** da:
	
	  mancato adempimento — **inesatto adempimento**
	
	• Può trattarsi di:
	
	  danni alla persona — **danno da vacanza rovinata** — **danno cagionato da altri prestatori di servizi**

VERIFICA
DI FINE UNITÀ

Verifica delle conoscenze

VERO O FALSO

Indica se le seguenti affermazioni sono vere o false.

1 È considerato organizzatore di viaggio anche il soggetto che offre al turista la possibilità di acquistare un pacchetto turistico attraverso il canale Internet ☐V ☐F

2 Le crociere rientrano tra i contenuti del pacchetto turistico ☐V ☐F

3 Il codice del turismo rinvia, per quanto non previsto dalla disciplina di settore, alle disposizioni del d.lgs. 206/2005 ☐V ☐F

4 Il contenuto dell'opuscolo informativo non è vincolante per l'organizzatore del viaggio e per l'intermediario ☐V ☐F

5 Nel contratto di vendita del pacchetto turistico non si specifica il termine entro il quale è possibile presentare un eventuale reclamo ☐V ☐F

6 Gli operatori turistici devono adempiere impiegando la diligenza tecnica ☐V ☐F

7 Solo l'organizzatore ha l'obbligo di assicurarsi per la responsabilità civile a favore del turista ☐V ☐F

8 L'intermediario ha l'obbligo di scegliere con diligenza l'organizzatore del pacchetto turistico che intende commercializzare ☐V ☐F

9 Il danno da vacanza rovinata non è correlato alle aspettative di svago e ricreazione del turista ☐V ☐F

10 La revisione del prezzo del pacchetto può avvenire anche nei 20 giorni prima della partenza ☐V ☐F

CORRISPONDENZE

Metti in relazione gli elementi del primo gruppo con quelli del secondo.

1 Il turista viene sistemato in un hotel di categoria inferiore a quella prenotata

2 Può essere l'acquirente o il cessionario del pacchetto oppure una persona da nominare

3 Vende o si obbliga a procurare a terzi, verso un corrispettivo forfetario, pacchetti turistici o singoli servizi turistici disaggregati

4 Il soggetto che si obbliga, in nome proprio e verso corrispettivo forfetario, a procurare a terzi pacchetti turistici

5 Viene cancellata un'escursione programmata e inclusa nel pacchetto turistico

a intermediario
b organizzatore
c mancato adempimento
d turista
e inesatto adempimento

1	2	3	4	5

COMPLETAMENTO

Inserisci i termini mancanti (attenzione ai distrattori!).

1 Se, a partenza avvenuta, una parte essenziale dei servizi previsti dal contratto non può essere effettuata, l'organizzatore .... predisporre adeguate soluzioni alternative per la prosecuzione del viaggio, ... costi aggiuntivi.

addebitando i; senza; può; deve.

Verifica delle abilità

Completa lo schema.

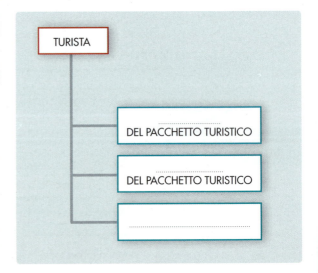

TURISTA

.... DEL PACCHETTO TURISTICO

.... DEL PACCHETTO TURISTICO

....

DI CHE COSA STIAMO PARLANDO?
Rispondi dopo aver letto gli indizi.

1 Consiste nella soddisfazione delle esigenze ricreative, culturali, di svago ....

2 Deve essere stabilito tenendo conto del tempo di vacanza inutilmente trascorso e dell'irripetibilità dell'occasione perduta ....

3 È richiesta per l'esatta esecuzione della vendita del pacchetto turistico ....

4 Fornisce al turista le informazioni sul pacchetto e vincola l'intermediario e l'organizzatore ....

5 Impedisce alla persona di trarre dalla vacanza i vantaggi che si era prefissa ....

CACCIA ALL'ERRORE
Individua e correggi le parole errate.

1 Il pacchetto turistico consiste nella combinazione di almeno tre elementi specificati dalla norma del codice del turismo ....

2 Per considerare il pacchetto turistico acquistato in Internet come venduto in Italia basta che il venditore risieda in Italia ....

3 Il turista non può essere una persona da nominare ....

4 L'organizzatore che si avvale dei servizi di un albergatore non è tenuto a risarcire il danno sofferto dal consumatore ....

5 Le variazioni del prezzo del pacchetto sono ammesse solo nei limiti del 15% ....

QUESITI A RISPOSTA SINGOLA
Rispondi utilizzando non più di 4 righe.

1 Secondo il codice del turismo, quale funzione svolge l'*organizzatore di viaggio*?

2 Che cosa si intende con l'espressione "pacchetto turistico"?

3 In che cosa consiste lo *scopo* del contratto turistico?

4 *In what form must the contract for the sale of a package holiday be drafted?*

5 *Under what circumstances is the organiser obliged to provide adequate alternative arrangements for the continuation of the voyage? What do these consist of?*

Trattazione sintetica di argomenti

1 Esamina lo *scopo turistico* del contratto in relazione al suo esatto adempimento.

2 *Summarize the "disclosure requirements" that the tour operator must provide, highlighting the potential legal liabilities.*

3 *Explain the reasons why it is mandatory for tour operators to take out insurance.*

4 Chiarisci quali elementi influenzano l'*esatta esecuzione* della vendita di un pacchetto turistico.

Unità 23
Gli altri contratti a rilevanza turistica

Unit *by* Unit

In Unit 23 you will study tourism contracts other than those for the sale of package holidays. First of all, the tourism lease, which cannot be less than 6 years if the heritable property is used as a tourist attraction, and 9 years if the heritable property is used for hotel or quasi-hotel accommodation purposes. Where the lease is of a seasonal nature, the lessor is obliged, on written request of the lessee prior to expiry of the term of the lease, to continue to lease the property for the same seasonal period the following year.

Then you will study the "hotel contract", by which the hotelier agrees to provide the customer, upon payment of a fee, with a series of services (which require performance by way of giving or doing something) such as housing, deposit or other services. With the "hotel contract of deposit", the hotelier is under obligation to safeguard both the objects brought to the hotel by the client and those things that are delivered *brevi manu* by the client. A "moorings contract" consists of providing a port or harbour and a secure bounded berthing area as well as the obligation to keep custody of the vessel. Lastly, you will study the transport contract, under which one party (i.e., the carrier) is obliged to transfer people or things from one place to another in return for payment.

1 Premessa

Oltre alla vendita dei pacchetti turistici, che ha un ruolo centrale per le ragioni esposte, esistono altri contratti nel mondo del turismo. Alcuni sono "turistici" per loro natura; altri possono diventare tali in ragione delle parti contraenti e del contesto in cui sono stipulati. Rimandiamo agli approfondimenti online la trattazione dei contratti turistici che non sono oggetto di questa unità.

2 La locazione turistica

Tra i contratti che si prestano a essere utilizzati per finalità turistica troviamo anzitutto la locazione, che abbiamo già studiato in generale nella Sezione C.

COMPLESSITÀ Nel corso di una vacanza è frequente che il turista concluda contratti che gli garantiscano l'uso, limitato nel tempo, di beni che servono a soddisfare una specifica esigenza ricreativa.

ESEMPIO Possono essere i beni più diversi: dall'attrezzatura per immersioni (muta, respiratore, bombole, pesi ecc.), alla motocicletta per un viaggio coast to coast negli Usa, allo snowboard, all'audioguida per visitare un museo.

Spesso tali contratti sono impropriamente etichettati come "affitto" o "noleggio"; siccome, però, la loro funzione è di permettere il godimento di un bene per un certo periodo di tempo verso un corrispettivo, anch'essi rientrano nello schema della locazione di cose mobili.

La locazione "turistica" regolata dal codice del turismo è tipicamente immobiliare e può riguardare:

- *immobili utilizzati per svolgervi attività imprenditoriale turistica*;
- *immobili destinati a essere dati in godimento a turisti*.

LOCAZIONE DI IMMOBILI PER L'IMPRENDITORIA TURISTICA

I contratti di locazione di immobili utilizzati per svolgervi **attività imprenditoriale turistica** hanno una durata minima piuttosto lunga, in modo tale da incentivare gli investimenti, che per essere ammortizzati e diventare produttivi richiedono tempi non brevi (art. 27 l. 392/1978); può essere di:

- 6 anni, *se l'immobile è adibito a svolgervi attività di interesse turistico*, quali agenzie di viaggio e turismo, impianti sportivi e ricreativi, aziende di soggiorno e altri organismi di promozione turistica,
- 9 anni, *se l'immobile è adibito ad attività alberghiere o paralberghiere* quali stabilimenti balneari, pensioni, trattorie e simili (art. 1786 cod. civ.).

Se la locazione ha carattere stagionale, il locatore deve dare in locazione l'immobile, per la medesima stagione dell'anno successivo, allo stesso conduttore che gliene abbia fatto richiesta scritta prima della scadenza del contratto: tale vincolo vale per 6 anni (9 anni se si tratta di utilizzazione alberghiera).

 Contratto di locazione stagionale

I contratti di locazione di immobili destinati a essere dati in godimento **a turisti** sono regolati in generale dalle disposizioni del codice civile in tema di locazione (art. 53 cod. tur.) e non dalle leggi sulla locazione di immobili urbani (l. 392/1978 e l. 431/1998).

LOCAZIONE DI IMMOBILI PER LA VACANZA

In particolare, *la loro durata tiene ovviamente conto della finalità turistica*, sicché non si applicano le regole sulla durata minima del contratto stabilite dagli artt. 2-4 bis della legge 431/1998.

UNITÀ ABITATIVE A USO TURISTICO

> Si definiscono come unità abitative **a uso turistico** le case o gli appartamenti, *arredati e dotati di servizi igienici e di cucina autonomi, dati in locazione ai turisti*, nel corso di una o più stagioni, purché non sia pattuita la prestazione di alcun servizio di tipo alberghiero (art. 12 c. 5 cod. tur.).

Per queste locazioni la durata minima è di *1 settimana* e quella massima di *6 mesi consecutivi*.

LAVORO SUL CASO

Michele intende avviare un'attività alberghiera. Dato che non dispone di grossi capitali, prende in affitto un piccolo stabile da Martina. Martina propone un contratto della durata di 4 anni rinnovabile a scadenza per eventuali ulteriori 4 anni, come previsto dalla legge 431/1998. Michele è perplesso.

Considerati gli investimenti che deve fare per adeguare lo stabile agli standard previsti per lo svolgimento dell'attività turistica in piena sicurezza, vorrebbe stipulare un contratto di durata più ampia, ma non sa se ne ha diritto.

- **Che cosa possiamo suggerirgli?**

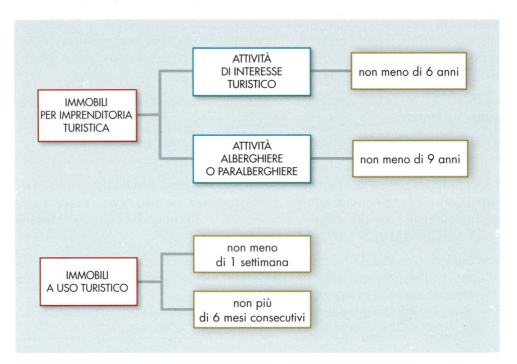

ACCESSORI E PERTINENZE

La locazione comprende anche gli elementi accessori concordati e le pertinenze necessarie al migliore utilizzo dell'alloggio. Poiché si tratta di "uso turistico", è a quello che occorre guardare per definire quali prestazioni accessorie il turista può pretendere.

ESEMPIO Queste possono consistere nella consegna delle chiavi del cancelletto che dà accesso diretto alla spiaggia, tanto più se tale accesso era reclamizzato come uno degli elementi qualificanti dell'immobile; nella possibilità di disporre del box auto, se la locazione prevedeva un ricovero per il veicolo del turista; nella consegna di una bicicletta come era stato concordato o nella dotazione di sdraio e ombrellone, se l'appartamento è situato in una struttura con piscina e così via.

IMPORTANZA DELLO SCOPO TURISTICO PER VALUTARE L'ADEMPIMENTO

La centralità dello **scopo turistico** del contratto ci riporta alle considerazioni che abbiamo già fatto a proposito del pacchetto turistico: *le ragioni che spingono il turista a locare uno specifico immobile spesso non sono semplici motivi, come tali irrilevanti, ma vanno attentamente considerate nel valutare l'adempimento.*

Già sappiamo che la locazione è un contratto consensuale, sicché all'atto della consegna esso è già concluso, magari da mesi. Tuttavia, capita molto spesso che il conduttore veda per la prima volta l'immobile solo in quel momento.

L'idoneità della cosa all'uso pattuito (cui si richiamano gli artt. 1575 n. 2 e 1578 cod. civ.) qui va intesa come **specifica idoneità** all'uso turistico: è questa finalità che dà la misura dell'esatto adempimento del locatore. Pertanto, se l'immobile non corrisponde alle caratteristiche pubblicizzate, il turista potrà invocare i rimedi generali del contratto: la risoluzione per inadempimento o l'annullamento per vizio del consenso, oltre al risarcimento del danno.

ESEMPIO Il turista può chiedere la risoluzione del contratto se l'immobile non corrisponde alle foto o alla descrizione pubblicate online; se dista dalla spiaggia molto più di quanto dichiarato dal proprietario, se non dispone dei servizi accessori concordati; se è affacciato su una via rumorosa, mentre ne era stata pubblicizzata la silenziosità ecc.

3 L'attività di affittacamere

L'AFFITTACAMERE

Dalla locazione pura e semplice, si distingue l'attività di affittacamere. L'attività di affittacamere, di norma, non si esaurisce semplicemente nel mettere a disposizione un alloggio ammobiliato, ma comporta anche lo svolgimento di una serie di attività connesse quali il riassetto della stanza e la fornitura della biancheria da letto e da bagno, oltre alla normale somministrazione di gas, acqua, luce.

DIFFERENZA
TRA LOCAZIONE
E ATTIVITÀ DI
AFFITTACAMERE

Naturalmente, nella realtà si possono presentare molte più gradazioni e sfumature ma, se guardiamo alla giurisprudenza, la differenza tra locazione e affittacamere è abbastanza chiara:

- solo nell'attività di affittacamere vengono fornite prestazioni personali proprie di un *rapporto di ospitalità*;
- queste mancano invece nella locazione, in cui la persona del locatore rimane del tutto estranea alla vita dell'ospitato e ogni relazione tra le parti si esaurisce nella conclusione del contratto e nella successiva consegna al turista e riconsegna al locatore.

In sostanza, *quella di affittacamere è per lo più intesa come un'attività alberghiera in tono minore*, per così dire, considerate le sue dimensioni più modeste.
Il codice del turismo (art. 12 c. 2) inquadrava gli esercizi di **affittacamere** tra le strutture ricettive extralberghiere, definendoli come "strutture ricettive composte da camere ubicate in più appartamenti ammobiliati nello stesso stabile, nei quali sono forniti alloggio ed eventualmente servizi complementari". Dopo la sentenza della Corte costituzionale è necessario fare riferimento alle singole leggi regionali.

4 Il contratto d'albergo

NOZIONE

Il **contratto d'albergo** è abitualmente definito in giurisprudenza come quel contratto con il quale l'albergatore si impegna a fornire al cliente, dietro pagamento di un corrispettivo, *una serie di prestazioni di dare e di fare tra loro diverse, che vanno dalla fornitura dell'alloggio al deposito, alla prestazione di altri servizi.*

LA COMPLESSITÀ
DELLE PRESTAZIONI

Le singole prestazioni cui è tenuto l'albergatore, prese da sole, assomigliano molto a quelle di altri contratti. Ma ciò che caratterizza il contratto d'albergo e lo differenzia dagli altri è, appunto, la loro *compresenza* e il loro *intreccio reciproco*: è dunque un contratto **atipico** e più precisamente **misto**, *nel quale si fondono diversi elementi tratti da altri contratti tipici*. Senza il complesso insieme delle diverse prestazioni dell'albergatore, la semplice fornitura della camera non sarebbe nient'altro che una locazione. Ciò premesso, non c'è però dubbio che la prestazione di *fornire l'alloggio* abbia un'importanza centrale. È la lingua italiana stessa – premettono, infatti, i giudici – a dirci che "albergo" è per definizione l'edificio "attrezzato per dare alloggio". La tipica attività alberghiera, a volte, può combinarsi con la fornitura di altre prestazioni e dare vita a contratti ulteriormente misti o collegati, come accade quando il contratto di albergo è legato a un appalto di servizi.

ESEMPIO In occasione di un convegno internazionale si fornisce l'alloggio a tutti i partecipanti e, contestualmente, si mette a disposizione una sala congressi, il bar, i servizi telefonici e audiovisivi, le sale riunione, il ristorante, per un corrispettivo per lo più superiore a quello ordinariamente fissato per la sola messa a disposizione delle camere.

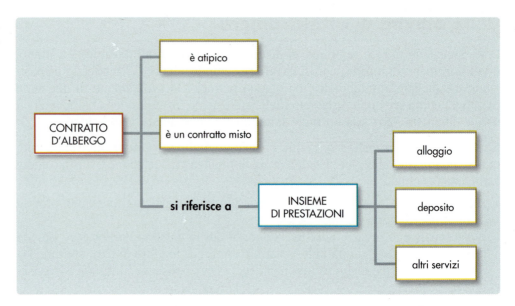

Il contratto d'albergo è un contratto:

- **consensuale** in quanto si può dire concluso anche se la camera non è ancora stata occupata; anzi, anche se non è ancora stata assegnata;
- a **forma libera**: quindi, se il proponente non richiede che l'accettazione giunga in una forma particolare (art. 1326 c. 4 cod. civ.), si conclude anche verbalmente secondo le regole generali, cioè quando il proponente (sia esso l'albergatore o il turista) ha conoscenza dell'accettazione della controparte.

L'albergatore fornisce **professionalmente** i suoi servizi alla clientela: *deve, quindi, comportarsi con la diligenza specifica richiesta per il tipo di attività svolta, rispettando degli standard qualitativi minimi* (art. 10 cod. tur.).

ESEMPIO Solo chi è grossolanamente ingenuo può illudersi di aver diritto a una sistemazione particolarmente lussuosa, completa di tutti i *comfort*, anche pagando un prezzo stracciato; ma qualsiasi albergo, anche se vecchiotto e modesto, deve comunque essere tenuto pulito, ordinato e con i servizi igienici funzionanti.

Nel valutare l'esattezza dell'adempimento avranno un peso notevole le informazioni fornite al cliente tramite pubblicità (dépliant, sito Internet o altro) e la specifica finalità ricreativa per cui si è concluso il contratto.

ESEMPIO Non è, dunque, indifferente, tanto più quando si soggiorna in veste di turisti, che la spiaggia davanti all'albergo sia sporca e il mare inquinato, o che la sistemazione avvenga in una struttura di categoria inferiore, situata fuori mano e senza accesso diretto al mare, al contrario di quanto era stato promesso.

Un capitolo a parte riguarda i **danni alla persona** subiti dal cliente durante il soggiorno in albergo. L'albergatore deve, infatti, adottare *le misure idonee a evitare che il turista possa ferirsi nell'ordinario utilizzo della camera, dei suoi accessori e degli altri spazi della struttura.*

ESEMPIO Deve evitare inutili insidie (un gradino rotto, un dislivello non segnalato) e garantire una continua, diligente manutenzione degli impianti, per prevenire gli inconvenienti che potrebbero nascere dalla loro usura.

Monica e Ugo desiderano trascorrere una settimana sulla Costiera amalfitana. Così, si rivolgono al tour operator "Sole e Mare", che provvede alla prenotazione dell'albergo e dei servizi richiesti.

Una volta arrivati alla reception dell'albergo, si sentono dire che, per un probabile disguido, lì non risulta alcuna camera prenotata a loro nome e che verranno alloggiati in un altro albergo situato in una località diversa della zona. L'albergo proposto e la camera non sono equivalenti a quelli che erano stati prenotati: quindi, Monica e Ugo decidono di avanzare una richiesta di risarcimento danni.

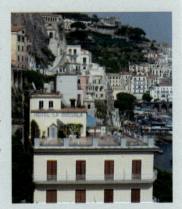

- **Ne hanno diritto?**
- **Chi sarà chiamato a risarcire gli eventuali danni?**

Egli, inoltre, deve tenere conto delle caratteristiche e delle esigenze della clientela che possono suggerire o rendere doverose cautele particolari. L'albergatore assume, dunque, *anche un dovere accessorio di salvaguardia dell'incolumità del cliente.*

ESEMPIO Un kinderhotel in Alto Adige, che è un tipo di albergo specializzato nell'offrire ospitalità a famiglie con bambini piccoli, dovrà impiegare tutti quei dispositivi di sicurezza (copriprese, paraspigoli, cancelletti) che si adattano alle esigenze della sua particolare utenza.

A risarcire i danni alla persona potrebbe essere chiamato anche il tour operator, responsabile del fatto dell'albergatore, che è un terzo collaboratore di cui il tour operator si è avvalso (come abbiamo già avuto modo di spiegare nella scorsa unità).

Già prima del codice del turismo, infine, era stata riconosciuta la responsabilità dell'organizzatore di viaggi per il caso di **overbooking alberghiero**, *cioè per l'accettazione di prenotazioni in eccesso rispetto alla capienza della struttura originariamente scelta, con la necessità di dirottare i clienti verso un albergo di categoria inferiore.*

OVERBOOKING ALBERGHIERO

 ## Il deposito in albergo

Come abbiamo spiegato, l'albergatore, per il fatto di ospitare la clientela, *assume il dovere di adottare le misure idonee a prevenire pericoli per l'incolumità fisica del turista*; sempre che questi non dipendano dalla sua dabbenaggine e dall'uso sconsiderato che egli faccia della struttura alberghiera.

LE MISURE PER PREVENIRE PERICOLI ALLE PERSONE E ALLE COSE

ESEMPIO Sarebbe difficile addossare all'albergatore la responsabilità peri i danni patiti da chi, per sfida o sotto i fumi dell'alcol, abbia tentato un tuffo in piscina dal balcone, o sia uscito sul cornicione a guardare le stelle, o abbia usato i carrelli della biancheria sporca per improvvisare una gara di velocità nei corridoi!

Qualcosa di simile vale anche per i **beni** che il cliente porta con sé in albergo. Rispetto a questi oggetti l'albergatore assume un *dovere di salvaguardia* o, per meglio dire, un *obbligo di diligente custodia*, salvo che la sottrazione, il deterioramento o la distruzione della cosa dipendano da cause di forza maggiore, dalla natura del bene o dal fatto stesso del cliente o delle persone che l'accompagnano o che sono venute a trovarlo mentre era ospite dell'albergo (art. 1785 cod. civ.).

ESEMPIO L'albergatore non può essere chiamato a rispondere del fatto che un costoso bonsai si è rovinato, se il turista si è dimenticato di bagnarlo lasciandolo per ore, sul davanzale, sotto il sole.

NOZIONE Al deposito in albergo il codice civile dedica alcuni articoli a margine della disciplina generale del **deposito**, *che è il contratto con il quale una parte riceve dall'altra una cosa mobile con l'obbligo di custodirla e di restituirla in natura.*

RESPONSABILITÀ LIMITATA PER I BENI PORTATI IN ALBERGO L'albergatore è responsabile *per il deterioramento, la distruzione o la sottrazione delle cose portate in albergo dal cliente*. È anche responsabile qualora ne assuma la custodia per un periodo di tempo ragionevole precedente o successivo a quello in cui il cliente dispone dell'alloggio.

ESEMPIO L'albergatore risponde (a volte insieme con il tour operator per le ragioni già viste) in caso di furto del denaro, dei documenti o dei gioielli lasciati nella cassetta di sicurezza che si trova all'interno della camera. Inoltre, è responsabile per la custodia dei bagagli dopo che il turista, giunto al termine del soggiorno, ha già liberato la camera e attende il momento della partenza (art. 1783 c. 2 n. 3).

In tutti questi casi la responsabilità è **limitata** al valore di quanto sia andato deteriorato, distrutto o sottratto, sino all'equivalente di cento volte il prezzo della camera (art. 1783 c. 3).

RESPONSABILITÀ ILLIMITATA PER I BENI CONSEGNATI La responsabilità dell'albergatore è invece **illimitata** *quando le cose gli sono state consegnate in custodia*. Egli ha l'obbligo di accettare le carte valori, il denaro e i preziosi consegnatigli dalla clientela affinché siano custoditi in luoghi sicuri (art. 1784 c. 2), sempre che non si tratti di:

- beni troppo ingombranti, come una statua greca di grandi dimensioni oppure un tappeto persiano 3,90 per 4,30 metri;
- beni pericolosi, come un fucile da caccia;
- beni il cui valore è eccessivo in rapporto alla natura del contratto; ESEMPIO pensiamo all'ipotesi in cui in un modesto albergo si presentasse il direttore della Biblioteca reale di Torino in viaggio per conto dell'istituto per cui lavora portando con sé il codice di Leonardo sul volo degli uccelli.

LAVORO SUL CASO

Una società sportiva decide di partecipare al rally di San Remo. Terminate le gare, piloti, copiloti, meccanici e manager alloggiano in un hotel della cittadina ligure depositando le loro costosissime auto da competizione nel garage dell'albergo che è custodito e dotato di telecamere controllate. Durante la notte, due dei veicoli, per un valore complessivo di 750.000 euro, vengono rubati. La società sportiva chiede all'albergo il risarcimento del danno, ma l'albergatore contesta; ritiene di non essere responsabile e afferma che il furto è dovuto alla negligenza dei tecnici del team che hanno lasciato aperte delle auto tanto costose.

Il giudice accerta i fatti e verifica che il garage è riservato ai clienti dell'albergo e che è dotato di cancello automatico e telecamere, fatto cui la struttura dà ampio risalto sul proprio sito Internet e su riviste di settore.

- **Se fossi il giudice, a chi daresti ragione?**
- **Come si potrebbe determinare l'eventuale ammontare del danno?**

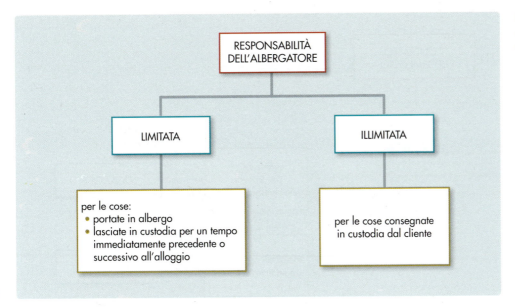

Il dovere di custodia dell'albergatore è, dunque, *più intenso per gli oggetti che gli sono consegnati*, ma la sua responsabilità si estende anche ai beni che il cliente decide di tenere con sé, portandoli in camera, sia essa dotata oppure no di cassette di sicurezza. È, infatti, compito dell'albergatore adottare, con la dovuta diligenza, gli accorgimenti per prevenire:

- che il comportamento maldestro o scorretto dei suoi dipendenti o di altri ospiti danneggi i beni dei clienti;
- che questi beni possano essere sottratti da malintenzionati lasciati liberi di entrare e circolare impunemente all'interno della struttura alberghiera.

6 Il contratto di ormeggio

Tra i contratti che gravitano intorno al mondo del turismo, un posto a parte merita il cosiddetto **ormeggio**, *che è un contratto atipico, non regolato dal codice civile.*

Ormeggiare significa *assicurare saldamente alla riva con funi, ancore o catene un natante* (barca, nave) per evitare che sia portato alla deriva dalle correnti o possa riportare danni dall'urto contro la banchina, gli scogli o altre imbarcazioni.

Il **contratto di ormeggio**, dunque, è quello con il quale il turista intende acquisire il diritto di *occupare una porzione delle strutture portuali* per lasciare in sicurezza la sua imbarcazione quando questa non deve prendere il largo.

Ridotto a questi termini, il contratto di ormeggio è unicamente finalizzato all'occupazione di uno spazio fisico per la **sosta** del natante: *questa è la sua struttura minima essenziale.* In particolare, quando il contratto di ormeggio consiste semplicemente *nel mettere a disposizione delle strutture portuali uno spazio acqueo protetto e delimitato*, esso può essere accostato alla locazione, con una qualche somiglianza con la locazione del cosiddetto "posto macchina".

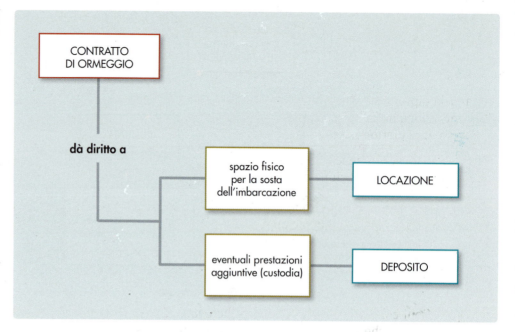

È abbastanza raro, tuttavia, che il contratto di ormeggio si riduca solo a questo, cioè alla versione "marittima" del comune parcheggio automobilistico: di solito include anche **altre prestazioni** concordate o implicite in base alle dichiarazioni delle parti e al contesto in cui è stato stipulato il contratto.

Tra le prestazioni aggiuntive c'è di frequente l'*obbligo di custodire l'imbarcazione e le cose contenute al suo interno*. In tal caso, l'ormeggio sarà più simile al deposito e, perciò, sarà assoggettato alla disciplina degli artt. 1766 e segg. L'ormeggiatore dovrà, perciò, custodire i beni a lui affidati e restituirli, alla scadenza, nello stato in cui li aveva presi in consegna, rispondendo degli eventuali furti commessi mentre l'imbarcazione era sotto la sua responsabilità.

ESEMPIO L'ormeggiatore dovrà rispondere del furto del motore fuoribordo di un gommone che gli è stato affidato.

 ## 7 Turismo nautico: locazione e noleggio o charter di unità da diporto

La locazione e il noleggio, o charter, di unità da diporto sono due contratti che rientrano nell'ambito del turismo nautico a finalità turistico-ricreative.

> Dal punto di vista giuridico è definita **"navigazione da diporto"** la navigazione effettuata in acque marittime interne, a *scopi sportivi e ricreativi* e *senza fini di lucro*, o *esercitata a scopi commerciali*.

Essa è regolata dal codice della nautica da diporto (d.lgs. 171/2005 e successive modifiche) e dal successivo regolamento di attuazione (d.m. 146/2008); per quanto non espressamente previsto, si applica il codice della navigazione. La normativa ci fornisce una definizione della cosiddetta "unità da diporto".

Per **unità da diporto** si intende "ogni costruzione di qualunque tipo e con qualunque mezzo di propulsione destinata alla navigazione da diporto".

Le unità da diporto, a loro volta, si distinguono in:

- nave da diporto (scafo superiore ai 24 metri);
- imbarcazione da diporto (scafo tra i 10 e i 24 metri);
- natante da diporto (inferiore ai 10 metri).

Per porre in navigazione le unità da diporto (escluse quelle non dotate di motore) vige l'obbligo di assicurazione (art. 123 cod. ass.).

In relazione alle unità da diporto il codice della nautica da diporto prevede due tipi di contratti, che trovano frequente applicazione nella pratica e impiego nel settore del turismo nautico:

- la locazione;
- il noleggio (o charter).

Le disposizioni contenute in questo codice derogano al codice della navigazione e al codice civile, che rimangono tuttavia le fonti suppletive in assenza di regole specifiche del codice della nautica da diporto.

La **locazione** di unità da diporto è il contratto con il quale una delle parti (locatore) *si obbliga dietro il pagamento di un prezzo a cedere il godimento della stessa*, per un periodo di tempo determinato, al conduttore che esercita la navigazione e ne assume la responsabilità e i rischi (art. 42 cod. nautica).

Il conduttore è responsabile *anche quando affida la condotta dell'imbarcazione a uno skipper.*

Il locatore deve consegnare l'unità da diporto con le relative pertinenze in **perfetta efficienza**, *completa di tutte le dotazioni di sicurezza, munita dei documenti necessari per la navigazione e coperta da assicurazione*, poiché vi è il divieto di locare unità da diporto a motore sprovviste dell'assicurazione obbligatoria sulla responsabilità civile, escluse quelle a remi e a vela non dotate di motore ausiliario.

Il **noleggio** (o **charter**) di unità da diporto è il contratto con il quale una parte (noleggiante), dietro corrispettivo (nolo), si *obbliga a mettere a disposizione dell'altra* (noleggiatore) l'unità stessa per un determinato periodo di tempo *a scopo ricreativo* in zone marine o acque interne di sua scelta.

L'unità noleggiata rimane nella disponibilità del noleggiante, alle cui dipendenze resta anche l'equipaggio. Il noleggiante è obbligato a mettere a disposizione l'unità da diporto in perfetta efficienza, armata ed equipaggiata convenientemente, completa di tutte le dotazioni di sicurezza, munita dei prescritti documenti e della prevista assicurazione estesa al noleggiatore e ai passeggeri per gli infortuni e i danni durante il contratto di noleggio.

Nella locazione l'unità da diporto *resta nella disponibilità del conduttore*, che si assume la responsabilità della navigazione anche quando dovesse affidare la conduzione ad altri o a personale alle sue dipendenze.

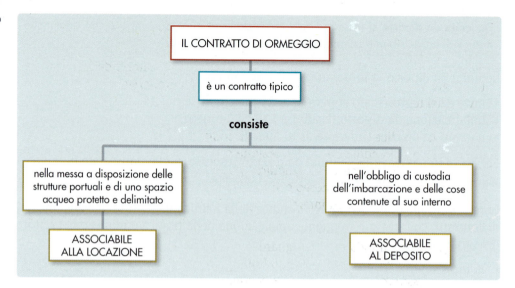

Nel noleggio (o charter), invece, l'unità *resta nella disponibilità del noleggiante così come l'equipaggio*: il noleggiatore non ha alcun potere di ingerirsi nell'attività nautica, ma può solo dare indicazioni sull'impiego dell'unità da diporto durante il contratto; le sue indicazioni, però, non sono vincolanti per il noleggiante che conserva la responsabilità della navigazione.

L'unità da diporto può essere utilizzata a fini commerciali e per finalità turistico-ricreative:

- con i contratti di locazione e noleggio;
- per insegnamento della navigazione da diporto;
- da centri di immersione e addestramento subacqueo come unità di appoggio per i praticanti di immersioni subacquee a scopo ricreativo o sportivo.

Tale utilizzo presuppone l'adempimento da parte del proprietario o dell'armatore di tutte le pratiche amministrative richieste dalla normativa per le condizioni di regolarità.

 # Il contratto di trasporto

NOZIONE

Secondo il codice civile, il **trasporto** è il contratto con il quale *una parte, detta vettore, si obbliga, dietro corrispettivo, a trasferire persone o cose da un luogo a un altro* (art. 1678).

Si tratta, dunque, di un contratto tipico a prestazioni corrispettive, che ha effetti solo obbligatori e *impegna il vettore a condurre nel luogo di destinazione le persone o le cose trasportate, integre e nei modi e tempi concordati*. In difetto, scatta la responsabilità del vettore inadempiente.

Come già accennato all'inizio della precedente unità, si tratta di un contratto di uso molto ampio, che va ben al di là della materia turistica: può però rientrarvi in ragione dello scopo che si prefiggono le parti contraenti e del particolare contesto in cui è stipulato.

Il contratto è stipulato tra:

- vettore e viaggiatore nel trasporto di persone;
- vettore e mittente nel trasporto di cose; quando il destinatario dei beni trasportati è diverso dal mittente, il trasporto assume la caratteristica del contratto a favore del terzo.

Le norme del codice civile si applicano ai contratti di trasporto in quanto non siano derogate dal codice della navigazione o da leggi speciali (art. 1680). In realtà, questo rinvio finisce per "svuotare" di contenuti il codice civile, poiché il trasporto marittimo e quello aereo sono disciplinati in modo particolare dal *diritto della navigazione*; i trasporti internazionali sono regolati da apposite convenzioni internazionali.

DISCIPLINA

Al codice civile, tuttavia, si deve guardare per trarre alcuni principi generali in tema di trasporto e tra questi anzitutto l'**obbligo di contrarre** *che grava sui vettori che per concessione amministrativa esercitano servizi di linea per il trasporto di persone o di cose*: poiché il trasporto assume in tal caso la natura di un servizio pubblico, questi vettori sono obbligati ad accettare le richieste di trasporto che siano compatibili con i mezzi ordinari dell'impresa (art. 1679).
Esamineremo ora separatamente le norme che riguardano il trasporto di persone e quelle che riguardano il trasporto di cose.

OBBLIGO DI CONTRARRE

Nel trasporto di persone il vettore risponde:

- per il ritardo o l'inadempimento nell'esecuzione del trasporto;
- dei sinistri che colpiscono la *persona* del viaggiatore durante il viaggio;
- della perdita o dell'avaria (cioè del deterioramento) delle cose che il viaggiatore porta con sé, *se non prova di aver adottato tutte le misure idonee a evitare il danno* (art. 1681 c. 1).

RESPONSABILITÀ DEL VETTORE NEL TRASPORTO DI PERSONE

Sono **nulle** le clausole che limitano la responsabilità del vettore per i sinistri che colpiscono il viaggiatore (art. 1681 c. 2), poiché una simile clausola di esonero dalla responsabilità si porrebbe in contrasto con la superiore esigenza di tutelare l'integrità fisica delle persone trasportate.

Nel trasporto di cose abbiamo visto che, se il mittente è persona diversa dal destinatario, è quest'ultimo che acquista il diritto alla consegna delle cose dal vettore. Occorre ora precisare che questo *diritto nasce dal momento in cui, arrivate le cose a destinazione o scaduto il termine in cui sarebbero dovute arrivare, il destinatario ne chiede la riconsegna al vettore* (art. 1689 c. 1). Fino a questo momento, il mittente può dare un contrordine e sospendere l'esecuzione del trasporto, chiedendo la restituzione delle cose oppure ordinando che esse siano recapitate a un diverso soggetto, salvo l'obbligo di rimborsare le spese e di risarcire i danni derivanti dal cambio di destinazione (art. 1685).

Nel trasporto di cose il vettore va incontro a una **responsabilità** particolarmente severa che lo chiama a rispondere della perdita o dell'avaria delle cose consegnategli per il trasporto, *dal momento in cui le riceve a quello in cui le riconsegna al destinatario, se non prova che la perdita o l'avaria è derivata da caso fortuito, dalla natura o dai vizi delle cose stesse o del loro imballaggio o dal fatto del mittente o del destinatario* (art. 1693).

RESPONSABILITÀ DEL VETTORE NEL TRASPORTO DI COSE

Matteo, 20 anni, deve prendere il traghetto che da Genova lo porterà a Olbia, in Sardegna, dove abita la sua fidanzata. Parcheggia l'auto nel punto che gli indicano i marinai che curano la fase di imbarco e si sposta sul ponte, dove intende passare il tempo necessario alla traversata. Purtroppo il vento e una forte mareggiata rendono poco piacevole il tragitto. All'arrivo in porto, ancora frastornato, scende nel garage per ritirare l'auto, ma scopre che è danneggiata.

- **Ha diritto a un risarcimento dei danni?**
- **E se, al momento del parcheggio dell'auto, si fosse dimenticato di inserire la marcia e tirare il freno a mano, avrebbe diritto al risarcimento dei danni?**

Per non rispondere della perdita o dell'avaria delle cose trasportate, il vettore deve dunque fornire la prova dell'**evento specifico**, a lui non imputabile, che ha causato il danno: con la conseguenza che egli risponde dei danni verificatisi per *cause ignote* o per eventi "noti" ma prevedibili o arginabili con l'adozione di adeguate misure di prevenzione. Questa responsabilità può essere tuttavia attenuata inserendo nel contratto clausole che stabiliscono presunzioni di caso fortuito: vale a dire, clausole che prevedono specifiche cause di esonero da responsabilità per eventi che, in base ai mezzi e alle condizioni del trasporto, normalmente dipendono da circostanze imprevedibili (art. 1694).

Il trasporto cumulativo

Si parla di **trasporto cumulativo** quando il trasporto di persone o di cose può essere assunto *da più vettori con un unico contratto*.

In questo caso il primo vettore stipula con il mittente un **contratto**, *con il quale s'impegna personalmente e quale mandatario dei successivi vettori a far arrivare a destinazione le cose o le persone*.

Nel trasporto cumulativo di **persone** ciascun vettore risponde *nell'ambito del proprio percorso* (art. 1682).
Nel trasporto cumulativo di **cose**, invece, tutti i vettori rispondono *in solido per l'esecuzione del trasporto dal luogo originario di partenza fino al luogo di destinazione* (art. 1700).

I documenti del trasporto di cose

Il vettore può chiedere al mittente di rilasciargli una **lettera di vettura**: *questa è un documento, sottoscritto dal mittente, contenente l'indicazione del nome del destinatario e del luogo di destinazione, la descrizione delle cose da trasportare e le condizioni convenute per il trasporto* (art. 1684 c. 1). A sua volta, il mittente può chiedere al vettore che gli rilasci un **duplicato** della lettera di vettura, da lui sottoscritto, oppure, se non è stata rilasciata la lettera di vettura, una ricevuta di carico (art. 1684 c. 2).
Il duplicato della lettera di vettura e la ricevuta di carico possono essere rilasciati con la clausola "all'ordine" (art. 1684 c. 3); come sappiamo, *in questo caso i documenti assumono la natura di titoli di credito e, in particolare, di titoli rappresentativi delle merci trasportate*: chi ne acquista il possesso, in base a una serie continua di girate, *acquista il diritto al trasporto, alla disponibilità delle merci durante il viaggio e alla riconsegna delle stesse merci* (art. 1691 c. 1).
L'emissione di questi titoli consente dunque di comprare e rivendere merci mentre sono ancora in viaggio (è questa la vendita su documenti, di cui agli art. 1527 e seguenti).

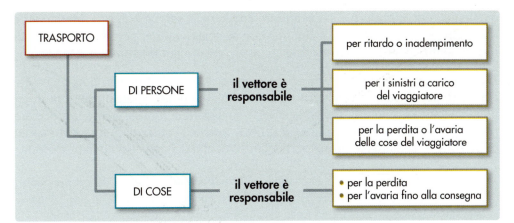

Nei trasporti fatti per ragioni turistiche, a viaggiare sono sia le persone, sia le cose; per l'esattezza: viaggiano le persone che portano con sé alcuni beni personali (bagaglio). Nel tempo si si è stratificata un'ampia casistica di liti giudiziarie promosse da turisti che lamentavano le disavventure del viaggio, riuscendo spesso a ottenere il risarcimento dei danni dal vettore (o più frequentemente dall'organizzatore della vacanza). Queste liti possono riguardare sia gli inconvenienti capitati al passeggero, sia ai suoi beni. Sono meritevoli di tutela sia i diritti del viaggiatore sia quelli del turista.

TRASPORTI PER RAGIONI TURISTICHE

ESEMPIO I pregiudizi arrecati dalla cancellazione di un volo, dalla mancanza di aria condizionata nei treni o dai ritardi spesso configurano, più che un danno economico, un pregiudizio a vari **diritti della persona** che ha diritto al risarcimento a prescindere dalle ragioni del viaggio, cioè se effettuato a scopo turistico o per qualsiasi altra causa.

Ma qual è l'ambito di applicazione delle norme sui trasporti, quando la prestazione del trasporto costituisce un servizio ricompreso in "pacchetti turistici" così come definiti dall'art. 34 cod. tur.?
Il diritto dei trasporti *non trova applicazione in questi casi in quanto operano le norme della legislazione speciale del settore turistico contenute nel codice del turismo*, fatta eccezione per i limiti al risarcimento dei "danni corporali" patiti dal turista in conseguenza del trasporto (art. 44 cod. tur.).
Invece, operano le norme del diritto dei trasporti in quei casi in cui il turista abbia acquistato non un pacchetto, ma la singola prestazione di trasporto (volo aereo, biglietto ferroviario, passaggio marittimo ecc.).

Prima dell'emanazione del codice del turismo, la giurisprudenza attenta ai diritti del consumatore in generale e del turista-consumatore in particolare ha allargato la protezione del soggetto debole e i casi più frequenti hanno riguardato i danni per la vacanza rovinata causati da gravi ritardi nel viaggio, soste forzate in aeroporto durate lunghe ore e, talvolta, per giorni o notti intere, senza alcuna assistenza; oppure dai sinistri che si sono verificati durante il tragitto per negligenza dell'autista scelto per il trasporto dei turisti. Come abbiamo visto nell'unità precedente, ora il "danno da vacanza rovinata" è stato espressamente sancito dal legislatore nell'art. 47 del cod. tur.

DANNI ALLE PERSONE

Per quanto riguarda, invece, i danni alle cose, il caso tipico *riguarda lo smarrimento e il ritardo nella riconsegna dei bagagli*. A questo fine è importante, in caso di trasporto aereo, il momento del *check-in*, quando il viaggiatore affida il suo bagaglio alla custodia del vettore aereo: la sua responsabilità può sommarsi con

DANNI ALLE COSE

quelle dell'organizzatore e del venditore anche per i servizi non resi direttamente ma scelti per il cliente. Ciò al fine di dare al consumatore, per le sue pretese di risarcimento, lo stesso interlocutore cui si era rivolto per organizzare il viaggio.

Trasporto marittimo e trasporto aereo   Norme particolari devono essere applicate per il **trasporto marittimo** che, come già detto, è oggetto di una disciplina specifica contenuta nel codice della navigazione; queste hanno particolare rilevanza quando il destinatario è un turista. Anche il contratto di **trasporto aereo** di persone è regolato da norme particolari oltre che dal codice della navigazione.

NOZIONE

> Il **contratto di trasporto aereo** è un contratto per adesione (artt. 1341-1342 c.c.) in quanto il passeggero accetta le condizioni generali di contratto, riprodotte in uno schema contrattuale uniforme predisposto dalla Iata (International Air Transport Association).

La Iata è un'organizzazione non governativa di natura privata, alla quale aderiscono larga parte delle compagnie aeree di linea, che ha la funzione di instaurare rapporti di cooperazione tra i vari operatori.

DISCIPLINA

In considerazione della sua naturale dimensione internazionale, il trasporto aereo è regolato:

- dalla disciplina uniforme predisposta dalla Convenzione di Montreal del 28 aprile 1999;
- dai regolamenti comunitari (regolamento 889/2002/CE e 261/2004/CE) che, adeguandosi alla disciplina uniforme contenuta nella Convenzione di Montreal, sanciscono una responsabilità del vettore aereo illimitata e tendenzialmente oggettiva.

In particolare, il regolamento 261/2004/CE, entrato in vigore il 17 febbraio 2005, prevede regole comuni in tema di compensazione e assistenza ai passeggeri in caso di negato imbarco e overbooking (sovraprenotazione), di cancellazione del volo, di ritardo. La disciplina è applicabile a ogni vettore aereo operativo, di linea e non di linea, in partenza da uno Stato dell'Ue nonché a ogni vettore comunitario che eserciti un volo verso un Paese Ue.

Carta dei diritti del passeggero

Documento

L'Enac (Ente nazionale per l'aviazione civile) ha elaborato, sulla base delle normative europee e delle convenzioni internazionali in materia, la Carta dei diritti del passeggero (consultabile e scaricabile dal sito Internet), che fornisce agli utenti del trasporto aereo tutte le informazioni per poter far valere le proprie legittime pretese.

LAVORO SUL TESTO

Nel portale dell'Enac consulta la Carta dei diritti del passeggero e compila la tabella indicando, per ognuno dei principali casi di disservizio previsti, quali sono i soggetti destinatari delle norme e le tutele previste per i passeggeri, nonché i requisiti che questi devono avere per usufruirne.

Disservizi	Soggetti	Tutele	Requisiti

Trasporto ferroviario

Trasporto ferroviario Anche il **trasporto ferroviario** di persone ha in Italia una disciplina speciale in parte dettata dal fatto che per lungo tempo in Italia il servizio di trasporto ferroviario è stato fornito da un'impresa pubblica.

Il processo di privatizzazione degli enti pubblici ha interessato anche l'Ente ferrovie delle Stato, che agli inizi degli anni Novanta del secolo scorso si è trasformato in Ferrovie dello Stato s.p.a. per poi dividersi in due società distinte:

- Trenitalia s.p.a. che gestisce l'attività di trasporto;
- Rete Ferroviaria Italiana s.p.a. che gestisce la rete di infrastrutture ferroviarie.

Tuttavia, la particolare posizione dello Stato nella gestione di questo servizio ha fatto sì che le condizioni generali di contratto predisposte da Trenitalia non fossero considerate dalla normativa in vigore soggette al controllo di vessatorietà e abusività in base agli art. 33 e seguenti del codice del consumo (art. 14 l. 210/1985). Molto risulta da fare affinché ai passeggeri dei treni venga garantita un'effettiva salvaguardia nei confronti di reiterati abusi di posizione dominante posti in essere da Trenitalia che di fatto, in regime di monopolio, continua a gestire l'attività di trasporto ferroviario nel nostro Paese. Sarà necessario, tuttavia, per l'Italia adeguarsi al regolamento 2007/1371/CE, in tema di diritti e obblighi dei passeggeri nel trasporto ferroviario. Il regolamento contiene un'articolata disciplina in materia di informazioni ai passeggeri, emissione dei biglietti, responsabilità nei confronti dei passeggeri e dei loro bagagli, obblighi nei confronti dei viaggiatori in caso di ritardo, obblighi di prestazioni per passeggeri diversamente abili, definizione e monitoraggio di qualità del servizio e gestione dei rischi in materia di sicurezza dei passeggeri e trattamento dei reclami.

LAVORO SUL TESTO

Consulta la Carta dei servizi passeggeri disponibile sul sito di Trenitalia e compila la tabella indicando le prestazioni cui hanno diritto i viaggiatori al verificarsi dei vari disservizi.

Disservizio	Prestazione
Sciopero	
Ritardo o soppressione del treno	

I contratti di lungo termine relativi ai prodotti per le vacanze

Con un'operazione di dubbia coerenza, che è stata molto criticata, il codice del turismo non ha portato a termine l'operazione di "ripulitura" del codice del consumo da tutti gli aspetti di disciplina collegati al mercato turistico.
Nel codice del consumo (d.lgs. 206/2005) è stata, infatti, inserita una nuova normativa in tema di multiproprietà e di contratti relativi ai prodotti per le vacanze di lungo termine, di cui parleremo ora.

NOZIONE

> Per **contratti relativi ai prodotti per le vacanze di lungo termine** si intendono i contratti di *durata superiore a un anno*, in forza dei quali il consumatore acquisisce, a titolo oneroso, *il diritto di ottenere sconti o altri vantaggi relativamente a un alloggio*, unitamente oppure separatamente, dal viaggio o altri servizi.

ESEMPIO Questi vantaggi possono consistere in sconti su future prenotazioni, soggiorni in albergo e voli a prezzo ridotto, come esemplifica l'allegato II ter del d.lgs. 79/2011 (che ha introdotto il codice del turismo).

Com'è tipico della disciplina a tutela del consumatore, il legislatore impone che *allo stesso vengano fornite, prima della conclusione del contratto, informazioni accurate e sufficienti*, tramite un formulario informativo allegato al codice (appunto l'allegato II ter).

FORMA E DIRITTO DI RECESSO

Il contratto dev'essere redatto in **forma scritta** a pena di nullità e il consumatore ha diritto di averne copia. Egli ha altresì il diritto di *recedere* a proprio piacimento – cioè senza neppure doverne specificare il motivo – *entro 14 giorni dalla sua conclusione o dal giorno in cui ne ha ricevuto copia, se tale ricezione è successiva alla stipulazione.*
Il consumatore deve pagare il corrispettivo a **scadenze periodiche** e i versamenti, comprese le quote di affiliazione, sono suddivisi in rate annuali di pari valore. È espressamente vietato qualsiasi esborso del prezzo specificato nel contratto che non sia conforme al piano di pagamento periodico concordato.

10 La multiproprietà

La multiproprietà nasce come fenomeno turistico e ciò spiega perché gli immobili concessi in multiproprietà si trovano spesso in località turistiche.

> Con il termine "**multiproprietà**" si intende fare riferimento al *diritto di godimento che più soggetti vantano sulla stessa proprietà immobiliare per uno o più periodi di tempo nell'arco dell'anno.*

RIFERIMENTO NORMATIVO

Il primo intervento legislativo volto a disciplinare il fenomeno della multiproprietà risale alla fine degli anni Novanta, quando, con il d.lgs. 427/1998, venne data attuazione alla direttiva 94/47/CE.
Il d.lgs. 427/1998 è stato, successivamente, abrogato e sostituito dal d.lgs. 6 settembre 2005 n. 206 (codice del consumo, modificato dall'art. 2 del d.lgs. 79/2011), che disciplina la materia nel capo I del titolo IV.

Una volta individuato il riferimento normativo cui occorre rifarsi per la disciplina della multiproprietà, possiamo passare in rassegna le principali disposizioni approntate dal titolo IV capo I del codice del consumo per vedere in che cosa consiste la *tutela dell'acquirente-consumatore* che decide di sottoscrivere un contratto di multiproprietà.

Il titolo IV del codice del consumo si apre con l'art. 69, che ci fornisce la definizione del contratto di multiproprietà come "contratto di durata superiore a un anno tramite il quale *un consumatore acquisisce a titolo oneroso il diritto di godimento su uno o più alloggi per il pernottamento per più di un periodo di occupazione*".

Dalla definizione di contratto di multiproprietà contenuta nell'art. 69 del d.lgs. 206/2005, così come modificato d.lgs. 79/2011, si coglie immediatamente l'**allargamento** dell'ambito di applicazione della norma. Oggetto del contratto di multiproprietà *non è più esclusivamente un diritto reale di godimento su un bene immobile, ma su qualsiasi bene mobile, purché sia adibito ad alloggio*. Rientrano dunque tra i beni che possono costituire oggetto del contratto di multiproprietà tutti quei beni mobili registrati idonei a fornire un alloggio per il pernottamento, come le roulotte, le chiatte, le navi da crociera.

ESTENSIONE ANCHE A CHIATTE, ROULOTTE E NAVI DA CROCIERA

In relazione poi alla durata dei contratti di multiproprietà, deve rilevarsi come rientrino nell'ambito dell'applicazione della norma anche i contratti di multiproprietà che hanno *durata minima di un anno*, mentre secondo la previgente normativa la durata minima del contratto di multiproprietà era fissata in 3 anni.

DURATA

Possiamo dunque affermare che rientrano nella definizione di **multiproprietà** tutti quei contratti, stipulati tra due soggetti (*acquirente* e *venditore*) nei quali, a fronte del pagamento di un prezzo, viene trasferito un diritto di godimento su uno o più immobili o su uno o più beni mobili, idonei al pernottamento, per più di un periodo di occupazione.

NOZIONE

Dopo aver fornito la definizione della tipologia contrattuale il legislatore ha disposto nel testo del codice del consumo una serie di norme atte a disciplinare gli obblighi di adeguata informazione dei clienti, le forme, le modalità e le condizioni di stipula del contratto di multiproprietà e i suoi contenuti, nonché tutti gli obblighi e i diritti riconosciuti alle parti contrattuali.

Particolare rilevanza assumono le disposizioni che disciplinano gli obblighi informativi dell'acquirente-consumatore, che devono precedere la sottoscrizione del contratto pena la nullità del contratto.

INFORMAZIONI PRECONTRATTUALI

L'art. 71 del codice del consumo stabilisce infatti che il consumatore deve essere informato *"in tempo utile"* e *"prima che sia vincolato da un contratto o da un'offerta"* dall'operatore, il quale deve fornire al consumatore informazioni chiare, accurate e comprensibili, tramite la consegna, *a titolo gratuito*, di un **formulario informativo**, che deve essere redatto in lingua italiana e tradotto nella lingua o in una delle lingue dello Stato dell'Ue in cui il consumatore è residente o cittadino.

Le informazioni precontrattuali fornite con i formulari sono considerate parte integrante e sostanziale del contratto e non possono essere modificate, salvo nei casi in cui:

• *vi sia l'accordo esplicito delle parti*;
• *le modifiche sono state imposte da circostanze eccezionali e imprevedibili*, indipendenti dalla volontà dell'operatore, le cui conseguenze non avrebbero potuto essere evitate neanche con la dovuta diligenza.

Tutte le modifiche apportate al contratto *devono essere sempre comunicate per iscritto al consumatore prima della conclusione del contratto*, onde consentirgli di poter decidere solo dopo un'adeguata e completa valutazione di tutte le condizioni contrattuali.

REQUISITI Il contratto di multiproprietà deve essere redatto **per iscritto** a pena di nullità; esso è scritto nella lingua italiana e tradotto nella lingua o in una delle lingue dello Stato membro dell'Ue in cui risiede l'acquirente oppure, a scelta di quest'ultimo, nella lingua o in una delle lingue dello Stato di cui egli è cittadino, purché si tratti di lingue ufficiali dell'Unione europea.
Se poi il contratto ha a oggetto un immobile sito in uno Stato europeo diverso dall'Italia, esso deve essere tradotto anche nella lingua dello Stato in cui si trova l'immobile. Al consumatore dovranno essere consegnate sia la copia in italiano, sia le copie tradotte.

Il contratto di multiproprietà deve contenere, oltre alle informazioni di cui all'art. 71 (che costituiscono parte integrante del contratto), anche le indicazioni relative all'identità, al luogo di residenza, la data e il luogo di sottoscrizione del contratto e la sottoscrizione di tutte le parti.

DIRITTO DI RECESSO L'operatore deve informare il consumatore delle clausole inerenti al **diritto di recesso**, *che devono essere sottoscritte separatamente dal consumatore* (art. 72 c. 6 cod. cons.) e, onde agevolarne l'esercizio al consumatore che intenda avvalersene, l'operatore, insieme con il contratto, deve consegnare al consumatore un *formulario* separato inerente al diritto di recesso.

Formulario informativo per i contratti di multiproprietà — Documento

Al consumatore è riconosciuto il diritto di recedere dal contratto, senza indicare le motivazioni, entro 14 giorni dalla conclusione dello stesso o dalla data di ricezione del contratto – ove questo sia stato spedito successivamente – dandone comunicazione scritta all'operatore. L'esercizio del diritto di recesso dal contratto di multiproprietà è esercitato senza alcuna spesa, oneri o pagamento di penalità e comporta l'**automatica risoluzione** di tutti i contratti a esso connessi (art. 74 cod. cons.).
Può accadere tuttavia che gli operatori non forniscano al consumatore i formulari informativi di cui agli artt. 71 e 73 del codice del consumo inerenti al diritto di informazione e al diritto di recesso. In tal caso sarebbe impossibile per il consumatore disinformato recedere nel termine dei 14 giorni sopra indicati.

La disinformazione del consumatore, cagionata dall'inottemperanza dell'operatore, implica infatti che al consumatore sia concesso un **ulteriore termine** per poter valutare e decidere sul diritto di recesso che altrimenti gli sarebbe precluso.
Il legislatore, all'art. 73 c. 3, ha stabilito pertanto che in tali casi il periodo di recesso scade:

- dopo un anno e quattordici giorni a decorrere dalla data di sottoscrizione del contratto o di ricevimento del contratto (ove sia stato inviato successivamente), se il formulario informativo relativo al diritto di recesso non è stato compilato dall'operatore turistico e consegnato al consumatore per iscritto, su carta o altro supporto durevole;
- dopo tre mesi e quattordici giorni, a partire dalle date sopra indicate, ove le informazioni di cui all'art. 71 cod. cons. non siano state fornite al consumatore.

Con riferimento alla responsabilità degli operatori, occorre rilevare che l'art. 81 cod. cons. punisce gli operatori turistici che contravvengono alle tassative disposizioni inerenti agli obblighi informativi con una sanzione amministrativa da 1.000 a 5.000 euro, cui si deve aggiungere la sospensione dell'attività da 30 giorni a 6 mesi, nel caso di ripetuta violazione.

Gli operatori non possono essere esonerati da alcuna responsabilità neanche con accordi con il consumatore, essendo **inderogabili** i diritti previsti nel capo I del titolo IV del codice del consumo. L'art. 78 sancisce infatti che *"sono nulle le clausole contrattuali o i patti aggiunti di rinuncia del consumatore ai diritti previsti dal presente capo o di limitazione delle responsabilità previste a carico dell'operatore"*.

Per concludere l'esame della normativa relativa ai contratti di multiproprietà, occorre richiamare una disposizione di fondamentale rilevanza posta a garanzia dei consumatori: l'art. 72 bis del codice del consumo che prevede l'obbligo da parte dell'operatore di prestare idonea **fideiussione bancaria**, o comunque assicurativa, a garanzia della corretta esecuzione del contratto, nel caso in cui egli non abbia la forma giuridica di società di capitali o abbia un capitale sociale inferiore a 5.500.000 euro e non abbia la sede legale o la sede secondaria nel territorio dello Stato.

La fideiussione è *un negozio giuridico diretto a rafforzare la tutela dell'acquirente-consumatore in caso di inadempimento da parte del venditore*. Stipulando questo contratto il fideiussore, di solito un istituto bancario o assicurativo, *si obbliga verso l'acquirente-consumatore a garantire l'adempimento dell'obbligazione assunta dal venditore*.

L'importanza di questa forma di garanzia è ulteriormente confermata dalla norma in base alla quale l'assenza della fideiussione bancaria o assicurativa nel contratto costitutivo della multiproprietà ne determina la nullità.

APPROFONDIMENTO

Il condo hotel

Altra formula evoluta della multiproprietà è il cosiddetto condo hotel.

Nato dalla necessità di individuare nuove forme di investimento, il condo hotel ha origine e si diffonde prima negli Stati Uniti, poi anche in Europa.

Si tratta di alberghi le cui camere vengono vendute ai clienti, i quali possono usufruirne solo per un periodo limitato di tempo, compreso tra i 30 e i 50 giorni, trascorso il quale devono lasciare la disponibilità della camera alla società che gestisce la struttura, a fronte della ripartizione con questa del 50% degli utili ottenuti in seguito alle successive locazioni della camera.

LA LOCAZIONE TURISTICA

- Per immobili destinati all'imprenditoria turistica, ha durata:
  - non inferiore a 6 anni, se l'immobile è adibito ad attività di interesse turistico
  - non inferiore a 9 anni, se l'immobile è adibito ad attività alberghiere o paralberghiere
- Per immobili destinati a essere dati in godimento a turisti, la durata tiene conto della finalità turistica
- Per le unità abitative a uso turistico, la durata minima è di 1 settimana e quella massima di 6 mesi consecutivi
- La consegna comprende gli elementi accessori e le pertinenze necessarie per l'uso turistico
- In caso di violazione degli obblighi previsti dalla normativa, è possibile chiedere la risoluzione o l'annullamento del contratto, oltre al risarcimento del danno

L'ATTIVITÀ DI AFFITTACAMERE

- Strutture ricettive extralberghiere composte di camere ubicate in più appartamenti ammobiliati nello stesso stabile, nei quali sono forniti alloggio ed eventualmente servizi complementari

IL CONTRATTO D'ALBERGO

- È un contratto consensuale e a forma libera
- L'albergatore si impegna a fornire al cliente, con la diligenza professionale richiesta e attesa, e dietro pagamento di un corrispettivo, una serie di prestazioni di dare e di fare tra loro diverse, che vanno dalla fornitura dell'alloggio al deposito, alla prestazione di altri servizi
- L'albergatore ha l'obbligo di salvaguardia dell'incolumità del cliente e risponde dei danni unitamente con il tour operator (il quale è responsabile anche dell'eventuale overbooking alberghiero)

IL CONTRATTO DI DEPOSITO IN ALBERGO

- L'albergatore è responsabile per il deterioramento, la distruzione o la sottrazione:

delle cose portate in albergo o lasciategli in custodia dal cliente per un periodo di tempo precedente o successivo a quello dell'alloggio

delle cose consegnategli in custodia direttamente dal cliente

RESPONSABILITÀ LIMITATA

RESPONSABILITÀ ILLIMITATA

IL CONTRATTO DI ORMEGGIO

- Consente di occupare una porzione delle strutture portuali per lasciare in sicurezza e custodia un'imbarcazione e le cose in essa contenute
- È disciplinato dalle regole che governano i contratti di locazione e deposito

IL CONTRATTO DI TRASPORTO

- Un vettore si obbliga, dietro corrispettivo, a trasferire da un luogo a un altro persone o cose integre, nei tempi e modi concordati
- Il vettore risponde del ritardo, dell'inesatta esecuzione del trasporto, dei sinistri che colpiscono la persona del viaggiatore durante il viaggio, della perdita o dell'avaria delle cose che il viaggiatore porta con sé, se non prova di aver adottato tutte le misure idonee a evitare il danno:

> TRASPORTO DI PERSONE

- Il vettore risponde della perdita o dell'avaria di ciò che gli è stato consegnato per il trasporto, dal momento in cui lo riceve a quello in cui lo riconsegna al destinatario, se non prova che il danno è derivato da caso fortuito, dalla natura o dai vizi delle cose o del loro imballaggio, o dal fatto del mittente o da quello del destinatario:

> TRASPORTO DI COSE

I CONTRATTI DI LUNGO TERMINE RELATIVI AI PRODOTTI PER LE VACANZE

- Richiedono la forma scritta
- Il cliente ha diritto a informazioni adeguate tramite un formulario informativo
- Il cliente ha diritto di recesso entro 14 giorni dalla stipulazione del contratto

LA MULTIPROPRIETÀ

- Diritto di godimento che più soggetti vantano su qualsiasi bene immobile o mobile adibito ad alloggio per uno o più periodi dell'anno
- A tutela dell'acquirente-consumatore, il contratto deve essere redatto in forma scritta e preceduto da idonea informativa precontrattuale
- È assicurato il diritto di recesso
- Il venditore che viola gli obblighi a tutela del consumatore è soggetto a sanzioni amministrative
- Il venditore ha l'obbligo di fideiussione

Verifica delle conoscenze

VERO O FALSO

Indica se le seguenti affermazioni sono vere o false.

1 Sono attività di interesse turistico le agenzie di viaggio e turismo, gli impianti sportivi e ricreativi, le aziende di soggiorno ☐V ☐F

2 Sono unità abitative a uso turistico case e appartamenti, arredati e dotati di servizi igienici e di cucina autonomi, dati in locazione ai turisti ☐V ☐F

3 Gli esercizi di affittacamere sono strutture alberghiere ☐V ☐F

4 L'albergatore deve adempiere con diligenza professionale ☐V ☐F

5 La responsabilità dell'albergatore per le cose che gli sono state consegnate in custodia è limitata ☐V ☐F

6 Il contratto di trasporto aereo è un contratto per adesione ☐V ☐F

7 Nel trasporto cumulativo di persone ciascun vettore risponde per l'intero percorso ☐V ☐F

8 Nel contratto relativo ai prodotti per le vacanze di lungo termine il corrispettivo deve essere versato a scadenze periodiche ☐V ☐F

9 Il contratto di multiproprietà può riguardare anche roulotte o chiatte ☐V ☐F

10 La corretta esecuzione del contratto di proprietà deve essere garantita da una fideiussione ☐V ☐F

CORRISPONDENZE

Metti in relazione gli elementi del primo gruppo con quelli del secondo.

1 L'albergatore risponde per il deterioramento, la distruzione o la sottrazione delle cose portate in albergo dal cliente

2 L'albergatore è responsabile delle cose che gli sono state consegnate in custodia

3 Si tratta di beni che l'albergatore non ha l'obbligo di accettare in custodia

4 Si tratta di beni che l'albergatore ha l'obbligo di accettare in custodia

a beni pericolosi
b limitatamente
c illimitatamente
d il denaro e i preziosi

1	2	3	4

Verifica delle abilità

Completa lo schema.

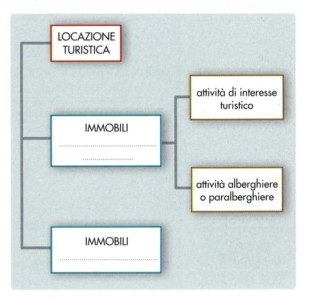

DI CHE COSA STIAMO PARLANDO?

Rispondi dopo aver letto gli indizi.

1 Prevede una serie di prestazioni, dall'alloggio al deposito, alla fornitura di altri servizi ....

2 Strutture ricettive composte da camere in cui si fornisce alloggio ed eventualmente servizi complementari ....

3 Dà il diritto di occupare uno spazio nelle strutture portuali ....

4 È un contratto per adesione predisposto dalla lata ....

5 Il trasporto di persone o di cose viene svolto da più vettori con un unico contratto ....

CACCIA ALL'ERRORE

Individua e correggi le parole errate.

1 La durata del contratto di locazione turistica non deve essere inferiore a 6 anni, se l'immobile è adibito ad attività alberghiere o paralberghiere ....

2 Il contratto di locazione degli immobili destinati ai turisti deve avere la durata minima di un mese ....

3 L'albergatore ha una responsabilità limitata per le cose che gli sono state consegnate dal cliente ....

4 Rientrano tra i danni alle persone lo smarrimento e il ritardo nella riconsegna dei bagagli ....

5 Nella multiproprietà uno stesso soggetto vanta un diritto di godimento su più proprietà immobiliari per uno o più periodi di tempo nell'arco dell'anno (2 errori) ....

QUESITI A RISPOSTA SINGOLA

Rispondi utilizzando non più di 4 righe.

1 Com'è definita nel codice del turismo l'attività di *affittacamere*?

2 Quale forma giuridica è prevista per il *contratto d'albergo*?

3 *What is meant by the limited liability of a hotelier for goods deposited (with him) in his hotel?*

4 *When does a hotelier have unlimited liability for goods deposited (with him) in his hotel?*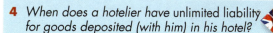

5 *What is a "contract of mooring"?*

Trattazione sintetica di argomenti.

1 *Focus on the differences between the business of* inn keeping *and the* hotel industry.

2 Chiarisci il significato di *diligenza, inadempimento* e *responsabilità* dell'albergatore.

3 Esponi le *responsabilità* connesse al deterioramento oppure alla distruzione di bagagli nel trasporto aereo.

4 Spiega quali *obblighi* ha il vettore nel trasporto di cose e nel trasporto di persone.

RISOLVO IL CASO

Vittorio è un manager che deve partecipare a una importante riunione a Londra. Il suo volo Milano-Londra parte con sei ore di ritardo sull'orario previsto e, quando arriva a destinazione, realizza che, avendo mancato all'appuntamento, ha perso l'occasione di concludere un contratto molto vantaggioso che, alla fine, gli è stato "soffiato" dalla concorrenza.

Il manager intende sporgere denuncia a nome dell'azienda e ottenere un risarcimento danni dalla compagnia aerea.

- **Ne ha diritto?**
- **Che cosa potrebbe fare il vettore aereo per non risarcire il danno denunciato dal manager rappresentante della società?**

Unità 24
La risoluzione delle controversie nel settore turistico

En

Unit *by* Unit

In Unit 24 you will analyse the procedures for resolving disputes in tourism. These can follow two paths: either a judicial process, culminating in the judgment and sentence of the Court or extrajudicial procedures (e.g. ADR, Alternative Dispute Resolutions), which aim to reach an amicable agreement between the parties. Alternative dispute procedures are: mediation, which requires the intervention of a third, impartial and neutral party, the mediator (this is only mandatory when there is a clause in the contract that requires the parties to follow this process, otherwise it is optional); or joint mediation, which is negotiated directly by the parties of the dispute or their representatives; and "complaint procedures" which are provided for by a "Service Chart". Lastly, there are Online Dispute Resolutions (ODR) procedures for the resolution of disputes which are handled online via email and standard forms, these have the advantage of offering a rapid solution at minimal cost.

1 Le procedure alternative per la risoluzione delle controversie

SOGGETTI E OGGETTI DELLE CONTROVERSIE

Negli ultimi anni il turista ha acquisito una maggiore consapevolezza dei propri diritti in merito alla qualità, all'efficienza e alla sicurezza dei servizi offerti, anche grazie agli interventi con cui il legislatore ha provveduto a disciplinare in modo più sistematico il settore turistico; con la legge quadro 135/2001, prima, e il codice del turismo (d.lgs. 79/2011), poi, sono stati introdotti:

- specifici **obblighi informativi** in capo agli operatori del settore;
- il diritto del turista a essere informato non solo dei servizi offerti, ma anche della loro qualità;
- il **diritto del turista** a essere risarcito in caso di danno da vacanza rovinata.

In conseguenza di questa presa di coscienza dei propri diritti, però, si è registrato un aumento dell'insorgere delle controversie tra il turista-consumatore e i professionisti che operano nell'ambito turistico (agenzie di viaggio, strutture alberghiere, stabilimenti balneari ecc.). In genere, si tratta di controversie che riguardano **presunti inadempimenti** (disservizi, danni ecc.) relativi alle obbligazioni assunte dall'imprenditore turistico nei confronti del proprio cliente.

PROCEDURE ALTERNATIVE PER LA RISOLUZIONE DELLE CONTROVERSIE

Oggi, per risolvere le controversie nel settore turistico si ricorre sempre più di frequente a procedure alternative a quelle giudiziarie, denominate **ADR (Alternative Dispute Resolution)**.

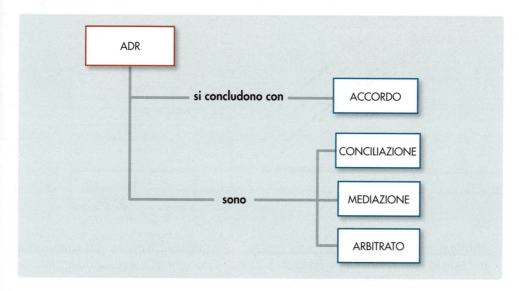

Le **ADR** sono procedure che si ispirano al principio della conciliazione e si concludono
con un accordo amichevole tra le parti (a differenza del procedimento giudiziario che
produce sempre una sentenza).

Fanno parte delle ADR tutti i sistemi di **composizione extragiudiziale** delle controversie tra privati, nati dall'esigenza di ridurre tempi, costi e rigidità dei normali
procedimenti giudiziali, scegliendo procedure che, al contrario, *sono veloci, poco
costose, spesso informali e la cui efficacia si basa sulla volontà delle parti di farvi
ricorso*; queste sono:

- la conciliazione;
- la mediazione;
- l'arbitrato.

Le disposizioni di settore che prevedono le ADR sono numerose e vanno dalla
materia dell'overbooking aereo (art. 16 del regolamento n. 261/2004/CE) alla protezione dei dati personali (art. 142 d.lgs. 196/2003).
La normativa italiana ha adottato diversi modelli di conciliazione in diversi settori
con diverse procedure, anche per quanto riguarda il valore attribuito all'atto con-
clusivo dei vari procedimenti.
Sicuramente la normativa che è intervenuta in modo più incisivo è quella che nel
2010 ha recepito in Italia la direttiva europea 52/2008 sulla mediazione civile e
commerciale.

La mediazione civile e commerciale

La **mediazione civile e commerciale**, come disciplinata dal d.lgs. 28/2010, è un procedimento volontario in cui *le parti di una controversia si rivolgono a un mediatore terzo,
indipendente, imparziale e neutrale, che le aiuta nel raggiungere un accordo amichevole (conciliazione) per la composizione di una controversia*.

NOZIONE

Tale accordo viene poi formalizzato in un apposito documento (il verbale di conciliazione).
Come vedremo, il codice del turismo stabilisce che il ricorso alla mediazione è:

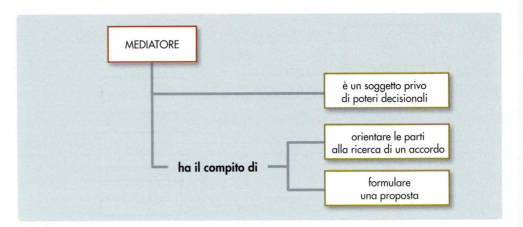

- **obbligatorio**, *qualora vi sia una clausola contrattuale firmata dal cliente che preveda la condizione di procedibilità*, cioè di ricorrere alla mediazione *prima* di instaurare un giudizio;
- **facoltativo**, negli altri casi di controversie turistiche, così come lo è per tutte le controversie su diritti disponibili, ossia i diritti di cui i soggetti possono disporre (diritti di obbligazione, diritti patrimoniali sui beni immateriali).

TERMINOLOGIA A questo punto occorre fare chiarezza sulla terminologia impiegata nel d.lgs. 28/2010, che ha introdotto nel nostro ordinamento la mediazione civile e commerciale. Il legislatore definisce:

- la **mediazione** come "l'attività, comunque denominata, svolta da un terzo imparziale e finalizzata ad assistere due o più soggetti sia nella ricerca di un accordo amichevole per la composizione di una controversia, sia nella formulazione di una proposta per la risoluzione della stessa" (art. 1 c. 1 lett. a d.lgs. 28/2010);
- il **mediatore** come "la persona o le persone fisiche che, individualmente o collegialmente, svolgono la mediazione rimanendo prive, in ogni caso, del potere di rendere giudizi o decisioni vincolanti per i destinatari del servizio medesimo" (art. 1 c. 1 lett. b);
- la **conciliazione** come "la composizione di una controversia a seguito dello svolgimento della mediazione" (art. 1 c. 1 lett. c);
- l'**organismo** come "l'ente pubblico o privato, ovvero la sua articolazione, presso cui può svolgersi il procedimento di mediazione ai sensi del decreto legislativo" (art. 1 c. 1 lett. f d.m. 180/2010).

Pertanto, il **mediatore** è colui che, privo di poteri decisori, svolge un'attività, un servizio, con il *compito di orientare le parti di una controversia alla ricerca di un accordo* oppure di *formulare una proposta* per la risoluzione della controversia stessa.

LAVORO SUL CASO

Carla e Sandro prenotano un viaggio a New York. Durante la vacanza, però, i servizi forniti non corrispondono a quelli prenotati e attesi. Ritornati a casa, i coniugi si rivolgono a un avvocato per agire contro la società organizzatrice del viaggio e chiedere un congruo risarcimento del danno. Nel leggere il contratto sottoscritto l'avvocato si accorge che contiene una clausola di mediazione, regolarmente sottoscritta dal cliente, che prevede espressamente una condizione di procedibilità.

- **Che cosa suggerirà alla coppia l'avvocato?**

L'attività finalizzata alla risoluzione della controversia si definisce **mediazione**.

L'accordo, ovvero la **conciliazione**, così come l'eventuale proposta intervengono solo nella fase successiva e sono il risultato dell'attività di mediazione.

Il servizio di mediazione civile e commerciale è fornito dagli organismi di mediazione che sono enti pubblici o privati i quali, sulla base di garanzie di serietà ed efficienza, sono autorizzati dal Ministero della giustizia a gestire il procedimento di mediazione.

Quindi, per la normativa in tema di mediazione civile e commerciale, che ha recepito la terminologia della normativa europea:

- la mediazione è il procedimento,
- la conciliazione, cioè l'accordo, è il risultato del procedimento condotto dal mediatore, così come meglio vedremo nei paragrafi successivi.

Tuttavia, nel nostro ordinamento giuridico sono ancora in vigore anche altre disposizioni che riguardano procedure alternative al giudizio e che definiscono "conciliazione" sia il procedimento sia il risultato, cioè l'accordo, e "conciliatori" i soggetti che svolgono questi procedimenti di composizione bonaria della controversie.

La conciliazione   Infatti, proprio nel settore turistico in virtù di quanto previsto da norme precedenti, il turista, oltre che della procedura di mediazione del d.lgs. 28/2010, ha la facoltà di avvalersi:

CONCILIAZIONE VOLONTARIA

- della **conciliazione volontaria** o **paritetica**;
- della **procedura di conciliazione innanzi alle commissioni arbitrali e conciliative** per la risoluzione delle controversie tra imprese e consumatori e utenti inerenti la fornitura di servizi turistici, istituite dalle camere di commercio.

In tali procedure il termine conciliazione indica sia il procedimento sia il risultato.

Nel settore turistico il ricorso alla conciliazione è stato da sempre specificamente previsto: è contemplato sia nel codice del turismo sia nella precedente legge quadro (l. 135/2001 abrogata dal d.lgs. 79/2011), proprio in virtù delle sue notevoli potenzialità come strumento di ricomposizione delle controversie. Alcune camere di commercio di province ad alta vocazione turistica (per esempio Milano, Firenze, Venezia) avevano istituito, già prima dell'entrata in vigore della legge 135/2001, servizi di conciliazione per la gestione delle controversie tra turisti e imprese.
In queste procedure i turisti hanno la facoltà di avvalersi delle associazioni dei consumatori e, in tale ipotesi, la procedura di conciliazione è disciplinata dagli artt. 140 e 141 del codice del consumo (d.lgs. 206/2005).

Conciliazione paritetica   Vediamo ora le caratteristiche del procedimento di conciliazione paritetica.

La conciliazione paritetica si basa su un **accordo** (chiamato **protocollo di intesa**), sottoscritto tra le associazioni dei consumatori riconosciute e le aziende o le loro associazioni di categoria. Si parla di "conciliazione paritetica" perché l'intervento dell'associazione dei consumatori mira a riequilibrare il potere negoziale in favore del consumatore che ha prestato il proprio consenso a un contratto per adesione.

PROTOCOLLO DI INTESA

Il protocollo stabilisce come si deve svolgere il procedimento di conciliazione paritetica e quali sono le sue caratteristiche: tempi brevi di definizione, gratuità per il consumatore e diritto alla riservatezza su informazioni e proposte scambiate durante il procedimento.

> La **procedura di conciliazione paritetica** consiste in una negoziazione *diretta fra i rappresentanti delle parti in lite, che avviene in assenza delle stesse.*

In questo caso, quindi, non vi è la presenza dei soggetti interessati (consumatore e impresa) perché la soluzione nasce direttamente dalla negoziazione tra i **due conciliatori**, appositamente formati, che sono rappresentanti delle parti in lite. Questo strumento di concertazione tra i consumatori e le imprese turistiche cerca di mediare, attraverso i rappresentanti delle rispettive associazioni, gli interessi degli operatori del settore e quelli dei fruitori della vacanza.

ESEMPIO Sono associazioni dei consumatori Adiconsum, Altroconsumo, Codacons; mentre rappresentano le imprese del settore Astoi (tour operator), Federalberghi ecc.

Il consumatore utilizza la procedura di conciliazione su **base volontaria**; una volta che gli viene sottoposta la proposta di accordo raggiunto, egli è libero di:

- accettare la soluzione e, in questo caso, viene redatto un verbale di avvenuta conciliazione (contenente l'accordo) che ha valore di accordo transattivo;
- rifiutare e decidere di rivolgersi al giudice.

Per accedere alla procedura di conciliazione è necessario aver presentato un **reclamo** presso il tour operator o l'agenzia di viaggio senza avere ricevuto una risposta soddisfacente. Se, invece, il consumatore si è già rivolto al giudice, non può accedere a questo servizio, ma vi è sempre la possibilità di pervenire a una composizione bonaria in corso di causa anche attraverso la richiesta di un tentativo di conciliazione da parte del giudice.

PROCEDURE DI RECLAMO PREVISTE DALLE CARTE DEI SERVIZI

Procedure di reclamo previste dalle carte dei servizi
Tra i sistemi alternativi di risoluzione delle controversie ci sono anche le procedure di reclamo previste dalle **carte dei servizi** (da non confondere con altre procedure di reclamo).

> Si tratta di **procedure rapide e gratuite** che il turista-consumatore può attivare *qualora siano previste nelle carte dei servizi di comuni, regioni, di associazioni di categoria (albergatori, tour operator, agenzie di viaggio) o imprese di trasporto ecc.*

Verranno trattate diffusamente nell'Unità 29.

L'arbitrato

NOZIONE

> **L'arbitrato** (così come definito e regolato dagli art. 806 e segg. del codice di procedura civile) è un metodo di definizione delle controversie civili, *alternativo alla via giudiziaria*, in base al quale le parti coinvolte scelgono di conferire a soggetti, definiti arbitri, l'autorità di prendere una decisione.

PECULIARITÀ Si caratterizza per due aspetti:

- la libertà delle parti della controversia di scegliere coloro che dovranno deciderla;

- il potere dei soggetti interessati di conferire agli arbitri l'autorità per prendere tale decisione.

In genere l'arbitrato è un procedimento complesso, i cui costi non lo rendono facilmente accessibile se deve essere organizzato ad hoc dalle parti coinvolte. Per questo sono più spesso utilizzati i servizi messi a disposizione dalle istituzioni arbitrali specializzate, le cosiddette camere arbitrali che operano presso le camere di commercio o presso enti e associazioni private.

In **materia di consumo** la legge 580/1993 di riforma delle camere di commercio ha attribuito loro delicate funzioni inerenti il controllo sul corretto svolgersi delle dinamiche di mercato, fra le quali la costituzione di commissioni arbitrali e conciliative per la risoluzione delle controversie tra imprese e tra imprese e consumatori e utenti.

La procedura si avvia presentando una domanda alla segreteria della camera arbitrale; il tribunale arbitrale, chiamato a decidere, può essere composto da un unico arbitro o da un collegio di arbitri. Il procedimento si deve concludere entro 180 giorni dalla costituzione del tribunale arbitrale con un provvedimento, chiamato "**lodo arbitrale**", che ha la stessa efficacia di una sentenza emessa da un giudice.

PROCEDURA

La negoziazione assistita

La negoziazione assistita   Recentemente è entrato a far parte dell'ordinamento giuridico italiano un altro strumento ADR; si tratta della negoziazione assistita, prevista dal d.l. 132/2014 (convertito con legge 162/2014) il cui obiettivo era dettare misure urgenti di "degiurisdizionalizzazione" e altri interventi per la definizione dell'arretrato in materia di processo civile.

> La **negoziazione assistita** consiste nell'accordo (convenzione di negoziazione assistita) con cui le parti in lite convengono di cooperare in buona fede e lealtà al fine di risolvere una controversia, *tramite l'assistenza di avvocati*, regolarmente iscritti all'albo.

NOZIONE

L'**accordo** eventualmente raggiunto dalle parti in lite, con l'assistenza dei legali, *dovrà essere sottoscritto dalle parti stesse e dai legali* e avrà valore di **titolo esecutivo**. Anche la negoziazione assistita è condizione di procedibilità di giudizio nel caso di azioni aventi ad oggetto il risarcimento del danno da circolazione di veicoli e natanti e per le domande di pagamento a qualsiasi titolo di somme, purché non eccedenti 50.000 euro e non riguardanti controversie assoggettate alla disciplina della mediazione obbligatoria.

La procedura di mediazione

In generale la procedura di mediazione è condizione di procedibilità della domanda giudiziale per tutte le controversie già previste dall'articolo 5 c. 1 bis, d.lgs. 28/2010: condominio, diritti reali, divisione, successioni ereditarie, patti di famiglia, locazione, comodato, affitto di aziende, risarcimento del danno derivante da responsabilità medica e sanitaria e da diffamazione con il mezzo della stampa o con altro mezzo di pubblicità, contratti assicurativi, bancari e finanziari.

L'art. 67 c. 1 del cod. tur. prevede che il ricorso alla mediazione civile e commerciale per le controversie che sorgono nel settore turistico sia obbligatorio, se nel contratto sottoscritto dal turista vi sia una **clausola di mediazione** (sottoscritta specificamente) *in base alla quale il medesimo dovrà far ricorso all'istituto della me-*

LA RISOLUZIONE DELLE CONTROVERSIE NEL CODICE DEL TURISMO

diazione prima di rivolgersi a un giudice o a un arbitro (condizione di procedibilità). È quindi fondamentale che il turista riceva un'**adeguata informazione** dall'impresa turistica circa la possibilità di *attivare una procedura conciliativa, nel caso in cui sorgano delle contestazioni relative ai servizi erogati dall'operatore commerciale.*

PRESENTAZIONE DELL'ISTANZA

Istanza di conciliazione

Documento

Prendendo le mosse dal d.lgs. 28/2010, cerchiamo di comprendere nel dettaglio in che cosa consiste la **procedura di mediazione** richiamata dal codice del turismo. Il turista-consumatore, che intenda intraprendere il procedimento di mediazione nei confronti di un imprenditore turistico, deve presentare l'**istanza di mediazione** (in cui vanno indicati l'organismo al quale si richiede il servizio, le parti, l'oggetto della controversia e le ragioni della pretesa) presso l'organismo di mediazione prescelto.

> L'**organismo di mediazione** può essere un ente pubblico o privato (come la camera di commercio, il consiglio di un ordine professionale ecc.) che deve essere *autorizzato dal Ministero di giustizia allo svolgimento del procedimento di mediazione.*

Le camere di commercio assumono un ruolo centrale nella promozione dei metodi di risoluzione alternativa delle controversie: in seguito all'entrata in vigore della normativa sulla mediazione civile e commerciale, molte di queste hanno ottenuto l'iscrizione al registro ministeriale degli organismi di mediazione, dopo aver provveduto a formare i propri conciliatori come mediatori civili e commerciali in base ai requisiti previsti dalla legge.

IL REGISTRO

Per poter operare l'organismo di mediazione deve essere iscritto in un apposito registro tenuto dal Ministero della giustizia e, in materia di consumo, di concerto con il Ministero dello sviluppo economico.

LE FASI DEL PROCEDIMENTO

Una volta pervenuta la domanda di mediazione, il responsabile dell'organismo nomina un **mediatore** *che ha il compito di fare in modo che le parti raggiungano un accordo amichevole al fine di comporre bonariamente la controversia.* Nelle controversie che richiedono specifiche competenze tecniche, l'organismo può nominare uno o più mediatori ausiliari.

Il responsabile fissa il **primo incontro** tra le parti, *che deve avvenire non oltre 30 giorni dal deposito della domanda* (la domanda e la data del primo incontro sono comunicate all'altra parte con ogni mezzo idoneo ad assicurarne la ricezione). *Le parti intervengono all'incontro personalmente e devono farsi assistere dall'avvocato.* Il comportamento della parte che, convocata, non si presenti nel giorno stabilito dinanzi al mediatore potrà costituire argomento di prova per il giudice, che lo condannerà anche a pagare una somma pari al contributo unificato per l'instaurazione del giudizio, qualora la mancata partecipazione non abbia giustificato motivo. Il procedimento si svolge presso la sede dell'organismo di mediazione o nel luogo indicato dal regolamento di procedura dell'organismo. Nel corso di incontri congiunti e sessioni private, il mediatore, che dovrà quindi essere un soggetto dotato di un'adeguata formazione ed esperienza nel settore e di elevate capacità persuasive e comunicative, *aiuta le parti a instaurare un dialogo finalizzato all'individuazione di un accordo che le soddisfi entrambe.*

La mediazione, infine, è un procedimento **riservato**, in quanto tutto ciò che viene dichiarato nel corso dell'incontro non può essere registrato né verbalizzato, né utilizzato in un successivo eventuale giudizio avente in tutto o in parte lo stesso oggetto.

LA DURATA

Per quanto riguarda i tempi della conciliazione del settore turistico, si deve fare riferimento ai regolamenti delle singole camere di commercio o degli organismi autorizzati; in ogni caso, *la durata del procedimento deve essere contenuta e non superare i 3 mesi* (art. 6 d.lgs. 28/2010).

Se l'accordo viene raggiunto, il mediatore procede a redigere uno specifico **verbale di conciliazione**, *che deve essere sottoscritto da lui e da entrambe le parti*, il quale conterrà, o al quale sarà allegato, il testo dell'accordo raggiunto.

IL VERBALE DI CONCILIAZIONE

L'accordo così raggiunto è sottoscritto anche dagli avvocati che assistono le parti e che ne attestano la conformità alle norme imperative e all'ordine pubblico. La legge prevede che adempiute queste formalità l'accordo sia immediatamente **esecutivo**, *il che vuol dire che, nel caso in cui una parte non dovesse adempiere all'accordo raggiunto, si potrà procedere subito con l'esecuzione forzata tramite gli ufficiali giudiziari senza la necessità di adire il giudice per l'omologazione dell'accordo.*
Il valore aggiunto dalla mediazione è che può portare a concludere accordi che comportano la creazione di un ulteriore valore economico.

ESEMPIO Il turista chiede al tour operator una cifra come risarcimento e, in seguito al procedimento di mediazione, si accorda accettando un buono vacanza oppure uno sconto su un'altra vacanza.

Se, invece, l'accordo non viene raggiunto, il mediatore può in ogni caso formulare una **proposta di conciliazione** che viene comunicata per iscritto alle parti, le quali fanno pervenire al mediatore, sempre per iscritto ed entro 7 giorni, l'accettazione o il rifiuto (in mancanza di risposta nel termine, la proposta si intende rifiutata). Anche in questo caso il mediatore dovrà redigere il verbale con l'indicazione della proposta e depositarlo presso la segreteria dell'organismo. Nell'ipotesi in cui una delle parti non si presenti, o non si raggiunga un accordo, viene redatto un apposito verbale che dà atto della **conclusione** del procedimento di mediazione.

3 La conciliazione dei consumatori

Nella procedura di conciliazione – disciplinata dagli artt. 140 e 141 del codice del consumo, secondo quanto riconosciuto espressamente dal codice del turismo (art. 67 c. 1) – i turisti hanno la facoltà di farsi assistere dalle **associazioni dei consumatori**.

Per poter gestire un tentativo di conciliazione delle controversie, le associazioni dei consumatori e degli utenti, rappresentative a livello nazionale:

REQUISITI DELLE ASSOCIAZIONI

- *devono essere tassativamente inserite nell'elenco* conservato presso il Ministero delle attività produttive (ora dello sviluppo economico);
- *devono dimostrare*, depositando la specifica documentazione, *di essere in possesso di tutti i requisiti previsti dalla legge.*

Prima di procedere con ricorso al giudice, *le associazioni dei consumatori possono attivare la procedura di conciliazione* dinanzi alla camera di commercio, competente per territorio, oppure dinanzi agli altri organismi di composizione extragiudiziale delle controversie riconosciuti dalla legge. La procedura deve concludersi in ogni caso *entro 60 giorni*.
Il processo verbale di conciliazione, sottoscritto dalle parti e dal rappresentante dell'organismo di composizione extragiudiziale, *deve essere depositato per l'omologazione nella cancelleria del tribunale del luogo nel quale si è svolto il procedimento di conciliazione.* Il tribunale, accertata la regolarità formale del processo

Renata ha prenotato un pacchetto viaggio. Oltre al prezzo pattuito le vengono addebitati 50 euro per un'assicurazione annullamento viaggi che non aveva espressamente richiesto. Arrabbiata, telefona per protestare. L'operatore del call center le risponde che il servizio è stato attivato poiché non è arrivato un esplicito suo rifiuto entro i termini indicati. Renata intende denunciare la società che ha proposto il viaggio. Racconta tutto al suo fidanzato Mauro, che invece le suggerisce un'altra strada.

• **Quale?**

verbale, lo dichiara esecutivo con decreto. Il verbale di conciliazione omologato costituisce **titolo esecutivo**.

TUTELA DEGLI INTERESSI COLLETTIVI

Le associazioni dei consumatori sono inoltre legittimate ad agire anche per la tutela degli interessi collettivi dei consumatori e degli utenti. In particolare le associazioni dei consumatori possono richiedere al tribunale:

• di inibire gli atti e i comportamenti lesivi degli interessi dei consumatori e degli utenti;
• di adottare le misure idonee a correggere o eliminare gli effetti dannosi delle violazioni accertate;
• di ordinare la pubblicazione del provvedimento su uno o più quotidiani a diffusione nazionale, oppure locale, in tutti quei casi in cui la pubblicità del provvedimento possa contribuire a correggere o eliminare gli effetti delle violazioni accertate.

IL DIPARTIMENTO PER LO SVILUPPO E LA COMPETITIVITÀ DEL TURISMO

L'assistenza al turista Tra le misure introdotte dal codice del turismo (artt. 68-69) è prevista l'assistenza al turista attraverso l'istituzione di un **call center** (Easy Italia) presso il Dipartimento per lo sviluppo e la competitività del turismo e l'istituzione di uno **sportello del turista** presso il quale le persone fisiche e giuridiche, nonché gli enti che rappresentano gli interessi dei turisti possono proporre istanze, richieste e reclami nei confronti di imprese e operatori turistici per l'accertamento dell'osservanza delle disposizioni del codice del turismo.
I reclami vengono gestiti dal Dipartimento stesso che, dopo aver svolto le necessarie attività istruttorie, decide in merito.

Moduli di reclamo | Documento

Requisiti delle associazioni dei consumatori

Le associazioni dei consumatori, per poter gestire un tentativo di conciliazione delle controversie, dovranno esibire i seguenti requisiti:

• l'*avvenuta costituzione*, per atto pubblico o per scrittura privata autenticata, *da almeno 3 anni* e il *possesso di uno statuto* che sancisca un ordinamento a base democratica e preveda come scopo esclusivo la tutela dei consumatori e degli utenti, senza fine di lucro;
• la tenuta di un *elenco degli iscritti*, aggiornato annualmente con l'indicazione delle quote versate direttamente all'associazione per gli scopi statutari;
• un *numero di iscritti non inferiore allo 0,5 per mille della popolazione nazionale* e

una *presenza sul territorio in almeno cinque regioni o province autonome*, con un numero di iscritti non inferiore allo 0,2 per mille degli abitanti di ciascuna di esse;
• l'elaborazione di un *bilancio annuale* delle entrate e delle uscite con indicazione delle quote versate dagli associati e tenuta dei libri contabili;
• lo *svolgimento di un'attività continuativa* nei tre anni precedenti;
• una *rappresentanza legale esente da qualsiasi condanna* (passata in giudicato in relazione all'attività dell'associazione medesima) i cui membri non rivestano la qualifica di imprenditori o di amministratori di imprese di produzione e servizi in qualsiasi forma costituite per gli stessi settori in cui opera l'associazione.

Un tour operator, attraverso messaggi pubblicitari a mezzo video e stampa, propone viaggi vacanza tutto compreso in Paesi del Sud America senza però fornire alcuna indicazione circa il passaporto, i visti e le formalità necessarie per viaggiare in piena sicurezza, così come prescritto dalle vigenti normative.
L'associazione dei consumatori denuncia il fatto.

- **Quale strumento utilizzerà l'associazione?**
- **Che cosa chiederà in concreto?**

 ## 4 La procedura online per le controversie transfrontaliere di modesta entità

Il regolamento 861/2007/CE del Parlamento e del Consiglio dell'11 luglio 2007, entrato in vigore il 1° gennaio 2009, ha istituito il **procedimento europeo per controversie transfrontaliere di modesta entità**.
Vale la pena di soffermarci sulla cosiddetta "Small claims procedure", entrata in vigore in tutti gli Stati membri dell'Unione europea, proprio per la sua portata innovativa e generale.

> La **Small claims procedure** è un procedimento condotto da un giudice, che si conclude con una sentenza, e riguarda le controversie transfrontaliere in materia civile e commerciale, fino a un valore di 2.000 euro, tra consumatori e imprese e tra cittadini in ambito comunitario.

NOZIONE

Il sistema prevede un procedimento articolato nelle **seguenti fasi**:

FASI DEL PROCEDIMENTO

- qualsiasi cittadino europeo può presentare all'organo giurisdizionale competente (per l'Italia il giudice di pace) un **modulo standard**, che comprende una descrizione delle prove a sostegno, completo della documentazione probatoria, *inoltrandolo anche con modalità telematica o per posta elettronica certificata* (pec);
- entro 14 giorni, il giudice del luogo interpellato invia la pratica alla controparte estera e questa ha 30 giorni per replicare;
- una volta ricevuta la replica, il giudice ne invia una copia al cittadino che ha presentato la domanda, il quale, a sua volta, ha altri 30 giorni per replicare nel caso in cui la controparte abbia presentato una domanda riconvenzionale (ovvero se, invece di difendersi, rilancia l'accusa al consumatore);
- entro 30 giorni dalla ricezione delle risposte, il giudice deve emettere la **sentenza**, che potrà essere applicata in tutti gli Stati membri, *senza necessità di ulteriori pratiche*.

Il procedimento è **alternativo** rispetto a quelli esistenti negli Stati membri: l'obiettivo del legislatore è quello di rendere più rapido e trasparente il contenzioso e di agevolare la risoluzione delle **controversie transfrontaliere** (quelle cioè in cui una delle parti ha domicilio o residenza abituale in uno Stato membro *diverso da quello dell'organo giurisdizionale interpellato*), attraverso la creazione di un sistema uniforme a livello europeo. Vediamo quali vantaggi offre:

- il procedimento si svolge in forma scritta: per tutta la sua durata il giudice tenta una **conciliazione** tra le parti e, qualora emetta una sentenza, questa è **immediatamente esecutiva** in tutti gli Stati membri;

- le spese amministrative connesse al procedimento nei vari paesi restano contenute;
- il procedimento dovrebbe risultare snello ed efficace dato che non è prevista la presenza di un avvocato e il regolamento comunitario stabilisce tempi abbreviati per tutto l'iter.

Tra le materie cui questo procedimento può essere applicato troviamo la consegna di beni, il diritto di garanzia, i *risarcimenti nel settore di viaggi e vacanze*, i disservizi legati all'acquisto di un biglietto aereo ecc.

 Le procedure online: ODR

Per mezzo degli *strumenti telematici* e di *programmi operativi di video conferenza che garantiscano la riservatezza*, gli organismi di mediazione sono in grado di operare sia su tutto il territorio nazionale per le controversie civili e commerciali interne, sia in ambito europeo per le controversie transfrontaliere, poiché la normativa in tema di mediazione civile e commerciale ha trovato attuazione anche negli altri Stati membri dell'Unione europea.

In materia di **procedimenti giudiziari** l'Unione europea, come abbiamo visto, ha emanato il regolamento 861/2007/CE che ha introdotto le **procedure online** per la risoluzione delle controversie di modesta entità, in quanto le spese, i ritardi e le difficoltà legate ai contenziosi non diminuiscono se il valore della causa è ridotto e, addirittura, si moltiplicano quando si tratta di procedimenti transfrontalieri.

Con questa procedura anche i consumatori hanno la possibilità di ottenere una sentenza valida in tutta Europa senza dover necessariamente affidare la pratica a un avvocato per avviare la Small claims procedure.

ODR | L'uso della tecnologia, applicata all'insieme degli strumenti alternativi, per la risoluzione delle controversie prende il nome di **Online Dispute Resolution (ODR)**.

MODALITÀ VIRTUALE

In pratica, attraverso l'uso di Internet le procedure alternative alla via giudiziale e di composizione bonaria delle controversie vengono trasferite in modalità "virtuale", permettendo alle parti di incontrarsi con il conciliatore, o il mediatore, in una **"stanza virtuale"**.

Per sua natura, l'ODR si adatta bene alla risoluzione delle controversie proprio quando le parti risiedono in diversi paesi e diventa difficoltoso incontrarsi. Per questo, *l'utilizzo delle tecnologie di comunicazione è stato ampiamente raccomandato dal Parlamento europeo a tutti gli Stati membri*: grazie alle ODR, infatti, nelle controversie transfrontaliere verrebbe meno l'ostacolo costituito dalla distanza dei luoghi di residenza delle parti e anche dell'organismo gestore.

L'importanza delle procedure online è quindi dovuta al fatto che la libera circolazione di persone, beni e servizi a livello comunitario non può prescindere dall'esistenza di strumenti rapidi per la soluzione delle controversie. Molto spesso il consumatore, in particolare nell'ambito turistico, preferisce *rinunciare* a far valere i propri diritti piuttosto che spendere più di quello che ha perso per i costi e la lentezza della giustizia ordinaria.

ESEMPIO Sono casi di reclami di consumatori a rilevanza transfrontaliera quello del consumatore francese al quale una compagnia aerea tedesca smarrisce il bagaglio del valore di

1.000 euro oppure quello del consumatore italiano che, avendo prenotato un lussuoso albergo a Creta, scopre che la struttura assomiglia più a un ostello; in situazioni come queste, si può intervenire per trovare una soluzione amichevole grazie alle procedure online attivate dall'Unione europea (rete del Centro europeo dei consumatori, ECC-Net).

Nel 2013 il Parlamento e il Consiglio europeo hanno adottato il **regolamento ODR consumatori 2013/524** che dispone la costituzione di una piattaforma europea per l'Online Dispute Resolution delle controversie riguardanti i consumatori.

L'Italia ha di recente dovuto recepire anche il contenuto della direttiva 2013/11/Ue (definita **direttiva ADR per i consumatori**) attraverso il d.lgs. 130/2015. Scopo della direttiva è di contribuire, mediante il raggiungimento di un livello elevato di protezione dei consumatori, al corretto funzionamento del mercato interno garantendo che *i consumatori possano, su base volontaria, presentare reclamo nei confronti di professionisti dinanzi a organismi che offrono procedure indipendenti, imparziali, trasparenti, efficaci, rapide ed eque di risoluzione alternativa delle controversie.*
La direttiva prevede di *non pregiudicare la legislazione nazionale che stabilisce l'obbligatorietà di tali procedure*, a condizione che tale legislazione non impedisca alle parti di esercitare il loro diritto di accedere al sistema giudiziario.

ADR CONSUMATORI

Il d.lgs. 130/2015 è intervenuto apportando modifiche al codice del consumo e stabilendo che la normativa in esso contenuta regola le procedure volontarie di composizione extragiudiziale per la risoluzione, **anche in via telematica**, delle controversie nazionali e transfrontaliere, tra consumatori e professionisti residenti e stabiliti nell'Unione europea.
In tali procedure (che differiscono dalla procedura di mediazione regolata dal d.lgs. 28/2010) l'organismo ADR propone una soluzione o riunisce le parti al fine di agevolare una soluzione amichevole.
Le procedure ADR, gestite da organismi che abbiano i requisiti che la legge stabilisce, devono essere disponibili e facilmente accessibili "online e offline", consentire la partecipazione delle parti senza obbligo di assistenza legale, essere gratuite o disponibili a costi minimi per i consumatori e concludersi entro 90 giorni dal ricevimento del fascicolo completo della domanda da parte dell'organismo (prorogabili di ulteriori 90 per le controversie particolarmente complesse).
Le parti possono ritirarsi dalla procedura in qualsiasi momento. Il consumatore non può essere privato in nessun caso del diritto di adire il giudice competente qualunque sia l'esito della procedura di composizione extragiudiziale.

LAVORO SUL CASO

Giorgio prenota online una camera d'albergo a cinque stelle a Vienna. Giunto sul posto, dato che l'albergo è pieno, gli viene offerta una sistemazione di livello inferiore. Stanco per il viaggio, accetta la sistemazione. Il direttore dell'albergo gli assicura che verrà risarcito per il disguido.
Una volta tornato a Milano, dove vive, Giorgio invia una richiesta di risarcimento, ma dall'albergo non riceve alcuna risposta. Un amico gli suggerisce che per risolvere il problema, anziché intraprendere subito le vie legali, può ricorrere a un organismo che offre procedure online rapide e poco costose.

- **Come farà Giorgio a trovare chi nella sua città offre questo servizio? Che cosa potrà fare e cosa potrà ottenere?**

Per rispondere puoi collegarti al servizio di ODR www.risolvionline.com e sintetizzare l'iter che il consumatore deve seguire in una tabella.

I PRINCIPALI PROCEDIMENTI ADR E ODR

Procedure di reclamo	Sono attivate dai **consumatori** di vari servizi (trasporti, banche, compagnie aeree, tour operator, assicurazioni, poste, telecomunicazioni, servizi sanitari ecc.) in proprio o attraverso le associazioni dei consumatori mediante presentazione di un reclamo scritto allo stesso soggetto che fornisce il servizio. Il reclamo può essere previsto anche dalle **carte dei servizi di enti pubblici**.
	Si concludono con una conciliazione qualora il consumatore-utente accetti la soluzione proposta; in caso di rifiuto può ricorrere alla mediazione e/o al giudice.
Conciliazione paritetica	È un procedimento di negoziazione **diretta** fra i rappresentanti di categoria delle parti in lite che: • avviene **in assenza** dei soggetti coinvolti; • presuppone l'esistenza di un protocollo di intesa tra le associazioni di categoria dei consumatori e quelle delle imprese; tra i settori interessati: assicurazioni, energia, trasporti, credito, turismo, poste, telecomunicazioni ecc.
	Si conclude con una soluzione proposta al consumatore-utente il quale è libero: • di accettarla (in questo caso viene redatto un **verbale di conciliazione**); • di rifiutarla e ricorrere alla mediazione o al giudice.
Mediazione civile e commerciale	È un procedimento volontario in cui le parti si rivolgono a un mediatore attraverso un'istanza presentata agli organismi di mediazione iscritti al registro del Ministero di giustizia. Il mediatore è un soggetto terzo indipendente, imparziale e neutrale che facilita il raggiungimento di un accordo tra le parti. La mediazione può essere: • imposta anche dalla legge prima di intraprendere una lite giudiziaria – in questo caso esperire il procedimento è condizione di procedibilità del giudizio; • prevista da una clausola contrattuale nel momento in cui le parti redigono un contratto (anche in questo caso è condizione di procedibilità).
	Si conclude con un accordo amichevole (conciliazione) oppure con una mancata conciliazione, in quest'ultimo caso le parti possono ricorrere all'arbitrato o rivolgersi al giudice.
ODR consumatori	Sono procedure online di composizione delle controversie consumeristiche tra consumatori e imprese alternative alla via giudiziale gestite da organismi qualificati.
	Le parti si incontrano in via telematica con il conciliatore, o il mediatore, in una **stanza virtuale**.
	La procedura si conclude con un accordo oppure in caso di mancato accordo il consumatore ha la possibilità di ricorrere al giudice.
Negoziazione assistita	È richiesto l'intervento degli avvocati che assistono i loro clienti nell'avvio della procedura e durante lo svolgimento.
	L'**accordo** eventualmente raggiunto dalle parti in lite, con l'assistenza dei legali, *dovrà essere sottoscritto dalle parti stesse e dai legali* e avrà valore di **titolo esecutivo**.
Arbitrato	Le parti coinvolte scelgono di conferire a soggetti, definiti **arbitri**, l'autorità di prendere una decisione.
	Si conclude con il **lodo arbitrale** che diviene **vincolante** per le parti al pari di una sentenza del giudice.
Small claims procedure	È una procedura comune a tutti gli Stati membri dell'Unione. Riguarda le **controversie transfrontaliere di modesta entità** in materia civile e commerciale, fino a un valore di 2.000 euro, tra consumatori e imprese e tra cittadini in ambito comunitario. È alternativa alle procedure giurisdizionali previste negli Stati membri.
	È condotta da un **giudice**.
	Si conclude con una **sentenza vincolante**.

PERCORSO
DI SINTESI

LA RISOLUZIONE DELLE CONTROVERSIE IN AMBITO TURISTICO

- Nel settore turistico si ricorre sempre più di frequente alle procedure **ADR (Alternative Dispute Resolution)**, alternative alla via giudiziaria:
  - sono alternative alle procedure giudiziarie
  - si concludono con un accordo amichevole tra le parti
  - sono:

CONCILIAZIONE — MEDIAZIONE — ARBITRATO

LE PROCEDURE ALTERNATIVE

- *Mediazione*:
  - prevede l'intervento di un mediatore terzo, imparziale e neutrale
  - può essere obbligatoria o facoltativa
- *Conciliazione paritetica*:
  - è una negoziazione diretta tra i rappresentanti delle parti in lite, che avviene in loro assenza
- *Arbitrato*:
  - è un metodo di definizione delle controversie civili, alternativo alla via giudiziaria
  - le parti coinvolte scelgono di conferire l'autorità di prendere una decisione a degli arbitri
- *Reclami previsti dalle carte dei servizi*:
  - sono procedure rapide e gratuite previste da enti pubblici e operatori di settore

LA PROCEDURA DELLA MEDIAZIONE

- Presentazione dell'istanza a un organismo debitamente autorizzato
- Nomina del mediatore che renda possibile un accordo che soddisfi entrambe le parti
- Accordo formalizzato in apposito verbale di conciliazione che ha natura di contratto
- In assenza di accordo, viene fatta una proposta di conciliazione
- Durata massima: 3 mesi

LE ASSOCIAZIONI DEI CONSUMATORI

- Possono assistere individualmente, o tutelare collettivamente, i turisti-consumatori

SMALL CLAIMS PROCEDURE

- È prevista dal regolamento 861/2007/CE
  - riguarda le controversie transfrontaliere in materia civile e commerciale, fino a un valore di 2.000 euro, tra consumatori e imprese e tra cittadini in ambito comunitario
  - è un procedimento condotto da un giudice, che si conclude con una sentenza

ONLINE DISPUTE RESOLUTION (ODR)

- Permettono alle parti di incontrarsi con il conciliatore, o il mediatore, in una "stanza virtuale"
- Si svolgono in tempi rapidi e con costi minimi

Verifica delle conoscenze

VERO O FALSO

Indica se le seguenti affermazioni sono vere o false.

1 Le ADR si concludono sempre con una sentenza giudiziaria ☐V ☐F

2 In base al codice del turismo il ricorso alla mediazione è obbligatorio, se il cliente ha sottoscritto una clausola contrattuale che la preveda come condizione di procedibilità ☐V ☐F

3 La mediazione è l'attività finalizzata alla risoluzione di una controversia ☐V ☐F

4 La procedura di conciliazione paritetica avviene in presenza delle parti ☐V ☐F

5 La negoziazione assistita è svolta da avvocati iscritti all'albo ☐V ☐F

6 L'organismo di mediazione deve essere autorizzato dal Ministero della giustizia ☐V ☐F

7 La Small claims procedure non richiede l'intervento del giudice ☐V ☐F

8 Le ODR sono adatte a risolvere le controversie tra due soggetti che risiedono in Paesi diversi ☐V ☐F

9 Indipendentemente dall'esito della procedura ODR è sempre possibile rivolgersi al giudice ☐V ☐F

10 Il codice del consumo ammette le procedure volontarie di composizione extragiudiziale per la risoluzione, anche in via telematica ☐V ☐F

COMPLETAMENTO

Inserisci i termini mancanti (attenzione ai distrattori!).

1 Il codice del turismo stabilisce che il ricorso alla mediazione è ...., qualora vi sia una clausola contrattuale sottoscritta .... che preveda la condizione di procedibilità, cioè di ricorrere alla mediazione .... un giudizio.

dal cliente; prima di instaurare; dopo aver instaurato; facoltativo; obbligatorio; dall'operatore.

2 La mediazione civile e commerciale è un procedimento .... in cui le parti di una controversia si rivolgono a un ...., indipendente, imparziale e neutrale, che le aiuta nel raggiunge-

re un accordo amichevole (...................) per la risoluzione di una controversia.

giudice; obbligatorio; composizione; volontario; mediatore terzo; conciliazione.

Verifica delle abilità

Completa lo schema.

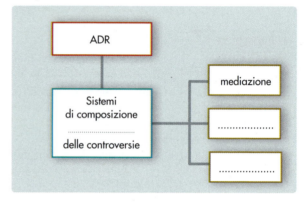

DI CHE COSA STIAMO PARLANDO?

Rispondi dopo aver letto gli indizi.

1 È l'attività finalizzata alla risoluzione di una controversia ....

2 È la composizione di una controversia a seguito della mediazione ....

3 Ha il compito di fare in modo che le parti raggiungano un accordo amichevole ....

4 È una negoziazione diretta che avviene in assenza delle parti stesse ....

5 È un accordo sottoscritto tra le associazioni dei consumatori riconosciute e le aziende o le loro associazioni di categoria ....

CACCIA ALL'ERRORE

Individua e correggi le parole errate.

1 Nella Small claims procedure la sentenza del giudice di uno Stato deve essere omologata negli altri Stati membri ....

2 La conciliazione è l'attività finalizzata ad assistere due o più soggetti nella composizione di una controversia ....

3 La procedura di conciliazione paritetica consiste in una negoziazione diretta tra le parti ....

4 La Small claims procedure non è alternativa rispetto a quella esistente negli Stati membri ....

5 Nell'ODR le parti si incontrano con il conciliatore, o il mediatore, presso la sede dell'organo di conciliazione ....

QUESITI A RISPOSTA SINGOLA

Rispondi utilizzando non più di 4 righe.

1 *What are the advantages of ADR procedures in comparison with judicial litigation?*

2 *When does the* Code of Tourism *make mediation mandatory?*

3 *What are* cross-border disputes?

4 Quali tutele collettive possono richiedere le *associazioni dei consumatori*?

5 *Come* e *in quanto tempo* si conclude una procedura online nella risoluzione di controversie?

Trattazione sintetica di argomenti

1 *Focus on the differences and peculiarities of ADR procedures as compared with judicial litigation.*

2 *Explain the timeframe, instruments and benefits of online procedures for dispute resolution.*

3 Illustra le principali *fasi* da seguire per l'attuazione della mediazione confrontandone i *tempi* con quelli della giustizia ordinaria.

4 Esamina i necessari requisiti giuridici e il delicato *ruolo delle associazioni dei consumatori* nella risoluzione delle controversie.

LAVORO DI GRUPPO

Nella tabella che conclude questa unità sono riepilogati i principali procedimenti ADR e ODR previsti dalla normativa europea e dal diritto interno. Si tratta di procedure alternative al ricorso alle vie giudiziali per la risoluzione delle controversie civili e commerciali in genere e di quelle tra utenti-consumatori e imprese. Le procedure si caratterizzano per essere rapide, poco costose e, a volte, anche gratuite.

Si divide la classe in piccoli gruppi e ciascun gruppo, anche attraverso una ricerca in rete, consulta le fonti che prevedono queste procedure e sintetizza in una tabella le informazioni raccolte sui tempi massimi previsti di definizione della procedura e sui costi.

Tipo di procedura	....
Fonte normativa	....
Tempi previsti	....
Costi	....

PREPARATI
ALLA VERIFICA SCRITTA

☑ Puoi svolgere gli esercizi
sul tuo MEbook

SEZIONE D

Verifica delle conoscenze

VERO O FALSO

Indica se le seguenti affermazioni sono vere o false.

1 Il pacchetto turistico propone viaggi a un prezzo forfetario che includono i soli trasporti e alloggio V F

2 Nei contratti turistici, il motivo non è considerato irrilevante V F

3 Nel pacchetto turistico si devono menzionare gli eventuali servizi complementari V F

4 L'organizzatore di viaggio deve essere assicurato per la responsabilità civile nei confronti dei turisti V F

5 Il risarcimento dei danni è dovuto dal solo organizzatore di viaggio V F

6 La durata della locazione di immobili adibiti ad attività di interesse turistico è 9 anni V F

7 La responsabilità dell'albergatore per i beni portati dal cliente in albergo è in genere limitata V F

8 Il contratto di ormeggio consiste nella locazione di strutture portuali o di uno spazio acqueo protetto V F

9 La Small claims procedure prevede l'intervento del giudice V F

10 Con l'ODR le controversie vengono trasferite in modalità "virtuale" V F

Totale punti	....	10

1 punto per risposta esatta, 0 per risposta non data o errata

DOMANDE A RISPOSTA MULTIPLA

Individua la risposta esatta.

1 Nella cessione di un pacchetto turistico:

A il cessionario non deve necessariamente possedere i requisiti richiesti per la fruizione del servizio

B il cedente non deve fare alcuna comunicazione formale

C il cedente rimane obbligato in solido con il cessionario per il pagamento del prezzo

D il cedente può nominare successivamente la persona che acquisirà i diritti

2 Le variazioni di prezzo di un pacchetto turistico:

A non sono mai ammesse

B sono consentite se espressamente previste dal contratto

C sono consentite per richieste sindacali

D sono consentite sempre e comunque per variazioni nei costi dei trasporti

3 Il mancato reclamo riguardante inadempienze nei servizi turistici:

A esclude la possibilità per il turista di ottenere il risarcimento dei danni da vacanza rovinata

B consente al turista di ottenere un risarcimento dei danni ridotto in proporzione al concorso di colpa

C consente al turista di richiedere i danni all'effettivo prestatore di servizi

D consente al turista di ottenere, seppure in ritardo, l'esatto risarcimento del danno

4 Il contratto d'albergo:

A deve essere stipulato in forma scritta

B si conclude con la consegna della chiave

C è consensuale

D è un contratto tipico e misto

5 Nel trasporto di cose, il vettore deve risarcire il danno qualora sia dovuto a:

A negligenza del cliente

B cause ignote

C caso fortuito

D difetto della cosa trasportata

Verifica delle abilità

6 Un incendio nella sala macchine di una nave da crociera obbliga al rientro in porto e alla sospensione del tour programmato. La società propone ai clienti, quale soluzione alternativa, un soggiorno di una settimana in un resort a cinque stelle situato su un'isola vicina senza alcun costo aggiuntivo. I crocieristi possono:

A non accettare e chiedere di essere rimpatriati a spese della società

B non accettare, chiedere di essere rimpatriati e ottenere il rimborso dei servizi non fruiti

C accettare e chiedere il rimborso dei servizi non fruiti

D accettare e chiedere un risarcimento dei danni

7 In un contratto di viaggio viene inserita una condizione risolutiva in base alla quale il viaggio potrà essere realizzato solo con la presenza di almeno 15 iscritti. Tale condizione indica:

A il contenuto del contratto turistico

B la possibile attivazione del contratto turistico

C il termine di scadenza del contratto turistico

D la possibile cessazione del contratto turistico

8 In un albergo dell'isola d'Elba, due ragazzi ubriachi decidono di tuffarsi dal balcone della propria camera direttamente nella piscina sottostante. Così facendo, si

rompono una gamba. I genitori decidono di sporgere denuncia nei confronti dell'hotel chiedendo il risarcimento del danno. La richiesta:

A. non può essere in alcun modo soddisfatta poiché il danno è imputabile a gesti sconsiderati della clientela

B. consente di ottenere il risarcimento del danno da parte del tour operator

C. obbliga al risarcimento del danno per la mancata salvaguardia dell'incolumità del cliente da parte dell'albergatore

D. dà luogo al risarcimento dei danni da vacanza rovinata

9 Un cliente deposita, nella cassaforte dell'albergo, i gioielli che la moglie indosserà durante la cena di gala del giorno successivo. Nella notte i preziosi vengono rubati e il cliente chiede il risarcimento del danno patito. L'albergatore:

A. non è tenuto a risarcire il danno, perché causato da fatti a lui non imputabili

B. è tenuto a risarcire il danno per un importo massimo pari a cento volte il prezzo di locazione della camera

C. è tenuto a risarcire il danno pari alla metà del valore delle cose depositate

D. deve risarcire l'intero valore del bene depositato

10 Se durante il trasporto di persone si verifica un incidente, il vettore:

A. deve sempre risarcire il danno

B. non deve risarcire il danno se dimostra di aver adottato tutte le misure necessarie a evitarlo

C. deve risarcire il danno se dimostra che è dovuto a caso fortuito

D. deve risarcire il danno a meno che dimostri che lo stesso sia dovuto a causa del mittente o destinatario

Totale punti	....	30

3 punti per risposta esatta, 0 per risposta non data o errata

DOMANDE A RISPOSTA BREVE

Rispondi alle seguenti domande utilizzando non più di 4 righe.

1 Quali obblighi informativi gravano sull'organizzatore o sull'intermediario di viaggio?

2 In quali casi è possibile richiedere il risarcimento dei danni? A chi?

3 In che cosa consiste l'attività di affittacamere?

4 In che cosa consiste l'obbligo di salvaguardia dell'incolumità del cliente da parte dell'albergatore?

5 Quali sono le fasi della procedura di mediazione richiamata dal codice del turismo?

Totale punti	....	30

da 0 a 6 punti per ogni risposta esatta secondo la correttezza e la completezza

SOLUZIONE DI PROBLEMI E/O TRATTAZIONE SINTETICA DI ARGOMENTI

1 Roberto e Giulio prenotano online un volo aereo per Istanbul in partenza il 3 febbraio; contemporaneamente, sempre online, prenotano un hotel 4 stelle situato nel centro storico. La mattina del 3 febbraio, causa imprevista bufera di neve, l'aeroporto viene chiuso. L'intensa nevicata si protrae per 48 ore. Roberto e Giulio perdono, così, due giorni di vacanza. Il terzo giorno l'aeroporto viene riaperto e l'aereo può decollare. Atterrati regolarmente, Roberto e Giulio si recano nell'area bagagli per ritirare i loro trolley. A uno mancano le ruote posteriori. Denunciano il danno alla compagnia aerea per ottenere il risarcimento, ma questa fa notare che in partenza era stato segnalato un difetto alle rotelle del trolley. • **Hanno diritto a un risarcimento del danno? Per quale/i circostanza/e?**
(max 10 punti)

2 Franco prenota una vacanza in Marocco organizzata da un tour operator che si occupa di viaggi avventura. Il viaggio prevede alcune visite guidate nelle città imperiali e, per chi lo desidera, escursioni sui monti del deserto marocchino. Per lo svolgimento di queste uscite il tour operator si avvale di guide locali. Purtroppo, durante la prima escursione nel deserto, Franco subisce un grave infortunio. È costretto a ritornare in Italia e a rinunciare alla prosecuzione del viaggio. Intende presentare al tour operator richiesta di risarcimento dei danni da vacanza rovinata, oltre ai danni patrimoniali di natura fisica. Questi risponde che non intende pagare nulla, in quanto le responsabilità sono da attribuire al prestatore di servizi locali. • **Chi ha ragione?**
(max 10 punti)

3 La classe terza dell'istituto "Einaudi" di Dalmine si reca in viaggio di istruzione a Roma. Soggiorna in un albergo vicino alla stazione centrale. Dopo il primo giorno di visite, un gruppo di ragazzi, rientrando nella propria camera, avvisa l'insegnante accompagnatore che si sono verificati furti nelle valigie che erano state lasciate in camera: mancano un lettore mp3, alcuni capi di vestiario, una telecamera e soldi contanti. L'insegnante, dopo avere verificato i fatti, avvisa l'albergatore e telefona alla polizia per sporgere denuncia. Il giorno successivo, l'insegnante chiede all'albergatore il risarcimento dei danni subiti dagli studenti. L'albergatore risponde che non è tenuto a risarcire alcun danno e mostra un cartello, appeso in ogni stanza, in cui si legge: "La direzione dell'albergo non risponde di eventuali furti di oggetti lasciati nelle camere". L'insegnante è perplesso e rimane convinto che gli studenti abbiano diritto a un risarcimento dei danni. • **Chi ha ragione? Come potrebbero essere quantificati gli eventuali danni?**
(max 10 punti)

Totale punti	....	30

Punteggio totale della prova	Totale punti	....	100

DIRITTO &TURISMO

SOS Bagagli smarriti

Luca è appena atterrato in aeroporto dopo aver trascorso tre settimane di vacanza in California. Lo è venuto a prendere l'amico Paolo, al quale aveva chiesto di accompagnarlo a casa in automobile.

Paolo: Piaciuta la California?

Luca: Splendida! Le città sono immense e la natura che le circonda è grandiosa e spesso incontaminata. Poi ti racconto… Ora devo occuparmi della mia valigia, che risulta dispersa. Non so che cosa fare. È la prima volta che mi capita e non so a chi rivolgermi.

Paolo: Posso aiutarti io: sei mesi fa mi è capitata una cosa simile. Devi recarti allo sportello *"lost & found"* che vedi laggiù: ti faranno compilare una denuncia di smarrimento bagagli. Ti assegneranno un codice e ti daranno un numero di telefono che potrai contattare per avere informazioni sul bagaglio. Basta comunicare il codice assegnato alla tua denuncia per avere tutte le informazioni che ti interessano.

Luca: Non dirmi che devo tornare in aeroporto per ritirare il bagaglio…

Paolo: Non è necessario! Se lasci il tuo indirizzo, il tuo bagaglio ti verrà recapitato con un corriere che te lo consegnerà a casa.

Luca: Mi auguro che venga ritrovato il prima possibile. Nella valigia ci sono tanti piccoli regali e souvenir che ho comprato per gli amici… compreso il tuo.

Paolo: Ma sì… stai tranquillo! La maggior parte dei bagagli viene ritrovata entro 48 ore e consegnata in tempi rapidi al legittimo proprietario. Comunque, verifica che ci sia tutto ciò che avevi messo in valigia… non si sa mai. Si leggono notizie inquietanti sui furti in aeroporto.

NEI **PANNI** DI…

Che cosa fare in caso di bagagli smarriti

Se vi capita di ritrovarvi nella stessa situazione di Luca, la prima cosa che dovete fare, nel momento in cui vi accorgete che la vostra valigia non compare sul nastro trasportatore nella zona di riconsegna bagagli, è rivolgervi all'ufficio assistenza bagagli *"lost & found"* (letteralmente "persi e ritrovati", cioè "oggetti smarriti") per denunciare lo smarrimento. La denuncia va presentata immediatamente, prima di lasciare la zona di riconsegna bagagli dell'aeroporto di arrivo.

Vi faranno compilare un *rapporto di irregolarità bagaglio* contenente le indicazioni su aeroporto di partenza, numero del volo, vettore aereo, aeroporto di arrivo ed eventuali scali intermedi (per consentire di ricostruire il probabile percorso di trasferimento del bagaglio); al rapporto viene attribuito un codice identificativo. Si avvia, così, la ricerca del bagaglio disperso tramite un sistema di tracciamento bagagli *worldtracer*.

Le compagnie aeree mettono a disposizione sul proprio sito web un modulo (e un numero di telefono) per poter essere costantemente informati sull'andamento della ricerca del bagaglio smarrito. È sufficiente che indichiate il vostro cognome e il codice identificativo che è stato attribuito alla pratica nel momento della denuncia: potrete, così, visualizzare quando il bagaglio viene ritrovato e la data di recapito al vostro indirizzo.

La consegna del bagaglio viene effettuata in genere tramite corriere, direttamente a casa vostra, a meno che non preferiate andare a ritirarlo di persona in aeroporto. Se il bagaglio non viene riconsegnato entro 21 giorni, è considerato perduto. In questo caso, potrete avanzare una richiesta di risarcimento dei danni all'ufficio relazioni con la clientela della compagnia aerea che ha svolto il servizio. Tale richiesta può essere presentata anche in caso di ritrovamento del bagaglio, per chiedere il risarcimento delle spese sostenute a causa della mancanza del bagaglio contenente i propri effetti personali.

LO **SAPEVATE** CHE…?

Secondo un report della Sita (Società internazionale di telecomunicazioni aeronautiche) il numero di bagagli smarriti, se correlato al numero di viaggiatori, è in costante diminuzione. In base agli ultimi dati disponibili, dal 2007 al 2015 la percentuale dei bagagli smarriti si è ridotta drasticamente calando del 61,3% a fronte di un aumento del traffico dei passeggeri del 33,3%; il crollo dei reclami legati al bagaglio smarrito ha comportato un risparmio stimato in 18 miliardi di dollari Usa. Questi risultati sono in gran parte il frutto di un massiccio investimento in tecnologia e nell'automazione dei processi negli aeroporti. Il rapporto evidenzia anche le principali cause di smarrimento bagagli: al primo posto si trovano i viaggi che prevedono scali in transito; seguono il mancato carico di bagagli nella stiva ed errori vari riguardanti biglietto, aeroporti, etichettatura.

PER **SAPERNE** DI **PIÙ**

Il risarcimento dei danni in caso di bagaglio smarrito o danneggiato

Qualora il bagaglio non venga ritrovato entro 21 giorni, viene considerato ufficialmente perduto. Il cliente dovrà inviare alla compagnia aerea una raccomandata A/R con la descrizione dei danni subiti allegando i seguenti documenti:
- copia del biglietto aereo e del rapporto di irregolarità del bagaglio;
- elenco dei beni contenuti all'interno del bagaglio perduto;
- originali degli scontrini e/o delle ricevute fiscali nei quali sia riportata la tipologia della merce acquistata in sostituzione dei propri effetti personali contenuti nel bagaglio;
- indicazione delle coordinate bancarie complete: nome del titolare del conto corrente, nome e indirizzo della banca, codici IBAN, ABI, CAB, numero di c/c, numero di telefono, numero di fax (se disponibile), indirizzo e-mail (se disponibile).

Per quanto riguarda l'entità del risarcimento, occorre distinguere tra le compagnie aeree dell'Unione europea e dei Paesi che aderiscono alla Convenzione di Montreal del 1999 (la maggior parte), e di quelli che invece non vi aderiscono. Nel primo caso, il passeggero ha diritto a un risarcimento fino a 1.000 DSP (Diritti speciali di prelievo) pari a circa 1.164 euro per ciascun bagaglio registrato, in relazione alla quantificazione del danno effettivamente subito. Nel caso delle compagnie aeree dei Paesi che non hanno sottoscritto la Convenzione di Montreal, l'entità del risarcimento è limitata a 17 DSP, pari a circa 19 euro per kg di bagaglio trasportato. In entrambi i casi è possibile aumentare il livello del risarcimento mediante la cosiddetta "dichiarazione di valore" e previo pagamento di un'apposita tariffa aggiuntiva da parte del passeggero al momento dell'acquisto del biglietto. Qualora il bagaglio risulti danneggiato, la denuncia deve essere presentata entro 7 giorni dalla data di apertura della pratica di irregolarità del bagaglio: oltre alla documentazione già indicata per il bagaglio smarrito, è necessario presentare l'attestazione di una valigeria che indichi se la valigia è riparabile, e a quali costi, o non è riparabile, riportandone il valore presunto tenendo conto della marca e dell'usura del tempo. In caso di manomissione del bagaglio, per esempio a seguito di furti o rapine avvenuti all'interno dell'aeroporto, nella denuncia si dovranno elencare in modo dettagliato gli articoli mancanti, con una loro valutazione economica, oltre agli estremi della denuncia presentata presso le autorità di polizia o carabinieri.

CINEFORUM

Viaggio sola: una professione come modo di vivere

Viaggio sola è un film di Maria Sole Tognazzi che ci mostra l'ambiente degli alberghi "pluristellati", partendo da un punto di vista molto particolare: quello di Irene, ispettrice alberghiera che, di professione, è chiamata a valutarne le prestazioni. Pignola e scrupolosa, soggiorna nei vari alberghi all'insaputa dei direttori e del personale, infilando i guanti bianchi e spiegando il suo kit da lavoro. In volo tra una città e un'altra, Irene viaggia sola, attraverso una vita a cinque stelle che le impedisce di mettere radici così, sfugge a quel coinvolgimento che richiedono le relazioni personali (di coppia e di famiglia). Attenta ai particolari, Irene sembra però perdere di vista il quadro generale e il decesso di un'antropologa conosciuta nella spa di un hotel berlinese la precipita nel caos, disorientandola proprio come i direttori che lei bacchetta, invitandoli a riconsiderare la gestione dell'albergo e a organizzarlo in modo migliore.

SEZIONE

Imprenditore e società

CONOSCENZE

- Definizione e tipologie di imprenditore
- Statuto dell'imprenditore commerciale
- Piccolo imprenditore e imprenditore agricolo
- Fallimento: fasi ed effetti patrimoniali e personali su fallito e creditori
- Concorrenza sleale e pubblicità ingannevole
- Società di persone: contratto, conferimenti, amministrazione, recesso ed esclusione dei soci, cause di scioglimento
- Società di capitali: azionisti di maggioranza e minoranza
- Mercato finanziario, azioni ordinarie e privilegiate, obbligazioni
- Modelli organizzativi delle s.p.a.
- Organi sociali
- Società cooperative

Biblioteca   Glossario

ABILITÀ

- Analizzare i caratteri dell'attività imprenditoriale
- Comprendere e analizzare le ragioni che impongono lo statuto dell'imprenditore
- Riconoscere e analizzare gli effetti generati dal fallimento sul fallito e sui creditori
- Analizzare le diverse fasi della procedura fallimentare
- Comprendere le procedure alternative al fallimento
- Riconoscere i piccoli imprenditori e gli imprenditori agricoli e i relativi obblighi giuridici
- Riconoscere le pubblicità ingannevoli e comparative e i possibili rimedi giuridici
- Comprendere le principali differenze tra società di persone e società di capitali
- Comprendere e analizzare il funzionamento delle società di persone
- Comprendere e analizzare il funzionamento delle società di capitali
- Analizzare i diversi modelli organizzativi delle s.p.a.
- Riconoscere le differenze tra s.p.a. e cooperative e conoscere gli scopi mutualistici di queste ultime
- Riconoscere gli atti di concorrenza sleale e le azioni giudiziarie attivabili

COMPETENZE

- Individuare e utilizzare gli strumenti di comunicazione e di team working più appropriati per intervenire nei contesti organizzativi e professionali di riferimento
- Individuare e accedere alla normativa pubblicistica, civilistica, fiscale con particolare riferimento a quella del settore turistico

VERIFICA DELLE COMPETENZE
PAG. 583

Unità 25
L'imprenditore
e le tipologie d'impresa

Unit *by* Unit

In Unit 25 you will learn that an entrepreneur is a person who carries out an economic activity in order to produce or exchange materials, goods or services. Depending on the kind of activity and the volume of business, he/she can be classified as: entrepreneur, agricultural entrepreneur or small business entrepreneur. The combination of assets held by the entrepreneur, and used to carry out his/her activities, is the company. The identifying characteristics of the company are: the business name, the logo and the brand or trademark. Entrepreneurs must register their business, keep its accounts and cooperate with bankruptcy proceedings in the case of insolvency in order to be recognised as businessmen/women. Bankruptcy is a legal procedure by means of which an entrepreneur is stripped of all his/her assets which are then sold to pay off creditors.

An entrepreneur facing financial difficulties may ask the Court to initiate other insolvency procedures rather than bankruptcy itself. In particular: a preventive agreement, which is a prior agreement between debtor and creditor in order to pre-empt bankruptcy proceedings; special administration, for medium and large companies, which seeks to restructure the company and to save jobs; and compulsory liquidation, for corporate banking, insurance companies and for cooperatives subject to State supervision.

Lastly, you will focus on the concept of competition between entrepreneurs, particularly in relation to acts of unfair competition.

1 La nozione giuridica di imprenditore

DIVERSE FIGURE DI IMPRENDITORI

Il codice civile fornisce una definizione generale di **imprenditore** all'art. 2082, nel cui ambito poi distingue diverse specie di imprenditori:

- gli *imprenditori commerciali*;
- gli *imprenditori agricoli*;
- i *piccoli imprenditori*.

Il senso pratico di questa classificazione è quello di *sottoporre i soli imprenditori commerciali a una particolare disciplina* che, come vedremo meglio più avanti, prevede:

- l'obbligo di iscriversi nel *registro delle imprese*;
- l'obbligo di tenere le *scritture contabili*;
- la soggezione al *fallimento* e ad altre procedure concorsuali.

ART. 2082

Cominciamo ora il nostro studio analizzando la definizione generale di imprenditore; nel farlo occorre tener presente che questa analisi serve unicamente a individuare le caratteristiche dei soggetti che sono sottoposti alla particolare disciplina prevista per gli imprenditori commerciali.

L'art. 2082 del codice civile definisce l'**imprenditore** come colui che "esercita professionalmente un'attività economica organizzata al fine della produzione o dello scambio di beni o di servizi".

Da questa definizione risulta dunque che, per diventare imprenditore, un soggetto deve svolgere un'attività che presenti le **caratteristiche** di seguito elencate.

a) Deve trattarsi di un'attività ordinata alla **produzione** (*per lo scambio*) o allo **scambio di beni** o **di servizi**. L'imprenditore *opera per il mercato* (anche se il mercato può essere costituito da una sola impresa che acquisti tutti i beni prodotti o rivenduti dall'imprenditore). Egli acquista determinate merci per rivenderle oppure organizza la produzione di nuove merci o di servizi (per esempio, il servizio di trasporto, di pulizia, di istruzione scolastica ecc.) per offrirli a pagamento sul mercato. Pertanto, non è imprenditore chi, pur producendo beni e servizi, non li offre sul mercato; ESEMPIO chi coltiva un orto per consumarne i prodotti o chi trasporta gratuitamente i colleghi in ufficio.

b) Deve trattarsi di un'**attività economica** *con cui l'imprenditore sostiene costi per poter realizzare in futuro ricavi e conseguire un profitto*. In alcuni casi l'obiettivo dell'attività imprenditoriale potrebbe essere il **pareggio**, ossia la semplice copertura dei costi con i ricavi, come avviene per le cooperative e gli enti pubblici economici.

c) Deve, infine, trattarsi di un'attività esercitata **professionalmente**. Ciò significa che deve essere *un'attività svolta in modo abituale e non occasionale*. Chi compie una speculazione isolata non diventa imprenditore; ESEMPIO chi compra un alloggio e lo rivende a un prezzo più caro non è ancora imprenditore; lo diventa solo se si dedica abitualmente all'attività di speculazione immobiliare.

Le attività commerciali   Vediamo ora più da vicino quali sono le attività commerciali elencate nell'art. 2195 c. 1; esse sono indicate dalla legge in questo modo:

a) **attività industriale diretta alla produzione di beni o di servizi**; da questa categoria è esclusa la produzione di beni agricoli che, come vedremo, è considerata dal codice attività non commerciale; vi rientrano, invece, tutte le altre attività volte a produrre beni (che possono essere beni di consumo o beni strumentali) o servizi; ESEMPIO producono servizi, e vanno perciò ricomprese in questa categoria, le imprese di pulizia, di manutenzione di impianti, le imprese di spettacoli pubblici, gli istituti privati di istruzione, le case di cura, le imprese alberghiere e così via;

b) **attività intermediaria nella circolazione dei beni**: è l'attività del commerciante in senso stretto che può svolgersi tanto nel commercio all'ingrosso, quanto in quello al dettaglio, che può assumere diverse forme organizzative (vendita in un negozio, in supermercati, a domicilio) e avere per oggetto le più svariate merci (beni di consumo o strumentali, ma anche azioni e obbligazioni di società, divise estere e titoli del debito pubblico); rientra perciò in questa categoria anche l'attività speculativa che si svolge nelle borse merci o nelle borse valori;

c) **attività di trasporto per terra, per acqua o per aria**; può consistere nel trasporto di cose o di persone e può assumere diverse forme economiche che vanno dalla consegna a domicilio della spesa quotidiana ai trasporti intercontinentali;

d) **attività bancaria o assicurativa**: l'*attività bancaria* si esercita svolgendo due funzioni collegate: da un lato, la raccolta del risparmio fra il pubblico, dall'altro, l'esercizio del credito; l'*attività assicurativa* è quella svolta dalle imprese di assicurazione; di entrambe queste attività abbiamo già parlato nella Sezione C;

L'imprenditore come investitore professionale

Se lasciamo da parte la generica definizione di imprenditore contenuta nell'art. 2082, non operiamo un'arbitraria mutilazione del sistema legislativo. Semplicemente, apriamo la porta alla possibilità di esporne meglio il contenuto, ricorrendo a concetti meno vaghi di quelli usati nella definizione legislativa.

Ricordiamo ancora che in questo ambito la questione importante nella pratica è individuare gli **imprenditori commerciali**. Orbene, questa categoria di imprenditori trova una definizione nell'art. 2195. Il secondo comma di questo articolo stabilisce infatti che "le disposizioni della legge che fanno riferimento alle attività e alle imprese commerciali si applicano, se non risulta diversamente, a tutte le attività indicate in questo articolo e alle imprese che le esercitano"; mentre il primo comma fa un elenco di attività commerciali.

Possiamo considerare questo elenco come una *definizione data per esempi* dell'**imprenditore commerciale**: vale a dire una definizione che consente di ricomprendere in questa categoria tutti coloro che esercitano professionalmente attività aventi caratteristiche economiche comuni alle attività richiamate come esempi. *Una forma di definizione che impone quindi di cogliere nei fatti le caratteristiche che accomunano le attività indicate dalla legge come esempi.*

Quali chiari esempi di **attività commerciali** l'art. 2195 c. 1 indica l'**attività industriale** (n. 1), l'**attività commerciale** in senso stretto (n. 2) e le **attività bancaria** e **assicurativa** (n. 4). In altri termini, quali esempi di imprenditori commerciali sono indicati l'industriale, il commerciante in senso stretto, il banchiere e l'assicuratore. Questi ruoli economici sono accomunati dalla circostanza di essere protagonisti di attività che comportano un investimento di denaro volto a realizzare un **profitto monetario**.

Dall'art. 2195 possiamo dunque trarre la conclusione che la caratteristica distintiva degli imprenditori commerciali è quella di essere **investitori professionali** *alla ricerca sistematica di un profitto monetario.*

Non necessariamente l'imprenditore commerciale deve svolgere funzioni direttive o esecutive. Infatti non perde la qualità di imprenditore chi assume operai e impiegati ai quali *delega tutte le funzioni esecutive richieste dall'attività economica nella quale investe*; né perde tale qualifica l'investitore professionale che *stipendia un manager al quale delega tutte le funzioni direttive inerenti alla stessa attività.* Il manager assume infatti, in tal caso, in base all'art. 2203 del codice civile, la veste giuridica di **institore**: e quella dell'institore è una figura alla quale tutti gli imprenditori commerciali possono ricorrere, senza per ciò perdere la qualifica di imprenditori.

Si deve tuttavia precisare che può essere considerato imprenditore commerciale soltanto l'investitore professionale che, se non svolge personalmente funzioni direttive nell'attività economica prescelta, *mantiene però il potere di nominare e revocare i manager ai quali tali funzioni vengono delegate* e, in questo modo, mantiene il **controllo** del suo investimento.

Per questa ragione non sono imprenditori commerciali i **risparmiatori** che affidano a imprenditori il loro denaro perdendone il controllo: sono perciò risparmiatori e non imprenditori coloro che, per esempio, depositano in banca i loro soldi o quanti li affidano a una banca oppure a un intermediario professionale perché li investa, a sua discrezione, in borsa.

---

e) altre **attività ausiliarie delle precedenti**; è questa un'indicazione alquanto vaga, dalla quale si desume però che la legge non intende fare un elenco tassativo di attività commerciali, lasciando aperta la possibilità di considerare commerciali altre attività non espressamente nominate. Tradizionalmente, si usa far rientrare in questa categoria l'attività dell'agente di commercio, del commissionario, del mediatore, dello spedizioniere.

NON TASSATIVITÀ DELL'ELENCO Poiché questo elenco non è tassativo, si può assumere la veste di imprenditore commerciale anche investendo professionalmente in attività diverse da quelle elencate.

ESEMPIO È imprenditore chi esercita professionalmente il credito, senza raccogliere risparmio nel pubblico oppure una holding che, come vedremo, è una società costituita per assumere partecipazioni di controllo in altre società.

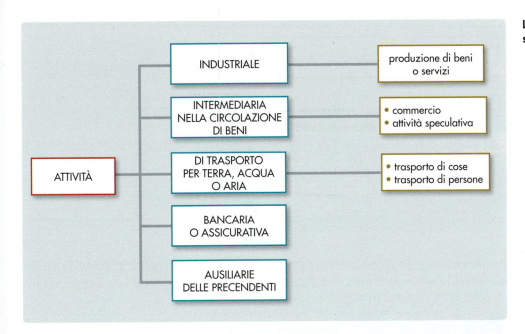

Gli unici **limiti** posti dal nostro ordinamento nel definire la figura dell'imprenditore sono:

- che l'investitore professionale *non sia un piccolo imprenditore*;
- che *non si tratti di un imprenditore agricolo.*

Di queste due categorie di imprenditori parleremo più avanti in questa unità.

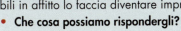
LAVORO SUL CASO

Lucio possiede dieci immobili che desidera affittare. Gli viene suggerito di aprire un'attività imprenditoriale per usufruire dei vantaggi fiscali derivanti da tale posizione. Lucio si chiede se la semplice concessione di beni immobili in affitto lo faccia diventare imprenditore.
- **Che cosa possiamo rispondergli?**

2 L'azienda e i segni distintivi dell'impresa

L'azienda è il complesso dei beni organizzati dall'imprenditore per l'esercizio dell'impresa (art. 2555).

NOZIONE

Può trattarsi di beni mobili (per esempio, macchinari, materie prime ecc.), di beni immobili (edifici, terreni ecc.) e anche di beni immateriali (quali brevetti per invenzioni industriali, diritti di autore ecc.).
Fanno parte dell'azienda non soltanto i beni di proprietà dell'imprenditore, ma anche quelli sui quali egli ha un diritto di godimento.

 Fa parte dell'azienda il locale adibito a negozio, anche se l'imprenditore, anziché comprarlo, l'ha preso in locazione.

Definizione di azienda

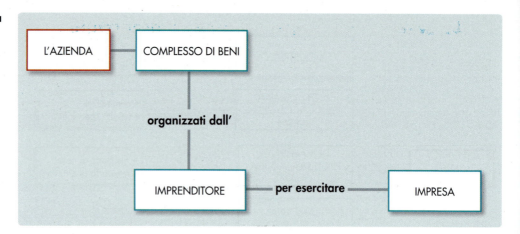

SEGNI DISTINTIVI Per promuovere la propria attività l'imprenditore ha la necessità di farsi conoscere sul mercato e presso il pubblico dei consumatori; a questo scopo ogni imprenditore si serve di particolari segni distintivi.

I segni distintivi dell'impresa sono i seguenti:

- la **ditta**, *che serve a contraddistinguere l'imprenditore*;
- l'**insegna**, *che serve a contraddistinguere il locale* nel quale si esercita l'attività di impresa;
- il **marchio**, *che serve a distinguere i prodotti* che l'imprenditore offre sul mercato.

Essi svolgono la funzione di *richiamare la clientela* verso una determinata impresa. Quindi, se l'impresa ha successo nel mercato, i segni distintivi possono avere un notevole **valore economico**, *in quanto sono proprio la ditta, l'insegna e il marchio a convogliare i consumatori verso una certa impresa piuttosto che verso un'altra.*

DIRITTO ALL'USO ESCLUSIVO Per questa ragione, l'imprenditore ha un diritto all'**uso esclusivo** dei propri segni distintivi, *nel senso che egli può impedire agli altri imprenditori di fare uso degli stessi o di analoghi segni distintivi.*

I segni distintivi dell'azienda

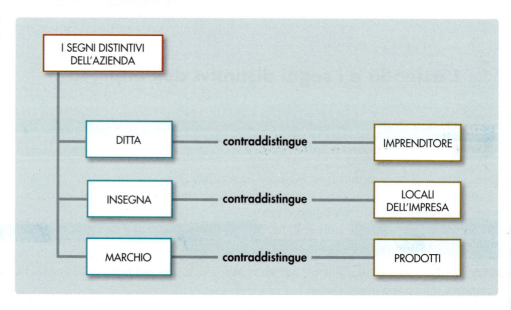

3 Lo statuto dell'imprenditore commerciale

Analizzeremo ora la peculiare disciplina alla quale sono assoggettati gli imprenditori commerciali (definita come "**statuto**" dell'imprenditore commerciale). Questa disciplina, come si è già detto, consiste nell'obbligo di iscrizione nel **registro delle imprese**, nell'obbligo di tenere le **scritture contabili** e nell'assoggettamento al **fallimento** e alle altre procedure concorsuali.

LE RAGIONI DI UNO "STATUTO SPECIALE"

La necessità di sottoporre l'imprenditore commerciale a uno "statuto" speciale trova giustificazione nel fatto che ogni imprenditore, nello svolgimento della sua attività, interagisce con una moltitudine di terze persone, fisiche o società, a cui si debbono fornire adeguate informazioni e garanzie sull'operato dell'imprenditore. L'imprenditore commerciale viene così assoggettato al fallimento, o alle altre procedure fallimentari, per il suo abituale **ricorso al credito**. Infatti, per esercitare la propria attività l'imprenditore ha bisogno di un capitale monetario che, se non possiede, *può reperire da fonti esterne di finanziamento* (fornitori, banche, dipendenti ecc.). Nel caso di insolvenza, i creditori dell'imprenditore debbono poter soddisfare le proprie ragioni creditizie secondo norme e procedure previste dalla legge sul **fallimento**.

L'imprenditore commerciale deve tenere le **scritture contabili** *che consentono di ricostruire minuziosamente i suoi affari, qualora fosse necessario avviare la procedura fallimentare.*

Oltre che dalle scritture contabili, altre notizie riguardanti l'attività imprenditoriale vengono rese note dal **registro delle imprese** *a cui l'imprenditore deve regolarmente iscriversi.*

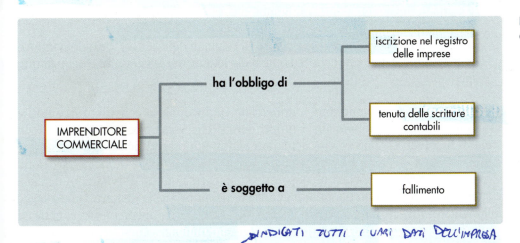

Lo statuto dell'imprenditore commerciale

L'iscrizione nel registro delle imprese Il **registro delle imprese** è tenuto dalle camere di commercio, sotto la vigilanza di un giudice delegato dal presidente del tribunale. È pubblico e tutti possono prenderne visione.

IL REGISTRO DELLE IMPRESE

Ogni imprenditore commerciale (individuale o collettivo), incominciando a esercitare un'impresa, deve chiedere l'**iscrizione** al registro, indicando il proprio nome e cognome, la ditta, l'oggetto e la sede dell'impresa, il nome e il cognome degli eventuali institori e procuratori (di cui parleremo tra poco); deve essere poi iscritta ogni modificazione successivamente intervenuta e, in particolare, la cessazione dell'impresa.

Gli **effetti dell'iscrizione** sono stabiliti dall'art. 2193 del codice civile:

- da un lato, i fatti dei quali la legge prevede l'iscrizione, se non sono iscritti, *non possono essere opposti dall'imprenditore ai terzi, a meno che egli provi che i terzi ne erano a conoscenza*; [ESEMPIO] di fronte alla richiesta di fallimento presentata da un creditore in buona fede, l'imprenditore non può obiettare di aver da tempo cessato l'esercizio dell'impresa, se non ha provveduto a iscrivere la cessazione nel registro delle imprese;
- d'altro lato, i fatti iscritti *si presumono conosciuti dai terzi, i quali non sono ammessi a provare che in realtà essi li ignoravano*: si dice, perciò, che l'iscrizione ha una funzione di **pubblicità dichiarativa**.

La tenuta delle scritture contabili L'imprenditore commerciale ha l'obbligo di documentare l'andamento dei suoi affari, tramite la tenuta di apposite scritture contabili (art. 2214):

a) il **libro giornale**, *che deve indicare giorno per giorno le operazioni relative all'esercizio dell'impresa*;

b) il **libro degli inventari**, *sul quale deve redigersi l'inventario all'inizio dell'esercizio dell'impresa e successivamente ogni anno*. L'inventario deve contenere l'indicazione e la valutazione delle attività e delle passività relative all'impresa, nonché delle attività e delle passività dell'imprenditore estranee alla medesima. L'inventario si chiude con il bilancio (o stato patrimoniale) e con il conto economico;

c) le **altre scritture contabili** che, a norma dell'art. 2214 c. 2, "siano richieste dalla natura o dalle dimensioni dell'impresa". Queste possono essere, per esempio, *il libro di magazzino*, che registra l'entrata e l'uscita delle merci nel magazzino; *il libro di cassa* che registra entrate e uscite di denaro; *il libro mastro*, nel quale le operazioni vengono registrate, anziché in ordine cronologico, secondo altri criteri (per esempio, in relazione a ogni cliente);

d) l'imprenditore deve infine **conservare** gli originali delle lettere, dei telegrammi e delle fatture ricevute, nonché le copie delle lettere, dei telegrammi e delle fatture spedite.

Il fallimento L'imprenditore commerciale (individuale o collettivo) che non è in grado di pagare regolarmente i propri debiti (che versa cioè – si usa dire – in stato di **insolvenza**) può essere dichiarato fallito. Più precisamente possono essere dichiarati falliti soltanto gli *imprenditori commerciali privati e non piccoli*, siano essi persone fisiche o società o cooperative che esercitano un'attività commerciale e superano le dimensioni quantitative indicate nel nuovo testo dell'art. 1 della legge fallimentare; invece, **non** possono essere dichiarati falliti, ancorché insolventi, gli imprenditori agricoli, i piccoli imprenditori, gli enti pubblici economici (che sono assoggettati a liquidazione coatta amministrativa) e coloro che non sono imprenditori.

Il **fallimento** è una *procedura giudiziaria con la quale l'imprenditore viene spossessato di tutti i suoi beni, che vengono venduti per soddisfare col ricavato tutti i creditori*.

Si tratta dunque di una **procedura esecutiva** *prevista dalla legge per tutelare collettivamente i creditori dell'imprenditore*: costoro *concorrono* sul patrimonio del loro debitore ed è perciò che il fallimento (come le altre procedure di cui parleremo tra poco) viene chiamato procedura concorsuale. Tanto il fallimento quanto altre procedure concorsuali sono disciplinati da una legge speciale che si chiama **legge**

fallimentare (più precisamente si tratta del regio decreto 16 marzo 1942 n. 267 ampiamente riformato dal decreto legislativo 5/2006 e successivamente modificato dal d.lgs. 169/2007).

Il fallimento viene dichiarato dal tribunale su **domanda** dei creditori dell'imprenditore o dell'imprenditore stesso (che può chiedere dunque il proprio fallimento); può anche essere dichiarato su istanza del pubblico ministero. Il caso più comune è quello del fallimento dichiarato su domanda dei creditori.

ORGANI DEL FALLIMENTO

Nella sentenza con la quale dichiara il fallimento, il tribunale nomina gli altri organi del fallimento; questi sono:

- il **curatore**, *che ha il compito di amministrare e liquidare il patrimonio del fallito per pagare i creditori;*
- il **giudice delegato**, *che è un giudice del tribunale con il compito di vigilare sulla regolarità della procedura;*
- il **comitato dei creditori**, composto di tre o cinque membri scelti dal giudice delegato tra i creditori del fallito, *che deve vigilare sull'operato del curatore e autorizzarne gli atti in numerosi casi previsti dalla legge.*

Gli effetti del fallimento   La sentenza che dichiara il fallimento ha determinati **effetti per il fallito**. Questi sono:

EFFETTI PER IL FALLITO

- in primo luogo **effetti patrimoniali**: *il fallito viene spossessato di tutti i suoi beni;* egli quindi perde la possibilità di amministrarli e di disporne, perché questa possibilità passa al curatore;
- in secondo luogo, **effetti personali**: dopo la dichiarazione del fallimento, *il fallito può andare incontro a conseguenze penali;* può essere punito se si scopre che ha commesso uno di quei reati che si chiamano *reati fallimentari* (ESEMPIO se ha occultato o distratto beni per sottrarli ai creditori; oppure se, per danneggiare i creditori, non ha tenuto o ha falsificato le scritture contabili; o ancora se ha favorito alcuni creditori a danno di altri).

La sentenza che dichiara il fallimento ha anche **effetti per i creditori** del fallito, che:

EFFETTI PER I CREDITORI

- *non possono iniziare o proseguire azioni esecutive individuali sui beni del fallito,* perché possono soddisfarsi *soltanto collettivamente* su questi beni;
- *devono presentare domanda di ammissione al passivo del fallimento* per fare in modo che venga accertato il loro credito e quindi per poter concorrere sul patrimonio del fallito.

Capita molto di rado che i creditori vengano pagati integralmente: dalla vendita dei beni del fallito possono recuperare solo una percentuale della somma che gli spetta; tuttavia, occorre ricordare che coloro che sono muniti di pegno, ipoteca o privilegio sui beni del fallito saranno soddisfatti prima degli altri.

LAVORO SUL CASO

Nel 2003 il fallimento di una nota azienda italiana specializzata nella produzione di latte ha avuto disastrose conseguenze per i creditori che sono riusciti a recuperare solo parte delle somme che vantavano come credito.

Tuttavia, mentre le banche creditrici hanno riscosso quasi per intero i loro capitali, gli altri creditori hanno recuperato solamente il 30%.

- **Per quale motivo c'è stata questa disparità di trattamento?**

AMMISSIONE AL PASSIVO **Le fasi del fallimento** Dopo la dichiarazione di fallimento, si deve anzitutto *accertare quali creditori hanno diritto di concorrere sul patrimonio del fallito*. A tal fine i creditori presentano le loro domande di ammissione al passivo del fallimento, esponendo le ragioni del loro credito. Il curatore le esamina per accertare se sono fondate e redige lo **stato passivo**, cioè un elenco di creditori ammessi e di creditori non ammessi a concorrere sul patrimonio del fallito, di cui ogni creditore interessato può prendere visione.

FORMAGE
VERIFICA

LIQUIDAZIONE DEI BENI Parallelamente all'accertamento del passivo, il curatore può iniziare a vendere i beni del fallito secondo un **programma di liquidazione** da lui redatto e approvato dal giudice delegato, con il parere favorevole del comitato dei creditori. Mano a mano che i beni vengono venduti, il ricavato viene distribuito tra i creditori.

CHIUSURA DEL FALLIMENTO Il fallimento si **chiude**:

- perché non c'è più nulla da ripartire (ed è questa l'ipotesi più comune);
- perché tutti i creditori sono stati soddisfatti;
- perché nessun creditore ha fatto domanda di ammissione al passivo;
- per concordato fallimentare.

Le fasi del fallimento

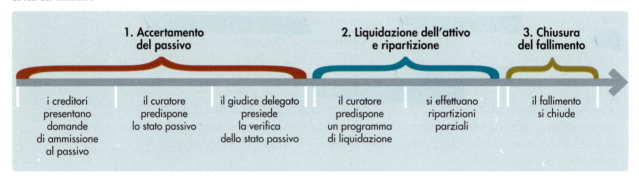

1. Accertamento del passivo

i creditori presentano domande di ammissione al passivo

il curatore predispone lo stato passivo

il giudice delegato presiede la verifica dello stato passivo

2. Liquidazione dell'attivo e ripartizione

il curatore predispone un programma di liquidazione

si effettuano ripartizioni parziali

3. Chiusura del fallimento

il fallimento si chiude

NOZIONE Il **concordato fallimentare** è un *accordo* tra i creditori e il fallito oppure tra i creditori e un terzo estraneo al fallimento, con il quale il fallito o il terzo si impegnano a soddisfare percentualmente i creditori con pagamenti in denaro o in altri modi.

L'accordo si conclude sotto la vigilanza degli organi del fallimento e presenta diversi vantaggi per i soggetti coinvolti:

- consente ai **creditori** di evitare le lungaggini della procedura fallimentare e l'esito incerto delle vendite dei beni del fallito (che possono trovare compratori soltanto a un prezzo stracciato);
- per il **terzo estraneo** al fallimento, che lo volesse proporre, può rappresentare un affare perché gli permette di acquisire l'azienda del fallito, impegnandosi in cambio a pagare percentualmente i creditori;
- al **fallito** offre il vantaggio di liberarsi dai propri debiti pagandone soltanto una parte percentuale.

La chiusura del fallimento per una causa **diversa dal concordato**, invece, non libera il fallito dei suoi debiti: dopo la chiusura, *i suoi creditori possono sempre chiedergli il pagamento della parte non soddisfatta del loro credito*.

Tuttavia, quando il fallimento si chiude per cause diverse dal concordato, il tribunale può decidere di *liberare il fallito dai debiti residui nei confronti dei creditori non soddisfatti*, a condizione che il fallito sia una persona fisica che non abbia tentato di frodare i suoi creditori e abbia tenuto un comportamento collaborativo durante la procedura concorsuale (è questo l'istituto della **esdebitazione** del fallito).

Le altre procedure concorsuali L'imprenditore commerciale (individuale o collettivo) in cattive acque può chiedere al tribunale di essere ammesso ad altre procedure concorsuali diverse dal fallimento. Analizziamole qui di seguito.

a) Il **concordato preventivo**. È un accordo concluso *prima del fallimento* tra l'imprenditore commerciale (individuale o collettivo) in stato di crisi e i suoi creditori: *con questo accordo l'imprenditore si impegna a soddisfare in diversi modi i creditori secondo un piano la cui fattibilità deve essere attestata da un professionista* (dottore commercialista, avvocato o ragioniere). L'accordo deve essere concluso sotto il controllo del tribunale. Se riesce a concludere questo accordo, l'imprenditore evita il fallimento.

CONCORDATO PREVENTIVO

b) L'**amministrazione straordinaria**. È una procedura concorsuale, introdotta per la prima volta nel nostro ordinamento nel 1979 e interamente riformata dal decreto legislativo 270/1999, riservata alle imprese commerciali che abbiano [MEDIE E GRANDI] almeno *200 dipendenti* e un elevato ammontare di *debiti*. La procedura ha il **duplice scopo** di *soddisfare concorsualmente i creditori ma, nello stesso tempo, tentare di risanare l'impresa in crisi oppure di venderne le parti che ancora possono produrre utili, salvando così posti di lavoro*. L'ammissione alla procedura è decisa dal tribunale; spetta però a un *commissario straordinario* nominato dal ministro dello sviluppo economico predisporre ed eseguire un programma di ristrutturazione dell'intera impresa oppure un programma di cessione di singoli complessi aziendali consistente nel vendere ad altri imprenditori le parti dell'impresa che risultano appetibili e utilizzare il ricavato delle vendite per pagare i creditori.

AMMINISTRAZIONE STRAORDINARIA

c) La **liquidazione coatta amministrativa**. È una procedura concorsuale con la quale la liquidazione di determinate imprese sottoposte alla vigilanza dello Stato viene attuata da commissari liquidatori nominati dal governo anziché dal tribunale. La procedura può essere disposta non soltanto quando queste imprese sono in stato di insolvenza, ma anche quando esse vengono male amministrate. **ESEMPIO** Sono sottoposte a questa procedura le imprese bancarie, le imprese di assicurazione e le cooperative.

LIQUIDAZIONE COATTA AMMINISTRATIVA

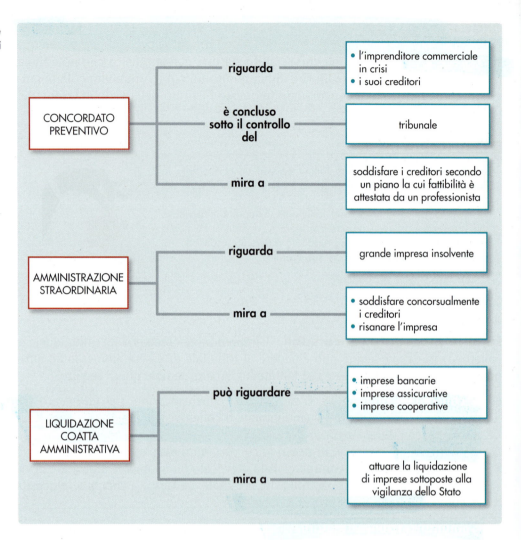

I rappresentanti dell'imprenditore commerciale L'imprenditore commerciale si serve normalmente dell'opera di dipendenti.

Alcuni di loro non entrano in rapporto con i terzi (per esempio, si pensi agli operai che lavorano nelle fabbriche); altri invece, per le mansioni cui sono adibiti, *debbono entrare in rapporti con i terzi*, trattando affari **in nome** e **per conto** dell'imprenditore. Questi dipendenti sono perciò dotati di un **potere di rappresentare** l'imprenditore commisurato all'ampiezza delle mansioni che svolgono. Essi sono: l'*institore*, il *procuratore* e il *commesso*.

INSTITORE L'**institore** è colui che è preposto dal titolare all'esercizio di un'impresa commerciale o di una sede secondaria o di un ramo particolare dell'impresa (art. 2203).

L'institore è un dipendente che, però, *sta al vertice della gerarchia aziendale, assumendo funzioni di dirigente*. Nella pratica non viene chiamato "institore" ma piuttosto "direttore generale", "procuratore generale" o "gerente". L'institore può compiere *tutti* gli atti pertinenti all'esercizio dell'impresa cui è preposto, con l'**eccezione** degli atti diretti ad *alienare* e a *ipotecare i beni immobili del preponente*, per i quali deve essere espressamente autorizzato.

Il **procuratore** è colui che, in base a un rapporto continuativo, ha il potere di compiere per l'imprenditore gli *atti pertinenti all'esercizio dell'impresa*, pur non essendo preposto a essa (art. 2209).

PROCURATORE

Anche il procuratore è un dipendente dell'imprenditore, che tuttavia non sta – come l'institore – al vertice della gerarchia aziendale. Si può dire che sono procuratori quei *dirigenti intermedi* nella gerarchia aziendale che hanno un'autonomia decisionale delimitata dalle direttive dei superiori; ESEMPIO il responsabile dell'ufficio acquisti di un mobilificio può scegliere i fornitori dell'impresa.

Il **commesso** è un dipendente privo di funzioni direttive, il quale è incaricato di svolgere *mansioni che lo pongono in contatto con la clientela ordinaria dell'impresa.*

COMMESSO

Il suo potere di rappresentanza si estende a tutti gli atti che ordinariamente comportano le operazioni di cui è incaricato (art. 2210).

ESEMPIO Sono commessi gli impiegati di banca che stanno allo sportello, i camerieri di bar, gli addetti alla vendita in un negozio.

 # I piccoli imprenditori

Non sempre chi esercita professionalmente un'attività commerciale è sottoposto alla disciplina prevista per gli imprenditori commerciali. A tale disciplina *non è assoggettato chi esercita quella attività con un basso investimento di capitale* assumendo perciò la veste di **piccolo imprenditore**.

Dopo la riforma della legge fallimentare a opera del decreto legislativo 5/2006 occorre distinguere *due diverse figure di piccolo imprenditore*:

DUE FIGURE DI PICCOLO IMPRENDITORE

- la prima è definita nell'**art. 1 della legge fallimentare** e serve a individuare quei *soggetti che, pur esercitando un'attività commerciale, non sono assoggettati al fallimento e alle altre procedure concorsuali*;
- la seconda è definita nell'**art. 2083 del codice civile** e serve per individuare quei *soggetti che, pur svolgendo attività commerciali, non hanno l'obbligo di tenere le scritture contabili* (art. 2214 c. 3 cod. civ.). Vediamole ora separatamente.

Alla stregua dell'art. 1 c. 2 l. fall. *non sono soggetti al fallimento e alle altre procedure concorsuali* gli imprenditori individuali e collettivi (vale a dire le società, le cooperative e i consorzi) quando svolgono un'attività commerciale che non superi **queste dimensioni:** BASSO INVESTIMENTO DI CAPITALE

ART. 1 L. FALL.

a) l'*attivo patrimoniale* dell'azienda *deve essere al massimo di 300.000 euro*;
b) i *ricavi lordi*, calcolati sulla media degli ultimi tre anni o dall'inizio dell'attività se di durata inferiore, *devono avere un ammontare complessivo annuo non superiore a 200.000 euro*;
c) l'*ammontare dei debiti* dell'imprenditore *non deve essere superiore a 500.000 euro*.

Queste cifre possono essere aggiornate ogni tre anni con decreto del ministro della giustizia in considerazione dell'andamento dell'inflazione.

ART. 2083

INDIVIDUALI

Alla stregua dell'art. 2083 del codice civile *sono invece esonerati dall'obbligo di tenere le scritture contabili* (art. 2214 c. 3 cod. civ.) "i coltivatori diretti del fondo, gli artigiani, i piccoli commercianti e coloro che esercitano un'attività professionale organizzata prevalentemente con il lavoro proprio e dei componenti della famiglia". Vale la pena sottolineare che sempre in base a questa norma devono essere considerati piccoli imprenditori soltanto gli imprenditori individuali e non quelli collettivi: *vale a dire che le società, le cooperative e i consorzi devono sempre tenere le scritture contabili, qualunque sia la loro dimensione economica.*

La figura di *piccolo imprenditore* definita da questa norma ha una *dimensione economica assai più ridotta* rispetto a quella delineata dall'art. 1 della legge fallimentare.

> In base all'art. 2083 del codice civile, sono **piccoli imprenditori** tutte le persone fisiche che producono beni o servizi o esercitano il commercio prevalentemente con il lavoro proprio o dei componenti della famiglia.

IMPRESA FAMILIARE

È logico pensare che questi soggetti investiranno nella loro attività, basata essenzialmente sul lavoro proprio o dei familiari, un capitale assai inferiore a quello rilevante per essere soggetti al fallimento.

APPROFONDIMENTO

L'impresa familiare

Si chiama **impresa familiare** quella alla quale collaborano i familiari dell'imprenditore, che prestano in modo continuativo il loro lavoro *senza avere un contratto di lavoro* con l'imprenditore stesso e senza neppure essere legati a quest'ultimo da altri tipi di rapporto come, per esempio, quello di società.

Si può trattare di un'impresa commerciale o agricola e di un'impresa di piccole o di grandi dimensioni. Sono tuttavia soprattutto i titolari d'imprese di piccole dimensioni che ricorrono al lavoro dei familiari, senza stipulare con loro un contratto di lavoro o di società: il fenomeno si verifica soprattutto nei settori dell'artigianato e del commercio al dettaglio o, nel settore agricolo, tra i coltivatori diretti.

Per tutelare questi familiari che collaborano di fatto con l'imprenditore (si intendono per familiari il coniuge, i parenti entro il terzo grado e gli affini entro il secondo), l'art. 230 bis (introdotto con la riforma del diritto di famiglia del 1975) riconosce loro una serie di diritti che vengono denominati complessivamente come **diritto di partecipazione** all'impresa familiare. Essi sono i seguenti:

- il diritto al *mantenimento* secondo la condizione patrimoniale della famiglia;
- il diritto a *partecipare agli utili* dell'impresa familiare, ai *beni acquistati* con essi, nonché agli *incrementi dell'azienda*, compreso l'incremento di valore dell'avviamento, in proporzione alla quantità e qualità del lavoro prestato;
- il diritto di *partecipare alle decisioni* relative all'impiego degli utili e degli incrementi, nonché a quelle relative alla gestione straordinaria, agli indirizzi produttivi e alla cessazione dell'impresa: queste decisioni devono essere prese a maggioranza dai familiari che partecipano all'impresa stessa.

Le decisioni relative alla gestione ordinaria dell'impresa spettano invece all'imprenditore. Il diritto di partecipazione può essere liquidato in denaro alla cessazione della prestazione di lavoro e in caso di alienazione dell'azienda; può essere ceduto ad altri familiari, con il consenso unanime dei partecipanti all'impresa. Esso, come si è detto, spetta soltanto se tra il familiare e l'imprenditore non è stato stipulato un rapporto diverso, quale un rapporto di lavoro subordinato o di società. Anche se al familiare che presta il proprio lavoro vengono riconosciuti i diritti che abbiamo elencato, *l'impresa familiare rimane pur sempre un'impresa individuale* (questa, almeno, è l'opinione prevalente). Soltanto il titolare dell'impresa risponde perciò nei confronti dei creditori ed egli soltanto è assoggettato al fallimento.

5 L'imprenditore agricolo

Anche gli **imprenditori agricoli** sono esonerati dalla disciplina prevista per gli imprenditori commerciali: infatti, essi:

- *non devono tenere le scritture contabili* (art. 2214 c. 1);
- *non sono sottoposti al fallimento e alle altre procedure concorsuali* (art. 2221 cod. civ. e art. 1 l. fall.).

Tuttavia, questa scelta legislativa appare un privilegio sempre meno giustificabile alla luce delle dimensioni economiche che, da tempo, ha acquisito la gran parte dei soggetti che operano nel campo dell'agricoltura. Infatti, non sono soltanto i **coltivatori diretti**, *vale a dire coloro che coltivano un fondo con il lavoro prevalentemente proprio o di persone della loro famiglia* (artt. 1647 e 2083 cod. civ.), a venire esonerati dallo statuto dell'imprenditore commerciale ma anche i **grandi imprenditori agricoli**. Questi ultimi – poiché investono nelle attività agricole ingenti capitali, assumono un gran numero di dipendenti e ricorrono al credito in misura molto rilevante – si comportano in realtà nello stesso modo in cui si comporta un imprenditore commerciale.

Questo trattamento di favore si configura come una *violazione del principio costituzionale di eguaglianza* (art. 3 Cost.), cui sarebbe stato auspicabile porre fine. Invece, il testo dell'art. 2135 del codice civile (modificato dall'art. 1 del d.lgs. 228/2001) ha ampliato la categoria degli imprenditori agricoli, aumentando ulteriormente il numero di coloro che sono esonerati dalla disciplina prevista per l'imprenditore commerciale. Vediamo in che modo.

Le attività essenzialmente agricole

> È **imprenditore agricolo** chi esercita una delle seguenti attività: *coltivazione del fondo, selvicoltura, allevamento di animali e attività connesse* (art. 2135 c.c.).

Da questa definizione risulta anzitutto che è imprenditore agricolo chi esercita una delle attività che vengono chiamate **essenzialmente agricole**, vale a dire la coltivazione del fondo, la selvicoltura e l'allevamento di animali. In base al testo dell'art. 2135 queste attività devono essere intese nel seguente modo:

a) per **coltivazione del fondo** deve intendersi ogni produzione di *vegetali*: sia che utilizzi la terra sia che ricorra a serre o vivai sia, infine, che si tratti di una produzione fuori terra di ortaggi, frutta, fiori o funghi;

b) la **selvicoltura** è la cura di un bosco per ricavarne i prodotti, come per esempio il legname;

c) l'**allevamento di animali** comprende ogni forma di allevamento, quali che siano la tecnica impiegata (quindi vi rientrano anche gli allevamenti in batteria) e la specie di animali allevata; sono quindi attività agricole non soltanto gli allevamenti tradizionali di bovini, suini, ovini e caprini, ma anche l'allevamento di cavalli da corsa, di cani di razza, di animali da pelliccia oppure di pesci, crostacei e molluschi (la cosiddetta *acquacoltura*).

Le attività agricole per connessione Chi esercita un'attività essenzialmente agricola *rimane imprenditore agricolo* anche se svolge, oltre a tale attività, una delle attività che si chiamano **agricole per connessione**. L'art. 2135 c. 3 prevede due categorie di attività connesse:

a) le attività, esercitate dal *medesimo imprenditore agricolo*, dirette alla manipolazione, conservazione, trasformazione, commercializzazione e valorizzazione di **prodotti** ottenuti **prevalentemente** dalla coltivazione del fondo o del bosco o dall'allevamento di animali;

b) le attività, esercitate dal *medesimo imprenditore agricolo*, dirette alla **fornitura di beni o servizi** mediante l'utilizzazione *prevalente* di attrezzature o risorse dell'azienda normalmente impiegate nell'attività agricola esercitata, ivi comprese le attività di valorizzazione del territorio e del patrimonio rurale e forestale e le attività agrituristiche.

CONNESSIONE SOGGETTIVA E OGGETTIVA

Da questa disposizione risulta che esistono **due condizioni** perché l'esercizio di un'attività connessa non trasformi chi la esercita in imprenditore commerciale:

- che l'attività connessa sia esercitata *da chi svolge anche un'attività essenzialmente agricola*; ESEMPIO Emilio è imprenditore agricolo in quanto produce e vende il vino e l'olio ricavati dalle viti e dagli ulivi che ha coltivato; mentre Pasquale, che acquista il latte delle bufale del territorio e lo trasforma per rivendere i prodotti a ristoratori e negozi al dettaglio, è un imprenditore commerciale, e non agricolo;

Stessi esatti Requisiti per il Piccolo imprenditore

- che l'attività connessa *abbia per oggetto prodotti ottenuti prevalentemente dall'esercizio di un'attività essenzialmente agricola* oppure *mediante l'utilizzazione prevalente di attrezzature o risorse dell'azienda agricola*. Ciò comporta che le attività connesse debbano avere una dimensione economica inferiore a quella dell'attività essenzialmente agricola esercitata dallo stesso imprenditore. Non sono pertanto agricole, ma commerciali, le grandi imprese di trasformazione (caseifici, oleifici, imprese conserviere): esse infatti non si limitano a trasformare prodotti prevalentemente propri.

> **LAVORO SUL CASO**
>
> Roberto possiede un casale situato nell'Oltrepò pavese. Lo ristruttura e ne ricava qualche stanza per ospitare i turisti. Nella grande cucina può preparare i piatti tipici della zona.
> Vorrebbe registrare la propria attività come agriturismo e diventare imprenditore agricolo.
> - Lo può fare?

6 Imprenditore individuale e collettivo. Gli enti senza scopo di profitto

Si è soliti distinguere tra **imprenditori individuali** e **imprenditori collettivi**. In realtà, la seconda è una categoria composita perché in essa si fanno rientrare:

- sia gli enti che perseguono lo scopo del profitto, come le **società lucrative**;
- sia gli enti che non perseguono questo scopo, quali possono essere le **cooperative** e gli **enti pubblici economici**. *Consorzi, associazioni, fondazioni*

Parleremo più avanti delle ~~società lucrative~~ e vedremo allora a quale condizione esse sono sottoposte al fallimento e alle altre procedure concorsuali, come gli imprenditori commerciali individuali.

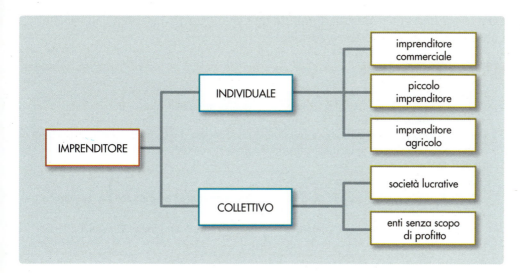

Rileviamo ora che la disciplina prevista per l'imprenditore commerciale viene **estesa** dal codice civile *anche a enti che non necessariamente perseguono uno scopo di lucro* e che quindi *non sempre possono considerarsi investitori professionali* alla ricerca sistematica di un profitto al pari degli imprenditori commerciali in senso proprio.

Questi enti sono anzitutto gli **enti pubblici economici**: si tratta di enti molto usati in passato dallo Stato per intervenire nell'economia non necessariamente a fini di profitto, ma per soddisfare **interessi collettivi**, come garantire la produzione di certi beni o servizi su tutto il territorio nazionale a prezzi calmierati.

Erano enti pubblici economici l'Enel (Ente nazionale per l'energia elettrica), l'Ina (Istituto nazionale delle assicurazioni) e vari istituti di credito. Tuttavia, la maggior parte di questi enti ha subito un processo di **privatizzazione** che ha determinato anzitutto la loro *trasformazione in società per azioni e il collocamento delle azioni presso il pubblico dei risparmiatori*. Assumendo la forma di società per azioni, gli enti trasformati hanno assunto anche il fine del profitto tipico di queste società.

ENTI PUBBLICI ECONOMICI

Enti senza scopo di profitto molto diffusi possono essere invece le **cooperative**. Anche di queste parleremo più avanti. Intanto è importante sottolineare che tutte le cooperative:

COOPERATIVE

- devono iscriversi nel registro delle imprese;
- devono tenere le scritture contabili;
- sono soggette a liquidazione coatta amministrativa o al fallimento, se hanno per oggetto un'attività commerciale e superano le dimensioni del piccolo imprenditore stabilite nell'art. 1 della legge fallimentare (art. 2545 terdecies).

Alle cooperative la legge dunque **estende la particolare disciplina prevista per gli imprenditori commerciali** *anche quando la cooperativa non persegue lo scopo del profitto*.

Per analogia con quanto stabilito per le cooperative, è opinione comune che la disciplina prevista per gli imprenditori commerciali (e in particolare l'assoggettamento al fallimento e alle altre procedure concorsuali) *debba essere estesa anche ai consorzi e a quelle associazioni e fondazioni che esercitano un'attività commer-*

CONSORZI, ASSOCIAZIONI E FONDAZIONI

ciale con il fine di devolverne il profitto a scopi altruistici (assistenziali, scientifici, culturali, educativi, sportivi e così via).

LAVORO SUL CASO

Un gruppo di amici costituisce una società che ha lo scopo di realizzare e gestire un nuovo parco giochi in Valle Seriana. L'obiettivo è quello di incrementare i flussi turistici nella zona con i conseguenti benefici su consumi e occupazione. Per i necessari investimenti si chiedono finanziamenti alle banche. Alla direzione del parco viene nominata una persona esperta in questo settore. Numerosi giovani vengono chiamati per accogliere e informare i visitatori del parco.

- **Quale tipo di imprenditore nasce?**
- **Quale figura e quali mansioni giuridiche ricopre il direttore? e i giovani che accolgono e guidano i visitatori?**
- **In che modo possono essere tutelate le banche che concedono i finanziamenti?**

APPROFONDIMENTO

Il consorzio

Il **consorzio** è un contratto mediante il quale *più imprenditori istituiscono un'organizzazione comune per la disciplina o per lo svolgimento di determinate fasi delle rispettive imprese* (art. 2602 cod. civ.).

Si tratta dunque di un contratto che è diretto a *coordinare* l'attività degli imprenditori consorziati in **due diverse forme** mediante:

- *la disciplina dell'attività delle rispettive imprese* (disciplina che può consistere, per esempio, nello stabilire il contingente massimo di produzione consentito a ciascun consorziato o nel fissare il prezzo di vendita dei prodotti delle imprese consorziate);
- *lo svolgimento in comune* di determinate *fasi* delle rispettive imprese (per esempio, al consorzio può essere delegato il compito di provvedere all'acquisto delle materie prime necessarie alle imprese consorziate o di provvedere alla vendita o alla pubblicizzazione dei prodotti delle stesse imprese).

Anziché stipulare un consorzio, gli imprenditori interessati possono poi costituire una **società consortile** avente come oggetto lo scopo del consorzio: *la società può assumere la forma di una società commerciale di persone oppure di una società di capitali* (art. 2615 ter).

Nel settore turistico, per esempio, gli imprenditori possono decidere di riunirsi in consorzi per pubblicizzare congiuntamente le risorse naturali, culturali o enogastronomiche del proprio territorio; le imprese agricole possono avviare consorzi per promuovere i loro prodotti offrendo ospitalità nelle loro strutture (agriturismi) o visite nelle fattorie didattiche; le agenzie di viaggio individuali possono costituirsi in consorzi per la stipulazione di contratti con i principali fornitori di servizi turistici, banche o assicurazioni (in questo caso, i prezzi e i servizi, viste le maggiori quantità di acquisto trattate dal consorzio rispetto alla singola agenzia, saranno sicuramente più convenienti).

7 La concorrenza tra imprenditori

LIBERTÀ DI CONCORRENZA

La concorrenza tra imprenditori è un elemento connaturato all'economia di mercato che, in teoria, dovrebbe avere ricadute positive sul suo funzionamento perché selezionando gli attori che intervengono nel sistema permette ai consumatori di scegliere le migliori opportunità di acquisto. Nella pratica la competitività tra le imprese si traduce spesso in comportamenti scorretti e, addirittura, illeciti che il legislatore è intervenuto a sanzionare.

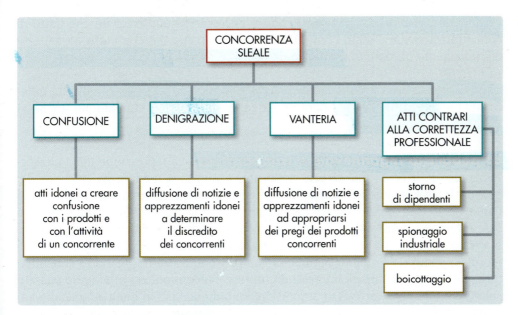

La concorrenza sleale Usa tali metodi e compie perciò, ai sensi dell'art. 2598, atti di **concorrenza sleale** chiunque:

a) compie atti idonei a creare **confusione** con i prodotti e con l'attività di un concorrente; rientra in questa categoria l'*uso di nomi o segni distintivi idonei a produrre confusione con quelli legittimamente usati da altri*; vi rientra inoltre la cosiddetta **imitazione servile** dei prodotti altrui, che è l'imitazione del prodotto altrui fatta in modo tale da trarre in inganno i consumatori circa la sua provenienza;   CONFUSIONE

b) diffonde notizie e apprezzamenti sui prodotti e sull'attività di un concorrente, *idonei a determinarne il discredito* (concorrenza sleale per **denigrazione**) oppure *si appropria dei pregi dei prodotti o dell'impresa di un concorrente* (concorrenza sleale per **vanteria**); ESEMPIO Un ristoratore romano nel quartiere turistico di Trastevere ha esposto un curioso cartello: "Qui si mangia bene. Nei ristoranti vicini lo fate a vostro rischio e pericolo...". Seppur utilizzando un tono scherzoso, il ristoratore sembra screditare i ristoratori concorrenti a proprio vantaggio.   DENIGRAZIONE E VANTERIA

Nella concorrenza sleale per denigrazione rientra la diffusione (tramite la pubblicità o comunicazioni alle banche o ai fornitori) di notizie che discreditano un concorrente. Nella concorrenza sleale per vanteria rientra la **réclame per riferimento**, *con la quale si sfrutta la notorietà di un prodotto altrui, presentando il proprio come simile al prodotto altrui* (per esempio con formule "tipo x" o "modello y");

c) si vale direttamente o indirettamente di ogni *altro mezzo non conforme ai principi della correttezza professionale e idoneo a danneggiare l'altrui azienda*. In questa categoria, alquanto elastica, rientrano per esempio, secondo la giurisprudenza, lo **storno di dipendenti** (si inducono dipendenti altrui a passare alle proprie dipendenze), lo **spionaggio industriale**, il **boicottaggio**.   CORRETTEZZA PROFESSIONALE

Le azioni giudiziarie L'imprenditore che ha subito un atto di concorrenza sleale può esercitare;

- l'**azione inibitoria**, *volta a ottenere che il tribunale vieti al concorrente la continuazione di tale forma di concorrenza*;
- l'**azione di rimozione**, *diretta a eliminare gli effetti della concorrenza sleale*, per esempio, al fine di ottenere la distruzione dei prodotti imitati servilmente.

Per ottenere questi provvedimenti, non è necessario dimostrare né che l'atto di concorrenza sleale è stato compiuto con dolo o colpa, né che l'atto ha causato effettivamente un danno; è sufficiente provare l'**idoneità** dell'atto a recare danno (art. 2599).

Se poi l'atto di concorrenza sleale è stato compiuto con dolo o colpa e ha effettivamente recato un danno, l'autore dell'atto potrà essere condannato anche al **risarcimento del danno**.

La pubblicità ingannevole e comparativa La repressione della concorrenza sleale disposta dal codice civile non è mirata a tutelare gli interessi dei consumatori: essa tutela **soltanto** l'interesse di ciascun imprenditore a non essere danneggiato dall'altrui concorrenza sleale. Perciò la pubblicità ingannevole può essere repressa come atto di concorrenza sleale *soltanto su istanza di un imprenditore concorrente che si vede danneggiato da quella forma di pubblicità*.

La tutela contro le forme di pubblicità che possono trarre in inganno i consumatori, senza pregiudicare gli interessi di imprese concorrenti, era affidata in passato soltanto a organismi privati di autodisciplina pubblicitaria ai quali aderiscono volontariamente le imprese di pubblicità: questi organismi privati elaborano **codici di autodisciplina** e istituiscono organi appositi, quali il cosiddetto Giurì, al quale si può rivolgere chiunque si sente danneggiato da un messaggio pubblicitario; il Giurì può invitare a non effettuare il messaggio censurato: ma se il destinatario non ottempera all'invito non è possibile alcuna sanzione coercitiva.

PUBBLICITÀ INGANNEVOLE
ILLEGA

Per porre rimedio a questa situazione, il d.lgs. 74/1992 (modificato dal *codice del consumo* emanato con d.lgs. 206/2005 e sue successive modifiche) ha affidato la repressione della pubblicità ingannevole all'**Autorità garante della concorrenza e del mercato** (**Agcm**), istituita con la legge antimonopolistica. All'Agcm possono rivolgersi tanto i **concorrenti**, quanto i **consumatori** e *le loro associazioni*, chiedendo:

- che *siano inibiti gli atti di pubblicità ingannevole o la loro continuazione*;
- che *ne siano eliminati gli effetti*.

LAVORO SUL CASO

L'Hotel Edelweiss, che si trova in una località di montagna, si fa pubblicità enfatizzando la presenza, all'interno della struttura, di un centro benessere con sauna e bagno turco. L'offerta, però, omette di specificare che, per poter usufruire del centro benessere, è necessario pagare una quota di iscrizione settimanale. Anche il vicino Hotel Alpenrose offre servizi simili e, nelle proprie pubblicità, si preoccupa di comunicare in modo chiaro quali sono i costi da sostenere per poterne usufruire. Ciò nonostante, la clientela sembra prediligere l'Hotel Edelweiss. Il proprietario dell'Hotel Alpenrose è convinto che il vantaggio competitivo del suo concorrente sia da attribuire alla comunicazione pubblicitaria volutamente poco chiara.

- **A chi potrebbe rivolgersi per denunciare una simile situazione?**

La mancata ottemperanza alle decisioni dell'Agcm è punita con sanzioni amministrative pecuniarie (art. 26 codice del consumo).

Il codice del consumo dispone che la pubblicità sia considerata **ingannevole** quando ha entrambi questi requisiti:

a) *induca in qualunque modo in errore* o possa indurre in errore le persone fisiche o giuridiche alle quali è rivolta o che essa raggiunge;

b) a causa del suo carattere ingannevole, *possa recare pregiudizio* ai consumatori o a un concorrente (art. 21 cod. cons.).

ESEMPIO È ingannevole un catalogo che propone soggiorni sul Mar Rosso promettendo un facile accesso alla barriera corallina tramite passerelle che, in realtà, sono situate a una certa distanza dalla struttura oppure sono accessibili solo a pagamento.

Ad analoga disciplina è sottoposta la **pubblicità comparativa**, *vale a dire la pubblicità volta a confrontarsi in modo esplicito o implicito con un concorrente o con i beni o dei servizi da lui offerti.*
In base al d.lgs. 145/2007, questa forma di pubblicità è **lecita**:

- se si limita a *confrontare oggettivamente le caratteristiche essenziali e verificabili dei propri beni o servizi (compreso eventualmente il prezzo) con quelle dei beni o servizi dei concorrenti che soddisfano gli stessi bisogni;*
- a condizione che *non si configuri come un atto di concorrenza sleale*: quindi, a condizione che la pubblicità non sia ingannevole, non ingeneri confusione con i prodotti e l'attività di un concorrente, non causi discredito o denigrazione di un concorrente o dei suoi prodotti, non tragga indebitamente vantaggio dalla notorietà di un prodotto altrui (art. 4 d.lgs. 145/2007).

La pubblicità comparativa che non abbia questi requisiti non è consentita e tanto i concorrenti quanto i consumatori e le loro associazioni possono chiedere all'Autorità garante della concorrenza e del mercato che sia inibita la pubblicità comparativa illecita, che ne sia vietata la continuazione e che ne siano eliminati gli effetti.

PUBBLICITÀ
COMPARATIVA
LECITA

Forme di pubblicità

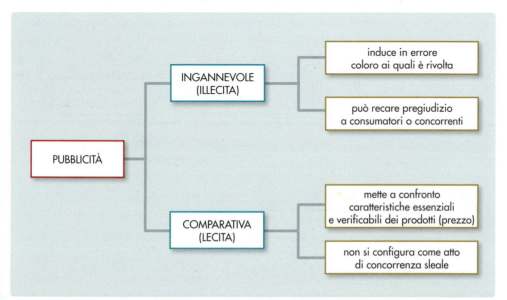

L'IMPRENDITORE

- È colui che esercita professionalmente un'attività economica organizzata al fine della produzione o dello scambio di beni o servizi
- A seconda dell'attività e delle dimensioni può essere:

| COMMERCIALE | AGRICOLO | PICCOLO IMPRENDITORE |

- I rappresentanti dell'imprenditore sono:

| INSTITORE | PROCURATORE | COMMESSO |

L'AZIENDA E I SEGNI DISTINTIVI DELL'IMPRESA

- I segni distintivi dell'impresa sono:

| DITTA | INSEGNA | MARCHIO |

LO STATUTO DELL'IMPRENDITORE COMMERCIALE

- Impone all'imprenditore commerciale:
  - l'obbligo dell'iscrizione nel registro delle imprese
  - la tenuta delle scritture contabili
  - l'assoggettamento al fallimento e alle altre procedure concorsuali

IL FALLIMENTO

- Procedura giudiziaria con la quale l'imprenditore viene spossessato di tutti i suoi beni che vengono venduti per soddisfare con il ricavato tutti i creditori
- Il tribunale che lo dichiara nomina:

| CURATORE | GIUDICE DELEGATO | COMITATO DEI CREDITORI |

- Effetti del fallimento:
  - personali e patrimoniali sulla persona del fallito
  - nei confronti dei creditori del fallito
- Fasi del fallimento:
  - formazione e verifica dello stato passivo
  - distribuzione del ricavato tra i creditori
  - chiusura della procedura fallimentare
- *Concordato fallimentare*: accordo tra creditori e fallito con il quale il fallito si impegna a saldare i propri debiti in percentuale

LE ALTRE PROCEDURE CONCORSUALI

- *Concordato preventivo*: accordo tra imprenditore e creditori con cui si evita il fallimento
- *Amministrazione straordinaria*: riservata alle medie e grandi imprese, ha lo scopo di soddisfare i creditori salvando i posti di lavoro
- *Liquidazione coatta amministrativa*: liquidazione di imprese bancarie, assicurative e cooperative sottoposte a vigilanza dello Stato

TIPOLOGIE DI IMPRESA

- *Piccoli imprenditori*:
  - sono tali coloro che hanno investimenti non superiori a 300.000 euro, ricavi lordi che mediamente non superano i 200.000 euro e debiti inferiori ai 500.000 euro (legge fallimentare)
  - sono esonerati dal fallimento e dalle altre procedure concorsuali
- *Impresa familiare*: collaborano i familiari dell'imprenditore in modo continuativo senza essere legati da contratti di lavoro subordinato
- *Imprenditore agricolo*:
  - svolge attività essenzialmente agricole (coltivazione del fondo, selvicoltura, allevamento di animali) o attività agricole per connessione
  - è esonerato dal fallimento e dalle altre procedure concorsuali

GLI ENTI SENZA SCOPO DI PROFITTO

- Sono gli *enti pubblici economici*, le *cooperative*, i *consorzi*, le *associazioni* e le *fondazioni* che esercitano un'attività commerciale
- A essi viene *estesa* la disciplina prevista per gli imprenditori commerciali

LA CONCORRENZA SLEALE

- Sono atti di concorrenza sleale:
  - gli atti idonei a *creare confusione* con i prodotti e con l'attività di un concorrente, per esempio l'imitazione servile dei prodotti altrui
  - la concorrenza per *denigrazione* o per *vanteria*, per esempio:

- gli atti contrari alla *correttezza professionale* idonei a danneggiare l'altrui azienda, per esempio:

- Contro gli atti di concorrenza sleale l'imprenditore può ricorrere a:

Verifica delle conoscenze

VERO O FALSO

Indica se le seguenti affermazioni sono vere o false.

1 In base all'art. 2082 c.c. l'attività dell'imprenditore deve avere natura economica ed essere esercitata professionalmente ☐V ☐F

2 Secondo l'art. 2195 c.c. le attività commerciali non comprendono la produzione industriale ☐V ☐F

3 L'iscrizione nel registro delle imprese ha funzione di pubblicità dichiarativa ☐V ☐F

4 La tenuta delle scritture contabili serve a documentare l'andamento dell'impresa ☐V ☐F

5 In seguito alla sentenza di fallimento i creditori possono iniziare azioni esecutive individuali ☐V ☐F

6 La dichiarazione di fallimento ha effetti patrimoniali e personali per il fallito ☐V ☐F

7 Il concordato preventivo è un accordo tra l'imprenditore in stato di crisi e i creditori ☐V ☐F

8 La liquidazione coatta amministrativa non può riguardare banche e compagnie di assicurazione ☐V ☐F

9 Il commesso ha potere di compiere tutti gli atti relativi all'esercizio dell'impresa ☐V ☐F

10 La selvicoltura rientra tra le attività agricole per connessione ☐V ☐F

CORRISPONDENZE

Metti in relazione gli elementi del primo gruppo con quelli del secondo.

1 Non è soggetto al fallimento alla stregua dell'art. 1 l. fall.

2 Vi collaborano i familiari in modo continuativo e senza avere un contratto di lavoro

3 Esercita la selvicoltura

4 Redige lo stato passivo

5 Presiede l'udienza per la verifica dello stato passivo

a curatore fallimentare
b imprenditore agricolo
c piccolo imprenditore
d impresa familiare
e giudice fallimentare

1	2	3	4	5

COMPLETAMENTO

Inserisci i termini mancanti (attenzione ai distrattori!).

1 Il concordato .... è un accordo concluso prima del fallimento sotto il controllo .... Se riesce a concludere questo accordo, l'imprenditore .... il fallimento.

preventivo; fallimentare; del registro delle imprese, del tribunale; sceglie; evita.

Verifica delle abilità

Completa lo schema.

LE FASI DEL FALLIMENTO

.... DEL PASSIVO

.... presentano le domande di ammissione al passivo

.... predispone lo stato passivo

DELL'ATTIVO E RIPARTIZIONE

il curatore predispone un ....

si effettuano ripartizioni ....

.... il fallimento si chiude

DI CHE COSA STIAMO PARLANDO?

Rispondi dopo aver letto gli indizi.

1 È un effetto dell'iscrizione nel registro delle imprese .....

2 È preposto dal titolare all'esercizio dell'impresa .....

3 Le attività dell'imprenditore agricolo che fornisce beni o servizi utilizzando prevalentemente attrezzature o risorse dell'azienda .....

4 È la procedura concorsuale riservata alla grande impresa commerciale insolvente .....

5 È la procedura concorsuale che può riguardare le imprese bancarie, assicurative e cooperative .....

CACCIA ALL'ERRORE

Individua e correggi le parole errate.

1 La pubblicità comparativa è illecita se mette a confronto caratteristiche essenziali e verificabili del prodotto .....

2 Il concordato preventivo è un accordo concluso tra l'imprenditore commerciale in crisi e il tribunale .....

3 La ditta è il complesso dei beni organizzati dall'imprenditore .....

4 Il marchio contraddistingue i locali in cui si esercita l'impresa .....

5 Il fallimento si chiude per concordato preventivo o per altre cause .....

QUESITI A RISPOSTA SINGOLA

Rispondi utilizzando non più di 4 righe.

1 *Which requirements must an individual inlet to be considered an* entrepreneur?

2 *Why is it that a person who transports his/her work colleagues for free cannot be considered an entrepreneur?*

3 Chi sono e quali funzioni svolgono il *procuratore* e il *commesso*?

4 Chi è considerato *piccolo imprenditore* dalla legge fallimentare? e dal codice civile?

5 Che cos'è il *concordato fallimentare*? e quello *preventivo*?

RISOLVO IL CASO

Un grosso tour operator ha problemi di liquidità. Non riesce a pagare i fornitori alle scadenze predeterminate e fa sempre più fatica a ottenere finanziamenti dalle banche. Il rischio di fallimento si fa sempre più concreto. Il titolare dell'impresa vorrebbe evitare la procedura fallimentare.

* **Che cosa potrebbe fare?**
* **Se venisse avviata la procedura fallimentare potrebbe in qualche modo liberarsi in modo definitivo da tutti i debiti che deve pagare ai fornitori e alle banche?**

Unità 26
Le società di persone

 ## La nozione di società

Come abbiamo visto parlando dell'imprenditore, vi possono essere *imprenditori individuali* (quando un'impresa è esercitata da una sola persona) oppure **imprenditori collettivi** (quando un'impresa è esercitata da un gruppo di persone organizzate in società).

Tuttavia, gli imprenditori individuali operano in genere in quegli ambiti del mondo degli affari in cui non si richiedono grossi investimenti di capitale nel medio e lungo periodo; ESEMPIO troviamo imprenditori individuali nel settore dell'artigianato, del commercio al dettaglio, delle attività commerciali ausiliarie (agenti, mediatori ecc.). Al di sopra di questa sfera si trovano pressoché esclusivamente imprenditori collettivi: vale a dire, *imprese esercitate da società*.

La **società** è dunque uno strumento per l'esercizio dell'impresa in forma collettiva.

A un certo livello del mondo degli affari, la società è lo strumento principe al quale si ricorre per fondare e gestire un'impresa: nel senso che, a partire da quel livello, non esistono di fatto imprese che non siano esercitate da società.

SOCIETÀ   Il nostro ordinamento giuridico prevede due categorie di società:

- le **società lucrative** (disciplinate nel titolo V del libro V del codice civile);
- le **società cooperative** (disciplinate nel titolo VI).

Le **società lucrative** sono caratterizzate dal **fine di lucro**: i soci costituiscono la società con l'obiettivo ultimo di ricavare un profitto dall'attività economica che intendono esercitare in comune.

Le **società cooperative**, invece, sono caratterizzate dal **fine mutualistico**, che consiste nell'esercitare un'attività economica per offrire ai soci beni o servizi od occasioni di lavoro a condizioni più favorevoli di quelle offerte dal mercato.

L'attività della cooperativa non si pone l'obiettivo della speculazione privata, cioè il profitto, quanto piuttosto quello di garantire ai soci il vantaggio economico che si ottiene risparmiando il profitto degli imprenditori privati.

Categorie di società

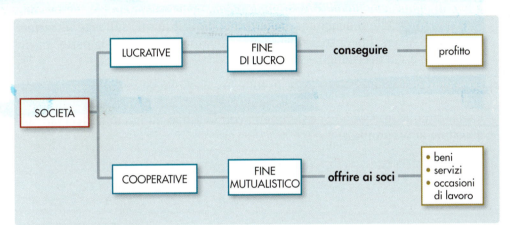

Caratteri generali delle società lucrative

Il codice civile prevede sei tipi di società lucrative:

SOCIETÀ LUCRATIVE

- la società semplice;
- la società in nome collettivo;
- la società in accomandita semplice;
- la società per azioni;
- la società a responsabilità limitata;
- la società in accomandita per azioni.

Queste hanno alcuni elementi **in comune** che possiamo individuare nella definizione generale di società contenuta nell'art. 2247 c.c.:

con il **contratto di società** due o più persone conferiscono beni o servizi per l'esercizio in comune di una attività economica allo scopo di dividerne gli utili.

Da questa definizione risulta che tutte le società lucrative presentano le seguenti caratteristiche.

a) Il **contratto sociale**. *Tutte le società si costituiscono con un contratto stipulato tra due o più persone*. Fanno eccezione la società per azioni e la società a responsabilità limitata che possono essere costituite da una sola persona.

CONTRATTO SOCIALE

CONFERIMENTI

b) I **conferimenti**. *Chi entra in società deve mettere in comune con gli altri soci i beni (denaro o beni in natura) o i servizi (le proprie prestazioni lavorative) necessari per esercitare l'attività economica prescelta.* Oltre a servire a questo fine, il denaro e i beni in natura conferiti in società svolgono anche la funzione di fornire una **garanzia** ai creditori della società: *soltanto costoro possono infatti far valere le loro ragioni su tali beni, che non possono invece essere aggrediti dai creditori personali dei soci.* Per descrivere sinteticamente questa situazione giuridica in cui si trovano i beni conferiti in società (e i beni che successivamente la società acquista) si suole dire che le società sono dotate di **autonomia patrimoniale** o, il che è lo stesso, *che il patrimonio della società costituisce un patrimonio autonomo, distinto da quello personale dei soci.*

OGGETTO SOCIALE

c) L'**esercizio in comune di un'attività economica**. Ogni socio *deve poter partecipare in qualche modo alle decisioni da prendere* per esercitare l'attività economica prescelta (che si denomina **oggetto sociale**). Le norme sull'*organizzazione* interna dei diversi tipi di società servono appunto a disciplinare la partecipazione dei soci a tali decisioni.

DIVISIONE DEGLI UTILI

d) Lo **scopo di divisione degli utili**. In tutte le società lucrative *l'attività economica prescelta viene esercitata allo scopo di realizzare utili e di dividerli tra i soci.* I soci, dunque, eseguono i conferimenti con lo scopo ultimo di partecipare alla divisione di un profitto.

Caratteri generali delle società lucrative

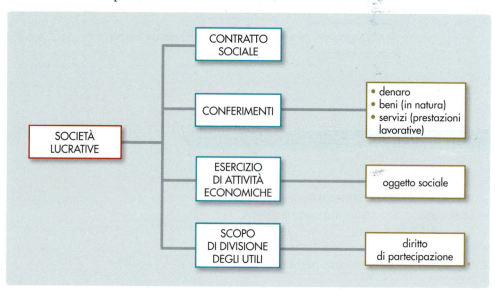

② La classificazione delle società

Oltre agli aspetti comuni, i sei tipi di società lucrative, che abbiamo elencato, hanno caratteristiche che li differenziano.
Prima di tutto occorre distinguere tra:

- le **società di persone**, che sono la società semplice, la società in nome collettivo e la società in accomandita semplice;
- le **società di capitali**, che sono la società per azioni, la società a responsabilità limitata e la società in accomandita per azioni.

Vediamo ora nel dettaglio quali sono le differenze fondamentali tra queste due categorie di società.

Un primo aspetto da analizzare è quello della **responsabilità dei soci**:

RESPONSABILITÀ

- nelle società di persone, *delle obbligazioni sociali rispondono, oltre il patrimonio sociale, illimitatamente e solidalmente alcuni o tutti i soci*;
- nelle società di capitali, invece, *delle obbligazioni sociali risponde soltanto il patrimonio sociale* (fa eccezione la società in accomandita per azioni, nella quale gli accomandatari assumono una responsabilità illimitata e solidale per le obbligazioni sociali).

Ciò significa che i soci di una società di capitali (con l'eccezione degli accomandatari dell'accomandita per azioni) godono del **beneficio della responsabilità limitata**: *essi rischiano nell'impresa sociale soltanto quanto conferiscono in società*. I soci di una società di persone che assumono una **responsabilità illimitata** per le obbligazioni sociali non godono invece di questo beneficio: *essi rischiano nell'impresa sociale non soltanto quanto conferiscono in società, ma tutto il proprio patrimonio personale*.

Inoltre, se in una società di persone vi sono più soci illimitatamente responsabili, la loro è una **responsabilità solidale**: *il creditore della società può chiedere il pagamento di tutto il proprio credito a uno solo dei soci* (sì che potrà scegliere in pratica il più facoltoso), salva la facoltà del socio che ha pagato di richiedere agli altri la parte di ciascuno di essi (artt. 1292 e 1299).

Il secondo aspetto che differenzia i due tipi di società riguarda le **modalità di trasferimento** delle quote sociali:

QUOTA

- nelle società di persone la quota del socio *non è trasferibile, né per atto tra vivi né per causa di morte, senza il consenso degli altri soci*;
- nelle società di capitali le quote sono invece *liberamente trasferibili*.

Le società di persone sono **gruppi chiusi**, le società di capitali sono **gruppi aperti**.

Infine, l'ultima differenza riguarda la struttura organizzativa:

ORGANIZZAZIONE

- nelle società di persone ogni socio, illimitatamente responsabile, è, salvo diversa disposizione del contratto sociale, **amministratore** della società e l'organizzazione interna è ridotta;
- nelle società di capitali il socio può, invece, soltanto *concorrere con il proprio voto alla scelta degli amministratori* (fa eccezione l'accomandita per azioni, nella quale gli accomandatari sono di diritto amministratori).

L'organizzazione interna delle società di capitali è più complessa e si articola su **tre organi dotati** di proprie competenze: l'*assemblea*, il *consiglio di amministrazione* e il *collegio sindacale*.

Società commerciali e società non commerciali

Quando nella realtà operativa ci si trova ad avviare un'attività, come avviene la scelta tra uno dei sei tipi di società lucrative che abbiamo enumerato?

SOCIETÀ SEMPLICE Il codice civile dispone che la **società semplice** *può essere scelta soltanto per esercitare attività non commerciali* (quali, per esempio, sono le attività agricole), mentre gli altri cinque tipi di società possono essere scelti sia per esercitare attività commerciali, sia per esercitare attività non commerciali (art. 2249 c. 1). Per questo motivo:

- la società semplice viene chiamata **società non commerciale**;
- le altre società lucrative vengono chiamate **società commerciali**.

SOCIETÀ COMMERCIALI Tuttavia, è importante tenere presente che le società diverse dalla società semplice *sono sottoposte a fallimento e alle altre procedure concorsuali* **soltanto** *se esercitano un'attività commerciale e superano le dimensioni stabilite nell'art. 1 della legge fallimentare.* Soltanto in questo caso queste società sono considerate **imprenditori commerciali collettivi**. Quindi, *non sono soggette al fallimento e alle altre procedure concorsuali le società che esercitano un'attività non commerciale* (per esempio, producono e vendono grano).

È anche importante tenere presente che *il fallimento di una società provoca automaticamente il fallimento personale dei soci illimitatamente responsabili* (art. 147 l. fall.). Nella pratica, poi, la scelta del tipo di società dipende in larga misura dalla *capacità economica* dei futuri soci:

- se i conferimenti che possono fare non sono molto elevati, sceglieranno normalmente una società di persone;
- se invece possono disporre di un capitale di una certa consistenza, sceglieranno una società di capitali.

Di conseguenza, mentre le società di persone operano in una sfera non molto elevata del mondo degli affari, nella sfera più elevata di questo mondo operano soltanto società di capitali.

③ La società semplice

CARATTERI La **società semplice** è un tipo di società che – come abbiamo visto – si può costituire soltanto per l'esercizio di attività non commerciali, quali sono le attività agricole o le attività di professionisti.

 ESEMPIO Sono società semplici quelle dedite alle attività agricola, all'attività professionale in forma associata o alla gestione di una proprietà mobiliare o immobiliare.

Nella pratica, tuttavia, non è un tipo di società molto usato.

Atto costitutivo di società semplice | Documento

Il contratto sociale Come tutte le altre società, la società semplice (s.s.) *si costituisce con la stipulazione di un contratto sociale* (detto anche **atto costitutivo**) che può avvenire in diverse forme:

FORMA DEL CONTRATTO
- quella dell'**atto pubblico** redatto da un notaio;
- quella della **scrittura privata autenticata** (vale a dire, di un foglio di carta scritto dalle parti che lo firmano davanti a un notaio o a un altro pubblico ufficiale autorizzato ad autenticare le loro firme);
- quella di una semplice **scrittura privata** (un foglio scritto e firmato dalle parti) oppure anche soltanto la *forma orale* (art. 2251).

I conferimenti Con il contratto sociale *i soci si impegnano a conferire qualcosa in società*. Normalmente viene conferito del **denaro**, tuttavia i soci, o alcuni di essi, potrebbero impegnarsi anche a conferire **beni in natura** oppure il proprio **lavoro**. In quest'ultimo caso il socio si chiama *socio d'opera*.

CONFERIMENTI
DI DENARO,
DI BENI IN NATURA,
DI LAVORO

I conferimenti in natura si possono fare in due modi diversi: si può conferire *in proprietà* o *in godimento*. Nel caso di **conferimenti in proprietà**, la proprietà del bene conferito passa alla società.

ESEMPIO Si può trasferire alla società, a titolo di conferimento, la proprietà di un appartamento.

Nel caso di **conferimenti in godimento** il socio rimane proprietario del bene e concede alla società soltanto un diritto di usarlo analogo a quello di un affittuario (art. 2254).

> La somma del valore in denaro di tutti i conferimenti dei soci si chiama **capitale sociale**.

L'amministrazione e la rappresentanza Per esercitare l'attività prescelta, i soci devono stabilire a chi spetta l'**amministrazione** della società, vale a dire a chi spetta il *potere di decidere quali affari realizzare (e come realizzarli) nell'ambito dell'oggetto sociale* (il che significa nell'ambito dell'attività che i soci hanno scelto nel contratto sociale).

AMMINISTRAZIONE...

Se nel contratto sociale non si stabilisce nulla, l'amministrazione spetta per legge **disgiuntamente** a ciascun socio: "disgiuntamente" *vuol dire che ogni socio può da solo – cioè senza dover richiedere il consenso degli altri – compiere tutte le operazioni che rientrano nell'oggetto sociale*. Tuttavia, ciascun socio amministratore ha il **diritto di opporsi** all'operazione che un altro voglia compiere, prima che sia compiuta: allora sarà la maggioranza dei soci, determinata secondo la parte attribuita a ciascun socio nella ripartizione degli utili, a decidere se l'operazione si deve compiere (art. 2257).

... DISGIUNTIVA...

L'amministrazione disgiunta presenta dei rischi per i soci: ognuno degli amministratori può infatti agire all'insaputa degli altri e impegnare così la società in operazioni che gli altri soci neppure conoscono.

Perciò, se i soci intendono cautelarsi dai pericoli dell'amministrazione disgiunta, possono stabilire nel contratto sociale che il potere di amministrazione spetti **congiuntamente** a tutti i soci (art. 2258): *il che vuol dire che ogni operazione sociale deve avere il consenso di tutti*.

... CONGIUNTIVA...

Nel contratto sociale si può anche stabilire che il potere di amministrare spetti **soltanto** a uno o ad alcuni soci. I soci non amministratori avranno soltanto il **diritto di controllare** gli amministratori, i quali dovranno ogni anno presentare ai soci il rendiconto della loro attività sotto forma di un *bilancio* dal quale risultino gli utili o le perdite della società (art. 2261).

... AFFIDATA AD ALCUNI SOCI

I soci che hanno il potere di amministrazione hanno anche il **potere di rappresentanza** (la cosiddetta **firma sociale**), *vale a dire il potere di vincolare la società verso i terzi, compiendo atti giuridici in suo nome*.

RAPPRESENTANZA
DELLA SOCIETÀ

Chi ha la rappresentanza della società può compiere in suo nome tutti gli atti che rientrano nell'oggetto sociale e ha anche la **rappresentanza processuale** della società stessa: *può agire in giudizio in nome della società e rappresentare in giudizio la società convenuta* (art. 2266).

La responsabilità per i debiti sociali Nella società semplice i soci rispondono **illimitatamente** e **solidalmente** di tutte le obbligazioni sociali. Ciò vuol dire che *ogni socio è personalmente obbligato a pagare per intero tutti i debiti contratti per conto della società dagli amministratori.*

Il **creditore della società** può rivolgersi *direttamente a uno qualunque dei soci per farsi pagare il suo credito per intero*.

Il **creditore personale** del singolo socio *non può invece soddisfarsi sui beni da questi conferiti in società*: egli può soltanto chiedere la *liquidazione della quota del socio suo debitore* e ottenere così dalla società una somma di denaro pari al valore che ha la quota nel momento in cui ne viene chiesta la liquidazione (artt. 2270 e 2289).

In altre parole, si può dire che la società semplice gode di **autonomia patrimoniale** nel senso che i beni che fanno parte del suo patrimonio non possono essere aggrediti dai creditori personali dei singoli soci, perché sono destinati a garantire i soli creditori sociali.

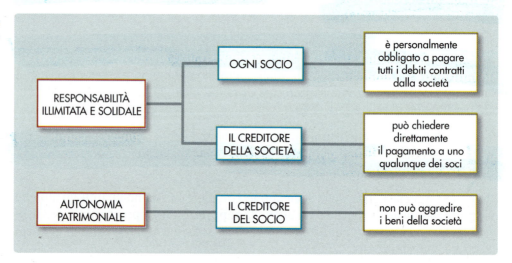

La partecipazione agli utili e alle perdite   Dopo l'approvazione del bilancio annuale, ogni socio ha diritto di percepire la sua **parte di utili** in proporzione al conferimento effettuato (art. 2262).

Se invece nello stesso periodo si sono verificate delle perdite, ogni socio deve parteciparvi, sempre in proporzione al conferimento effettuato, versando agli amministratori i soldi necessari per pagare i debiti della società (art. 2263).

Il recesso, l'esclusione e la morte di un socio   Ogni socio ha diritto di **recedere**, *vale a dire di uscire dalla società*:

RECESSO

- in ogni momento, quando non è determinata nel contratto la durata della società oppure si è stabilito che la società debba durare per tutta la vita di un socio;
- quando sussista una **giusta causa**; si può trattare:
  - di *un comportamento scorretto degli altri soci*; ESEMPIO se questi si rifiutano di procedere alla distribuzione degli utili;
  - di *una qualunque situazione personale del socio* (quale una malattia o un trasferimento all'estero), che gli renda impossibile continuare a occuparsi degli affari della società.

Il socio che recede ha diritto alla **liquidazione della quota**: egli, cioè, *ha diritto ad avere dalla società una somma di denaro pari al valore che ha la sua quota nel momento in cui recede* (art. 2289).

Come il singolo socio può recedere dalla società per reagire a scorrettezze degli altri soci, così la maggioranza dei soci può escludere dalla società il socio colpevole di gravi inadempienze ai suoi obblighi di socio: quindi, può essere **escluso** (vale a dire, mandato via) dalla società *il socio che non effettua il conferimento promesso* (altre cause di esclusione sono indicate nell'art. 2286). L'esclusione viene decisa dalla maggioranza numerica degli altri soci e il socio che si ritiene escluso ingiustamente può fare causa alla società ricorrendo al tribunale (art. 2287). *Anche il socio escluso ha diritto a ottenere dalla società la liquidazione della sua quota.*

ESCLUSIONE

Se uno dei soci **muore**, *i suoi eredi non entrano al suo posto nella società*: essi hanno soltanto il diritto di avere dalla società la liquidazione della quota del socio morto (vale a dire, come abbiamo appena detto, una somma di denaro pari al valore della quota). Viene in questo modo tutelato l'interesse dei soci superstiti a tener fuori dalla società gli eredi sgraditi del socio che è morto.

MORTE DI UN SOCIO

LAVORO SUL CASO

Francesco ha intenzione di trasformare la propria impresa individuale in s.n.c., facendo entrare un amico fraterno a cui attribuire una quota di partecipazione nella nuova società. Suo cognato Roberto sconsiglia la trasformazione in quanto l'amico ha tre figli che, in caso di morte del padre, potrebbero succedergli nella direzione della società. Francesco è preoccupato da questa eventualità che potrebbe costringerlo a condividere la direzione dell'impresa con persone estranee. Quindi, decide di rivolgersi al commercialista per avere delucidazioni.

- **Che cosa gli dirà il commercialista?**

CAUSE DI SCIOGLIMENTO

Scioglimento e liquidazione della società

La società si **scioglie** quando:

- è scaduto il termine di durata stabilito nel contratto sociale;
- è stato conseguito l'oggetto sociale (vale a dire, è stato realizzato l'affare per il quale venne costituita la società);
- tutti i soci sono d'accordo nel volerne lo scioglimento;
- rimane un solo socio (per esempio, perché tutti gli altri sono morti) e questi non riesca a trovare nuovi soci entro il termine di 6 mesi (art. 2272).

La società che si scioglie *non si estingue automaticamente*, perché occorre pagare tutti i debiti sociali e ripartire tra i soci il residuo patrimonio netto.

LIQUIDAZIONE
Si dice perciò che, quando si verifica una causa di scioglimento, la società entra nella fase della **liquidazione**, *nella quale uno o più liquidatori nominati dai soci provvedono appunto a vendere i beni della società per pagare i creditori sociali e ripartire poi tra i soci quanto eventualmente rimane del patrimonio sociale* (artt. 2275-2283).

4 La società in nome collettivo

CARATTERI

Atto costitutivo di s.n.c. | Documento

Mentre la società semplice è una forma sociale che, come abbiamo detto, trova scarsa utilizzazione nella pratica, la società in nome collettivo (s.n.c.) è la più diffusa delle società di persone.

> La **società in nome collettivo** (s.n.c.) è una società commerciale in cui tutti i soci rispondono solidalmente e illimitatamente dei debiti sociali.

A differenza di quanto è previsto per la società semplice, un'eventuale clausola del contratto sociale che limitasse la responsabilità di uno o più soci *non avrebbe comunque effetto nei confronti dei terzi* (art. 2291).

Se il contratto sociale non dispone diversamente, tutti i soci sono poi **disgiuntamente amministratori**.

OGGETTO SOCIALE
Come ogni altra società commerciale, la società in nome collettivo si può costituire *sia per svolgere un'attività commerciale, sia per svolgere un'attività non commerciale.*
Soltanto le società che esercitano un'attività commerciale e superano le dimensioni stabilite nell'art. 1 l. fall. sono assoggettate al **fallimento** e alle altre procedure concorsuali (art. 2221 cod. civ. e art. 1 l. fall.).

Il fallimento della società determina poi il **fallimento dei soci**, *in quanto essi sono illimitatamente responsabili delle obbligazioni sociali* (art. 147 l. fall.).

Si applicano alla società in nome collettivo le **stesse norme** dettate dal codice civile per la società semplice. Perciò, la società in nome collettivo è disciplinata come la società semplice per quanto riguarda i conferimenti, l'amministrazione e la rappresentanza, la ripartizione degli utili e delle perdite, il recesso, l'esclusione e la morte di un socio, lo scioglimento e la liquidazione della società. Tuttavia, questa disciplina è integrata dalle norme che ora esporremo.

DISCIPLINA GENERALE

Le società in nome collettivo regolari e irregolari

DISCIPLINA SPECIFICA

Le società in nome collettivo hanno l'**obbligo** di iscriversi nel registro delle imprese (artt. 2200 e 2296). Tuttavia, se non si iscrivono, il contratto sociale rimane sempre **valido**: la società perciò viene a esistenza ed è chiamata società irregolare.

> Sono società in nome collettivo **irregolari** quelle che non sono iscritte nel registro delle imprese.

> Sono società in nome collettivo **regolari** quelle iscritte nel registro delle imprese.

Iscrivendo la società nel registro delle imprese, i soci hanno il vantaggio di dotare la società di un'**autonomia patrimoniale** più netta di quella che la legge attribuisce alla società semplice: infatti, i creditori sociali della società in nome collettivo regolare possono chiedere il pagamento del loro credito al singolo socio *soltanto se hanno verificato, con azioni esecutive, che il patrimonio della società non ha beni sufficienti a soddisfarli* (art. 2304); inoltre, il creditore personale del socio di una società in nome collettivo regolare *non può chiedere la liquidazione della quota del suo debitore per tutta la durata della società* (art. 2305).

AUTONOMIA PATRIMONIALE

La società in nome collettivo irregolare ha, invece, la **stessa** autonomia patrimoniale riconosciuta dalla legge alla società semplice.

L'iscrizione nel registro delle imprese richiede il pagamento di una tassa. Perciò, essenzialmente per non pagare questa tassa, molti usano non iscrivere la società in nome collettivo nel registro delle imprese: sì che le società in nome collettivo irregolari sono più numerose di quelle regolari.

LAVORO SUL CASO

Maurizio è socio amministratore di una s.n.c. regolare. A nome della società conclude un contratto per l'acquisto di un costoso macchinario che consente di effettuare alcune lavorazioni tecnologicamente avanzate. Il pagamento è dilazionato in un certo numero di rate. Una crisi economica imprevista mette in difficoltà la società che non riesce più a saldare le rate alla scadenza. Il fornitore del macchinario chiede a Maurizio di far fronte al pagamento delle rate insolute con il proprio patrimonio personale, ma lui non intende pagare.

- **Chi ha ragione?**

SOCIETÀ DI FATTO Si può costituire una società in nome collettivo irregolare con una scrittura privata, *ma anche tacitamente, senza scrivere nulla.* In quest'ultimo caso siamo in presenza di una cosiddetta società di fatto.

> La **società di fatto** è una società in nome collettivo irregolare tra persone che di fatto esercitano in comune un'attività commerciale, dividendone gli utili o le perdite, senza avere espressamente stipulato nessun atto costitutivo.

ESEMPIO Agostino e Dina sono fratelli; alla morte del padre ne ereditano la gelateria e decidono di continuare a gestirla in comune dividendosi gli utili, ma senza stipulare tra loro un atto costitutivo di società.

Una società di fatto è **perfettamente valida** e obbliga perciò i soci a comportarsi secondo le norme che regolano una società in nome collettivo irregolare. Se è insolvente, può anche fallire e il fallimento della società provoca automaticamente il fallimento personale dei soci.

5 La società in accomandita semplice

ACCOMANDATARI E ACCOMANDANTI La società in accomandita semplice può essere considerata come una variante della società in nome collettivo.

> La **società in accomandita semplice** (s.a.s.) è caratterizzata dalla presenza di due distinte categorie di soci: gli **accomandatari**, che *rispondono illimitatamente e solidalmente dei debiti sociali*, e gli **accomandanti**, che *rispondono dei debiti sociali limitatamente alla quota conferita* (art. 2313).

Atto costitutivo di s.a.s.
Documento

Gli accomandatari hanno gli stessi diritti e gli stessi obblighi dei soci della società in nome collettivo; dunque, essi rischiano nell'impresa sociale **anche** il loro patrimonio personale, mentre gli accomandanti rischiano soltanto quanto hanno conferito in società.

Se poi la società **fallisce** (il che può succedere soltanto quando la società ha per oggetto un'attività commerciale e supera le dimensioni stabilite nell'art. 1 l. fall.), *il fallimento si estende automaticamente soltanto ai soci accomandatari e non agli accomandanti*, in quanto soltanto i primi sono illimitatamente responsabili delle obbligazioni sociali (art. 147 l. fall.).

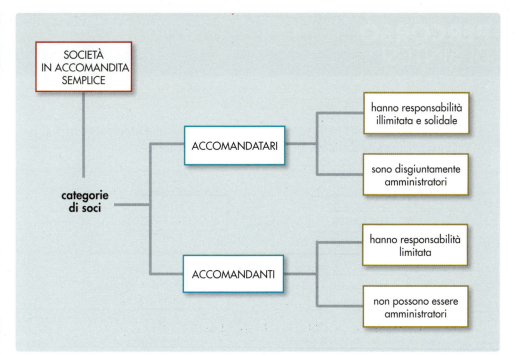

Se il contratto sociale non dispone diversamente, tutti gli accomandatari sono **disgiuntamente amministratori**.

Gli accomandanti *non possono invece mai partecipare all'amministrazione della società*: se si ingeriscono nell'amministrazione diventano illimitatamente responsabili di tutti i debiti della società (art. 2320); perciò, se la società fallisce, anche l'accomandante che si è ingerito nell'amministrazione fallisce (art. 147 l. fall.).

POTERE DI AMMINISTRAZIONE

Anche l'atto costitutivo della s.a.s. deve essere **iscritto** nel registro delle imprese. La mancata iscrizione fa sì che la società assuma la condizione di **società in accomandita irregolare**, la cui disciplina è la stessa che abbiamo visto per la società in nome collettivo irregolare, con questa particolarità: che *gli accomandanti non perdono il beneficio della responsabilità limitata* (art. 2317).

ACCOMANDITA IRREGOLARE

LAVORO SUL CASO

Tre amici che vivono a Taormina, Paola, Sara e Marco, decidono di costituire una società in accomandita semplice per dedicarsi a gestire un noleggio di motorini. Paola, che ha già un'altra occupazione a tempo pieno, è socio accomandante, mentre Sara e Marco sono soci accomandatari.

- Chi di loro compirà le scelte riguardanti la gestione dell'impresa?
- Chi sarà tenuto a pagare i debiti sociali in caso di insolvenza della società?

PERCORSO DI SINTESI

| **LA SOCIETÀ** | • La **società** è uno strumento per l'esercizio dell'impresa in forma collettiva. |

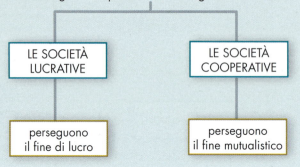

• Il nostro ordinamento giuridico prevede due categorie di società:

```
                    LE SOCIETÀ              LE SOCIETÀ
                    LUCRATIVE               COOPERATIVE


                    perseguono              perseguono
                    il fine di lucro        il fine mutualistico
```

LE SOCIETÀ LUCRATIVE

SOCIETÀ DI PERSONE	Società semplice	Società non commerciale: può svolgere soltanto attività non commerciali
	Società in nome collettivo	Società commerciali: possono svolgere attività commerciali e attività non commerciali; sono assoggettate a fallimento soltanto quando esercitano attività commerciali e superano le dimensioni stabilite nell'art. 1 della legge fallimentare
	Società in accomandita semplice	
SOCIETÀ DI CAPITALI	Società per azioni	
	Società a responsabilità limitata	
	Società in accomandita per azioni	

LA SOCIETÀ SEMPLICE

• Può essere costituita soltanto per svolgere attività non commerciali

• I soci possono conferire in società denaro, beni in natura o il proprio lavoro

• L'amministrazione e la rappresentanza della società spettano disgiuntamente a tutti i soci, a meno che i soci stessi non scelgano nel contratto sociale l'amministrazione congiunta o non decidano di affidare l'amministrazione soltanto a uno o ad alcuni di loro

• Tutti i soci rispondono solidalmente e illimitatamente dei debiti della società, a meno che non abbiano pattuito diversamente e che la diversa pattuizione sia portata a conoscenza dei terzi

• Quando si verifica una causa di scioglimento, si deve procedere alla liquidazione della società: si devono cioè pagare tutti i debiti della società e ripartire tra tutti i soci il patrimonio netto che residua

• Il rapporto sociale può sciogliersi limitatamente a un socio per:

```
    MORTE          RECESSO          ESCLUSIONE
```

- Tutti i soci rispondono solidalmente e illimitatamente dei debiti sociali e, salvo diversa disposizione del contratto sociale, tutti i soci sono disgiuntamente amministratori

- Si può costituire per svolgere attività commerciali e non commerciali. È soggetta a fallimento soltanto se svolge attività commerciali e supera le dimensioni stabilite nell'art. 1 l. fall.

- Il fallimento della società determina automaticamente il fallimento personale dei soci

- È usata in pratica nella sfera bassa del mondo degli affari

- Si chiama *regolare* quando è iscritta nel registro delle imprese, *irregolare* quando non è iscritta

- La società in nome collettivo *regolare* gode di un'autonomia patrimoniale più marcata di quella irregolare

- Sono società in nome collettivo irregolari anche le *società di fatto*, che si costituiscono quando più persone esercitano di fatto in comune un'attività commerciale senza stipulare espressamente un atto costitutivo

- È una variante della società in nome collettivo caratterizzata dalla presenza di due categorie di soci:
  - gli *accomandatari*, che rispondono illimitatamente e solidalmente dei debiti sociali
  - gli *accomandanti*, che rispondono dei debiti sociali limitatamente alla quota conferita

- Può svolgere attività commerciali e non commerciali. È soggetta a fallimento soltanto se svolge attività commerciali e supera le dimensioni stabilite nell'art. 1 l. fall.

- Il fallimento della società determina automaticamente il fallimento dei soci accomandatari

- L'amministrazione e la rappresentanza della società possono spettare soltanto ai soci accomandatari

- Il socio accomandante non può ingerirsi nell'amministrazione della società: se si ingerisce, diventa illimitatamente responsabile di tutti i debiti sociali e, se la società fallisce, anche l'accomandante che si è ingerito fallisce personalmente

- Si chiama *regolare* l'accomandita iscritta nel registro delle imprese e *irregolare* quella che non viene iscritta

Verifica delle conoscenze

VERO O FALSO
Indica se le seguenti affermazioni sono vere o false.

1 Le società sono imprenditori collettivi V F

2 I conferimenti svolgono anche la funzione di garanzia per i creditori della società V F

3 Nelle società di persone delle obbligazioni sociali risponde soltanto il patrimonio della società V F

4 Nelle società di persone la quota del socio non è trasferibile senza il consenso degli atri soci V F

5 Il contratto sociale è detto atto costitutivo V F

6 La stipulazione del contratto sociale non può avvenire in forma orale V F

7 In società non si possono conferire beni in godimento V F

8 La società che si scioglie non si estingue automaticamente V F

9 Il fallimento della s.n.c. determina il fallimento dei soci V F

10 I soci accomandanti possono partecipare all'amministrazione della società V F

CORRISPONDENZE
Metti in relazione gli elementi del primo gruppo con quelli del secondo.

1 Si può costituire per svolgere attività commerciali e non commerciali

2 Non è stata iscritta nel registro delle imprese

3 Prevede la presenza di due categorie di soci

4 È stata iscritta nel registro delle imprese

5 Si può costituire per svolgere attività non commerciali

a società semplice
b s.n.c. regolare
c società in nome collettivo
d s.n.c. irregolare
e s.a.s.

	1	2	3	4	5

COMPLETAMENTO
Inserisci i termini mancanti (attenzione ai distrattori!).

Nella società semplice i soci rispondono .... e solidalmente di tutte le obbligazioni sociali: ogni socio è personalmente obbligato a pagare .... tutti i debiti contratti per conto della società dagli amministratori.
Il creditore .... può rivolgersi direttamente a uno qualunque dei soci per farsi pagare il suo credito per intero. Il creditore .... non può invece soddisfarsi sui beni da questi conferiti in società.

illimitatamente; limitatamente; per intero; in parte; del singolo socio; della società; degli amministratori.

Verifica delle abilità

Completa lo schema.

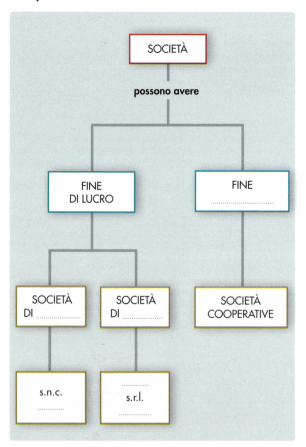

DI CHE COSA STIAMO PARLANDO?
Rispondi dopo aver letto gli indizi.

1 È la somma del valore in denaro di tutti i conferimenti dei soci ....

2 Conferisce in società le proprie prestazioni lavorative ....

3 Se si verifica, determina la liquidazione della società ....

4 È la forma di amministrazione in cui ogni operazione sociale deve avere il consenso di tutti i soci ....

5 Nella s.a.s. è la categoria di soci che non può partecipare all'amministrazione della società ......

CACCIA ALL'ERRORE
Individua e correggi le parole errate.

1 Il fine di lucro consiste nell'esercitare un'attività economica per offrire ai soci beni, servizi od occasioni di lavoro a condizioni più favorevoli di quelle offerte dal mercato ....

2 La società semplice può esercitare soltanto attività commerciali ....

3 Il socio che non effettua il conferimento promesso può recedere ....

4 Nella s.n.c., salvo diversa disposizione del contratto sociale, tutti i soci sono congiuntamente amministratori ....

5 Nella s.a.s. i soci accomandanti rispondono illimitatamente e solidalmente dei debiti sociali ....

QUESITI A RISPOSTA SINGOLA
Rispondi utilizzando non più di 4 righe.

1 *What is a business firm?*
How is it distinguished from a cooperative society?

2 *What common elements characterize business firms?*

3 Che differenza c'è tra *amministrazione disgiuntiva* e *amministrazione congiuntiva*?

4 A che cosa serve la liquidazione della società?

5 Quale diversità di trattamento esiste tra s.n.c. *regolari* e s.n.c. *irregolari*?

Trattazione sintetica di argomenti

1 Esponi le principali differenze esistenti tra società semplice e società in nome collettivo.

2 Illustra le peculiarità della s.a.s. confrontandole con quelle della s.n.c.

Unità 27
Le società di capitali e le cooperative

 En

Unit *by* Unit

IIn Unit 27 you will learn that Companies are characterised by capital autonomy, i.e. the company's assets are independent and separate from those of its shareholders. The shareholders of a company benefit from the corporate veil, a legal concept, that separates the personality of a corporation from the personalities of its shareholders, and protects them from being personally liable for the company's debts and other obligations, that is, they risk losing only their share investment. In a company shares can be transferred as and when a shareholder wants to. Shareholders can only exert control with their vote when electing Company Directors. Cooperative societies are no profit ventures, one of whose aims is to assist their members.

1 La società per azioni: caratteri generali

CARATTERI

> La **società per azioni** (s.p.a.) ha due caratteristiche: per le obbligazioni sociali risponde soltanto la società con il suo patrimonio (art. 2325 c. 1) e le quote di partecipazione dei soci sono rappresentate da azioni (art. 2346 c. 1).

Vediamo distintamente queste caratteristiche, tenendo presente che la disciplina di tutte le società di capitali si trova anzitutto nel codice civile, riformato dal d.lgs. 17 gennaio 2003 n. 6.

RESPONSABILITÀ LIMITATA

Il beneficio della responsabilità limitata Quando si dice che per le obbligazioni sociali risponde soltanto la società con il suo patrimonio si usa un modo di parlare figurato per dire che la **responsabilità dei soci** per i debiti sociali *è limitata alla somma di denaro o al bene conferito in società*. In altri termini, la costituzione di una società per azioni dà ai soci il **beneficio della responsabilità limitata**: vale a dire, *il beneficio di poter intraprendere affari rischiando non già tutto il proprio patrimonio, ma solo ed esclusivamente quanto essi conferiscono in società*.

I creditori sociali (che sono, principalmente, le banche che hanno concesso credito, i fornitori e i dipendenti della società) possono dunque soddisfarsi soltanto sul patrimonio della società e non possono chiedere ai singoli soci il pagamento dei loro crediti.
Nel caso poi che la società **fallisca**, *il fallimento non si estende ai soci, poiché essi non sono illimitatamente responsabili dei debiti sociali* (art. 147 l. fall.).
Come le altre società che si chiamano commerciali, anche la società per azioni si può costituire per svolgere attività commerciali o attività non commerciali: soltanto quando svolge un'attività commerciale può andare incontro al fallimento se supera le dimensioni stabilite nell'art. 1 l. fall.

La possibilità di rivolgersi al mercato finanziario Come abbiamo detto, nella società per azioni le quote di partecipazione dei soci sono rappresentate da **azioni**.

ACCESSO AL MERCATO FINANZIARIO

> Le **azioni** sono frazioni ideali del capitale sociale che *attribuiscono la qualità di socio* (e i relativi diritti) *a chi le acquista*: perciò il socio di una società per azioni si chiama *azionista*.

La possibilità di emettere azioni consente, alle società di maggiori dimensioni, l'accesso al **mercato finanziario**: il collocamento delle azioni, in genere curato da un consorzio di banche, permette di raccogliere, tra il pubblico dei risparmiatori, il denaro che verrà investito per la crescita e il potenziamento della società sui mercati nazionali e internazionali.

I singoli azionisti potranno rivendere in qualunque momento le proprie azioni ottenendo un capitale determinato dai valori di borsa delle stesse azioni.

Le società che emettono azioni quotate nei mercati regolamentati, come la borsa valori, sono sottoposte al controllo della **Consob** (Commissione nazionale per le società e la borsa) che controlla la trasparenza e la correttezza delle informazioni fornite dalle società al pubblico dei risparmiatori.

CONSOB

Le diverse funzioni della società per azioni Un consistente numero di società per azioni gestisce imprese di medie dimensioni. Sono costituite da un esiguo numero di soci che non collocano le proprie azioni sul mercato finanziario ma desiderano godere del beneficio della responsabilità limitata.

Le **grandi società per azioni** con azioni collocate presso il pubblico dei risparmiatori sono meno numerose: *gestiscono imprese di notevoli dimensioni e rappresentano la quota principale dell'intero capitale finanziario investito in società.*

Poiché le azioni sono collocate tra una vasta platea di investitori, in queste società si formano, di fatto, **due categorie** di azionisti:

- *quelli appartenenti al gruppo di comando che detengono sostanzialmente tutto il potere nella società* (potendo nominare amministratori e sindaci di propria fiducia, approvare il bilancio e la destinazione degli utili e, in genere, decidere la politica economica dell'impresa sociale);

IL GRUPPO DI COMANDO...

- *quelli estranei al gruppo di comando, che in pratica non partecipano alla gestione sociale,* accontentandosi invece di concorrere alla divisione degli utili e di speculare – occasionalmente o professionalmente – sulle oscillazioni delle quotazioni di borsa delle azioni.

E GLI ALTRI AZIONISTI

Nei gruppi di comando troviamo i ceti capitalisti egemoni che hanno in mano le leve del potere economico. Tra gli azionisti estranei al gruppo di comando troviamo invece i rappresentanti di altri ceti, quali dirigenti, professionisti, impiegati, commercianti e artigiani, che acquistano azioni al solo fine di investire in modo remunerativo i propri risparmi, oppure i cosiddetti investitori istituzionali (banche, sim, fondi comuni di investimento) ai quali i risparmiatori affidano il loro denaro perché venga investito in azioni.

Nelle società per azioni vige il **principio capitalistico** *per il quale il potere è proporzionale all'entità del capitale conferito in società.* Ogni azione attribuisce infatti

IL VOTO NELLE SOCIETÀ PER AZIONI

un voto nell'assemblea della società: quindi, chi ha il 51% delle azioni ha la maggioranza assoluta dei voti e ha il controllo della società.

Tuttavia, i gruppi di comando riescono a mantenere il controllo delle società con azioni diffuse tra il pubblico, pur essendo in possesso di pacchetti azionari che, il più delle volte, *non rappresentano la maggioranza del capitale sociale*: quando le azioni della società sono diffuse tra un gran numero di azionisti che neppure si conoscono, si riesce a mantenere il controllo con percentuali molto basse del capitale sociale facendo leva sull'assenteismo di questi azionisti.

LA SOCIETÀ PER AZIONI MOLTIPLICA LA POTENZA DEL GRUPPO DI COMANDO

Il potere dei gruppi di comando in una società per azioni quotata in borsa è dunque *di fatto più che proporzionale al capitale che essi conferiscono*. Avendo investito capitali propri relativamente modesti, essi controllano capitali altrui molto ingenti e hanno il potere di decidere come investirli. Perciò si può dire che la società per azioni con azioni collocate nel pubblico dei risparmiatori è un **meccanismo finanziario** *che moltiplica l'influenza economica propria del gruppo di comando e agevola la concentrazione del potere economico nelle mani di gruppi ristretti che dispongono di ingenti capitali altrui.*

2 I gruppi di società

La concentrazione del potere economico nelle mani di poche persone trova un ulteriore strumento di organizzazione nel fenomeno dei **gruppi di società**. Più che da singole società isolate, oggi il sistema economico è dominato da gruppi di società tra loro collegate e controllate da una società capogruppo.
Vediamo come funziona il collegamento.

La **società capogruppo** (o **società madre**) è la società che possiede il pacchetto azionario di controllo di altre società (denominate **società figlie**) le quali, a loro volta, possono detenere il pacchetto di controllo di ulteriori società e così via.

HOLDING

Si forma così una struttura a piramide, che può assumere dimensioni enormi, al cui vertice sta la società capogruppo. Quest'ultima viene anche denominata **holding**; si parla di:

La struttura dei gruppi di società

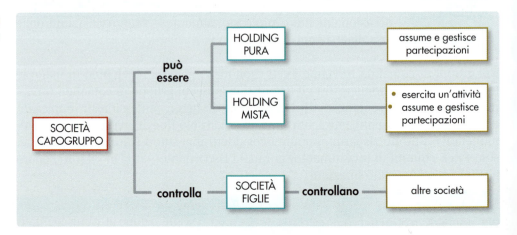

- **holding pura**, *se la sua attività consiste esclusivamente nell'assumere e gestire partecipazioni in altre società;*
- **holding mista**, *se oltre all'assunzione di partecipazioni in altre imprese la società esercita anche un'altra attività* (per esempio, la produzione di automobili).

Gli azionisti che controllano la holding hanno dunque anche il **controllo diretto** o **indiretto** (tramite società figlie) di tutte le società del gruppo: in queste società verranno nominate come amministratori persone di loro fiducia, disposte ad amministrare le diverse società alle quali sono preposte seguendo un'unica strategia decisa, nelle sue linee generali, in sede di holding.
In questo modo gli azionisti che controllano la holding *vedono aumentare la propria influenza economica in misura multipla rispetto al capitale da loro conferito per assumere il controllo della holding stessa*: con tale capitale essi infatti assumono anche il controllo del capitale delle società figlie, in parte conferito da altri azionisti, moltiplicando così la massa totale del capitale del quale possono disporre.

③ La costituzione della società per azioni

Per costituire una società per azioni *occorre seguire un procedimento più complesso di quello necessario per la costituzione di una società di persone*. Ciò si spiega con il fatto che la società per azioni dà ai soci i benefici, già visti, della responsabilità limitata e della possibilità di rivolgersi al mercato finanziario. Questo comporta anche un aumento del rischio economico connesso all'attività dell'impresa sociale. Infatti, la responsabilità limitata potrebbe essere usata dai soci per evitare fraudolentemente di pagare i debiti della società; l'emissione di azioni potrebbe poi risolversi in una truffa ai danni di risparmiatori ingenui. Per proteggere dunque i futuri creditori sociali e i potenziali acquirenti delle azioni della società, la legge sottopone la costituzione della società a particolari condizioni.

 Documento | Statuto di s.p.a.

La società nasce con la stipulazione di un **atto costitutivo** *redatto da un notaio con la forma dell'atto pubblico.* Sotto la sua responsabilità, il notaio deve accertare che le clausole di questo atto non siano contrarie alle norme dettate dal codice civile, o da altre leggi, a tutela dei creditori sociali e dei futuri acquirenti delle azioni (art. 2330).

STIPULAZIONE DELL'ATTO COSTITUTIVO

Se il notaio non trova irregolarità, chiede l'iscrizione della società nel **registro delle imprese**. Soltanto dopo tale iscrizione la società può iniziare a operare: in particolare, *solo dopo tale iscrizione i soci acquistano il beneficio della responsabilità limitata e la società può emettere azioni* (art. 2331).
La società può modificare nel corso della sua vita il proprio atto costitutivo, ma la conformità alla legge di ogni modifica deve essere controllata da un notaio (art. 2346).

ISCRIZIONE

Anche nella società per azioni, come in tutti i tipi di società, i soci si impegnano a effettuare **conferimenti**. In questa società *si possono però conferire soltanto denaro* (ed è il caso più comune) o *beni in natura*: non è consentito conferire il proprio lavoro.

CONFERIMENTI

Come sappiamo, la somma del valore in denaro dei conferimenti si chiama **capitale sociale**: *una società per azioni deve avere un capitale sociale non inferiore a 50.000 euro* (art. 2327 modificato dal d.l. 91/2014 convertito in l. 116/2014), che deve essere diviso, nell'atto costitutivo, in azioni.

CAPITALE SOCIALE

Le azioni e le obbligazioni

AZIONI

Le **azioni** sono le frazioni uguali del capitale che vengono attribuite ai soci in proporzione al valore del loro conferimento.

Sono definite azioni:

- sia le **frazioni ideali**, *in cui è suddiviso il capitale sociale*;
- sia i **titoli** o **certificati azionari**, *vale a dire i documenti che rappresentano tali frazioni di capitale*.

Soltanto le **società non quotate** in borsa possono emettere certificati azionari (che hanno la natura di titoli di credito).
Le azioni di **società quotate** sono invece *per legge dematerializzate*: esse hanno perciò la consistenza di frazioni ideali del capitale sociale.

Le categorie di azioni La società può emettere diverse categorie di azioni.

AZIONI ORDINARIE Vi sono anzitutto le **azioni ordinarie** che attribuiscono ai loro possessori i seguenti diritti:

a) il **diritto agli utili** e alla **quota di liquidazione**. Le società per azioni sono società lucrative: i soci effettuano i conferimenti perché siano investiti in attività che producano utili, con lo scopo ultimo di partecipare alla loro divisione; perciò *ogni azione attribuisce il diritto a una parte proporzionale degli utili della società e a una quota del patrimonio netto risultante dalla liquidazione* – vale a dire una quota del patrimonio sociale che rimane, in caso di liquidazione della società, dopo aver pagato tutti i creditori sociali – (art. 2350): l'utile che annualmente viene attribuito a ogni azione si chiama **dividendo**;

b) il **diritto di voto** nell'assemblea degli azionisti. L'assemblea degli azionisti ha importanti competenze, tra le quali vi è quella di *scegliere gli amministratori ai quali è demandata la gestione dell'impresa sociale*. Il voto viene attribuito agli azionisti in base al **principio capitalistico** *per il quale ogni azione dà diritto a un voto* (art. 2351): perciò chi conferisce di più in società ha più azioni e quindi ha più voti. La maggioranza in assemblea è dunque una **maggioranza di capitale**: *essa è determinata in base al numero di azioni che votano a favore di una deliberazione e non in base al numero di persone favorevoli alla stessa deliberazione*.

AZIONI PRIVILEGIATE Oltre alle azioni ordinarie, la società può emettere altre categorie di azioni, determinandone il contenuto secondo le sue particolari esigenze. Si possono emettere perciò **azioni privilegiate**, *che possono garantire ai loro possessori un privilegio*; **ESEMPIO** il privilegio può consistere in una partecipazione agli utili maggiore di quella spettante alle azioni ordinarie così da rendere le azioni privilegiate appetibili per i risparmiatori.

Si possono emettere anche azioni senza diritto di voto o con voto limitato a particolari argomenti.

AZIONI
SENZA DIRITTO DI VOTO

Le obbligazioni L'emissione delle azioni non è l'unico modo in cui le società per azioni possono raccogliere finanziamenti; possono ricorrere anche all'emissione di altri strumenti finanziari come le obbligazioni.

OBBLIGAZIONI

> Le **obbligazioni** sono frazioni, di uguale valore e con uguali diritti, di un mutuo che la società contrae con una pluralità di risparmiatori.

Danno diritto al rimborso, a una determinata scadenza, del capitale prestato e al pagamento periodico di un **interesse** su tale capitale. Anche le obbligazioni, come le azioni, *possono essere rappresentate da titoli di credito soltanto nelle società per azioni non quotate in borsa.* Le obbligazioni di società quotate sono invece **dematerializzate**.

A differenza delle azioni, *le obbligazioni attribuiscono al loro titolare non già la veste di socio, ma quella di creditore della società.* Perciò:

a) l'**azionista**, in quanto socio, *ha diritto alla distribuzione degli utili soltanto se la società li realizza;*

b) l'**obbligazionista**, in quanto creditore, *ha sempre diritto al pagamento dell'interesse pattuito, anche se la società non ha conseguito utili.*

Inoltre, mentre l'azionista, in quanto socio, non può pretendere la restituzione del suo conferimento se gli affari della società vanno così male che tutto il capitale conferito viene perduto, *l'obbligazionista ha sempre diritto al rimborso del capitale prestato*, comunque vadano gli affari sociali (questo diritto, naturalmente, rimane puramente teorico se la società non è economicamente in grado di soddisfare i suoi creditori).

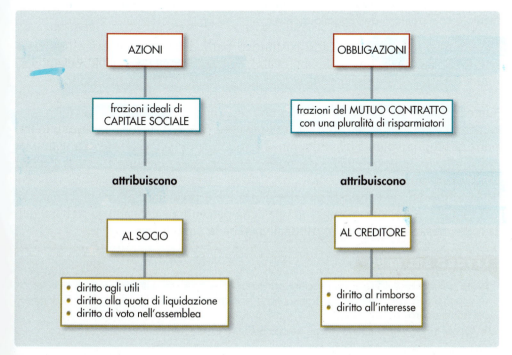

Azioni e obbligazioni a confronto

L'organizzazione della società per azioni

La legge prevede per le società per azioni un'organizzazione interna più complessa di quella delle società di persone.

Vi è anzitutto un **modello ordinario** di organizzazione. Tuttavia, lo statuto sociale può scegliere tra altri due modelli organizzativi denominati **sistema dualistico** e **sistema monistico** di amministrazione e controllo della società.

Il modello ordinario   Esaminiamo il modello ordinario; esso prevede tre organi sociali: l'**assemblea**, gli **amministratori** e il **collegio sindacale**.

L'assemblea degli azionisti può essere **ordinaria** o **straordinaria**, a seconda degli argomenti sui quali deve deliberare.

ASSEMBLEA ORDINARIA

> L'**assemblea ordinaria** deve essere convocata dagli amministratori almeno una volta all'anno per *approvare il bilancio* annualmente redatto dagli stessi amministratori.

Dal bilancio deve risultare se la società ha realizzato degli utili o se invece ha subito delle perdite: se vi sono degli utili, l'assemblea decide anche la misura dell'**utile da distribuire** tra gli azionisti (quindi spetta all'assemblea ordinaria decidere quanta parte dell'utile annuale reinvestire nell'impresa sociale e quanta invece distribuire agli azionisti). Spetta inoltre all'assemblea ordinaria *nominare e revocare gli amministratori e i sindaci* (art. 2364).

ASSEMBLEA STRAORDINARIA

> L'**assemblea straordinaria** deve essere invece convocata dagli amministratori per *deliberare modifiche dell'atto costitutivo*.

ESEMPIO L'assemblea straordinaria può essere convocata per deliberare su un aumento di capitale finalizzato a far fronte a un aumentato fabbisogno finanziario (ne parleremo più avanti in questa unità) oppure su un programma di espansione a medio-lungo termine o in merito a cambiamenti dell'oggetto sociale.

Determinate modifiche dell'atto costitutivo particolarmente importanti attribuiscono agli azionisti che non le approvano il **diritto di recedere** dalla società, *vale a dire il diritto di uscirne facendosi liquidare il valore delle proprie azioni.*

INVALIDITÀ DELLE DELIBERAZIONI

Tanto le deliberazioni dell'assemblea ordinaria quanto quelle dell'assemblea straordinaria sono prese a **maggioranza di capitale**. Tuttavia, la maggioranza può imporre la propria volontà alla minoranza *soltanto se la deliberazione non contrasta con norme di legge o dell'atto costitutivo poste a tutela dei singoli azionisti o dei creditori sociali.*

Se la deliberazione contrasta con queste norme è **invalida** e gli azionisti contrari alla deliberazione, che posseggano una certa percentuale del capitale stabilita dalla legge, possono rivolgersi al tribunale perché la annulli (art. 2377).

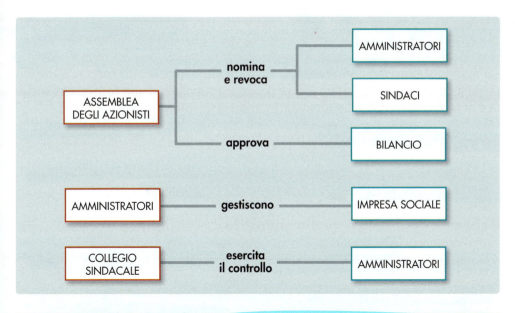

Agli **amministratori** compete la gestione dell'impresa sociale: essi hanno il potere di decidere se e quali affari compiere nell'ambito dell'oggetto sociale.

Sotto di loro si sviluppa la **gerarchia aziendale** *che inizia con i direttori generali e continua con i dirigenti, gli impiegati, i quadri e gli operai.*

ESEMPIO In una s.p.a. costituita per l'esercizio di un'acciaieria con oltre mille dipendenti, gli amministratori esercitano le funzioni di capi dell'impresa.

L'amministrazione di una società per azioni può essere affidata:

- a una sola persona (**amministratore unico**);
- a più persone, che formano il **consiglio di amministrazione** (questa è l'ipotesi più comune).

Gli amministratori possono essere soci o non soci (art. 2380): si tratta in quest'ultimo caso di **manager** scelti per la loro competenza o di uomini di fiducia del gruppo di comando o di altri gruppi alleati a quello di comando. **ESEMPIO** Possono essere uomini di fiducia di banche che concedono forti crediti alla società o curano il collocamento nel pubblico delle sue azioni od obbligazioni.

Il consiglio di amministrazione *può delegare le proprie funzioni* a un **comitato esecutivo** composto di alcuni suoi membri oppure a uno o più dei suoi membri che si chiamano allora **amministratori delegati**. È questa una possibilità che viene comunemente sfruttata nelle società di una certa dimensione, nelle quali, a seguito della delega, il consiglio di amministrazione (riunendosi periodicamente) si limita a sovrintendere all'operato del comitato esecutivo o degli amministratori delegati.

LAVORO SUL CASO

Gli amministratori di una s.p.a. desiderano ricevere una quota dell'utile realizzato a fine anno. Decidono di deliberare il versamento di una parte dell'utile sui rispettivi conti correnti personali. Un azionista non ritiene corretto il loro operato e lo denuncia.

- **Chi ha ragione, l'azionista o gli amministratori?**

Il **potere di rappresentanza** – cioè, come sappiamo, il potere di vincolare la società verso i terzi, compiendo atti giuridici in suo nome – *viene normalmente riservato al presidente del consiglio di amministrazione e agli amministratori delegati.* Gli amministratori devono amministrare in modo onesto e diligente: se vengono meno a questo dovere possono essere costretti a risarcire i danni causati alla società e ai creditori sociali dalla loro cattiva amministrazione (artt. 2392-2395).

COLLEGIO SINDACALE

Oltre agli amministratori, l'assemblea degli azionisti deve nominare i **sindaci**, che formano il collegio sindacale.

> Il **collegio sindacale** è l'organo che ha il compito di vigilare affinché gli amministratori rispettino la legge e i principi di una corretta amministrazione (art. 2403).

Il sistema dualistico e quello monistico

In alternativa al modello organizzativo ordinario, una società per azioni può scegliere statutariamente di adottare il sistema dualistico oppure il sistema monistico di amministrazione e controllo.

IL SISTEMA DUALISTICO

> Nel **sistema dualistico** si stabilisce che l'assemblea ordinaria degli azionisti nomini un consiglio di sorveglianza che a sua volta dovrà nominare un consiglio di gestione.

Al **consiglio di gestione** *viene affidata la gestione dell'impresa sociale*, mentre al **consiglio di sorveglianza** *vengono attribuiti sia il compito di vigilare sull'operato del consiglio di gestione* (quindi una funzione tipica del collegio sindacale), *sia altri compiti che nel modello organizzativo ordinario spettano all'assemblea*: il più importante è l'*approvazione del bilancio* (artt. 2409 octies-2409 quinquiesdecies).

IL SISTEMA MONISTICO

> Nel **sistema monistico**, invece, l'assemblea ordinaria degli azionisti nomina il consiglio di amministrazione il quale, a sua volta, nomina al proprio interno un comitato, composto di amministratori privi di funzioni gestionali, che ha il compito di controllare la gestione dell'impresa sociale (art. 2409 sexiesdecies).

Sia nel sistema dualistico sia in quello monistico è comunque necessario nominare anche un revisore dei conti, persona fisica o società, che ha il compito di garantire la veridicità del bilancio della società.

Sistema dualistico e monistico a confronto

SISTEMA **DUALISTICO** DI AMMINISTRAZIONE E CONTROLLO

ASSEMBLEA DEGLI AZIONISTI
nomina
CONSIGLIO DI SORVEGLIANZA
nomina e vigila sul
CONSIGLIO DI GESTIONE — gestisce → IMPRESA SOCIALE

SISTEMA **MONISTICO** DI AMMINISTRAZIONE E CONTROLLO

ASSEMBLEA DEGLI AZIONISTI
nomina
CONSIGLIO DI AMMINISTRAZIONE — gestisce → IMPRESA SOCIALE
nomina al suo interno
COMITATO — esercita → CONTROLLO SULLA GESTIONE

6 L'aumento del capitale sociale

Particolarmente importante nella vita di una società per azioni è la delibera che decide di **aumentare** il capitale sociale. Tale delibera compete all'**assemblea straordinaria** perché l'ammontare del capitale sociale deve essere indicato nell'atto costitutivo e, dunque, un suo aumento implica una modificazione statutaria. Tuttavia, lo stesso atto costitutivo originario o una sua successiva modifica deliberata dall'assemblea straordinaria possono *delegare agli amministratori* la facoltà di aumentare in una o più volte il capitale fino a un ammontare determinato (art. 2443). L'aumento del capitale sociale può essere *a pagamento* o *gratuito*. Vediamo come avvengono.

L'aumento del capitale a pagamento   L'aumento del capitale **a pagamento** costituisce *un mezzo di finanziamento della società*: a questo aumento si fa ricorso per raccogliere nuovi conferimenti da investire nell'attività sociale. Lo si attua tramite l'**emissione di nuove azioni**, che devono essere offerte in *opzione* agli azionisti, in proporzione delle azioni da essi già possedute (art. 2441 c. 1).

> Il **diritto di opzione** che spetta a ogni azionista è dunque il diritto di sottoscrivere, prima di terzi estranei alla società, in proporzione delle azioni già possedute, le nuove azioni emesse dalla società in occasione di un aumento del capitale a pagamento.

Tale diritto tutela l'interesse di ogni azionista a mantenere inalterata la propria **percentuale di partecipazione** nella società (e quindi la propria percentuale di partecipazione agli utili e al voto); ESEMPIO se una società con due azionisti al 50% raddoppia il capitale (aumentandolo, poniamo, da 50.000 a 100.000 euro) e uno dei due azionisti rinuncia a sottoscrivere l'aumento, consentendone la sottoscrizione a un terzo estraneo, la sua partecipazione percentuale si dimezza: infatti egli viene ad avere un pacchetto azionario del valore di 25.000 euro su un capitale di 100.000 euro, pari al 25% del nuovo capitale sociale.

L'azionista può anche vendere ad altri il suo diritto di opzione e naturalmente può anche rinunciare a esercitarlo (per esempio se non dispone del denaro necessario).

L'aumento del capitale gratuito   L'aumento del capitale **gratuito** *non determina afflusso di denaro fresco nelle casse sociali.* Lo si può attuare quando la società, non avendo distribuito tutti gli utili conseguiti, ha accantonato riserve.

L'assemblea straordinaria può decidere di trasformare tali **riserve in capitale**, aumentando così il valore nominale del capitale stesso (nel linguaggio del codice, può "imputare le riserve a capitale").

IMPUTAZIONE DELLE RISERVE A CAPITALE

Le nuove azioni emesse con questa forma di aumento del capitale devono essere *assegnate gratuitamente agli azionisti in proporzione di quelle da essi già possedute* (art. 2442).
Lo scopo di questa operazione può essere duplice:

• anzitutto, distribuire gli utili accantonati sotto forma di nuove azioni attribuite gratuitamente agli azionisti i quali, se la società è quotata, possono rivenderle in borsa;
• in secondo luogo, accrescere il prestigio della società sul mercato, esponendo un capitale sociale più elevato.

Il bilancio della società per azioni

IL BILANCIO DI ESERCIZIO Al termine di ogni esercizio sociale gli amministratori devono redigere il **bilancio di esercizio** *costituito dallo stato patrimoniale, dal conto economico e dalla nota integrativa.* Dal bilancio devono risultare *sia la situazione patrimoniale e finanziaria della società, sia il risultato economico dell'esercizio* (art. 2423 c. 1 e 2).

Il bilancio deve essere corredato da una **relazione degli amministratori** sulla situazione della società e sull'andamento della gestione sociale (art. 2428), da una **relazione del revisore contabile** e, ove esista, da una relazione del collegio sindacale (art. 2429). Vediamo il contenuto di questi documenti.

Lo stato patrimoniale

> **Lo stato patrimoniale** è il documento che fotografa e valuta le componenti del patrimonio societario quali esse si trovano nel momento della chiusura dell'esercizio sociale.

FUNZIONE La funzione di questo documento è dunque principalmente quella di *rappresentare la situazione patrimoniale e finanziaria della società alla chiusura dell'esercizio.* Esso è composto di due sezioni contrapposte: la sezione dell'**attivo** e quella del **passivo**, le cui poste obbligatorie sono elencate nell'art. 2424. Vediamo ora queste due sezioni e la loro relazione.

L'ATTIVO Nell'**attivo** dello stato patrimoniale *devono essere elencati e valutati i beni e i crediti vantati dalla società,* in conformità allo schema predisposto dall'art. 2424 che li suddivide nelle categorie seguenti (contraddistinte da lettere maiuscole):

A) *crediti verso i soci* per i versamenti ancora dovuti: si tratta della percentuale di capitale sociale non ancora versata dai soci;

B) *immobilizzazioni*: sono tali "gli elementi patrimoniali destinati ad essere utilizzati durevolmente" (art. 2424 bis c. 1) e si suddividono in: I) *immobilizzazioni immateriali* (costi di impianto e di ampliamento, di ricerca, di sviluppo e di pubblicità sostenuti dalla società; diritti di brevetto industriale e di utilizzazione delle opere dell'ingegno; concessioni, licenze, marchi; l'avviamento, se per esso è stato sostenuto un costo); II) *immobilizzazioni materiali* (terreni e fabbricati; impianti e macchinario; attrezzature industriali e commerciali ed altri beni); III) *immobilizzazioni finanziarie* (crediti a lungo termine e partecipazioni in altre imprese destinate a durare; azioni proprie acquistate dalla società);

C) *attivo circolante*: suddiviso in: I) *rimanenze* (rappresentate principalmente dal cosiddetto magazzino, costituito dalle materie prime, dai semilavorati e dai prodotti finiti esistenti nel magazzino della società); II) *crediti a breve termine* verso clienti; III) *attività finanziarie che non costituiscono immobilizzazioni* (rappresentate da partecipazioni in altre imprese e azioni proprie destinate a essere rivendute a breve termine); IV) *disponibilità liquide* (depositi bancari e postali; assegni; denaro e valori di cassa);

D) *ratei e risconti attivi*: devono essere qui iscritti rispettivamente "i proventi di competenza dell'esercizio esigibili in esercizi successivi" (ESEMPIO i proventi derivanti dall'affitto di un immobile della società già maturati nell'esercizio in corso, ma esigibili soltanto nell'esercizio successivo) e "i costi sostenuti entro la chiusura dell'esercizio, ma di competenza di esercizi successivi" (ESEMPIO l'affitto pagato anticipatamente dalla società nel corso dell'esercizio per la locazione pluriennale di un immobile): art. 2424 bis ultimo comma.

Mentre la sezione dell'attivo pone in luce come sono stati impiegati i finanziamenti di cui la società ha potuto disporre, nella sezione del **passivo** *vengono indicate le fonti dei finanziamenti*. Tali fonti possono essere soltanto due:

IL PASSIVO

- i **finanziamenti propri** (o *fonti interne di finanziamento*);
- i **finanziamenti di terzi** derivanti dalle anticipazioni fatte alla società in diverse forme (*fonti esterne di finanziamento*). Le poste del passivo trovano in ciò la loro spiegazione.

Da un lato, nel passivo vanno indicate le fonti costituite dai **finanziamenti propri**, che la lettera A dello schema del passivo dell'art. 2424 denomina **patrimonio netto**. Sono componenti di questa sezione:

- il capitale sociale, che è il *capitale* di fondazione dell'attività;
- l'*utile di esercizio*;
- le *riserve* che sono utili non distribuiti ai soci ma reinvestiti nell'attività sociale.

Le riserve accantonate vengono investite nell'attività sociale, sì che le relative voci di bilancio non rappresentano disponibilità liquide della società.

Dall'altro, si iscrivono nel passivo tutti i **debiti della società** (secondo quanto prevede la lettera D dello schema del passivo dell'art. 2424) *perché costituiscono fonti esterne di finanziamento dell'attività sociale*.
Questi sono: i debiti verso le banche per mutui, aperture di credito o sconti effettuati; i debiti verso altri sovventori, quali gli obbligazionisti o altri finanziatori; i debiti verso i fornitori per le dilazioni di pagamento da costoro concesse che rappresentano per la società una forma di finanziamento; i fondi accantonati per il *trattamento di fine rapporto* dei lavoratori dipendenti (lettera C), che rappresentano una parte degli stipendi di cui viene differito il pagamento e costituiscono quindi una forma di finanziamento che i lavoratori subordinati sono costretti a concedere alla società.

Perché i conti tornino, occorre che *la somma dei valori delle poste dell'attivo sia eguale alla somma dei valori delle poste del passivo*: infatti si può dire che – se gli amministratori non si sono indebitamente appropriati di denaro o di altri beni sociali – gli impieghi riportati all'attivo non possono che essere di valore uguale al valore dei finanziamenti propri e di terzi impiegati. Contabilmente si usa esprimere questa regola con la relazione: *attivo = passività + patrimonio netto*.
Se la società ha subito una **perdita** si devono far bilanciare le due sezioni dello stato patrimoniale *iscrivendo la perdita nel passivo e sottraendo il suo importo da quello del patrimonio netto*.

LA RELAZIONE TRA ATTIVO E PASSIVO

Conto economico e nota integrativa

Il **conto economico** è il documento che ha la funzione di mostrare come si è formato l'utile o la perdita di esercizio: vale a dire l'utile conseguito o la perdita sofferta nell'ultimo anno di attività sociale.

Si tratta dunque di un documento che ha principalmente la funzione di rappresentare il **risultato economico** dell'ultimo esercizio, *dato dalla differenza tra i ricavi realizzati nell'ultimo anno e i costi sostenuti per realizzarli*.

FUNZIONE

FORMA SCALARE L'art. 2425 impone di redigere questo documento secondo uno **schema scalare** *che obbliga a suddividere i ricavi e i costi in categorie omogenee,* consentendo così di porre in evidenza l'incidenza di queste diverse categorie sul risultato finale di utile o perdita.

Più precisamente, lo schema scalare del conto economico deve:

- anzitutto indicare il *valore e i costi della produzione* (lettere A e B dello schema previsto dall'art. 2425), sottraendo poi questi costi da quel valore in modo da dare, come primo risultato parziale, *l'utile o la perdita di produzione;*
- poi passare a illustrare i *proventi e oneri finanziari* (lettera C): i *proventi* sono essenzialmente costituiti dai dividendi percepiti per le partecipazioni in altre società e gli interessi annuali derivanti dai crediti sociali; gli *oneri*, invece, sono rappresentati dagli interessi annuali dovuti dalla società a banche, obbligazionisti e fornitori. Anche qui si deve procedere a sottrarre gli oneri dai proventi, indicando poi il risultato della sottrazione;
- quindi indicare le *rettifiche di valore di attività finanziarie* (lettera D) rappresentate dalle *rivalutazioni* e dalle *svalutazioni* subite nell'anno dalle partecipazioni in altre imprese possedute dalla società, annotando poi sul conto il risultato derivante dalla sottrazione delle svalutazioni dalle rivalutazioni;
- infine indicare i *proventi e oneri straordinari* (lettera E) – costituiti rispettivamente dai guadagni e dalle perdite derivanti dall'alienazione di beni strumentali, quali un immobile, un macchinario ecc. – e annotare il risultato della sottrazione degli oneri dai proventi.

La somma algebrica di tutti questi risultati parziali determina il *risultato dell'esercizio.* Si devono poi indicare le *imposte* sul reddito dell'esercizio e quindi *l'utile o la perdita di esercizio al netto delle imposte.*

> La **nota integrativa** è un documento destinato a integrare i dati numerici dello stato patrimoniale e del conto economico con l'indicazione dei criteri di valutazione applicati e con le ulteriori notizie richieste dall'art. 2427.

Il bilancio consolidato L'art. 25 del decreto legislativo 127/1991 impone alle *società che controllano altre società* (vale a dire alle **holding**) di redigere, oltre al proprio bilancio di esercizio, il **bilancio consolidato** del gruppo.

> Il **bilancio consolidato** è un bilancio che rappresenta la situazione patrimoniale e finanziaria e il risultato economico del complesso delle imprese costituito dalla società controllante e dalle controllate (art. 29 c. 2).

FUNZIONE La finalità del bilancio consolidato è tuttavia di **carattere esclusivamente informativo**: esso non serve a rideterminare gli utili delle società appartenenti al gruppo, che restano giuridicamente fissati dai rispettivi bilanci di esercizio e possono essere distribuiti soltanto nella misura in cui risultano in questi bilanci.

STRUTTURA Il bilancio consolidato è costituito, al pari del bilancio di esercizio, dallo **stato patrimoniale**, dal **conto economico** e dalla **nota integrativa** (art. 29).
Salvo gli adeguamenti necessari, la struttura e il contenuto dello stato patrimoniale e del conto economico sono quelli prescritti per i bilanci di esercizio delle imprese incluse nel consolidamento (art. 32).

Gli adattamenti necessari derivano dalla funzione del bilancio consolidato e sono imposti dai **principi di consolidamento** previsti dall'art. 31: *il bilancio consolidato deve fornire una rappresentazione della situazione del gruppo il più possibile simile a quella che si dovrebbe dare se il gruppo fosse anche formalmente un'unica società.* Di conseguenza, i principi di consolidamento impongono che nel bilancio consolidato:

PRINCIPI
DI CONSOLIDAMENTO

- siano *ripresi integralmente* gli elementi dell'attivo e del passivo nonché i proventi e gli oneri delle società incluse nel consolidamento;
- *ma siano eliminati tutti i dati derivanti da operazioni effettuate tra le società del gruppo*: ai fini di una rappresentazione corretta della situazione del gruppo, tali operazioni devono essere considerate come operazioni interne a un'unica impresa, che non modificano i risultati economici complessivi di quest'ultima.

Formazione e approvazione del bilancio   Nel modello organizzativo ordinario e in quello monistico, *il bilancio viene redatto dagli amministratori e proposto all'assemblea ordinaria*, la quale può approvarlo, può apportarvi modifiche o può respingerlo; in questo ultimo caso, gli amministratori dovranno rielaborarlo per ripresentarlo all'assemblea per l'approvazione.

Nel modello dualistico, il bilancio è, invece, *redatto dal consiglio di gestione ed approvato dal consiglio di sorveglianza.*

L'assemblea ordinaria delibera sulla **distribuzione degli utili**. Possono essere distribuiti soltanto gli utili risultanti dal bilancio regolarmente approvato e realmente conseguiti (art. 2433 c. 2). Dunque non possono essere distribuiti utili fittizi: sono tali quelli risultanti da un bilancio falso.

Tuttavia, prima dell'approvazione da parte dell'assemblea o del consiglio di sorveglianza, il bilancio e le scritture contabili sulle quali lo stesso bilancio è basato devono essere sottoposti alla **revisione legale dei conti**. Vediamo in che modo.

LA REVISIONE
LEGALE DEI CONTI

Il controllo delle scritture contabili e del bilancio di una società per azioni deve essere affidato a un **revisore legale dei conti** (persona fisica) o a una **società di revisione legale** (d.lgs. 39/2010), nominati dall'assemblea ordinaria che deve sceglierli tra gli iscritti in un **apposito registro** tenuto dal ministero dell'economia e delle finanze (art. 2 d.lgs. 39/2010).

Per iscriversi in questo registro le persone fisiche e le società di revisione devono avere requisiti di **professionalità** e di **onorabilità**. Se la società da controllare:

- non è quotata in borsa, l'attività del revisore legale e quella della società di revisione si svolgono sotto la vigilanza del ministero dell'economia e delle finanze (art. 21 d.lgs. 39/2010);
- è quotata in borsa, spetta alla Consob vigilare sull'operato del revisore legale o della società di revisione scelti dalla società stessa (art. 22 d.lgs. 39/2010).

FUNZIONE

Questa disciplina dovrebbe favorire quel controllo dei conti svolto in **modo professionale** e **imparziale**, *che ha un ruolo fondamentale per garantire, anzitutto ai soci e ai creditori sociali, la veridicità del bilancio presentato dagli amministratori.* La persona fisica o la società incaricata della revisione legale dei conti deve assolvere i seguenti compiti (art. 14 d.lgs. 39/2010):

- verificare, nel corso dell'esercizio, la *regolare tenuta della contabilità e la corretta rilevazione dei fatti di gestione nelle scritture contabili;*
- esprimere con apposita **relazione** un *giudizio sul bilancio di esercizio e sul bilancio consolidato*, ove redatto.

Per poter svolgere queste funzioni, l'incaricato della revisione legale ha diritto di ottenere dagli amministratori documenti e notizie utili alla revisione e può procedere ad accertamenti, controlli ed esami di atti e documentazione (art. 14 d.lgs. 39/2010). Nelle società quotate, il revisore legale o la società di revisione devono poi informare senza indugio la Consob e l'organo di controllo dei fatti ritenuti censurabili (art. 155 c. 2 d.lgs. 58/1998).

8 La società a responsabilità limitata

CARATTERI

La **società a responsabilità limitata** (s.r.l.) è una società che offre a tutti i soci il beneficio della responsabilità limitata (art. 2462 c. 1).

Questo tipo di società trova ampia diffusione nel mondo degli affari e si distingue dalla società per azioni *perché le quote di partecipazione dei soci non possono essere rappresentate da azioni* (art. 2468 c. 1). Inoltre, il **capitale minimo** di questa società è di soli *10.000 euro* e scende a *1 euro* nel caso di **società a responsabilità limitata semplificata** di cui parleremo tra poco (art. 2463 bis).

Statuto di s.r.l.

La costituzione della s.r.l. avviene nella forma dell'**atto pubblico**, *che deve essere iscritto nel registro delle imprese* (art. 2463).
In questo tipo di società, come nelle società di persone, i soci possono conferire *denaro, beni in natura* oppure il loro *lavoro* (art. 2464).

L'AMMINISTRAZIONE

L'organizzazione della società   Se l'atto costitutivo non dispone diversamente, l'amministrazione della società è affidata a uno o più soci scelti dagli altri soci. Quando si nominano più persone, esse costituiscono il **consiglio di amministrazione**, come nella società per azioni.

L'atto costitutivo può però prevedere che l'amministrazione sia organizzata come nelle società di persone:

a) che sia perciò affidata a *tutti* o soltanto ad *alcuni soci*;
b) che i soci amministratori siano direttamente *indicati nell'atto costitutivo* o *scelti con atto separato*;
c) che gli amministratori operino *disgiuntamente* o *congiuntamente* (art. 2475).

La società a responsabilità limitata semplificata   La **società a responsabilità limitata semplificata** (s.r.l.s.) è prevista dall'art 2463 bis, introdotto dalla l. 99/2013 con lo scopo di favorire l'inizio di nuove attività economiche. A tal fine, l'art. 2463 bis:

• *riduce anzitutto l'ammontare minimo del capitale sociale*, che può scendere fino alla **cifra simbolica** di 1 euro e deve comunque essere inferiore a 10.000 euro;
• mira a far sì che la costituzione di questa forma di s.r.l. possa avvenire con *minori spese notarili*.

Infatti, la società deve sempre essere stipulata con atto pubblico (quindi con l'intervento di un notaio), ma il contenuto dell'atto è già predisposto da un **modulo standard** redatto da un decreto del ministro della giustizia. Il notaio deve soltanto riempire gli spazi lasciati in bianco nel modulo.

Alla società a responsabilità limitata semplificata ricorrono normalmente le cosiddette **start up**, vale a dire le piccole e medie imprese che introducono innovazioni in determinati settori economici, delle quali la l. 221/2012 favorisce la partenza (lo "start up") concedendo loro agevolazioni fiscali e finanziarie.

Documento
Atto costitutivo e statuto di s.r.l.s.

Sono riservate alla competenza dei soci l'approvazione del bilancio, la nomina degli amministratori, se questi non sono già stati indicati nell'atto costitutivo, e le modifiche dell'atto costitutivo.

Per decidere su queste materie i soci si riuniscono in **assemblea**, come nella società per azioni. Tuttavia, l'atto costitutivo può prevedere che le decisioni di competenza dei soci siano prese, come nelle società di persone, senza convocare un'apposita assemblea; la convocazione dell'assemblea è però obbligatoria per decidere le modifiche dell'atto costitutivo (art. 2479).

LE DECISIONI DEI SOCI

I **singoli soci** che non partecipano all'amministrazione possono esercitare il controllo sugli amministratori come nelle società di persone (art. 2476). Tuttavia, l'atto costitutivo può prevedere la nomina di un **collegio sindacale** o di un **revisore dei conti** come nella società per azioni (art. 2477).

I CONTROLLI

 # La società in accomandita per azioni

> La **società in accomandita per azioni** (s.a.p.a.) è caratterizzata dalla presenza di due distinte categorie di soci: gli **azionisti accomandatari**, che *rispondono illimitatamente e solidalmente dei debiti sociali*, e gli **azionisti accomandanti**, che *rispondono nei limiti del proprio conferimento*.

CARATTERI

La società in accomandita per azioni è una **variante** della società per azioni in cui tutte le quote di partecipazione dei soci sono rappresentate da azioni (art. 2452). Alla società in accomandita per azioni si applicano le stesse norme dettate per la società per azioni, con alcune modifiche dovute alla presenza dei soci accomandatari.

La società in accomandita per azioni

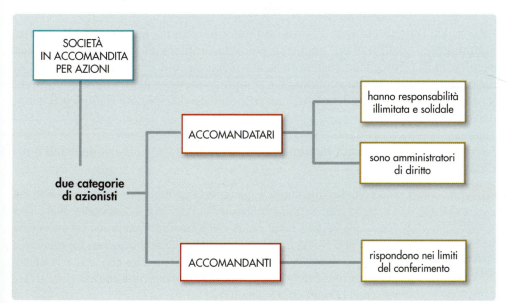

La modifica più importante è la seguente: l'atto costitutivo deve indicare il nome degli **accomandatari** e questi diventano **amministratori di diritto** della società (vale a dire, indipendentemente da una nomina dell'assemblea); *non si può essere amministratori se non si è accomandatari e ogni accomandatario è di diritto amministratore* (art. 2455). Gli azionisti accomandatari assumono la carica di amministratore senza limiti di tempo, ma possono essere **revocati** dall'assemblea straordinaria.

 ## Lo scioglimento e la liquidazione delle società di capitali

Secondo l'art. 2484 del codice civile, le società di capitali possono sciogliersi per diversi **motivi**:

- perché è decorso il termine di durata stabilito nell'atto costitutivo;
- per il conseguimento dell'oggetto sociale;
- per una deliberazione di scioglimento anticipato presa dai soci;
- perché, a causa delle perdite subite dalla società, il capitale sociale si è ridotto al di sotto del minimo legale (se, tuttavia, i soci effettuano nuovi conferimenti, si evita lo scioglimento);
- per altre cause.

Se si verifica una causa di scioglimento, la società entra nella fase della **liquidazione**: *gli amministratori non possono più operare e l'assemblea straordinaria deve nominare, al loro posto, i liquidatori.*
I liquidatori devono vendere i beni della società, pagare tutti i creditori sociali e distribuire tra i soci quanto eventualmente rimane.

 ## Le società nei Paesi dell'Unione europea

I Paesi dell'Unione europea diversi dall'Italia prevedono tipi di società **identici** o **analoghi** a quelli italiani, anche se poi ogni ordinamento nazionale ha le sue peculiarità. Il diritto delle società presenta perciò aspetti comuni nei diversi Stati membri perché il sistema economico è sempre lo stesso e identiche sono, quindi, le esigenze che ispirano le istituzioni economiche disciplinate dalle legislazioni nazionali.

Appartiene alle **peculiarità nazionali** la distinzione tra società commerciali e società non commerciali.

ESEMPIO Questa distinzione è ignota in Gran Bretagna (come negli altri Paesi anglosassoni), ma è conosciuta in Francia e in Germania. Nel primo Paese alle società commerciali viene contrapposta la société civile (che tuttavia può svolgere molte più attività della nostra società semplice e, a differenza di quest'ultima, è soggetta a procedure concorsuali); mentre in Germania si distingue tra società commerciali e società civile o Gesellschaft bürgerlichen Rechts (GbR).

Nell'ambito delle società commerciali, invece, in tutti i Paesi:

- si distingue tra *società organizzate su base personale* e *società organizzate su base capitalistica*;
- soltanto le società di capitali *attribuiscono a tutti i soci il beneficio della responsabilità limitata e prevedono un'organizzazione interna più complessa.*

Per quanto riguarda le società commerciali di persone si deve dire che alla nostra **società in nome collettivo** corrisponde in Francia la *société en nom collectif*, in Germania la *offene Handelsgesellschaft* (oHG), in Spagna la *sociedad colectiva* e in Gran Bretagna la *ordinary partnership*. Come per la nostra società in nome collettivo, si tratta di società nelle quali tutti i soci sono illimitatamente responsabili delle obbligazioni sociali, il potere di amministrazione e di rappresentanza spetta, salvo patto contrario, disgiuntamente a ciascun socio e la quota di un socio è trasferibile soltanto con il consenso di tutti gli altri soci.

TIPI DI SOCIETÀ DI PERSONE

Alla nostra **società in accomandita semplice**, poi, corrisponde in Francia la *société en commandite simple*, in Germania la *Kommanditgesellschaft* (KG), in Spagna la *sociedad comanditaria* e in Gran Bretagna la *limited partnership*. Come per la nostra società in accomandita semplice, si tratta di società alle quali partecipano due categorie di soci (quelli limitatamente responsabili e quelli illimitatamente responsabili delle obbligazioni sociali), nelle quali l'amministrazione della società è riservata ai soli soci illimitatamente responsabili.

Per quanto riguarda le società di capitali alla nostra **società per azioni** corrisponde in Francia la *société anonyme*, in Germania la *Aktiengesellschaft* (AG), in Spagna la *sociedad anónima* e in Gran Bretagna la *public limited company* (PLC). Come per la nostra s.p.a., si tratta di società che attribuiscono ai soci il beneficio della responsabilità limitata, il cui capitale è diviso in azioni liberamente trasferibili eventualmente anche in borsa: sì che è un tipo di società adatto a raccogliere pubblico risparmio.

TIPI DI SOCIETÀ DI CAPITALI

Alla nostra **società a responsabilità limitata** corrisponde in Francia la *société à responsabilité limitée*, in Germania la *Gesellschaft mit beschränkter Haftung* (GmbH), in Spagna la *sociedad de responsabilidad limitada* e in Gran Bretagna, per certi aspetti, la *private company* (che in realtà è una società per azioni di piccole dimensioni). Come per la nostra società a responsabilità limitata, si tratta di società che attribuiscono ai soci il beneficio della responsabilità limitata, ma che non possono fare appello al pubblico risparmio.

Infine, alla nostra **società in accomandita per azioni** corrisponde in Francia la *société en commandite par actions* e in Spagna la *sociedad en comandita por acciones*. Si tratta di una variante della società per azioni, nella quale vi sono due categorie di azionisti (quelli limitatamente e quelli illimitatamente responsabili delle obbligazioni sociali) e l'amministrazione è riservata agli azionisti illimitatamente responsabili.

Il Consiglio e la Commissione dell'Unione europea hanno emanato diverse **direttive**, volte ad armonizzare la legislazione sulle società di capitali degli Stati membri. L'armonizzazione è importante per il funzionamento del mercato comune, in quanto consente di investire nelle società di capitali dei vari Paesi, sapendo che le regole fondamentali sono uguali per tutte le società che operano nell'Unione europea.

NORMATIVA EUROPEA

Le società cooperative

SCOPO

Come abbiamo visto, le società commerciali si caratterizzano per l'esercizio di un'attività economica finalizzata a realizzare utili da distribuire tra i soci; le società cooperative, invece, si distinguono per il fatto di *non avere lo scopo di lucro*.

> Le **società cooperative** sono società a capitale variabile che hanno uno scopo mutualistico (art. 2511).

Lo **scopo mutualistico** della cooperativa consiste nell'*offrire ai propri soci beni o servizi od occasioni di lavoro a condizioni migliori di quelle offerte dal mercato*.

RISPARMIO DEL PROFITTO

Il raggiungimento dello scopo mutualistico è possibile perché *i soci si uniscono per esercitare direttamente a proprio vantaggio un'attività economica in modo da risparmiare il profitto dell'imprenditore*.

ESEMPIO Così, in una cooperativa di consumo un certo numero di consumatori si unisce per acquistare all'ingrosso dai produttori determinati beni (generi alimentari ecc.) e riacquistarli al dettaglio dalla cooperativa a un prezzo che è inferiore a quello di mercato, perché su di esso non grava il profitto del commerciante. In una cooperativa di produzione e lavoro più lavoratori si organizzano per produrre e vendere beni industriali o per prestare servizi (come i servizi portuali, di facchinaggio, di pulizia) guadagnando retribuzioni non decurtate del profitto dell'industriale.

In una cooperativa agricola più agricoltori si organizzano per vendere direttamente ai consumatori i loro prodotti oppure per trasformarli e venderli (come avviene nelle cantine sociali) risparmiando il profitto dei commercianti di prodotti agricoli o degli industriali che trasformano i prodotti agricoli.

Analogamente, una cooperativa edilizia ha lo scopo di far acquistare ai soci la proprietà della casa risparmiando il profitto dello speculatore immobiliare.

Una cooperativa di credito (tra le quali figurano le "banche di credito cooperativo" e le "banche popolari") ha lo scopo di fornire prestiti ai soci a un tasso di interesse inferiore a quello praticato dalle banche.

Una mutua assicuratrice ha lo scopo di assicurare i soci a condizioni più favorevoli di quelle praticate dalle società di assicurazioni.

Il movimento cooperativo Le cooperative nascono e si sviluppano nell'Ottocento in collegamento con la nascita e l'affermarsi del movimento operaio. Da allora, si sono diffuse nei più diversi settori per iniziativa di operai, contadini, artigiani, con l'obiettivo di organizzare l'esercizio in comune di attività economiche in modo tale da emanciparsi dalla necessità di rivolgersi a imprenditori capitalisti (commercianti, industriali, banchieri ecc.) per ottenere determinati beni, per vendere i propri prodotti o per procurarsi un lavoro.

Più di recente, tuttavia, alla forma della cooperativa sono ricorsi anche altri ceti sociali: così, esistono cooperative di giornalisti che pubblicano giornali, cooperative di attori che organizzano spettacoli teatrali e così via.

Il movimento cooperativo non è formato oggi soltanto da singole cooperative. Esistono anche **gruppi cooperativi paritetici** che hanno lo scopo di potenziare e coordinare l'attività economica delle cooperative socie e che operano sovente sull'intero mercato nazionale o addirittura sul mercato internazionale. Esistono infine le **associazioni nazionali** delle cooperative, che svolgono la funzione di guida ideale e di vigilanza sull'intero movimento cooperativo.

GRUPPI COOPERATIVI PARITETICI

La disciplina delle società cooperative Il codice civile detta una disciplina generale per tutte le cooperative, che può essere però integrata da leggi speciali riguardanti particolari categorie di cooperative (art. 2520).

Quando la disciplina del codice non dispone diversamente, alle società cooperative si applicano le **norme della società per azioni**.
Tuttavia, l'atto costitutivo può prevedere che si applichino invece le **norme della società a responsabilità limitata**, *quando la società cooperativa ha un numero di soci inferiore a venti* (art. 2519). L'adozione delle norme della società a responsabilità limitata è poi **obbligatoria** per le società cooperative costituite da almeno 3 soci persone fisiche (art. 2522 c. 2).
Si può dire dunque che, da un punto di vista formale, *le cooperative possono essere considerate delle società di capitali*. Tuttavia, la loro disciplina presenta **aspetti peculiari**, dovuti allo *scopo mutualistico* proprio di queste società. Vediamo di che cosa si tratta.

NORME APPLICABILI

Per costituire una società cooperativa è necessario che i soci siano almeno **nove**, ma una cooperativa può essere formata da **tre** a **otto soci** *purché siano persone fisiche e la società adotti le norme della società a responsabilità limitata.*

NUMERO DI SOCI

Una cooperativa deve poter fare *proseliti* tra tutte le persone interessate all'attività della cooperativa stessa. Le cooperative sono dunque aperte all'ingresso di nuovi soci: esse, si usa dire, sono organizzate in base al **principio della porta aperta** (art. 2528).

PRINCIPIO DELLA PORTA APERTA

ESEMPIO Tutti possono diventare soci di una cooperativa di consumo ed è proprio il numero dei soci il principale punto di forza sul mercato.

Ogni socio ha diritto a **un solo voto**, *qualunque sia il valore della sua quota o il numero delle sue azioni* (art. 2538). È questo il principio che differenzia maggiormente le cooperative dalle società di capitali, nelle quali il voto è attribuito in proporzione all'entità del conferimento.

IL DIRITTO DI VOTO

Mentre nelle società di capitali il voto è attribuito in base al *principio capitalistico* (conta di più chi più conferisce), nelle cooperative esso è attribuito in base al **principio democratico**: *tutti i soci contano in maniera uguale, indipendentemente dal capitale conferito.*

LA QUOTA DEL SOCIO

Esiste un **limite massimo** alla quota di ciascun socio. Con questo limite si vuole evitare che le cooperative si trasformino in società di capitali.

SOCI FINANZIATORI E SOCI COOPERATORI

La legge si preoccupa di evitare che le cooperative diventino di fatto società di capitali con fini di lucro, ma uno dei problemi principali che le cooperative devono affrontare è raccogliere capitali per sviluppare la propria attività. La legge viene incontro a questa esigenza di finanziarsi, consentendo alle cooperative di emettere azioni a favore di **soci finanziatori**, *che investono nella cooperativa esclusivamente a fini di lucro.* I soci finanziatori si distinguono dunque dai comuni **soci cooperatori**, *che invece effettuano i loro conferimenti in società per finalità mutualistiche e non già di lucro.*

Le cooperative a mutualità prevalente
Le cooperative hanno rapporti di lavoro e vendita sia con soci, sia con terzi.

ESEMPIO Una cooperativa di consumo può rivendere beni sia ai suoi soci, sia a coloro che non sono soci; una cooperativa di lavoro può impiegare lavoratori soci ma anche lavoratori non soci.

> Sono **a mutualità prevalente** quelle società cooperative che operano prevalentemente con i soci.

Alle cooperative di questo tipo la legge riserva agevolazioni fiscali. Sarà compito dello Stato verificare, con apposite visite ispettive, la natura mutualistica delle attività svolte e il conseguente diritto alle predette agevolazioni.

Le società cooperative

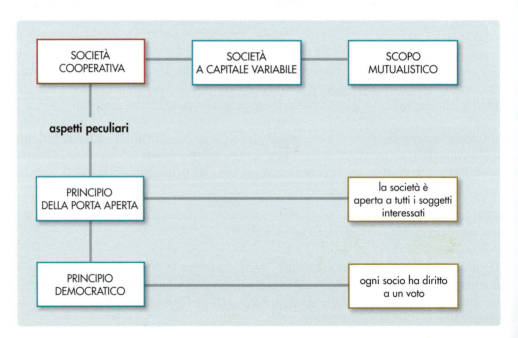

LE CARATTERISTICHE DELLA SOCIETÀ PER AZIONI

- *Beneficio della responsabilità limitata*: consiste nella possibilità riconosciuta dalla legge agli azionisti di intraprendere affari rischiando soltanto il conferimento
- *Possibilità di rivolgersi al mercato finanziario*:
  - il gruppo di comando della società può raccogliere denaro nel mercato finanziario emettendo azioni (che attribuiscono la qualità di socio a chi le acquista) od obbligazioni (che attribuiscono all'acquirente la qualità di creditore della società). Solo le società di maggiori dimensioni ricorrono di fatto a questa possibilità
  - le azioni e le obbligazioni delle società di maggiori dimensioni possono essere acquistate e vendute in *borsa*
- Se una società emette una gran quantità azioni che vengono acquistate da molte persone si formano di fatto due categorie di azionisti:
  - gli azionisti che controllano la società, anche con percentuali molto basse di capitale
  - gli azionisti *estranei* al gruppo di comando, che di fatto non partecipano alle assemblee della società

  In tal caso, la s.p.a. funziona come meccanismo finanziario che moltiplica il potere economico del gruppo di controllo e agevola la concentrazione del potere nelle mani di gruppi ristretti che dispongono di capitali altrui
- Le società con azioni quotate in borsa sono sottoposte al controllo della **Consob**

I GRUPPI DI SOCIETÀ

- Le maggiori società per azioni fanno parte normalmente di un **gruppo di società**, che è costituito da:

una **società capogruppo** (o *holding*) che detiene il pacchetto azionario di controllo delle società figlie	più **società figlie** che a loro volta controllano altre società

  Gli azionisti che controllano la holding hanno perciò il **controllo indiretto** di tutte le società del gruppo e la loro potenza economica risulta pertanto moltiplicata

LA COSTITUZIONE DELLA SOCIETÀ PER AZIONI

- L'atto costitutivo deve avere la forma dell'*atto pubblico*. Soltanto dopo l'*iscrizione nel registro delle imprese* la società può cominciare a operare
- Nella s.p.a. si possono conferire soltanto denaro o beni in natura; il capitale sociale minimo è di *50.000 euro*

LE CATEGORIE DI AZIONI

- *Azioni ordinarie*: danno diritto alla ripartizione degli utili, alla quota di liquidazione, al voto
- *Azioni privilegiate*: sono privilegiate nella ripartizione degli utili
- *Azioni con diritto di voto limitato o senza diritto di voto*.

L'ORGANIZZAZIONE DELLA SOCIETÀ PER AZIONI	• Una società per azioni può scegliere fra *tre modelli organizzativi*: – il *modello ordinario*, che prevede la presenza di tre organi: l'*assemblea*, gli amministratori e i *sindaci* – il *modello dualistico*, che prevede tre organi: l'*assemblea*, il *consiglio di sorveglianza* e il *consiglio di gestione* – il *modello monistico*, che prevede due organi: l'*assemblea* e il *consiglio di amministrazione*, il quale nomina al suo interno un *comitato* • In tutti e tre i modelli il controllo contabile della società deve essere di regola affidato a un **revisore dei conti**, che può essere una persona fisica o una società di revisione
L'AUMENTO DI CAPITALE	• In quanto modifica dell'atto costitutivo compete all'**assemblea straordinaria** • Può essere: – **a pagamento**: serve a finanziare la società e agli azionisti è riconosciuto il diritto di opzione – **gratuito**: consiste nel trasformare in capitale sociale le riserve accantonate dalla società. Le azioni di nuova emissione sono attribuite gratuitamente agli azionisti
IL BILANCIO DELLA S.P.A.	• È composto da tre documenti: – **stato patrimoniale**: fotografa e valuta le componenti del patrimonio societario al momento della chiusura dell'esercizio – **conto economico**: illustra come si è formato l'utile o la perdita di esercizio – **nota integrativa**: chiarisce i criteri di valutazione adottati nella redazione del bilancio
IL BILANCIO CONSOLIDATO	• Deve essere redatto: – dalla società controllante di un gruppo (in aggiunta al bilancio di esercizio) – seguendo i principi di consolidamento • Ha funzione essenzialmente informativa
LA SOCIETÀ A RESPONSABILITÀ LIMITATA	• È una società di capitali molto usata nella pratica per gestire imprese di non grandi dimensioni con il beneficio della responsabilità limitata • Non può emettere azioni: pertanto, non può far ricorso al mercato finanziario • L'atto costitutivo deve avere la forma dell'*atto pubblico*. Soltanto dopo l'*iscrizione nel registro delle imprese* la società può cominciare a operare • Nella s.r.l. i soci possono conferire denaro, beni in natura o il proprio lavoro. Il capitale sociale minimo è di *10.000 euro ma può scendere fino alla cifra simbolica di 1 euro nella società a responsabilità limitata semplificata (s.r.l.s.)* • La legge consente un'ampia libertà nell'organizzazione della s.r.l. • A seconda delle scelte dell'atto costitutivo, essa potrà configurarsi come: – una piccola società per azioni – una società di persone con il beneficio della responsabilità limitata

LA SOCIETÀ IN ACCOMANDITA PER AZIONI	• È una variante della società per azioni
	• Gli *azionisti accomandatari* rispondono solidalmente e illimitatamente delle obbligazioni sociali e sono amministratori di diritto
	• Gli *azionisti accomandanti* rispondono nei limiti del conferimento

SCIOGLIMENTO E LIQUIDAZIONE DELLE SOCIETÀ DI CAPITALI

- Tutte le società di capitali si sciolgono per le cause indicate nell'art. 2484
- Se si verifica una causa di scioglimento, la società entra nella fase della **liquidazione**:
  - gli amministratori non possono più operare
  - l'assemblea straordinaria nomina i liquidatori
  - i liquidatori devono vendere i beni sociali, pagare i creditori della società e ripartire l'eventuale residuo attivo tra i soci

LE SOCIETÀ EUROPEE

- I Paesi dell'Unione europea diversi dall'Italia prevedono tipi di società identici o analoghi a quelli italiani, anche se ogni ordinamento nazionale ha le sue peculiarità
- L'Unione europea ha emanato diverse direttive volte ad armonizzare la legislazione sulle società di capitali degli Stati membri

LO SCOPO MUTUALISTICO DELLE SOCIETÀ COOPERATIVE

- Consiste nell'offrire ai soci beni o servizi od occasioni di lavoro a condizioni migliori di quelle offerte dal mercato
- Il raggiungimento dello scopo mutualistico è possibile perché i soci risparmiano il profitto dell'imprenditore
- In relazione all'attività svolta, vi possono essere cooperative di consumo, di produzione e lavoro, agricole, edilizie, di credito, di assicurazione.

LA DISCIPLINA DELLE COOPERATIVE

- Alle cooperative si applica la disciplina prevista per le s.p.a. Le cooperative di minori dimensioni possono scegliere la disciplina della s.r.l.
- La cooperativa deve avere un numero minimo di nove soci; ma è possibile costituire una cooperativa anche con un numero da tre a otto soci se:
  - sono persone fisiche
  - si adottano le norme della s.r.l.
- La cooperativa è retta dal *principio della porta aperta*
- Ogni socio cooperatore ha diritto a *un solo voto*
- Esiste un *limite massimo* alla quota di ciascun socio e agli utili che la cooperativa può distribuire ai soci
- La cooperativa si può finanziare emettendo azioni a favore dei soci finanziatori
- Soltanto le società cooperative a mutualità prevalente godono di agevolazioni fiscali

Verifica delle conoscenze

VERO O FALSO

Indica se le seguenti affermazioni sono vere o false.

1 La società a responsabilità limitata può essere costituita da almeno dieci persone [V] [F]

2 La holding è una società controllata da un'altra capogruppo [V] [F]

3 I conferimenti nella società per azioni devono avvenire solo in denaro [V] [F]

4 Gli amministratori della s.p.a. possono essere soci oppure no [V] [F]

5 L'assemblea straordinaria deve essere convocata per deliberare sulle modifiche dell'atto costitutivo [V] [F]

6 Nel sistema dualistico la gestione dell'impresa sociale è affidata a un consiglio di sorveglianza [V] [F]

7 Nel sistema monistico il consiglio di amministrazione nomina al suo interno un comitato di controllo sulla gestione [V] [F]

8 Nella s.r.l. i soci che non partecipano all'amministrazione possono esercitare il controllo sugli amministratori [V] [F]

9 Anche se è in fase di liquidazione, la società può continuare a operare [V] [F]

10 Nella società cooperativa ogni socio ha diritto a un voto nell'assemblea [V] [F]

CORRISPONDENZE

Metti in relazione gli elementi del primo gruppo con quelli del secondo.

1 Soddisfa l'esigenza di fare proseliti tra tutti i soggetti interessati

2 È il documento che integra i dati numerici inseriti nelle parti del bilancio

3 Si riferisce alla situazione di un gruppo di società

4 Esprime con apposita relazione un giudizio sul bilancio di esercizio

5 Vigila sul rispetto della legge e dei principi di una corretta amministrazione

a bilancio consolidato
b principio della porta aperta
c collegio sindacale
d nota integrativa
e revisore legale dei conti

1	2	3	4	5

COMPLETAMENTO

Inserisci i termini mancanti (attenzione ai distrattori!).

Lo .... è il documento in cui sono esposte le componenti del patrimonio societario nel momento della chiusura dell'esercizio sociale.
Nel .... si può vedere il risultato economico dell'ultimo esercizio, dato dalla .... tra i ricavi realizzati nell'ultimo anno e i costi sostenuti per realizzarli.

differenza; somma; bilancio consolidato; conto economico; stato patrimoniale.

Verifica delle abilità

Completa lo schema.

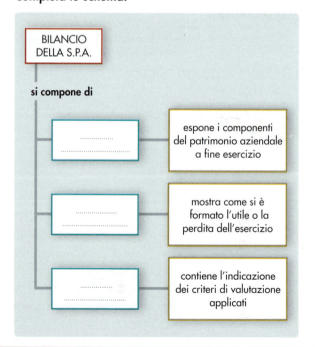

BILANCIO DELLA S.P.A.

si compone di

.... → espone i componenti del patrimonio aziendale a fine esercizio

.... → mostra come si è formato l'utile o la perdita dell'esercizio

.... → contiene l'indicazione dei criteri di valutazione applicati

DI CHE COSA STIAMO PARLANDO?

Rispondi dopo aver letto gli indizi.

1 Detiene il pacchetto di controllo di altre società .....

2 È il soggetto che deve esprimere con apposita relazione un giudizio sul bilancio di esercizio .....

3 Può avere un capitale minimo di 1 euro .....

4 Funziona come meccanismo finanziario che moltiplica il potere economico del gruppo di controllo

5 È la possibilità riconosciuta dalla legge di partecipare alla società rischiando soltanto il conferimento .....

CACCIA ALL'ERRORE

Individua e correggi le parole errate.

1 Nel modello dualistico sono previsti l'assemblea e il consiglio di amministrazione, che nomina al suo interno un comitato per il controllo sulla gestione

.....

2 Nelle società per azioni il controllo contabile è affidato al collegio sindacale .....

3 Le azioni sono frazioni di un mutuo che la società contrae con una pluralità di risparmiatori .....

.....

4 Nello stato patrimoniale sono registrati l'utile o la perdita di esercizio .....

5 Nelle cooperative il voto è attribuito in base al principio capitalistico .....

Trattazione sintetica di argomenti

1 *Explain the main differences between* partnerships *and* companies.

2 *What is a* holding?

3 Illustra le differenze presenti nei *modelli di organizzazione* di una s.p.a.

4 Esponi i *vantaggi* che può trarre il gruppo di comando nel gestire un'impresa sotto forma di s.p.a.

RISOLVO IL CASO

Una s.p.a. ha 50 azionisti. Tre fratelli possiedono ciascuno il 18% delle azioni, mentre il restante 46% è in mano agli altri azionisti. Al termine dell'anno, per consolidare e rafforzare il patrimonio dell'azienda e poter disporre di mezzi necessari a effettuare investimenti senza dover ricorrere a finanziamenti bancari, i tre fratelli propongono al resto dell'assemblea di non distribuire l'utile di esercizio ma destinarlo a riserva. Gli altri azionisti sono contrari.

• **Quale decisione verrà presa?**

PREPARATI
ALLA VERIFICA SCRITTA

☑ **Puoi svolgere gli esercizi sul tuo MEbook**

SEZIONE  E

Verifica delle conoscenze

VERO O FALSO

Indica se le seguenti affermazioni sono vere o false.

1 Non è imprenditore chi svolge occasionalmente un'attività commerciale ⬚V ⬚F

2 L'insegna contraddistingue i prodotti realizzati da un'impresa ⬚V ⬚F

3 Un'impresa turistica deve necessariamente tenere il libro di magazzino ⬚V ⬚F

4 Il fallimento prevede sempre conseguenze penali per il fallito ⬚V ⬚F

5 Il piccolo imprenditore non può mai fallire ⬚V ⬚F

6 La quota di un socio è liberamente trasferibile in tutti i tipi di società ⬚V ⬚F

7 Nella s.n.c. il socio escluso ha diritto di ottenere la liquidazione della sua quota ⬚V ⬚F

8 La pubblicità comparativa è sempre considerata una forma di concorrenza sleale ⬚V ⬚F

9 Gli obbligazionisti sono creditori della s.p.a. ⬚V ⬚F

10 Nel modello dualistico la gestione dell'impresa sociale spetta al consiglio di gestione ⬚V ⬚F

Totale punti	....	10

1 punto per risposta esatta, 0 per risposta non data o errata

DOMANDE A RISPOSTA MULTIPLA
Individua la risposta esatta.

1 L'amministrazione straordinaria:

Ⓐ ha come scopo il risanamento di aziende di grandi dimensioni

Ⓑ è un accordo tra fallito e creditori per evitare il fallimento

Ⓒ è un accordo tra fallito e creditori per chiudere il fallimento

Ⓓ viene attuata per pilotare la liquidazione di società sottoposte a vigilanza dello Stato

2 Non sono attività essenzialmente agricole:

Ⓐ la coltivazione del fondo

Ⓑ la trasformazione e la commercializzazione di prodotti ottenuti dalla coltivazione del fondo

Ⓒ la selvicoltura

Ⓓ l'allevamento di animali

3 L'azione inibitoria:

Ⓐ vieta al concorrente la continuazione di atti di concorrenza sleale

Ⓑ è sanzionata dall'Autorità garante della concorrenza e del mercato

Ⓒ consente di ottenere il risarcimento del danno

Ⓓ elimina gli effetti della concorrenza sleale

4 Un'azione ordinaria dà al suo possessore:

Ⓐ il diritto di partecipare agli utili della società

Ⓑ il diritto di partecipare agli utili della società e il diritto di voto nelle assemblee ordinarie e straordinarie

Ⓒ il diritto di partecipare in modo privilegiato agli utili della società

Ⓓ il diritto di partecipare agli utili della società e il diritto di voto nelle assemblee straordinarie

5 Nel modello organizzativo ordinario gli amministratori di una s.p.a. possono essere revocati:

Ⓐ dai revisori

Ⓑ dai sindaci

Ⓒ dall'assemblea ordinaria

Ⓓ dall'assemblea straordinaria

Verifica delle abilità

6 Il proprietario di un frantoio con 20 dipendenti trasforma in olio le olive altrui facendosi pagare un tot al litro. Egli:

Ⓐ non può fallire perché svolge un'attività agricola per connessione

Ⓑ non può fallire perché svolge un'attività essenzialmente agricola

Ⓒ non può fallire perché è un piccolo imprenditore

Ⓓ può fallire perché svolge un'attività commerciale

7 Un falegname che esercita la propria attività senza avvalersi di alcun dipendente deve obbligatoriamente tenere:

Ⓐ il libro giornale

Ⓑ i registri Iva

C il libro di magazzino

D il libro mastro

8 Mauro coinvolge Giovanni e Sergio in una nuova attività commerciale. Insieme, costituiscono una s.n.c. Nel contratto sociale non scrivono nulla sul regime di amministrazione adottato. Dunque l'amministrazione spetta:

A disgiuntamente a tutti i soci

B congiuntamente a tutti i soci

C a Mauro, che è stato il promotore dell'iniziativa

D al socio che effettuerà il conferimento di maggior valore

9 Nel modello organizzativo ordinario, l'assemblea ordinaria degli azionisti deve:

A predisporre il bilancio annuale

B approvare il bilancio annuale

C approvare aumenti di capitale a pagamento

D vigilare sull'operato degli amministratori

10 Alcuni amici intendono costituire un gruppo di volontariato che aiuti a domicilio le persone ammalate non autosufficienti. Possono:

A costituire una società di persone

B costituire una cooperativa di lavoro

C costituire un'associazione

D costituire una fondazione

Totale punti	....	30

3 punti per risposta esatta, 0 per risposta non data o errata

DOMANDE A RISPOSTA BREVE

Rispondi alle seguenti domande utilizzando non più di 4 righe.

1 Quali scritture debbono essere obbligatoriamente tenute dall'imprenditore commerciale?

2 Quali fasi si possono individuare nella procedura fallimentare?

3 Da chi sono nominati e quale funzione svolgono gli amministratori di una s.p.a.?

4 Quali adempimenti sono necessari per la costituzione di una s.p.a.?

5 Come è disciplinato il diritto di voto nelle s.p.a.? E nelle cooperative?

Totale punti	....	30

da 0 a 6 punti per ogni risposta esatta secondo la correttezza e la completezza

SOLUZIONE DI PROBLEMI E/O TRATTAZIONE SINTETICA DI ARGOMENTI

1 Nel settore turistico esistono imprenditori specializzati nella realizzazione a mano di prodotti alimentari (per esempio, cioccolato e confetti) o di prodotti di oreficeria. • **Che tipo di imprenditori sono?** • **Analizza attentamente la risposta.**

(max 10 punti)

2 Il tour operator Viaggi da sogno s.p.a. si trova in gravi difficoltà finanziarie, tanto da richiedere il fallimento. Uno dei fornitori abituali, spaventato da questa prospettiva, invia una lettera con cui richiede l'immediato pagamento delle proprie spettanze. L'amministratore delegato risponde che non è più possibile soddisfare domande individuali e lo invita a seguire le regole previste dalla procedura fallimentare. • **È corretta la risposta fornita?** • **In caso di risposta affermativa, che cosa dovrà fare il nostro fornitore?** • **Quali organi controllano il rispetto della procedura fallimentare prevista dalla legge?**

(max 10 punti)

3 Un'azienda decide di produrre e vendere sul mercato italiano ed europeo scarpe con il marchio Ferradano, che richiama nel nome quello di una nota azienda della moda "made in Italy". Questa nota azienda, che commercializza tra l'altro scarpe di lusso, denuncia la Ferradano per concorrenza sleale. Ma l'azienda Ferradano evidenzia come il nome, la qualità e il prezzo praticato non possono in alcun modo indurre in confusione i consumatori. • **Chi ha ragione e quali possibili conseguenze giuridiche si hanno in tali situazioni?**

(max 10 punti)

Totale punti	....	30

Punteggio totale della prova	Totale punti	....	100

SEZIONE F

L'impresa turistica e la normativa di settore

■ **Unità 28**
L'offerta turistica italiana

■ **Unità 29**
L'impresa turistica

■ **Unità 30**
Lavorare nel settore turistico

CONOSCENZE

- Circuiti nazionali di eccellenza
- Turismo del mare, culturale, termale
- Agriturismo, ecoturismo, pescaturismo, ittiturismo
- Imprenditore turistico: strutture ricettive e adempimenti amministrativi
- Agenzie di viaggio: direttore tecnico, obblighi di informativa, servizi online
- Tutela dei dati personali
- Carta dei servizi turistici
- Tutela del lavoro
- Sicurezza sul lavoro

Biblioteca   Glossario

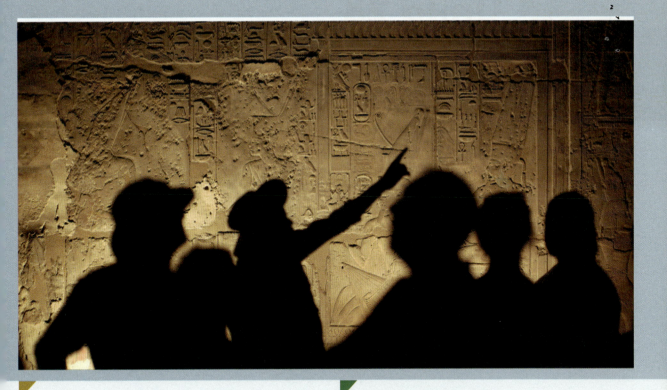

ABILITÀ

- Comprendere l'importanza della diversificazione dell'offerta turistica italiana
- Analizzare i requisiti dell'imprenditore turistico
- Comprendere le differenze tra strutture ricettive
- Riconoscere la funzione della Scia e dello Suap
- Riconoscere gli imprenditori agrituristici e le loro attività
- Comprendere i regimi Iva applicati alle agenzie di viaggio
- Comprendere gli obblighi imposti dalla tutela della privacy dei clienti
- Comprendere le disposizioni dettate sulla sicurezza nel mondo del lavoro
- Riconoscere la funzione dei marchi di qualità turistici e ambientali
- Comprendere la funzione dei sindacati e del Ccnl
- Comprendere categorie, mansioni e qualifiche dei lavoratori
- Comprendere funzioni e utilità dei contratti a tempo non indeterminato
- Comprendere novità ed evoluzione delle professioni turistiche

COMPETENZE

- Individuare e accedere alla normativa civilistica, con particolare riferimento a quella del settore turistico
- Analizzare il valore, i limiti e i rischi di varie soluzioni giuridiche per la vita sociale, con particolare attenzione alla tutela della persona e del lavoro
- Individuare e utilizzare gli strumenti di comunicazione e di team working più appropriati per intervenire nei contesti organizzativi e professionali di riferimento

VERIFICA DELLE COMPETENZE
PAG. 586

Unità 28
L'offerta turistica italiana

Unit *by* Unit

In Unit 28 you will study different types of tourism products and their "national tracks of excellence", as described in Laws which seek to create tourism services integrated at the national level. The Tourism Code refers to a pending Decree that is to be issued by the President of the Council of Ministers which defines the concept of "national tracks of excellence". These will now be restricted to specific areas of tourism such as: alpine tourism, maritime tourism (which includes boat charter, diving, fishing-related and cruise tourism and nautical tourism) and inland waterway and lake tourism. There is also cultural tourism (which promotes Italian cultural heritage); religious tourism; nature and wildlife tourism which includes agritourism; eno-gastronomic tourism, spa and wellness tourism, sport tourism, corporate event tourism, youth tourism, "made in Italy" tourism and its industrial and manufacturing activities. There is Arts and entertainment tourism and, last but not least, tourism with pets is specifically mentioned too.

1 L'offerta turistica italiana

Qualche dato statistico ci aiuterà a capire qual è il contesto nel quale operano le imprese turistiche nel mercato interno, in quello europeo e internazionale.

TURISMO COME SETTORE STRATEGICO... Per le economie degli Stati membri dell'Unione europea il turismo è un **settore strategico** che comprende una varietà di prodotti e servizi e coinvolge diversi soggetti pubblici e privati, con competenze decentrate a livello regionale e locale.

... IN EUROPA... In Europa l'industria del turismo genera più del 5% del prodotto interno lordo e impiega oltre il 5% della forza lavoro complessiva, attraverso circa 1.800.000 imprese. Lo stesso trattato sul funzionamento dell'Unione europea (TFUE) prevede all'art. 195 che la politica dell'Unione europea completi "l'azione degli Stati membri nel settore del turismo, in particolare promuovendo la competitività delle imprese dell'Unione in tale settore".

... E IN ITALIA In Italia l'apporto di questo settore all'economia è decisamente rilevante – si attesta intorno al 10% del Pil nazionale – e negli ultimi anni ha dimostrato di soffrire meno degli effetti negativi di contrazione generale dell'economia, anche grazie a una politica di contenimento dei costi che ha comportato un aumento degli arrivi dall'estero. Sia per tale ragione, sia per le caratteristiche storiche, culturali, artistiche e paesaggistiche dell'Italia, l'interesse per il settore turistico da parte delle amministrazioni e degli investitori è notevolmente cresciuto tanto da prospettare quasi un raddoppio della sua incidenza sul Pil entro il 2020.

Per capire meglio quali sono i "numeri" del settore turistico riportiamo i dati statistici resi disponibili dall'Agenzia nazionale del turismo-Enit nel proprio sito Internet al quale rinviamo per i successivi aggiornamenti (www.enit.it).

Nella graduatoria delle destinazioni turistiche mondiali più frequentate dal turismo straniero, redatta dall'Omt (Organizzazione mondiale del turismo) o Wto (World tourism organization), nel 2014 l'Italia si è confermata al 5° posto per gli **arrivi**, mentre è scesa al 7° posto per gli introiti.

LA DESTINAZIONE ITALIA NEL CONTESTO INTERNAZIONALE

Top ten del turismo internazionale: le prime 10 destinazioni

ARRIVI INTERNAZIONALI (milioni)				INTROITI (miliardi di dollari Usa)			
	2013	2014	variazioni %		2013	2014	variazioni % moneta locale
1 Francia	83,6	83,8	+ 0,2	1 Usa	172,9	177,2	+ 2,5
2 Usa	70,0	74,8	+ 6,8	2 Spagna	62,6	65,2	+ 4,2
3 Spagna	60,7	65,0	+ 7,1	3 Francia	56,6	57,4	+ 1,5
4 Cina	55,7	55,6	− 0,1	4 Cina	51,7	56,9	+ 10,2
5 Italia*	**47,7**	**48,6**	**+ 1,8**	5 Macao (Cina)	51,8	50,8	− 1,9
6 Turchia	37,8	39,8	+ 5,3	6 Regno Unito	41,0	45,9	+ 6,2
7 Germania	31,5	33,0	+ 4,6	7 Italia*	**43,9**	**45,5**	**+ 3,7**
8 Regno Unito	31,1	32,6	+ 5,0	8 Germania	41,3	43,3	+ 4,9
9 Russia	28,4	29,8	+ 5,3	9 Thailandia	41,8	38,4	− 2,7
10 Messico	24,2	29,3	+ 21,5	10 Hong Kong (Cina)	38,9	38,4	− 1,5

* I dati utilizzati dall'Unwto per l'Italia sono della Banca d'Italia.
Fonte: Unwto World Tourism Barometer, October 2015.

Sul versante dei flussi turistici stranieri in Italia, i dati Istat indicano che la stagione 2014 ha visto crescere, rispetto al 2013, sia gli arrivi, pari a circa 51,7 milioni con un incremento del 2,8%, sia dei pernottamenti, pari a circa 186,9 milioni con un aumento dell'1,1%.
Nei primi 7 mesi del 2015 risultano in aumento sia gli arrivi (3,2%) che le presenze (2,4%), rispetto allo stesso periodo dell'anno precedente.

IL MOVIMENTO TURISTICO DEGLI STRANIERI IN ITALIA

ARRIVI E PRESENZE INTERNAZIONALI IN ITALIA					
Anno	Arrivi	Presenze	Permanenza media	Variazione % arrivi	Variazione % presenze
2008	41.796.724	161.797.434	3,9	− 2,5	− 1,0
2009	41.124.722	159.493.866	3,9	− 1,6	− 1,4
2010	43.794.338	165.202.498	3,8	+ 6,5	+ 3,6
2011	47.460.809	176.474.062	3,7	+ 8,4	+ 6,8
2012	48.738.575	180.594.988	3,7	+ 2,7	+ 2,3
2013	50.263.236	184.793.382	3,7	+ 3,1	+ 2,3
2014*	51.661.578	186.871.740	3,6	+ 2,8	+ 1,1
gennaio-luglio 2015*	30.952.367	109.528.327	3,5	+ 3,2	+ 2,4

* Dati provvisori.
Fonte: Istat

LE IMPRESE TURISTICHE NELL'ECONOMIA ITALIANA

In Italia le imprese turistiche concorrono ogni anno a produrre circa il 10% del Pil nazionale e per tale ragione, il legislatore ritiene strategico attivare politiche di crescita, promozione e sostegno atte a supportarne lo sviluppo. In linea con gli obiettivi nazionali che mirano ad innalzare la quota di contributo al Pil fino al 18% entro il 2020, negli ultimi anni lo Stato sta concentrando i propri sforzi per riorganizzare il sistema turistico in Italia al fine di renderlo più competitivo a livello internazionale e per riuscire a raggiungere le posizioni più alte delle classifiche mondiali relative alla qualità organizzativa e ricettiva del settore.

Con tale finalità, nel 2013 il governo ha presentato il primo Piano strategico per lo sviluppo del turismo intitolato "Italia 2020".

LAVORO SUL TESTO

Nel portale dell'Osservatorio nazionale del turismo (www.ontit.it) è disponibile il Piano strategico per lo sviluppo del turismo in Italia, "Turismo Italia 2020".

- **Dopo aver consultato il documento, completa la tabella indicando quali sono le linee guida individuate per il consolidamento e il rilancio della filiera turistica.**

	Linee guida del Piano strategico per lo sviluppo del turismo in Italia
1	
2	
3	
4	
5	
6	
7	

UN POTENZIALE INESPRESSO

Se consideriamo la ricchezza del suo patrimonio artistico, culturale e paesaggistico, il nostro Paese risulta fortemente penalizzato, sul piano internazionale, nelle classifiche annuali della competitività nel settore del viaggio e del turismo.

Le **cause** di questa sottovalutazione qualitativa sono molteplici:

- da una parte, pesano le lacune della normativa e la mancanza di trasparenza delle politiche attuate dai vari governi;
- dall'altra, occorre fare i conti con l'inadeguatezza delle infrastrutture relative al trasporto su strada, che non mostrano uno sviluppo eco-compatibile coerente con l'indirizzo di crescita sostenibile, dettato dalla Commissione europea e dalla World tourism organization (Wto).

IL WEF E L'INDICE DI COMPETITIVITÀ

A tal proposito sono importanti le classifiche che il **World economic forum** (Wef), un'organizzazione internazionale per la cooperazione pubblico-privato, stila con cadenza biennale, sulla base dei dati statistici pubblicati da organizzazioni internazionali e istituzioni di viaggio e turismo e di interviste con gli investitori di ciascuno dei 139 Paesi inclusi nella classifica. Al fine di elaborare un indice di competitività del settore turismo, la mappatura del Wef tiene conto dei seguenti elementi di classificazione:

- politiche e regolamenti;

- sostenibilità ambientale;
- sicurezza, sanità e igiene;
- infrastrutture del trasporto aereo e su strada;
- infrastrutture informatiche e di telecomunicazione;
- competitività dei prezzi del settore;
- risorse umane;
- preferenze per il settore viaggio e turismo;
- risorse naturali e risorse culturali.

LA POSIZIONE DELL'ITALIA

Dando uno sguardo ai dati pubblicati dal World economic forum nel suo **Rapporto 2015** (Wef Travel & Tourism Competitiveness Report), ci accorgiamo che è la Spagna a imporsi, su scala globale, al primo posto per la competitività del settore turistico; seguono la Francia e la Germania, la quale, a sua volta, è più competitiva anche degli Usa. L'Italia si trova complessivamente all'ottavo posto preceduta, tra gli altri, anche da Regno Unito, Svizzera e Australia.

Indice di competitività del settore viaggi e turismo

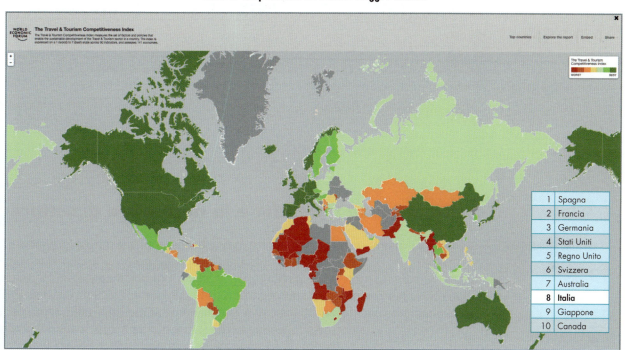

Fonte: Wef, The Travel & Tourism Competitiveness Report 2015.

PUNTI DI DEBOLEZZA

Come va interpretato il risultato dell'Italia in questa classifica 2015? L'offerta turistica del nostro Paese deve purtroppo fare i conti con diversi svantaggi: tra questi l'imposizione fiscale opprimente a carico delle imprese del settore, il peso della burocrazia e la difficoltà a contenere i prezzi.
Indubbiamente, la posizione dell'Italia nella classifica del Wef è tutt'altro che soddisfacente date le potenzialità del nostro Paese come destinazione turistica; tuttavia, vale la pena sottolineare che, nel 2013, l'edizione precedente di questo stesso rapporto sulla competitività collocava l'Italia al 26° posto e due anni prima, nel 2011, al 27°.
Tenuto conto che il nostro Paese sarebbe 5° nel mondo, considerando unicamente le **risorse naturali** e **culturali** che è in grado di offrire ai turisti, l'analisi del Wef

mette in evidenza come, complessivamente, perde posizioni in quanto, per esempio è solo 13° per quel che riguarda le infrastrutture; si colloca, addirittura, al 133° posto per quel che riguarda la competitività dei prezzi su cui incide anche il prezzo della benzina, per il quale è al 137° posto; si classifica al 120° posto in quanto a potere d'acquisto e, addirittura, al 140° posto per quel che riguarda l'efficienza della giustizia che con grandissima lentezza riesce a dare risposte alla soluzione giudiziale delle controversie.

LAVORO SUL TESTO

Il Wef Travel & Tourism Competitiveness Report è facilmente consultabile in rete all'indirizzo www.weforum.org.
Dopo aver letto attentamente i dati dell'indice di competitività relativi alla zona Europa e Caucaso (Table 2: The Travel & Tourism Competitiveness Index 2015: Europe and Caucasus), completa la seguente tabella con i valori di alcune delle voci (enabling pillars) che rientrano nella sua elaborazione.

	Ambiente economico	Ordine Sicurezza	Sanità e igiene	Risorse umane e mercato del lavoro	Infrastrutture informatiche e di telecomunicazione
Spagna					
Francia					
Germania					
Svizzera					
Italia					

② Le imprese turistiche e la normativa di settore

SETTORE STRATEGICO

Sulla base di quanto emerge dall'analisi dei dati che abbiamo finora presentato, tutte le istituzioni nazionali di riferimento hanno espresso notevole apprensione per l'andamento di un settore come quello turistico, che è indubbiamente strategico e di grande rilievo per l'economia nazionale ma, a tutt'oggi, non è riuscito a conquistare il posizionamento che dovrebbe riuscire a raggiungere sul mercato internazionale. A queste considerazioni si aggiunge il peso che il turismo ha nel mercato del lavoro proprio per l'elevato numero di occupati nelle imprese turistiche e per le innumerevoli opportunità professionali che può offrire anche in un momento di forte crisi economica. Il legislatore nazionale ha, pertanto, diverse motivazioni che lo spingono a favorire la crescita e la miglior organizzazione del comparto turistico.

COMPETENZA IN MATERIA DI TURISMO

Costituzione   In base all'art. 117 della Costituzione, la materia "turismo" rientra nella competenza delle regioni, ciononostante lo Stato, in risposta alle necessità di sviluppo, ha legittimamente disciplinato alcuni ambiti della materia, laddove essi si riconducevano a tematiche di competenza statale esclusiva o concorrente; tra questi ricordiamo le professioni, la concorrenza, il diritto alla salute, i rapporti civilistici e il coordinamento informatico e statistico.

LA "NOVITÀ DEL CODICE"

Codice del turismo   Secondo tale principio, alla fine di un percorso normativo che ha visto dapprima emanare due leggi quadro (l. 217/1983 e l. 135/2001), si è giunti all'approvazione del d.lgs. 79 del 23 maggio 2011, che, come sappiamo, contiene il codice della normativa statale in tema di ordinamento e mercato del turismo (Allegato I al d.lgs. 79/2011). Il **codice del turismo** viene emanato per soddisfare esigenze legislative di valorizzazione, sviluppo e competitività del settore, a livello internazionale, e di riordino e unitarietà dell'offerta turistica nazionale. Oltre ad abrogare una serie di norme, tra cui la precedente legge quadro, l. 135/2001, il codice ha introdotto diverse innovazioni che riguardano le **imprese**, le **professioni** e l'**offerta turistica**. In primo luogo, contiene una nuova, più estesa, definizione di imprese turistiche.

Sono **imprese turistiche** tutte quelle che esercitano attività di produzione, commercializzazione, intermediazione e gestione dei prodotti e servizi turistici, ivi incluse le strutture ricettive, le agenzie turistiche e di viaggio e tutte le imprese che concorrono a formare i sistemi turistici locali (art. 4). La peculiarità introdotta dall'articolo in questione è l'equiparazione delle imprese turistiche a quelle industriali ai fini dell'accesso ai contributi, sovvenzioni e agevolazioni a esse riservate. La norma si estende anche alle imprese turistiche senza scopo di lucro (come le associazioni dedicate al turismo giovanile, religioso, assistenziale o sociale).

La sentenza della Corte costituzionale

Considerata la rilevanza dell'intervento attuato dallo Stato per mezzo del codice del turismo in una materia di competenza esclusiva delle regioni, Puglia, Toscana, Umbria e Veneto hanno presentato **istanza di illegittimità** presso la Corte costituzionale che si è pronunciata in suo parziale accoglimento.

Con sentenza n. 80 del 2 aprile 2012, la Corte costituzionale ha dichiarato l'illegittimità di 19 articoli del codice o di parte di essi, delimitandone il campo di azione e ridimensionandone la funzione innovatrice. In sintesi, il problema che era stato sollevato dalle regioni era che lo Stato, nel cercare di semplificare il sistema normativo abrogando leggi ormai superate, era andato a invadere delle materie che, in base all'art.117 della Costituzione, non erano di sua competenza, travalicando la delega legislativa prevista dall'art. 14 della legge 246/2005 che consentiva solo il riordino delle leggi esistenti in materia di turismo.

Come sappiamo, nella sua versione originaria il codice del turismo si componeva di 69 articoli. Con riferimento ai temi di questa sezione, sono stati oggetto dell'intervento della Corte costituzionale i seguenti ambiti: le professioni turistiche e la relativa formazione, il mercato del turismo, le agenzie di viaggio e turismo, i prodotti turistici e i circuiti di eccellenza; per un maggiore approfondimento rimandiamo alla tabella riepilogativa che puoi consultare online.

Inoltre, la sentenza n. 80/2012 della Corte costituzionale ha dichiarato l'incostituzionalità dell'articolo 1, limitatamente alle parole "necessarie all'esercizio unitario delle funzioni amministrative" e "ed altre norme in materia" e degli articoli 2 e 3. Quali sono state le conseguenze della pronuncia della Corte costituzionale?

Sicuramente un vuoto normativo, posto che l'art. 3 del d.lgs. 79/2011 ha abrogato quasi interamente la precedente normativa di settore, nonché una minore efficacia della finalità innovativa e unificatrice della normativa. Tuttavia, successivamente alla sentenza, le regioni hanno emanato o modificato proprie leggi in materia turistica andando a colmare, seppur a livello locale, il vuoto creatosi.

Nel paragrafo che segue, così come nelle successive unità, andremo ad analizzare quanto originariamente previsto dal codice del turismo, *evidenziando che cosa è rimasto in vigore e quali aspetti andranno invece ricercati nelle singole leggi regionali o nei successivi interventi normativi statali.*

③ Le tipologie di prodotti turistici

Il turismo ha, per sua natura, un legame molto stretto con il territorio in cui si sviluppa, con i luoghi e i loro abitanti; per questo motivo, il settore turistico impone un coinvolgimento diretto dei governi e delle amministrazioni locali, nonché la necessità di prevedere adeguate norme che tutelino il territorio, salvaguardino e promuovano la cultura, valorizzando il rapporto tra operatori del settore e fruitori dei servizi turistici. Proprio per la molteplicità degli interessi in gioco, che sono sia pubblici sia privati, la normativa di settore vede intrecciarsi norme di diritto pubblico e amministrativo, a norme di natura privatistica.

Un esempio esplicativo di quanto sopra esposto lo troviamo nel titolo V del codice del turismo (toccato in minima parte dalla pronuncia della Consulta). L'art. 22 definisce le tipologie di prodotti turistici e i relativi circuiti nazionali di eccellenza. Con questa norma il legislatore ha voluto superare la frammentazione dell'offerta turistica, promuovendo i cosiddetti circuiti nazionali di eccellenza.

CIRCUITI NAZIONALI DI ECCELLENZA

I **circuiti nazionali di eccellenza** sono itinerari finalizzati a creare un'offerta tematica idonea a soddisfare le molteplici esigenze dei turisti italiani e stranieri, e corrispondono a contesti turistici omogenei o rappresentano realtà analoghe che costituiscono eccellenze italiane e itinerari tematici in tutto il territorio nazionale.

L'**obiettivo** non dichiarato, ma che possiamo dedurre dalla definizione contenuta nell'art. 22 cod. tur., è quello di *adeguare l'offerta turistica alle esigenze del viaggiatore*. In altre parole, con l'introduzione di circuiti di eccellenza si vuole promuovere un'offerta turistica italiana più rispondente a quel modo **più moderno** di fare turismo, che va alla ricerca di nuovi stimoli e nuove motivazioni; in questa dimensione i circuiti nazionali divengono così veri e propri prodotti turistici *made in Italy*.

Il codice del turismo rimanda la definizione dei circuiti nazionali di eccellenza, dei percorsi, dei prodotti e degli itinerari tematici omogenei, che collegano regioni diverse lungo tutto il territorio nazionale, a un successivo decreto del presidente del consiglio dei ministri che deve essere adottato di concerto con i ministri degli affari esteri, dell'ambiente e della tutela del territorio e del mare, dello sviluppo economico, per i beni e le attività culturali, delle politiche agricole alimentari e forestali, della gioventù e per le politiche europee, ovviamente d'intesa con la conferenza permanente per i rapporti tra lo Stato, le regioni e le province autonome di Trento e di Bolzano. Con la legge di conversione 35/2012 del d.l. 5/2012 intitolato "Misure urgenti in materia di semplificazione e sviluppo", l'art. 22 del codice del turismo è stato modificato integrandovi la **promozione di forme di turismo accessibile**, che deve essere realizzata mediante accordi con le principali imprese turistiche operanti nei territori interessati attraverso pacchetti a condizioni vantaggiose per i giovani, gli anziani e le persone con disabilità.

CONTESTI TURISTICI OMOGENEI

Nello stesso articolo 22, il codice del turismo individua i **contesti turistici omogenei** ai fini della creazione di prodotti turistici legati a circuiti nazionali di eccellenza per aree geografiche e aree tematiche:

- turismo della montagna;
- turismo del mare;

- turismo dei laghi e dei fiumi;
- turismo della cultura;
- turismo religioso;
- turismo della natura e faunistico;
- turismo dell'enogastronomia;
- turismo termale e del benessere;
- turismo dello sport e del golf;
- turismo congressuale;
- turismo giovanile;
- turismo del *made in Italy* e della relativa attività industriale e artigianale;
- turismo delle arti e dello spettacolo.

L'art. 22 c. 3 del codice del turismo attribuisce al presidente del consiglio dei ministri il compito di *promuovere i circuiti nazionali di eccellenza nel contesto nazionale e internazionale*, con il coinvolgimento degli enti locali, delle regioni, delle associazioni di categoria e dei soggetti pubblici e privati interessati che concorrono alla formazione dell'offerta.

FUNZIONI DI
PROMOZIONE
E CONTROLLO

Sistemi turistici locali   Sempre in tema di sviluppo e collaborazione tra enti pubblici e soggetti privati interessati al fine di una *governance* del territorio a finalità turistica, l'art. 23 del codice del turismo, dichiarato incostituzionale ai c. 1 e 2 per aver travalicato la competenza delle regioni sul punto, definiva i Sistemi turistici locali come i contesti turistici omogenei o integrati, comprendenti ambiti territoriali appartenenti anche a regioni diverse, caratterizzati dall'offerta integrata di beni culturali, ambientali e di attrazioni turistiche, compresi i prodotti tipici dell'agricoltura e dell'artigianato locale, o dalla presenza diffusa di imprese turistiche singole o associate.

I sistemi turistici locali (Stl), già previsti dalla precedente l. 135/2001, sono stati realizzati in molte regioni e la loro previsione si trova in numerose leggi regionali. Il "fare sistema" prevede un insieme di attività coordinate tra loro e connesse con il territorio; si caratterizza per l'omogeneità e l'integrazione dell'offerta; i soggetti che possono dare vita a questi sistemi sono sia gli enti locali sia i soggetti privati e le imprese in sinergia e collaborazione tra loro.

LAVORO SUL TESTO

Come abbiamo spiegato, un Sistema turistico locale si caratterizza per l'offerta turistica omogenea e integrata; partendo dal territorio in cui vivi prova a fare una ricerca in rete per individuare quali sono i sistemi turistici locali presenti nella tua regione o in un'altra regione che ti interessa particolarmente.

- **Dopo esserti documentato, compila la seguente tabella riepilogativa.**

Area geografica	....
Soggetti coinvolti	....
Elementi dell'offerta turistica integrata (beni ambientali, culturali, prodotti tipici ecc.)	....
Riferimenti normativi	....
Ricordiamo che i riferimenti normativi vanno ricercati nei Bollettini ufficiali delle regioni.	

ESEMPIO Il Sistema turistico locale del Genovesato comprende la fascia costiera della provincia di Genova, dal comune di Arenzano al comune di Sori con il relativo entroterra; il Sistema turistico locale Eleonora d'Arborea coincide quasi integralmente con i confini della provincia di Oristano.

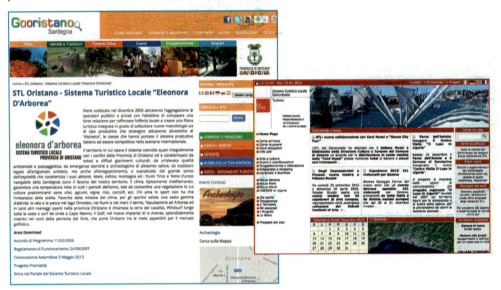

TIPI DI PRODOTTI NEL CODICE DEL TURISMO

Tipologie di prodotti Approfondiamo quali sono i "contenuti" che corrispondono alle tipologie di **prodotti turistici** di cui il codice del turismo ci fornisce maggiori dettagli.

TURISMO DEL MARE

Il **turismo del mare** ha avuto grande evoluzione e, oggi, ha un forte impatto sia a livello di offerta, sia per il suo peso economico. Ciò ha fatto sì che esso potesse sviluppare al suo interno diverse attività, diventando ancora più fruibile e diversificato; vi rientrano:

- il **charter nautico**, *cioè il noleggio, con o senza skipper, di diversi tipi di imbarcazioni*, che vanno dal gommone al catamarano fino ad arrivare agli yacht e superyacht;
- il **diving**, o **turismo subacqueo**, *che vede coinvolti tour operator specializzati, scuole di subacquea e club*;
- il **pescaturismo** e l'**ittiturismo**, di cui parleremo più approfonditamente nella prossima unità;
- il **turismo crocieristico**, *che impiega motonavi di dimensioni medio-grandi, i cui clienti vengono intrattenuti, a bordo, con strutture di tipo sportivo e ricreativo e, a terra, con visite ai luoghi di richiamo turistico previsti dal pacchetto vacanza.*

TURISMO NAUTICO

Il **turismo nautico** comprende i contratti di locazione, noleggio di unità da diporto e ormeggio, che abbiamo studiato nella sezione D; l'art. 31 del codice del turismo prevede che, sempre nel rispetto della normativa statale in materia di tutela dell'ambiente e del patrimonio culturale e dei regolamenti di fruizione delle aree naturali protette, *la realizzazione delle strutture di interesse turistico-ricreativo dedicate alla nautica da diporto non necessita di alcun ulteriore titolo abilitativo edilizio e demaniale*, ferma restando la quantificazione del canone in base alla superficie occupata. Sono comunque fatte salve le competenze regionali in materia di demanio marittimo, lacuale e fluviale.

Si specifica, poi, che nelle suddette strutture dedicate alla nautica da diporto (disciplinate dall'art. 2 c. 1 lett. c del regolamento di cui al d.p.r. 2 dicembre 1997 n. 509) sono compresi i *pontili galleggianti a carattere stagionale.*

Al **turismo della cultura** sono dedicati gli artt. 24 e 25 del codice del turismo, che prevedono *iniziative di promozione turistica volte alla valorizzazione del patrimonio storico-artistico, archeologico, architettonico e paesaggistico italiano*, utilizzando le risorse umane e strumentali disponibili, senza nuovi e ulteriori oneri per la finanza pubblica.

TURISMO CULTURALE

Per il raggiungimento di questi obiettivi vengono individuati strumenti di **programmazione negoziale** volti a:

a) *promuovere*, in chiave turistica, *iniziative di valorizzazione del patrimonio storico-artistico, archeologico, architettonico e paesaggistico presente sul territorio italiano*, con particolare attenzione ai borghi, ai piccoli comuni e a tutte le realtà minori che ancora non hanno conosciuto un'adeguata valorizzazione del proprio patrimonio a fini turistici;

b) *garantire che il predetto patrimonio sia completamente accessibile al pubblico dei visitatori*, anche al fine di incrementare i flussi turistici, in particolare dall'estero, di incrementare gli introiti e di destinare maggiori risorse al finanziamento degli interventi di recupero e di restauro del patrimonio stesso;

c) *assicurare l'effettiva fruibilità*, da parte del pubblico dei visitatori, in particolare di quelli stranieri, del predetto patrimonio attraverso la predisposizione di materiale informativo redatto *obbligatoriamente* nelle lingue inglese, francese e tedesco, e, preferibilmente, in lingua cinese.

Il **turismo della natura e faunistico** fa riferimento a quelle imprese turistiche che svolgono attività di **agriturismo**. Questa tipologia turistica è disciplinata dall'art. 29 del codice del turismo che, nel richiamare l'art. 3 del d.lgs. 18 maggio 2001 n. 228 e la legge 20 febbraio 2006 n. 96, precisa che il turismo della natura comprende le *attività di ospitalità, ricreative, didattiche, culturali e di servizi finalizzate alla corretta fruizione e alla valorizzazione delle risorse naturalistiche, del patrimonio faunistico e acquatico.*

TURISMO DELLA NATURA E FAUNISTICO

Il **turismo termale e del benessere** è disciplinato dall'art. 28 del codice del turismo, che richiama espressamente la legge quadro di settore 24 ottobre 2000 n. 323. Questa legge ha avuto il merito di riconoscere il **contenuto sanitario** delle prestazioni termali, individuando nel turismo termale il compito di "assicurare il mantenimento e il ripristino dello stato di *benessere psico-fisico*" dei cittadini. All'art. 1, troviamo la definizione di "**cure termali**", intese come "cure che utilizzano acque termali, o loro derivati, aventi *riconosciuta efficacia terapeutica* per la tutela globale della salute nelle fasi della prevenzione, della terapia e della riabilitazione delle diverse patologie" che ne richiedano l'impiego.

TURISMO TERMALE E DEL BENESSERE

Tali cure termali devono essere erogate, quindi, in apposite strutture, i cosiddetti **stabilimenti termali**, che il più delle volte si trovano annessi ad alberghi, istituti termali o case di cura autorizzati. La legge specifica, inoltre, che i termini "terme", "termale", "acqua termale", "fango termale", "idrotermale", "idrominerale", "thermae", "spa" sono utilizzati esclusivamente con riferimento alle fattispecie aventi riconosciuta efficacia terapeutica.

La legge quadro dà poi disposizioni per la promozione e la riqualificazione del

Un gruppo di turisti si reca in vacanza in Sicilia nel mese di luglio. Alcuni desiderano visitare la Valle dei templi di Agrigento. Altri sognano, esclusivamente, le bellissime spiagge incontaminate delle isole Eolie, altri invece preferiscono le terme segestane di Castellamare del Golfo. Infine, un piccolo gruppo intende andare alla scoperta degli ecosistemi del Parco dell'Etna.

• **Individua i prodotti turistici richiesti e descrivine i tratti essenziali.**

patrimonio idrotermale, anche ai fini della valorizzazione delle risorse naturali, ambientali e culturali dei *territori termali*, cioè dei comuni nei quali sono presenti una o più concessioni minerarie per acque minerali e termali.

TURISMO CON ANIMALI AL SEGUITO

Un ulteriore settore turistico individuato dal codice del turismo è quello **con animali al seguito**. In relazione a quest'ultimo, il legislatore prevedeva all'art. 30 c.1 che, al fine di aumentare la *competitività del settore* e l'offerta dei servizi turistici a favore dei visitatori nazionali e internazionali, lo Stato, con la collaborazione degli enti locali, degli operatori turistici e delle associazioni di settore, promuovesse ogni iniziativa volta ad agevolare e favorire l'accesso ai servizi pubblici e nei luoghi aperti al pubblico dei turisti con animali domestici al seguito.

Questa parte dell'art. 30 è stata dichiarata incostituzionale, mentre il secondo comma è rimasto in vigore, pertanto lo Stato promuove la fattiva collaborazione tra le autonomie locali, gli enti pubblici, gli operatori turistici e le associazioni di tutela del settore.

Distretti turistici   In aggiunta alle disposizioni di legge del codice del turismo, il governo ha introdotto, con il d.l. 13 maggio 2011 n. 70, convertito in legge con l. 106/2011, cosiddetto "decreto sviluppo", un nuovo strumento per favorire il miglioramento qualitativo dell'offerta turistica. Si prevede la possibilità di costituire, nei territori costieri, i **distretti turistici**.

I **distretti turistici** possono essere istituiti su richiesta delle imprese operanti nel settore al fine di valorizzare a livello nazionale e internazionale l'offerta turistica e l'immagine delle aree territoriali coinvolte, e incrementare l'efficienza dell'organizzazione e della produzione dei servizi turistici erogati.

Le regioni sono responsabili dell'individuazione delle aree geografiche di interesse strategico per la creazione dei distretti e della valutazione delle richieste di creazione di tali reti di imprese.
Oltre a uno snellimento degli adempimenti amministrativi, i distretti turistici godono di alcune semplificazioni e agevolazioni fiscali, di cui già si avvalgono gli altri distretti industriali.
Permettendo alle aziende di aggregarsi il distretto offre i seguenti vantaggi:

• la riduzione del rischio connaturato all'attività delle piccole e medie imprese;
• un più facile accesso al credito;
• la possibilità di migliorare e ammodernare le strutture turistiche esistenti.

| **L'OFFERTA TURISTICA ITALIANA** | Per il nostro Paese il turismo è un **settore strategico** che:
• comprende una varietà di prodotti e servizi
• coinvolge soggetti pubblici e privati, con competenze decentrate a livello regionale e locale |

| **LE IMPRESE TURISTICHE** | In base all'art. 4 cod. tur. sono imprese turistiche quelle che esercitano le seguenti attività:
• produzione di prodotti e servizi turistici
• commercializzazione e intermediazione di prodotti e servizi turistici
• gestione di prodotti e servizi turistici
Rientrano in questo ambito: |

- le strutture ricettive
- le agenzie turistiche e di viaggio
- le imprese che concorrono a formare i Sistemi turistici locali

| **LE TIPOLOGIE DI PRODOTTI TURISTICI** | • I **circuiti nazionali di eccellenza** sono itinerari che:
  – hanno la finalità di creare un'offerta tematica adatta alle esigenze dei turisti italiani e stranieri
  – corrispondono a contesti turistici omogenei o a realtà che costituiscono eccellenze italiane
• I **contesti turistici omogenei** (art. 22 cod. tur.) servono a creare prodotti turistici in relazione ad aree geografiche o tematiche
• I principali sono: |

- TURISMO DEL MARE
- TURISMO CULTURALE
- TURISMO DELLA NATURA E FAUNISTICO
- TURISMO TERMALE E DEL BENESSERE

- I **Sistemi turistici locali** sono contesti turistici omogenei o integrati che:
  - comprendono ambiti territoriali appartenenti anche a regioni diverse
  - si caratterizzano per l'offerta integrata di beni culturali, ambientali e di attrazioni turistiche, compresi i prodotti tipici dell'agricoltura
- I **distretti turistici** sono organismi che mirano a:
  - valorizzare a livello nazionale e internazionale l'offerta turistica e l'immagine delle aree territoriali coinvolte
  - incrementare l'efficienza dell'organizzazione e della produzione dei servizi turistici erogati

Verifica delle conoscenze

VERO O FALSO

Indica se le seguenti affermazioni sono vere o false.

1 Il trattato Fue prevede all'art. 195 che la politica dell'Unione deve completare l'azione degli Stati membri nel settore del turismo ⬚V ⬚F

2 Il posizionamento del nostro Paese nelle classifiche di competitività del turismo risente dell'inadeguatezza delle infrastrutture di trasporto, soprattutto in alcune aree ⬚V ⬚F

3 Il codice del turismo non contiene norme riguardanti la commercializzazione di prodotti turistici ⬚V ⬚F

4 La sentenza n. 80/2012 della Corte costituzionale ha dichiarato l'illegittimità di 15 articoli del codice del turismo ⬚V ⬚F

5 Il turismo dell'enogastronomia è uno dei contesti omogenei individuati dalle norme del codice del turismo ⬚V ⬚F

6 Un Sistema turistico locale può comprendere il territorio di più regioni ⬚V ⬚F

7 I distretti turistici hanno l'obiettivo di valorizzare l'offerta del territorio a livello nazionale e internazionale ⬚V ⬚F

8 Nel turismo nautico rientrano i contratti di locazione, noleggio di unità da diporto e ormeggio ⬚V ⬚F

9 I singoli comuni possono individuare le aree geografiche di interesse strategico per la creazione dei distretti turistici ⬚V ⬚F

10 Il turismo della natura comprende anche le attività didattiche finalizzate alla corretta fruizione e alla valorizzazione delle risorse naturalistiche ⬚V ⬚F

CORRISPONDENZE

Metti in relazione gli elementi del primo gruppo con quelli del secondo.

1 Sono itinerari finalizzati a creare un'offerta tematica omogenea

2 Si caratterizzano per un'offerta integrata di beni culturali, ambientali e di attrazioni turistiche, compresi i prodotti tipici

3 Vengono istituiti su richiesta delle aziende turistiche in un determinato territorio

4 Vi rientrano anche le attività di agriturismo

5 Sono responsabili di individuare le aree adatte alla creazione di distretti turistici

a Sistemi turistici locali

b distretti turistici

c regioni

d circuiti nazionali di eccellenza

e turismo della natura

1	2	3	4	5

Verifica delle abilità

Completa lo schema.

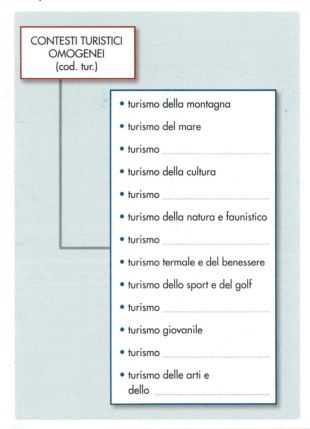

CONTESTI TURISTICI OMOGENEI (cod. tur.)

- turismo della montagna
- turismo del mare
- turismo ....
- turismo della cultura
- turismo ....
- turismo della natura e faunistico
- turismo ....
- turismo termale e del benessere
- turismo dello sport e del golf
- turismo ....
- turismo giovanile
- turismo ....
- turismo delle arti e dello ....

CACCIA ALL'ERRORE

Individua e correggi le parole errate.

1 L'imposizione fiscale rappresenta un vantaggio per l'offerta turistica italiana sul mercato internazionale ....

2 Un Sistema turistico locale riguarda i territori di una stessa regione ....

3 Il turismo termale non ha un contenuto sanitario riconosciuto dalla legge ....

4 I distretti turistici vengono istituiti su richiesta dei comuni coinvolti ....

5 In base all'art. 6 cod. tur. le imprese turistiche esercitano attività di produzione, commercializzazione e intermediazione di prodotti e servizi turistici ....

QUESITI A RISPOSTA SINGOLA

Rispondi utilizzando non più di 4 righe.

1 Il *turismo termale* viene riconosciuto dal sistema sanitario?

2 Quali attività sono comprese nel *turismo del mare*?

3 Quali strumenti di programmazione possono essere utilizzati nel *turismo culturale*?

4 *What characterizes* nautical tourism?

5 *What are the* "national tracks of excellence"?

6 *What characterizes* nature and wildlife tourism?

In questa unità abbiamo approfondito i contenuti dell'offerta turistica nel nostro Paese, con riferimento ai diversi prodotti turistici previsti dalle norme vigenti: circuiti nazionali di eccellenza, contesti turistici omogenei, Sistemi turistici locali. Questi temi possono offrire numerosi spunti per una "ricerca sul campo" da svolgere attraverso l'analisi del territorio.

1 – Identificazione dei compiti

Si divide la classe in piccoli gruppi; ciascun gruppo individua, con riferimento alla propria regione o a un'altra regione scelta in base alle esperienze o agli interessi personali dei componenti, un particolare contenuto turistico (turismo religioso, termale, enogastronomico, del mare ecc.), o un circuito nazionale di eccellenza oppure un Sistema turistico locale.

2 – Ricerca delle fonti

Si individua la normativa vigente e, con una ricerca in rete, si raccolgono tutti i dati e le informazioni riguardanti l'attuazione di quel particolare contenuto turistico.

3 – Presentazione dei risultati

Ciascun gruppo elabora una presentazione in ppt che servirà per animare un confronto tra le varie realtà.

Unità 29
L'impresa turistica

Unit *by* Unit

In Unit 29 you will focus on the tourism business. Then you will study the "hospitality sector" that encompasses tourist accommodation services. The hospitality sector is divided into four groups:
1) hotels, and semi-hotel;
2) non hotel;
3) outdoor accommodation;
4) other support accommodation.
Regarding administrative regulations, tourism operators can start a business simply by presenting a certified report of activities at the Relevant Office. The "operating license for accommodation business" also includes a license for serving food and beverage to people not staying in the structure and for activities related to wellness and conference organisation. You will also study the area of agritourism and agriculture. Then, you will examine travel and tourist agencies, which are businesses engaged in the production, organization and brokerage of travel, accommodation and all other types of tourist service for the consumer, offering accommodation or assistance services, both directly and/or indirectly to the general public.
Lastly, you will also examine aspects of tax law, of the rules on processing of personal data and safety at work and regulations regarding the quality of tourist services offered.

 L'impresa turistica

Per quali ragioni il legislatore ha previsto norme speciali per l'impresa turistica? La definizione di impresa turistica contenuta nel codice del turismo appartiene al diritto pubblico o privato? E ancora, la potestà legislativa in tema di impresa turistica spetta allo Stato o alle regioni? I procedimenti amministrativi relativi alle attività turistiche sono di competenza dello Stato o delle regioni? Cerchiamo di trovare le risposte.

PRIMA DEL 2001   Prima della riforma costituzionale del 2001 la Costituzione considerava "turismo e industria alberghiera" come materia di competenza legislativa regionale nei limiti della competenza statale: la legge dello Stato dettava le norme di principio cui le regioni dovevano attenersi nell'emanare le proprie leggi. In tale contesto vennero emanate le precedenti **leggi quadro** del settore:

- la l. 217/1983, che circoscriveva la nozione di impresa turistica alle **sole** strutture ricettive;
- la l. 135/2001, che ampliava la nozione di impresa turistica includendovi, oltre alle strutture ricettive, tutte quelle imprese la cui attività **concorre** alla formazione dell'offerta turistica, *ovvero è finalizzata a soddisfare i bisogni del turista, facendo così rientrare nell'impresa turistica anche le agenzie di viaggio e i tour operator.*

A seguito della riforma del titolo V della Costituzione (con legge costituzionale 3/2001), nel testo dell'art. 117 Cost. riformato, il turismo *non compare più né tra le materie di competenza esclusiva dello Stato* (c. 2), *né tra le materie di competenza concorrente* (c. 3).

> Il **turismo** viene fatto rientrare tra le **materie residuali** (non nominate) del c. 4, secondo il quale "spetta alle Regioni la potestà legislativa in riferimento ad ogni materia non espressamente riservata alla legislazione dello Stato".

Tuttavia, non bisogna dimenticare che per le norme che regolano il turismo, così come per ogni altra materia di competenza regionale, oltre ai vincoli posti dai principi costituzionali (per esempio in materia di libera iniziativa economica, art. 41 Cost.) e dall'ordinamento comunitario (per esempio in tema di libertà di stabilimento delle imprese e della libera prestazione dei servizi all'interno dell'Unione europea), **ulteriori vincoli** sono posti dal diritto interno (per esempio per quanto riguarda il diritto privato e la pubblica sicurezza). Pertanto, occorre ricordare che in materia di turismo restano di competenza della legislazione statale rilevanti ambiti disciplinari.

Anche in tema di impresa turistica si devono considerare fonti normative di **diverso grado** e **competenza**.

La disciplina dell'impresa turistica costituisce uno degli assi portanti del settore. Esaminiamo la definizione di impresa turistica contenuta nel **codice del turismo** (quale Allegato al d.lgs. 79/2011), che ha abrogato le precedenti leggi quadro citate qui sopra.

> Sono **imprese turistiche** quelle che esercitano attività economiche, organizzate per la produzione, la commercializzazione, l'intermediazione e la gestione di prodotti, di servizi, tra cui gli stabilimenti balneari, di infrastrutture e di esercizi, compresi quelli di somministrazione facenti parte dei sistemi turistici locali, concorrenti alla formazione dell'offerta turistica (art. 4 cod. tur.).

Come possiamo notare, nel dare la definizione di impresa turistica il legislatore ha usato una **nozione ampia**, *tesa a comprendere nel concetto di impresa non solo le attività ricettive ma anche quelle a esse connesse* (le agenzie di viaggio e turismo e i tour operator), in quanto considerate concorrenti alla formazione dell'offerta e alla soddisfazione del cliente.

Le imprese turistiche, pertanto, comprendono:

- le strutture ricettive;
- tutte le altre attività di intermediazione, o comunque di produzione o di commercializzazione, dei prodotti turistici che a queste sono collegate.

La definizione dell'art 4 cod. tur. pone le basi per la regolamentazione pubblicistica del comparto imprenditoriale turistico e delimita l'ambito di applicazione di una complessa disciplina di diritto pubblico, dettata al fine di salvaguardare interessi pubblici di natura economica e non, quali per esempio l'igiene e la sicurezza pubblica.

La normativa prevede **particolari adempimenti** da parte dei soggetti che vogliano intraprendere un'attività imprenditoriale nel settore del turismo e **controlli** da parte dell'autorità amministrativa, nonché la possibilità di accedere alle agevolazioni fiscali e ai finanziamenti stabiliti dallo Stato per il rilancio del settore turistico.

Quindi, è bene tenere presente che l'imprenditore turistico è destinatario:

- delle norme di carattere pubblicistico, contenute nel codice del turismo;
- di quelle di carattere amministrativo, presenti nelle leggi regionali;
- della normativa civilistica di competenza dello Stato, al pari degli altri imprenditori.

Infatti, la definizione di impresa turistica fornita nell'art. 4 cod. tur. implica un'**equiparazione** della figura dell'imprenditore turistico agli imprenditori che operano in settori diversi. Di conseguenza, per quanto concerne la **definizione civilistica** di imprenditore turistico occorre fare riferimento alla *nozione* generale fornita dall'art. 2082 del codice civile:

> è **imprenditore** chi "esercita professionalmente un'attività economica organizzata al fine della produzione o dello scambio di beni o di servizi".

Come abbiamo già avuto modo di studiare (Sezione E), nell'art. 2082 troviamo indicate le **condizioni essenziali** per diventare imprenditore:

- la professionalità;
- l'organizzazione;
- la produttività e l'esercizio di un'attività economica.

PROFESSIONALITÀ

Il primo requisito, la **professionalità**, *implica che l'attività debba essere esercitata in maniera abituale e non sporadica oppure occasionale.* "Esercizio dell'attività in modo abituale" non significa che questa debba essere svolta senza interruzione alcuna: ai sensi dell'art. 2082, infatti, *l'attività può essere esercitata anche per periodi di tempo limitati purché ripetuta in modo abituale.* Perché sia rispettato il requisito dell'abitualità è pertanto necessario che l'attività venga svolta con continuità, sia pure per periodi limitati di tempo e non in maniera occasionale o per hobby.

ESEMPIO Sono imprenditori anche i gestori degli stabilimenti balneari e, comunque, quelli che si dedicano ad attività stagionali.

ORGANIZZAZIONE

Il secondo requisito richiesto è che l'attività venga esercitata in maniera organizzata. L'**organizzazione** *implica l'impiego coordinato, da parte dell'imprenditore, di una serie di fattori produttivi quali beni, capitali e persone strumentali all'esercizio.*

ESEMPIO Rientrano nella categoria degli imprenditori turistici i gestori di villaggi turistici, in quanto sono dotati della struttura e dell'organizzazione richiesta. Invece, non possono essere considerati imprenditori turistici gli affittacamere occasionali, o gli esercenti attività di gestione di case o appartamenti vacanze, dato che non sono muniti delle strutture organizzative tipiche dell'impresa e la loro attività si limita alla pura e semplice locazione a terzi dei beni immobili.

ECONOMICITÀ E PRODUTTIVITÀ

Perché si possa parlare di attività imprenditoriale è, inoltre, necessario che essa risponda a criteri di **economicità** e **produttività**. Ciò significa che *l'attività deve essere svolta in modo tale da creare nuova ricchezza* attraverso la produzione di nuovi beni o l'aumento del valore di quelli esistenti così da consentire all'imprenditore di ottenere ricavi sufficienti a coprire i costi sostenuti e, se possibile, garantirsi un margine di utile.

Le imprese turistiche sono **equiparate a quelle industriali** anche dall'art. 4 c. 3 cod. tur. e, come abbiamo visto nella Sezione A, questo articolo riconosce anche alle imprese turistiche le sovvenzioni, le agevolazioni, gli incentivi e gli altri benefici previsti dalle norme vigenti per l'industria.

L'art. 4 c. 4 cod. tur. ribadisce il **principio di reciprocità**, già previsto dall'art. 7 c. 7 della precedente legge quadro sul turismo (l. 135/2001).

Secondo tale principio, le imprese turistiche non appartenenti ai Paesi membri dell'Unione europea (**imprese extracomunitarie**) *possono stabilirsi in Italia per esercitare le loro attività*, ma tale concessione è subordinata alla **condizione di reciprocità**, *cioè a condizione che tale autorizzazione sia concessa anche agli imprenditori italiani nei Paesi esteri di provenienza delle imprese extracomunitarie*. Pertanto, prima del rilascio della concessione a un'impresa turistica estera, si dovrà verificare se, nello Stato di appartenenza dell'impresa richiedente, sia riconosciuto agli imprenditori italiani il medesimo diritto a ottenere tale concessione.

Le imprese no profit nel settore turistico

L'art. 5 cod. tur. **estende** la possibilità di esercitare l'impresa turistica anche alle associazioni senza scopo di lucro, individuandole come quelle "associazioni che *operano nel settore del turismo giovanile e per finalità ricreative, culturali, religiose, assistenziali o sociali*".
Per queste associazioni la norma in esame prevede la facoltà di svolgere attività economiche organizzate per la produzione, la commercializzazione, l'intermediazione e la gestione di prodotti e servizi turistici, a condizione che tali attività siano rivolte **esclusivamente** ai propri associati.
Occorre domandarsi se le "associazioni senza scopo di lucro" cui fa riferimento l'art. 5 comprendano solo le associazioni riconosciute (come il Touring club italiano, l'Associazione alberghi della gioventù ecc.), la cui costituzione presuppone l'esistenza di un atto costitutivo e un regolamento dell'ente, oppure se, invece, vi si debbano far rientrare anche quelle non riconosciute nonché quelle di utilità sociale (Onlus). Dato che il testo del codice non fa alcun riferimento a questa problematica, ci induce a ritenere che la norma debba essere interpretata nel senso che *nel concetto di associazioni senza scopo di lucro debbano essere ricomprese sia le associazioni senza scopo di lucro, sia quelle di utilità sociale*.
Tutte le associazioni in questione devono assicurare il rispetto dei diritti del turista salvaguardati dall'ordinamento internazionale e dell'Unione europea (art. 5 c. 2 cod. tur.).

LAVORO SUL TESTO

Dopo aver letto l'approfondimento sulle misure previste dal "decreto cultura" proviamo a scoprire quali delle misure di intervento previste hanno trovato effettiva realizzazione nella realtà operativa.

1 – Identificazione del campo di ricerca
Si divide la classe in piccoli gruppi; ciascun gruppo sceglie, come tema della propria ricerca, una delle misure elencate (credito di imposta per la digitalizzazione, per l'ammodernamento delle strutture alberghiere, per abbattimento delle barriere architettoniche ecc.).

2 – Ricerca delle fonti
Il punto di partenza può essere il sito del Ministero dei beni e delle attività culturali e del turismo (www.beniculturali.it): nella pagina "turismo" troviamo sotto il titolo "In evidenza" tutti i documenti utili agli operatori professionali del settore, riguardanti l'azione del ministero e le misure di incentivo disponibili. Poi, ciascun gruppo continuerà la ricerca nei siti delle associazioni di categoria, delle camere di commercio con particolare riferimento alla propria regione e al proprio territorio.

3 – Presentazione
Ciascun gruppo elabora uno schema/una presentazione in ppt dei risultati della ricerca per condividerli con la classe.

Le norme speciali per l'impresa turistica

Appartenere alla categoria delle imprese turistiche significa essere destinatari di **norme speciali**. Quali norme statali sono intervenute di recente prevedendo particolari disposizioni a favore delle imprese turistiche? Le imprese turistiche sono i soggetti a cui si rivolgono le norme emanate dal d.l. 83/2014 (convertito in legge 29 luglio 2014 n. 106), cosiddetto "decreto cultura". La normativa, che contiene "Disposizioni urgenti per la tutela del patrimonio culturale, lo sviluppo della cultura e il rilancio del turismo", introduce **novità** significative nell'intero settore che hanno una ricaduta, **diretta** o **indiretta**, per le imprese turistiche; vediamo quali:

- l'**art bonus**, che prevede la deducibilità del 65% delle donazioni devolute per il restauro di beni culturali pubblici, le biblioteche e gli archivi e per gli investimenti a favore del cinema, delle fondazioni lirico-sinfoniche e dei teatri pubblici e poi, ancora, interventi per dare risposta alle situazioni di Pompei e della Reggia di Caserta;

- **agevolazioni fiscali** per rilanciare la competitività del settore turistico per mezzo della digitalizzazione e favorendo la ristrutturazione e riqualificazione degli alberghi;

- **semplificazioni** amministrative in campo turistico;

- l'introduzione del "Piano Italia 2019" per valorizzare le sei città italiane finaliste nel concorso "Città europea della cultura";

- la valorizzazione del nuovo progetto "Capitale italiana della cultura": ogni anno, a partire dal 2015, una città italiana verrà selezionata per diventare capitale della cultura e saranno finanziati progetti per rilanciare l'immagine del nostro Paese soprattutto all'estero.

Il decreto cultura è una legge emanata dallo Stato con la dichiarata **finalità** di *introdurre strumenti fiscali adeguati per sostenere la cultura e rilanciare il turismo*, abbattendo due diversi tipi di barriere:

- quella del **rapporto** tra settore pubblico e settore privato;
- quella della **separazione** tra la tutela e la valorizzazione del patrimonio storico, artistico e culturale.

Gli articoli da 9 a 16 sono finalizzati al **rilancio** del settore turistico e affrontano in maniera unitaria e complessiva: la riqualificazione delle strutture ricettive, la mobilità e l'accoglienza turistica, il tema della semplificazione e della sburocratizzazione (artt. 12, 13 e 13 bis).

Vediamo ora nel dettaglio quali di queste specifiche misure hanno una **ricaduta diretta** nel settore turismo e, in primo luogo, per le imprese turistiche.

- **Credito d'imposta e digitalizzazione del settore ricettivo**: l'art. 9 è finalizzato a sostenere la riqualificazione e la competitività del nostro sistema turistico attraverso la concessione di un credito d'imposta del 30% per gli esercizi ricettivi che hanno investito nella digitalizzazione (il periodo d'imposta sul quale sarà applicato il beneficio sarà il triennio 2014-2016, beneficio esteso anche alle agenzie viaggi e ai tour operator specializzati nell'incoming per una quota non superiore al 10%).

- **Strutture ricettive e abbattimento barriere architettoniche**: l'art. 10 affronta un tema molto importante e molto sentito soprattutto nel nostro territorio, ossia gli incentivi per la riqualificazione della nostra offerta ricettiva per mantenere alta la competitività; le strutture ricettive, limitatamente alle imprese alberghiere, (esistenti dal 1° gennaio 2012) potranno usufruire di un credito d'imposta del 30% per spese di ristrutturazione edilizia e di abbattimento delle barriere architettoniche. Per quanto riguarda l'abbattimento delle barriere architettoniche gli interventi dovranno essere conformi ai principi della "progettazione universale", mentre si demanda a un decreto ministeriale l'aggiornamento degli standard minimi. Un'altra misura rivolta agli alberghi è il credito d'imposta (fino al 10%) per l'acquisto di mobili e altri componenti d'arredo.

- **Nuovi distretti turistici, zone a burocrazia zero, semplificazione**: il comma 6 dell'art. 10 interviene sulla definizione dei nuovi distretti turistici che non saranno più limitati ai soli territori costieri e diventeranno materia del Ministero dei beni culturali e del turismo. Al loro interno sarà prevista:
  - la possibilità di avviare progetti pilota in materia di semplificazione amministrativa e fiscale;
  - la possibilità di collegare i distretti alla disciplina delle zone a burocrazia zero, applicando le misure di semplificazione a tutte le aree e gli immobili anche se soggetti a vincolo paesaggistico.

- **Autorizzazione paesaggistica e semplificazione burocratica per le imprese turistiche**: gli articoli 12, 13 e 14 affrontano il tema della semplificazione delle pratiche burocratiche per l'acquisizione delle autorizzazioni paesaggistiche e dispongono per strutture ricettive e agenzie viaggi l'avvio delle attività tramite Scia.

- **Riordino Enit**: infine, l'art. 16 prevede il riordino e la razionalizzazione dell'Ente nazionale per il turismo, sottoposto ora al controllo del Ministero dei beni culturali e delle attività culturali e del turismo.

2 L'attività ricettiva e le tipologie delle strutture ricettive nel codice del turismo

DISCIPLINA

Nel titolo III Mercato del turismo (artt. 8-17), il codice del turismo provvedeva a riordinare e adeguare la disciplina in tema di strutture ricettive, che era già contenuta in norme diverse di varie leggi (tra cui le già citate l. 187/1983 e l. 135/2001 oggi abrogate); l'obiettivo era quello di:

- modernizzare e semplificare le procedure per le imprese del settore con la riduzione degli adempimenti burocratici;
- creare trasparenza e garanzia per il turista circa gli standard qualitativi e le condizioni praticate;
- accrescere la competitività internazionale del settore.

CLASSIFICAZIONE

In materia di **classificazione** e standard delle strutture ricettive il codice aveva dettato un regime organico stabilendo una serie di specifiche prescrizioni (artt. da 8 a 15) e distinguendo fra:

- strutture alberghiere/paralberghiere;
- strutture extralberghiere;
- strutture ricettive all'aperto;
- strutture ricettive di mero supporto.

Si prevedevano misure di semplificazione e accelerazione delle procedure amministrative di apertura e operatività a cui sono soggette tutte le strutture turistico-ricettive.

ADEMPIMENTI AMMINISTRATIVI E STANDARD MINIMI

In particolare, per consentire l'apertura o la modifica dell'attività veniva prevista una semplice segnalazione certificata di inizio attività (Scia) da ottenersi rivolgendosi a un unico interlocutore, lo Sportello unico attività produttive. Infine, il codice affidava al presidente del Consiglio dei ministri o al ministro delegato, d'intesa con le regioni, il compito di fissare gli **standard minimi nazionali** dei servizi e delle dotazioni di tutte le strutture ricettive, *anche al fine di una loro uniforme classificazione in un'ottica di trasparenza a garanzia del turista*, di omogeneità degli standard dell'offerta.

LEGGI REGIONALI

Tali disposizioni sono state dichiarate **incostituzionali** per eccesso di delega (in particolare gli artt. 8, 9, 10, 11 c. 1, 12, 13, 14, 15, 16). In seguito alla sentenza n. 80/2012 della Corte costituzionale molte regioni hanno emanato, o modificato, le **proprie leggi regionali**; a queste occorre oggi fare riferimento per reperire le norme che disciplinano:

- gli **adempimenti amministrativi** ai quali sono tenute le strutture turistico-ricettive;
- le **classificazioni** delle stesse.

Ciò nonostante, è comunque importante analizzare le disposizioni annullate del codice del turismo perché sono state in larga misura riprese dalle leggi regionali.

NOZIONE

L'art. 8 c. 2 definiva l'**attività ricettiva** come l'attività, esercitata all'interno delle "strutture ricettive", diretta alla produzione di servizi per l'ospitalità del turista.

Nell'attività di ricezione **erano comprese**, oltre alla prestazione del servizio di mero accoglimento del cliente, anche una serie di ulteriori attività che venivano specificatamente elencate:

- la *somministrazione di alimenti e bevande alle persone alloggiate e ai loro ospiti*, nonché a tutti coloro che vengono ospitati nelle strutture in occasione di manifestazioni e convegni organizzati;
- la *fornitura* di giornali, riviste, pellicole per uso fotografico e di registrazione audiovisiva o strumenti informatici, cartoline e francobolli alle persone alloggiate;
- *la gestione, a uso esclusivo di dette persone, delle attrezzature e delle strutture a carattere ricreativo.*

LA LICENZA DI ESERCIZIO Per poter fornire ai propri clienti questi ulteriori servizi, la norma annullata prevedeva fosse sufficiente aver ottenuto la **sola** licenza di esercizio di attività ricettiva, che era anche *comprensiva della licenza per la somministrazione di alimenti e bevande alle persone non alloggiate nella struttura e per l'esercizio di attività legate al benessere della persona o all'organizzazione congressuale.*

La previsione della licenza unica era stata introdotta dal legislatore al fine di rispondere al generale *principio di speditezza, unicità e semplificazione dei procedimenti amministrativi previsti per il rilascio di licenze, autorizzazioni e nulla osta per l'esercizio delle attività turistiche.*
L'art. 16 cod. tur. affermava infatti che *l'avvio e l'esercizio delle strutture turistiche è soggetto alla sola segnalazione dell'imprenditore da rendere all'autorità competente* (Scia, ne parleremo più avanti in questa unità).

La Corte costituzionale ha però ritenuto che la disciplina unitaria statale dettata dal codice del turismo incidesse sulla disciplina dei procedimenti amministrativi relativi ad attività turistiche, riservata dalla Costituzione alla competenza legislativa residuale delle regioni. Pertanto, *anche in tema di licenza unica e di Scia sarà necessario fare riferimento alle leggi regionali,* tenendo comunque presente che la successiva legge 106/2014 (di conversione del così detto "decreto cultura") ha comunque reintrodotto la previsione della Scia per le imprese turistiche.

3 La classificazione delle strutture ricettive secondo il codice del turismo

RIORGANIZZAZIONE DELLE STRUTTURE RICETTIVE Come abbiamo già spiegato nel precedente paragrafo, le strutture ricettive erano state individuate e riorganizzate dal legislatore nel titolo III capi I e II del codice del turismo. Tale riorganizzazione rispondeva alla sollecitazione degli operatori turistici, che avevano rilevato la necessità di un **riordino** delle strutture ricettive, nonché quella di individuare gli **standard minimi nazionali** che consentissero una loro uniforme classificazione.
Il legislatore era dunque intervenuto individuando, preliminarmente, nell'art. 8 i seguenti **4 gruppi di strutture**:

- strutture ricettive alberghiere e paralberghiere;
- strutture ricettive extralberghiere;
- strutture ricettive all'aperto;
- strutture ricettive di mero supporto.

CONFRONTO TRA LE DISPOSIZIONI NORMATIVE DI DUE REGIONI

	REGIONE EMILIA ROMAGNA Sintesi di quanto disposto dalla legge regionale 28 luglio 2004 n. 16		REGIONE VENETO Sintesi di quanto disposto dalla legge regionale 14 giugno 2013 n. 11	
	Tipologie	Classificazione	Tipologie	Classificazione
Strutture ricettive alberghiere	alberghi e residenze turistico-alberghiere (RTA o residence), meublé o garni, motel, centro benessere, beauty farm, villaggio-albergo, centro congressi, albergo diffuso, albergo termale e residenza d'epoca	alberghi: **1**, **2**, **3 stelle**, **3 stelle superior**, **4 stelle**, **4 stelle superior**, **5 stelle** e **5 stelle lusso** residenze turistico-alberghiere: da 2 a 4 stelle	alberghi o hotel, villaggi-albergo, residenze turistico-alberghiere, alberghi diffusi	fino a un massimo di cinque classi contrassegnate da **uno**, **due**, **tre**, **quattro** e **cinque segni distintivi**, **rappresentati da stelle**
Strutture ricettive all'aria aperta	campeggi, villaggi turistici; centri vacanza	campeggi: da **1** a **4 stelle** villaggi turistici: da **2** a **4 stelle**	villaggi turistici, campeggi	**non** sono previste classificazioni in classi contrassegnate da segni distintivi rappresentati da stelle
Strutture ricettive extralberghiere	case per ferie, ostelli, rifugi alpini, rifugi escursionistici, affittacamere (con la specifica aggiuntiva di room and breakfast e di locanda) e **case e appartamenti per vacanza gestiti in forma di impresa**. Anche per le strutture extralberghiere è possibile chiedere la specificazione aggiuntiva di Residenza d'epoca	case e appartamenti per vacanze: da 2 a 4 soli appartamenti ammobiliati a uso turistico: da 2 a 3 soli (classifica facoltativa)	La regione Veneto le definisce **strutture ricettive complementari** e le distingue nelle seguenti tipologie	
			alloggi turistici, case per vacanze, unità abitative ammobiliate a uso turistico, bed & breakfast, rifugi alpini	**non** sono previste classificazioni in classi contrassegnate da segni distintivi rappresentati da stelle
Altre tipologie ricettive	appartamenti ammobiliati per uso turistico, strutture ricettive all'aria aperta non aperte al pubblico, aree attrezzate di sosta temporanea, attività saltuaria di alloggio e prima colazione (bed and breakfast), strutture agrituristiche (agriturismo)	Non sono previste classificazioni		
			La regione Veneto prevede inoltre la tipologia **sedi e attività congressuale**	
			centri congressi, sedi congressuali alberghiere	fino a un massimo di cinque classi contrassegnate da **uno**, **due**, **tre**, **quattro** e **cinque segni distintivi**, **rappresentati da stelle**

LAVORO SUL TESTO

Prendendo spunto dalla classificazione delle strutture turistiche operata dal codice del turismo, fai una ricerca in Internet sul sito della tua regione oppure nel portale dell'Osservatorio nazionale del turismo www.ontit.it per consultare la legge regionale sul turismo che classifica le strutture ricettive e le tipologie previste.

• **Sintetizza poi le informazioni raccolte in una tabella analoga a quella riportata sopra.**

Questi gruppi erano ulteriormente suddivisi in sottogruppi specificati agli artt. 9, 12, 13 e 14.

Come abbiamo più volte ricordato, la materia è ora **regolata dalle regioni**. Nella tabella di pagina precedente abbiamo presentato, a titolo di esempio, la classificazione delle strutture turistico-ricettive della regione Emilia Romagna e della regione Veneto. Per l'analisi delle norme del codice del turismo, che riguardano la classificazione delle strutture turistico-ricettive (poi annullate dalla Corte costituzionale), rimandiamo all'approfondimento online, sottolineando che molte regioni nelle proprie leggi sul turismo hanno ripreso in tutto o in parte la classificazione indicata dal codice.

④ L'esercizio dell'attività ricettiva: adempimenti amministrativi

La classificazione delle strutture ricettive, che ripetiamo essere di competenza di ogni regione, è presupposto necessario per l'ottenimento dell'autorizzazione amministrativa.

SEMPLIFICAZIONE AMMINISTRATIVA

Come abbiamo già avuto modo di vedere, nel perseguire l'obiettivo di garantire una maggiore speditezza, unicità e semplificazione delle procedure di apertura e di operatività di tutte le strutture ricettive, il legislatore era intervenuto stabilendo una **disciplina amministrativa semplificata**, tesa a eliminare i complessi procedimenti burocratici e ad accelerare le procedure di rilascio delle autorizzazioni riguardanti l'avvio o le modifiche inerenti alle attività e alle professioni turistiche. Tale obiettivo **era stato perseguito** attraverso l'introduzione di tre norme fondamentali:

- l'art. 16 cod. tur., che mirava alla semplificazione degli adempimenti amministrativi delle strutture turistico-ricettive ed è stato dichiarato **incostituzionale**;
- l'art. 17 cod. tur., rimasto indenne dalla pronuncia della Corte, che prevede l'istituzione di uno **sportello unico** per il disbrigo delle pratiche amministrative relative al rilascio delle autorizzazioni per le attività turistiche;
- l'art. 8 c. 2 cod. tur., che prevedeva il rilascio di un'**unica licenza** sia per lo svolgimento delle attività ricettive, sia per la somministrazione di alimenti e bevande a persone non alloggiate nelle strutture.

Esaminiamo quindi questi singoli articoli al fine di comprenderne la disciplina.

SCIA **La segnalazione certificata di inizio attività** L'art. 16 del codice del turismo, diretto alla semplificazione degli adempimenti amministrativi delle strutture turistico-ricettive, consentiva agli operatori di poter avviare o modificare un'attività attraverso una semplice **segnalazione certificata di inizio attività** (**Scia**), nei limiti e alle condizioni di cui all'art. 19 della l. 241/1990.

Successivamente all'annullamento dell'art. 16 del codice del turismo è intervenuto, come abbiamo visto nell'approfondimento, il Ministero dei beni e delle attività culturali e del turismo emanando il d.l. 83/2014 contenente "Disposizioni urgenti per la tutela del patrimonio culturale, lo sviluppo della cultura e il rilancio del turismo" (convertito in legge 29 luglio 2014 n. 106); in questo si prevede che è sufficiente la Scia per aprire nuove imprese turistiche. Quindi, anche l'avvio e l'esercizio delle strutture turistico-ricettive sono soggetti a segnalazione certificata di inizio attività, nei limiti e alle condizioni di cui all'articolo 19 della legge 7 agosto

1990 n. 241. Stesso trattamento di favore anche per l'apertura, il trasferimento e le modifiche concernenti l'operatività delle agenzie di viaggi e turismo, nel rispetto comunque dei requisiti professionali, di onorabilità e finanziari.

Tale segnalazione deve essere effettuata dall'interessato allo **Sportello unico per le attività produttive** (**Suap**) e deve essere corredata dalle *dichiarazioni sostitutive di certificazioni e dell'atto di notorietà* per quanto riguarda tutti i **dati relativi** all'attività che si vuole avviare (generalità del titolare; tipologia e classificazione dell'attività che si vuole avviare; dati relativi alla struttura ricettiva come il numero dei posti letto o dei bagni ecc.; planimetria dei locali; periodo di apertura dell'esercizio), nonché dalle *attestazioni e asseverazioni di tecnici abilitati*, ovvero dalle *dichiarazioni di conformità corredate dagli elaborati tecnici* necessari per consentire le verifiche di competenza dell'amministrazione.

Con specifico riferimento alle **attestazioni** che devono essere rese da chi intende esercitare attività turistiche o aprire esercizi turistici, *l'avvio e l'esercizio delle attività in questione restano soggetti al rispetto delle norme urbanistiche, edilizie e ambientali, di pubblica sicurezza, di prevenzione incendi, igienico-sanitarie e di sicurezza nei luoghi di lavoro*, nonché di quelle relative all'*efficienza energetica e delle disposizioni contenute nel codice dei beni culturali e paesaggistici* (d.lgs. 42/2004). Pertanto, nel settore turistico, sia le dichiarazioni, sia gli elaborati tecnici forniti all'amministrazione dovranno essere finalizzati a dimostrare il rispetto della normativa di settore relativa alle materie appena elencate. Una volta effettuata la segnalazione all'amministrazione competente, l'attività può essere immediatamente iniziata.

Può, tuttavia, accadere che l'amministrazione competente, a seguito delle verifiche seguite alla segnalazione, accerti la **mancanza** dei requisiti e dei presupposti richiesti dalla normativa di settore; in tal caso, l'amministrazione competente, nel termine di 60 giorni dal ricevimento della Scia, può disporre il divieto di prosecuzione dell'attività, corredato di adeguata motivazione, e ordinare la rimozione degli eventuali effetti dannosi di essa.

L'interessato, nei casi in cui è possibile e sempre che intenda proseguire l'attività e ottenere la licenza, può provvedere a conformare l'esercizio alla normativa in vigore entro un termine fissato dall'amministrazione, in ogni caso non inferiore a 30 giorni (art. 19 c. 3 l. 241/1990).

Il rilascio dell'autorizzazione per l'esercizio delle strutture ricettive è subordinato, oltre che ai limiti relativi al rispetto delle specifiche normative di settore vigenti che abbiamo appena esaminato, anche ad altri e ulteriori limiti inerenti alla sussistenza di **requisiti soggettivi** richiesti all'interessato.

Lo Sportello unico per le attività produttive

Il secondo intervento operato dal legislatore, e teso alla semplificazione delle procedure di rilascio delle **licenze per l'esercizio** dell'attività ricettiva, ha riguardato l'introduzione dell'art. 17 cod. tur., il quale sancisce che, al fine di garantire una maggiore *accessibilità al mercato turistico*, si applicano alle imprese di settore le disposizioni relative allo Sportello unico (di cui all'art. 38 del d.l. 25 giugno 2008 n. 112, convertito con modificazioni dalla l. 6 agosto 2008 n. 133, e relativo regolamento attuativo).

Lo **Sportello unico per le attività produttive** (**Suap**) è, quindi, l'ufficio di riferimento territoriale per i procedimenti inerenti all'attivazione e all'esercizio di attività produttive o di prestazioni di servizi, istituito al fine di snellire i rapporti tra i cittadini interessati e la pubblica amministrazione.

Immagina di essere un operatore turistico e voler aprire un albergo.
- **Compila il modello di Segnalazione certificata di inizio attività.**

	Segnalazione certificata di inizio attività SCIA per esercitare attività ricettiva alberghiera *(artt. 25 e 33 L.R. 11/2013)*

REGIONE DEL VENETO

---

da presentare tramite SUAP al Comune di: _____

(Attenzione: nel caso di strutture con "dipendenze" va presentata una SCIA per ciascun edificio)

COMUNICA	Procedimento
Comunicazione alla Provincia	Comunicazione per gli adempimenti di competenza della Provincia (rilevazione statistica)
Comunicazione alla Questura	Comunicazione alla Questura

SEGNALA AL COMUNE	Procedimento
☐ Nuova apertura di struttura ricettiva	SCIA per apertura di struttura ricettiva
☐ Subingresso esercizio di attività ricettiva	SCIA per subingresso esercizio di attività ricettiva

---

Dati del dichiarante

Il/La sottoscritto/a

Cognome _____ Nome _____

Codice fiscale: | | | | | | | | | | | | | | | | |

Nella sua qualità di:

☐ **Titolare della DITTA INDIVIDUALE** _____

    sede legale nel Comune di _____ Prov. _____ C.A.P. _____

    via _____ n° _____

☐ **Legale Rappresentante della SOCIETÀ/ENTE** _____

    Con sede legale nel Comune di _____ Prov. _____ C.A.P. _____

    via _____ n° _____

    Codice fiscale della società: | | | | | | | | | | | |

---

consapevole che le dichiarazioni false, la falsità negli atti e l'uso di atti falsi comportano l'applicazione delle sanzioni penali previste dall'art. 76 del DPR 445/2000 e la decadenza dei benefici eventualmente conseguenti al provvedimento emanato sulla base della dichiarazione non veritiera.

Ai fini delle comunicazioni relative al presente procedimento elegge il proprio domicilio elettronico presso la seguente casella di posta elettronica (domicilio elettronico)

PEC: _____

(Importante: inserire nel campo l'indirizzo della casella PEC a cui il SUAP dovrà inviare la ricevuta e le altre comunicazioni relative alla pratica)

Dichiara di essere consapevole che nel caso non venga indicata una casella di posta elettronica certificata (PEC), non si avrà la certezza del buon esito dell'eventuale scambio di comunicazioni che seguiranno la presente istanza

---

DICHIARA

Denominazione della struttura ricettiva _____

| **TIPOLOGIA DI STRUTTURA** | ☐ Albergo / Hotel | ☐ R.T.A. (Residenza turistico-alberghiera) |
| | ☐ Villaggio - Albergo | ☐ Albergo Diffuso |

| **TIPOLOGIA EDIFICIO** | ☐ Edificio principale | ☐ Dipendenza (specificare il numero totale delle dipendenze: N. _____ |

Edificio classificato a seguito di:

☐ provvedimento espresso della Provincia N. _____ in data _____

☐ silenzio assenso della Provincia a seguito di istanza presentata al SUAP in data _____

con le seguenti stelle

☐ 1 stella   ☐ 2 stelle   ☐ 3 stelle   ☐ 3 stelle superior

☐ 4 stelle   ☐ 4 stelle superior   ☐ 5 stelle   ☐ 5 stelle lusso

Eventuale denominazione aggiuntiva / sostitutiva: _____

☐ con apertura annuale

☐ con apertura stagionale   dal _____ al _____   dal _____ al _____

La struttura ricettiva è situata:

nel Comune di _____ Prov. _____ C.A.P. _____

Via _____ N. _____

Tel. _____ Fax _____

Sito internet _____

e-mail _____

La disciplina di riordino e di semplificazione dello Sportello unico è stata regolamentata con il d.p.r. 7 settembre 2010 n. 160, che ha semplificato e informatizzato i procedimenti amministrativi sancendo l'uso **esclusivo** del procedimento telematico per l'inoltro e la gestione delle pratiche relative a procedimenti soggetti a Scia e ad autorizzazione. A tal fine è stato anche attivato un portale Internet, www.impresainungiorno.gov.it, con la specifica funzione di raccordo telematico e di interazione tra tutti i soggetti e gli enti interessati.

LICENZA UNICA   **La licenza unica**   L'ultimo, ma non meno rilevante, intervento operato dal legislatore nel senso della semplificazione del procedimento autorizzatorio riguardava quanto previsto dall'art. 8 c. 2 cod. tur., in cui si sanciva il principio dell'autorizzazione unica **anche** per la somministrazione di alimenti e bevande, precisando che nella licenza di esercizio di attività ricettiva è **ricompresa** anche la licenza per la *somministrazione di alimenti e bevande per le persone non alloggiate nella struttura*, nonché per le *attività legate al benessere della persona e all'organizzazione congressuale*. Anche in questo caso, essendo intervenuta la pronuncia della Corte costituzionale, *sarà necessario fare riferimento alle leggi regionali e vedere in che modo è stata regolata la materia*.

 Le imprese agrituristiche. L'ittiturismo e il pescaturismo

Le imprese agrituristiche   Secondo la nuova ripartizione delle competenze operata dall'art. 117 Cost., a seguito della legge di revisione costituzionale del titolo V della Costituzione, la disciplina degli **agriturismi** rientra nella *competenza esclusiva delle regioni*.

UNA LEGGE NAZIONALE   Viene spontaneo chiedersi come mai, allora, il legislatore statale sia intervenuto a disciplinare, con la legge nazionale sull'agriturismo l. 20 febbraio 2006 n. 96, una materia che invece è di esclusiva competenza regionale.
In realtà, l'intervento del legislatore statale trova giustificazione nel fatto che la disciplina degli agriturismi e delle relative attività è strettamente connessa alla materia inerente alla **valorizzazione dei beni culturali** e **ambientali**, che la stessa l. 96/2006 richiama nell'art. 1 e che, invece, secondo il disposto di cui all'art. 117 c. 3 Cost., è attribuita alla competenza concorrente Stato-regioni.
È, quindi, in forza della connessione con la materia relativa alla tutela dei beni e delle attività ambientali che l'intervento operato trova giustificazione.

LA COMPETENZA REGIONALE   L'intervento regionale, come vedremo, non è però escluso in quanto le regioni sono chiamate a *integrare* e *specificare* la disciplina statale, per esempio attraverso l'emanazione di criteri, limiti e obblighi amministrativi per lo svolgimento dell'attività agrituristica, nonché attraverso l'introduzione di una normativa specifica atta a disciplinare la somministrazione di pasti e bevande secondo i criteri stabiliti dall'art. 4 della l. 96/2006.

RIVALUTAZIONE DELLE RISORSE DEL TERRITORIO   Nate dalla necessità di rivalutare le risorse del territorio, le attività agrituristiche si pongono come **fine** quello di scongiurare l'abbandono delle campagne e del settore agricolo *attraverso il sostentamento dell'agricoltura e la creazione di nuovi redditi che favoriscano il mantenimento delle attività umane nelle aree rurali*.

Tali obiettivi vengono specificatamente indicati dal legislatore nell'art. 1 della l. 96/2006, il quale stabilisce che la Repubblica, in armonia con i programmi di sviluppo rurale dell'Unione europea, dello Stato e delle regioni, sostiene l'agricoltura anche mediante la promozione di **forme idonee** di turismo nelle campagne, volte a:

a) tutelare, qualificare e valorizzare le risorse specifiche di ciascun territorio;

b) favorire il mantenimento delle attività umane nelle aree rurali;

c) favorire la multifunzionalità in agricoltura e la differenziazione dei redditi agricoli;

d) favorire le iniziative a difesa del suolo, del territorio e dell'ambiente da parte degli imprenditori agricoli attraverso l'incremento dei redditi aziendali e il miglioramento della qualità di vita;

e) recuperare il patrimonio edilizio rurale tutelando le peculiarità paesaggistiche;

f) sostenere e incentivare le produzioni tipiche, le produzioni di qualità e le connesse tradizioni enogastronomiche;

g) promuovere la cultura rurale e l'educazione alimentare;

h) favorire lo sviluppo agricolo e forestale.

> **AZIENDA AGRITURISTICA**
>
> L'**azienda agrituristica** può essere esercitata dagli imprenditori agricoli, in forma individuale o societaria (di capitali o di persone), oppure da più associati (art. 2 della l. 96/2006).

L'imprenditore può avvalersi, nell'esercizio dell'impresa agrituristica, anche dei familiari e di lavoratori dipendenti a tempo indeterminato, determinato o parziale.

Gli imprenditori agrituristici offrono ricezione e ospitalità alla clientela attraverso l'utilizzo della propria azienda e dei suoi prodotti, purché *in rapporto di connessione con le attività di coltivazione del fondo, di silvicoltura e di allevamento di animali*. Per l'ospitalità dei clienti possono essere usati edifici o parti di essi **già esistenti** nel fondo.

ATTIVITÀ AGRITURISTICHE

Tra le attività poste in essere dall'imprenditorie agrituristico, e indicate nell'art. 2 c. 2 della l. 96/2006, rientrano le seguenti:

- dare ospitalità ai clienti, sia in alloggi, sia in spazi aperti destinati alla sosta dei campeggiatori;
- somministrare pasti e bevande, che devono però essere costituiti *prevalentemente* da prodotti e bevande propri e da prodotti e bevande di aziende agricole della zona, con preferenza per i prodotti tipici e caratterizzati dai marchi Dop, Igp, Igt, Doc e Docg;
- organizzare degustazioni di prodotti aziendali, ivi inclusa la mescita di vini;
- organizzare, anche all'esterno dei beni fondiari nella disponibilità dell'impresa, attività ricreative, culturali, didattiche, di pratica sportiva, nonché escursionistiche e di ippoturismo.

CRITERI E LIMITI DELL'ATTIVITÀ AGRITURISTICA

Con riferimento alla somministrazione di cibi e bevande di cui al secondo punto, occorre richiamare l'art. 4 della l. 96/2006 che disciplina criteri e limiti dell'attività agrituristica. In esso si specifica che l'azienda agrituristica che somministra pasti e bevande ai propri clienti deve apportare una **quota significativa** di prodotto proprio e che, comunque, la parte rimanente dei prodotti impiegati nella somministrazione deve provenire "*preferibilmente* da artigiani alimentari della zona e comunque riferirsi a produzioni agricole regionali o di zone omogenee contigue di regioni limitrofe".

I **prodotti propri** dell'azienda sono tutti i cibi e le bevande prodotti, lavorati e trasformati nell'azienda agricola, nonché quelli ricavati da materie prime dell'azienda agricola e ottenuti attraverso lavorazioni esterne (art. 2 c. 4 della l. 96/2006).

Il riferimento alla prevalenza dei prodotti e bevande propri dell'azienda agrituristica deve essere quindi interpretato nel senso che l'azienda può somministrare ai propri clienti, oltre ai cibi e bevande che produce, anche i prodotti di altre aziende, purché di zona e comunque nel rispetto delle proporzioni imposte dall'art. 4.

È chiaro che tale condizione è stata imposta al fine di *incentivare la produzione e l'offerta di prodotti tipici*, sempre nell'ottica di rivalutazione e valorizzazione del territorio e delle sue risorse. Rispettare tali condizioni è necessario per ottenere l'attestazione di azienda agrituristica.

AVVIO DELL'ATTIVITÀ L'attività agrituristica può essere iniziata immediatamente dopo la segnalazione certificata di inizio attività (Scia).

L'autorizzazione all'esercizio dell'attività di imprenditore agrituristico non può essere rilasciata ad alcune categorie di soggetti, in particolare:

- a coloro che nell'ultimo triennio siano stati condannati per specifici reati enucleati nell'art. 6 l. 96/2006 (come il commercio di sostanze alimentari contraffatte o adulterate, il commercio di sostanze alimentari nocive, la vendita di prodotti industriali con segni mendaci ecc.) e non siano stati riabilitati;
- a coloro che sono sottoposti a misure di prevenzione o sono stati dichiarati delinquenti abituali.

INTERVENTI LEGISLATIVI REGIONALI Tornando alla disciplina degli agriturismi, abbiamo detto che la materia, ai sensi dell'art. 117 Cost., rientra tra le competenze concorrenti Stato-regioni. Ciò significa che *la disciplina nazionale di cui alla l. 96/2006 viene integrata con disposizioni sia regionali, sia provinciali*.

Per quanto riguarda gli **interventi legislativi regionali**, possiamo dire che le regioni integrano la disciplina dell'agriturismo:

- *dettando criteri, limiti e obblighi amministrativi per lo svolgimento dell'attività agrituristica*, tenuto conto delle caratteristiche del territorio regionale o di parti di esso;
- *disciplinando le modalità per il rilascio del certificato di abilitazione all'esercizio dell'attività agrituristica*;

APPROFONDIMENTO

L'ecoturismo

Gli agriturismi sono strutture adatte allo sviluppo del cosiddetto ecoturismo (o turismo ecologico). L'origine del termine "ecoturismo" risale alla fine degli anni Ottanta del Novecento, ma la sua definizione è stata poi rielaborata e rivista dai principi dettati nella Dichiarazione di Quebec sull'ecoturismo del 2002, proclamato dalle Nazioni unite anno internazionale dell'ecoturismo.

Prima del summit di Quebec, il termine ecoturismo era usato, in senso stretto, per intendere il turismo sostenibile e, in senso ampio, il turismo responsabile, ossia il rispetto delle culture e delle società locali. Con la Dichiarazione di Quebec i Paesi hanno scelto di adottare la definizione allargata di "**ecoturismo**", *inteso come modo di viaggiare responsabile*, in cui il turista visita e soggiorna in un Paese straniero conservando e rispettando l'ambiente naturale e la cultura del luogo, sostenendo e contribuendo alla crescita economica e al benessere della popolazione locale.

L'ecoturismo è quindi una filosofia molto vicina allo **sviluppo sostenibile** e *si contrappone alla logica del turismo predatorio*, causa del degrado naturale e della contaminazione culturale.

La disciplina amministrativa

Il procedimento amministrativo inerente all'attivazione e all'esercizio dell'attività agrituristica trovava la propria disciplina nell'art. 6 c. 2 e 3 della l. 96/2006, il quale stabiliva che l'esercizio dell'attività agrituristica era subordinato alla comunicazione di inizio attività che doveva essere effettuata presso l'ufficio competente e sottoposta al controllo dei comuni, i quali, effettuate le verifiche del caso, ove avessero rilevato la mancanza di uno dei requisiti richiesti, potevano disporne la sospensione entro 60 giorni dalla comunicazione di inizio attività.

Tale disciplina è stata dichiarata **illegittima** dalla Corte costituzionale, la quale ha affermato che la competenza in materia di definizione delle procedure amministrative da attuarsi in sede di rilascio di tali autorizzazioni rientra nella competenza esclusiva delle regioni e non dello Stato, che pertanto non avrebbe potuto legiferare in materia.

Il vuoto normativo è stato integrato dalle regioni, la maggior parte delle quali, attenendosi al principio di semplificazione e uniformità delle procedure amministrative inerenti all'attivazione delle strutture turistico-ricettive, hanno di fatto recepito nei propri testi normativi la disciplina nazionale dell'art. 6 c. 2 e 3 della l. 96/2006 (dichiarata illegittima) così che si può affermare che *l'autorizzazione rimane soggetta, in gran parte delle regioni, alla segnalazione di inizio attività.*

- *definendo i requisiti igienico-sanitari degli immobili e delle attrezzature da utilizzare per attività agrituristiche;*
- *disciplinando la materia inerente alla somministrazione di pasti e di bevande,* secondo i criteri dettati dall'art. 4 della l. 96/2006; tale articolo dispone che: a) l'azienda che somministra pasti e bevande deve apportare comunque una quota significativa di *prodotto proprio*; b) la parte rimanente dei prodotti impiegati nella somministrazione deve preferibilmente provenire da *artigiani alimentari della zona* e comunque riferirsi a produzioni agricole regionali o di zone omogenee contigue di regioni limitrofe.

Le **province autonome** definiscono i criteri per la valutazione del rapporto di connessione delle attività agrituristiche rispetto alle *attività agricole*, che devono rimanere *prevalenti*, con particolare riferimento al tempo di lavoro necessario all'esercizio delle stesse attività.

La produzione, la preparazione e il confezionamento e la somministrazione di alimenti e di bevande rimangono invece soggetti:

- alle **disposizioni nazionali**, contenute nel testo normativo della legge 30 aprile 1962 n. 283, inerente alle *frodi* e alle *contravvenzioni* nell'agricoltura, nelle industrie e nei commerci relativi, scaturenti dalla violazione della normativa relativa alla produzione e vendita di alimenti e bevande in genere;
- al regolamento comunitario 852/2004 e al d.lgs. 193/2007 sull'igiene dei prodotti alimentari e sulle procedure di autocontrollo HACCP.

L'ittiturismo e il pescaturismo

Tra le forme più nuove di ospitalità che si sono sviluppate nel nostro Paese e che si inseriscono nel cosiddetto **turismo sostenibile**, vi sono le attività degli imprenditori ittici ovvero di coloro che esercitano, in forma singola o associata o societaria, l'attività di pesca professionale.

Le attività degli **imprenditori ittici** sono assimilate all'attività dell'imprenditore agrituristico. Tale equiparazione è stata affermata per la prima volta nel trattato di Roma del 25 marzo 1957, istitutivo della Comunità europea, *che individuava l'agricoltura e la pesca come settori oggetto di azione per il perseguimento dell'o-*

IMPRENDITORI ITTICI ASSIMILATI AGLI IMPRENDITORI AGRITURISTICI

NORME EUROPEE

biettivo di creare un mercato comune, specificando che "per prodotti agricoli si intendono i prodotti del suolo, dell'allevamento e della pesca" (art. 32).

L'assimilazione del settore della pesca a quello dell'agricoltura e delle relative attività imprenditoriali è stata recepita nel nostro ordinamento nell'art. 2 c. 5 del d.lgs. 18 maggio 2001 n. 226 (come modificato dall'art. 6 del d.lgs. 26 maggio 2004 n. 154), in cui si afferma esplicitamente che "*l'imprenditore ittico è equiparato all'imprenditore agricolo*".

Il d.lgs. 226/2001 (modificato dall'art. 6 del d.lgs. 154/2004) disciplina il settore della pesca, e delle attività ad essa connesse ed è, quindi, a questo testo che dobbiamo fare riferimento per procedere a una disamina della normativa che ci interessa.

NOZIONE

L'art. 2 definisce **imprenditore ittico**:

1. colui che esercita, in forma singola o associata o societaria, l'*attività di pesca professionale diretta alla cattura o alla raccolta di organismi acquatici* in ambienti marini, salmastri o dolci e le *attività connesse* (di cui parleremo tra poco);

2. *le* cooperative *di imprenditori ittici e i loro consorzi*, quando utilizzano prevalentemente prodotti dei soci ovvero forniscono prevalentemente ai medesimi beni e servizi diretti allo svolgimento delle attività di cui al primo punto;

3. gli esercenti *attività commerciali* di prodotti ittici derivanti prevalentemente dal diretto esercizio delle attività di cui al primo punto.

Dall'analisi di questo articolo si può notare come le attività di somministrazione di prodotti ittici si pongono come **attività complementari** a quella della pesca *che deve rimanere l'attività principale dell'imprenditore ittico*. Questo si spiega facilmente ove si consideri che le imprese ittiche nascono prevalentemente dalla necessità di rivalorizzare e incentivare l'attività dei pescatori professionisti.

ATTIVITÀ CONNESSE ALLA PESCA

Ma, come abbiamo accennato sopra, nella categoria degli imprenditori ittici rientrano anche coloro che esercitano le **attività connesse** alla pesca.

Queste vengono meglio specificate nell'art. 3 del d.lgs. 226/2001 (modificato dall'art. 6 del d.lgs. 154/2004) secondo cui si considerano connesse alle attività di pesca, *purché non prevalenti* rispetto a queste ed effettuate dall'imprenditore ittico mediante l'utilizzo di prodotti provenienti in prevalenza dalla propria attività di pesca, ovvero di attrezzature o risorse dell'azienda normalmente impiegate nell'impresa ittica, le attività:

a) di *imbarco di persone non facenti parte dell'equipaggio su navi da pesca, a scopo turistico-ricreativo* (**pescaturismo**);

b) di *ospitalità, ricreative, didattiche, culturali* e di *servizi* finalizzate alla corretta fruizione degli ecosistemi acquatici e vallivi, delle risorse della pesca e dell'acquacoltura e alla valorizzazione degli aspetti socioculturali delle imprese ittiche e di acquacoltura, esercitate da imprenditori, singoli o associati, attraverso l'uti-

LAVORO SUL CASO

In primavera, nell'isola di Favignana, si pratica la pesca del tonno. Tre pescatori di professione decidono di arrotondare i loro guadagni creando una cooperativa che organizza battute di pesca professionale del tonno destinate ai turisti.

• **Lo possono fare? Che tipo di imprenditori sono? Motiva le tue risposte.**

lizzo della propria abitazione o di struttura nella disponibilità dell'imprenditore stesso (**ittiturismo**).

La differenza tra queste due attività consiste nel fatto che, mentre il **pescaturismo** consiste nel puro e semplice *imbarco di turisti al fine di farli assistere alle attività dei pescatori professionisti*, l'**ittiturismo** si pone come *vera e propria proposta assimilabile a quella agrituristica in zone marine*, offrendo ai turisti la possibilità di alloggio presso le abitazioni dei pescatori e la possibilità di ristorazione in borghi marini difficilmente raggiungibili.

DIFFERENZA TRA ITTITURISMO E PESCATURISMO

L'ittiturismo, rispetto al pescaturismo, ha come ulteriore obiettivo *la rivalutazione e il recupero di borghi e aree marini abbandonati o sconosciuti* che altrimenti sarebbero destinati al degrado. Ecco quindi che sempre più si va diffondendo la tendenza ad aprire ristoranti o botteghe in cui è possibile acquistare o degustare pesce fresco appena pescato e godere di luoghi ancora incontaminati.

In questo modo i pescatori non solo promuovono la cultura del mare e valorizzano il rispetto per l'ambiente marino, ma hanno l'opportunità di incrementare i redditi, **variabili**, dell'attività di pesca che comunque deve rimanere quella prevalente, con redditi, **certi**, derivanti dall'ospitalità dei turisti.

Per quanto riguarda le procedure amministrative, in particolar modo quelle finalizzate all'ottenimento dell'autorizzazione all'esercizio dell'attività, occorre rilevare che anche per le attività ittiche sopra menzionate sono previste **procedure semplificate**, *equiparate a quelle degli agriturismi*.

PROCEDURE AMMINISTRATIVE

Con specifico riferimento al pescaturismo, che comporta l'imbarco di persone, è necessario altresì che chi voglia svolgere anche questa attività sia stato autorizzato all'imbarco di persone dall'autorità marittima dell'ufficio iscrizione, nel quale è iscritta la nave da pesca. In questo caso, tra gli adempimenti amministrativi dell'imprenditore vi sarà quindi anche quello di provare l'iscrizione dell'imbarcazione e il rispetto delle dovute norme di sicurezza.

Al fine di semplificare tali adempimenti, il legislatore è intervenuto disponendo, all'art. 2 c. 6 del d.lgs. 226/2001 (e successive modifiche) che l'**autocertificazione** sostituisce a tutti gli effetti ogni adempimento tecnico e formale ivi previsto.

PESCATURISMO E ITTITURISMO A CONFRONTO	
Pescaturismo	**Ittiturismo**
Imbarco su navi da pesca di persone non facenti parte dell'equipaggio a scopo turistico-ricreativo	Alloggio presso abitazioni di pescatori, ristorazione in borghi marini, attività didattiche e culturali

Le agenzie di viaggio e turismo

Le agenzie di viaggio e turismo sono disciplinate nel titolo IV del codice del turismo (artt. 18-21). Anche in questa parte del codice è intervenuta la pronuncia della Corte costituzionale che ha dichiarato incostituzionale l'art. 18 che dava le definizioni di agenzie e organizzatori di viaggi e l'art. 21 che prevedeva la semplificazione degli adempimenti amministrativi relativi all'apertura e all'operatività, nonché il secondo comma dell'art. 20 in tema di direttore tecnico d'agenzia. Le disposizioni normative, per le stesse considerazioni fatte a proposito delle strutture ricettive, andranno pertanto ricercate nelle singole **leggi regionali**, che hanno ripreso e ulteriormente specificato quanto previsto dal codice del turismo.

NOZIONE

Consideriamo, comunque, quanto prevedeva l'art. 18, che definiva le **agenzie di viaggio e turismo** come imprese turistiche *che esercitano congiuntamente o disgiuntamente attività di produzione, organizzazione e intermediazione di viaggi e soggiorni e ogni altra forma di prestazione turistica a servizio dei clienti*, siano essi di accoglienza o di assistenza, con o senza vendita diretta al pubblico.

Inoltre, sono considerate agenzie di viaggio le imprese esercenti in via principale l'organizzazione dell'*attività di trasporto* terrestre, marittimo, aereo, lacuale e fluviale quando assumono direttamente l'organizzazione di viaggi, crociere, gite ed escursioni comprendendo prestazioni e servizi aggiuntivi rispetto a quelli strettamente necessari al trasporto; e altresì quelle che esercitano attività locali e territoriali di noleggio, nonché ogni altra impresa che svolge attività ricollegabili alle precedenti.

Sempre l'art. 18 estendeva la qualifica di agenzia di viaggio a *chi emette e produce cofanetti o voucher regalo* (mentre la nozione di agenzia di viaggio, di intermediario, di venditore o di organizzatore di viaggio esclude le persone, fisiche o giuridiche, che effettuano la sola vendita o distribuzione di cofanetti o voucher regalo).

La definizione dell'art. 18 distingueva, quindi, tra:

- **tour operator**, *cioè agenzie che producono pacchetti turistici*;
- **travel agent**, *cioè agenzie che, invece, si pongono come puri e semplici intermediari, limitandosi a vendere pacchetti turistici.*

TOUR OPERATOR

Nelle prime *il turista si reca al fine di organizzare il viaggio direttamente con l'operatore*, scegliendo mete, località e strutture che l'operatore provvederà a contattare e collegare: in questo caso si parla di **tour operator**.

TRAVEL AGENT

Le seconde sono agenzie cui il *turista si rivolge per acquistare pacchetti di viaggio "preconfezionati"* (cioè già organizzati), e per richiedere eventualmente all'agenzia ulteriori servizi separati: in questo caso si parla di **travel agent** (o **agenzie intermediarie**).

TUTELA DEL CONSUMATORE

La **disciplina civilistica** che regola i rapporti tra tour operator e travel agent e i turisti-consumatori a tutela di questi ultimi è contenuta nel titolo VI del codice del turismo, relativa ai contratti del turismo organizzato.

Come abbiamo visto nella Sezione D, il codice del turismo equipara alle agenzie di viaggi tradizionali le **agenzie di viaggio online**. Nell'art. 33 cod. tur. si legge infatti che l'organizzatore di viaggi può offrire pacchetti turistici *"anche tramite un sistema di comunicazione a distanza"*. Tale offerta soddisfa la tendenza dei consumatori a scegliere e prenotare le vacanze via Internet e ciò comporta l'automatica **estensione** *anche agli acquirenti online dei diritti e delle tutele riconosciute agli acquirenti dei pacchetti turistici presso i tour operator.*

AVVIO DELL'ATTIVITÀ

Come le strutture ricettive anche le agenzie possono essere aperte dopo una segnalazione certificata di inizio attività (Scia), presso l'ufficio competente secondo le modalità previste dalle leggi regionali. Nel sito www.infotrav.it, istituito dalla Direzione generale del turismo del Mibact, si possono trovare tutti i riferimenti alle normative regionali.

DIRETTORE TECNICO

Per ottenere l'autorizzazione è necessario dimostrare che all'interno dell'agenzia vi è un soggetto con la qualifica di **direttore tecnico**, *conseguita superando un esame di abilitazione professionale* (art. 20 cod. tur.). I requisiti professionali dei direttori tecnici sono stabiliti con decreto del presidente del Consiglio dei ministri

Scia
Agenzie di viaggio
e turismo | Documento

o di un suo delegato. Anche in tema di direttore tecnico di agenzia e dei requisiti che sono necessari per rivestire questa funzione *si deve fare riferimento alla legislazione regionale.*

Per lo svolgimento dell'attività le agenzie turistiche sono tenute a stipulare **polizze assicurative**, in modo da poter garantire l'esatto adempimento delle obbligazioni contratte con i propri clienti (art. 19 cod. tur.).

OBBLIGO DI ASSICURAZIONE

7 Il diritto tributario e la disciplina Iva dell'agenzia di viaggio e turismo

Una prestazione di servizi risulta assoggettabile al regime Iva se viene effettuata nell'ambito dell'*esercizio dell'impresa*, definito dall'art. 4 c. 1 del d.p.r. 633/1972 (e successive modifiche) come "l'esercizio *per professione abituale, ancorché non esclusiva, delle attività commerciali o agricole di cui agli artt. 2135 e 2195 del c.c.,* anche se non organizzate in forma di impresa, nonché l'esercizio di attività, organizzate in forma di impresa, dirette alla prestazione di servizi che non rientrano nell'art. 2195 del c.c.".

Dalla definizione sopra riportata risulta che una **prestazione di servizi**, per essere rilevante ai fini Iva, deve essere svolta nell'*esercizio abituale della professione*, vale a dire con una certa ripetitività nel tempo.

Invece, *non rientrano nel campo di applicazione Iva* quelle prestazioni che vengono effettuate con carattere soltanto **occasionale**.

PRESTAZIONI DI SERVIZI ASSOGGETTABILI ALL'IVA

La disciplina Iva dell'agenzia di viaggio e turismo

Il regime Iva applicabile alle agenzie di viaggio e turismo può essere di due tipi diversi:

- **regime speciale**, *che consiste nell'utilizzo del meccanismo detrattivo cosiddetto "base da base"*;
- **regime ordinario**, *che consiste nell'utilizzo del meccanismo detrattivo cosiddetto "imposta da imposta"*.

DISCIPLINA IVA DELL'IMPRESA

L'art. 74 ter d.p.r. 633/1972 (e successive modifiche) disciplina il campo di applicazione del **regime speciale**, *che si applica alle agenzie di viaggio e turismo che organizzano e vendono in proprio, o tramite mandatari, i pacchetti turistici* costituiti da viaggi, vacanze, circuiti tutto compreso, crociere turistiche e servizi connessi, *che comportano più di una prestazione a fronte del pagamento di un corrispettivo unitario che costituisce un'unica operazione.*

Per cui, il regime speciale riguarda il pacchetto turistico e non può essere applicato ai casi in cui l'attività esercitata dall'agenzia si riduce a una prestazione singola, come il semplice trasporto o la fornitura del solo alloggio o l'esecuzione di un solo servizio turistico *senza che ci sia la combinazione di almeno due delle predette prestazioni.*

L'agenzia di viaggio che acquista pacchetti turistici o singoli servizi in nome o per conto proprio, indipendentemente da una richiesta del cliente viaggiatore, applicherà il "regime 74 ter" come i tour operator. In questo caso il tour operator fatturerà all'agenzia il *prezzo netto di vendita* comprensivo di Iva e l'agenzia fatturerà al cliente il *prezzo completo del pacchetto turistico*, Iva inclusa.

IL REGIME SPECIALE

Le disciplina Iva dell'agenzia di viaggio

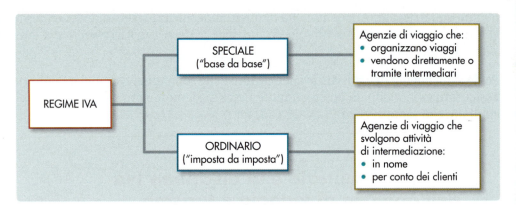

IL REGIME ORDINARIO

Il **regime ordinario** si applica, invece, *alle agenzie di viaggio che svolgono attività di mera intermediazione nei confronti dei clienti*, cioè che agiscono in nome e per conto di questi, effettuando operazioni come le prenotazioni di alberghi, le prenotazioni di viaggi, la vendita di biglietti di trasporto ecc.

Inoltre, le agenzie di viaggio possono applicare il regime ordinario di determinazione dell'Iva anche allo svolgimento dell'attività di *organizzazione di convegni*, congressi e simili effettuati nel territorio dello Stato a diretto vantaggio del cliente.

CALCOLO DELL'IMPOSTA NEL REGIME SPECIALE

Ai fini della determinazione dell'imposta sulle operazioni compiute per l'organizzazione dei pacchetti turistici, occorre calcolare la *differenza tra il corrispettivo* (cioè il prezzo di vendita) comprensivo di Iva *e il costo* (anch'esso comprensivo di Iva) sostenuto dall'agenzia stessa per l'acquisto di beni e servizi forniti da terzi a diretto vantaggio dei viaggiatori. Da tale differenza (se imponibile) si deve poi scorporare l'imposta ai sensi dell'art. 27 c. 4 del d.p.r. 633/1972, per determinare la base imponibile su cui calcolare l'Iva dovuta, applicando l'aliquota ordinaria.

Per le prestazioni rese dalle agenzie di viaggio e turismo che agiscono in nome e per conto proprio relative a pacchetti turistici organizzati da altri soggetti e per le prestazioni dei mandatari senza rappresentanza, l'imposta si applica sulla *differenza, al netto dell'imposta, tra il prezzo del pacchetto turistico e il corrispettivo dovuto all'agenzia di viaggio e turismo*, comprensivi dell'imposta.

Per le operazioni rese dalle agenzie di viaggio e turismo relative a prestazioni di servizi turistici effettuate da altri soggetti, che non possono essere considerate pacchetti turistici, qualora precedentemente acquisite nella disponibilità dell'agenzia, l'imposta si applica sulla *differenza, al netto dell'imposta, tra il prezzo del servizio turistico e il corrispettivo dovuto all'agenzia di viaggio e turismo*, comprensivi dell'imposta.

Qualora si applichino sia il regime ordinario dell'imposta, sia il regime speciale, le agenzie di viaggio e turismo devono registrare **separatamente** nella propria contabilità le operazioni che rientrano in ognuno dei due regimi.

AMBITO TERRITORIALE

Relativamente all'art. 74 ter si applica il principio della territorialità comunitaria, in base al quale le operazioni di organizzazione di viaggi si possono distinguere in tre tipi:

a) operazioni effettuate all'interno dell'Ue (operazioni imponibili);
b) operazioni effettuate al di fuori dell'Ue (operazioni non imponibili);
c) prestazioni miste, cioè servizi resi parte dentro l'Ue e parte fuori (operazioni imponibili per la parte dentro l'Ue).

Per le operazioni poste in essere dalle agenzie che organizzano i viaggi e li vendono **direttamente** al cliente deve essere emessa fattura, senza separata indicazione dell'imposta, considerando quale *momento impositivo* (cioè la data rilevante ai fini dell'emissione della fattura) il pagamento integrale del corrispettivo o l'inizio del viaggio o del soggiorno se antecedente.

Se le operazioni sono effettuate tramite **intermediari**, la fattura può essere emessa entro il mese successivo al pagamento o alla data di inizio del viaggio.

8 La normativa sul trattamento dei dati personali e sulla sicurezza

La normativa sul trattamento dei dati personali Valgono anche per l'operatore turistico le regole sulla privacy, oggi contenute nel d.lgs. 30 giugno 2003 n. 196, *codice in materia di protezione dei dati personali*, per l'elaborazione dei **dati personali**, specie con riferimento ai **dati sensibili**, quali quelli relativi alla salute, per i quali la tutela della riservatezza è massima.

È evidente che lo scambio reciproco di informazioni complete tra imprenditore e cliente-consumatore risulti necessario per assicurare una corretta esecuzione del contratto e, di conseguenza, un'elevata qualità del servizio alberghiero.

Unitamente al dovere di informazione, di cui abbiamo parlato precedentemente, grava sull'imprenditore alberghiero l'**obbligo** di tutela della riservatezza del cliente, soprattutto per quanto riguarda la conservazione e il trattamento dei dati personali del medesimo.

> Il **codice della privacy** ammette il trattamento dei dati personali che sono *strettamente necessari per l'adempimento delle obbligazioni contrattuali* assunte nei confronti del cliente, nonché per gli adempimenti di natura fiscale e di pubblica sicurezza.

La conservazione dei dati personali è limitata per un periodo assai ristretto, sia per l'albergatore, sia per le autorità di pubblica sicurezza.

Per quanto attiene in particolare l'indicazione delle *generalità delle persone ospitate in albergo*, se si tratta di un gruppo di persone è necessario mostrare il documento di identità di una qualsiasi di esse, mentre delle altre basta fornire solo un elenco. Le **schede cliente** devono essere spedite poi ai competenti uffici di pubblica sicurezza; di queste l'albergatore non può conservare copia.

 Scheda cliente

Documento

I documenti fiscali

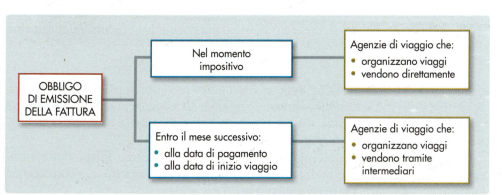

Il trattamento dei dati personali del cliente per *scopi pubblicitari* richiede necessariamente il consenso dell'interessato.

Il testo unico: d.lgs. 81/2008

Documento

La normativa sulla sicurezza Per indurre le imprese ad affrontare con serietà il problema della sicurezza sul lavoro, si sono succeduti nel tempo diversi provvedimenti legislativi, che hanno recepito direttive europee.

Attualmente la tutela della sicurezza e della salute dei lavoratori è regolamentata dal d.lgs. 81/2008 (modificato dal d.lgs. 106/2009), noto come **testo unico in materia di tutela della salute e della sicurezza nei luoghi di lavoro** (**Tusl**), che ha riunito e armonizzato le norme contenute in diversi provvedimenti legislativi emanati nell'arco di circa sessant'anni. Rispetto alla precedente normativa, il testo unico d.lgs. 81/2008 *ha esteso il proprio campo di applicazione*. Esso, infatti, si applica a **tutti** i settori di attività, privati e pubblici; a tutte le tipologie di rischio; e riguarda tutti i lavoratori (subordinati, parasubordinati, autonomi, imprese familiari).

I **soggetti incaricati** di sicurezza e salute nei luoghi di lavoro sono:

- il *datore di lavoro*, i dirigenti, i preposti, i lavoratori, gli autonomi e le imprese familiari (artt. 18-21 t.u.);
- il *responsabile del servizio di prevenzione e protezione dai rischi* (Rspp), che può essere interno o esterno all'azienda, a esclusione di alcuni settori in cui è obbligatoriamente interno (art. 31 t.u.);
- il *rappresentante dei lavoratori per la sicurezza* (art. 50 t.u.);
- il *medico competente* (art. 38 t.u.);
- gli *addetti alle emergenze* (prevenzione incendi, evacuazione e pronto soccorso).

In relazione agli **obblighi di informazione, formazione e addestramento** del personale (artt. 36-37 t.u.), il datore di lavoro è tenuto a fornire al lavoratore un'**adeguata informazione**:

- sui rischi per la salute e sicurezza sul lavoro connessi con l'attività dell'impresa *in generale*;
- sulle procedure che riguardano il primo soccorso, la lotta antincendio, l'evacuazione dei luoghi di lavoro;
- sui nominativi del responsabile e degli addetti del servizio di prevenzione e protezione e del medico competente.

Il datore di lavoro deve altresì accertarsi che ciascun lavoratore riceva un'adeguata informazione:

- sui **rischi specifici** cui è esposto in relazione all'attività svolta, le normative di sicurezza e le disposizioni aziendali in materia;
- sui pericoli connessi all'uso delle sostanze e dei preparati pericolosi, sulla base delle schede dei dati di sicurezza previste dalla normativa vigente e dalle norme di buona tecnica;
- sulle misure e le attività di protezione e prevenzione adottate.

Il contenuto dell'informazione deve essere facilmente comprensibile per i lavoratori e deve consentire loro di acquisire le relative conoscenze. Ove l'informazione riguardi *lavoratori immigrati*, essa avviene previa verifica della comprensione della lingua utilizzata nel percorso informativo.

Il datore di lavoro assicura che ciascun lavoratore riceva una **formazione** sufficiente e adeguata in materia di salute e sicurezza, anche rispetto alle conoscenze linguistiche, con particolare riferimento a:

- concetti di rischio, danno, prevenzione, protezione, organizzazione della prevenzione aziendale, diritti e doveri dei vari soggetti aziendali, organi di vigilanza, controllo, assistenza;
- rischi riferiti alle mansioni e ai possibili danni e alle conseguenti misure e procedure di prevenzione e protezione caratteristici del settore o comparto di appartenenza dell'azienda.

La **formazione** e, ove previsto, l'addestramento dei lavoratori in materia di sicurezza deve avvenire al momento:

- della costituzione del rapporto di lavoro o dell'inizio dell'utilizzazione qualora si tratti di somministrazione di lavoro;
- del trasferimento o del cambiamento di mansioni;
- dell'introduzione di nuove attrezzature di lavoro o di nuove tecnologie, di nuove sostanze e preparati pericolosi.

L'**addestramento** viene effettuato da *persona esperta* e *sul luogo di lavoro*. La formazione dei lavoratori e dei loro rappresentanti *dev'essere periodicamente ripetuta in relazione all'evoluzione dei rischi o all'insorgenza di nuovi rischi*.

I **contenuti** della formazione, per i dirigenti e per i preposti dell'imprenditore, hanno a oggetto:

- l'identificazione dei principali soggetti coinvolti e i relativi obblighi;
- la definizione e l'individuazione dei fattori di rischio;
- la valutazione dei rischi;
- l'individuazione delle misure tecniche, organizzative e procedurali di prevenzione e protezione.

Le modalità, la durata e i contenuti specifici della formazione del *rappresentante dei lavoratori per la sicurezza* sono stabiliti in sede di contrattazione collettiva nazionale.

 ## La normativa sulla qualità dell'impresa turistica. Le certificazioni di qualità

La carta dei servizi turistici   L'art. 66 del codice del turismo stabilisce che le amministrazioni pubbliche, al fine di aumentare la qualità e la competitività dei servizi turistici pubblici sul territorio nazionale, adottano la **carta dei servizi turistici** da esse erogati.

Per amministrazioni pubbliche, secondo la definizione fornita dall'art. 1 c. 2 d.lgs. 30 marzo 2001 n. 165, si intendono tutte le amministrazioni dello Stato, ivi compresi gli istituti e le scuole di ogni ordine e grado e le istituzioni educative; le aziende e le amministrazioni dello Stato a ordinamento autonomo; le regioni, le province, i comuni, le comunità montane e loro consorzi e associazioni; le istituzioni universitarie; gli istituti autonomi case popolari; le camere di commercio, industria, artigianato e agricoltura e loro associazioni; tutti gli enti pubblici non economici nazionali, regionali e locali; le amministrazioni, le aziende e gli enti del Servizio sanitario nazionale.

La **carta dei servizi turistici** definisce quali servizi turistici questi enti intendono erogare, con quali modalità, e quali *standard di qualità* si intendono garantire.

Le carte dei servizi sono trasmesse alla presidenza del Consiglio dei ministri (Dipartimento per lo sviluppo e la competitività del turismo).

Il presidente del Consiglio dei ministri determina – previa intesa con la conferenza permanente per i rapporti tra lo Stato, le regioni e le province autonome di Trento e di Bolzano – con proprio decreto, i **livelli essenziali** delle prestazioni dei servizi turistici concernenti i diritti civili e sociali, sulla base di parametri stabiliti con legge dello Stato.

Ovviamente, la carta dei servizi turistici contiene una serie di raccomandazioni e di informazioni utili al turista-consumatore, che potrà così orientarsi:

- sui servizi forniti in un determinato contesto territoriale;
- sulla qualità dei medesimi (con particolare riferimento agli *standard qualitativi minimi* che dovranno possedere le imprese turistiche);
- sulla possibilità di segnalare eventuali anomalie o irregolarità nell'erogazione dei servizi da parte delle imprese di settore.

Le carte dei servizi turistici emanate da province e comuni si possono trovare nei siti degli enti locali e delle camere di commercio.

Carta dei diritti del turista

Diversa dalla carta dei servizi è la carta dei diritti del turista emanata dal governo nel 2010 per dare attuazione a quanto previsto dall'art. 4 della legge 135/2001.

La **carta dei diritti del turista** è stata elaborata dal Dipartimento per lo sviluppo e la competitività del turismo in collaborazione con le amministrazioni dello Stato interessate, le regioni e le province autonome, gli enti, le organizzazioni imprenditoriali e sindacali del settore turistico nonché le associazioni nazionali di tutela dei consumatori.

Disponibile online nel sito www.italia.it in sette lingue diverse, la "guida" è uno strumento di agevole consultazione, che sintetizza tutti gli elementi essenziali della normativa vigente e ha l'obiettivo di *informare con chiarezza il turista su quelli che sono, in Italia, i suoi diritti, su come egli debba comportarsi e a chi debba rivolgersi, in caso di inadempienza, per farli valere.*

Nella prima sezione vengono fornite le informazioni di carattere preliminare, più importanti per il viaggiatore nella fase dell'organizzazione del viaggio, mentre nelle sezioni successive si mettono a fuoco specifici aspetti della fruizione di servizi turistici.

Vediamo quali sono i temi trattati dalla Carta:

- **orientamento e informazione**: si forniscono indicazioni di carattere preliminare rispetto all'organizzazione del viaggio, con particolare riferimento a sicurezza, assistenza sanitaria e alle norme valutarie e doganali;
- **ospitalità**: si danno informazioni utili sulle strutture turistico-ricettive, i prezzi, la classificazione, la prenotazione nonché sui principali contratti in uso;
- **nautica da diporto**: focalizza l'attenzione su specifici aspetti della fruizione del servizio quali l'assicurazione, la locazione e il noleggio;
- **il viaggio organizzato e i pacchetti turistici**: fa il punto sui principali diritti del turista in relazione a tale tipologia di viaggio;

Consulta la carta dei servizi turistici del tuo comune o provincia di residenza (come abbiamo detto puoi ricercarla nel sito della camera di commercio o del comune, provincia o regione) e compila la tabella indicando quali sono le attività svolte, i destinatari dei servizi e gli obblighi assunti.

Principi ispiratori dell'attività	....
Soggetti destinatari dei servizi	....
Attività di carattere informativo	....
Attività mirate alla qualità dei servizi	....
Modalità per segnalazione di problemi	....
Contenuti del questionario di valutazione	....

- **multiproprietà di immobili a destinazione turistico-ricettiva**: si affrontano gli aspetti contrattuali più rilevanti;
- **turismo e beni culturali**: risponde all'opportunità di fornire specifiche informazioni sulla fruizione di beni che, per la loro natura, appartengono alla collettività;
- **mobilità**: informazioni relative al trasporto aereo, ferroviario, marittimo e su gomma;
- **come far valere i propri diritti**: informazioni utili in caso di disservizi e controversie;
- **numeri di emergenza e di pubblica utilità** con le relative indicazioni di carattere generale;
- **doveri del turista**: elenca i doveri del turista sanciti dal codice mondiale di etica del turismo, promosso dall'Organizzazione mondiale del turismo.

Standard minimi nazionali L'obiettivo di riorganizzazione delle strutture ricettive secondo criteri di uniformità era stato perseguito dal legislatore attraverso *l'individuazione degli organi competenti a definire gli standard minimi nazionali che le strutture ricettive dovevano rispettare per appartenere a una delle categorie riportate nel § 3 e dei sottogruppi individuati dal codice del turismo nel titolo III* (art. 8 e segg.).

Tali standard, ai sensi degli artt. 10 e 15 cod. tur. dichiarati incostituzionali, dovevano essere fissati dal presidente del Consiglio dei ministri, d'intesa con la conferenza permanente dei rapporti tra lo Stato e le regioni e province autonome, salva la competenza delle regioni e delle province autonome di Trento e Bolzano che potevano introdurre ulteriori livelli standard rispetto a quelli minimi definiti in ambito nazionale.

Gli interventi delle province autonome di Trento e Bolzano possono avere però solo *carattere migliorativo* rispetto ai livelli di standard minimi nazionali.

La fissazione degli standard e dei criteri uniformi di classificazione nazionale delle strutture ricettive si poneva come presupposto necessario per garantire sia la tutela del turista che veniva messo in condizioni di poter scegliere la struttura che meglio soddisfaceva le sue esigenze, sia la tutela degli stessi operatori di settore.

SISTEMA DI RATING A tal fine era stato previsto anche un sistema di rating nazionale, organizzato tenendo conto della tipologia delle strutture *in modo da consentire la misurazione e la valutazione della qualità del servizio reso ai clienti* secondo parametri di misurazione e valutazione della qualità del servizio turistico, individuati dal presidente del Consiglio dei ministri d'intesa con le regioni e le associazioni di categoria. L'obiettivo, anche in questo caso, era quello di tentare di uniformare le strutture ricettive secondo precisi standard nazionali.

Tale sistema di rating avrebbe dovuto integrare il sistema basato sul **conferimento delle stelle** (disciplinato dal d.p.c.m. 21 ottobre 2008) che si era rivelato insufficiente per due ordini di ragioni:

- in primo luogo, perché il sistema delle stelle era riferibile solo alle strutture alberghiere **ma non** alle strutture ricettive secondarie, *che potevano essere classificate dalle regioni secondo criteri o sistemi diversi*;
- in secondo luogo, perché i criteri degli standard adottati dalle regioni per l'attribuzione delle stelle erano **disomogenei**, con la conseguenza che si offrivano servizi disomogenei a fronte di categorie che, secondo il criterio di conferimento delle stelle, sarebbero dovute risultare omogenee.

Al sistema di rating era prevista un'adesione volontaria da parte delle strutture ricettive. La pronuncia di incostituzionalità delle norme che prevedevano standard qualitativi ha reso vano lo sforzo del legislatore di uniformare il settore secondo standard uniformi. Le imprese del settore hanno comunque la possibilità di certificare la propria attività attraverso procedimenti di certificazione della qualità presso enti e istituzioni allo scopo deputati.

Certificazione di qualità

Per quanto riguarda la **certificazione di qualità** delle strutture ricettive, diciamo innanzitutto che si tratta di una forma di tutela per il turista-consumatore in merito alla qualità delle strutture turistiche che gli daranno ospitalità.

I soggetti deputati nel nostro Paese al rilascio di certificazioni di qualità delle imprese turistiche sono le **camere di commercio**, *che svolgono tale attività in collaborazione con le regioni, le province e le associazioni di categoria*.

MARCHIO DI QUALITÀ Nel nostro Paese, ha progressivamente assunto sempre più rilevanza il **marchio di qualità** istituito dall'Istituto nazionale per le ricerche turistiche del sistema camerale (Isnart). Lo scopo che si prefigge l'Isnart è di selezionare ogni anno le migliori imprese ricettive presenti sul territorio, per indirizzare il turista verso quelle aziende che offrano standard qualitativi più elevati e che forniscano di conseguenza un elevato grado di garanzia circa la soddisfazione del cliente.

> Il **marchio di qualità Isnart** è una certificazione di qualità che viene assegnata a *hotel, ristoranti* e *agriturismi*.

Le imprese che intendono acquisire questa certificazione di qualità sottopongono la loro struttura all'esame di esperti del settore, i quali, in base a predeterminati parametri qualitativi, assegnano all'esercizio un determinato punteggio. Solo le strutture che ottengono un punteggio eccellente ricevono la certificazione di qualità.

L'attestazione di eccellenza turistica nel settore enogastronomico e alberghiero

L'art. 59 cod. tur. ha istituito le attestazioni di eccellenza turistica **Maestro di cucina italiana** e **Maestro dell'ospitalità italiana**. Queste qualifiche vanno attribuite, ogni anno, rispettivamente a quelle imprese ristorative e alberghiere italiane che, con la propria attività, abbiano contribuito in modo significativo e continuativo, per l'alta qualità, la ricerca e la professionalità, a promuovere l'immagine dell'Italia e a favorirne l'attrattiva turistica nel mondo.
Le imprese che abbiano ricevuto l'attestazione di eccellenza turistica possono utilizzarla, per un biennio, anche a fini promozionali o pubblicitari. Trascorso il biennio, il titolare dell'autorizzazione conserva il diritto di indicarla nel proprio logo e nella propria insegna, purché venga precisato il biennio di riferimento.

Possedere la certificazione di qualità può costituire, a livello commerciale, un vantaggio per l'impresa turistica, che di fatto entra a far parte di un circuito di eccellenza, in relazione alla qualità dei servizi erogati. Inoltre, per i turisti la certificazione di qualità è la garanzia che difficilmente si troveranno di fronte a brutte sorprese se decidono di fruire dei servizi di una struttura certificata.

10 Le certificazioni europee di qualità

In relazione alle certificazioni europee di qualità, bisogna premettere che il panorama comunitario risulta abbastanza complesso, anche in ragione del fatto che sono molteplici i settori in ambito turistico interessati dal sistema qualità.

Per quanto concerne il turismo naturale, monumentale e archeologico, deve segnalarsi come il Parlamento europeo abbia approvato, nel dicembre 2010, un **marchio europeo di qualità**, che verrà assegnato a *monumenti naturali, archeologici, urbani o siti culturali che hanno svolto un ruolo importante nella storia e nella cultura europea o nell'integrazione europea.*
Il Parlamento europeo ha tenuto a precisare che l'obiettivo del marchio di qualità è quello di sensibilizzare i giovani nei confronti delle risorse del proprio patrimonio culturale, naturale, monumentale e artistico anche per favorire l'attività promozionale di quei siti come destinazioni turistiche.
Gli Stati membri dell'Unione dovranno individuare due siti ogni due anni, e verrà scelto un sito per Paese con l'aiuto di un gruppo di esperti individuati dal Parlamento europeo, dal Consiglio, dalla Commissione Ue e dal Comitato delle regioni. Ogni Stato membro dovrà sorvegliare i siti che hanno ottenuto il marchio e che dovranno assicurarne l'accesso a un numero di visitatori il più elevato possibile, favorendo la pubblicità in via telematica e garantendone l'accesso anche alle persone disabili.
Particolare attenzione, da parte del legislatore comunitario, si è altresì incentrata sui sistemi di qualità che possono essere attribuiti alle **imprese turistiche**.

MARCHIO DEL PATRIMONIO EUROPEO

I **sistemi di gestione ambientale** (Sga) sono metodologie di attività che qualsiasi azienda o organizzazione può adottare *per ridurre il proprio impatto ambientale.*
Un sistema di gestione ambientale consente infatti all'azienda di svolgere la propria attività individuando metodologie organizzative e processi che consentano un minor impatto sull'ambiente. Gli standard relativi agli Sga sono:

SISTEMI DI GESTIONE AMBIENTALE

- lo standard internazionale Iso 14001, riconosciuto a livello mondiale;
- il regolamento europeo n. 761/2001, Emas II, operativo a livello europeo.

Le società che si adeguano agli standard internazionali possono ottenere le certificazioni da appositi **organismi** che attestano, a seguito di attente verifiche, che gli standard siano stati correttamente applicati all'interno della struttura aziendale.

Iso 14001 è uno standard internazionale per la gestione ambientale sviluppato nel 1996 dall'Organizzazione internazionale per la standardizzazione.

Il suo scopo è l'identificazione e lo sviluppo di standard internazionali richiesti dalle aziende, dalle istituzioni e dai governi. Certificarsi con Iso 14001 non è obbligatorio, ma è una scelta *volontaria* dell'azienda.

Il sistema Iso 14001 mira a favorire l'*efficienza ambientale* mediante il ricorso a precise politiche e programmi dettagliati che riducano l'impatto dell'attività delle imprese sull'ambiente.

I parametri utilizzati per ridurre l'impatto ambientale consistono in una complessa serie di interventi volti a individuare come utilizzare al meglio le risorse a disposizione (energia, acqua, gas ecc.).

La **certificazione di qualità ambientale Emas** è una certificazione di qualità ambientale volontaria.

È stata introdotta in tutti gli Stati membri dell'Unione europea, con il regolamento n. 1836/93, per favorire il miglioramento ambientale nei Paesi dell'Unione e indirizzare le politiche nazionali verso uno sviluppo sostenibile in Europa.

La differenza sostanziale tra Emas e Iso 14001 consiste nel fatto che la prima, rispetto alla seconda, si caratterizza per una serie di procedure *più articolate e stringenti, che vanno a gravare ovviamente sull'imprenditore commerciale.*

In particolare Emas richiede all'impresa una maggiore interazione, da intendersi come obbligo di comunicazione, di documentazione, di informazione tra impresa e soggetti interessati (dai clienti della struttura ricettiva alle istituzioni locali, alle associazioni di categoria). Risulta evidente come la certificazione di qualità Emas punti moltissimo sullo scambio di notizie e informazioni tra "gli attori del miglioramento ambientale". È chiaro che l'impresa turistica ricettiva che aderisce a Emas dovrà informare di questo la propria clientela. Dovrà, infatti, informare i turisti ospitati nella struttura circa i **protocolli aziendali**, che prescrivono le norme comportamentali da adottare per diminuire l'impatto ambientale. Analogamente il flusso di informazioni dovrà coinvolgere i soggetti istituzionali locali (comuni, province e regioni), al fine di favorire l'adozione di politiche ambientali condivise.

Il **marchio europeo di qualità ecologica Ecolabel** è un sistema a partecipazione volontaria di etichettatura ecologica che consente ai consumatori di riconoscere i prodotti di alta qualità più rispettosi dell'ambiente.

Il sistema è stato istituito dal regolamento n. 880/92/CEE e modificato dal regolamento n. 1980/2000/CE, abrogato poi dal regolamento n. 66/2010/CE.

Il marchio di qualità ecologica dell'Unione europea può essere assegnato ai **prodotti** e **servizi** destinati alla distribuzione, al consumo o all'uso sul mercato comunitario, a titolo oneroso o gratuito. Non si applica invece ai medicinali di alcun tipo.

I **criteri** per il marchio Ecolabel Ue sono determinati su base scientifica e considerando l'intero ciclo di vita dei prodotti, dalla loro elaborazione fino al loro smaltimento. Sono presi in considerazione:

- l'impatto di prodotti e servizi sui cambiamenti climatici, l'impatto sulla natura e la biodiversità, il consumo di energia e di risorse, la produzione di rifiuti, l'inquinamento, le emissioni e il rilascio di sostanze pericolose nell'ambiente;

- la sostituzione delle sostanze pericolose con sostanze più sicure;
- la sostenibilità e la riutilizzabilità dei prodotti;
- l'impatto finale sull'ambiente, sulla salute e sulla sicurezza dei consumatori;
- il rispetto delle norme etiche e sociali, come le norme internazionali sul lavoro;
- i criteri stabiliti per altri marchi ambientali a livello nazionale o regionale;
- la riduzione degli esperimenti sugli animali.

Gli Stati membri designano uno o più *organismi responsabili* del processo di assegnazione del marchio a livello nazionale e della verifica periodica della conformità del prodotto ai criteri del marchio.

Possono richiedere il marchio alberghi, motel, locande, pensioni, bed and breakfast, campeggi, ostelli della gioventù, rifugi di montagna, strutture specializzate (come alloggi legati a stabilimenti di cura o a centri di conferenza, colonie di vacanza), residenze turistiche, multiproprietà ecc.

La problematica del rispetto dell'ambiente ha investito con forza il comparto delle aziende turistiche, le quali si sono rese ben presto conto che la tutela dell'ambiente e del patrimonio naturalistico costituisce un presupposto indispensabile per l'esercizio di un'attività di impresa all'interno di un determinato sito turistico. Ecco allora che molte aziende di settore si sono avvicinate alle *certificazioni di qualità ambientale* e hanno cominciato ad adottare i sistemi di gestione ambientale, facendo proprie le tematiche dello sviluppo sostenibile e scegliendo le politiche aziendali necessarie per la riduzione dei fattori di rischio per l'ambiente.

Ovviamente l'attribuzione della certificazione di qualità comporta dei **costi** per l'azienda, sia in termini di adeguamento delle proprie strutture alle normative ambientali, sia per consulenze in ordine agli obblighi di informazione e di documentazione prescritti dai protocolli sulla qualità.

D'altro canto, l'adozione di certificazioni di qualità ambientale favorisce, sotto molteplici aspetti, gli imprenditori di settore. Infatti, la certificazione di qualità dà assoluta garanzia circa il rispetto della normativa ambientale da parte dell'impresa, contribuisce a collocare la struttura in un circuito commerciale, caratterizzato da una clientela particolarmente fidelizzata, e contribuisce in modo significativo alla riduzione dei costi per consumi energetici e idrici.

Ben presto molti operatori turistici si sono resi progressivamente conto che il puntare sull'ambiente e darne una buona comunicazione all'esterno costituisce una forma importante di investimento. In altre parole, *investire sull'ambiente risulta premiante per gli imprenditori del settore turistico.*

INVESTIRE SULL'AMBIENTE

LAVORO SUL CASO

Un turista inglese sta valutando la possibilità di trascorrere un mese in Italia. Consulta attraverso Internet tutta una serie di strutture alberghiere classificate con quattro stelle. Leggendo le caratteristiche, la posizione, il servizio, le recensioni scritte da altri clienti, si rende conto che le strutture stesse offrono servizi e standard qualitativi differenti. Non ne comprende il motivo.

- **Come possiamo spiegare tali differenze?**
- **Come si potrebbero superare?**
- **Con quali altri sistemi si potrebbero premiare le eccellenze in ambito turistico?**

PERCORSO
DI SINTESI

L'IMPRENDITORE TURISTICO

- Colui che esercita in modo **professionale** un'attività economica organizzata al fine della produzione e dello scambio di beni e servizi turistici
- In Italia vige il principio di reciprocità

LE STRUTTURE RICETTIVE

- **Attività ricettiva:**

| SERVIZI DI OSPITALITÀ DEL TURISTA | ALTRI SERVIZI ACCESSORI |

- **Classificazione delle strutture ricettive:**
  - alberghiere e paralberghiere
  - extralberghiere
  - all'aperto
  - di mero supporto
- **Attività assicurate:**
  - sorveglianza continua
  - presenza del responsabile o di un delegato
  - copertura assicurativa
- **Adempimenti amministrativi:**
  - invio della segnalazione certificata di inizio attività (Scia), corredata da certificazioni attestanti il possesso di requisiti oggettivi e soggettivi, allo Sportello unico per le attività produttive (Suap)
  - entro 60 giorni l'amministrazione deve comunicare l'eventuale revoca dell'attività, motivandola

LE IMPRESE AGRITURISTICHE

- Sono esercitate da imprenditori agricoli per l'ospitalità della clientela nella propria azienda
- I prodotti offerti sono realizzati nell'azienda o in zone limitrofe
- La disciplina nazionale viene integrata con disposizioni sia regionali, sia provinciali

L'IMPRENDITORE ITTICO

- Esercita attività di pesca professionale a cui può abbinare attività connesse:

| PESCATURISMO | ITTITURISMO |

LE AGENZIE DI VIAGGIO	• Svolgono attività di produzione, organizzazione e intermediazione di viaggi e soggiorni • Necessitano di un **direttore tecnico** e debbono essere assicurate contro i rischi di insolvenza a favore della clientela • Devono fornire le necessarie informazioni al cliente secondo la regola della buona fede contrattuale • Il cliente ha diritto di recesso anche per servizi turistici acquistati online • Si distinguono in: **TOUR OPERATOR** **TRAVEL AGENT**
LA DISCIPLINA IVA DELLE IMPRESE TURISTICHE	• **Regime speciale** applicato per la vendita dei pacchetti turistici: Iva calcolata sulla differenza tra vendite e acquisti comprensivi di Iva (base da base) • **Regime ordinario** per le attività di intermediazione svolte in nome e per conto dei clienti: Iva calcolata sulla differenza tra vendite e acquisti al netto dell'imposta (imposta da imposta)
IL TRATTAMENTO DEI DATI PERSONALI	• Obbligo di tutela della riservatezza e della privacy nel trattamento dei dati sensibili e personali del cliente

LA NORMATIVA SULLA SICUREZZA	• Testo unico in materia di tutela della salute e della sicurezza nei luoghi di lavoro (d.lgs. 81/2008)
	
	• I **soggetti incaricati** della sicurezza e le loro funzioni:
	  – il datore di lavoro
	  – il responsabile del servizio di prevenzione e protezione dai rischi (Rspp)
	  – il rappresentante dei lavoratori per la sicurezza
	  – il medico competente
	  – gli addetti alle emergenze
	
	• Obbligo di informazione, formazione e addestramento dei lavoratori da parte del datore di lavoro

LE CERTIFICAZIONI DI QUALITÀ TURISTICHE E AMBIENTALI	• Criteri uniformi di classificazione delle strutture ricettive e sistema di rating nazionale • Certificazione di qualità nazionale ed europea delle strutture ricettive • Certificazione di qualità ambientale e marchio europeo di qualità ambientale

Verifica delle conoscenze

VERO O FALSO

Indica se le seguenti affermazioni sono vere o false.

1 In seguito alla riforma costituzionale il turismo rientra tra le materie di competenza delle regioni ☐V ☐F

2 La nozione di impresa turistica contenuta nel codice del turismo non comprende le strutture ricettive ☐V ☐F

3 Sono considerati imprenditori turistici anche coloro che si dedicano alle attività stagionali ☐V ☐F

4 La classificazione delle strutture ricettive è ora regolata dallo Stato ☐V ☐F

5 L'avvio e l'esercizio delle strutture turistico-ricettive sono soggetti a segnalazione certificata di inizio attività ☐V ☐F

6 L'attività di agriturismo non si può esercitare in forma di società ☐V ☐F

7 Le leggi regionali integrano la disciplina dell'agriturismo ☐V ☐F

8 La normativa vigente considera l'attività di somministrazione di prodotti ittici come complementare a quella della pesca ☐V ☐F

9 Chi acquista un pacchetto turistico online, ha gli stessi diritti e tutele di chi si è recato presso un'agenzia di viaggi ☐V ☐F

10 Il regime ordinario impiega il meccanismo detrattivo cosiddetto "base da base" ☐V ☐F

CORRISPONDENZE

Metti in relazione gli elementi del primo gruppo con quelli del secondo.

1 Sono agenzie che producono pacchetti turistici

2 Sono agenzie intermediarie che vendono pacchetti turistici

3 Si applica alle agenzie di viaggio e turismo che organizzano e vendono, in proprio o tramite mandatari, pacchetti turistici

4 Si applica alle agenzie di viaggio che svolgono attività di mera intermediazione

5 La fattura può essere emessa entro il mese successivo al pagamento o alla data di inizio del viaggio

a operazioni effettuate da intermediari
b regime speciale
c travel agent
d tour operator
e regime ordinario

1	2	3	4	5

Verifica delle abilità

Completa lo schema.

DI COSA STIAMO PARLANDO?

Rispondi dopo aver letto gli indizi.

1 L'imprenditore offre ricezione e ospitalità in rapporto di connessione con le attività di coltivazione del fondo, di silvicoltura e allevamento ....

2 Comporta l'imbarco su navi da pesca di persone non facenti parte dell'equipaggio a scopo turistico-ricreativo ....

3 Comporta l'alloggio presso abitazioni di pescatori, ristorazione in borghi marini, attività didattiche e culturali ....

4 In base all'art. 66 cod. tur. deve essere adottata dalle amministrazioni pubbliche ....

5 È stata emanata dal governo nel 2010 ....

QUESITI A RISPOSTA SINGOLA
Rispondi utilizzando non più di 4 righe.

1 Come possono essere classificate le *strutture ricettive*?

2 *What is ecotourism?*

3 *Which are the advantages of* quality management in tourism?

4 Chi può essere considerato, per legge, *imprenditore ittico*?

5 Che differenza c'è tra *tour operator* e *travel agent*?

RISOLVO IL CASO

1 Richard è appena stato nominato amministratore di un grande gruppo operante nel settore turistico e sta esaminando le disposizioni che disciplinano la tutela dell'integrità fisica del lavoratore. Tra i diversi compiti ci sono quello della redazione del documento di valutazione dei rischi, la nomina del responsabile del servizio prevenzione e protezione, l'obbligo di informare e formare in modo adeguato i lavoratori. Richard è consapevole che il mancato adempimento di tali obblighi è causa di risarcimento dei danni eventualmente subiti dai dipendenti nello svolgimento dell'attività lavorativa.

- **Quali fondamentali informazioni si devono dare ai lavoratori? In quali momenti? Che cosa è previsto per i dirigenti?**

- **Pensa a una possibile forma di alternanza scuola-lavoro o stage che hai svolto e verifica se ciò che hai studiato viene correttamente applicato.**

2 Ramona e Laura desiderano avviare un'agenzia di viaggio. Sono state informate della possibilità di utilizzare una segnalazione certificata di inizio attività che si può gestire per via telematica. Scaricano il modulo e lo leggono. Si soffermano sui requisiti del direttore tecnico. Proseguendo nella lettura, si rendono conto della necessità di segnalare gli estremi di una polizza assicurativa.

- **Chi potrà ricoprire il ruolo di direttore tecnico?**

- **A quale scopo devono segnalare gli estremi della polizza assicurativa?**

Unità 30

Lavorare nel settore turistico

Unit *by* Unit

In Unit 30 you will study employment, which – unlike self-employment – is when the means of production and raw materials are supplied by the employer and the employee is subject to the employer's control over economic organization. You will then focus on national collective agreements, concluded with the trade unions by employers, and the right of workers to strike. Concluding (accepting) an employment contract between employer and employee involves recruiting human resources on either a permanent or a temporary basis (depending on the type of contract).

You will study all aspects of the employment relationship: categories of workers (managers, middle management, office and general workers); suspension of employment (in case of illness, occupational accident, pregnancy, elected to public office); remuneration of employment (time, piecework, commission); contract severance, dismissals and resignations; and indemnities.

Then, you will analyze specific types of employment contracts: fixed-term contract of employment and part-time contract; solidarity contracts, job-on-call contracts, supply of labour contract, work at home contract, project-based employment contract, apprenticeship/training contracts, contracts for extra work (or subrogation). Lastly, you will focus on jobs in tourism and tourism education and training.

1 Il diritto del lavoro

LAVORO

L'**attività lavorativa**, di qualsiasi genere essa sia, costituisce lo strumento principale mediante il quale chi non dispone di capitali propri (la maggioranza delle persone, dunque) ottiene il denaro di cui ha bisogno allo scopo di procurarsi i mezzi di sussistenza.

Questo ci fa subito apprezzare l'estrema importanza sociale del fenomeno lavoro. Del resto, è proprio la nostra Costituzione, a somiglianza di molte altre costituzioni contemporanee, a collocare il lavoro **al centro** dell'**organizzazione sociale del Paese** (artt. 1 e 4 Cost.), in quella stessa posizione nella quale le costituzioni ottocentesche collocavano, invece, la proprietà privata e la libertà d'impresa.

PUBBLICO IMPIEGO, LAVORO AUTONOMO E SUBORDINATO

L'attività lavorativa può essere svolta da una persona:

- alle dipendenze dello **Stato** o di un **altro ente pubblico**: in tal caso essa è disciplinata dalle norme sul pubblico impiego;
- in modo **autonomo**, *cioè senza vincoli di dipendenza e a proprio rischio*; in tal caso, essa prende il nome di **lavoro autonomo** ed è disciplinata dalle norme (di diritto privato) sul **contratto d'opera**;
- alle dipendenze e sotto la direzione di **un'altra persona**: in tal caso prende il nome di **lavoro subordinato**.

Il **lavoro subordinato** consiste nell'erogazione da parte di una persona (**lavoratore subordinato**) delle *proprie energie lavorative* a favore di un'altra persona (detta **datore di lavoro**) *in cambio di una retribuzione in denaro*.
Quanto prodotto dal lavoratore attraverso la sua attività diventa parte del patrimonio del datore di lavoro.

La subordinazione Il lavoro subordinato si distingue dal lavoro autonomo in quanto il lavoratore subordinato è, appunto, in **condizioni di subordinazione** rispetto al datore di lavoro, *cioè esegue la sua prestazione lavorativa alle dipendenze e sotto la direzione di quest'ultimo*.
Più precisamente vi è subordinazione quando sono presenti questi due indicatori fondamentali:

ELEMENTI DISTINTIVI DEL LAVORO SUBORDINATO

- gli **strumenti produttivi** e le **materie prime** sono forniti dal datore di lavoro;
- il datore ha il **potere di organizzare** il lavoro di ciascun dipendente e di coordinarlo con quello degli altri dipendenti, correlativamente il lavoratore è sottoposto al potere di organizzazione economica del datore.

In altre parole, il rischio economico derivante dall'organizzazione dei mezzi di produzione grava **solo** sul datore di lavoro; in caso di andamento economico negativo dell'impresa, è sul datore che grava il rischio di perdere il capitale, di chiudere l'attività, di fallire; sul lavoratore grava, invece, un rischio diverso, ma non meno consistente, quello di perdere il posto di lavoro.

Il lavoro subordinato è un fenomeno della massima importanza sociale ed economica per varie ragioni. Anzitutto, costituisce il rapporto sociale principale per mezzo del quale viene prodotta la ricchezza. Oltre a ciò, come abbiamo già detto, costituisce lo strumento principale mediante il quale chi non dispone di capitali propri può ottenere il denaro di cui ha bisogno allo scopo di procurarsi i mezzi di sussistenza. A ciò va aggiunto che il lavoro subordinato, in quanto svolto alle dipendenze e sotto la direzione del datore di lavoro, impegna al massimo la persona e il tempo del lavoratore e ne limita fortemente l'autonomia: può pertanto costituire un significativo fattore di turbamento per l'esercizio dei suoi diritti di uomo e di cittadino.
Anche soggetti diversi dall'imprenditore possono utilizzare, e normalmente utilizzano, il lavoro subordinato; sono datori di lavoro anche le fondazioni, le Onlus oppure le persone fisiche, professionisti e non, che impiegano collaboratori nella loro attività oppure nel lavoro domestico. Tuttavia, nella nostra struttura sociale ed economica, il lavoro prestato alle dipendenze di un imprenditore costituisce il modello fondamentale di lavoro subordinato.

Gli indicatori della subordinazione

DATORE DI LAVORO

| ha il potere di organizzare e coordinare il lavoro dei dipendenti | fornisce strumenti produttivi e materie prime |

Il contenuto del diritto del lavoro È proprio in funzione del lavoro subordinato nell'impresa, a causa della sua fondamentale importanza sociale ed economica, che si è venuta man mano costruendo, nel corso degli ultimi due secoli, una disciplina legale assai ampia e analitica, che costituisce una branca autonoma del diritto e prende il nome di **diritto del lavoro**. La sua disciplina trova collocazione in molte **fonti** diverse: la Costituzione, le direttive e i regolamenti dell'Unione europea, il codice civile, le numerose leggi speciali, i contratti collettivi di lavoro.

Il diritto del lavoro viene abitualmente diviso in diversi settori.

SINDACATI **a)** Il **diritto sindacale** *disciplina l'attività dei sindacati dei lavoratori*: in particolare disciplina la contrattazione (i contratti collettivi) e le forme di lotta (lo sciopero).

RAPPORTO DI LAVORO **b)** Il **diritto privato del lavoro** *regola il rapporto individuale di lavoro*, che intercorre tra il singolo datore di lavoro e il singolo lavoratore, disciplina l'assunzione del lavoratore, determina quali sono le obbligazioni reciproche delle parti e secondo quali regole il rapporto si estingue.

LEGISLAZIONE SOCIALE **c)** La **legislazione sociale** *disciplina varie forme di tutela pubblica dei lavoratori* e ha per oggetto principalmente:
- la tutela del *lavoro femminile e minorile*;
- la tutela dell'*integrità fisica* dei lavoratori;
- la tutela dei lavoratori che si trovano in situazioni quali *malattia, infortunio, invalidità, vecchiaia, disoccupazione*; quest'ultimo insieme di norme prende comunemente il nome di **diritto previdenziale**.

I settori del diritto del lavoro

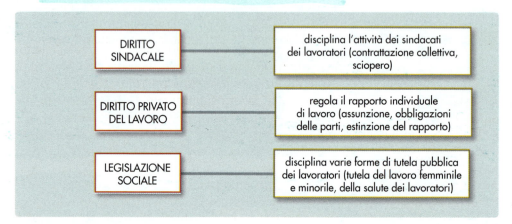

2 La disciplina costituzionale del lavoro subordinato

La Costituzione dedica ampio spazio alla determinazione dei principi fondamentali del diritto del lavoro, dettando un insieme di norme che occorre ora richiamare.

LIMITI ALL'AUTONOMIA PRIVATA **a)** La politica economica e la legislazione devono "*rimuovere gli ostacoli di ordine economico e sociale* che, limitando di fatto la libertà e l'eguaglianza dei cittadini, *impediscono il pieno sviluppo della persona umana e l'effettiva partecipazione di tutti i lavoratori* all'organizzazione politica, economica e sociale del Paese" (art. 3 c. 2 Cost.). Ne consegue che i diritti spettanti al lavoratore come uomo e come cittadino non devono subire limitazioni a causa della sua condizione: pertanto, *la legislazione deve offrirgli quella particolare protezione indispensabile per esercitare i suoi diritti della personalità e i suoi diritti politici e sindacali anche all'interno dei luoghi di lavoro*. La particolare protezione che il diritto del lavoro offre al lavoratore subordinato si realizza imponendo numerosi **limiti all'autonomia privata** delle parti, come vedremo più ampiamente in seguito. Le principali attuazioni concrete di questa regola nella legislazione ordinaria sono costituite dalla legge 604/1966 sui licenziamenti e dalla legge 300/1970, nota come *statuto dei lavoratori*.

b) Tutti i cittadini hanno **diritto al lavoro**; correlativamente *la politica economica realizzata dal governo e la legislazione approvata dal parlamento devono creare "le condizioni che rendono effettivo questo diritto"* (art. 4 e 1 Cost.). **DIRITTO AL LAVORO**

c) La retribuzione che il lavoratore subordinato riceve dev'essere **proporzionata** *alla quantità e qualità del lavoro svolto* e, *in ogni caso, sufficiente per assicurare un'esistenza libera e dignitosa* al lavoratore e alla sua famiglia (art. 36 c. 1 Cost.); anche sotto questo aspetto la protezione del lavoratore si realizza imponendo numerosi limiti all'autonomia privata delle parti. Questa regola è considerata **immediatamente precettiva**, *cioè tale da poter essere direttamente applicata dai giudici nei modi che vedremo, senza bisogno di leggi che le diano attuazione concreta.* **RETRIBUZIONE**

d) L'uomo e la donna devono ricevere, a parità di lavoro, lo stesso trattamento, in particolare la **stessa retribuzione** (art. 37 c. 1 Cost.). La principale attuazione concreta di questa regola nella legislazione ordinaria è la legge 903/1977 sulla parità fra uomo e donna nei luoghi di lavoro, cui sono seguiti nel tempo altri provvedimenti finalizzati a riequilibrare, a favore delle donne, le opportunità nel mondo del lavoro e la condivisione dei ruoli familiari; ricordiamo il testo unico sulla maternità e paternità d.l. 151/2001, modificato da ultimo dal d.lgs. 80/2015. **PARITÀ DI GENERE**

e) I lavoratori sono liberi di organizzarsi in **sindacati** e *i sindacati sono liberi di svolgere la loro attività*, senza subire controlli né da parte dei datori di lavoro, né da parte dell'autorità pubblica (art. 39 Cost.). Questa regola è considerata immediatamente precettiva. **LIBERTÀ SINDACALE**

f) Lo **sciopero** *è un diritto e può essere esercitato liberamente* (art. 40 Cost.). Questa regola è considerata immediatamente precettiva, in mancanza di una legge che ne indichi disciplina e limiti. **SCIOPERO**

g) La legislazione deve offrire una particolare protezione ad alcune categorie che si trovano in determinate condizioni di **debolezza**, *quali le lavoratrici madri* (art. 37 c. 1 Cost.), i minorenni (art. 37 c. 2 e 3 Cost.), *gli inabili al lavoro e i minorati fisici e psichici*, che nel linguaggio di oggi sono detti portatori di handicap o diversamente abili (art. 38 c. 1 e 3 Cost.). Nelle leggi ordinarie vi è una disciplina ampia e varia in merito. **CATEGORIE DEBOLI**

h) La legislazione deve prevedere e assicurare, mediante "organi ed istituti predisposti o integrati dallo Stato" (art. 38 c. 4 Cost.), *mezzi adeguati alle esigenze di vita* per coloro i quali hanno perso in tutto o in parte, definitivamente o temporaneamente, la propria capacità lavorativa a causa di *"infortunio, malattia, invalidità e vecchiaia, disoccupazione involontaria"* (art. 38 c. 2 Cost.). Le moltissime leggi ordinarie in materia contengono una disciplina estremamente ampia, varia, multiforme che costituisce, come si è accennato, il diritto previdenziale. **PREVIDENZA SOCIALE**

Disciplina costituzionale del lavoro subordinato	
Tutela dei diritti della personalità e politici	art. 3 c. 2 Cost.
Diritto al lavoro	art. 4 c. 1 Cost.
Diritto a una retribuzione sufficiente	art. 36 c. 1 Cost.
Parità di trattamento tra uomini e donne	art. 37 c. 1 Cost.
Libertà sindacale	art. 39 Cost.
Diritto di sciopero	art. 40 Cost.
Tutela delle categorie deboli (donne, minori, diversamente abili)	artt. 37, 38 Cost.
Previdenza sociale	art. 38 Cost.

 3 I sindacati

NOZIONE

I **sindacati** sono associazioni di lavoratori che perseguono lo scopo di difenderne i diritti e di promuoverne gli interessi.

Sono associazioni di diritto privato, non riconosciute dall'autorità amministrativa e, quindi, dotate di un'autonomia patrimoniale imperfetta.

DISCIPLINA

L'art. 39 c. 1 della Costituzione, come abbiamo già detto, stabilisce che in Italia "l'organizzazione sindacale è **libera**"; questo significa che:

- chiunque può costituire un'organizzazione sindacale;
- chiunque è libero di aderire o meno a un'organizzazione sindacale;
- qualsiasi organizzazione sindacale può agire per la tutela degli interessi dei lavoratori che l'hanno costituita.

L'art. 39 stabilisce poi altre regole, secondo le quali i sindacati dovrebbero ottenere una **registrazione** (art. 39 c. 2 Cost.): suo presupposto è che essi abbiano "un ordinamento interno a base democratica" (art. 39 c. 3 Cost.); sua conseguenza è che essi possono costituire rappresentanze unitarie, composte in modo proporzionale ai loro iscritti, che *stipulano contratti collettivi aventi "efficacia obbligatoria nei confronti di tutti gli appartenenti alle categorie alle quali il contratto si riferisce"* (art. 39 c. 4 Cost.).

Il sistema delle relazioni industriali Il principio della libertà dell'organizzazione sindacale è effettivamente applicato. Invece, le altre regole contenute nell'art. 39 della Costituzione non hanno mai ricevuto applicazione: non è mai stata approvata una legge che, in attuazione della Costituzione, stabilisca che cosa si debba intendere per "ordinamento interno a base democratica", a quali controlli della pubblica autorità vadano sottoposti i sindacati al fine di accertare ciò, come si debba effettuare la registrazione, come si possano costituire le rappresentanze unitarie proporzionali. Così, si è consolidato un **sistema di relazioni industriali** (cioè di rapporti tra imprenditori e lavoratori) diverso da quello delineato dall'art. 39 della Costituzione.

CONTRATTI

Conseguenza principale di queste vicende è che i sindacati, essendo associazioni private, possono stipulare *contratti collettivi aventi efficacia obbligatoria soltanto per gli iscritti al sindacato stesso*; tali contratti collettivi sono abitualmente definiti **contratti collettivi** *"di diritto comune"*. Tuttavia, i sindacati, nonostante siano considerati dalla legge come semplici associazioni di diritto privato, hanno un ruolo e un peso molto rilevanti nella vita pubblica. Ciò non è dovuto soltanto a ovvie e intuitive ragioni di carattere politico, ma anche al fatto che la legge attribuisce ai sindacati, anzi per lo più alle *"organizzazioni sindacali maggiormente rappresentative"* (sul piano nazionale o locale, secondo i casi) una serie di poteri.

> In altre parole: la legge non regola i sindacati, ma attribuisce **rilevanza giuridica** alla loro attività.

Riveste particolare importanza, a questo proposito, il potere del sindacato di promuovere davanti al giudice il procedimento di repressione della **condotta antisindacale**, disciplinato dall'art. 28 dello statuto dei lavoratori: il sindacato può ottenere che il giudice ordini al datore di lavoro di *cessare immediatamente i "comportamenti diretti a impedire o limitare l'esercizio della libertà e dell'attività sindacale nonché del diritto di sciopero"* e di *rimuovere gli effetti di tali comportamenti*.

CONDOTTA ANTISINDACALE

LAVORO SUL CASO

> Carlo è delegato sindacale di un'impresa metalmeccanica; in un'occasione decide, insieme a un gruppo di compagni, di distribuire, all'uscita della fabbrica, volantini in cui si criticano aspramente alcune scelte della direzione aziendale. Il capo del personale vorrebbe licenziarlo.
> - **Lo può fare?**

 ## I contratti collettivi

> I **contratti collettivi** sono stipulati tra le organizzazioni sindacali dei lavoratori, da un lato, e le organizzazioni dei datori di lavoro oppure il singolo datore di lavoro, dall'altro lato.

NOZIONE

Anzitutto, i contratti collettivi determinano i diritti e gli obblighi reciproci delle organizzazioni stipulanti, inoltre, e soprattutto, *hanno la funzione di stabilire le regole che disciplinano ciascun singolo rapporto individuale di lavoro, in aggiunta o in sostituzione alle norme di legge*.

La contrattazione collettiva si articola su **tre livelli**:

- il **livello interconfederale**, in cui rientra, per esempio, l'accordo interconfederale fra Confcommercio-Imprese per l'Italia e Cgil, Cisl, Uil in materia di rappresentanza e rappresentatività;
- il **livello di categoria**, *di cui fanno parte i contratti collettivi nazionali di lavoro stipulati periodicamente in ogni settore produttivo*: per esempio, per il settore metalmeccanico tra le federazioni nazionali dei sindacati dei lavoratori metalmeccanici e Federmeccanica (Federazione delle industrie metalmeccaniche);
- il **livello aziendale**, *che comprende i contratti aziendali stipulati periodicamente tra i rappresentanti sindacali aziendali e locali e le singole imprese*: per esempio, tra le rappresentanze della Fiom, la r.s.u. Lamborghini e la Lamborghini s.p.a.

Il contenuto dei contratti collettivi consiste di solito di:

a) una **parte obbligatoria**, *in cui vengono stabiliti i diritti e gli obblighi reciproci delle organizzazioni stipulanti*;

b) una **parte normativa**, in cui vengono stabilite le **regole** *alle quali si devono uniformare i contratti individuali di lavoro*; quest'ultima, a sua volta, contiene:
  - una **parte economica**, ove vengono stabilite tutte le regole riguardanti la retribuzione e le sue maggiorazioni e integrazioni;
  - una **parte normativa** in senso stretto, ove vengono disciplinati *i diritti dei lavoratori aventi carattere non immediatamente patrimoniale*, come per esempio l'orario, le ferie, la progressione della carriera lavorativa ecc.

Efficacia dei contratti collettivi Abbiamo detto più volte che *i contratti collettivi hanno efficacia obbligatoria solo per gli iscritti ai sindacati che li hanno stipulati*. Nella prassi, tuttavia, si può ormai dire che *i contratti collettivi hanno, almeno in parte, efficacia obbligatoria nei confronti di tutti gli appartenenti al settore per il quale sono stati stipulati*.

In primo luogo, *la parte economica si deve applicare a tutti i lavoratori del settore*: infatti i **minimi retributivi** stabiliti dalla contrattazione collettiva sono considerati come quella "retribuzione sufficiente", che la Costituzione indica nella norma, immediatamente precettiva, dell'art. 36 c. 1. Pertanto, i giudici, quando devono

Contenuto del contratto collettivo

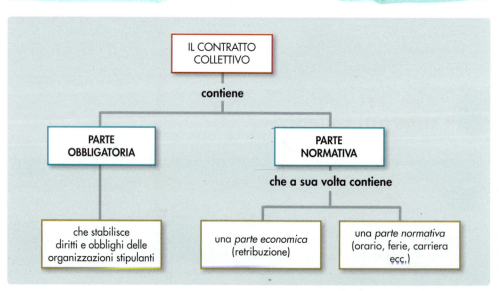

decidere una controversia su questioni di retribuzione, applicano comunque sempre i trattamenti previsti dai contratti collettivi, anche se le parti non sono iscritte alle organizzazioni sindacali stipulanti; su questo punto ritorneremo in seguito, trattando della retribuzione.

In secondo luogo, *la parte normativa è per lo più spontaneamente applicata dai datori a tutti i lavoratori*, indipendentemente dalla loro iscrizione o meno ai sindacati; la giurisprudenza considera ciò come un'adesione tacita al contratto collettivo. È frequente che al momento dell'assunzione il datore si impegni per iscritto ad applicare al lavoratore l'intera disciplina del contratto collettivo. D'altra parte, non applicare la parte normativa ai lavoratori non iscritti non sarebbe conveniente per i datori di lavoro, in quanto non farebbe altro che indurre tali lavoratori a iscriversi ai sindacati, per poter così usufruire dei *vantaggi* che la parte normativa del contratto collettivo conferisce loro.

ADESIONE TACITA

 ## Lo sciopero e la serrata

Lo sciopero è il principale strumento di cui dispongono i lavoratori subordinati per la difesa dei propri diritti e la promozione dei propri interessi.

NOZIONE

> Lo **sciopero** consiste nell'*astensione dal lavoro collettiva e organizzata, diretta allo scopo di sostenere determinati interessi e rivendicazioni, di carattere sia sindacale, sia politico.*

Lo sciopero con finalità politiche ha un limite, precisato dalla Corte costituzionale: non può essere diretto a sovvertire l'ordinamento costituzionale esistente.
Come abbiamo già accennato, si tratta di un diritto garantito dalla Costituzione (art. 40), sicché gli scioperanti non devono subire per via dello sciopero alcuna conseguenza negativa, *tranne quella di perdere il diritto alla retribuzione per il tempo in cui hanno scioperato.*
In particolare, qualificare lo sciopero come **diritto** dei lavoratori subordinati significa stabilire:

- in primo luogo, *che esso non costituisce un inadempimento contrattuale*: pertanto, non può costituire un valido fondamento in base al quale irrogare sanzioni disciplinari o licenziare;
- in secondo luogo, che esso *non costituisce un reato*: pertanto, qualsiasi incriminazione penale dello sciopero sarebbe costituzionalmente illegittima (si ricordi che negli anni del fascismo lo sciopero era punito come reato).

L'art. 40 della Costituzione prevede l'emanazione di una **legge ordinaria**, che determini i limiti all'esercizio del diritto di sciopero. Una legge generale in materia *non è mai stata emanata*; sono state emanate solo leggi riguardanti casi particolari, la più importante delle quali è la legge relativa allo *sciopero nei servizi pubblici essenziali.*

La serrata   Nella tradizione dei conflitti di lavoro i datori dispongono di uno strumento di pressione simmetrico rispetto allo sciopero.

Le modalità dello sciopero

Nel corso degli anni, in assenza della legge che regolamenti l'esercizio del diritto di sciopero, la giurisprudenza ha costruito una disciplina delle modalità dello sciopero.

Il *problema controverso è la misura della trattenuta sulla retribuzione* che può essere fatta a ciascuno scioperante: di regola deve corrispondere al tempo da lui non lavorato, ma si discute se la trattenuta possa essere fatta in misura maggiore qualora lo sciopero assuma modalità particolarmente dannose per il datore di lavoro.

La trattenuta *deve corrispondere soltanto al tempo non lavorato* nel caso di sciopero per un'intera giornata lavorativa o per una parte della giornata.

È invece controversa la misura della trattenuta nei cosiddetti scioperi articolati: vale a dire, nello **sciopero a singhiozzo**, *che consiste in astensioni dal lavoro per durate minime ma ripetute*; e nello **sciopero a scacchiera**, *che comporta astensioni dal lavoro attuate in modo alternato nei vari reparti dell'azienda*, sì che quello che sciopera fa mancare i pezzi necessari per il lavoro dei reparti che non scioperano, bloccando l'intero processo produttivo. Secondo la giurisprudenza prevalente, se il lavoro svolto durante uno sciopero articolato è privo di utilità per il datore di lavoro, costui può rifiutarlo e quindi non retribuirlo.

La **serrata** consiste nella *chiusura per un certo tempo dell'azienda o di una sua unità produttiva, allo scopo di resistere alle rivendicazioni dei lavoratori.*

La serrata non è più reato, com'era invece nel periodo fascista, essa però, a differenza dello sciopero, *non è divenuta un diritto costituzionalmente garantito*, pertanto la sua attuazione costituisce un **inadempimento contrattuale** del datore di lavoro (che resta quindi tenuto a pagare la retribuzione) e, spesso, anche un **comportamento antisindacale** vietato dall'art. 28 dello statuto dei lavoratori. La serrata è tuttavia considerata legittima dalla giurisprudenza, quando costituisce reazione a scioperi considerati illegittimi, come gli scioperi articolati.

Sciopero e serrata a confronto

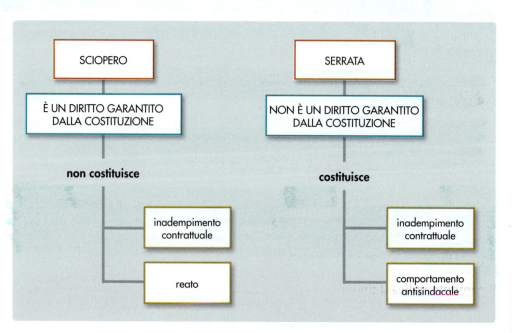

6 Il rapporto di lavoro

CONTRATTO DI LAVORO

Il **rapporto individuale di lavoro subordinato** è il rapporto esistente tra un *singolo lavoratore* e un *singolo datore di lavoro*, costituito mediante il contratto di lavoro subordinato.

Cominciamo ora a esaminare le principali caratteristiche di questo rapporto.

Esso ha inizio con la conclusione del **contratto di lavoro** tra le parti, vale a dire con l'**assunzione** del lavoratore: è quindi necessario che vi sia un incontro tra la domanda e l'offerta di lavoro, cioè che chi aspira a trovare una determinata occupazione sappia che vi è un datore di lavoro che intende assumere qualcuno e viceversa.

L'attività di intermediazione volta a favorire l'incontro della domanda con l'offerta di lavoro viene chiamata **collocamento**.

La durata del rapporto di lavoro La legge 230/1962 aveva introdotto la regola in base alla quale i contratti di lavoro subordinato dovevano sempre essere stipulati:

- **a tempo indeterminato**: vale a dire, senza la fissazione di un termine finale del rapporto di lavoro;
- con **orario pieno**, salvo che si rientrasse in alcune ipotesi eccezionali previste dalla legge.

Si trattava di una normativa posta a tutela dei lavoratori poiché assicurava loro la stabilità del posto di lavoro.

Oggi, sotto la spinta di istanze liberiste, questo tipo di approccio è stato modificato perché l'ordinamento consente ai datori di lavoro di assicurarsi le prestazioni lavorative di altri soggetti ricorrendo a un'ampia tipologia di **contratti di lavoro particolari**, *diversi dal contratto di lavoro a tempo indeterminato e con orario pieno*.

La **caratteristica peculiare** di questo contratto consiste nel dare origine a un rapporto di lavoro stabile destinato a concludersi soltanto quando si verifichi una delle seguenti circostanze:

- il licenziamento del lavoratore;
- le sue dimissioni oppure la sua morte.

Nelle pagine seguenti esamineremo la disciplina che riguarda questo tipo di rapporto di lavoro.

7 La prestazione del lavoro

Il principale **obbligo del lavoratore** consiste nella cessione delle proprie energie lavorative, cioè, in altre parole, nella prestazione del lavoro per il quale è stato assunto, alle dipendenze e sotto la direzione del datore, usando "la diligenza richiesta dalla natura della prestazione dovuta" (art. 2104 c. 1 cod. civ.).

QUALIFICA

Il contratto indica il tipo di lavoro per il quale è avvenuta l'assunzione, cioè quali **mansioni** il lavoratore è tenuto a svolgere; in relazione a tali mansioni gli è attribuita una **qualifica**, alla quale corrisponde una determinata retribuzione.

DIRIGENTI, QUADRI, IMPIEGATI, OPERAI

Le categorie di lavoratori subordinati

Secondo l'art. 2095 i lavoratori subordinati sono divisi in quattro categorie: **dirigenti**, **quadri**, **impiegati** e **operai**.

La categoria dei quadri è stata introdotta nella legislazione soltanto nel 1985; le altre tre, invece, hanno una lunga tradizione: la distinzione tra varie categorie ha una corrispondenza ormai soltanto parziale con l'organizzazione del lavoro esistente oggi nelle imprese e con la disciplina dei contratti collettivi. In particolare, negli ultimi decenni è andata progressivamente perdendo il suo rilievo normativo la distinzione tra impiegati e operai.

Il lavoratore, in linea di principio, *deve essere adibito alle mansioni per le quali è stato assunto*. Tuttavia, il datore di lavoro ha il potere di adibirlo a mansioni diverse, ma soltanto se sono "equivalenti alle ultime effettivamente svolte" dal lavoratore oppure se sono "corrispondenti alla categoria superiore che abbia successivamente acquisito"; in quest'ultimo caso il lavoratore ha diritto di ottenere la retribuzione corrispondente all'attività effettivamente svolta; l'assegnazione a mansioni superiori diviene definitiva se si protrae oltre 3 mesi (art. 2103).

L'orario di lavoro

Il lavoro dev'essere effettuato secondo l'orario previsto dal contratto collettivo; non può comunque eccedere il **limite massimo** legale di 40 ore settimanali (l. 196/1997).

TEMPO PARZIALE

> Quando l'orario viene concordato tra le parti in una misura sensibilmente inferiore (4 ore al giorno o 3 giorni alla settimana o 2 settimane al mese) il rapporto prende il nome di **lavoro a tempo parziale**.

STRAORDINARIO

> Il lavoratore può essere tenuto a lavorare oltre l'orario normale: tale lavoro prende il nome di **straordinario**.

I contratti collettivi disciplinano i casi nei quali è ammesso, il suo limite massimo e l'ammontare della sua retribuzione oraria (maggiore di quella del lavoro a orario normale).

RIPOSO E FERIE

Il lavoratore ha diritto a un giorno di **riposo settimanale** retribuito, di regola coincidente con la domenica (art. 2109 c. 1), al riposo retribuito in occasione delle festività nazionali, a un **periodo di ferie** annuali retribuite, determinato secondo le modalità stabilite dai contratti collettivi.

I poteri organizzativi del datore

Abbiamo visto, definendo la subordinazione, che il datore di lavoro ha il **potere** *di organizzare e dirigere il lavoro dei dipendenti*; questo potere consta di diversi aspetti.

POTERE DIRETTIVO

In primo luogo, vi è un **aspetto direttivo**: *il datore ha il potere di impartire le disposizioni necessarie per l'esecuzione del lavoro* (art. 2104 c. 2), dal momento che organizza il lavoro e ne porta la relativa responsabilità; pertanto tale potere si giustifica solo e in quanto funzionalmente necessario affinché possa essere effettuata la prestazione di lavoro.

POTERE DISCIPLINARE

In secondo luogo, vi sono **aspetti disciplinari**: anzitutto il datore ha il *potere di impartire le disposizioni necessarie per la disciplina nei luoghi di lavoro* (art. 2104 c. 2); si tratta di un potere che può essere esercitato nelle forme più varie, da semplici ordini e divieti impartiti verbalmente fino alla redazione di un vero e proprio *regolamento aziendale*.

Luciano, portiere di un'azienda ospedaliera, deve sempre ricordare al collega Paolo che il regolamento vieta di entrare con l'auto all'interno dell'azienda. Poiché Paolo continua a non rispettare la norma, un giorno Luciano decide di impedirgli l'ingresso. Ne segue un violento diverbio.
Il giorno successivo, all'uscita dal lavoro, con la sua macchina Paolo investe Luciano che viene portato al pronto soccorso, dove gli vengono riscontrate gravi lesioni guaribili in circa tre mesi.
Il direttore sanitario, venuto a conoscenza dell'accaduto, provvede subito a licenziare in tronco Paolo.
Paolo, ovviamente, non è d'accordo e impugna il provvedimento, ritenendolo sproporzionato rispetto a quanto avvenuto.

● **Prova a individuare quale motivazione ha spinto al licenziamento di Paolo.**

Inoltre, il datore ha il **potere di vigilare** sullo svolgimento del lavoro, rispettando i limiti posti dallo statuto dei lavoratori (artt. 2-6 e 8), secondo i quali devono essere salvaguardate la dignità e la riservatezza del lavoratore; l'installazione di apparecchiature che consentono un controllo a distanza dell'attività dei lavoratori dev'essere concordata con le rappresentanze sindacali aziendali (art. 4 statuto dei lavoratori); l'impiego di guardie giurate e le perquisizioni personali (cosiddette visite personali di controllo) sono consentiti solo se indispensabili per la tutela del patrimonio aziendale (artt. 2 e 6 statuto dei lavoratori); è vietata ogni indagine, anche effettuata a mezzo di terzi, sulle opinioni politiche, religiose e sindacali dei lavoratori (art. 8 statuto dei lavoratori).

POTERE DI VIGILARE

Infine, il datore ha il potere di infliggere **sanzioni disciplinari** ai lavoratori che violino i loro obblighi contrattuali (per esempio, lavorino in modo negligente) oppure non osservino le direttive riguardanti l'esecuzione e la disciplina del lavoro (art. 2106). Le sanzioni disciplinari possono essere di vari tipi: dalla semplice ammonizione (verbale o scritta) alla multa, alla sospensione cautelare, fino al licenziamento. Si tratta di una forma di **autotutela** *concessa al datore nei confronti del lavoratore che esprime in modo evidente lo squilibrio tra le parti che caratterizza il rapporto di lavoro subordinato.*

SANZIONI

L'art. 7 dello statuto dei lavoratori contiene alcune regole di carattere garantistico per i lavoratori: anzitutto *stabilisce che le sanzioni disciplinari devono essere predeterminate e portate a conoscenza dei lavoratori*; inoltre, prevede alcuni **limiti massimi** che esse non possono comunque mai superare; infine, stabilisce l'**obbligo** di seguire una **procedura** per la contestazione delle infrazioni, *nella quale il lavoratore, eventualmente assistito dalle organizzazioni sindacali, può portare elementi a propria discolpa.*
Il lavoratore colpito da una sanzione disciplinare (tranne il licenziamento, del quale tratteremo ampiamente) può sottoporre la questione al giudizio di un collegio di conciliazione e arbitrato e, comunque, ricorrere all'autorità giudiziaria; in questi casi la sanzione resta sospesa fino alla pronuncia del collegio arbitrale o del giudice (art. 7 c. 6 statuto dei lavoratori). Ulteriori regole in materia possono essere stabilite dai contratti collettivi.

I diritti della personalità del lavoratore
I poteri disciplinari del datore di lavoro possono ostacolare, in misura anche molto rilevante, l'esercizio dei *diritti della personalità del lavoratore*. Uno degli scopi principali perseguiti dallo statuto dei lavoratori (l. 300/1970) è stato proprio quello di *salvaguardare tali diritti*, af-

STATUTO DEI LAVORATORI

Carmen lavora presso un'azienda di catering. Ogni tanto capita che l'azienda rifiuti di fornire il servizio di ristorazione per un evento perché ritiene il prezzo offerto scarsamente remunerativo; uno di questi clienti si rivolge a Carmen chiedendo se è in grado di fornire, in prima persona, i servizi richiesti. Carmen è indecisa e non sa se accettare.

• **Secondo te lo può fare? A quali conseguenze potrebbe andare incontro?**

fermando il principio secondo il quale i lavoratori sono innanzitutto *cittadini, che devono essere posti nelle condizioni di esercitare i propri diritti civili e politici anche nei luoghi di lavoro.*

Pertanto lo statuto ha stabilito alcune regole di grande importanza. Di alcune abbiamo già fatto cenno: il divieto di discriminazioni tra i lavoratori per ragioni sindacali e politiche, di religione, di razza, di lingua, di sesso (artt. 15 e 16), i limiti al potere disciplinare del datore e le procedure per irrogare sanzioni disciplinari (artt. 2-7). Di altre tratteremo in seguito: i limiti al licenziamento e la reintegrazione del lavoratore licenziato illegittimamente (art. 18).

FEDELTÀ   **L'obbligo di fedeltà**   Oltre all'obbligo principale di effettuare la prestazione di lavoro, il lavoratore ha anche un obbligo accessorio che prende tradizionalmente il nome di **fedeltà**: *egli non deve svolgere, neppure al di fuori dell'orario di lavoro, attività in concorrenza con il datore di lavoro, e non deve divulgare segreti aziendali* (art. 2105).

La sospensione del rapporto di lavoro

Il rapporto di lavoro può essere **sospeso** per il periodo di tempo nel quale si verificano determinate circostanze indicate dalla legge o dai contratti collettivi; durante la sospensione il lavoratore ha diritto alla **conservazione** del posto di lavoro e per lo più, secondo i casi, anche a un trattamento economico a carico del datore di lavoro (retribuzione oppure indennità di vario ammontare) oppure a carico di enti assistenziali o previdenziali. Le principali **cause** di sospensione del rapporto sono la *malattia*, l'*infortunio sul lavoro*, la *gravidanza* e il *puerperio*, il *congedo matrimoniale*, la *cura dei figli* e *dei familiari*, la *chiamata a funzioni pubbliche elettive*. La loro disciplina è contenuta negli artt. 2110 e 2111 del codice civile, negli artt. 31 e 32 dello statuto dei lavoratori, nonché in numerose leggi speciali e nei contratti collettivi.

 La retribuzione

Il principale obbligo del datore di lavoro consiste nel pagamento della **retribuzione** pattuita tra le parti.

RETRIBUZIONE SUFFICIENTE   In genere, l'ammontare della retribuzione che spetta al lavoratore viene determinato in **modo indiretto**, *facendo riferimento alla retribuzione prevista per quella certa qualifica dai contratti collettivi.*

La retribuzione deve essere comunque **sufficiente** *allo scopo di assicurare un'esistenza libera e dignitosa al lavoratore e alla sua famiglia* (art. 36 c. 1 Cost.). Abbiamo già accennato che questo principio costituzionale è considerato **immediatamente precettivo**: i giudici lo applicano direttamente per decidere le controversie.

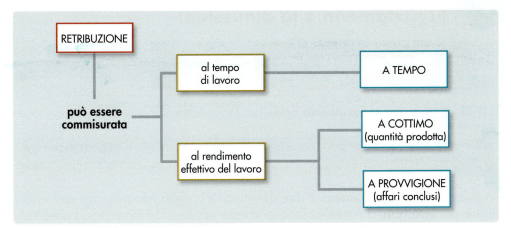

Che cosa vuol dire "retribuzione sufficiente"? Secondo l'interpretazione che si è costantemente affermata a partire dagli anni Cinquanta del Novecento, è considerata "sufficiente" la retribuzione che corrisponde ai **minimi** previsti dai contratti collettivi. In questo modo *la giurisprudenza ha finito con l'estendere a tutti i lavoratori i minimi salariali previsti dai contratti collettivi*, nonostante questi abbiano efficacia, sul piano del diritto, soltanto nei confronti degli iscritti ai sindacati che li hanno stipulati.

La retribuzione può essere calcolata secondo **due sistemi diversi**; si dice:

- **a tempo**, se *è commisurata al tempo di lavoro*: al lavoratore viene corrisposta una determinata cifra per ogni unità di tempo lavorata (ora, giorno, settimana, mese);
- **a cottimo** (se si tratta di lavoro operaio) o **a provvigione** (se il lavoro consiste nel promuovere la conclusione di affari) se *è commisurata al rendimento effettivo del lavoro*: al lavoratore viene corrisposta una determinata cifra per ogni unità prodotta o per ogni affare concluso (0,10 euro ogni pezzo fabbricato; il 2% del valore di ogni affare procurato).

I due sistemi possono **concorrere** tra di loro: in tali casi, assai frequenti, il lavoratore riceve una retribuzione divisa in due parti, una calcolata a tempo, cui se ne aggiunge un'altra calcolata a cottimo.

La retribuzione può avere varie **maggiorazioni** e **integrazioni**, secondo la disciplina contenuta nelle leggi e nei contratti collettivi (per esempio, le maggiorazioni per il lavoro *straordinario*, *festivo*, *notturno*, i *premi di produzione*, la cosiddetta *tredicesima mensilità*, le *gratifiche*).

APPROFONDIMENTO

Gli assegni familiari

Gli **assegni familiari** sono somme di denaro, integrative della retribuzione, che vengono versate ai lavoratori che hanno *familiari a carico*. Gravano sull'Inps (Istituto nazionale della previdenza sociale), ma vengono corrisposti direttamente dai datori di lavoro insieme con la retribuzione; questi hanno poi il diritto di ottenerne il rimborso da parte dell'apposita gestione autonoma dell'Inps.

9 I licenziamenti e le dimissioni

Il rapporto di lavoro subordinato stipulato **a tempo indeterminato** cessa, oltre che *per la morte del lavoratore, per effetto del suo licenziamento, oppure delle sue dimissioni.*

Il rapporto **a tempo determinato** cessa per la *scadenza del termine.*

LICENZIAMENTO...

Il **licenziamento** è l'*atto unilaterale* mediante il quale il datore di lavoro pone termine al rapporto.

La disciplina dei licenziamenti è uno dei punti di maggiore importanza dell'intero diritto del lavoro: solo molto di rado le norme di tutela dei lavoratori potrebbero raggiungere effettivamente il loro scopo se non fossero accompagnate da quella vera e propria barriera di protezione costituita dai limiti legali al potere del datore di lavoro di licenziare i propri dipendenti.

I licenziamenti vanno distinti in due categorie:

- **licenziamenti individuali**;
- **licenziamenti collettivi** per riduzione di personale.

I licenziamenti individuali I datori di lavoro, imprenditori o non imprenditori, *possono licenziare soltanto per giusta causa o per giustificato motivo* (l. 604/1966 e l. 108/1990). Vi sono però **eccezioni** a questa regola: la principale riguarda il lavoro domestico nel quale il licenziamento può essere discrezionale.

... PER GIUSTA CAUSA

Il **licenziamento per giusta causa** può essere intimato dal datore di lavoro qualora si verifichi una *causa che non consenta la prosecuzione, anche provvisoria, del rapporto* (art. 2119).

Sono considerati giuste cause di licenziamento *tutti quei comportamenti del lavoratore che costituiscono inadempimenti di eccezionale gravità alle sue obbligazioni,* come il danneggiamento volontario degli impianti, il furto di beni aziendali, la rivelazione di segreti aziendali ecc.

... PER GIUSTIFICATO MOTIVO

Il **licenziamento per giustificato motivo** (art. 3 l. 604/1966) può essere di due diversi tipi:

a) il licenziamento per giustificato motivo **soggettivo** che può essere intimato dal datore di lavoro *quando si verifica un notevole inadempimento degli obblighi contrattuali del lavoratore.* Si tratta di inadempimenti meno gravi di quelli che possono portare a un licenziamento per giusta causa. I contratti collettivi ne prevedono un'ampia casistica: dalle assenze non giustificate, ripetute e prolungate, alle gravi infrazioni della disciplina aziendale (per esempio, una rissa), a un rendimento sul lavoro costantemente insufficiente (non importa se dovuto a negligenza del lavoratore o a motivi indipendenti dalla sua volontà);

b) il licenziamento per giustificato motivo **oggettivo** che può essere, invece, intimato dal datore di lavoro *per ragioni inerenti all'attività produttiva e all'organizzazione del lavoro.* Giustificato motivo oggettivo può essere, per esempio, una riduzione dell'attività produttiva che comporti l'eliminazione di alcuni posti di lavoro.

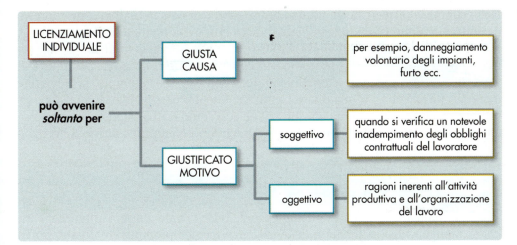

Il datore di lavoro che licenzia un lavoratore per giustificato motivo è tenuto a dargli un **preavviso** nel termine e nei modi stabiliti dai contratti collettivi o, in mancanza, dagli usi o secondo equità (art. 2118 c. 1); altrimenti deve pagargli una somma di denaro corrispondente all'importo della retribuzione che gli sarebbe spettata per il periodo di preavviso, detta *indennità di mancato preavviso* (art. 2118 c. 2).
Il licenziamento per giusta causa può essere invece intimato **senza preavviso**.
Un licenziamento intimato senza che vi sia una giusta causa o un giustificato motivo (soggettivo o oggettivo) è **illegittimo** e il lavoratore licenziato può *impugnarlo* di fronte al tribunale per ottenere o la reintegrazione nel posto di lavoro o un'indennità.

Per i lavoratori assunti dopo il primo marzo 2015, il d.lgs. 23/2015 (cosiddetto "Jobs Act") ha molto ridotto i casi in cui il lavoratore può chiedere la reintegrazione nel posto di lavoro. Salvo ipotesi eccezionali, questi lavoratori, se licenziati senza che vi sia una giusta causa o un giustificato motivo, possono dunque ottenere **soltanto** un'indennità, il cui ammontare cresce in proporzione all'anzianità di servizio.

TUTELE CRESCENTI

Il contratto stipulato in base alle norme del d.lgs. 23/2015 si definisce **contratto a tempo indeterminato a tutele crescenti** perché l'indennità in caso di licenziamento cresce in base all'anzianità di servizio.

Il licenziamento collettivo   Il licenziamento collettivo di una pluralità di lavoratori può avvenire in conseguenza:

NOZIONE

- della cessazione dell'attività dell'impresa;
- della riduzione o della trasformazione dell'attività o del lavoro (art. 24 l. 223/1991).

LAVORO SUL CASO

Un dipendente Inail (Istituto nazionale per l'assicurazione contro gli infortuni sul lavoro) compila denunce di infortuni false che portano l'Istituto a notevoli esborsi di denaro. A seguito di controlli, viene accertato il comportamento fraudolento del dipendente, che viene sospeso in attesa di giudizio. Il giudice chiamato a esaminare il fatto condanna il dipendente per truffa.
- **L'Inail lo può licenziare?**

PROCEDURA Nell'economia di mercato l'imprenditore è libero di cessare l'attività di impresa, di ridurne le dimensioni, di cambiare il ramo di attività o i metodi di lavorazione, licenziando così i lavoratori che non gli servono più. La legge, tuttavia, gli impone di seguire una determinata procedura di **consultazione** con i sindacati al fine di verificare se non esistano alternative ai licenziamenti (per esempio, la riduzione dell'orario di lavoro o a una diversa utilizzazione del personale o di una sua parte): più precisamente, questa consultazione con i sindacati è imposta alle imprese che occupano più di 15 dipendenti e che intendono effettuare almeno 5 licenziamenti nell'arco di 120 giorni (art. 24 c. 1 l. 223/1991).

Esaurita questa consultazione, con accordo o senza accordo sindacale, il datore di lavoro può intimare per iscritto il licenziamento a ciascun interessato. Egli *deve però scegliere i lavoratori da licenziare secondo i criteri previsti nei contratti collettivi* o, in mancanza, dall'art. 5 della legge 223/1991: vale a dire, i criteri dei carichi di famiglia, dell'anzianità e delle esigenze tecnico-produttive e organizzative (devono preferibilmente essere mantenuti in servizio i lavoratori più anziani e con maggiori carichi di famiglia).

DISCIPLINA **Le liste di mobilità** I lavoratori colpiti da licenziamento per giustificato motivo oggettivo oppure da licenziamento collettivo vengono iscritti nelle **liste di mobilità** compilate dall'ufficio regionale del lavoro (ora direzione interregionale e territoriale del lavoro) (art. 6 l. 223/1991).

Gli iscritti a queste liste hanno diritto al pagamento – da parte della *cassa integrazione guadagni* – di una **indennità di mobilità** per un periodo massimo di 24 mesi. L'indennità è pari:

- all'80% della loro retribuzione per i primi 12 mesi;
- al 64% per gli eventuali mesi successivi (art. 7 l. 223/1991).

Il lavoratore viene cancellato dalle liste di mobilità, con la conseguente perdita dell'indennità, quando rifiuti altri posti di lavoro professionalmente equivalenti a quello che aveva, quando non accetti di essere impiegato in opere o servizi di pubblica utilità, quando rifiuti di frequentare corsi di formazione professionale finalizzati ad agevolarne il reimpiego (art. 9 l. 223/1991 e art. 13 d.lgs. 276/2003).

Le dimissioni

NOZIONE La **dimissione** è l'*atto unilaterale* mediante il quale il lavoratore pone termine al rapporto di lavoro.

Egli può dimettersi a proprio piacimento, indipendentemente dal verificarsi di qualsiasi circostanza determinata dalla legge; se non sussiste una *giusta causa*, è tenuto a dare un **preavviso** al datore, nel termine e nei modi stabiliti dai contratti collettivi o, in mancanza, dagli usi o secondo equità (art. 2118).

I termini di **prescrizione** dei diritti dei lavoratori iniziano a decorrere dalla data *in cui il diritto può esser fatto valere* (se si tratta di rapporti ai quali si applica lo statuto dei lavoratori), oppure dalla *data in cui è cessato il rapporto di lavoro* (negli altri casi).

TFR **Il trattamento di fine rapporto** Al termine del rapporto di lavoro, per qualsiasi causa e in qualsiasi modo esso avvenga, il lavoratore ha diritto di ottenere una somma di denaro denominata **trattamento di fine rapporto**, *che è comunemente indicata anche con il nome di liquidazione*. Il trattamento è calcolato sommando

Rinunce, transazioni e prescrizione

La maggior parte delle norme dettate dalla legge e dai contratti collettivi a tutela dei lavoratori è **inderogabile**, *quindi attribuisce ai lavoratori diritti indisponibili* che, pertanto, non dovrebbero poter formare oggetto né di **rinunce**, né di **transazioni**.

Ciononostante, capita di frequente che, nella pratica, si compiano rinunce e transazioni; queste:

- *non sono valide*, purché vengano *impugnate* dal lavoratore, in forma scritta, entro il *termine di decadenza* di 6 mesi dalla cessazione del rapporto di lavoro; se sono successive alla cessazione del rapporto, il termine di decadenza di 6 mesi inizia a decorrere dalla data della rinuncia o della transazione stessa (art. 2113 c. 1, 2 e 3);

- *sono pienamente valide*, e quindi *non impugnabili* (art. 2113 c. 4), quando sono intervenute *in sede sindacale* prima del procedimento giudiziario (artt. 410 e 411 cod. proc. civ.), oppure nel corso del procedimento giudiziario (art. 185 cod. proc. civ.).

---

per ciascun anno di servizio una quota pari e comunque non superiore all'importo della retribuzione dovuta per l'anno stesso divisa per 13,5 (art. 2120 c. 1). La cifra così ottenuta è aumentata annualmente con un tasso costituito dall'1,5% in misura fissa e dal 75% dell'aumento dell'indice dei prezzi al consumo rilevato dall'Istat (art. 2120 c. 4).

I lavoratori possono scegliere di destinare a forme di **previdenza complementare** le somme via via maturate, nel corso della loro vita lavorativa, a titolo di trattamento di fine rapporto: in pratica essi possono scegliere di far gestire queste somme da *fondi pensione* o da *fondi comuni di investimento* o da *compagnie private di assicurazione* (così dispone il d.lgs. 252/2005).

In caso di estinzione del rapporto di lavoro per **morte** del lavoratore, il trattamento di fine rapporto deve essere versato al coniuge, ai figli e, se vivevano a carico del prestatore di lavoro, ai parenti entro il terzo grado e agli affini entro il secondo grado; la somma è ripartita tra gli aventi diritto in proporzione al bisogno di ciascuno (art. 2122 c. 1 e 2).

PREVIDENZA COMPLEMENTARE

 ## 10 Tipi particolari di contratti di lavoro

Come abbiamo visto, la legge stabilisce che il contratto di lavoro subordinato è stipulato **di regola** a tempo indeterminato (così dispone l'art. 39 della l. 247/2007 che modifica l'art. 1 del d.lgs. 368/2001). Tuttavia, il nostro ordinamento giuridico consente ai datori di lavoro di assicurarsi le prestazioni lavorative di altri soggetti ricorrendo a un ventaglio molto ampio di contratti di lavoro, **diversi** dal contratto di lavoro a tempo indeterminato e con orario pieno.

A partire agli anni 2000 abbiamo assistito a un graduale processo di **liberalizzazione** dei tipi contrattuali ai quali i datori di lavoro possono ricorrere. Un fenomeno che, se da un lato è stato giustificato con l'esigenza di assicurare alle imprese il massimo della flessibilità nella gestione delle risorse umane, in modo da diventare più competitive sui mercati, dall'altro è stato criticato perché ha reso più precaria la situazione di molti lavoratori, non più tutelati dalla stabilità del posto di lavoro assicurata dal contratto di lavoro subordinato a tempo indeterminato.

LIBERALIZZAZIONE

Vediamo ora quali sono i **tipi di contratti** di lavoro, diversi da quello a tempo indeterminato e con orario pieno, che un datore di lavoro può stipulare con un lavoratore.

Il contratto di lavoro a tempo determinato

TERMINE FINALE

È il contratto nel quale è *prefissato un termine finale del rapporto di lavoro* (viene perciò anche chiamato **contratto a termine**).

La legge 78/2014 (che ha modificato il d.lgs. 368/2001) ha molto liberalizzato il ricorso a questo tipo di contratto. Infatti, contrariamente a quanto stabiliva la legislazione precedente, i datori di lavoro possono ora assumere liberamente dipendenti temporanei, **senza** avere più l'obbligo di dichiarare le ragioni di carattere tecnico, produttivo, organizzativo o sostitutivo che giustificano l'assunzione.

In secondo luogo, il termine fissato nel contratto può essere **prorogato** fino a 5 volte per una durata massima complessiva di 3 anni. La proroga può avvenire senza che il datore di lavoro ne giustifichi le ragioni. Ma *tra la scadenza di un contratto e l'inizio del successivo deve trascorrere un periodo di tempo che è di 10 o 20 giorni a seconda che il contratto originario abbia una durata inferiore o superiore ai 6 mesi*. Se non si rispetta questa interruzione temporale il contratto a tempo determinato si trasforma in un contratto di lavoro a tempo indeterminato.
Analogamente il contratto a tempo determinato si trasforma in un contratto a tempo indeterminato se dopo la scadenza del termine finale il dipendente continua di fatto a lavorare per un periodo di tempo che superi i 30 o i 50 giorni a seconda che il contratto originario sia inferiore o superiore ai 6 mesi.

Il ricorso a questo tipo di contratto è **vietato** soltanto quando:

- è diretto a sostituire lavoratori in sciopero;
- nella stessa unità produttiva si sia proceduto, nei 6 mesi precedenti, a licenziamenti collettivi o siano in corso riduzioni di orario, con messa in cassa integrazione di lavoratori adibiti alle stesse mansioni cui si riferisce il contratto a termine (art. 3 d.lgs. 368/2001).

Il contratto di lavoro a tempo parziale (o part-time)

TEMPO PARZIALE ORIZZONTALE E VERTICALE

Il **contratto di lavoro a tempo parziale** è il contratto a tempo indeterminato o a tempo determinato, con il quale il lavoratore si impegna a lavorare con un orario ridotto rispetto a quello ordinario, percependo una retribuzione proporzionale alle ore lavorate.

Questa forma di contratto può prevedere:

- un *orario giornaliero ridotto rispetto a quello normale*; in tal caso si parla di lavoro a tempo parziale **orizzontale**;
- un *orario giornaliero normale ma per periodi predeterminati nel corso della settimana, del mese o dell'anno*; si parla allora di lavoro a tempo parziale **verticale**.

CLAUSOLE ELASTICHE E FLESSIBILI

Questo contratto è disciplinato dal d.lgs. 61/2000. A parte la riduzione della retribuzione, il lavoratore a tempo parziale gode degli **stessi diritti** e ha gli **stessi obblighi** del lavoratore a tempo pieno. Tuttavia, mentre quest'ultimo è, entro certi limiti, tenuto a rispettare le variazioni di orario di lavoro impostegli unilateralmente dal datore di lavoro, il lavoratore a tempo parziale *può, in via di principio, legittimamente rifiutare cambiamenti dell'orario giornaliero o dei giorni di lavoro originariamente pattuiti.*

Nel contratto di lavoro si possono però inserire particolari clausole che, nel rispetto di quanto stabilito dalla contrattazione collettiva, consentano al datore di lavoro:

- di disporre variazioni nell'orario giornaliero del lavoratore (**clausole flessibili**);
- di chiedere un aumento dei suoi giorni di lavoro (**clausole elastiche**).

La legge e la contrattazione collettiva hanno stabilito che, per le aziende alberghiere, la normale durata dell'orario di lavoro settimanale previsto per il contratto a tempo pieno è pari a 40 ore, sulla base delle quali vanno apportate le variazioni di orario, e quindi di retribuzione, proporzionali alle ore del contratto part-time. Non sono previsti dei limiti massimi di durata della prestazione lavorativa a tempo parziale.

AZIENDE ALBERGHIERE

Il rapporto di lavoro a tempo parziale consente:

- al datore di lavoro una maggiore flessibilità nella distribuzione dell'attività lavorativa nell'arco della giornata, della settimana o del mese e a seconda dei livelli di produzione programmati;
- ai lavoratori, che non possono garantire prestazioni lavorative in un full-time, di conciliare l'attività lavorativa con imprescindibili esigenze familiari.

Una forma di lavoro che ben si adatta alle esigenze degli imprenditori del settore turistico è il contratto week-end.

CONTRATTO WEEK-END

> Il **contratto week-end** è una tipologia di lavoro **a tempo parziale** *che viene utilizzata per arginare i picchi di attività che si verificano abitualmente durante i fine settimana* e dare, così, supporto al personale dipendente.

I destinatari dei contratti week-end sono solamente i lavoratori **studenti** (sempre nel rispetto delle norme di legge che regolano l'età minima per l'accesso al lavoro, cioè 16 anni).

Il contratto week-end permette l'attivazione di contratti di lavoro di durata inferiore al limite minimo previsto per la generalità dei casi (15 ore settimanali). Il Ccnl del settore turismo prevede che tali contratti abbiano una durata di **almeno** 8 ore settimanali, ferma restando la possibilità di stipulare contratti di durata superiore. Le prestazioni di durata pari o superiore a 4 ore giornaliere sono frazionabili.

L'attività lavorativa deve essere prestata **unicamente** durante il fine settimana. Tale periodo comprende certamente le giornate di sabato e di domenica anche se, secondo la circolare interpretativa del Ministero del lavoro 3 febbraio 2005 n. 3, per week-end si intende il periodo che va dal venerdì pomeriggio, dopo le ore 13.00, fino alle ore 6.00 del lunedì mattina.

Il contratto week-end può essere stipulato sia a tempo indeterminato, sia a tempo determinato.

I contratti di solidarietà

> I **contratti di solidarietà** sono contratti collettivi aziendali con i quali si conviene una *riduzione dell'orario di lavoro* (e una conseguente riduzione della retribuzione) per *tutti i lavoratori di una determinata impresa allo scopo di evitare il licenziamento di alcuni di loro.*

CONTRATTI COLLETTIVI AZIENDALI

Si parla di contratti di solidarietà:

- **difensivi**, *quando il licenziamento si rende necessario per una crisi aziendale*;
- **offensivi**, *quando hanno lo scopo di consentire l'assunzione di nuovo personale*.

Sono disciplinati dalla l. 863/1984 che prevede alcuni incentivi per i lavoratori che, accettando una riduzione della retribuzione, si sacrificano a favore di altri.

Il contratto di lavoro intermittente (o a chiamata o job on call)

DISPONIBILITÀ DEL LAVORATORE

È il contratto con il quale un lavoratore si mette a disposizione di un datore di lavoro che lo può **chiamare** per lo svolgimento di prestazioni di carattere continuativo o intermittente (artt. 33 e 34 d.lgs. 276/2003 da ultimo modificati dalla l. 99/2013).

Il lavoratore viene retribuito **soltanto** per le prestazioni lavorative che esegue, ma percepisce un'**indennità** *per i periodi nei quali garantisce al datore di lavoro la sua disponibilità in attesa di utilizzazione.*

Per evitare che i datori di lavoro ne abusino, la legge stabilisce che questo contratto può essere stipulato soltanto con lavoratori che abbiano *più di 55 anni di età o meno di 24*. Inoltre, ad eccezione dei settori del turismo, il contratto può essere concluso col medesimo datore di lavoro per un periodo non superiore ai 3 anni solari.

LAVORO IN AFFITTO

Il contratto di somministrazione di lavoro Viene anche denominato contratto di lavoro "in affitto".

È il contratto con il quale *un intermediario autorizzato* (**somministratore**) può mettere a disposizione di un imprenditore (**utilizzatore**) il lavoro di propri dipendenti contro pagamento di un corrispettivo.

Per tutta la durata della somministrazione i lavoratori, che sono *formalmente dipendenti del somministratore*, svolgono la propria attività *sotto il controllo e la direzione dell'utilizzatore* (art. 20 c. 1 e 2 d.lgs. 276/2003). Perciò, i lavoratori assunti dal somministratore vengono, per così dire, dati da questo "in affitto" all'utilizzatore.

SOMMINISTRATORE, UTILIZZATORE E LAVORATORE

Il contratto è disciplinato dagli artt. 20-28 del d.lgs. 276/2003 (modificati da ultimo dal d.lgs. 24/2012). Può essere stipulato, tra il somministratore e l'utilizzatore, *a tempo determinato* o *a tempo indeterminato*.
Neppure questo tipo di contratto può essere utilizzato per sostituire lavoratori in sciopero oppure quando nella stessa unità produttiva si sia proceduto, nei 6 mesi precedenti, a licenziamenti collettivi o siano in corso riduzioni di orario, con mes-

---

LAVORO SUL CASO

Mario e Luca decidono di aprire un piccolo ristorante in una suggestiva località montana. Si rendono subito conto che durante i week-end dei mesi estivi, quando le lunghe e calde giornate spingono famiglie ed escursionisti a visitare la vallata, si registrano dei picchi di afflusso della clientela. In queste giornate avrebbero bisogno di personale per soddisfare le richieste dei numerosi clienti. Si tratta di lavori saltuari.

- **Quale tipologia di contratti si potrebbe proporre agli eventuali aspiranti lavoratori?**

sa in cassa integrazione di lavoratori adibiti alle stesse mansioni cui si riferisce il contratto di somministrazione (art. 20 c. 5 d.lgs. 276/2003).

I lavoratori, come si è detto, sono dipendenti del somministratore, il quale può assumerli a tempo determinato o a tempo indeterminato. Grava dunque sul somministratore l'obbligo di retribuirli. Tuttavia, *l'utilizzatore è obbligato in solido con il somministratore* sia per il pagamento delle retribuzioni dei lavoratori, sia per il versamento dei contributi previdenziali che li riguardano (art. 23 c. 3 d.lgs. 276/2003).

Possono esercitare l'attività di somministrazione di lavoro "in affitto" soltanto le società di capitali o le cooperative iscritte nell'apposito *albo delle agenzie per il lavoro* tenuto dal Ministero del lavoro e delle politiche sociali (art. 4 d.lgs. 276/2003).

Il contratto di lavoro a domicilio

È un contratto di lavoro subordinato caratterizzato dal fatto che il dipendente lavora in **locali propri**, anziché nei locali dell'impresa del datore di lavoro.

Come stabilisce l'art. 1 della l. 877/1973 (modificato dalla l. 858/1980) lavoratore a domicilio è "chiunque, con vincolo di subordinazione, esegue nel proprio domicilio o in locale di cui abbia la disponibilità, anche con l'aiuto accessorio di membri della sua famiglia conviventi e a carico, ma con l'esclusione di manodopera salariata e di apprendisti, lavoro retribuito per conto di uno o più imprenditori, utilizzando materie prime o accessorie e attrezzature proprie o dello stesso imprenditore, anche se fornite per il tramite di terzi".

L'importanza di questa norma consiste nello stabilire che *il contratto di lavoro a domicilio è un contratto di lavoro subordinato* e che, pertanto, le norme di tutela dei lavoratori subordinati si applicano anche ai lavoratori a domicilio.

Il contratto di lavoro a progetto

È il contratto con il quale un soggetto, dietro corrispettivo, si impegna a collaborare, con lavoro *prevalentemente personale* e *senza vincolo di subordinazione*, alla realizzazione di uno o più **progetti specifici** determinati da un committente e gestiti autonomamente dal collaboratore (art. 61 c. 1 d.lgs. 276/2003).

Si tratta di un contratto di **lavoro autonomo**, ora disciplinato dagli artt. 61-69 del d.lgs. 276/2003 (modificati dalla l. 92/2012), *che presenta però molteplici elementi in comune con i contratti di lavoro subordinato*. Infatti il lavoratore a progetto non solo, come si è detto, deve dare esecuzione ai progetti determinati dal committente, ma è tenuto anche a coordinarsi con l'organizzazione di quest'ultimo (art. 61 c. 1). Per questa ragione questo tipo di lavoro viene comunemente chiamato **parasubordinato**.

Al lavoratore parasubordinato la legge riconosce alcune limitate **tutele** previste per il lavoratore subordinato: egli deve essere assicurato contro le malattie professionali e gli infortuni sul lavoro e, in caso di gravidanza, malattia e infortunio, il rapporto contrattuale non si scioglie, ma rimane per un certo periodo sospeso, senza erogazione del corrispettivo (art. 66 d.lgs. 276/2003).

Dal giugno 2015, con l'entrata in vigore del d.lgs. 81/2015, non è più possibile stipulare nuovi contratti a progetto.

LAVORO AUTONOMO E PARASUBORDINAZIONE

Il contratto di apprendistato

È il contratto in forza del quale, da un lato, un imprenditore è obbligato a impartire o a far impartire all'**apprendista** assunto alle sue dipendenze l'*insegnamento necessario per diventare un lavoratore qualificato*; dall'altro lo utilizza nella sua impresa.

ADDESTRAMENTO E LAVORO

Lavorando nell'impresa l'apprendista acquisisce dunque un addestramento pratico al lavoro, mentre l'imprenditore che ricorre a questo contratto fruisce di diverse agevolazioni.

Il contratto è disciplinato dal d.lgs.167/2011, che intende valorizzare l'apprendistato come strumento finalizzato alla formazione e all'occupazione dei giovani. A tal fine il d.lgs. 167/2011 distingue tre tipologie di contratti:

a) l'*apprendistato per la qualifica e il diploma professionale* riservato ai giovani tra i 15 e i 25 anni (art. 3);
b) l'*apprendistato professionalizzante o contratto di mestiere* che si rivolge ai giovani di età compresa tra i 18 e i 29 anni (art. 4);
c) l'*apprendistato di alta formazione e di ricerca* al quale possono accedere i giovani che siano nel loro diciassettesimo anno (art. 5).

Contratto di lavoro extra (o di surroga)

Il **contratto di lavoro extra** (o **di surroga**) è una particolare forma contrattuale prevista solamente per il settore del turismo e dei pubblici esercizi, *che permette l'assunzione diretta di manodopera per l'esecuzione di speciali servizi di durata non superiore a 3 giorni, determinata dai contratti collettivi nazionali o locali.*

ASSUNZIONE DI LAVORATORI EXTRA NEL SETTORE TURISMO

Il Ccnl turismo prevede la possibilità di assumere lavoratori extra nelle seguenti ipotesi:

- banqueting;
- meeting, convegni, fiere, congressi, manifestazioni, presenze straordinarie e non prevedibili di gruppi, nonché eventi similari;
- attività di assistenza e ricevimento agli arrivi e alle partenze in porti, aeroporti, stazioni e altri luoghi similari;
- ulteriori casi individuati dalla contrattazione integrativa, territoriale e/o aziendale;
- prestazioni rese nei fine settimana;
- prestazioni rese in occasione delle festività.

11 Le fasi normative che hanno individuato le professioni turistiche

Fino all'entrata in vigore del codice del turismo molte regioni avevano proceduto, con proprie leggi regionali, a individuare nuove **figure professionali** operanti nel settore turistico e a determinarne i relativi percorsi di formazione.

Per meglio comprendere il quadro normativo attuale, le problematiche ancora aperte nel settore delle professioni turistiche e la loro futura evoluzione analizziamo brevemente le **principali fasi** del percorso normativo, che ha visto mutare tra lo Stato e le regioni la competenza legislativa a regolare le professioni turistiche sia in base alle norme della Costituzione e alla riforma del titolo V della stessa, sia in base agli obblighi derivanti dalla normativa comunitaria.

FASI NORMATIVE

Ricordiamo che essendo il settore del turismo e la normativa che lo regola in rapida e continua evoluzione è necessario procedere a una costante verifica della normativa in vigore.

Prima fase Prima dell'entrata in vigore della Costituzione (1948) e della prima legge quadro del settore (legge 217/1983), più che di professioni si parlava di "mestieri girovaghi" e le norme di cui erano destinatari i soggetti che svolgevano tali attività erano dettate da ragioni di pubblica sicurezza e prevedevano una licenza di pubblica sicurezza rilasciata dal sindaco (art. 123 t.u.p.s. r.d. 773/1931 e, in seguito, art. 19, d.p.r. 616/1977).

Seconda fase Dall'entrata in vigore della Costituzione e fino alla riforma del titolo V nel 2001 la competenza a emanare norme in materia di turismo e industria alberghiera spettava in maniera **concorrente** allo Stato e alle regioni.

COMPETENZA CONCORRENTE

Analogamente, anche per quanto riguarda le professioni turistiche la Costituzione non prevedeva alcuna competenza legislativa regionale e poneva il "turismo" fra le materie di legislazione concorrente (art. 117 Cost. testo originario).

In ragione dell'espansione dell'importanza del settore turistico per l'economia del Paese, la normativa di settore ha avuto come finalità sia quella di tutelare gli interessi economici connessi all'esercizio delle attività turistiche, sia quella di tutelare i diritti di coloro che usufruiscono di tali servizi.

Le regioni, espressamente legittimate dalla **legge quadro statale 217/1983** in materia di turismo, introducono disposizioni legislative anche per il settore delle professioni turistiche, come individuate dalla stessa legge statale, nonché per "ogni altra professione attinente al turismo" (secondo l'espressione finale dell'art. 11 comma 1 della legge 217/1983).

Le professioni turistiche costituivano, quindi, una **parte** o un **settore** della materia "turismo" e l'elenco contenuto nella legge quadro era pacificamente inteso come non tassativo, tant'è che alcune regioni si spinsero a istituire ulteriori figure professionali non individuate dalla legislazione statale.

La legge n. 217 del 1983 attuò una regolamentazione organica delle professioni turistiche sostituendo la nozione di "mestiere girovago" con quelle di "professione", individuando e definendo le singole professioni turistiche e prevedendo un accertamento dell'idoneità tecnica degli aspiranti professionisti del turismo. La legge rinviava alle leggi regionali la disciplina di dettaglio circa l'accertamento dei requisiti di accesso.

Anche se è stata abrogata dalla successiva legge quadro 135/2001, la legge del 1983 ha sempre rappresentato un **punto di riferimento** e una base di sviluppo per la legislazione regionale; essa definiva le seguenti professioni:

- **guida turistica**: chi per professione accompagna persone singole o gruppi di persone nelle visite a opere d'arte, a musei, a gallerie, scavi archeologici, illustrando le attrattive storiche, artistiche, monumentali, paesaggistiche e naturali;
- **interprete turistico**: chi, per professione, presta la propria opera di traduzione nell'assistenza a turisti stranieri;
- **accompagnatore turistico** o **corriere**: chi, per professione, accompagna persone singole o gruppi di persone nei viaggi attraverso il territorio nazionale o all'estero, fornendo altresì elementi significativi e notizie di interesse turistico sulle zone di transito, ma al di fuori dell'ambito di competenza delle guide;
- **organizzatore congressuale**: chi per professione svolge la propria opera nell'organizzazione di iniziative, simposi, o manifestazioni congressuali;
- **animatore turistico**: chi per professione organizza il tempo libero di gruppi di turisti con attività ricreative, sportive, culturali;
- **istruttore nautico**: chi per professione insegna a persone singole o gruppi di persone la pratica del nuoto o di attività nautiche;
- **maestro di sci**: chi per professione insegna a persone o gruppi di persone la pratica dello sci;
- **guida alpina**: chi per professione accompagna persone singole o gruppi di persone in scalate o gite di montagna;
- **aspirante guida alpina** o **portatore alpino**: chi per professione accompagna singole persone o gruppi di persone in ascensioni di difficoltà non superiore al terzo grado;
- **guida speleologica**: chi per professione accompagna persone singole o gruppi di persone nell'esplorazione di grotte e cavità naturali.

Le regioni hanno poi individuato nelle loro leggi **altre figure professionali** quali: la guida naturalistica, l'accompagnatore di turismo equestre, le guide del turismo subacqueo, il direttore di albergo, il vigile turistico, la guida ambientale.

Con le successive leggi statali professionali sono stati istituiti gli **albi professionali** di guida alpina (legge 6/1989) e maestro di sci (legge 81/1991).

La produzione normativa regionale è proseguita, anche dopo l'entrata in vigore della successiva legge quadro 135/2001 (oggi abrogata dal codice del turismo), che abbandonava l'elencazione delle professioni turistiche e all'art. 7 ne dettava la seguente definizione generale: "sono **professioni turistiche** quelle che organizzano e forniscono servizi di promozione dell'attività turistica, nonché servizi di assistenza, accoglienza, accompagnamento e guida dei turisti".

Si lasciava poi alle regioni il compito di legiferare in materia e le leggi regionali che sono seguite presentano **caratteri omogenei** e prevedono:

- il conseguimento di un'abilitazione superando un esame di idoneità tecnica; il titolo così conseguito ha validità su tutto il **territorio nazionale**, fatta eccezione per la guida turistica per la quale l'autorizzazione all'esercizio della professione ha validità circoscritta all'ambito territoriale della regione e, a volte, della provincia (tale eccezione viene giustificata dalla peculiarità dell'attività svolta dalla guida che presuppone la conoscenza approfondita del patrimonio storico-artistico, culturale e ambientale specifico del territorio che la guida ha il compito di illustrare);

- l'iscrizione ad appositi elenchi gestiti generalmente dalle province con la previsione di appositi percorsi formativi e di aggiornamento professionale.

Dopo la l. 135/2001 numerose regioni hanno continuato a legiferare disciplinando ulteriori figure professionali rispetto a quelle individuate dalla legge quadro 187/1983. Per esempio la guida ambientale nella legge dell'Emilia Romagna con le specializzazioni in cicloturismo, equiturismo, turismo acquatico, turismo subacqueo. La guida subacquea in Sicilia, l'assistente o accompagnatore di turismo equestre in provincia di Trento, il maestro di mountain bike e di ciclismo fuoristrada in Val d'Aosta.

Terza fase   Con la riforma del titolo V della Costituzione, come si è più volte ricordato, la materia del turismo è transitata dalla competenza Stato-regioni, alla competenza **esclusiva regionale**. Ma lo stesso **non vale** in tema di professioni che l'art. 117 della Costituzione riserva alla competenza concorrente Stato-regioni.

> Pertanto, anche nel campo delle **professioni turistiche** la competenza è ripartita tra lo Stato e le regioni e spetta allo Stato la determinazione dei principi fondamentali della materia (art. 117 c. 3 Cost.).

In realtà la Corte costituzionale, con riferimento alle **professioni turistiche**, aveva più volte ribadito che *allo Stato compete l'individuazione delle figure e dei profili professionali e dei requisiti necessari per l'esercizio della relativa professione*, mentre spetta alle regioni procedere a disciplinare solo quegli aspetti che presentano uno specifico collegamento con la realtà regionale (Corte cost. sentenza n. 271/2009 e 138/2009).
La giurisprudenza costituzionale ha perciò sottratto il settore delle professioni turistiche alla materia "turismo" per farlo confluire nella materia "professioni" di competenza dello Stato.

In relazione alle due figure professionali forse più rilevanti nell'ambito del settore turistico, la **guida** e l'**accompagnatore turistico**, il d.l. 7/2007 (cosiddetto decreto Bersani, convertito con modificazioni dalla legge 2 aprile 2007 n. 40), successivamente abrogato dal codice del turismo, prevedeva che tali professioni non potessero essere subordinate all'obbligo di autorizzazioni preventive, al rispetto di parametri numerici e a requisiti di residenza, fermo restando il possesso dei requisiti di qualificazione professionale previsti dalle normative regionali.
Per coloro che erano laureati in lettere, con indirizzo in storia dell'arte o in archeologia o titolo equipollente, l'esercizio dell'attività di guida turistica non poteva essere negato, né subordinato allo svolgimento dell'esame abilitante o di altre prove selettive, salva la previa verifica delle conoscenze linguistiche e del territorio di riferimento.
Al fine di migliorare la qualità dell'offerta del servizio in relazione a specifici territori o contesti tematici, le regioni promuovevano **sistemi di accreditamento**, non vincolanti, per le guide turistiche specializzate in particolari siti, località e settori.
I soggetti abilitati allo svolgimento dell'attività di guida turistica, nell'ambito dell'ordinamento giuridico del Paese comunitario di appartenenza, operavano in regime di libera prestazione dei servizi senza necessità di alcuna autorizzazione, né abilitazione, sia essa generale o specifica.

DECRETO BERSANI

Ai soggetti titolari di laurea o diploma universitario in materia turistica o titolo equipollente *non poteva essere negato l'esercizio dell'attività di accompagnatore turistico, fatta salva la previa verifica delle conoscenze specifiche, quando non fossero state oggetto del corso di studi.*

Oggi le indicazioni contenute nel decreto Bersani, che ha costituito una tappa importante nella disciplina delle professioni turistiche, *non sono più applicabili nel nostro ordinamento*, in quanto, come abbiamo detto, sono state **abrogate** dal codice del turismo.

Quarta fase   Analizzeremo nel paragrafo successivo l'evoluzione normativa successiva all'entrata in vigore del codice del turismo e della legge 97/2013 (cosiddetta legge comunitaria 2013) che ha introdotto importanti novità in materia di abilitazione all'esercizio delle guide turistiche per ottemperare agli obblighi derivanti dall'appartenenza dell'Italia all'Unione europea.

LAVORO SUL TESTO

La l.r. Lombardia 1° ottobre 2015 n. 27 "Politiche regionali in materia di turismo e attrattività del territorio lombardo", agli artt. 49 e 50, definisce gli aspetti dei profili professionali della guida turistica e dell'accompagnatore turistico.

• **Consulta il testo e compila la tabella.**

	Guida turistica	Accompagnatore turistico
Caratteristiche dell'attività		
Abilitazione all'esercizio della professione		

Ricerca poi sul sito della tua regione una legge analoga a questa, individua le informazioni relative alle professioni turistiche e sintetizzale in una tabella.

---

12 I percorsi formativi delle professioni turistiche in ambito nazionale e comunitario: particolarità della professione di guida turistica

La disciplina relativa alle professioni turistiche introdotta dal codice del turismo mira:

- da un lato, a recepire l'orientamento del legislatore comunitario diretto alla *liberalizzazione e all'apertura del mercato*;
- dall'altro, alla *salvaguardia della qualità dell'offerta turistica* mediante l'imposizione di standard qualitativi elevati.

L'art. 6 del codice del turismo definisce le **professioni turistiche** come quelle attività aventi a oggetto la prestazione di servizi di *promozione dell'attività turistica*, nonché servizi di *ospitalità, assistenza, accompagnamento e guida*, volti a consentire ai turisti una migliore fruizione del viaggio e della vacanza, anche sotto il profilo della conoscenza dei luoghi visitati.

NOZIONE

Allo scopo di realizzare **percorsi formativi** finalizzati all'inserimento lavorativo nel settore del mercato turistico dei giovani laureati o diplomati, il presidente del Consiglio dei ministri o il ministro delegato, di concerto con i ministri dell'istruzione, dell'università e della ricerca, del lavoro e delle politiche sociali e della gioventù, d'intesa con la conferenza permanente per i rapporti tra lo Stato, le regioni e le province autonome di Trento e di Bolzano, è autorizzato, nell'ambito delle risorse allo scopo disponibili a legislazione vigente, a stipulare **accordi** o **convenzioni** con istituti di istruzione, anche universitaria, con altri enti di formazione e con gli ordini professionali *per lo svolgimento di corsi orientati alla preparazione dei giovani operatori*.

PERCORSI FORMATIVI

L'obiettivo che si pone il legislatore con il codice del turismo è, dunque, quello di individuare con chiarezza e garantire di conseguenza agli operatori di settore una serie di percorsi formativi destinati all'ingresso nel mercato del lavoro. Ciò al fine di evitare il ripetersi dei frequenti errori commessi nel passato, caratterizzati dalla creazione, a opera delle regioni, di figure professionali che si contraddistinguevano per l'incertezza dei percorsi formativi, e anche delle qualifiche professionali ottenute al superamento degli stessi. Significativa, in tal senso, è l'attribuzione al presidente del Consiglio dei ministri, di concerto con il ministro del turismo, del potere nella determinazione di tali percorsi.

In relazione ai principi di liberalizzazione e di apertura al mercato individuati dal codice del turismo, occorre rilevare come già la "**direttiva servizi**" **2006/123/CE** sia stata recepita nel nostro ordinamento con il d.lgs. 26 marzo 2010 n. 59. Quest'ultimo prevede espressamente che l'accesso a un'attività di servizi o il suo esercizio non possono essere in alcun modo subordinati al requisito della residenza. La finalità della norma è evidentemente quella di *favorire la libertà di stabilimento dei prestatori di servizi e la libertà di prestazione dei servizi all'interno degli Stati dell'Unione europea*.

LIBERALIZZAZIONE DEL MERCATO

Lo scopo dichiarato del d.lgs. 59/2010 è in buona sostanza quello di garantire, da un lato, la libertà di concorrenza secondo le condizioni di pari opportunità, dall'altro, di assicurare agli utenti-consumatori un livello essenziale e uniforme di condizioni di accessibilità all'acquisto di servizi sul territorio nazionale.

Preme ricordare che quello delle professioni turistiche è un settore che è stato oggetto anche in passato di vivaci dibattiti. Significativo, al riguardo, è l'invito formulato dal Consiglio di Stato al governo di procedere alla creazione di albi nazionali al fine di garantire gli operatori di settore e di qualificare il mercato.

Altrettanto importante in materia di professione di guide turistiche è il caso di infrazione EU Pilot 4277/12/MARK per violazione degli obblighi imposti dalla direttiva servizi 2006/123/CE. Con nota 6 settembre 2012, infatti, la Commissione europea ha rilevato l'esistenza di norme in materia di guide turistiche in contrasto con l'articolo 10, paragrafo 4, della direttiva citata laddove la legislazione nazionale prevede che l'abilitazione all'esercizio della professione di guida turistica abbia validità solo nella regione o provincia di rilascio, precludendo, pertanto, alle guide la possibilità di esercitare la professione a livello nazionale.

La Commissione ha chiesto con una successiva nota un calendario dettagliato relativo alle iniziative intraprese per la definizione di un intervento normativo in materia.

NORME EUROPEE
Liberalizzazione della professione Con l'entrata in vigore della legge 6 agosto 2013 n. 97 (legge europea 2013), le guide turistiche abilitate a esercitare la professione in **altri Stati membri** possono operare in regime di libera prestazione di servizi sul territorio nazionale senza necessità di ulteriori autorizzazioni o abilitazioni (art. 3).

Viene attribuito al Ministero per i beni e le attività culturali il compito di individuare i siti nei quali, in ragione del loro peculiare interesse storico, artistico o archeologico, lo svolgimento dell'attività di guida turistica è riservata a coloro che abbiano acquisito una **specifica abilitazione**, in modo da valorizzare le professionalità acquisite.

Pertanto, questa norma consente alle guide turistiche, abilitate a esercitare la propria professione in altri Stati membri, di operare in regime di libera prestazione di servizi su tutto il territorio italiano, senza la necessità di ulteriori autorizzazioni e, così facendo, implicitamente prevede anche per i professionisti italiani l'abilitazione all'esercizio di guida turistica su tutto il territorio nazionale per evitare disparità con quelli degli altri Stati membri.

CRITICHE
Le associazioni rappresentative della guide turistiche abilitate non hanno accolto favorevolmente il provvedimento normativo e hanno criticato duramente l'approvazione dell'articolo, che per consentire alle guide provenienti dagli altri Stati membri di effettuare visite guidate su tutto il territorio nazionale dequalifica, di fatto, la professione di guida turistica. Si vuole sottolineare che, per sua natura e definizione, la guida turistica è una figura professionale **specializzata** nella conoscenza e divulgazione di un patrimonio culturale circoscritto e non va confusa con l'accompagnatore che assiste il gruppo nel corso di un viaggio.

Non a caso, proprio per tener conto della ricchezza del patrimonio culturale, le leggi italiane avevano stabilito che le abilitazioni all'esercizio della professione di guida riguardassero un ambito territoriale che è possibile conoscere (come quello provinciale o regionale). Le associazioni di categoria delle guide sostengono che è impossibile essere in grado di effettuare visite guidate su tutto il territorio italiano, che spazia dalla preistoria all'arte contemporanea e conta non meno di 200.000 beni culturali censiti. Ciò nonostante, il processo di liberalizzazione non si è arrestato e la normativa relativa all'esercizio della professione di guida turistica è in fase di cambiamento, anche successivamente all'emanazione nel corso del 2015 dei decreti attuativi (del 29 gennaio e 17 aprile) della legge 97/2013.

IL LAVORO SUBORDINATO	• Si distingue dal lavoro autonomo perché il lavoratore è in condizione di **subordinazione** rispetto al datore di lavoro
	• Si ha **subordinazione** quando concorrono queste due condizioni:
	  – gli *strumenti produttivi* e le *materie prime* sono forniti dal datore di lavoro
	  – il lavoratore è subordinato al *potere di organizzazione economica* del datore di lavoro

LE FONTI DEL DIRITTO DEL LAVORO	• Articoli della Costituzione • Direttive e regolamenti Ue • Codice civile • Leggi speciali • Contratti collettivi
I SINDACATI	• Sono **associazioni di diritto privato** tra lavoratori • Perseguono lo scopo di difenderne i diritti e di promuoverne gli interessi • La Costituzione garantisce il principio della libertà dell'organizzazione sindacale • Sono articolati per settori produttivi e per territorio • La condotta antisindacale del datore di lavoro è punita dalla legge

I CONTRATTI COLLETTIVI	• Sono contratti stipulati tra organizzazioni sindacali dei lavoratori e organizzazioni dei datori di lavoro
	• Hanno lo scopo di stabilire una **disciplina uniforme** per i singoli rapporti individuali di lavoro
	• Possono essere di tre **livelli**:
	  – interconfederali
	  – di categoria
	  – aziendali
	• Si compongono di una parte **obbligatoria** e una parte **normativa**

LO SCIOPERO	• È un **diritto** garantito dalla Costituzione
	• Pertanto non è un reato, né un inadempimento contrattuale del lavoratore
	• Il lavoratore perde il diritto alla retribuzione per il tempo in cui ha scioperato; è controversa la misura della trattenuta sulla retribuzione nello sciopero a singhiozzo o a scacchiera
	• La **serrata** da parte dei datori di lavoro:
	  – non è un diritto costituzionalmente garantito
	  – pertanto è un inadempimento contrattuale del datore di lavoro

---

IL RAPPORTO DI LAVORO

- Ha inizio con la conclusione del *contratto di lavoro subordinato* tra datore di lavoro e lavoratore ➞ **ASSUNZIONE**
- L'assunzione può essere:

  - A TEMPO INDETERMINATO
  - A TEMPO DETERMINATO

LA PRESTAZIONE DEL LAVORO

- In relazione alle *mansioni* per le quali è stato assunto, al lavoratore è attribuita una *qualifica* alla quale corrisponde una determinata *retribuzione*
- I lavoratori sono divisi in **quattro categorie**:

  - DIRIGENTI
  - QUADRI
  - IMPIEGATI
  - OPERAI

- Il datore di lavoro ha il **potere**:
  - di impartire le disposizioni necessarie per la disciplina nei luoghi di lavoro
  - di vigilare sullo svolgimento del lavoro, salvaguardando la dignità e la riservatezza del lavoratore
  - di infliggere sanzioni disciplinari ai lavoratori seguendo la procedura prevista dallo statuto dei lavoratori
- Il lavoratore ha l'**obbligo di fedeltà**:
  - non deve svolgere attività concorrente con quella del datore
  - non deve divulgare segreti aziendali
- Il rapporto di lavoro rimane **sospeso** e il lavoratore mantiene il diritto al posto di lavoro in determinate circostanze:

  - MALATTIA
  - INFORTUNIO SUL LAVORO
  - GRAVIDANZA
  - CHIAMATA A FUNZIONI PUBBLICHE ELETTIVE

LA RETRIBUZIONE

- Ogni lavoratore ha diritto a una *retribuzione sufficiente* ad assicurare un'esistenza libera e dignitosa a sé e alla sua famiglia (art. 36 Cost.)
- Secondo la giurisprudenza è tale quella corrispondente ai minimi previsti dai contratti collettivi
- Può essere:

  - A TEMPO
  - A COTTIMO
  - A PROVVIGIONE

- I datori di lavoro, imprenditori o non imprenditori, possono licenziare soltanto per *giusta* causa o per *giustificato motivo* (oggettivo o soggettivo)
- Il licenziamento discrezionale è consentito soltanto eccezionalmente per alcuni rapporti di lavoro (come il lavoro domestico)
- Il licenziamento può essere intimato dal datore di lavoro:
  - **per giusta causa** quando il lavoratore si rende colpevole di una violazione dei suoi obblighi di eccezionale gravità
  - per **giustificato motivo soggettivo** per inadempimenti del lavoratore meno gravi
  - per **giustificato motivo oggettivo** per ragioni inerenti all'attività produttiva e all'organizzazione del lavoro
- I licenziamenti collettivi devono essere preceduti da una consultazione sindacale
- I lavoratori colpiti da un licenziamento per giustificato motivo oggettivo o da un licenziamento collettivo:
  - vengono iscritti in *liste di mobilità*
  - acquistano così il diritto al pagamento di un'*indennità di mobilità*
- Il lavoratore può presentare in ogni momento le **dimissioni** dando, se non esiste giusta causa, un preavviso

IL TRATTAMENTO DI FINE RAPPORTO

- Al termine del rapporto di lavoro il lavoratore ha diritto a una somma di denaro (**trattamento di fine rapporto**) che, nel caso di morte, deve essere versata al coniuge, ai figli e, se vivevano a carico del prestatore di lavoro, ai parenti entro il terzo grado e agli affini entro il secondo grado
- Il lavoratore può scegliere di destinare a forme di **previdenza complementare** le somme maturate nel corso della sua vita lavorativa a titolo di trattamento di fine rapporto

TIPI PARTICOLARI DI CONTRATTI DI LAVORO

- Oltre al contratto di lavoro subordinato a tempo indeterminato e con orario pieno, i datori di lavoro possono stipulare i seguenti tipi di contratti di lavoro:
  - a tempo determinato
  - a tempo parziale
  - di solidarietà
  - di lavoro intermittente
  - di somministrazione
  - di lavoro a domicilio
  - di lavoro a progetto
  - di apprendistato
  - extra o di surroga

LE PROFESSIONI TURISTICHE

- Hanno a oggetto la prestazione di servizi:
  - di promozione dell'attività turistica
  - di ospitalità
  - di assistenza, accompagnamento e guida volti a consentire ai turisti una migliore fruizione del viaggio e della vacanza

Verifica delle conoscenze

VERO O FALSO
Indica se le seguenti affermazioni sono vere o false.

1. La legislazione sociale regola i diversi aspetti del rapporto individuale di lavoro V [F]

2. I contratti collettivi hanno efficacia nei confronti di tutti i lavoratori della categoria V [F]

3. L'organizzazione interna dei sindacati è disciplinata per legge V [F]

4. L'orario di lavoro non può eccedere il massimo legale di 40 ore [V] F

5. La retribuzione a cottimo è commisurata al tempo lavorato V [F]

6. Se non sussiste giusta causa, il lavoratore che si dimette deve dare preavviso [V] F

7. Il contratto di lavoro extra può essere applicato in tutti i settori V [F]

8. Il part-time verticale è il lavoro con orario giornaliero ridotto V [F]

9. Attualmente le guide turistiche abilitate a esercitare la professione in altri Stati membri possono operare sul territorio italiano senza bisogno di ulteriori autorizzazioni o abilitazioni [V] F

10. Secondo la Corte costituzionale anche nel settore del turismo l'individuazione dei profili professionali e dei requisiti è di competenza dello Stato [V] F

CORRISPONDENZE
Metti in relazione gli elementi del primo gruppo con quelli del secondo.

1. Non consente la prosecuzione del rapporto di lavoro neanche in via provvisoria

2. La riduzione dell'attività produttiva comporta una riduzione del personale

3. È la retribuzione calcolata in base agli affari conclusi

4. Si verificano ripetute assenze ingiustificate

5. È la retribuzione commisurata al volume prodotto

a. giustificato motivo oggettivo
b. giustificato motivo soggettivo
c. giusta causa
d. a cottimo
e. a provvigione

1	2	3	4	5
C	A	E	B	D

Verifica delle abilità

Completa lo schema.

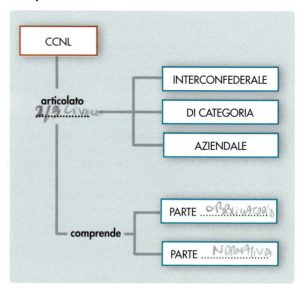

CCNL

articolato
2/3 LIVELLI

- INTERCONFEDERALE
- DI CATEGORIA
- AZIENDALE

comprende
- PARTE OBBLIGATORIA
- PARTE NORMATIVA

DI CHE COSA STIAMO PARLANDO?
Rispondi dopo aver letto gli indizi.

1. Per professione presta la propria opera di traduzione nell'assistenza a turisti stranieri INTERPRETE TURISTICO

2. Accompagna singoli o gruppi in viaggi in Italia o all'estero ACCOMPAGNATORE TURISTICO

3. Organizza il tempo libero di gruppi di turisti con attività ricreative, sportive, culturali ANIMATORE

4. Accompagna persone singole o gruppi di persone in scalate o gite di montagna GUIDA ALPINA

5 Accompagna persone singole o gruppi di persone a visitare siti di interesse turistico _GUIDA TURISTICA_

6 Lavora all'organizzazione di convegni _ORGANIZZATORE CONGRESSI_

7 Insegna a persone singole o gruppi di persone la pratica del nuoto o di attività nautiche _ISTRUTTORE NAUTICO_

8 Accompagna persone singole o gruppi di persone nell'esplorazione di grotte _GUIDA SPELEOLOGICA_

9 È il contratto col quale il lavoratore subordinato lavora in locali propri _____

QUESITI A RISPOSTA SINGOLA

Rispondi utilizzando non più di 4 righe.

1 Che cosa si intende, nella giurisprudenza, per "retribuzione sufficiente" ai sensi dell'art. 36 c. 1 della Costituzione?

2 Che differenza c'è tra il contratto di lavoro a tempo determinato e quello a tempo parziale?

3 *Who can enter a national collective agreement?*

4 *What are the sources of employment law?*

5 *How are Trade Unions organised?*

Trattazione sintetica di argomenti

1 Esamina livelli e contenuto dei *contratti collettivi* con riferimento al settore turistico.

2 Illustra in che cosa consiste il *potere organizzativo del datore di lavoro*.

3 Esamina le cause del *licenziamento collettivo* e la necessaria procedura da attuare.

4 *Explain the principal characteristic of the job-on-call employment contract.*

PREPARATI
ALLA VERIFICA SCRITTA

✓ Puoi svolgere gli esercizi sul tuo MEbook

SEZIONE **F**

Verifica delle conoscenze

VERO O FALSO
Indica se le seguenti affermazioni sono vere o false.

1 L'agenzia di viaggi può essere aperta dopo aver presentato la Scia presso l'ufficio competente secondo le modalità previste dalle leggi regionali V F

2 I circuiti nazionali di eccellenza corrispondono a contesti turistici omogenei V F

3 L'azienda agrituristica non può organizzare attività escursionistiche o sportive V F

4 La qualifica di direttore tecnico si ottiene superando un esame di abilitazione professionale V F

5 I travel agent sono agenzie che vendono pacchetti turistici preconfezionati V F

6 Il trattamento dei dati personali del cliente per scopi pubblicitari non richiede il consenso dell'interessato V F

7 Il sistema Iso 14001 mira a ridurre l'impatto sull'ambiente dell'attività economica in vari settori V F

8 In certi periodi, per far fronte ai picchi di attività, l'azienda turistica può impiegare il contratto week-end V F

9 Lo sciopero è un'astensione collettiva dal lavoro organizzata per finalità puramente sindacali V F

10 Il licenziamento per giusta causa può essere intimato senza preavviso V F

Totale punti	....	10

1 punto per risposta esatta, 0 per risposta non data o errata

DOMANDE A RISPOSTA MULTIPLA
Individua la risposta esatta.

1 **I villaggi albergo:**
A offrono alloggio in stabili separati a breve distanza tra loro

B possono offrire alloggio in unità abitative arredate e dotate di servizio autonomo di cucina

C sono attrezzati per la sosta e l'assistenza di autovetture

D sono ubicati in complessi immobiliari di rilevante pregio storico-architettonico

2 **I villaggi turistici rientrano tra le strutture ricettive:**
A alberghiere

B extralberghiere

C all'aperto

D di mero supporto

3 **La retribuzione a cottimo:**
A assicura al lavoratore un'esistenza libera e dignitosa

B è commisurata al tempo di lavoro

C è legata alla quantità di prodotti realizzati

D dipende dal numero di contratti promossi

4 **Il licenziamento per giustificato motivo oggettivo viene intimato:**
A per ragioni inerenti all'attività produttiva o all'organizzazione del lavoro

B per notevoli inadempimenti di obblighi contrattuali

C per fatti che non consentono la prosecuzione del rapporto di lavoro

D ai collaboratori domestici

5 **In base alla l. 97/2013 le guide turistiche abilitate a esercitare la professione in altri Stati membri della Ue possono operare:**
A in Italia senza necessità di ulteriori autorizzazioni o abilitazioni

B in Italia con un'apposita abilitazione

C in Italia se il Paese di provenienza riconosce lo stesso diritto ai professionisti italiani

D solo nelle regioni che le autorizzano

Verifica delle abilità

6 **Un'agenzia prenota e vende biglietti aerei di compagnie nazionali e internazionali facenti parte dell'Ue in nome e per conto della propria clientela. Ai fini Iva:**
A l'operazione rientra nel regime ordinario

B l'operazione rientra nel regime speciale

C la fattura può essere emessa entro il mese successivo alla data di effettuazione del viaggio

D la fattura viene emessa immediatamente e l'operazione è considerata non imponibile

7 **Roberto svolge la professione di avvocato. Nei fine settimana apre la propria casa di campagna e accoglie turisti desiderosi di trascorrere qualche ora in relax**

immersi nella natura. Ha tre stanze: due doppie e una singola. Roberto, quindi, ha avviato:

- A un'impresa turistica
- B un'impresa agrituristica
- C una country house
- D un'attività in forma non imprenditoriale

8 Un sito archeologico intende ottenere un riconoscimento per il ruolo centrale svolto nella storia e nella cultura europee. Potrà ottenere:

- A il marchio di qualità europeo
- B il marchio di qualità Isnart
- C la certificazione di qualità Iso 14001
- D il marchio di qualità Ecolabel

9 Un'azienda che opera nel settore turistico ha assunto una ragazza part-time, inserendo nel contratto una clausola elastica che consente all'azienda di:

- A variare l'orario giornaliero
- B aumentare le giornate di lavoro
- C licenziarla per un giustificato motivo oggettivo
- D applicare un part-time orizzontale

10 Per una fiera della durata di 3 giorni, Piero, titolare di un'azienda di catering, ha bisogno di assumere qualche collaboratore; così decide di stipulare:

- A dei contratti part-time
- B dei contratti di lavoro extra
- C dei contratti di solidarietà
- D dei contratti week-end

| Totale punti | .... | 30 |

3 punti per risposta esatta, 0 per risposta non data o errata

DOMANDE A RISPOSTA BREVE

Rispondi alle seguenti domande utilizzando non più di 4 righe.

1 Che cosa stabilisce il principio di reciprocità in ambito turistico?

2 Quali motivi hanno indotto il legislatore a prevedere la figura dell'agriturismo?

3 Chi sono i soggetti responsabili della sicurezza e della salute dei lavoratori sul posto di lavoro?

4 Quale funzione svolgono le liste di mobilità?

5 Quali sono gli obiettivi del contratto di solidarietà?

| Totale punti | .... | 30 |

da 0 a 6 punti per ogni risposta esatta secondo la correttezza e la completezza

SOLUZIONE DI PROBLEMI E/O TRATTAZIONE SINTETICA DI ARGOMENTI

1 Michele e Giovanni sono imprenditori agricoli e possiedono una grande fattoria in parte non più utilizzata. Intendono avviare un'attività agrituristica denominata "La valle degli asinelli", dal momento che allevano molti di questi animali. I futuri clienti saranno ospitati in camere arredate nella cascina o in aree appositamente attrezzate per campeggiatori. Agli ospiti verranno serviti pasti e bevande a colazione, pranzo e cena. Si pensa anche di proporre attività didattiche per illustrare i vantaggi di una gestione aziendale rispettosa dell'ambiente. • **Michele e Giovanni possono avviare un'impresa agrituristica?** • **Quale procedura debbono seguire per avviare l'attività?** • **Esistono limiti alle attività che intendono proporre agli ospiti?** • **Quali certificazioni potrebbero ottenere per rendere più visibile alla clientela la qualità dei servizi erogati e il rispetto dell'ambiente circostante?**

(max 10 punti)

2 Samuel viene assunto in una struttura che ha il compito di dare informazioni ai turisti. Il suo linguaggio si dimostra del tutto inadatto a una corretta interazione con la clientela. Quando il titolare gli fa notare il suo comportamento poco professionale, Samuel reagisce con una risposta sgarbata e volgare. Offeso per la reazione e la mancanza di rispetto, il titolare provvede a intimare a Samuel il licenziamento per iscritto il giorno successivo. • **Lo può fare?** • **Il ragazzo si può opporre?** • **Eventualmente con quali strumenti**?

(max 10 punti)

3 Una Onlus impegnata nel recupero dei beni culturali e nella tutela del territorio riceve da un donatore una villa situata in una località di mare che intende restaurare per un utilizzo futuro; si decide di offrire agli studenti di una facoltà di conservazione dei beni culturali della zona di partecipare al progetto. L'obiettivo è avviare quattro contratti destinati ad altrettanti lavoratori. • **Che tipo di contratto si potrà stipulare?** • **Quale sarà la sua durata?** • **Quali vantaggi offre alle parti?**

(max 10 punti)

| Totale punti | .... | 30 |

| Punteggio totale della prova | Totale punti | .... | 100 |

NEI **PANNI** DI…

Che cos'è la Scia?

Se voi foste nei panni di Renato, incuriositi dalle parole del vostro amico Nicolas, vi precipitereste su Internet per approfondire quanto vi ha detto sulla Scia. Basta digitare l'acronimo in un motore di ricerca per sapere che:

- la **Scia**, segnalazione certificata di inizio attività, è la dichiarazione inviata allo Sportello unico delle attività produttive (**Suap**) che permette di iniziare, modificare o cessare un'attività produttiva in tempo reale;
- la Scia può essere utilizzata, anche per l'apertura di agenzie di viaggio e turismo;
- il Suap verifica la completezza formale della segnalazione, corredata dagli allegati richiesti, e rilascia regolare ricevuta di avvenuta protocollazione dell'istanza all'indirizzo Pec del mittente; poi trasmette per via telematica tutta la documentazione alle amministrazioni e agli uffici competenti per la successiva attività di controllo; il Suap consente anche l'accesso telematico all'archivio informatico per conoscere in qualunque momento lo stato di lavorazione della domanda presentata;
- l'attività può essere avviata il giorno stesso della presentazione della segnalazione;
- per poter inviare la documentazione con modalità telematica, il titolare dell'istanza deve disporre di **firma digitale** e Pec (posta elettronica certificata); ove il titolare dell'istanza non ne sia munito, potrà compilare la documentazione in forma cartacea;
- la compilazione della Scia avviene su moduli direttamente scaricabili dai siti delle pubbliche amministrazioni;
- la pubblica amministrazione, entro 60 giorni dal ricevimento della Scia, provvede a controllare la correttezza e la veridicità di quanto dichiarato e può richiedere integrazioni documentali; qualora si riscontrino degli errori o gravi mancanze, può vietare la prosecuzione dell'attività.

Come aprire un'agenzia di viaggio

Renato incontra Nicolas, un vecchio compagno di scuola, cui confida l'intenzione di voler aprire un'agenzia di viaggio.

Renato: È il mio sogno. Ho sempre desiderato lavorare nel settore viaggi fin da piccolo, quando giocavo con aeroplanini e immaginavo di farli volare fino a Los Angeles, Sidney, Singapore… L'unica cosa che mi spaventa è dover affrontare i tempi lunghi e i costi della burocrazia.

Nicolas: Mi pare di aver letto che sono state introdotte nuove norme che rendono più rapido l'avvio delle attività imprenditoriali, grazie all'informatizzazione dei procedimenti nella pubblica amministrazione.

Renato: Sei sicuro? Per me sarebbe fondamentale riuscire ad avviare l'attività in tempi brevi, a costi contenuti, anche perché le risorse finanziarie di cui dispongo per realizzare il mio sogno sono piuttosto esigue.

Nicolas: Tranquillo! Mi è venuto in mente come si chiama la procedura: Scia. Segnalazione certificata di inizio attività.

Renato: Che cos'è?

Nicolas: È un documento che consente di gestire la domanda di avvio di un'attività utilizzando il canale telematico: se provi a fare una ricerca nel portale del comune (della provincia o della regione) attraverso lo Sportello unico per le attività produttive (Suap) vedrai che troverai tutte le informazioni sulle procedure da seguire per avviare la tua attività via web.

La Scia per l'apertura di un'agenzia di viaggio

L'apertura di un'agenzia di viaggio può essere realizzata con un semplice click: inviando la Scia allo Sportello unico attività produttive del comune per posta elettronica certificata. Che cos'è necessario indicare e allegare a questa segnalazione certificata di inizio attività?

Oltre alle *generalità* del richiedente e al *luogo* in cui verrà svolta l'attività, è fondamentale segnalare il *periodo di apertura* – che potrebbe essere stagionale o continuativo – e le *attività principali e accessorie* che si intendono svolgere. Tra le attività accessorie possiamo citare, a titolo di esempio, l'assistenza per il rilascio di passaporti e visti consolari, la prenotazione e la vendita di biglietti per spettacoli, fiere e manifestazioni, l'accoglienza dei clienti in porti, aeroporti, stazioni di partenza e di arrivo di mezzi collettivi di trasporto ecc.

Per quanto riguarda il *nome* dell'agenzia e l'*insegna* prescelti, è essenziale non adottare denominazioni o insegne simili a quelle utilizzate da operatori già presenti sul mercato, al fine di non creare confusioni o dubbi nella clientela. Altro dato fondamentale è l'indicazione della persona che ricoprirà il ruolo di **direttore tecnico**, riportando gli estremi che consentono di verificare il possesso dei requisiti professionali richiesti (abilitazione registrata con atto n°..., del ... da parte della regione/provincia ecc.).

Per quanto riguarda i *locali* utilizzati per l'attività, è necessario autocertificare che siano in regola con la normativa edilizia e igienico-sanitaria e che impianti e attrezzature installati rispettino le norme di sicurezza.

Inoltre, nella Scia si dovranno indicare gli estremi e la scadenza della polizza di assicurazione obbligatoria per la responsabilità civile a garanzia dell'esatto adempimento degli obblighi assunti verso i clienti con il contratto di viaggio; il relativo importo dovrà essere proporzionato al costo dei servizi offerti.

Nella Scia è necessario riportare anche informazioni sul *deposito cauzionale* di 43.038,07 euro a garanzia delle obbligazioni assunte dall'agenzia di viaggio e turismo per danni eventualmente arrecati a terzi. È possibile, in alternativa, indicare gli estremi della *fideiussione* o di altra idonea garanzia concessa da terzi.

Il titolare o, nel caso di società, tutti i soci dovranno poi autocertificare di essere in possesso dei *requisiti di onorabilità* non essendo incorsi in cause di divieto, sospensione o decadenza per associazione mafiosa: è il cosiddetto "certificato antimafia", che viene normalmente rilasciato dalla camera di commercio, con inserita in calce al documento la seguente dicitura: "nulla osta ai fini dell'articolo 10 della legge 31 maggio 1965 n. 575 e successive modificazioni".

Alla segnalazione, in genere, devono essere allegati i seguenti documenti:

- dichiarazione sostitutiva di certificazione del titolare o del legale rappresentante per la società;
- dichiarazione sostitutiva dell'atto di notorietà antimafia del titolare o del legale rappresentante per la società;
- dichiarazione sostitutiva dell'atto di notorietà del direttore tecnico;
- copia del documento di riconoscimento del titolare e del direttore tecnico;
- polizza fideiussoria o fideiussione bancaria pari a 43.038,07 euro o altra idonea garanzia legale;
- layout dei locali (planimetria con indicazione degli impianti, arredi e attrezzature) a firma del titolare/legale rappresentante e relative certificazioni igienico-sanitarie.

LO **SAPEVATE** CHE...?

La posta elettronica certificata (Pec) è il sistema che consente di inviare e-mail con valore legale equiparato a quello di una raccomandata con ricevuta di ritorno.

La firma digitale è una firma elettronica che può essere apposta ai documenti informatici e ha lo stesso valore della firma autografa per i documenti tradizionali.

WWW

Provate a esaminare la modulistica di cui abbiamo parlato scaricandola da Internet: per esempio, digitando in un motore di ricerca "agenzie di viaggio e turismo regione Veneto", è possibile esaminare tutta la modulistica da presentare per avviare l'attività e successivamente comunicare alla pubblica amministrazione eventuali variazioni. Altre informazioni si possono reperire per la regione Lombardia nel sito www.cittametropolitana.mi.it.

CERCA SUL WEB

Dividetevi in gruppi e, seguendo le indicazioni che troverete online, proseguite la ricerca.

Laboratorio

MODULE I
World Heritage Sites

OBJECTIVES

- To learn about World Heritage Sites, focusing on the natural and cultural criteria a site must fulfil to gain World Heritage Site status
- To focus on the relationship between World Heritage Sites and tourism both in the United Kingdom and Italy
- To find out about the natural and cultural heritage in one's own area

Easter Island statues (Chile)

World Heritage Sites

Audio

A **World Heritage Site** is a specific place. It could be a building, monument, settlement, or city, or a desert, a forest, an island, a lake, or mountain, something that is so important it is considered to be part of the common **heritage** of humanity, not only the heritage of the State where it is, or of the culture that produced it. The list of sites is maintained by the international **World Heritage Programme** which catalogues, names, and conserves sites designated as being of **outstanding** cultural or natural importance. This Programme is administered by the World Heritage committee which has 21 members elected by the UNESCO General Assembly. The programme was founded with the *Convention Concerning the Protection of the World's Cultural and Natural Heritage*, which was adopted by the General Conference of UNESCO on 16 November 1972. Since then, the number of listed sites has grown to 1,031 and, by July 2015, 191 States had ratified the Convention, making it the most widely ratified Convention ever. In order to be designated a World Heritage Site a place must **fulfil** one of 6 Cultural or one of 4 Natural Criteria.

heritage
legacy, inheritance, tradition.

outstanding
exceptional.

to fulfil
meet the requirements.

TASK 1   BRAINSTORMING

■ Read through the criteria listed below, highlight key words and find sites (anywhere in the world) that you think represent each criteria.
Compare your choices with those of the rest of the class.
Then brainstorm to find a general definition, you can all agree on, of both **Cultural Criteria** and **Natural Criteria**.

	Cultural criteria	Your IDEAS
I	represents a masterpiece of human creative genius and cultural significance	....
II	exhibits an important interchange of human values, over a span of time, or within a cultural area of the world, on developments in architecture or technology, monumental arts, town-planning, or landscape design	....
III	to bear a unique or at least exceptional testimony to a cultural tradition or to a civilization which is living or which has disappeared	....
IV	is an outstanding example of a type of building, architectural, or technological ensemble or landscape which illustrates a significant stage in human history	....
V	is an outstanding example of a traditional human settlement, land-use, or sea-use which is representative of a culture, or human interaction with the environment especially when it has become vulnerable under the impact of irreversible change	....
VI	is directly or tangibly associated with events or living traditions, with ideas, or with beliefs, with artistic and literary works of outstanding universal significance	....

	Natural criteria	Your IDEAS
VII	contains superlative natural phenomena or areas of exceptional natural beauty and aesthetic importance	....
VIII	is an outstanding example representing major stages of Earth's history, including the record of life, significant on-going geological processes in the development of landforms, or significant geomorphic or physiographic features	....
IX	is an outstanding example representing significant on-going ecological and biological processes in the evolution and development of terrestrial, fresh water, coastal and marine ecosystems, and communities of plants and animals	....
X	contains the most important and significant natural habitats for in-situ conservation of biological diversity, including those containing threatened species of outstanding universal value from the point of view of science or conservation	....

UNESCO, http://whc.unesco.org/en/criteria/

Definitions

CULTURAL CRITERIA are/include   ....
....
....
....

NATURAL CRITERIA are/include   ....
....
....
....

In July 2015 the top 10 countries on the World Heritage List were:

Italy	China	Spain	France	Germany	Mexico	India	UK	Russia	US
51	48	44	41	40	33	32	29	26	23

UNESCO meeting

TASK 2 BRAINSTORMING

■ Brainstorm to find reasons why, world-wide, so many people seem to agree that cultural heritage is so important that it must be actively protected at an international level.

- Is it so important to you?
- What does/can it symbolise?
- Why would anyone destroy it?

But what does being a World Heritage Site mean for the site itself?

Audio

It means **Legal protection**: designation as a UNESCO World Heritage Site in itself provides **prima facie** evidence that the site is important for all human cultures and not only for the specific cultures that produced it. *"UNESCO elaborates legal instruments in the form of **declarations** [that are] purely moral or political commitment, linking States on the basis of good faith; **recommendations** [which are] addressed to one or more States [and are] intended to encourage them to adopt a particular approach or to act in a given manner in a specific cultural sphere. (In principle, a Recommendation does not create a legally binding obligation on Member States). And, lastly, **conventions**, [which are] synonymous with treaties. [T]his term refers to any agreement concluded by two or more States. Such an accord implies the joint will of the parties upon whom the convention imposes binding legal commitments".* These legal instruments enable UNESCO's Member States *"to more effectively protect all forms of culture".*

Thus World Heritage Sites are legally protected **pursuant to** the articles, protocols and customs of these instruments and other international laws and treaties. To give one example: the Geneva Convention states:
"Article 53. PROTECTION OF CULTURAL OBJECTS AND OF PLACES OF WORSHIP. Without prejudice to the provisions of the Hague Convention for the Protection of Cultural Property in the Event of Armed Conflict of 14 May 1954, and of other relevant international instruments, it is prohibited:

(a) *To commit any acts of hostility directed against the historic monuments, works of art or places of worship which constitute the cultural or spiritual heritage of peoples;*

(b) *To use such objects in support of the military effort;*

(c) *To make such objects the object of reprisals."*

It means **Conservation**: A World Heritage Site remains part of the legal territory of the State where it is located, but since UNESCO considers it is in the interest of the international community to preserve each site, it oversees how well all designated sites are being maintained. If a site is not being cared for, or is threatened by urban or rural development, or by anything else, UNESCO will send a report to the State Government and put the site under special surveillance. If the situation does not improve, the site could lose its designation as a World Heritage Site and be removed from the list so no longer protected. In special cases the World Heritage Fund can even give money to help maintain sites (or withdraw it if it is not being used in the right way).

It means **Economic opportunities** created for Tourism and local communities and industries both manufacturing and hospitality.

prima facie
(legal) a fact presumed to be true unless it is disproved.

pursuant to
(legal) according to, conforming to, in accordance with.

TASK 3 | WEB SEARCH

■ Go to the UNESCO site **http://www.unesco.org/new/en/culture/themes/ normative-action/** where the text on page 552 is from and read about UNESCO's comprehensive series of standard-setting instruments comprising six Conventions. Make notes on each one, find out what they do.

World Heritage Sites and Tourism

So how are different States taking advantage of World Heritage Site status to develop, protect and valorise them and encourage tourism?
We are going to study two: The UK and Italy.

TASK 4 | GROUP WORK

■ The first thing potential tourists need is information which must be easy to find, easy to use, and, preferably, multilingual. Make a list of all the information you would like to find, or need to find, on the website of a cultural World Heritage Site you would like to visit.
One that could attract a wide age and income range of tourists with varied interests.
Agree a list of requirements with the rest of the class and draw up this grid that you'll **all** use, so you'll get comparable data to analyse later on.
The scores marked in * are only examples to show you how scoring could work.
Draw your grid, you'll need about 6, each!

The World Heritage Centre homepage.

	Site overall	easy to find	user friendly	informative	attractive	how many languages?	total
A	YES (1 point)	1	1	1	–	3	6

	Information about	no (0)	yes 1	poor 1	satisfactory 2	good 3	excellent 4	(max 5)
1	**ACCOMMODATION**		1*			3*		4*
a	booking services?		1*				4*	5*
b	all price ranges?		1*		2*			3*
2	**EATING & DRINKING**		1*			3*		4*
a	booking services?		1*		2*			3*
b	all price ranges?		1*			3*		4*
3	....	0*						0*
a	....	...	...	...	...	...	...	...

British World Heritage Sites

Audio

Frontier of the Roman Empire: Hadrian's Wall Northern England and Southern Scotland

Castles and Town Walls of King Edward in Gwynedd, Wales

Giant's Causeway Coast, County Antrim, Northern Ireland

There are 29 World Heritage Sites in the UK. One, Hadrian's Wall, not only lies in two countries, England and Scotland, but is part of a far wider site that encompasses other Frontiers of the Roman Empire. One of the earliest sites to be designated a World Heritage Site in the UK was the City of Bath, the whole city. Bath is a spa town and the thermal springs in the area were known and used by the Celts (Britons) long before the Roman invaders arrived and built a spa centre, which they named *Aquae Sulis*, almost 2,000 years ago. These Roman Baths, excavated, restored and valorised are now just one of the attractions that have made Bath famous today. During the Medieval Period, Bath was a flourishing centre of the British wool trade, but it became really important again for tourism in the late 1700s, when Royal patronage of the thermal springs made it the most fashionable place for the upper and middle classes to gather. It remained popular until the early 1820s when the Prince Regent, who was ruling in place of his completely mad father, George III, deciding that sea air was even better for health began to go to Brighton on the South Coast instead. Fashionable society followed the Royal Court and Bath was left behind. But during its **heyday**, Bath had been almost entirely rebuilt in neo-Palladian style, in the following years it was not "developed" so remains intact, a beautiful Palladian town, something which still attracts people today. Great authors of the early 19th century, such as Jane Austen, wrote of Bath; she set two of her six published novels, *Northanger Abbey* and *Persuasion* there. She also lived there from 1801 to 1806. Tobias Smollett too, set part of a novel, *Humphrey Clinker*, in the City. Their books give us an insight into life in Bath during the period. In *Northanger Abbey* Austen describes Bath as seen through the eyes of a young, excited, 18 year old girl, whereas Smollett writes of a country gentleman, taken there against his will (he'd rather have stayed at home), who views Bath with a cynical eye. An interesting contrast. Today tourism is once again playing a key role in the economy of Bath and North East Somerset: with 900,000 overnight tourist visits per year and 6.7 million day visitors; with 11,800 people employed in tourism (23% of the locally employed population) and even more people involved in the industry if you count the independent proprietors of Bed and Breakfast establishments and Hotels; and with £414 million (587.5 million Euros) as the average annual expenditure by tourists it is clear to see the importance of this industry in local people's lives.

heyday
a period of greatest vigour, strength, success, fame etc.

City of Bath, Somerset, England

Stonehenge, Wiltshire, UK

The Roman Baths today, Bath Somerset, UK

TASK 5   PAIR WORK

■ Go to http://www.visitbritain.com/en/EN/ scroll down until you come to "Heritage" click on "World Heritage Sites" and explore it. Then click on "Bath" (number 8 on the list). See whether this site provides the information you would want, check it off on your list as you find it.

Is anything not there you would have liked to see?
Is there anything you hadn't thought about but think it is a good idea to do, or to mention?

Add it to your INFORMATION ABOUT *list, add up the score.*
How would you rate this site overall (on a scale of "Poor" to "Excellent")?

■ Discuss your results in class and decide whether this is a satisfactory source of information, a "Best Practise" site or not.

Jane Austen

TASK 6

■ Choose two other sites from the list of UK World Heritage Sites and do the same analysis.

CASE STUDY

Italy 1

Italian World Heritage Sites

Audio

Italy has the largest number of designated World Heritage Sites of any country, 51 sites (as of July 2015). How easy is it for both Italian and foreign tourists to find out about them? What do Italian websites offer tourists in the way of information about visiting these very special places?

Historic town of San Gimignano, Tuscany, IT

Pompei, Naples, Campania, IT

Mount Etna, Catania, Sicily, IT

Temple of Agrigento, Sicily, IT

TASK 7   WEB SEARCH

Go to the Italian Tourism Official website (in English) http://www.italia.it/en/
home.html, *click on* "Travel Ideas" *and select* "World Heritage Sites".

■ Divide the sites up amongst you, each group taking 2, 3 or 4 depending on the
size of your class. Explore the websites of "your" sites and see how Italy is taking
advantage of her pole position in World Cultural Heritage Sites to develop tourism.
Use the same grille (and parameters) for each Italian site, to record what you observe,
as you used when you assessed the Bath and other UK Heritage Sites.

TASK 8   REPORTING

■ Draw up a report on your sites, use bar and pie diagrams, tables, charts to
organise and present your information to the class. Discuss all your results.

TASK 9   CLASS DISCUSSION

■ Make proposals (and list them) for how to improve or change any sites you feel are
not managed satisfactorily. Suggest what actions could be taken to make them more
attractive and so attract tourism (money and employment) into the area.

TASK 10   SMALL GROUP PROJECT

■ Now choose either, one of the 51 sites, or, a place you know in Italy, in your area
or elsewhere, that you think could fulfil the criteria for a designated site.
Discuss and decide how you could develop it for tourism.
Then draw up a plan for a website for it.

The UK 2

How is tourism organised in the UK?

Audio

Tourism today is still based on the Development of Tourism Act
(1969) which has remained almost unaltered since it became
Law almost 50 years ago. The Act's aim was to co-ordinate all
the organisations that make up the tourism industry and provide
it with a single voice. It established a **British Tourist Authority
(BTA)** and **Tourist Boards** for England, Scotland and Wales which
together were responsible for promoting the development of
tourism to and within Great Britain; for giving financial assistance
when businesses were momentarily in difficulty; and for helping
tourists find accommodation and vice versa. From 1999 to 2009
the English Tourist Board was called the English Tourism Council
(ETC) but its functions remained the same.
In April 2003, the BTA became **VisitBritain** whose task
was "to market Britain to the rest of the world and to promote
and develop the visitor economy of England". VisitBritain
was formed out of a merger between the BTA and the ETC,

and is a **quango**, a non-departmental public body, "responsible to the Department for Culture, Media and Sport". Thus the UK Government sets the overall strategy, policy and objectives for tourism but they are carried out and disseminated through <u>VisitBritain</u> which is the strategic body for inbound tourism to Britain and is responsible for the international tourism promotion of Britain and its nations and regions. Scotland, Wales and Northern Ireland all had independent tourist boards, linked to <u>VisitBritain</u> from the beginning and in April 2009, <u>VisitEngland</u> was set up too as a stand-alone body like <u>VisitScotland</u> and <u>VisitWales</u>. All three are constantly linked to <u>VisitBritain</u> as is The Mayor of London who has a promotional agency – <u>London & Partners</u>.

Today, Britain's tourism industry is a dynamic affiliation of public and private sector organisations including small-to medium-size enterprises (SMEs); international private businesses (e.g. airlines or large hotel chains), as well as Destination Management Organisations (DMOs) at local and regional level: <u>VisitBritain</u> works closely with all of these organisations.

Adapted from the VisitBritain site.

> **quango**
> (Government, Politics & Diplomacy)
> a semi-public government-financed administrative body whose members are appointed by the Government but that acts independently of the Government.

Loch Ness, Inverness, Scotland

Castell at Dinas Brân, Llangollen, Wales

TASK 11 — FILL IN THE BLANKS

■ Complete the organigram with information and arrows.

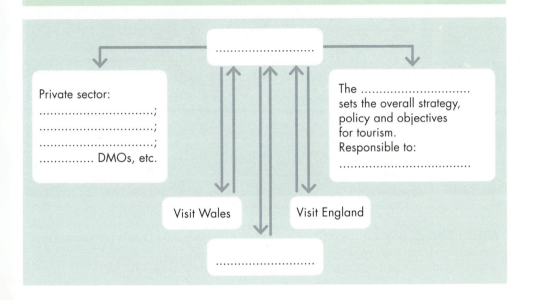

Private sector:
..........................;
..........................;
..........................;
.... DMOs, etc.

The .... sets the overall strategy, policy and objectives for tourism.
Responsible to:
....

Visit Wales

Visit England

....

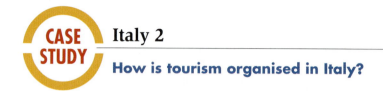

San Valentino in Abruzzo Citeriore, Italy

TASK 12 WEB SEARCH

■ Find out about how Tourism is organised in Italy and draw an organigram to explain it.

Here are some websites to start from: ENIT is the organisation that promotes Italy and Italian tourism services abroad (http://www.enit.it/it/) whereas the ITALIA site http://www.italia.it/en/home.html promotes home and domestic tourism and tourist services.

There is a government Ministry, il *Ministero dei beni e delle attività culturali e del turismo* http://www.governo.it/ministeri/ministero-dei-beni-e-delle-attivit-culturali-e-del-turismo.

In order to find further information you will have to go to the sites of each Region, as it is the Regions who are in charge of tourism and the promotion of tourism.

For example http://www.veneto.eu/;
http://www.turismo.intoscana.it/site/it/;
http://www.abruzzoturismo.it/;
http://www.regione.sicilia.it/turismo/web_turismo/.

MODULE II

How important is Tourism for advanced economies?

OBJECTIVES

- To learn about the impact of tourism, and tourism-related activities, on the economy of developed countries
- To compare tourism-related legislation in the United Kingdom and in Italy
- To focus on the process of setting up a B&B operation in the UK and in Italy

UK Tourism: Employment

Audio

- The UK tourism industry employs 3.1m people (2013).
- The sector is the third largest employer in the UK, accounting for 9.6% of total employment (2013).
- Tourism is the fastest-growing sector in the UK in employment terms, responsible for almost one third of the net increase in UK jobs between 2010 and 2013.
- There are 249,000 tourism businesses in the UK. Tourism businesses account for 9.8% of all businesses in the UK.
- The sector offers opportunities for new entrepreneurs: 22,275 businesses started up in the sector in 2012, a 3.4% rise on 2011 start-ups.

The average UK business has	Tourism businesses have
23% of its staff with A levels	25% of its staff with **A levels**
9% of its employees from minority groups	14% of its employees from minority groups
11% of staff in skilled trades	12% of staff in skilled trades

A levels
(Higher) Secondary School Diploma.

- The sector is a significant source of employment for those unable to work full-time – almost 48% work part-time, compared with the UK average of 18%.
- The average UK business has 19% of its staff aged under 30. Tourism businesses have 39%.
- Over 71% of tourism and hospitality businesses employ fewer than 10 people (2013).
- 35,600 new apprenticeships were created in hospitality during 2013.
- **Turnover rates** in the sector have declined significantly to 18.5% (2012).
- A new full time tourism job is created with every £54,000 increase in tourism revenue.
- Since 2010, 900,000 jobs have been created. Almost 300,000 were in Tourism.

turnover rates
The rate at which people change their jobs, slow turnover means a more stable workforce.

Audio

Italy: 2014 Annual Research

GDP
(Gross Domestic Product) the value of a country's overall output of goods and services (typically during one fiscal year) at market prices, excluding net income from abroad.

pa
per annum (an alternative is "per year" but "py" is never used as an abbreviation).

- **GDP**: The direct contribution of Travel & Tourism to GDP was EUR 64.8bn (4.2% of total GDP) in 2013, and is forecast to rise by 2.6% in 2014, and to rise by 2.3% **pa**, from 2014-2024, to EUR 83.4bn (4.7% of total GDP) in 2024.

- **GDP**: The **total** contribution of Travel & Tourism to GDP was EUR 159.6bn (10.3% of GDP) in 2013, and is forecast to rise by 2.1% in 2014, and to rise by 2.0% pa to EUR 198.2bn (11.3% of GDP) in 2024.

- **Employment**: In 2013 Travel & Tourism **directly** supported 1,106,000 jobs (4.9% of total employment). This is expected to rise by 2.0% in 2014 and rise by 2.1% pa to 1,394,000 jobs (6.0% of total employment) in 2024.

- **Employment**: In 2013 the **total** contribution of Travel & Tourism to employment, including jobs indirectly supported by the industry was 11.6% of total employment (2,619,000 jobs). This is expected to rise by 1.3% in 2014, to 2,052,000 jobs and rise by 1.6% pa to 3,094,000 jobs in 2024 (13.4% of the total).

- **Visitor exports**: These generated EUR 33.3bn (7.0% of total exports) in 2013. This is forecast to grow by 3.6% in 2014, and grow by 1.6% pa, from 2014 to 2024, to EUR 40.6bn in 2024 (6.0% of total).

- **Investment**: Travel & Tourism investment in 2013 was EUR 8.6bn, or 3.2% of total investment. It should rise by 4.3% in 2014, and rise by 2.3% pa over the next ten years to EUR 11.2bn in 2024 (3.5% of the total).

Source: World Travel and Tourism Council (WTCC)

TASK 1

■ Work in groups: read through the factsheets highlighting data about employment in tourism in the UK and the role of the Tourism Sector in Italian economy.
Find evidence to support (or refute) the statements listed below.

Tourism is very important in both Italy and the UK:

- for economic growth in general: ....

- for creating employment in general: ....

- youth employment in particular: ....

- because almost half of the people employed in tourism in the UK work part-time: ....

- for encouraging entrepreneurship and start-ups: ....

- because there are a lot of small businesses in the tourist industry: ....

- because employees in Tourism are educated above average: ....

- because tourism directly helps exports: ....

- because the sector has an anti-discrimination policy: ....

- because tourism-related employment helps groups most hit by the 2008 recession: ....

TASK 2 GROUP WORK

■ There are often debates and discussions about the importance of tourism for less-developed or emerging economies, but your group has been asked to present your views (backed by data) on the importance of Tourism for advanced, developed economies, such as Italy and the UK. Use the data above and any other data you wish to look for, to prepare brief <u>NOTES</u> for your presentation:

- **Introduction**: explain why you do (don't) think tourism is important in developed economies
- **Arguments**: list your points in the order you'll use them, and the evidence to **back** them **up**
- **Conclusion**: list your conclusions

to back (someone / thing) up
to support them, or it (Beware of structure! to back up: means "to go backwards").

To be successful in anything there must be good organisation. Good organisation of Tourism means good clear Laws, regulations and the dissemination of information about them.

We are going to study one specific type of hospitality service offered to tourists... small family-run businesses offering one specific hospitality service, B&B.

Bed & Breakfast
or, as English speakers say "bed-n-brek-fuh st"

What *is* a Bed & Breakfast?

The dictionary says it is a noun, *either* "1. (a service) offered by a guest house, an inn, a hotel, or a private house, consisting of a room for the night and breakfast the next morning for one inclusive price;" *or* "2. (the (physical) place) a hotel, guesthouse, private home etc. offering such an accommodation".

Audio

The B&B idea is a very old one. The concept has existed in one form or another since people started travelling. Until as recently as the last century it was quite normal in many countries, especially in the countryside or **outlying** areas, for people to stay in private houses when travelling, often they would stay with their social peers, for example a travelling doctor would stay with the local doctor, a wealthy person, or aristocrat, with someone of equal rank, but many travellers would stay with a person, who was known, occasionally, informally, to **let** rooms for the night to travellers. Once the general public started taking holidays, travelling first by train and then, with the advent of motorised transport, by car, the B&B industry began to spread, responding to demand and, by 2013 "the 'Bed and Breakfast' sector in the UK was a £2 billion **cottage industry**, consisting of some 25,000 small owner-managed businesses. (…) The total **bedstock** of independent B&Bs makes up a fifth of the total 'serviced accommodation' sector in the UK. (…) Now responsible for 2.68 million jobs, hospitality is Britain's fourth largest industry. (…) The Bed and Breakfast Association exists to represent this vital sector". (Source: http://<u>www.bandbassociation</u>)

outlying
isolated, far from other settlements.
to let
to rent, to hire, to lease.
cottage industry
a small business run from (or in) the home.
bedstock
number of beds available.

Today the term, the idea of Bed and Breakfast as a bed for the night and a morning meal, is used all over the world. The concept is usually the same, even though the breakfast may be very different and so too may be the building where the bed is! But Britain and Italy have one B&B category that is almost identical: a private home, a few rooms, family management of the economic activity... How easy is it to set up a B&B like this in either country? You'll see!

TASK 3 BRAINSTORMING

■ Brainstorm in pairs: ask and answer the following questions making notes of your answers. Then, discuss your answers with the rest of the class.

• Have you ever stayed in a B&B? If yes, what was it like? If no, what do you imagine it's like?

• Why do people choose a B&B and not a guest house, or a hotel? What is the difference?

• Why do people choose B&B and not **half** or **full-board** hospitality services?

• Which would you prefer? Why?

• Who do you think usually stays in B&Bs?

• What advantages does staying in a private house B&B have? What disadvantages?

• What advantages does Bed and Breakfast in a large hotel have? What disadvantages?

• What is the difference in the B&B services offered by these two establishments? Are they both really B&B?

TASK 4 READING COMPREHENSION

■ Read the Report and complete the task below.

Audio

Report on B&B in Italy: summary

Data for 2014 have revealed that in Italy 60% of B&Bs are run by women, thus confirming the 2011 situation. 52% of B&B hosts have a Secondary School Diploma and 31% have a University degree. 38% of those interviewed have no other occupation. Half of the B&B hosts are between 46 and 65 years old revealing a slight increase (just over 2%) in the average age of such hosts when compared with the statistics for 2011.

As regards the distribution of B&B outlets in Italy, 44% of those registered are in the North; followed by 29% in Central Italy, 14% in the South while 13% of the B&B accommodation available is in the "isole maggiori" (Sicily and Sardinia). Over the 3 year period 2011-2014, the number of B&Bs active in North Italy rose slightly (by a few percentage points), consequently, the number in other areas diminished. However, over the same timeperiod there were significant differences as to where B&B guests came from. In 2011 52% of B&B guests **of domestic origin** were from North Italy, in 2014 that percentage had fallen to 36%. The same is true for the presence of those from other Italian regions: the number from the Centre of Italy dropped dramatically from 14% in 2011 to 8% in 2014, and from the South, it fell by 5% from 17% to 12% over the same period. However, the number of B&B guests from other countries rose sharply from 15% in 2011 to 24% in 2014, an increase by almost 10%. No doubt this was a result of the rapid diversification and specialization of Italian B&Bs which are offering an increasingly high standard of hospitality and services to guests, as well as to improved dissemination of information on foreign markets.

The 2014 report included more questions regarding promotion and marketing of each B&B than did the earlier, 2011 report. According to 98% of B&B owners Internet remained (2014) the best way of advertising and promoting their establishments. But modernity goes hand in hand with more traditional means of promotion and 78% of B&B owners maintained that "word of mouth recommendation" is a **close second** to the Web as a way of finding guests. However, the frontiers of the social networks have already been crossed by many, as 69% of B&B owners are on Facebook and 85% of them use websites as part of their marketing strategy. Bookings are no longer made by mail or telephone but also, increasingly, through direct booking: just over half (52%) of the B&Bs in Italy receive bookings through a dedicated booking engine.

Rapporto B&B Italia 2014.
http://www.bed-and-breakfast.it

to be close second
to come next in the line, close to, almost as good or bad as.

■ Fill in the missing data in the chart.

Distribution of B&Bs in Italy			Where guests came from			Advertising / bookings		
	2011	2014	guest origins	2011	2014	means used	2011	2014
Northern Italy	44	+ ?	North Italy	?	?	Internet	–	?
Central Italy	?	– ?	Central Italy	?	8	Word of mouth	–	?
Southern Italy	?	– ?	South Italy	?	?	Facebook	–	69%
Sicily / Sardinia	?	– ?	Abroad	15	?	Online booking	–	?
			Unknown		20			

■ Fill in the blanks in the summary using the word given.

*increasingly; almost as good; **remained stable**; slight rise; word of mouth; dropped; 70%; rose sharply; more than; slight increase; better; the best.*

The percentage of women managing a B&B business **remained stable** between 2011 and 2014. There was a .... in the average age of B&B owners. Most B&Bs are in North Italy and there was a .... in their numbers over the 3 year period. While the number of B&B guests from Central Italy .... dramatically between 2011 and 2014, the number of guests from other countries .... This is partly due to .... high standards of hospitality and .... dissemination of information. Almost all B&B owners thought Internet .... way of attracting guests, but more than three-quarters said .... recommendation was .... Almost .... of owners are on Facebook and .... half receive booking through a dedicated site. There are no comparable data for Internet use because (explain WHY) .....
....
....
....

TASK 5 WRITING

Audio

■ Read the passage and answer the following questions.

The B&B sector appears to be dynamic and doing well in Italy and it also seems that it is benefitting at least one of the groups most at risk of unemployment.

The last Censis report has depicted the 20 to 30 year olds of today. A portrait that has some surprises. Neither the drama of unemployment nor that of **NEETS** has been defeated. But the inventiveness, the capacity to "hybridise" (to mix tradition and innovation), extolled by De Rita as the sole engine that can relaunch the Italian economy, is finding it's life-blood in the new generation. Italy has the highest number of young self-employed workers/entrepreneurs of any country in Europe: 941,000 aged between 20 and 34, almost twice as many as Germany (541,000), and almost 100,000 more than the UK (849,000). The 2008 economic crisis has fostered **ingenuity**: since 2009 the number of young entrepreneurs has risen by 20.4% and 15% of young people aged between 16 and 30 intend to launch a start-up in the next few years. The most dynamic sector is that of hospitality and catering where there are almost 20,000 under 30s, either self-employed or sole entrepreneurs (…). Many of the 560,000 Italians who have transformed their properties into Bed and Breakfasts are under 40 (6 milliard EURO of turnover, but a lot is in the **Black Economy**).

Adapted from "La Repubblica" Saturday 5th December 2015.

- Who is benefitting?
- How are they doing it?

NEETS
an acronym which stands for "**N**ot in **E**ducation, **E**mployment or **T**raining"; NEETs is the percentage of young people who are not in employment, education or training as a percentage of the same age group.

ingenuity
ability, skill, creativity, brightness.

Black Economy
business activity/ies and income that people do not record or declare in order either to avoid paying tax on it or, because it is the result of illegal/criminal activities.

CASE STUDY 1

How *do* you set up a Bed & Breakfast?

Before you start …. What do you think you should know about before setting up your family-run Bed and Breakfast business with its 3 guest rooms? What would you like to know? What do you think you need to, or must, know?

TASK 6 BRAINSTORMING

Audio

■ Draw up a short list of things you think you will need or, have to do or know. Then, read about how and what to do in the UK.

In the UK today the organisation of tourism has changed very little since the Development of Tourism Act came into force in 1969, nearly 50 years ago. The Act established a single centralised authority. In 2003 this central body was reorganised and renamed and became *VisitBritain*, a quango whose task is "to market Britain to the rest of the world and to promote and develop the visitor economy of England". To do this *VisitBritain* works with many **public sector** and **private sector** businesses and organisations and individuals coordinating

public sector
Government organisations, national, regional and local.

private sector
all other organisations, for profit (commercial businesses) and non-profit.

efforts, informing, advising, and ensuring that UK Government policies are enforced. So the first place to look is *VisitBritain* or, if you're interested in a specific UK countryside area, on that country's national tourism site.

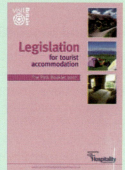

In pre website days you would have asked VisitBritain, where to get **The Pink Book**, which was first published in 2007. Entitled *Legislation for Tourist Accommodation*: it was authored by *VisitBritain*. It offered updated information about legislation, about all the rules and regulations that every accommodation provider had **to abide by** in order to run a legal business and also about their responsibilities in terms of safety, etc. for their guests.

Today, with the Net you'd go to the **Pink Book Online** (https://www.visitengland.com/biz/advice-and-support/businesses/ understanding-legislation) which has the same mission, "to keep [accommodation providers] up-to-date with the rules and regulations [so as] **to stay on the right side of the law** and to ensure the business is run efficiently." And now other useful information or advice is offered on-site in "guides": "previously known as Accommodation Know-How, these guides cover important areas such as whether you can **charge** a guest if they don't **turn up**, whether you need music and film copyright licences and guidance on marketing your business within regulations".

Alternatively, if you know where your B&B will be, you could go straight to the **local authority** that administers the area you want to start your business in. A good example of such a site is "The Cotswold Local Council Instructions for setting up an Accommodation business in the Cotswolds". You can download the PDF at http://www.cotswold.gov.uk/media/903558/ Starting-an-Accommodation-business-update-May-2014.pdf or find a similar Local Authority Booklet and see what quality of information it offers.

Extract from: http://startups.co.uk/how-to-start-a-bed-and-breakfast-business

to abide by (*phrasal verb*) to keep within, to obey, not to break (esp.) the law, or rules or regulations, etc.

to stay on the right side of the law to do nothing illegal; the *opposite* of "to break the law".

to charge to require, to demand payment from

to turn up to come, to arrive, to show up.

local authority local government, a form of public administration which, in a majority of contexts, exists as the lowest tier (= level) of administration within a given state.

TASK 7 | BRAINSTORMING AND WRITING

■ Make notes on the information you can find on the Pink Book site and on the local site; then, focus on the following questions:

a. Is it complete?

b. What else might you need? Put your ideas together.

TASK 8

■ Read the text that explains what to do when setting up a Bed and Breakfast and fill in the "must do" list.

Rules and regulations for a B&B business

Audio

You don't need a specific licence or qualification to open or run a B&B but there are areas of law you need to be aware of. It's important to bear in mind fire regulations from the outset as you will need to carry out a Fire Risk Assessment and may have to make some adjustments to the property as a result.

Before you put any concrete plans in place, it's best to consult with your **Local Authority Planning Office**, as you will need planning permission from them.

If your prospective B&B is situated in a tourist **hotbed**, it's very likely the local authority will have a tourism plan, and they may take a **dim view** if you attempt to start your B&B outside the designated tourist area; it's prudent to check this at the outset, rather than waste thousands of pounds on a project which the local authority will never permit.

Furthermore, all extensions or significant alterations to your property need to be done **by the book** so make sure you have the appropriate planning permission from the local authority and adhere to building regulations before you start any work. Thankfully, you can apply for planning approval and building approval at the same time, so there's no need **to go back and forth**. You may also need to apply to your local planning office for a change of use of your property if you're planning to have more than three guest rooms, or don't plan to live at the B&B yourself. This can take several weeks to be processed so it's important you make sure it's one of your top priorities if it applies to your business.

As running a B&B involves serving food you will need to follow rules on food safety. It's worth getting the environmental health officer round to inspect your kitchen very early on in the planning process as you may find you need to make some alterations which could affect your budget.

David Weston recommends doing a food hygiene course which can be completed within a day or two. You can also obtain most of the information you need from the Food Standards Agency.

Depending on what kind of B&B you plan to run, there may also be some licences you need to apply for in order to provide certain services such as serving alcohol, playing music or providing a television in 15 or more rooms used by paying guests.

The big one you need to remember is registering with **HMRC** for tax purposes. You can run the business as a sole trader, which means you wouldn't have to register as a limited company or open a separate business account. However, you must register as self-employed within 100 days of starting to trade, and you will need to keep meticulous records of all business-related income and outgoings.

Extract from: http://startups.co.uk/how-to-start-a-bed-and-breakfast-business

Planning Office
an administrative in local government dealing with buildings, urban or rural planning etc.

hotbed
a very lively, popular place.

dim view
disapproving, discouraging.

by the book
done exactly as the rules tell you to.

to go back and forth
to have to keep on going to the same place and coming back again, and again, and again.

HMRC
Her **M**ajesty's **R**evenue and **C**ustoms (UK), often called the "Inland Revenue", is the UK tax collection body.

SETTING UP A BED & BREAKFAST

	Need to do / Must do	Who to ask? What to ask for?
1.		
2.		
3.		
4.		
5.		
6.		

TASK 9 DISCUSSION

■ Read the text, highlight the "innovative" reforms introduced and discuss the reasons why you think they were introduced, and the effect of some being declared unconstitutional.

■ Share your ideas with the rest of the class.

How to set up your own B&B in Italy

Audio

The *"Codice della normativa statale in tema di ordinamento e mercato del turismo"* came into force on the 21st June 2011. It was part of Decree Law No. 79 of 23rd May 2011, an innovative law that sought to promote the tourism market and to protect the interests of both consumers (tourists) and providers of services in the sector. In order to do so it re-organised old concepts and definitions and changed, integrated or introduced new ones. Among the more important changes was the re-elaboration of the definition, of tourist business activities which now were not only referred to the provision of hospitality services but also, under this new law, included all organisations or activities committed to promoting tourism: travel agencies, seaside or other resort structures, catering (restaurants, bars etc.), parks, entertainment, event organisers, meetings and congresses and marine tourist activities and services.

The law also introduced minimum quality standards that tourist operators had to meet and a system for evaluating these quality standards, which awarded the "classic" stars for performance; it also included **agritourism** activities, B&Bs, campsites and holiday villages in an attempt to create a homogeneous, easily understood, method of informing customers about tourist structure quality.

It made a great many other important changes especially, as regards micro hospitality services in the area of B&B provision, here it introduced the concept of a family-run B&B business and clearly defined what that was. Indeed, Art. 9, No. 8 of the Law stated: *"bed and breakfast as business*

agritourism
the word does not exist in English because there is no exactly parallel structure in the UK, so the Italian name (anglicised) is used here as it creates less confusion.

activities are reception structures offering hospitality organised and run by a household or family, managed as a business but by private citizens, that offer facilities for overnight stay and morning meal to guests in a part of the same building/structure who share areas with the family".

So B&Bs managed as small businesses were officially recognised and included among all the other structures involved in offering hospitality services. This meant that they now had to register themselves as a business and to open a **VAT** account, to become legally recognised in order to operate, which means that Black Economy operations could be more easily identified and blocked. To encourage people to operate "legally", article 16 of this Tourism Code even tried to simplify the often complex procedures for meeting all legal and administrative obligations when opening a B&B activity by introducing SCIA which would have meant that a new entrepreneur could communicate with one office only, and immediately afterwards start business activities, whereas under the old DIA system such operations could only be started after a 30-day waiting period.

But the best intentions do not always succeed and the constitutionality of this and of some of the other reforms included in Decree Law No. 79 of 23rd May 2011 were challenged in the Constitutional Court by four Regions, Apulia, Tuscany, Umbria and the Veneto, who accused the State of having taken over, appropriated, some of the responsibilities that were by right (and law) those of the Regions. Thus this "revolutionary" 2011 law was partially annulled by sentence No. 80/2012 of the Corte Costituzionale, which ruled that 19, often minor, points in the law were unconstitutional and all responsibility for regulating B&Bs passed to the individual Regions.

VAT
value added tax, corresponds to Italian Iva.

How *do* I get the *information* I need to set up a B&B?

TASK 10 | WEB SEARCH

■ So in order to find out how to open your own B&B, you must refer to regional legislation! You have to browse the Internet site of the various Italian Regions (your own and others your are interested in) and look up local regulations.

Warning: always check that the laws you download are up-to-date and still valid (not abrogated).

TASK 11 | GROUP WORK

■ Working in groups collect and organize information on the basis of the following steps.

• Decide what type of information you need in order to set up your B&B, then agree on a common class list (for comparison).

• With your finalised list of "what you need to find" draw up a final chart where you can record whether all the parameters you have identified, and so ask about in each Region, are met.

• Start by dividing up the Regions among the groups and try to find the answer to "How do I go about setting up a B&B in ....?".

• Then see where there is information on the Internet in general and prepare a short report on what you have found (hint: always make sure that private sites have been up-dated).

- Put all your results together and prepare a full report on the situation in Italy which you can illustrate with pie diagrams, graphs whatever you fancy.
- Draw up a list of best practises that you would suggest to the Italian Ministry responsible for Tourism and to local authorities in the different Regions.
- Focus on the measures that should be enforced in order to develop a specific sector devoted to "B&B" within tourism which, with all its **spin-offs** plays a vital role in Italian economy.
- Select the measures you would enforce if you were a Minister for Tourism or responsible for Tourism in your Region.

TASK 12   ROLE PLAY

■ As representatives of various public and private actors in the tourist industry, you have been asked to meet for a round table conference with the Minister in person. On the agenda there will be all the problems you have identified above and your "best practise" suggestions.

■ Each group will choose a role and will be given a "group profile". Then, you will work out a schedule with questions and issues for the round table discussion.

DIFFERENT ACTORS INVOLVED IN TOURISM AT DIFFERENT LEVELS			
Government	Local economy (small businesses)	Local tourist operators (private sector)	Final consumers
The Ministry	Agriculture & Industry	Hospitality	Domestic tourists
Regional tourist authority	Transport	Leisure activities	Foreign tourists
Comune (Municipal administration)	Retail & Commerce	Food & Drink (catering)	

CASE STUDY   2

Questions of safety

Safety is always a big issue. You are going to look at the question of enforcing fire safety regulations in B&B's in the UK and then at another type of safety, on the Net.

TASK 13   READING COMPREHENSION

■ Read the two abridged extracts from the Bed & Breakfast Association's website then do the tasks indicated below.

Audio

1. The Bed & Breakfast Association has been awarded the **accolade** of best trade association in Britain at representing its members and its sector – out of 313 trade associations across all sectors of business. The Association won the award because of its campaign for sensible and proportionate enforcement of the 2006 fire regulations, which:

- gained the support of organisations representing some 460,000 small businesses;
- secured meetings with two Government Ministers;
- secured the support of two Shadow Ministers;
- made its 10 Downing St. petition the 5th best supported business petition, and better supported than over 98.5% of petitions on *all* subjects on the 10 Downing St. website;
- helped persuade both the UK and Scottish Governments to issue new less onerous guidelines;
- saving £100 million in unnecessary additional cost for Scottish B&Bs, on the Scottish Government's own figures;
- and saving **up to £428 million** in unnecessary burden across the UK.

2015 http://www.bandbassociation.org/news.htm

2. ITV investigation reveals fire safety risks

Audio

Fire Authorities failing to ensure public safety: B&B providers are regularly inspected for fire safety; P2P premises are not.

An ITV investigative programme this summer has found that, over three years after the **Bed & Breakfast Association** first warned regulators, fire safety dangers are being left unchecked in the fastest-growing sector of tourist accommodation: premises let on "peer-to-peer" (P2P) web platforms such as Airbnb, Wimdu, OneFineStay and others. **All** the inspections done by Fire Authorities to protect the public are made of the (25,000) **bona fide** B&Bs in the UK, and **no inspections at all** are made from amongst the (70,000+) P2P premises let to paying guests.

The ITV "Tonight" programme broadcast on 16 July found that:
- all 14 Fire Authorities **quizzed** admitted to making no inspections of P2P premises last year, whilst inspecting 507 B&Bs;
- a fire service veteran and fire safety expert told ITV that the risks posed by P2P premises were still "**not on the radar**" of Fire & Rescue Authorities;
- none of the 10 Airbnb host premises visited by ITV appeared to be fully compliant with Government fire safety guidance for the smallest premises taking paying guests;
- closures are still taking place of small B&Bs found not to be compliant with regulations, whilst thousands of similar P2P premises are left unchecked;
- P2P websites are not effectively informing "hosts" of their legal responsibilities as premises owners;
- both P2P "hosts" and guests are at financial risk, because their insurance cover *does not* extend to paying guests.

Already there are over 65,000 UK premises listed on just one P2P website (Airbnb) which grew 73% in the UK last year. As a comparison, there are only around 25,000 B&Bs in the UK. (…) ITV's investigation **fuelled** worries that "peer-to-peer platforms" such as Airbnb rely on the fact that the premises owner or "host" is responsible for compliance, whilst the website owner is not – and that it is in the websites' commercial interests to play down regulatory requirements, so as to encourage hosts to list their premises.

2012 http://www.bandbassociation.org/news.htm

ITV reporter Jonathan Maitland with the official fire safety guidance for small premises ('Do You Have Paying Guests?'), outside a two-bedroom B&B closed by a Fire Officer

bona fide
genuine, real; also in court "without intention to deceive"; an alternative expression in English is "to be in good faith", which in fact is simply a translation of "in buona fede" in Italian.

quizzed
asked, questioned.

not on the radar
not being taken seriously, ignored.

fuelled
increased, heightened.

TASK 14　PAIR WORK

■ Answer and/or discuss the following: take notes of what you say.

- Who did the B&B Association speak to when campaigning?
- What was the problem they campaigned about?
- What was problems did the ITV programme raise?
- Are Fire inspections being carried out today?
- What was the problem with insurance?
- In the same article as above Airbnb is quoted as saying in a statement to ITV: "We require hosts to follow their local laws and we encourage all hosts to take some basic steps to keep their homes safe – and if guests alert us to a hazard or safety issue at a listing, we immediately suspend the listing and investigate". ITV says people are worried "that 'peer-to-peer platforms' such as Airbnb rely on the fact that the premises owner or 'host' is responsible for compliance, whilst the website owner is not." What worries them? Should they be worried? Explain in your own words.
- Airbnb also said that if guests alert them "to a hazard or safety issue at a listing, we immediately suspend the listing and investigate". Discuss the following statement: it is also your responsibility to know the laws well enough to be able to be aware of hazards and of what is not there. Would *you* notice there were no smoke alarms unless you knew there should be? No instructions on how to escape in case of fire? True? Not True? So, so?
- Have a look at Airbnb homepage and find out whether they give enough information relating to guest's safety.

■ Discuss your answers in class.

Safety, personal safety, on sites is important

How computer literate are you? How much do you know about defending yourself? You can defend yourself just by being correctly informed sometimes and though friends are great it's always best to find out from the experts.

TASK 15

■ Go to these two "The postal police" websites but, before you do, decide what you would like to find out about. Draw up a list of questions with the rest of the class.

- ITALY – Polizia delle Comunicazioni https://www.commissariatodips.it/
- UK – Metropolitan Police London
  http://safe.met.police.uk/internet_safety/get_the_facts.html

■ Put your answers together and draw up a "code of responsible (safe) behaviour" for yourselves.

TASK 16

■ There is a lot of discussion about P2P apps in general, for example for taxis, B&B, lifts in cars and about safety issues on the Net. Find out what the issues are, what is causing concern and why, and what you can do about it. Discuss the issues raised in groups and present your solutions as a video, or as PowerPoint, or as a mini-conference, or as a leaflet for distribution to other students (and scuola media students).

Una nuova esperienza: l'alternanza scuola/lavoro

CONOSCENZE
- Gli elementi e i requisiti per implementare un percorso di alternanza scuola/lavoro
- Le esigenze delle aziende sotto il profilo delle competenze richieste

ABILITÀ
- Individuare i ruoli dei diversi soggetti dell'alternanza scuola/lavoro
- Distinguere le diverse fasi del percorso di alternanza scuola/lavoro

COMPETENZE
- Rispondere alle aspettative dei tutor aziendale e scolastico
- Interpretare correttamente il ruolo di studente in alternanza

1 Che cos'è l'alternanza scuola/lavoro

Con l'espressione **alternanza scuola/lavoro** si intende un **nuovo metodo di apprendimento e di insegnamento** messo a punto con la finalità di superare la distanza che storicamente ha tenuto separati il mondo della scuola e quello del lavoro.

NOZIONE

Per gli studenti l'**alternanza scuola/lavoro** consiste nell'*alternare periodi di formazione in classe con periodi di formazione presso un'azienda*, sulla base di un progetto formativo, sotto la guida di un tutor scolastico e di un tutor aziendale.
Questa nuova modalità di apprendimento consente di creare una **rete di rapporti** tra il mondo della scuola e quello del lavoro, mettendoli in condizione di "dialogare" tra loro. È, inoltre, uno strumento molto utile per gli studenti, poiché *offre loro la possibilità di conoscere le realtà produttive presso le quali, in futuro, potersi orientare professionalmente per mettere in pratica gli studi compiuti*.
Per migliorare il percorso formativo degli studenti, *aiutarli a sviluppare le competenze necessarie richieste dal mercato del lavoro, rimotivarli allo studio e orientarli al meglio secondo le loro attitudini e capacità*, ogni esperienza di lavoro deve essere accompagnata e sostenuta da un **percorso di studio**, riflessione, elaborazione, e assimilazione favorito dalla scuola, unitamente al percorso di apprendimento attraverso l'esperienza nel contesto di lavoro.
L'alternanza scuola/lavoro si fonda, quindi, sull'intreccio tra le scelte educative della scuola, i fabbisogni professionali delle imprese del territorio e le personali esigenze formative degli studenti.

In Italia la prima legge a promuovere l'alternanza scuola/lavoro fu la cosiddetta riforma Moratti (l. 503/2003). Questo provvedimento si collocava all'interno di uno scenario europeo che poneva all'attenzione degli Stati membri il tema della formazione continua e del processo di avvicinamento tra istruzione, formazione professionale e sistema delle imprese.

EVOLUZIONE NORMATIVA

Anche il riordino dei cicli scolastici, attuato in Italia nel 2010, prevedeva la necessità di utilizzare esperienze di alternanza scuola/lavoro.

Infine, la legge 107/2015 (cosiddetta della "Buona Scuola") prevede l'**obbligatorietà** di questo nuovo approccio alla didattica, rivolto a tutti gli studenti del secondo biennio e del quinto anno, per 400 ore nei tecnici e professionali e per 200 ore nei licei.

OBIETTIVI La prima **finalità** è quella di *aprire il mondo della scuola al mondo esterno dando pari dignità alla formazione scolastica e all'esperienza di lavoro*, per consentire agli studenti che hanno compiuto il quindicesimo anno di età di realizzare gli studi del secondo ciclo anche alternando periodi di studio e di lavoro.
La **seconda** è quella di *motivarli e di orientarli per far acquisire loro competenze spendibili nel mondo del lavoro*.

METODO La metodologia di alternanza scuola/lavoro intende integrare i sistemi dell'istruzione, della formazione e del lavoro attraverso una **collaborazione** tra i diversi ambiti, *con la finalità di creare un luogo dedicato all'apprendimento in cui i ragazzi siano in grado di imparare concretamente gli strumenti del "mestiere" in modo responsabile e autonomo*. Se per i giovani rappresenta un'opportunità di crescita e di inserimento futuro nel mercato del lavoro, per le aziende si tratta di investire strategicamente in capitale umano, ma anche di accreditarsi come enti formativi.

I soggetti che collaborano per realizzare un percorso di alternanza

Abbiamo visto che l'alternanza scuola/lavoro realizza un nuovo stile di insegnamento e di apprendimento. Pertanto, la didattica dell'alternanza non è caratterizzata dal fatto che si svolga in orario aggiuntivo e non costituisce un'esperienza occasionale ma è una metodologia di **apprendimento sul campo** che, a pieno titolo, richiede l'utilizzo del tempo scuola.

LA RELAZIONE CON IL TERRITORIO Il percorso in alternanza implica necessariamente che la scuola si metta in relazione con il tessuto attivo e produttivo del territorio (dei servizi, agricolo, industriale, artigianale, commerciale) e ha la finalità di valorizzare, come due momenti di formazione, lo studio e la pratica lavorativa, rendendo così possibile un'integrazione tra le conoscenze maturate in entrambi i settori.

APPROFONDIMENTO

I vantaggi dell'alternanza scuola/lavoro

L'alternanza scuola/lavoro unisce la formazione in aula con l'esperienza pratica. È una strategia didattica in grado di produrre vantaggi sotto diversi aspetti:

- nella **dimensione istituzionale**, in quanto rafforza i collegamenti della scuola con il mondo del lavoro, in funzione dell'occupabilità;
- nella **dimensione curricolare**, in quanto richiede di sviluppare competenze chiare, valorizzate poi nel curriculum dello studente;
- nella **dimensione sociale**, in quanto rende i percorsi di studio più attrattivi, maggiormente qualificati e fortemente connessi con la formazione superiore;
- nella **dimensione metodologica**, in quanto rende i percorsi più flessibili (attraverso la modularizzazione e la personalizzazione).

Partecipando all'alternanza scuola/lavoro, lo studente ha l'occasione di apprendere contenuti, relazioni e comportamenti, attraverso:

IL RUOLO DELLO STUDENTE

- l'**orientamento**, *cioè verificando quanto le sue idee riguardo che cos'è il lavoro corrispondono alla realtà del lavoro in un'azienda vera*;
- la **verifica della propria capacità** di trasferire e utilizzare le conoscenze acquisite in nuovi contesti e situazioni impreviste, *vale a dire risolvere problemi, formulare un pensiero critico, agire in autonomia, assumersi responsabilità*;
- le **competenze sociali**, *che consistono nello sperimentare la personale capacità di adattamento* e l'interazione con organizzazioni/ruoli/persone diverse;
- la **consapevolezza di sé**, *cioè la valutazione delle proprie risorse a fronte di prestazioni diverse da quelle richieste a scuola*.

In base al testo unico in materia di salute e sicurezza sul lavoro, d.lgs. 81/2008, lo studente è considerato **lavoratore** nei momenti in cui utilizza i laboratori o è coinvolto in attività lavorative. Pertanto, è necessario sia sottoposto a sorveglianza sanitaria; essa è effettuata dal medico competente e comprende:

LA TUTELA DELLA SALUTE

- una **visita medica preventiva** mirata a verificare l'assenza di controindicazioni al lavoro cui il lavoratore è destinato al fine di valutare la sua idoneità alla mansione specifica;
- una **visita medica periodica** per controllare lo stato di salute dei lavoratori ed esprimere il giudizio di idoneità alla mansione specifica.

La periodicità di tali accertamenti, qualora non prevista dalla relativa normativa, viene stabilita, di regola, in una volta l'anno.

Il decreto prevede anche l'obbligo di predisporre due **momenti di formazione** per la sicurezza:

LA TUTELA DELLA SICUREZZA

La sicurezza e la tutela della salute nei luoghi di lavoro

- la formazione **generale** (di almeno 4 ore), che deve essere erogata a tutti gli studenti, in orario curricolare e deve essere completata entro il primo biennio;
- la formazione **specifica** (da 4 a 12 ore), a seconda del tipo di rischio che l'azienda è tenuta a contestualizzare secondo quanto previsto dal proprio Dvr (Documento di valutazione dei rischi).

Il **consiglio di classe** ha il compito di:

IL RUOLO DEL CONSIGLIO DI CLASSE

- determinare le *competenze conseguibili attraverso i percorsi di alternanza*;
- *costruire prove valide e attendibili che testino il conseguimento delle competenze* e/o di segmenti di competenza a diversi livelli;
- *condividere criteri di costruzione e valutazione delle prove* e predisporre i modelli di certificazione;
- *individuare le conoscenze disciplinari indispensabili* legate a un saper fare specifico;
- *elaborare gli strumenti dell'alternanza*: patto formativo, griglie di osservazione, diario di bordo ecc.
- *valutare il percorso di alternanza effettuato e provvedere a certificare le competenze acquisite dagli studenti nel percorso*; le competenze acquisite costituiscono credito sia ai fini della prosecuzione del percorso scolastico o formativo per

il conseguimento del diploma o della qualifica, sia per gli eventuali passaggi tra i sistemi ivi compresa l'eventuale transizione nei percorsi di apprendistato. Al termine del percorso, quindi, vengono rilasciati attestati di frequenza, certificati di competenze e crediti.

IL RUOLO DEL TUTOR SCOLASTICO

Il **tutor scolastico** deve:

- fungere da *elemento di collegamento tra scuola e azienda*;
- *conoscere e utilizzare per quanto gli compete gli strumenti elaborati dal consiglio di classe* (patto formativo, griglie di osservazione, diario di bordo ecc.);
- rapportarsi con il **tutor aziendale** per *verificare la coerenza delle mansioni con il patto formativo*;
- *preparare e sostenere gli alunni nell'inserimento nell'ambiente di lavoro*, chiarendone le regole;
- *gestire le criticità e rafforzare la motivazione*;
- *favorire la comunicazione* con il resto della classe e con i docenti;
- *partecipare alla valutazione dell'esperienza insieme al tutor aziendale* e stimolare la partecipazione dell'intero consiglio di classe alla valutazione dei risultati di apprendimento.

IL RUOLO DEL TUTOR AZIENDALE

Il **tutor aziendale**, invece, ha il compito di:

- *conoscere il profilo professionale dello studente* e utilizzare per quanto gli compete gli strumenti elaborati dal consiglio di classe (patto formativo, griglie di osservazione, diario di bordo ecc.);
- *assegnare le mansioni sulla base del patto formativo* e valutare i livelli di autonomia e responsabilità;
- *agevolare le relazioni nell'ambiente di lavoro*;
- *osservare i comportamenti attraverso le griglie concordate*;
- *osservare e dichiarare le prestazioni eseguite*;
- *valutare insieme al tutor scolastico i risultati conseguiti* e formulare eventuali proposte di modifica.

APPROFONDIMENTO

Alternanza scuola/lavoro in Impresa formativa simulata: un'opportunità in più

I percorsi di alternanza scuola/lavoro possono prevedere l'impianto di una **Impresa formativa simulata** (Ifs), a completamento del percorso obbligatorio di 400 ore previste dalla legge. La metodologia dell'Impresa formativa simulata consente l'apprendimento di processi di lavoro reali attraverso la simulazione della costituzione e gestione di imprese virtuali che operano in rete, assistite da aziende reali. Per mezzo di una piattaforma online è possibile svolgere le transazioni tra Ifs, con l'assistenza di Simucenter, un sistema che simula le funzioni di Stato, banca, mercato, supporta e monitora le scuole nelle transazioni e nelle diverse fasi di sviluppo dell'impresa.

L'Ifs consiste, dunque, in una forma di didattica laboratoriale che consente un confronto con il lavoro, monitorabile senza sforzo e realmente generalizzabile.

Il progetto Impresa formativa simulata è partito in via sperimentale nel 1995, su iniziativa del Ministero della pubblica istruzione. Si tratta di un progetto che coinvolge gli studenti nella creazione di una vera e propria impresa "virtuale" da gestire simulando tutte le operazioni che si svolgono nella realtà. Il mercato al quale ci si rivolge è quello delle altre scuole italiane collegate in rete che aderiscono al progetto con le loro imprese.

L'Impresa formativa simulata intende riprodurre, all'interno della scuola, il modo concreto di operare di un'azienda negli aspetti che riguardano:

- l'organizzazione;
- l'ambiente;
- le relazioni;
- gli strumenti di lavoro.

Gli obiettivi formativi sono:

- acquisire esperienza pratica;
- sviluppare competenze trasversali;
- acquisire una cultura aziendale;
- sviluppare l'imprenditorialità individuale;
- individualizzare il processo formativo.

L'autovalutazione, la valutazione e la relazione sull'esperienza

Al termine del percorso di alternanza scuola/lavoro sarai chiamato a esprimere le tue valutazioni sull'esperienza compiuta.
Oltre al diario di bordo, che compilerai durante il periodo lavorativo, dovrai redigere le schede di valutazione e autovalutazione e una relazione scritta. Sarà l'occasione per esprimere le tue opinioni e affinare le tue capacità di consapevolezza e autoanalisi, riflettendo sull'esperienza fatta.

1. Compila le due **schede** sotto riportate, immaginando di riferire su un percorso di alternanza.

Scheda di autovalutazione dello studente

Studente _____ Classe _____

Scuola _____ Periodo di stage _____

Azienda _____ Mansione svolta _____

Indica con una crocetta la voce che corrisponde al tuo comportamento.

Sono arrivato puntuale			
Quasi mai	Solo qualche volta	Spesso	Sempre

Sono stato assente			
Mai	Una volta	Solo qualche volta	Spesso

Ho rispettato le pause lavorative			
Mai	Solo qualche volta	Spesso	Sempre

Ho mantenuto l'attenzione sul lavoro			
Mai	Solo qualche volta	Spesso	Sempre

Ho mantenuto lo stesso ritmo di lavoro			
Mai	Solo per una parte della mattinata	Solo per quello che mi piaceva	Sempre

Quando una mansione non mi era ben chiara, chiedevo chiarimenti			
Mai	Qualche volta	Diverse volte	Sempre

Sono stato disponibile ad assolvere qualsiasi mansione assegnata			
Mai	Qualche volta	Sempre, ma con poca convinzione	Sempre con interesse

Sono riuscito a svolgere le mansioni affidatemi in modo autonomo			
Mai	Solo qualche volta	Diverse volte	Sempre

Ho collaborato con i colleghi			
Mai	Solo se costretto	Solo qualche volta	Sempre

Ho accettato osservazioni e critiche			
No	Solo qualche volta	Solo se meritate	Sì

Mi sono sentito a mio agio nel luogo di lavoro			
Quasi mai	Solo qualche volta	Solo con alcune persone	Sempre

L'esperienza di tirocinio mi è piaciuta			
Poco	Solo in parte	Solo quando ho lavorato con alcune persone	Sempre

Rifarei nuovamente l'esperienza			
No	Solo se non ci fosse altra alternativa	Solo se in un altro ambiente	Sì

SCHEDA DI AUTOVALUTAZIONE DELLO STUDENTE

Nome e cognome: _____	Nome del gruppo: _____
classe _____	data _____

Istruzioni: sapendo che i livelli sono così classificati: 1 = livello basso, male, poco 3 = livello discreto, buono, adeguato 2 = livello sufficiente, accettabile 4 = livello alto, molto bene, tanto **Indica con una X il livello col quale pensi di aver:**	1	2	3	4
1. lavorato con serietà				
2. mantenuto il tuo ruolo con attenzione				
3. trattato i compagni con rispetto				
4. fatto domande quando non capivi				
5. ascoltato attivamente mentre gli altri parlavano				
6. aiutato chi era in difficoltà				
7. chiesto aiuto quando eri in difficoltà				
8. condiviso le tue idee con serenità e non in modo aggressivo				
9. contribuito a mantenere basso il volume delle voci				
10. esortato gentilmente a lavorare				
11. aiutato a risolvere conflitti con serenità				
12. verificato che tutti avessero compreso				
13. detto cose gentili per creare un buon clima di lavoro				
14. (indica il livello e aggiungi la motivazione) trovato piacevole lavorare in gruppo perché:				

Che cosa ho imparato da questa attività: ....
....
....

La prossima volta in cui dovrò lavorare in gruppo mi propongo di: ....
....
....

2. Prova adesso a compilare una sintetica **scheda di valutazione** sulla struttura che ti ha accolto durante la tua esperienza lavorativa.

VALUTAZIONE DELL'ESPERIENZA AZIENDALE – DA COMPILARSI A CURA DELLO STUDENTE

Preparazione all'attività	Insufficiente	Sufficiente	Più che sufficiente	Ottima
Accoglienza	Insufficiente	Sufficiente	Adeguata	Accurata
Rispetto delle norme di sicurezza	Insufficiente	Sufficiente	Soddisfacente	Evidente e accurato
Tutoraggio in azienda	Insufficiente	Sufficiente	Soddisfacente	Ottimo

3. Prepara ora una **breve relazione scritta**, descrivendo ai tuoi compagni la tua esperienza, evidenziando quali competenze hai acquisito e il loro collegamento con gli studi intrapresi.

COMPETENZE

- Orientarsi nella normativa pubblicistica e civilistica, con particolare riferimento a quella del settore turistico
- Analizzare la realtà e i fatti concreti della vita quotidiana ed elaborare generalizzazioni che aiutino a spiegare i comportamenti individuali e collettivi in chiave economica
- Utilizzare le reti e gli strumenti informatici nelle attività di studio, ricerca e approfondimento disciplinare con particolare attenzione alla sicurezza nei luoghi di vita e di lavoro, alla tutela della persona, dell'ambiente e del territorio
- Documentare le attività individuali e di gruppo relative a situazioni professionali

1 Lavora sulle fonti

Dopo aver letto attentamente, rispondi alle seguenti domande.

La l.cost. 3/2001 ha modificato la distribuzione delle competenze Stato-regioni. Il 23 maggio 2011 è stato approvato, con il d.lgs. 79/2011, il codice del turismo (sul quale poi, come sappiamo, è intervenuta la Corte costituzionale con sentenza n. 80/2012 dichiarando l'illegittimità costituzionale di molte delle sue norme). Queste sono solo due delle numerose fonti del diritto italiano che toccano il settore del turismo.

1 Di che tipo di fonti si tratta? Hanno lo stesso valore?

2 Da chi e con quali modalità vengono approvate le leggi costituzionali? E i decreti legislativi?

3 Quando entrano in vigore questi tipi di norme? Come potrebbero essere eliminate? Potrebbero avere efficacia retroattiva?

4 Se il codice del turismo italiano contenesse norme in contrasto con il diritto privato internazionale, come si potrebbe risolvere tale conflitto di leggi?

5 A chi, e con quali limiti, la l.cost. 3/2001 attribuisce la competenza legislativa in campo turistico?

6 Quali sono le fonti normative alle quali spetta ora regolare l'ambito turistico in seguito alla dichiarazione di incostituzionalità di parte del codice del turismo?

7 Quali sono le fonti normative che hanno acquisito particolare importanza nell'ultimo periodo?

2 Lavora sul caso

Sergio acquista un pacchetto viaggio per le Maldive presso il tour operator "Viaggiare s.r.l.". Il pacchetto viaggio prevede trasporto aereo e pensione completa per lui, la moglie e il figlio di 17 anni.

Analizza il diritto acquisito da Sergio e indica se le affermazioni che seguono sono vere oppure false, fornendo una sintetica motivazione.

1 Il diritto al viaggio acquisito da Sergio è da considerarsi assoluto V F

Perché? ....

2 La prestazione che il tour operator deve erogare è classificata, da un punto di vista giuridico, come onere V F

Perché? ....

3 Il diritto al viaggio acquisito da Sergio è giuridicamente disponibile V F

Perché? ....

4 Il diritto al viaggio acquisito da Sergio è da considerarsi un diritto reale V F

Perché? ....

5 Qualora non usufruisca del viaggio per cause imputabili al tour operator, Sergio può chiedere il risarcimento del danno in qualunque momento della sua vita V F

Perché? ....

6 Qualora fosse necessario recarsi in agenzia per eventuali modifiche al pacchetto viaggio, Sergio può delegare tale mansione al figlio V F

Perché? ....

③ Lavora sul caso

Alcune ragazze decidono di aprire un'agenzia di viaggio nel loro piccolo comune. Intendono costituire una società in nome collettivo per gestire la propria attività imprenditoriale. Si rivolgono, quindi, a Paolo, un amico commercialista che illustra loro la procedura semplificata prevista dalle recenti normative per l'avvio dell'attività, soffermandosi su alcuni aspetti: autonomia patrimoniale, direttore tecnico, obbligo di assicurazione.

1 Che cosa si intende per "autonomia patrimoniale" della società?

2 Quale tipo di autonomia patrimoniale è quella delle s.n.c.? Quali sono le conseguenze giuridiche?

3 Chi è e che cosa fa il direttore tecnico in un'agenzia di viaggio?

4 Perché esiste l'obbligo di assicurazione per un'agenzia di viaggio?

L'amico commercialista passa, poi, ad analizzare l'erogazione concreta dei servizi alla clientela, richiamando gli obblighi cui dovranno sottostare per adempiere alla normativa relativa alla riservatezza nel trattamento dei dati personali e sensibili (d.lgs. 196/2003).

5 Che cosa sono i dati personali? E quelli sensibili?

6 Come possono essere trattati nell'esercizio dell'attività turistica?

④ Lavora sul caso

Renata ha acquistato un viaggio in Costa Rica che non è mai stato effettuato per problemi organizzativi imputabili al tour operator "Viaggi avventura". Intende ottenere il risarcimento dei danni ricorrendo all'autorità giudiziaria. Avvia, quindi, un procedimento giudiziario civile nei confronti del tour operator inadempiente.

1 Quali sono le fasi che caratterizzano il procedimento giudiziario?

2 Quale onere grava su Renata per ottenere il risarcimento del danno?

3 Esistono procedure alternative a quella giudiziaria per risolvere la controversia che vede contrapposta Renata al tour operator "Viaggi avventura"?

4 È possibile risolvere la controversia online? Se sì, con quali modalità?

VERIFICA ②

Sezione C

COMPETENZE

- Orientarsi nella normativa pubblicistica e civilistica, con particolare riferimento a quella del settore turistico
- Analizzare la realtà e i fatti concreti della vita quotidiana ed elaborare generalizzazioni che aiutino a spiegare i comportamenti individuali e collettivi in chiave economica
- Utilizzare le reti e gli strumenti informatici nelle attività di studio, ricerca e approfondimento disciplinare con particolare attenzione alla sicurezza nei luoghi di vita e di lavoro, alla tutela della persona, dell'ambiente e del territorio
- Documentare le attività individuali e di gruppo relative a situazioni professionali

---

① **Lavora sul caso**

Giovanni si reca all'agenzia di viaggio "Il mondo dei sogni" per prenotare un tour del Congo. Purtroppo, una violenta guerra civile sconvolge il paese africano: vengono chiuse tutte le frontiere e bloccati tutti i voli in arrivo e partenza.
Dopo una settimana, l'agenzia comunica a Giovanni che il viaggio si potrà effettuare solo pagando una considerevole somma aggiuntiva.

Analizza il contratto stipulato da Giovanni e indica se le affermazioni che seguono sono vere oppure false, fornendo una sintetica motivazione.

1 Il contratto stipulato da Giovanni è da considerarsi nullo ☐V ☐F

Perché? ....
....

2 Il contratto stipulato da Giovanni è da considerarsi annullabile ☐V ☐F

Perché? ....
....

3 Il contratto stipulato da Giovanni può essere rescisso, in quanto stipulato in condizione di bisogno ☐V ☐F

Perché? ....
....

4 Giovanni può chiedere la risoluzione del contratto per inadempimento da parte dell'agenzia ☐V ☐F

Perché? ....
....

5 Giovanni può chiedere la risoluzione del contratto per eccessiva onerosità sopravvenuta ☐V ☐F

Perché? ....

6 Giovanni può chiedere la risoluzione del contratto per impossibilità sopravvenuta ☐V ☐F

Perché? ....

---

② **Lavora sul caso**

Dopo aver letto attentamente, svolgi quanto richiesto.

Marco si rivolge a un'agenzia di viaggio per prenotare una vacanza e sceglie un viaggio in Kenya che prevede trasporto aereo, trasferimenti interni e visite ai parchi naturali. Si pernotterà in appositi lodge all'interno dei parchi, con pensione completa. Il viaggio si svolgerà dal 3 al 13 aprile e verrà realizzato solo se si raccoglieranno almeno 15 partecipanti. Il cliente viene chiamato a firmare il contratto prestampato predisposto dall'agenzia. Sottoscrive, inoltre, alcune clausole aggiuntive che regolamentano, nel dettaglio, il rapporto contrattuale tra agenzia e cliente. È prevista la possibilità per il cliente di recedere unilateralmente dal contratto pagando una penale, il cui importo varia a seconda del momento in cui si decide di avvalersi di tale facoltà.

A **Individua:**
1 gli elementi essenziali del contratto di viaggio che Marco ha sottoscritto;
2 il termine del contratto.

B **Rispondi alle seguenti domande.**
1 Che cos'è il diritto di recesso unilaterale? Quando lo si può esercitare in generale? Quale tipologia di recesso è prevista nel contratto di viaggio sottoscritto da Marco?
2 Sono state inserite particolari condizioni che possono influenzare la regolare esecuzione del contratto?

3 Il contratto che il cliente ha firmato rientra tra i contratti per adesione? Illustrane le caratteristiche.

4 Che cosa sono le clausole vessatorie? Quali tutele sono previste per i clienti in presenza di clausole vessatorie?

5 Secondo te, quelle sottoscritte da Marco sono clausole vessatorie?

③ Lavora sul caso

La signora Maria decide di acquistare online alcuni maglioni di pura lana. Si collega al sito Internet, che le ha consigliato un'amica, in cui si dichiara espressamente che tutti i capi commercializzati sono di pura lana al 100%. Decide di ordinare la merce via web. Durante la compilazione dell'ordine di acquisto, le viene richiesto di confermare di aver letto e sottoscritto gli accordi commerciali previsti per tale tipo di vendita.

1 Se la signora Maria si pentisse dell'acquisto fatto, potrebbe recedere dal contratto? Se sì, con quale modalità?

2 Quali obbligazioni prevede il codice civile per il compratore e il venditore?

3 Che cosa potrebbe fare la signora Maria, se le venissero recapitati a casa dei maglioni che hanno una componente di fibre sintetiche (quindi, non sono 100% lana)?

④ Lavora sul caso

Dopo un anno di lavoro, Mauro e Leonardo intendono trascorrere il mese di luglio sull'isola di Pantelleria, dove vorrebbero sperimentare la pratica delle immersioni subacquee. Non disponendo della necessaria attrezzatura per fare immersioni, si rivolgono sul posto a un centro specializzato, che gli fornisce il materiale richiesto in locazione.

1 Quali obblighi gravano sul centro specializzato, che è il locatore nel contratto?

2 Quali obblighi hanno Mauro e Leonardo, locatari nel contratto?

Al termine della vacanza, affascinati dall'isola, conferiscono a un'agenzia immobiliare l'incarico di acquistare, in nome e per conto loro, un bilocale. Firmano una regolare procura in cui sono indicati dimensioni, tipologia e prezzo massimo del bene da acquistare.

3 Quale tipo di contratto è stato stipulato?

4 Quali obblighi gravano sull'agenzia?

⑤ Lavora sul caso

Oscar e Lorella decidono di avviare un'agenzia di viaggio. Dato che per lo svolgimento dell'attività è obbligatorio sottoscrivere un'assicurazione di responsabilità civile, contattano diverse compagnie assicurative per ricevere informazioni e preventivi sui costi del servizio. Intendono anche sottoscrivere un'assicurazione contro i rischi di furto e incendio riguardanti il locale e i beni dell'agenzia. Tutte le compagnie chiariscono che gli eventuali danni saranno risarciti secondo il principio indennitario o, in caso di sottoassicurazione, con il sistema proporzionale. Inoltre, nell'illustrare il contenuto della polizza assicurativa, le diverse agenzie contattate richiedono alcune informazioni riguardanti Oscar e Lorella e ricordano loro gli obblighi da rispettare per la corretta denuncia di un sinistro.

1 In che cosa consiste l'assicurazione di responsabilità civile? Quali danni non copre?

2 Che cosa prevede il principio indennitario?

3 Che cos'è la sottoassicurazione? e la regola proporzionale?

4 Quali obblighi gravano sull'assicurato in caso di sinistro?

5 Se le informazioni fornite da Oscar e Lorella fossero non veritiere, quali sarebbero le conseguenze giuridiche per il contratto di assicurazione?

6 Potrebbero Oscar e Lorella assicurare la responsabilità civile e i danni presso diverse società contemporaneamente? A quali condizioni?

⑥ Lavora sul caso

All'Hotel Harmony di Rimini è stata organizzata una serata danzante. Sulla pista da ballo gli ospiti si divertono e i bimbi giocano. Improvvisamente, uno dei ragazzini, correndo, urta una signora e la fa cadere. Portata al pronto soccorso, le viene riscontrata una frattura guaribile in 30 giorni.
Il marito decide di fare causa all'hotel, chiedendo il risarcimento di danni morali e patrimoniali alla persona: ritiene la struttura responsabile per non avere adottato un idoneo sistema di vigilanza che garantisse la necessaria sicurezza degli ospiti durante la serata danzante. Il legale dell'hotel ribatte, invece, che il proprio cliente non possa essere ritenuto responsabile di un atto che non poteva né prevedere, né evitare; aggiunge, poi, che un evento come quello organizzato dall'hotel non si può considerare come "attività pericolosa".

1 Quale tipo di responsabilità hanno gli albergatori per le attività considerate pericolose? Quali possibili cause giustificative possono avanzare?

2 A chi daresti ragione nel caso preso in esame?

3 Se ritiene che non vi sia alcuna responsabilità da parte dell'hotel, a chi potrebbe eventualmente fare causa la signora per ottenere il risarcimento del danno?

4 Come possono essere quantificati i danni subiti dalla signora?

COMPETENZE

- Orientarsi nella normativa pubblicistica e civilistica, con particolare riferimento a quella del settore turistico
- Analizzare la realtà e i fatti concreti della vita quotidiana ed elaborare generalizzazioni che aiutino a spiegare i comportamenti individuali e collettivi in chiave economica
- Utilizzare le reti e gli strumenti informatici nelle attività di studio, ricerca e approfondimento disciplinare con particolare attenzione alla sicurezza nei luoghi di vita e di lavoro, alla tutela della persona, dell'ambiente e del territorio
- Documentare le attività individuali e di gruppo relative a situazioni professionali

---

① Lavora sulle conoscenze

Dopo aver letto attentamente, indica se le affermazioni che seguono sono vere oppure false, fornendo una sintetica motivazione.

Il contratto d'albergo impone all'albergatore di fornire al cliente, dietro pagamento di un corrispettivo, una serie di prestazioni di dare e di fare tra loro diverse che vanno dalla fornitura dell'alloggio al deposito, alla prestazione di altri servizi.

1 Il contratto d'albergo è atipico V F
Perché? ....

2 Il contratto d'albergo è misto V F
Perché? ....

3 Il contratto d'albergo è formale V F
Perché? ....

4 Il contratto d'albergo deve tener conto delle caratteristiche e delle esigenze dei clienti V F
Perché? ....

5 Un eventuale overbooking alberghiero è risarcito dal solo albergatore V F
Perché? ....

② Lavora sul caso

Dopo aver letto attentamente, svolgi quanto richiesto.

Quattro amici intendono avviare un'attività alberghiera in un'antica palazzina da cui si gode una bella veduta sulle cime delle Dolomiti. Contattano Lucio, esperto di questio-

ni giuridico-economiche, cui spiegano di voler stipulare un contratto di locazione per l'utilizzo della palazzina e gestire l'attività imprenditoriale mediante la costituzione di una società a responsabilità limitata. Per l'espletamento delle formalità burocratiche, sperano di poter risolvere tutto online. Intendono anche richiedere il marchio di qualità Isnart.

A Compila la tabella con le informazioni che il consulente, Lucio, potrebbe fornire ai suoi clienti.

	Informazioni
Durata della locazione immobiliare e relativa consegna del bene	....
Caratteristiche e amministrazione di una s.r.l. e di una s.r.l.s.	....
Adempimenti amministrativi necessari per l'avvio dell'attività	....
Requisiti e vantaggi del marchio	....

I quattro amici accolgono i primi clienti a partire dal 15 giugno 2015. Lucio ricorda loro l'importanza di agire con la diligenza professionale nell'erogare i servizi agli ospiti. Purtroppo, dopo una sola settimana si verifica un furto in una camera. Vengono rubati un computer portatile e un costoso telefono cellulare di ultima generazione.

B Rispondi alle seguenti domande.

1 In che cosa consiste la diligenza professionale richiesta all'albergatore?

2 Quali doveri ha l'albergatore nei confronti degli ospiti in tema di sicurezza?

3 Il furto subito obbliga al risarcimento del danno?

③ Lavora sul documento

Completa il facsimile della "Proposta di compravendita di pacchetto/servizio turistico" elaborato da Astoi (Associazione tour operator italiani) e individua le fonti normative in base alle quali sono state inserite le clausole che le parti devono sottoscrivere.

Documento

AGENZIA DI VIAGGIO

PROPOSTA DI COMPRAVENDITA DI PACCHETTO/SERVIZIO TURISTICO
Modulo da utilizzare per adempiere le disposizioni dell'art. 35 del Codice del Turismo.

Il cliente ha diritto di ricevere copia del presente contratto di compravendita di pacchetto/servizio turistico

ASTOI CONFINDUSTRIA VIAGGI

Il sottoscritto

COGNOME e NOME		RIFERIMENTI PRATICA
NAZIONALITA'	CODICE FISCALE OBBLIGATORIO	OPERATORE ADV
TIPO DI DOCUMENTO	NUMERO	N° PRATICA ADV
DATA DI NASCITA	TELEFONO	OPERATORE T.O.
CAP	CITTA'	N° PRATICA T.O.
INDIRIZZO		
INDIRIZZO E - MAIL		

in nome e per conto proprio, oltre che in nome e per conto delle persone di seguito elencate:

COGNOME E NOME		COGNOME e NOME	
NAZIONALITA'	CODICE FISCALE	NAZIONALITA'	CODICE FISCALE
TIPO DI DOCUMENTO	NUMERO	TIPO DI DOCUMENTO	NUMERO
DATA DI NASCITA	TELEFONO	DATA DI NASCITA	TELEFONO
CAP	CITTA'	CAP	CITTA'
INDIRIZZO		INDIRIZZO	
INDIRIZZO E-MAIL		INDIRIZZO E - MAIL	
COGNOME e NOME		COGNOME e NOME	
NAZIONALITA'	CODICE FISCALE	NAZIONALITA'	CODICE FISCALE
TIPO DI DOCUMENTO	NUMERO	TIPO DI DOCUMENTO	NUMERO
DATA DI NASCITA	TELEFONO	DATA DI NASCITA	TELEFONO
CAP	CITTA'	CAP	CITTA'
INDIRIZZO		INDIRIZZO	
INDIRIZZO E-MAIL		INDIRIZZO E - MAIL	

Dichiara

- di aver ricevuto per iscritto tutte le informazioni di cui all'art. 37 comma 1 del Codice del Turismo e di impegnarsi a verificarne l'attualità prima della partenza;
- di essere a conoscenza delle indicazioni ufficiali di carattere generale – ivi comprese quelle relative alla situazione di sicurezza, anche sanitaria – fornite dal Ministero Affari Esteri tramite il sito www.viaggiaresicuri.it e la Centrale Operativa Telefonica al numero 06 491115;
- di essere a conoscenza che le informazioni di cui all'articolo 37 comma 2 del Codice del Turismo verranno fornite prima dell'inizio del viaggio;
- di avere ricevuto copia e preso visione del catalogo, ovvero del programma fuori catalogo o viaggio su misura, relativo al pacchetto o servizio proposto;
- di conoscere ed accettare espressamente le condizioni generali pubblicate, la scheda tecnica e le penali riportate nel catalogo, depliant, opuscolo, sito web dell'organizzatore, programma fuori catalogo o viaggio su misura ed in particolare gli artt. 6,7,8,9,10,12,13,19,22.
- di avere preso visione ed di accettare le condizioni contrattuali delle coperture assicurative acquistate in abbinamento al viaggio, ai sensi dell'art. 50 co. 6 del Codice del Turismo;
- di riconoscere che il contratto si intenderà concluso per effetto dell'accettazione da parte dell'organizzatore della presente proposta, accettazione che verrà comunicata tramite conferma di prenotazione dei servizi, alla intestata Agenzia di Viaggio, che agisce quale mandataria del sottoscrittore.

E contestualmente Propone

all'Organizzatore* /Intermediario** ....
(*in caso di vendita di pacchetto turistico / **in caso di vendita di servizio singolo)
la stipulazione del contratto avente ad oggetto il seguente:

☐ **Pacchetto Turistico**
  ☐ Catalogo .... Edizione .... pag. ....
  ☐ Formula Roulette (in questo caso la proposta resta valida se il T.O. indica l'albergo di destinazione prima della partenza)
  ☐ Fuori Catalogo
  ☐ Viaggio su misura come da programma richiesto dal cliente (qui allegato)

☐ **Servizio Turistico**

Cod. pren. elett. .... Denominazione Pacchetto/Servizio ....
Destinazione/itinerario ....
Durata giorni .... notti .... dal .... al ....
partenza da .... ritorno a ....

Richieste specifiche ....

DOCUMENTI NECESSARI
Di seguito sono indicate, per ogni partecipante, le necessità documentali qualora non specificate in catalogo, programma fuori catalogo o viaggio su misura

SERVIZI RICHIESTI	Prezzo a persona	N°	Prezzo servizi
			€0.00
			€0.00
			€0.00
			€0.00
			€0.00
ASSICURAZIONI FACOLTATIVE	**Premio a persona**	**N°**	
			€0.00
			€0.00
	Prezzo complessivo	€0.00	

I°Acconto	
versato il	
II°Acconto	
da versare il	
Saldo	€0.00
da versare il	

La presente proposta è formulata dal cliente in modo irrevocabile ed impegnativo fino a .... giorni a partire dalla data odierna. Laddove la data non sia indicata, la presente proposta è da intendersi irrevocabile ed impegnativa per un massimo di 7 giorni a partire dalla data odierna.
Decorso il termine suindicato, la stessa si intenderà caducata e priva di qualsiasi effetto e pertanto ogni somma corrisposta al momento di sottoscrizione del presente modulo dovrà essere restituita, non essendosi perfezionato alcun contratto.
Sino al momento di intervenuta comunicazione da parte del T.O. dell'accettazione della proposta, da manifestarsi tramite invio di conferma dei servizi richiesti presso l'intestato Agente di Viaggio, questi è autorizzato a trattenere le somme versate a titolo di acconto, per come sopra quantificate al fine di eseguire il mandato conferitogli.
A seguito di avvenuta conferma di prenotazione, l'Agente di Viaggio sarà tenuto a rimettere tutte somme ricevute in occasione del mandato all'Organizzatore, dovendone rispondere ai sensi di legge, nei confronti del sottoscrittore, in caso di mancato adempimento a detto obbligo.

Luogo e data:

.... lì, ...

Firma del proponente, in nome proprio oltre che in nome e per conto delle persone sopra elencate (per i minorenni è necessaria la firma di chi esercita la potestà genitoriale)
anche ai fini della manifestazione di avvenuta conoscenza ed accettazione specifica degli artt. 6,7,8,9,10,12,13,19, 22 delle Condizioni generali di contratto pubblicate dall'organizzatore.

....

Informativa ex art. 13 D.Lgs. 196/2003 e ss.mm.ii.: i dati del sottoscrittore del presente contratto e quelli degli altri partecipanti, il cui conferimento è obbligatorio per garantire agli stessi la fruizione dei servizi oggetto del pacchetto turistico acquistato, saranno trattati in forma manuale e/o elettronica nel rispetto della normativa. L'eventuale rifiuto nel conferimento dei dati comporterà l'impossibilità di concludere il contratto e fornire i relativi servizi. Titolari del trattamento sono - salvo separate e diverse indicazioni, eventualmente visibili anche sul catalogo e/o nei rispettivi siti web - l'Agenzia venditrice e l'Agenzia organizzatrice. Laddove necessaria, la comunicazione dei dati sarà effettuata solo verso autorità competenti, assicurazioni, corrispondenti e preposti locali del venditore e dell'organizzatore, fornitori dei servizi parte del pacchetto turistico e comunque a soggetti per i quali la trasmissione dei dati sia necessaria in relazione alla conclusione del contratto e fruizione dei relativi servizi. I dati potranno inoltre essere comunicati a consulenti fiscali, contabili e legali per l'esercizio dei diritti in sede legale. I Titolari del trattamento potranno utilizzare gli indirizzi e-mail forniti nel presente modulo per la promozione e vendita di servizi analoghi a quelli oggetto della presente vendita sempre che gli interessati, al momento della fornitura degli indirizzi e-mail o in occasione di successive comunicazioni, non rifiutino tale uso. Gli interessati, possono opporsi in ogni momento a tale trattamento, in materia agevole e gratuita, rivolgendosi per e-mail, fax o telefono al Titolare che abbia fatto tale uso degli indirizzi e-mail forniti. In ogni momento potranno essere esercitati tutti i diritti ex art. 7 D. Lgs. 196/2003.

Firma del proponente in nome proprio e per conto delle persone sopra elencate.

....

---

④ Lavora sul caso

Maurizio fa il pescatore insieme al cugino Salvatore e al cognato Vincenzo: sono imprenditori ittici. Carmelo e Giovanni, che svolgono una professione analoga, propongono ai tre colleghi di entrare a far parte di una cooperativa di imprenditori ittici che conta già altri 12 soci. L'obiettivo è quello di esercitare il pescaturismo e l'ittiturismo. I tre pescatori sono interessati all'offerta, ma non sanno nulla di queste attività e nemmeno di cooperative. Quindi, si rivolgono a te per avere alcune informazioni.

1 Quale scopo si prefigge una società cooperativa?

2 Quale tipologia di cooperativa potrebbero costituire questi pescatori?

3 Quali caratteristiche peculiari distinguono le cooperative dalle società per azioni?

4 Che cosa sono il pescaturismo e l'ittiturismo? In che cosa si differenziano?

5 Quali responsabilità hanno i pescatori nei confronti delle persone trasportate sulle loro barche secondo il codice civile?

⑤ Lavora sul caso

Per le vacanze di Natale, Martina e Andrea hanno prenotato presso l'agenzia di viaggio "Intour s.n.c." un viaggio-soggiorno di una settimana nell'isola di Santo Domingo. Il vettore aereo incaricato del trasporto è AirItaly. La mattina del giorno programmato per la partenza il pilota decide di non decollare per le cattive condizioni meteo, rinviando il volo, tempo permettendo, al tardo pomeriggio del giorno successivo. I due sono molto contrariati perché dovranno rinunciare a due giorni di vacanza. Presentano, quindi, regolare reclamo all'agenzia di viaggio per ottenere il risarcimento dei danni. Ma l'agenzia di viaggio comunica che non intende effettuare il rimborso, in quanto ritiene che il mancato decollo sia imputabile a una scelta tecnica del pilota motivata dalle condizioni meteo; invita, dunque, a fare richiesta di risarcimento alla società AirItaly. Il vettore aereo, da parte sua, comunica che il mancato decollo deciso dal pilota è stato motivato da una situazione contingente che avrebbe potuto mettere in serio pericolo la vita dei passeggeri. Pertanto, la mancata partenza è sicuramente imputabile a cause di forza maggiore.

1 Quali danni potrebbe chiedere la coppia?

2 Quali responsabilità ha l'agenzia di viaggio nel caso considerato? È tenuta a risarcire qualche danno?

3 Quali responsabilità del vettore sono previste nel contratto di trasporto di persone?

4 Ritieni che il vettore aereo, nel caso considerato, abbia responsabilità? Perché?

5 Con quali modalità è possibile presentare reclamo in situazioni come queste?

⑥ Lavora sul caso

Mario è un imprenditore agricolo che alleva bovini da carne nella sua azienda in provincia di Siena. Decide di abbinare all'attività di agricoltore quella agrituristica, utilizzando una serie di stanze della propria casa colonica. Predispone del materiale pubblicitario per promuovere l'attività e attrarre clienti. Crea anche un sito Internet, nel quale garantisce che tutta la carne servita ai clienti dell'agriturismo proviene dalle chianine del suo allevamento. Il suo vicino Arturo, però, ritiene improbabile che le esigue quantità di carne chianina Igp prodotte dall'azienda di Mario possano bastare a soddisfare il consumo del ristorante. Qualche mese dopo, a seguito di controlli, si scopre che gran parte della carne servita nell'agriturismo è, in realtà, di importazione e, quindi, viene acquistata e non è di razza chianina.

1 A quale condizione l'imprenditore agricolo può esercitare l'attività agrituristica?

2 Quali attività possono essere considerate agrituristiche?

3 Quali sono i limiti da rispettare nelle attività agrituristiche?

4 Che tipo di atto di concorrenza sleale ha commesso Mario?

5 Quali sono le azioni giudiziarie che può intraprendere Arturo?

6 La pubblicità apparsa sul sito Internet creato da Mario può essere considerata ingannevole?

COMPETENZE

- Orientarsi nella normativa pubblicistica e civilistica, con particolare riferimento a quella del settore turistico
- Analizzare la realtà e i fatti concreti della vita quotidiana ed elaborare generalizzazioni che aiutino a spiegare i comportamenti individuali e collettivi in chiave economica
- Utilizzare le reti e gli strumenti informatici nelle attività di studio, ricerca e approfondimento disciplinare con particolare attenzione alla sicurezza nei luoghi di vita e di lavoro, alla tutela della persona, dell'ambiente e del territorio
- Documentare le attività individuali e di gruppo relative a situazioni professionali

 Lavora sul testo

Dopo aver letto attentamente il seguente testo, pubblicato nel sito Internet della Città Metropolitana di Firenze nel 2015, svolgi le attività richieste.

L'abilitazione per le guide turistiche ed ambientali per l'anno 2015

Nel corso del 2015 il Ministro dei beni e delle attività culturali e del turismo ha firmato (il 29 gennaio e il 17 aprile 2015) due decreti che modificano sostanzialmente la situazione della professione delle guide turistiche ed ambientali. Questi atti stabiliscono che gli esami di abilitazione per diventare guida turistica e guida ambientale dovranno essere effettuati dalle regioni e individuano i 'siti di specializzazione', elencati regione per regione, su tutto il territorio nazionale; non appena i due decreti entreranno in vigore, per poter lavorare come guida turistica nei siti specialistici (che sono la stragrande maggioranza dei musei, siti archeologici, chiese, pinacoteche, palazzi delle città e dei centri minori d'Italia) oltre alla qualifica (cioè oltre a essere già guida turistica) occorrerà essere in possesso di una ulteriore specializzazione che si potrà ottenere superando un esame che dovrebbe appunto essere organizzato a cadenza biennale dai competenti uffici regionali. Alla specializzazione dovrebbe accedere solo chi ha una laurea almeno triennale.
Per diventare guida turistica e poter esercitare, occorrerà, quindi, prima qualificarsi come guida turistica "generica" e, poi, sostenere ulteriori esami di specializzazione.
La Regione Toscana dovrebbe prevedere, dal primo gennaio 2016, la specializzazione a livello regionale (e non, come per le previgenti disposizioni, per ambiti provinciali, né per singole città o siti).
In ogni caso, la qualifica di guida turistica va acquisita preliminarmente alla specializzazione.
Per i motivi sopra esposti, la Città Metropolitana di Firenze non prevede il bando di esame per diventare guida turistica, neppure per coloro che sono in possesso dei titoli previsti dalla vigente legge regionale, n. 42 del 23 marzo 2000 (testo unico delle leggi regionali in materia di turismo).

È possibile che altre province o città metropolitane in Italia prevedano di bandire l'esame per diventare guida turistica ed è consigliabile controllare sui rispettivi siti ufficiali, poiché la qualifica di guida turistica è valida a livello nazionale, indipendentemente dall'ambito territoriale sul quale si è conseguita l'abilitazione.
A Firenze ad oggi è possibile diventare guida turistica frequentando l'apposito corso di qualifica riconosciuto dalla Città Metropolitana di Firenze e gestito da enti formativi accreditati, superando l'esame finale scritto e orale.
I cittadini comunitari in possesso di abilitazione (cioè che siano già guida turistica nel Paese di provenienza) che intendano esercitare stabilmente nel nostro Paese devono seguire la procedura definita dalla legge e ottenere l'estensione territoriale di livello nazionale, previa applicazione della procedura prevista dal decreto legislativo 206 del 2007. Tale procedura impone il riconoscimento, con apposito decreto da parte del Ministero dei beni e delle attività culturali e del turismo, dell'abilitazione conseguita nel Paese di provenienza, riguardante la preparazione professionale ricevuta dalla guida turistica comunitaria nello Stato di appartenenza e l'adozione di una misura compensativa (esame di abilitazione o tirocinio di adattamento).
Comunicazioni più dettagliate verranno rese note, appena ufficialmente confermate, sul sito istituzionale della Città Metropolitana di Firenze.

Fonte: Sito istituzionale della Città metropolitana di Firenze

A Rispondi alle seguenti domande.

1 Come si è modificata la disciplina delle professioni turistiche a partire dall'entrata in vigore del codice del turismo?

2 Qual è oggi la fonte normativa che disciplina le professioni di guida e accompagnatore turistico?

3 Qual è il percorso formativo della guida turistica delineato nel testo che hai letto?

4 Nel testo si fa cenno anche alle guide turistiche provenienti da altri Stati membri dell'Ue: come è regolato per loro l'accesso alla professione di guida turistica?

B Lavora sulla normativa e sulla sua evoluzione.

Sulla base del testo presentato, definisci i contenuti di una ricerca sulle professioni turistiche e la relativa disciplina da realizzare navigando nel sito della tua regione o del comune in cui risiedi. Sviluppa la ricerca a partire dalla seguente griglia:

1 professioni disciplinate (guida, accompagnatore, direttore di agenzia ecc.);
2 requisiti delle figure professionali;
3 modalità di accesso alla professione.

Sintetizza i risultati della ricerca in una relazione oppure una presentazione ppt, in cui metti in evidenza quali di queste norme sono state attuate e come è cambiata la professione di guida turistica.

2 Lavora sul testo

Immagina di esserti appena diplomato. Decidi di metterti alla ricerca di un impiego e organizzi la tua mattinata come segue. Analizza ciascuna situazione e svolgi le attività che ti vengono richieste.

Cominci esaminando gli annunci di un'importante agenzia di lavoro, dove trovi la seguente inserzione.

Somministrazione a tempo determinato
Banconista presso AdV

Categoria professionale: Banconista venditore/trice AdV

Descrizione dell'offerta: Per importante agenzia di viaggio, cerchiamo banconista venditore/trice esperto/a. La risorsa ha maturato esperienza di almeno 2 anni in ruolo analogo ed è pienamente autonoma nella costruzione di pacchetti di viaggio. Necessaria la conoscenza dei principali software di prenotazione biglietteria aerea e ferroviaria, tra cui il software Amadeus.
Disponibilità immediata, riservatezza, curriculum vitae con inclusa foto all'indirizzo e-mail agenziaviaggi@viaggi.it

Data inizio: 02/09/2016

Data fine: 31/08/2017

Luogo di lavoro: Roma zona EUR

Provincia di lavoro: Roma

Retribuzione offerta: Ccnl a tempo determinato con prospettiva di inserimento diretto in azienda. I candidati (l. 903/1977) sono invitati a leggere … (ex d.lgs. 196/2003 artt. 7 e 13)

Candidato ricercato

Esperienze lavorative: Impiegato/a banconista sorridente e solare con esperienza minima di 2 anni in mansione analoga. Conoscenza software di settore

Disponibilità oraria: Full-time su turni

Dopo aver letto attentamente, rispondi alle seguenti domande.

1 Che tipo di contratto di lavoro viene proposto in questo annuncio?
2 Quale durata ha il contratto di lavoro?
3 Da quali norme è disciplinato questo tipo di contratto?
4 Che ruolo svolge l'agenzia di lavoro in questo tipo di contratto di lavoro?
5 Che ruolo svolge l'agenzia di viaggio di Roma in questo tipo di contratto?
6 Quale attività di lavoro viene richiesta?
7 Quali caratteristiche vengono richieste? Credi di esserne in possesso e di poter rispondere all'annuncio?
8 Che cos'è il Ccnl? Che ruolo svolge?
9 Nell'annuncio vengono citate alcune norme. Attraverso una ricerca sul web, trova e scarica il testo di tali provvedimenti legislativi e controlla di che cosa si tratta.

3 Lavora sul caso

Dopo aver letto i seguenti annunci pubblicati da un sito Internet, svolgi quanto richiesto.

Annuncio n. 1

OFFERTE DI LAVORO IN PRIMO PIANO

STIAMO CERCANDO 1.400 GIOVANI ANIMATORI da inserire nelle nostre strutture estive con differenti compiti e mansioni nelle seguenti aree:

1 – ANIMAZIONE
• *Animatori di contatto*: i candidati devono allietare e coinvolgere gli ospiti, in modo spiritoso e simpatico, nelle varie attività del villaggio. Requisiti richiesti: predisposizione al contatto col pubblico, espansività, uso del microfono, attitudine a esibirsi.
• *Hostess*: curano le pubbliche relazioni del villaggio, informando costantemente gli ospiti sulle attività svolte nel villaggio. Requisiti richiesti: bella presenza e comunicatività.
• *Coreografi/Ballerine*: i candidati devono essere in grado di realizzare le coreografie di uno spettacolo, insegnare all'équipe i balletti e organizzare per i turisti serate danzanti. Requisiti richiesti: esperienza e capacità tecnico-organizzative.
• *Costumiste*: creano costumi di scena, curano il trucco e l'immagine degli spettacoli. Requisiti richiesti: esperienza di taglio e cucito, creatività e fantasia.
• *Tecnico suono/luci e DJ*: si occupano di tutto ciò che riguarda le luci e l'audio all'interno del villaggio. Requisiti richiesti: esperienza nel campo artistico-teatrale, nel montaggio e nell'installazione di attrezzature sonore ed elettriche,

---

nella manutenzione del materiale. Per i DJ è gradita una buona conoscenza musicale e tecnica.

• *Chitarristi/Musicisti piano bar*: intrattengono gli ospiti attraverso il coinvolgimento nel canto. Requisiti richiesti: conoscenza tecnica degli strumenti e buona vocalità.

2 – SPORT

Gli istruttori delle discipline sportive devono avere esperienza in ambito sportivo e buone doti di comunicatività. Le attività previste sono: vela, windsurf, canoa, tennis, nuoto, acquagym.

3 – MINICLUB

Animatori per assistenza bambini e ragazzi (dai 3 ai 17 anni): intrattengono i piccoli ospiti del villaggio con le più svariate attività ludiche, ricreative e sportive.

Requisiti richiesti: esperienza nel settore, formazione pedagogica e psicologica adeguata (diploma o laurea in corso), passione per le attività, dinamismo, creatività.

Data di pubblicazione: 31/03/2016

Ruolo: Animatori turistici

Settore: Turismo

Esperienza richiesta: Nessuna

Titolo di studio richiesto: Diploma

Tipo di contratto: Lavoro a tempo determinato

Luogo: Strutture situate in Italia e in Europa

Annuncio n. 2

Room Trade situata in MILANO centro cerca
HOTEL CONTRACTOR

Che sappia gestire in piena autonomia la contrattazione di hotel, la negoziazione di tariffe e condizioni con gli hotel, l'organizzazione e la partecipazione a fiere e workshop. È richiesta precedente esperienza in ruoli simili, conoscenza del mercato italiano, ottima capacità di comunicazione e buona conoscenza della lingua spagnola.

Informazioni supplementari

Data di pubblicazione: 31/01/2016

Livello: Impiegato

Categoria: Commerciale

Settore: Turismo

Esperienza richiesta: 1 anno

Titolo di studio richiesto: Diploma

Requisiti minimi: Buona conoscenza della lingua spagnola, capacità espressiva e perseveranza, abilità commerciali

Tipo di contratto: Lavoro a tempo indeterminato

Numero di posizioni aperte: 3

Luogo: Milano

Annuncio n. 3

Ricerchiamo

Ambosessi motivati, anche senza esperienza, a intraprendere un entusiasmante lavoro nel settore turistico.
Offresi contratto impiegatizio o equipollente, incentivi, possibilità di carriera, remunerazione ai vertici del mercato.

Informazioni supplementari

Data di pubblicazione: 09/09/2016

Livello: Guida turistica

Settore: Turismo

Esperienza richiesta: 1 anno

Titolo di studio richiesto: Diploma

Requisiti: Disponibilità a trasferte lavorative in Italia

Tipo di contratto: Apprendistato professionalizzante

Orario di lavoro: Full-time, part-time orizzontale o verticale

Numero di posizioni aperte: 9

Annuncio n. 4

IMPIEGATI COMMERCIALI AGENZIA DI VIAGGIO

Cerchiamo per nota agenzia di viaggio di Lucca operatori commerciali junior o senior addetti a operazioni di front office e back office.

Data di pubblicazione: 09/09/2016

Livello: Impiegato commerciale

Settore: Turismo

Esperienza richiesta: Tre anni per candidati senior, nessuna per candidati junior

Titolo di studio richiesto: Laurea di primo o di secondo livello

Requisiti minimi: Ottima conoscenza dell'inglese scritto e parlato. Buona/ottima conoscenza di una seconda lingua straniera che costituirà titolo preferenziale. Buone doti comunicative e predisposizione alle relazioni interpersonali

Tipo di contratto: a tempo determinato 6 mesi, con possibile proroga di lungo periodo

Luogo: Lucca

I candidati possono rispondere all'annuncio compilando il form online cui si accede tramite l'apposito link oppure inviando il proprio curriculum vitae all'indirizzo di posta elettronica agenzia_viaggi@agenzia.it specificando in oggetto il riferimento "impiegato agenzia viaggi".

A Rispondi alle seguenti domande.

1 Individua quale tipo di contratto viene proposto in ciascun annuncio.

2 Descrivi brevemente le caratteristiche.

3 Decidi quale, secondo te, è l'offerta migliore, motivando la risposta.

B Individua i siti web specializzati nella ricerca del lavoro e cerca gli annunci a cui, secondo te, potresti rispondere una volta conseguito il diploma.
Compila la seguente tabella, specificando di volta in volta che tipo di contratto viene proposto nell'annuncio.

Sito web	Annuncio più interessante	Motivazioni della scelta	Tipologia di contratto

C Con una ricerca in Internet, individua caratteristiche e competenze per ognuno dei profili professionali citati, che corrispondono alle nuove figure richieste dal mercato turistico nazionale e internazionale.

- travel manager
- destination manager
- addetto al marketing e alla comunicazione
- event manager
- operatore naturalistico
- fund raiser
- revenue manager
- facilitatore di processi di qualità